上海"十三五"重点图书出版规划项目
国家自然科学基金（71773023、71173042）
复旦大学理论经济学Ⅰ类高峰计划

人民币汇率形成机制和人民币国际化

陆前进／著

图书在版编目(CIP)数据

人民币汇率形成机制和人民币国际化／陆前进著
．—上海：立信会计出版社，2018.10(2020.10 重印)
ISBN 978-7-5429-5969-0

Ⅰ.①人… Ⅱ.①陆… Ⅲ.①人民币汇率—汇率机制—研究②人民币—金融国际化—研究 Ⅳ.①F832.63 ②F822

中国版本图书馆 CIP 数据核字(2018)第 228619 号

策划编辑　　方士华
责任编辑　　方士华
封面设计　　南房间

人民币汇率形成机制和人民币国际化

Renminbi Huilü Xingcheng Jizhi he Renminbi Guojihua

出版发行	立信会计出版社
地　　址	上海市中山西路 2230 号　　邮政编码　200235
电　　话	(021)64411389　　传　　真　(021)64411325
网　　址	www.lixinaph.com　　电子邮箱　lixinaph2019@126.com
网上书店	http://lixin.jd.com　　http://lxkjcbs.tmall.com
经　　销	各地新华书店
印　　刷	江苏凤凰数码印务有限公司
开　　本	787 毫米×1092 毫米　　1/16
印　　张	28　　插　　页　1
字　　数	544 千字
版　　次	2018 年 10 月第 1 版
印　　次	2020 年 10 月第 2 次
书　　号	ISBN 978-7-5429-5969-0/F
定　　价	69.00 元

如有印订差错，请与本社联系调换

前　言

　　1978年改革开放前,我国经济基本处于对外封闭状态;改革开放以后,我国对外经济交往活动越来越频繁,外向型经济逐步成为我国经济发展的动力。随着我国经济对外开放的日益扩大,对外贸易和资本流动不断增加,人民币汇率作为金融开放中的一个重要指标,发挥了越来越重要的作用。对外开放和建立社会主义市场经济体制,要发挥人民币汇率的外汇市场供求调节功能,发挥人民币汇率调节国内外资源配置的重要功能。

　　我国人民币汇率市场化改革是一个渐进过程,1978—1994年我国人民币汇率是双轨制,一是要满足赚取外汇的需要;二是要满足国内外汇需求。1994年人民币汇率并轨,采取结售汇制度,人民币对美元汇率保持基本稳定,国际收支状况逐步改善。2001年我国加入WTO,对外贸易迅速扩大,贸易收支盈余不断增加,外汇市场供求发生变化。从国际角度来看,当时美联储持续下调联邦基金利率,大量资本流入中国,资本账户也出现顺差。外汇储备增加,人民币升值压力上升。2005年7月21日我国改革人民币汇率形成机制,建立"以市场供求为基础,参考一篮子货币的有管理的浮动汇率制度"。由于国际收支双顺差,人民币对美元汇率持续升值,2005年汇改后,人民币实际上是爬行钉住美元的。2005—2015年10年间,人民币持续升值,也基本上是爬行钉住美元的,其间只有2008年9月至2010年6月为了抵御国际金融危机的冲击,我国暂停了人民币升值的步伐,保持了人民币对美元汇率的绝对稳定。因此在IMF的"汇率制度安排和外汇管制年报"中,IMF把中国的汇率制度归为钉住汇率制度。2015年8月我国进行了新一轮汇改,尽管人民币汇率制度仍然是"以市场供求为基础,参考一篮子货币的有管理的浮动汇率制度",但是人民币汇率的弹性显著增强,人民币汇率的锚不再是单一的美元,而是一篮子货币(人民币有效汇率),真正建立了参考一篮子货币有管理的浮动汇率制度。人民币对美元汇率双向波动明显,保持了人民币总体币值水平的稳定,形成了"收盘价+一篮子货币"人民币汇率形成机制,人民币对美元汇率更多地参考一篮子货币进行调节。同时,为了克服人民币汇率变动的顺周期行为,2017年5月人民币汇率市场自律委员会引入逆周期因子,逆周期因子是一个调节变量,当人民币汇率过度调整时,逆周期因子起到一个制衡作用,防止人民币对美元汇率过度偏离一篮子货币汇率,稳定市场预期,因此2015年汇改后,一篮子货币汇率在人民币汇率形成机制中发挥重要作用。本书的前三章主要探讨人民币汇率制度的演变、人民币有效汇率变动特点及人民币有效汇率的分解和参考一篮子货币的汇率形成机制的改革。人民币汇率形成机制在不同阶段有不同特点、问题与挑战，需要不断的改革与完善。

20世纪90年代初，邓小平南巡讲话以后，我国的改革开放继续稳步推进，资本账户开放和人民币国际化不仅在政策层面和学术界广泛讨论，甚至在民间人们也在热议人民币自由兑换问题。1996年年底，我国实现了人民币在经常项目下的可兑换，当时预计不久的将来就可以实现人民币在资本项目下的可兑换。1997年东南亚金融危机爆发，意识到资本账户自由化带来的金融风险，决策层对资本账户开放更加小心谨慎。但2001年中国加入WTO，融入国际贸易体系的大家庭，资本流入也不断增加，国际收支出现双盈余，我国先后推出了QFII和QDII，吸引外资投资国内金融市场和鼓励对外投资，扩大资本账户的开放。同时2006—2008年国际金融危机前，中国出现流动性过剩，法定准备金率不断提高，冲销干预压力增加。在人民币升值和外汇储备不断增加的条件下，人民币币值稳定，人民币的吸引力不断增强，人民币走出去条件日益成熟。2008年国际金融危机爆发，中国政府宏观政策迅速转向，采取积极的财政政策和适度宽松的货币政策，人民币汇率停止升值，减缓或停止回笼流动性，推出了4万亿元的投资计划，迅速遏制住经济下滑，2009年第二季度经济开始反弹。同时受国际金融危机的影响，美元国际储备货币地位受到新兴市场经济国家的质疑，2009年3月周小川行长提出"超主权货币"的构想，正是在这样的背景下，人民币走出去也从理论层面走向实践。2009年4月，我国政府决定在上海市和广东省广州、深圳、珠海、东莞5个城市开展跨境贸易人民币结算试点，为人民币进一步走出去创造条件。此外人民币还通过货币互换、香港人民币离岸市场走出去，近年来，货币互换、香港人民币离岸市场的交易规模不断扩大。2013年我国进入经济新常态，经济增长速度变缓，面临扩内需、调结构，经济增长方式转型等问题，同时推出了供给侧结构性改革，很多企业面临"三去一降一补"，但是资本账户开放和人民币国际化的步伐并没有停止，我国先后推出"沪港通""深港通"等，推出RQFII和RQDII人民币走出去和人民币回流业务。同时我国还在"一带一路"、自贸区建设中先行或试点人民币走出去，继续推进资本账户的开放和人民币国际化。从本书的内容来看，第六章和第八章分别探讨了资本账户的开放和人民币国际化，在资本账户开放的条件下，实现人民币自由兑换一直是我国金融开放的重要目标，我国资本账户开放正迈向深层次，证券投资项下可兑换正在不断提高。随着资本账户开放，面临的金融风险也会扩大，我们要吸取20世纪90年代墨西哥和东南亚国家货币危机的经验教训，在金融开放的过程中，要关注资本流进流出的影响，特别是短期金融资本的流动，构建金融风险防范预警指标体系，加强宏观审慎监管。2008年国际金融危机前，人民币币值相对比较稳定，同时国际金融危机爆发，美元也面临新的挑战，2009年人民币跨境贸易结算正式开启。随着中国金融开放水平不断提高，人民币正通过多种途径走向世界。现在人民币不但要能够走出去，还要回得来，随着国内金融市场对国外人民币资金的开放，人民币的流出和流入的循环体系也在不断构建、完善，人民币国际化道路不断稳固。

本书除了探讨上述几个主要问题，还研究了人民币汇率升值的影响及内外均衡的实现，人民币对主要国际货币，以及人民币对港币、台币和特别提款权等汇率变动的特点，最后还分析了美元周期性变化的影响及应对之策。本书的新意主要体现在以下几个方面：

一是人民币汇率形成机制改革分三步走。第一步是从1994年至2015年人民币基本上是钉住美元的，其中1994年至2005年人民币是绝对钉住美元的；2005年至2015年人民币是爬行钉住美元的。2015年8月汇改至今，人民币对美元汇率是参考一篮子货币进行调节的，人民币有效汇率构成了人民币汇率的名义锚。目前我国正处于第二步，人民币对美元汇率中间价定价以参考一篮子货币为核心。第三步要逐步放开人民币有效汇率（一篮子货币汇率）的波动幅度，最终实现市场供求决定的有管理的浮动汇率制度，人民币对美元汇率可以自由浮动。

二是"逆周期因子"问题。目前人民币对美元汇率中间价是"前一交易日收盘汇率＋一篮子货币汇率变化＋逆周期因子"的形成机制。关于逆周期因子的加入，有相反的两种观点。本书认为人民币对美元汇率中间价可以由"前一交易日收盘汇率＋一篮子货币汇率变化＋逆周期因子"的形成机制转变为"前一交易日收盘汇率＋一篮子货币汇率变化＋实际有效汇率变动"的形成机制。经济增长、国际收支的变动等宏观经济基本面不仅受名义汇率的影响，更受到实际汇率的影响，考虑到名义汇率调整不足或过度，可以通过引入实际有效汇率变动的幅度重新修正人民币对美元汇率的变动，更有利于宏观经济目标的实现。这样我国人民币汇率制度以参考一篮子货币汇率为核心，既考虑到前一交易日收盘价，保持了汇率变动的连续性，又考虑到人民币实际有效汇率的变动，根据通货膨胀和贸易收支状况等对人民币汇率中间价进行修正。在此基础之上，人民币汇率市场化的改革不断推进，可以逐步放松人民币有效汇率和人民币对美元汇率的波动幅度，增加人民币汇率的弹性。

三是我国人民币对非美货币的汇率是套算汇率，是由人民币对美元汇率和美元对非美元货币汇率共同决定的。在人民币对美元汇率保持稳定的情况下，美元对非美元货币的走势决定了人民币对非美元货币汇率的变动。因此关注人民币对美元汇率的同时，也要关注人民币对非美元货币汇率的变动。人民币有效汇率能够分解为人民币对美元汇率与美元有效汇率乘积的形式，在人民币对美元汇率保持稳定的情况下，人民币有效汇率与美元有效汇率的走势是相同的。

人民币对特别提款权汇率可以反映人民币的总体币值水平,是人民币汇率的一个重要指标,央行调节人民币对美元汇率,可以关注日常人民币对特别提款权汇率的变化。

四是目前我国资本账户的开放不断走向深入,涉及资本自由流动、投资领域开放、股权的开放、投资的国民待遇等,因此随着资本管制的放松,资本流动更加容易,面临的金融风险更大了。从20世纪90年代墨西哥和东南亚国家的金融危机能够看出,一些新兴市场经济国家,资本流动自由化,外债水平高,短期外债集中,资本流入没有进入实体经济,最终在投机冲击下,引发货币危机。因此要防范货币危机,要建立预警指标体系,采取灵活弹性的汇率制度,鼓励长期资本流入,短期外债水平不能过高,在资本账户的开放过程中,要加强宏观审慎监管。

五是自布雷顿森林体系解体以来,美元进入浮动汇率时代,美元汇率变化不确定性增加。从长期来看,美元汇率呈现周期性变化,因此人民币对美元汇率变动和资本流动等受美元汇率周期性变化的影响比较大。当美元升值时,意味着人民币贬值,会面临资本流出和做空人民币的投机冲击;当美元贬值时,人民币升值时,会面临热钱流入、流动性过剩和通货膨胀的压力,同时还面临我国外汇储备投资损益等的变化。因此我们要有系统的措施应对不同的外部冲击,通过政策搭配的手段保持我国宏观经济健康稳定的发展和外汇资产的保值增值,同时要注意防范金融风险,建立动态的预警体系,防范投机冲击。

六是通过多种途径稳步推进人民币国际化。从2009年中国推出跨境贸易的人民币走出去战略开始,至今已经快10年了,其间经历了国际金融危机、中国进入经济新常态,以及中国的供给侧结构性改革,现在美联储退出量化宽松政策,但人民币国际化并没有因此停下来,人民币国际化在不同的阶段会面临不同的问题和挑战。人民币国际化既需要政策的推进,还依赖于国内外条件的成熟、中国经济结构转型和一系列金融市场化改革等,人民币国际化会水到渠成。

2018年是改革开放40周年,我们既是改革开放的受益者,也是改革开放的见证者和亲历者。作为人民币汇率改革的研究者,也见证了人民币汇率形成机制的几次重要突破,本书试图从理论上探讨人民币汇率形成机制改革的步骤,人民币对美元汇率、人民币对非美元货币和人民币有效汇率变动的特点及相互关系。在此基础之上,考察人民币参考一篮子货币的汇率形成机制改革,以及如何更好地确立参考一篮子货币的人民币对美元汇率水平,保持人民币有效汇率的相对稳定。在人民币汇率形成机制改革中,资本账户开放和人民币国际化是相辅相成的,资本账户开放影响人民币汇率水平,没有资本账户的开放,真正的市场化的汇率水平难以显现。同时人民币币值稳定有利于人民币国际化,币值不稳定或持续贬值的货币是不受市场欢迎的。本书希望能够对我国人民币汇率形成机制及人民币国际化进行系统性研究,从改革开放40年视野中,从理论和实践两方面探寻人民币汇率形成机制改革和资本账户开放的过去、现在和未来。

从国内外的经济环境变化中考察人民币国际化的历程，以及人民币走出去的途径、回流和影响。

本书尽量采用最新的资料和数据说明问题，但信息时代资料和数据更新快，难免会出现滞后，但其中一些理论分析和规律性的结论不会改变。本书写作过程中还参考了笔者以前的著作、相关论文和经济专栏等，当然由于笔者水平有限，书中难免出现这样那样的错误，欢迎读者批评指正。最后要感谢我的妻子和儿子对我的理解和支持，没有他们默默无闻的奉献，本书不可能呈现在读者的面前。还要感谢在最后统稿及出版过程中，中国外汇交易中心的柴天仪，复旦大学研究生李晴菲、武磊、吴慧敏、章嫣妮、李志强、迟玉怡、胡家东、冷雪和李育文以及立信会计出版社方士华副编审等提供的无私帮助，在此一并表示感谢。

陆前进

2018 年 10 月

复旦大学

目　　录

第一章　人民币汇率制度的演变及改革 ………………………………… 1
　第一节　人民币汇率制度的演变和特征 ………………………………… 1
　第二节　影响人民币汇率变动的因素 …………………………………… 14
　第三节　关于人民币汇率的争论 ………………………………………… 24
　第四节　"8.11汇改"后的人民币对美元汇率 ………………………… 31
　第五节　我国外汇市场的发展 …………………………………………… 34

第二章　人民币有效汇率指数和人民币汇率变动 ……………………… 48
　第一节　人民币有效汇率指数 …………………………………………… 48
　第二节　有效汇率指数编制探讨及人民币有效汇率指数测算 ………… 52
　第三节　人民币对非美元货币汇率的决定 ……………………………… 68
　第四节　人民币有效汇率 ………………………………………………… 73
　第五节　人民币有效汇率变动的特征 …………………………………… 77
　第六节　人民币实际有效汇率分解和中国的贸易收支 ………………… 94

第三章　参考一篮子货币的汇率形成机制 ……………………………… 105
　第一节　参考一篮子货币汇率制度中最优货币权重的文献述评 ……… 105
　第二节　有效汇率指数和人民币对美元汇率中间价的确定 …………… 114
　第三节　货币政策的目标和参考一篮子汇率指数最优权重的选取 …… 127
　第四节　贸易收支、实际汇率和篮子货币最优权重的选取 …………… 133
　第五节　人民币汇率市场化改革步骤 …………………………………… 141

第四章　人民币升值或贬值条件下内外均衡的实现 …………………… 146
　第一节　人民币升值中的一些问题 ……………………………………… 146
　第二节　利率调整和汇率稳定之间的冲突 ……………………………… 154
　第三节　人民币升值条件下的内外均衡控制 …………………………… 171
　第四节　经济新常态下人民币汇率及宏观调控 ………………………… 195
　第五节　中国外汇市场压力 ……………………………………………… 200

第五章　人民币和几个主要货币及特别提款权汇率 …… 216
第一节　人民币对主要国际货币汇率变动的格局 …… 216
第二节　第三国汇率变动对中国贸易收支的影响 …… 222
第三节　人民币和港币之间的关系 …… 236
第四节　人民币和台币之间的关系 …… 242
第五节　人民币与特别提款权（SDR）汇率 …… 245

第六章　人民币自由兑换和金融危机的防范 …… 263
第一节　人民币自由兑换的现状 …… 263
第二节　人民币自由兑换的步骤 …… 291
第三节　人民币自由兑换和"三元悖论" …… 301
第四节　资本账户的开放和金融危机防范 …… 305

第七章　美元汇率的动态变化及美元霸权 …… 334
第一节　金融危机下美元贬值及影响 …… 334
第二节　美元升值问题 …… 340
第三节　在美元迷局中面临的困境和挑战 …… 349
第四节　美元霸权是全球经济失衡的重要因素 …… 353
第五节　关于外汇储备使用的几个问题 …… 359
第六节　美元和国际大宗商品的价格走势 …… 362
第七节　全球经济的再平衡和中美贸易冲突 …… 366

第八章　国际货币体系改革和人民币国际化 …… 374
第一节　国际货币体系的演变和全球流动性过剩 …… 374
第二节　国际金融体系的改革困境 …… 378
第三节　人民币加入特别提款权的理论探讨及模拟研究 …… 385
第四节　人民币走出去的途径 …… 397
第五节　人民币国际化战略的总体设计 …… 418

参考文献 …… 429

第一章　人民币汇率制度的演变及改革

第一节　人民币汇率制度的演变和特征

在我国改革开放前的计划经济时期，人民币汇率作为计划经济的调节工具，汇率水平无法反映我国外汇相对短缺的情况。1978年后，我国实行以市场为导向的经济改革，人民币汇率制度市场化改革便成为我国金融改革的一项重要任务。

一、改革开放后人民币汇率变动的概述

我国在1994年之前，实行的是汇率双轨制，官方汇率和外汇调剂市场汇率并存。中共十一届三中全会后和20世纪80年代，我国加大了吸引外资的力度，不断扩大对外贸易，简政放权，下放外贸经营权和工贸结合，促进贸易垄断向贸易自由化转变。同时不断下调人民币对美元官方汇率，外汇管制逐步放宽，允许出口企业外汇留成，发行外汇券并可以流通，官方汇率和外汇留成调剂市场同时存在。

1. 内部结算价与官方牌价并存的双轨汇率制度时期（1981—1984）

1979年8月，国务院决定改革外贸体制，实行外汇留成制度，对外贸易单位和出口企业把收入的外汇卖给国家，国家按一定比例拨给其相应的外汇留成，这就导致了两种汇价制度——官方汇率与贸易内部结算汇率。当时的贸易内部结算汇率是2.8元人民币/1美元，这是根据1978年全国平均换汇成本2.53元人民币/1美元再加上10%的出口利润得来的，用于进出口贸易外汇的结算。官方汇率即非贸易外汇，主要适用于旅游、运输、保险等劳务项目和经常转移项目下的侨汇等外汇结算，且仍沿用原来的一篮子货币加权平均的计算方法。官方汇率由1980年1月的1.50元人民币/1美元向下调整至1984年7月的2.33元人民币/1美元，人民币对美元贬值了55.3%。从1981年到1982年，出口换汇成本一直没有较大变动，故我国内部结算价也基本没有变动。随着国际市场美元汇率的上升，国家逐步下调官方汇率，到1984年年底，官方汇率已接近贸易外汇内部结算价。

当时我国对外贸易规模小，外汇短缺，实行汇率双轨制。有其优势：一方面官方汇率比较低，有利于经常项目下的用汇；另一方面贸易内部结算汇率有利于

促进出口、限制进口,这也是由当时的现实条件所决定的。这种汇率制度也存在一定的问题:出口换汇成本不能真实反映当时我国外汇相对短缺的情况;出口换汇成本只考虑贸易品之间的比价,没有考虑非贸易品之间的比价;双重汇率也受到外界的质疑,外汇管理更加复杂化;汇率难以发挥资源优化配置的作用。内部结算价与官方牌价如图 1-1 所示。

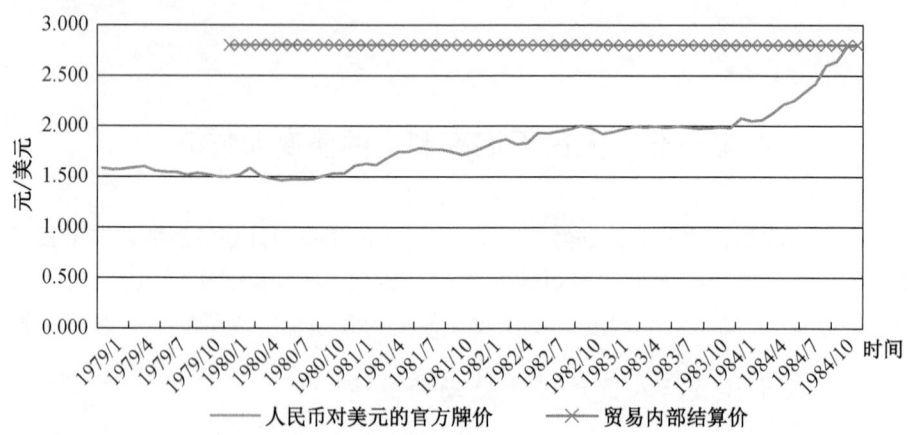

资料来源:官方汇率来自 International Finance Statistics,其他数据来自吴念鲁《人民币汇率研究》。

图 1-1　内部结算价与官方牌价(1981—1984)

2. 官方汇率与调剂汇率并存的时期(1985—1993)

1985 年 1 月 1 日,我国取消了贸易外汇内部结算价,恢复了单一汇率制,官方汇率同时应用于贸易结算和非贸易外汇兑换,1 美元=2.80 元人民币。进入 20 世纪 80 年代中期以后,我国物价上涨速度加快,为了缓解人民币汇率高估,我国对人民币官方汇率作了相应持续下调。1985 年 8 月,人民币汇率调低至 2.92 元人民币/1 美元,后来又在 1986 年 7 月、1990 年 11 月和 1993 年年底,分别调至 3.70 人民币/1 美元、5.22 人民币/1 美元、5.80 人民币/1 美元。与此同时,为了抵销国内通货膨胀、物价上涨对外贸的影响和鼓励出口,我国在人民币官方汇率下调的同时,1985 年 12 月在深圳成立第一个外汇调剂中心,后来全国各地普遍设立外汇调剂中心,放开调剂市场汇率,解决出口亏损问题。随着全国性外汇调剂业务陆续、全面展开,又形成了统一的官方汇率与市场调剂汇率并存的新双轨制,并一直延续到 1993 年年底。1988 年至 1993 年,由于国内经济过热、通货膨胀、进口需求旺盛,外汇需求大于供给,1993 年中国外贸逆差达到 122.2 亿美元,外汇储备只有 212 亿美元,人民币在外汇市场上的调剂汇率不断贬值,从 5.70 人民币/1 美元降至 1993 年年底的 8.7 人民币/1 美元(吴念鲁、陈全庚,2002)。官方汇率与调剂汇率(1985—1993)如图 1-2 所示。

调剂汇率受市场调节,反映了外汇市场的供求,有利于打击外汇黑市。官方

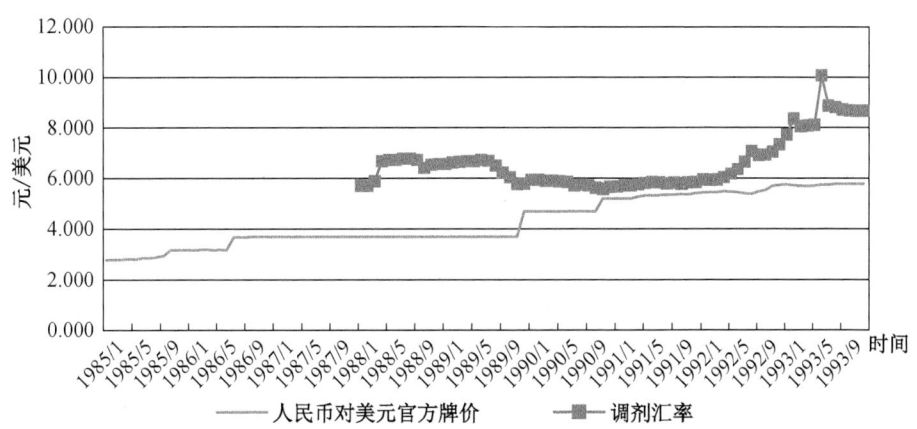

资料来源：官方汇率来自 International Finance Statistics，其他数据来自吴念鲁《人民币汇率研究》。

图 1-2　官方汇率与调剂汇率(1985—1993)

汇率和市场调剂汇率的共存是计划经济和市场经济相结合的产物，是计划经济向市场经济转变过程中的过渡阶段，但双轨制使得资源配置效率下降。双轨制的问题其实并不是双轨自身造成的，而是由于计划经济的存在造成的，所以必须要改革计划经济的模式，转到市场经济的模式上来，不断推动汇率的市场化改革。

二、1994 年 1 月至 2005 年 7 月的人民币汇率

为了确定合理的人民币汇价水平，发挥汇率在国民经济中的杠杆作用，并逐步使人民币走向自由兑换，我国在改革开放后对人民币制度进行了一系列改革，其目的是建立一个有管理的浮动汇率制度(张志超，2001)。1993 年 11 月 14 日，中国公布《中共中央关于建立社会主义市场经济体制若干问题的决定》，明确要求"改革外汇管理体制，建立以市场供求为基础的浮动汇率制度和统一规范的外汇市场，逐步使人民币成为可兑换货币"。同年 12 月 28 日，中国人民银行发布了《关于进一步改革外汇管理体制的公告》，规定自 1994 年 1 月 1 日起，人民币官方汇率与调剂汇率并轨，实行以市场供求为基础的、单一的、有管理的浮动制度。其主要特征是汇率统一、以结汇制取代留成制、以全国联网的统一的银行间外汇市场取代以前的官价市场和分散割离的调剂市场、以管理浮动汇率制取代以前的官价固定调剂价浮动的双重汇率制、以单一货币流通(人民币)取代以前的多种货币流通和计价。并轨后的人民币汇率根据 1993 年 12 月 31 日 18 家外汇公开市场交易的加权平均价确定为 1 美元兑 8.7 元人民币。

从 1994 年 1 月 1 日起，中资企业退出外汇调剂中心，外汇指定银行成为外汇交易的主体。1994 年 4 月 1 日，银行间外汇市场——中国外汇交易中心在上海成立，连通全国所有分中心，1994 年 4 月 4 日起中国外汇交易中心系统正式

运营,采用会员制,实行撮合成交集中清算制度,并体现价格优先、时间优先原则。中国人民银行按照上一个工作日银行间外汇市场交易形成的加权平均汇率,公布当日美元等交易货币对人民币汇率的中间价。1996年外商投资企业也纳入全国统一的银行结售汇体系,人民币汇率改革全覆盖。

在实践中,中国人民银行根据我国的宏观经济发展状况及国内外的经济形势自主制定汇率政策,确定人民币的目标汇率,通过对外汇市场的干预,维持人民币汇率稳定,保证了人民币汇率的有管理性。

我国人民币对美元汇率长期以来一直是央行的货币政策目标之一,也是人民币汇率体系中的主导汇率。1994年1月1日外汇体制改革后,人民币对美元汇率经历了缓慢升值的过程,到1995年6月底人民币对美元汇率升值到8.3011元,人民币累计升值4.8%。随后人民币汇率进入稳定的时期。1997年以后,尽管在亚洲金融危机的冲击下,中国政府仍然坚持人民币不贬值,维持人民币的基本稳定,获得国际社会的广泛赞誉。这一时期人民币对美元汇率基本维持在8.27元至8.28元之间的水平上,保持人民币汇率的绝对稳定。人民币对美元汇率(1994年1月1日至2005年7月21日)如图1-3所示。

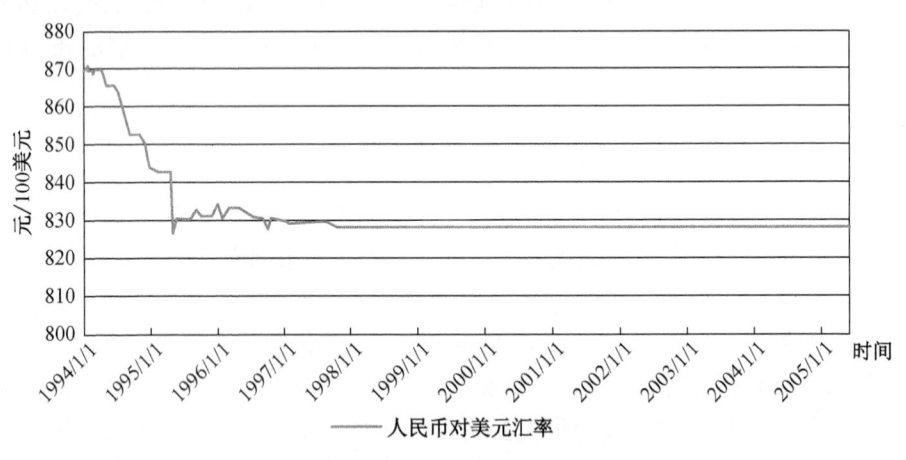

资料来源:www.safe.gov.cn。

图1-3 人民币对美元汇率(1994年1月1日至2005年7月21日)

但就人民币汇率制度的浮动性而言,由于人民币汇率的年波动幅度不超过1%,国际货币基金组织将人民币汇率制度归入了传统的钉住汇率安排。人民币对美元的名义汇率在1994年汇率并轨之后基本上没有大的变化,因此,我国2005年之前的汇率制度实际上是一种与美元挂钩的固定汇率制。

三、2005年7月至2008年8月的人民币汇率

中共十六届三中全会提出"完善人民币汇率形成机制,保持人民币汇率在合理、均衡水平上的基本稳定",既强调合理均衡,也强调稳定。为建立和完善我国

市场经济体制,充分发挥市场在资源配置中的基础性作用,建立健全以市场供求为基础的、有管理的浮动汇率制度,2005年7月21日起,我国开始实行以市场供求为基础、参考一篮子货币进行调节、有管理的浮动汇率制度。人民币汇率不再盯住单一美元,形成更富弹性的人民币汇率机制。当时人民币汇率一次性升值2%,同时央行规定每个工作日闭市后公布当日银行间外汇市场美元等交易货币对人民币汇率的收盘价,作为下一个工作日该货币对人民币交易的中间价格,这样起始的人民币汇率确定为8.11元/美元,每日银行间外汇市场美元对人民币的交易价在人民银行公布的美元交易中间价上下3‰的幅度内浮动,此后人民币汇率的变动将受到这个初始汇率和每天人民币汇率的波动幅度的影响,如汇改后的第一天人民币对美元汇率在8.11元上下3‰的区间内变动,第二天在第一天收盘价上下3‰内变动,依此类推。由于人民币升值压力较大,同时央行对人民币汇率每天的波动幅度有所限制,人民币汇率呈现持续小幅升值的态势,如自2005年7月21日至2005年年底,人民币只升值了约0.49%,升值幅度并不大。

由于对人民币初始汇率和汇率波动幅度的限制,人民币汇率制度体现两个特征:一是人民币汇率变动的区间很窄;二是人民币对美元汇率中间价的变动很小。人民币对美元汇率变动很难充分反映外汇市场供给和需求的变化。也就是说,如果汇率变动超出人民币汇率的限制区间,则必须由中央银行的干预来平衡,即如果外汇供给过多,人民币升值将超过所限汇率区间的下限,多余的外汇将由中央银行吸收;如果外汇需求过多,人民币贬值将超过所限区间的上限,则央行卖出外汇满足多余的外汇需求。总之,央行的干预保证汇率的波动不超出所限的人民币汇率区间,人民币汇率变动是有限弹性的。同时央行规定非美元货币对人民币的交易价在人民银行公布的该货币交易中间价上下1.5%幅度内浮动,并且前一天非美元货币对人民币汇率的收盘价作为第二天人民币对非美元货币汇率的开盘价,因此人民币对非美元货币的变动也难以反映国际金融市场上美元对非美元货币汇率的影响,人民币对美元汇率、人民币对非美元货币汇率和国际金融市场上美元对非美元货币汇率之间三角稳定关系很难维持,往往存在一定的汇率差价。

2006年1月4日,央行在银行间外汇市场引入了询价交易方式和做市商制度,中国外汇交易中心于每日银行间外汇市场开盘前向所有银行间外汇市场做市商询价,央行将全部做市商报价作为人民币兑美元汇率中间价的计算样本,去掉最高和最低报价后,将剩余做市商报价加权平均,得到当日人民币兑美元汇率中间价。这一改革虽然促进了汇率定价机制的进一步完善,但也面临一些新问题。一是询价能否反映市场供求的变化。尽管银行间外汇市场中间价采取询价方式确定,但做市商主要是根据美元汇率指数的走势、市场供求情况来报价。而央行是根据他们的报价进行加权平均,也就是人民币对美元的中间价的变动幅度被限制了,不管怎样取权重,中间价总是在整个报价范围之内。实际上,由于做市商考虑到人民币汇率最终会有中央银行的干预,并不完全由市场的需求和供给来决定,它的报价往往会偏离自己预期的市场价格。例如,如果是美元的净买入者,美元对人民币汇率会报得较低;如果是美元的净卖出者,美元对人民币汇率会报得较高。另外,为了能够反映外汇市场的供求,随着外汇市场规模的扩大,外汇市场还需要引入更多的国内外参与者竞争。二是汇率权重的确定问题。人民币对美元汇率中间价的权重由中国外汇交易中心根据报价方在银行间外汇市场的交易量及报价情况等指标综合确定。汇率权重是影响汇率变动的重要因素,它的确定直接影响汇率变动。人民币汇率的权重确定比较复杂,既要考虑到技术因素,又要考虑到市场因素,同时由于我国人民币汇率还承担央行宏观经济调控的功能,人民币汇率的变动还要考虑到国内外因素,如通货膨胀、贸易收支、利率、资本流动、美元汇率的变化等,因此合理权重的确定是非常困难的,依赖央行对宏观基本面和市场变动等的判断。

实际上,由于国际收支的双顺差,自 2005 年汇改以来,人民币对美元一直保持升值态势。到 2008 年 7 月底,人民币对美元累计升值 18.58%,人民币基本上是爬行钉住美元。人民币对美元汇率(2005 年 7 月 22 日至 2008 年 8 月 31 日)如图 1-4 所示。

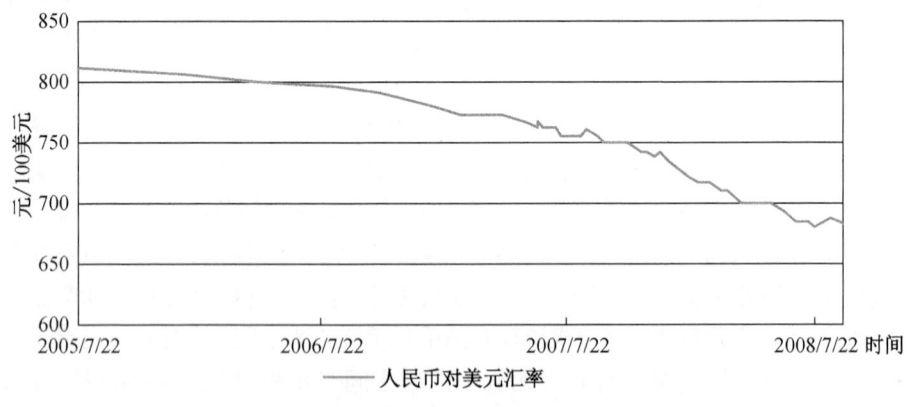

资料来源:www.safe.gov.cn。

图 1-4　人民币对美元汇率(2005 年 7 月 22 日至 2008 年 8 月 31 日)

2005 年 7 月 21 日人民币汇改后,由于国际收支的双顺差,人民币对美元汇率持续升值。人民币升值速度保持了相对稳定①,通过对人民币汇率的线性拟合能够看出:$ER = 833.5921 - 0.1755 \times t$,$R^2 = 0.9128$,$a-R^2 = 0.9127$,其中 ER 表示人民币对美元汇率,t 是时间。回归的 R^2 比较高,斜率为 -0.1755,

---

①　本章中人民币汇率变动的"绝对稳定"意味着人民币汇率基本是固定的,"相对稳定"意味着人民币汇率变动的步伐是稳定的。

意味着人民币升值的步伐比较稳定,人民币汇率保持了相对线性稳定,人民币汇率波动偏离线性稳定水平相对比较小。

人民币对美元汇率的变动是单调变化的,笔者认为央行虽然可以调整篮子货币权重,但人民币汇率主要是参考美元汇率变动,而非一篮子货币,也就是说,在篮子货币中,主要是美元,其他货币占比较低。

四、国际金融危机期间人民币汇率(2008年9月至2010年6月)

自2007年7月美国爆发次贷危机以来,美国采取扩张性的宏观经济政策刺激经济,美元利率连续下调,美元币值下降,美元持续走软。相应地,人民币币值上扬,人民币对美元保持升值态势。但随着美国次贷危机的蔓延和加剧,美元走势发生逆转,美元国债作为避险资产工具日益明显,对美元需求反而增加,导致美元由贬值转向升值,人民币升值压力减轻;同时主要发达国家经济体先后陷入经济衰退,世界总需求下降,我国出口形势变得日益严峻。在2008年8月以后,中国放弃了人民币的持续升值,保持了人民币汇率的稳定,因此人民币对美元汇率再次保持绝对稳定,一直持续到2010年6月。汇率基本稳定在6.83元左右,没有大的起伏,其间,人民币和美元汇率保持小幅双向波动,随着美元升值,人民币对美元微贬;随着美元贬值,人民币对美元微升,但是均在窄幅内变动。人民币对美元汇率(2008年9月1日至2010年6月19日)如图1-5所示。

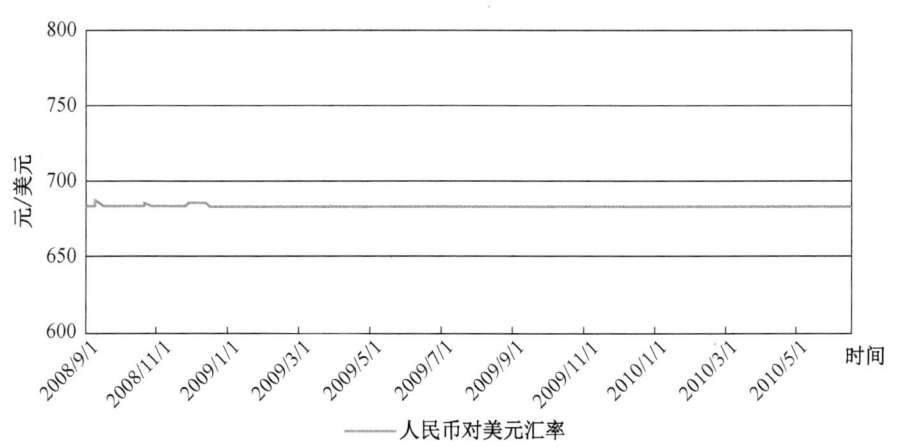

资料来源:www.safe.gov.cn。

图1-5 人民币对美元汇率(2008年9月1日至2010年6月19日)

实际上,从外汇供给和需求的角度来看,人民币仍有升值趋势,从2009年的数据来看,我国的外汇占款增加为25 530.33亿元,我国的外汇储备增加额为4 531.22亿美元,这说明外汇市场的干预力度仍然较大,外汇供给仍然大于外汇需求,人民币有升值压力,中央银行对外汇市场干预仍然是稳定汇率的重要因素。2009年我国外汇储备余额如图1-6所示。

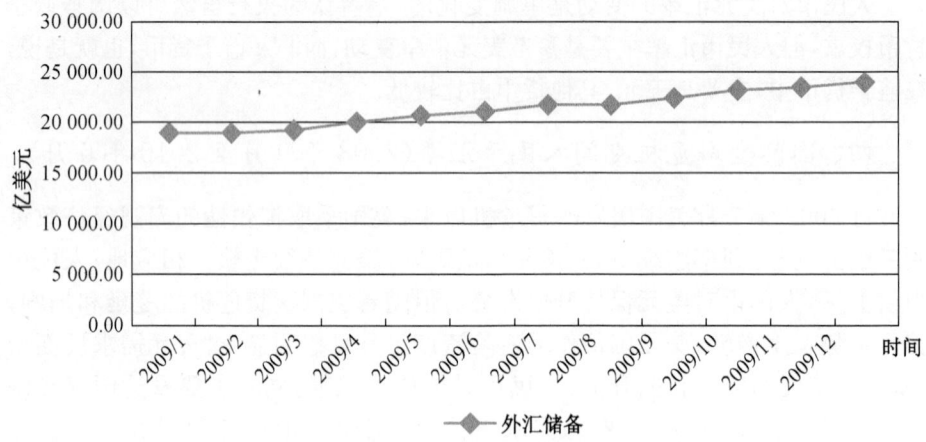

资料来源:www.pbc.gov.cn。

图1-6　2009年我国外汇储备余额

同时为了抵销外汇占款增加,央行在货币市场上回笼资金的力度仍然很大,如2008年比2007年央行票据存量增加高达11 310.7亿元。人民币是否应该对美元升值呢?从美元币值变化来看,当时美元指数一路攀升,美元对其他主要货币都升值较快。在美元升值的情况下,如果人民币继续对美元升值,则人民币对非美元货币升值的速度就更快。也就是说,人民币有效汇率指数会上升更快。根据国际清算银行数据,人民币有效汇率指数2008年基本上都是上升的,升值了14.25%,有效汇率上升说明人民币币值的总体水平在上升。2008年人民币有效汇率指数如图1-7所示。

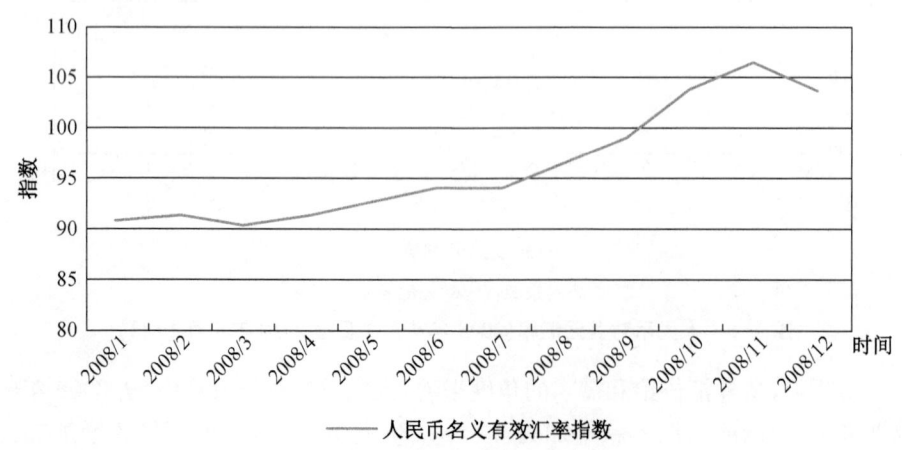

资料来源:www.bis.org。

图1-7　2008年人民币有效汇率指数

2008年下半年后,宏观经济目标主要是"保增长",出口下滑将会影响社会就业,因此即使短期内人民币存在一定升值压力,央行也会使其控制在小幅范围内。相反,随着美元升值,如果人民币对美元贬值,则人民币对非美元货币如欧元和英镑等货币升值速度将放缓,人民币有效汇率指数上升也将放缓,将有利于缓解企业出口成本。人民币对美元是否要贬值必须综合评估,一是看贬值是否能够有效缓解出口压力。由于国际金融危机,主要资本主义国家经济不振,面临衰退的风险,消费和投资需求大幅度下降,这必然会影响这些发达国家的总需求;相应地,它们对我国出口商品的需求也会下降。实际上,当时我国面临出口下降的威胁主要是来自外需下降,人民币汇率并不是主要原因。同时,我国出口产品主要是一些劳动密集型的价值较低的生活必需品,对人民币汇率变动的弹性较小,人民币贬值未必能有效刺激出口,因此贬值不是解决问题的有效措施。二是汇率贬值可能会导致资本外逃。2008年上半年由于人民币升值,我国防止"热钱"流入。2008年9月份以来,次贷危机加剧,形势突变,金融恐慌笼罩金融市场,很多国家都出现资本外逃的现象。尽管我国有充足的外汇储备,但是防范资本外逃,有利于稳定金融市场,保证宏观经济平稳增长,因此危机期间也不宜采用汇率贬值措施。三是人民币贬值会恶化金融机构和企业的资产负债表,在金融危机冲击下,不利于金融稳定和刺激总需求。四是人民币贬值,容易遭到西方国家的反对。长期以来,人民币汇率一直是西方国家施压中国政府的借口,而在金融危机冲击期间,采取人民币贬值,更容易引发西方国家不满和贸易摩擦。

从当时经济形势来看,人民币保持稳定是一个占优的政策选择。全球金融危机期间人民币对美元汇率保持稳定,有利于稳定市场预期,防止金融市场的大幅度波动,这也是对稳定国际金融市场的贡献。在国际金融危机的冲击下,投资者信心脆弱,金融市场上的风吹草动都会引发投资者的恐慌,人民币对美元汇率稳定将有利于增加投资者市场信心。而且,当时美元升值也不是长期趋势,在全球金融资产价格下跌的情况下,美元升值主要是由于美元国债是一个较好的避险工具,投资者纷纷购买美国国债而推高美元,一旦经济平稳或恢复,美元还存在贬值的可能性。人民币汇率变动要考虑到美元的长期走势,避免人民币汇率的大幅度波动,如2008年上半年美元对主要非美元货币贬值,而下半年美元对欧元、英镑等货币迅速升值,人民币汇率政策要有一定的预见性。另外,我国人民币汇率并不完全是市场化汇率,它既是央行的一个货币政策工具,也是央行的一个货币政策目标,央行通过市场干预维持汇率目标的相对稳定性,这也体现了央行在全球金融动荡形势下维稳的政策意图。还有人民币对美元汇率保持稳定,有利于进出口企业防范汇率风险,因为我国出口和进口的产品大部分是以美元计价的,汇率稳定有利于消除汇率波动的风险。

总之,国际金融危机时期我国宏观经济调控的主要任务转向"保增长",但当时在外部环境恶化的情况下,汇率并不能作为拉动需求的主要工具,而在全球金融危机期间,经济不确定和不稳定因素增加,人民币汇率维稳将有利于保持汇率政策连续性和灵活性。

五、2010年6月19日至2015年8月11日的人民币汇率

进入2010年,关于人民币汇率的调整预期逐渐升温,人们更加关注我国汇率工具的退出问题。市场人士也对此进行了预测。2010年1月,渣打银行发布的中期汇率预测报告指出,预计人民币将在2010年二季度末与美元"脱钩",逐渐恢复对美元的长期升值趋势。全球投资大鳄索罗斯在2010年1月份瑞士达沃斯世界经济论坛上接受记者采访时表示人民币应该升值。

人民币是否重启升值取决于国家外汇储备变动情况,如果经常项目和资本项目继续保持双顺差,外汇储备不断增加,人民币升值压力会相应上升。2009年第四季度我国外贸形势开始好转。2010年随着全球经济逐步复苏,出口形势有所改善,贸易顺差相应增加。同时资本项目继续改善,外商直接投资也稳步回升,随着中国经济回升和加息预期,人民币升值预期也进一步上升,流入国内的短期资本会有所增加,这样外汇供给也会不断增加,央行干预的压力将不断上升。而2010年2月3日时任美国总统奥巴马表示,中国及亚洲将会继续是美国庞大的出口市场,但必须处理汇率问题,意味着奥巴马政府在人民币汇率问题上可能再次向中国政府施压,贸易摩擦会不断加剧。

随着我国积极采取应对危机的措施,经济形势有所好转,外汇市场压力有所上升。2010年6月19日我国进行了新一轮的汇改,人民币对美元汇率弹性增加,我国外汇储备水平仍然很高,外汇市场供给仍然大于需求,人民币汇率继续保持升值,但升值步伐变缓。人民币对美元汇率(2010年6月19日至2015年8月11日)如图1-8所示。

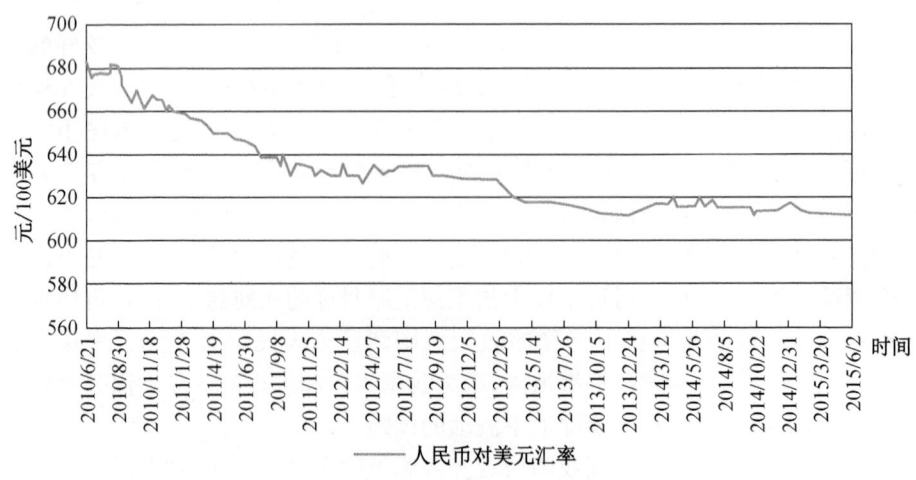

资料来源:www.safe.gov.cn。

图1-8 人民币对美元汇率(2010年6月19日至2015年8月11日)

这一时期人民币升值速度也保持了相对稳定,对人民币汇率的线性拟合能够得到:$ER = 661.105\ 1 - 0.048\ 8 \times t$,$R^2 = 0.830\ 8$,$a-R^2 = 0.830\ 7$,其中 ER 表示人民币对美元汇率,t 是时间。回归的 R^2 也比较高,斜率为 $-0.048\ 8$,意味着人民币升值的步伐比较稳定,但与 2007 年 7 月至 2008 年 8 月相比,升值的步伐小一些,人民币汇率保持了相对稳定;由于 R^2 小一些,人民币汇率波动偏离线性稳定水平与之比较也相对比较大一些。

六、2015 年 8 月 11 日至今的人民币汇率

实际上,2014 年以后,外汇市场的供求逐步发生变化。2014 年 9 月开始,银行结售汇(即期+远期)逆差格局一直持续。2015 年 7 月,银行代客即期结售汇逆差总额高达 253 亿美元,远期结售汇逆差 159 亿美元。不仅银行代客即期结售汇顺差下降,而且远期净结汇也有所下降,市场对人民币继续升值的预期不断发生变化。2015 年 8 月银行代客即期结售汇实现逆差 435 亿美元,远期结售汇逆差亦高达 679 亿美元,合计 1 114 亿美元逆差。2015 年 9 月银行代客结售汇逆差达到最大,高达 1 245.6 亿美元,后期银行结售汇(即期+远期)差额之和也一直为负,外汇市场的供求关系正在发生持续变化。银行远期结售汇差额和银行代客结售汇差额(2010 年 1 月至 2018 年 3 月)如图 1-9 所示。

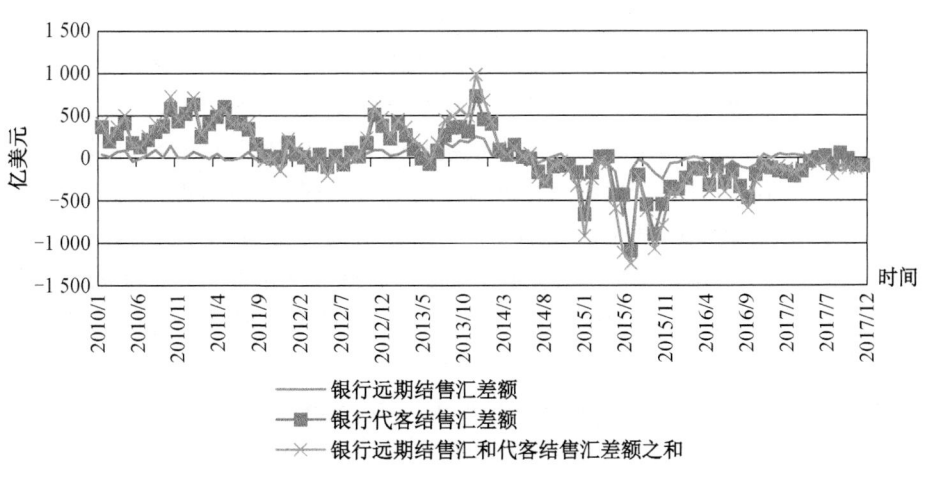

资料来源:iFinD 数据库。单位:亿美元。

图 1-9　银行远期结售汇差额和银行代客结售汇差额(2010 年 1 月至 2018 年 3 月)

从外汇储备的变动来看,2014 年 9 月到 2017 年年初,外汇储备几乎每月都在下降;尽管 2017 年以后,外汇储备有所增加,但增加幅度较以前外汇储备增加的幅度明显有所下降。我国外汇储备的变动(2010 年 7 月至 2018 年 3 月)如图 1-10 所示。

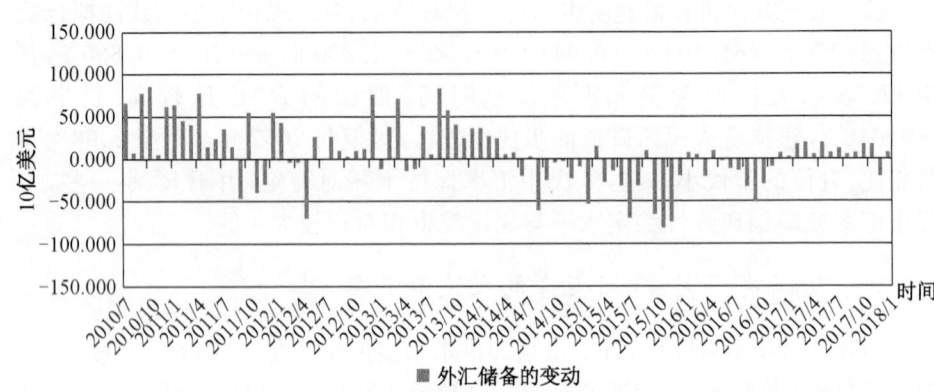

资料来源：www.pbc.gov.cn。单位：10亿美元。
图 1-10 我国外汇储备的变动(2010 年 7 月至 2018 年 3 月)

因此，2015 年 8 月 11 日，中国人民银行继续完善人民币汇率的形成机制，人民币对美元汇率的中间价上调 1 136 点，贬值到 6.229 8 元，规定自当日起，做市商在每日银行间外汇市场开盘前，参考上一日银行间外汇市场收盘汇率，综合考虑外汇供求情况以及国际主要货币汇率变化向中国外汇交易中心提供中间价报价。在"8.11"汇改之后的几个月内，人民币对美元汇率中间价确定直接参考上一日收盘价，人民币汇率中间价定价简单明确，保持了汇率变动的连续性，但是人民币汇率变动的不确定性上升，渐进性和可控性下降。

从 2016 年起，人民币对美元汇率中间价转为实施"收盘价＋一篮子汇率"的定价模式①。也就是说，银行间外汇市场上每天早上发布的中间价以做市商(中国人民银行和外汇交易中心指定的决定银行间人民币中间价的金融机构)提出的报价为基础进行计算。做市商在进行中间价报价时，需要考虑"收盘汇率"和"一篮子货币汇率变化"两个组成部分。每日银行间外汇市场开盘前，做市商根据上一日一篮子货币汇率的变化情况，计算为保持人民币对货币篮子稳定所需要的人民币对美元汇率调整幅度，得出当日人民币兑美元中间价报价。"收盘汇率"是指上一日 16 时 30 分银行间外汇市场上的人民币对美元收盘汇率，主要反映了外汇市场供求状况。"一篮子货币汇率变化"是指为保持当日人民币汇率基本稳定所要求的人民币兑美元双边汇率的调整幅度，主要是为了保持当日人民币汇率指数(例如，CFETS 人民币汇率指数)与上一日人民币汇率指数相对稳定。中国外汇交易中心将做市商报价作为计算样本，去掉最高和最低的报价后，经平均得到当日人民币兑美元中间价，于 9 时 15 分对外发布。

2017 年 2 月份中央银行将中间价对一篮子货币的参考时段由 24 小时调整

---

① 我国人民币汇率改革一直坚持主动性、渐进性和可控性，笔者认为我国人民币汇率改革的基本原则并没有改变。

为15小时,避免了美元日间变化在次日中间价中重复反映。中间价形成机制的不断完善,有效提升了汇率政策的规则性、透明度和市场化水平,在稳定汇率预期方面发挥了积极作用。自2016年1月4日起,银行间外汇市场交易系统每日运行时间延长至北京时间23:30,人民币汇率中间价及浮动幅度、做市商报价等市场管理制度适用时间相应延长。中国外汇交易中心对外公布北京时间16:30人民币兑美元即期询价成交价仍然作为当日收盘价。

新一轮汇改使得人民币汇率的弹性不断增加,双向波动幅度进一步扩大,市场供求对人民币汇率的影响不断增强。人民币对美元汇率(2015年8月11日至2017年12月31日)如图1-11所示。

资料来源:www.safe.gov.cn。

图1-11 人民币对美元汇率(2015年8月11日至2017年12月31日)

这一阶段人民币汇率制度的特点是我国由保持人民币对美元汇率的稳定转向人民币有效汇率的稳定。中央银行也希望通过对人民币汇率的市场化改革,增加人民币对美元汇率的弹性和不确定性。

2017年5月26日,中央银行表示将在汇率中间价定价机制中引入逆周期因子,触发了人民币汇率在年内的第二波升值。人民币兑美元汇率中间价变为"前一交易日收盘汇率+一篮子货币汇率变化+逆周期因子"的形成机制。以工商银行为牵头行的外汇市场自律机制汇率工作组建议,在中间价报价模型中增加逆周期因子,主要目的是适度对冲市场情绪的顺周期波动,缓解外汇市场可能存在的"羊群效应"。并且表示,逆周期因子根据宏观经济等基本面变化动态调整,有利于引导市场在汇率形成中更多关注宏观经济等基本面情况,使中间价报价更加充分地反映我国经济运行等基本面因素,更真实地体现外汇供求和一篮子货币汇率变化。模型参数由各报价行根据对宏观经济和外汇市场形势的判断自行设定。

这次中间价形成机制改革一时间引发了市场争议,一种观点认为,央行明显有意维稳人民币汇率,强化中间价的政策意图与汇率市场化改革方向背道而驰。中间价引入逆周期因子会一定程度上削弱前一日收盘价的影响,也就减少了市场波动对中间价的影响,同时降低了汇率形成机制的透明度。另一种观点认为,引入逆周期因子可以解决原有机制内嵌的"非对称贬值"问题[①],可被视为中间价形成机制的完善。虽然透明度有所缺失,但是随着汇率市场化改革的继续推进,中间价形成机制还会不断调整,将有助于汇率调节成为货币政策更加有机的组成部分。

由此可以看出,人民币汇率形成机制改革中融入"逆周期因子"降低了规则的透明度,央行向市场传递政策信号意图可能会变得不明确,与市场参与者的信息沟通也可能会出现障碍,因此需要进一步完善汇率形成机制的改革[②]。

人民币对美元汇率的中间价是每天外汇市场的基准汇率,银行间外汇市场和OTC市场都需要根据或参考人民币对美元汇率的定价来确定其他汇率和挂牌汇率。我国人民币对美元汇率的中间价改革采取的是渐进方式,有利于外汇市场的稳定,防范相应的金融风险。

第二节 影响人民币汇率变动的因素

一、影响人民币汇率的因素

判断人民币汇率走势,必须要考察影响人民币汇率变动的主要因素。实际上影响人民币汇率变动的因素很多,这些因素的共同作用决定了人民币汇率的走势。

一是经济增长。我国长期高速经济增长,劳动生产率不断提高,产出增加,使得人民币的购买力增强,市场对人民币信心增强,人民币有升值的趋势。

二是国际收支的变化。国际收支变化是决定人民币汇率的重要因素,它反映了外汇市场供给变化对人民币汇率的影响。如果国际收支盈余,外汇市场外币供给将增加,外币将贬值,人民币将升值;如果国际收支恶化,则外汇供给将下降,人民币会面临贬值压力。长期以来我国的贸易项目和资本项目双顺差,人民币也保持升值的趋势。我国贸易项目的持续盈余,资本内流也在不断增加,导致外汇供给增加,对人民币的需求增加,人民币有升值压力。如果我国国际收支盈

---

① 中间价形成机制内嵌了"非对称贬值"问题,即美元走强,人民币走弱,但美元走弱,人民币却不能像其他货币一样走强。如2017年4月份后,美元指数从101降至97,人民币汇率基本不为所动,仍维持在6.88。

② 在后面的分析中,笔者建议融入"实际汇率变动"的因素,替代"逆周期因子"。

余下降，人民币升值压力将减小，目前我国也在追求国际收支的平衡，增加出口的同时，也在扩大进口。

三是中央银行的干预影响人民币汇率的变化。外汇市场的参与者除了买卖双方，还有中央银行，它是市场最大的参与者，能够影响汇率的走势。尽管央行积极推动人民币汇率的市场化改革，但是人民币汇率仍然是央行宏观调控的重要工具之一，也是央行的货币政策目标，如果外汇供给大于外汇需求，中央银行必须买进外汇，抛出本币；为了防止通货膨胀，中央银行必须进行冲销干预，控制物价水平上升，也维持了人民币升值的趋势。一旦汇率的变动超出央行汇率目标波动的幅度，央行就会在外汇市场进行干预，如在银行间外汇市场上买入外汇，投放本币，限制汇率过快升值。买入的外汇形成新增的外汇储备，投放本币，则形成新增的外汇占款。相反，如果外汇供给小于外汇需求，中央银行必须抛出外汇，买进本币，外汇占款和外汇储备会减少。

四是公众的预期。如果预期人民币将继续升值，居民和企业都不愿意持有外汇，就会迅速结汇，获取人民币。实际上，如果公众预期人民币继续升值，公众少持有外汇，尽快结汇以减少人民币升值带来的损失，人民币升值的压力会加大，升值步伐也会加快；如果公众预期人民币会贬值，则更愿意持有外汇，形成外汇存款。长期以来，在人民币有升值预期的情况下，居民更愿意结汇，而不是愿意存款。

五是通货膨胀的变化。如果中国的通货膨胀率相对美国的通货膨胀率上升，则人民币的相对币值在下降，也就是说人民币的购买力在相对下降，人民币升值的压力将缓解。相反，如果美国的通货膨胀率高于中国的通货膨胀率，则美元的币值在下降，人民币的币值相对上升，人民币会有升值的压力。

六是热钱的流动。由于人民币升值预期和国内资产价格（如房地产价格）上升，投机资本大量流入以获得高额利润。大量的热钱流入将导致外汇供给大幅度增加，人民币升值压力加大。国际投机资本流入，人民币升值的压力将增加；投机资本流出，人民币升值的压力将减缓。如果政府强化对热钱流入的控制，同时人民币预期升值幅度减弱，投机资本的获利空间减少，投机资本流出将会增加，人民币升值的步伐将变缓。如果人们预期人民币将贬值，则资本会外流，外汇储备会下降。

七是美元币值的变化。人民币对美元的汇率是人民币币值对美元币值之比，它反映了当期人民币和美元的购买力之比。在一定的名义汇率水平下，如果美元币值下降，人民币币值就相对上升，人民币升值压力就大；如果美元币值上升，人民币币值就相对下降，人民币会相应贬值。如在美元持续走强的情况下，人民币对美元出现了持续贬值的现象，这是两国货币相对比较的结果，是互为参照物的。汇率是双方货币的比价，不仅由本国货币价值决定，也由其他国家的货币币值来决定。如自2007年9月至2008年9月国际金融危机爆发，美联储连续下调联邦基金利率，美元持续走软，人民币升值压力进一步加大。同时美元贬值也强化了市场对人民币升值的预期，投机资本也会进一步流入，也增加了人民币升值的压力。如果美国经济基本面转好，美元走强，则人民币升值压力将不断减缓，甚至会出现贬值的情况。

八是人民币对美元汇率的变化趋势要受到人民币对非美元货币汇率的影响。人民币除了对美元汇率以外，还有人民币对欧元、日元和英镑等汇率。人民币对美元升值，并不意味着人民币对欧元、日元和英镑等货币升值，如以前随着美元走软，人民币对美元升值，但人民币对欧元和日元等货币贬值。而随着美元走强，人民币对美元贬值，但人民币对欧元、日元和英镑等货币却快速升值。人民币对美元汇率的变化必须要考虑到对人民币对非美元货币汇率的影响，央行必须在人民币对美元汇率和人民币对非美元汇率这两者之间取得平衡，使人民币对篮子货币的升值速度不宜过快。

总之，人民币汇率变动是多种因素共同作用的结果，既要受国内外宏观基本面、国际收支、市场预期等因素的影响，又要受央行干预、美元币值和人民币汇率形成机制等因素的影响。它们对人民币汇率影响的方向可能相同，也可能相反，这些因素共同决定了人民币汇率变动的方向、节奏和变动的幅度。国际收支状况、美元币值的变化和制度因素等决定了人民币汇率的基本走势，中央银行的干预和市场预期等影响人民币汇率变动的步伐。

二、人民币汇率中间价和汇率波动幅度

我国央行按照主动性、可控性和渐进性原则，完善人民币汇率形成机制，增强汇率弹性，保持人民币汇率在合理均衡水平上的基本稳定。笔者认为，增加人民币汇率的弹性有两种含义：一是增加人民币对美元汇率中间价的弹性；二是扩大人民币对美元汇率的波动幅度。这是一个问题的两个方面。增强人民币汇率弹性是两个方面的选择，依赖于央行货币政策目标的确定和市场机制的完善。央行管理人民币汇率，一方面管理人民币汇率中间价的形成机制；另一方面管理人民币汇率的波动幅度。人民币中间价的确定要能够反映宏观基本因素的变动，而人民币汇率的波动幅度受市场预期、外汇供求变动等短期因素的影响。中间价和波动幅度相互影响，相互制约，中间价是质心，起到牵引的作用，波动幅度是旋转半径，不能够脱离控制区域，起到抑制人民币汇率过度波动的作用。

（一）人民币对美元汇率中间价的调整

2005年汇改后，人民币对美元汇率中间价的确定主要是通过向所有银行间外汇市场做市商询价，去掉最高和最低报价后，将剩余做市商报价加权平均，得到当日人民币对美元汇率中间价，同时人民币汇率波动幅度也受到一定的限制，人民币对美元汇率在中间价上下0.3%的幅度内变动。由于我国国

际收支的双盈余,外汇储备不断增加,2005年汇改,增加了人民币汇率的弹性,主要是增加了人民币对美元汇率中间价的弹性,人民币对美元汇率持续升值。2008年年底,由于受到国际金融危机的冲击,人民币存在一定的贬值压力,许多企业希望人民币贬值刺激出口,但我国中断了人民币汇率继续升值,保持了人民币汇率的基本稳定,而没有走向贬值。有些学者认为在市场贬值预期的作用下,促使人民币对美元贬值,应该增加人民币汇率的波动幅度①。但这里面临的问题是,增大人民币汇率的波动幅度是不是一个好的选择？答案是否定的,因为我国人民币汇率是央行货币政策目标,汇率变化往往需要在多个目标之间取得平衡。如人民币对美元贬值一方面有利于出口,另一方面可能加快资本流出和外商直接投资下降,在这样经济条件下,我国央行确定维持人民币对美元汇率的基本稳定。如果央行的汇率目标是保持人民币对美元汇率中间价的稳定,即使增加人民币汇率的波动幅度,如由5‰上调到1％,人民币对美元汇率每天的波动幅度变大,但是汇率的区间基本上也是固定的,汇率变动的趋势仍然是限定的。也就是说,在中间价保持相对稳定的情况下,扩大人民币汇率的波动幅度只会使得每天的人民币波动幅度增大,并不能从根本上解决问题。

另外,即使人民币对美元汇率贬值,从技术上来讲,央行并不一定要通过增加人民币汇率的波动幅度来实现,完全可以通过增加人民币汇率的中间价弹性来实现。我国的央行是外汇市场的一个重要参与者,央行干预可以对人民币汇率产生很大的影响,因此人民币对美元汇率升值或贬值并不在于增加人民币汇率的波动幅度。汇率是否升值或贬值更大程度上取决于央行的人民币对美元汇率目标,如果央行以维稳为目标,汇率波动幅度无需扩大；如果央行采取升值或贬值措施,通过中间价的调整就可以实现。也就是说,如果汇率是央行的货币政策目标,央行更倾向于通过中间价的调整来确定汇率水平,这样有利于央行对汇率水平的控制。如果人民币对美元汇率的波动幅度增大,意味着人民币汇率中间价对汇率的牵引作用会越来越弱,也就是央行在逐步放弃人民币对美元汇率的控制,放弃人民币对美元汇率作为货币政策的目标。而在一般情况下,汇率仍然是央行货币政策的目标,如果汇率需要调整,央行应该通过人民币汇率中间价的调整来增加人民币汇率的弹性,而不是通过增加人民币汇率的波动幅度来调整。通常管理人民币汇率中间价更加直接,也更加有效,而人民币汇率波动幅度变动是双向的,不确定性较大。实际上,从2005年7月至2010年6月,人民币汇率波动幅度只调整了一次②,人民币汇

---

① 国际金融危机爆发后,有些学者希望通过扩大人民币汇率的波动幅度,促使人民币对美元贬值。

② 2007年5月21日,人民币对美元汇率的波动幅度由0.3％扩大到0.5％。

率仍然是央行的一个重要目标。

(二) 假定央行以经常项目余额和国民收入为目标,调整人民币对美元汇率

假定央行以经常项目 CA 与目标经常项目的余额 CA^*、国民收入 y 与目标国民收入 y^* 的偏差最小作为目标,则央行最小化它的损失函数[①]:

$$\min_{:}L = \frac{1}{2}(\ln CA - \ln CA^*)^2 + \frac{\lambda}{2}(y-y^*)^2$$

其中,λ 是常数。假定经常项目余额对人民币汇率 S 的弹性是 η,是不变的,则:

$$\frac{\frac{dCA}{CA}}{\frac{dS}{S}} = \eta,\text{因此}\frac{d\ln CA}{d\ln S} = \eta,\text{解此微分方程得到:}$$

$$\ln CA = \eta \ln S + C,\text{其中} C \text{为任意常数}$$

假定总需求是实际汇率和利率的函数,则 $y = \beta(\ln S + \ln P^* - \ln P) - \alpha r$,其中 P^* 是国外价格水平,P 是国内价格水平,r 是利率,α、β 是常数,因此:

$$\min_{:}L = \frac{1}{2}(\ln CA - \ln CA^*)^2 + \frac{\lambda}{2}(y-y^*)^2$$
$$= \frac{1}{2}(\eta \ln S - \ln CA^*)^2 + \frac{\lambda}{2}([\beta(\ln S + \ln P^* - \ln P) - \alpha r] - y^*)^2$$

为了研究问题的方便,假定 P、P^* 不变并标准化为 1,$r = 0$,则:

$$\min_{:}L = \frac{1}{2}(\eta \ln S - ca^*)^2 + \frac{\lambda}{2}(\beta \ln S - y^*)^2$$

使损失函数最小化,得到:

$$\ln S = \frac{\eta ca^* + \lambda \beta y^*}{\eta^2 + \lambda \beta^2}$$

解得:$S^* = e^{\frac{\eta ca^* + \lambda \beta y^*}{\eta^2 + \lambda \beta^2}}$

因此,最优化的汇率水平由以下因素决定:货币政策的目标 ca^* 和 y^*、经常项目的汇率弹性 η、总需求的汇率弹性 β,以及两个目标的相对权重 λ。如果以人民币对美元汇率为目标,央行调整人民币对美元的汇率尽量接近最优化的汇率水平 S^*。

假定当期的汇率水平 S 大于目标水平 S^*,如果本币以速度 μ 升值,即 $\frac{ds}{dt} = -\mu$,则 $S = -\mu t + S_0$,其中 S_0 是期初的汇率水平,代入上式得到:

[①] 为了说明问题,我们的模型中只考虑经常项目余额和国民收入这两个目标。实际上,根据经济形势的变化,损失函数可以修正目标或加入更多的目标。

$$\ln(-\mu t + S_0) = \frac{\eta c a^* + \lambda \beta y^*}{\eta^2 + \lambda \beta^2}$$，则升值时间为：

$$t^* = \frac{1}{\mu}(S_0 - e^{\frac{\eta c a^* + \lambda \beta y^*}{\eta^2 + \lambda \beta^2}}) = \frac{1}{\mu}(S_0 - S^*)$$

在 t^* 达到汇率目标水平（见图1-12）。

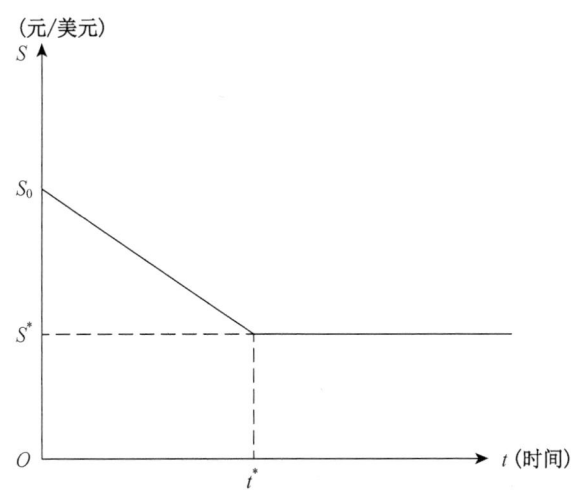

图1-12 汇率升值到目标水平

因此在一定的货币政策目标下，人民币汇率的调整会逐步向均衡汇率靠拢，汇率调整的时间取决于汇率变动的速度。如2005年汇改后，人民币对美元汇率持续升值，直到国际金融危机爆发，人民币对美元汇率升值到一个新的水平，人民币对美元汇率的调整主要是通过中间价的调整来实现的。

(三) 人民币对美元汇率的调整

国际金融危机后，2010年人民币升值之声再起，央行是否调整汇率依赖于政策目标和调整的成本，央行维持汇率不变的损失函数为：

$$L^{不变} = \frac{1}{2}(\eta \bar{s} - c a^*)^2 + \frac{\lambda}{2}(\beta \bar{s} - y^*)^2, \text{其中} \bar{s} = \ln \bar{s}$$

央行改变汇率的损失为（s 是变动的）：

$$L^{变} = \frac{1}{2}(\eta s - c a^*)^2 + \frac{\lambda}{2}(\beta s - y^*)^2$$

假定固定汇率的调整有一个固定成本 C，则只要维持汇率不变的损失和央行变动汇率的损失之差大于固定成本 C，则调整汇率。因此调整汇率的条件为：

$$L^{不变} - L^{变} = \frac{1}{2}(\eta \bar{s} - c a^*)^2 + \frac{\lambda}{2}(\beta \bar{s} - y^*)^2 - \frac{1}{2}(\eta s - c a^*)^2 - \frac{\lambda}{2}(\beta s - y^*)^2 > C$$

将上式化简得到：

$$L^{\text{不变}} - L^{\text{变}} = \frac{1}{2}\eta^2\bar{s}^2 - \eta\bar{s}ca^* + \frac{\lambda}{2}\beta^2\bar{s}^2 - \lambda\beta\bar{s}y^* - \frac{1}{2}\eta^2 s^2 + \eta sca^* - \frac{\lambda}{2}\beta^2 s^2 + \lambda\beta sy^*$$
$$= \left[\left(\frac{1}{2}\eta^2 + \frac{\lambda}{2}\beta^2\right)(\bar{s}+s) - (\eta ca^* + \lambda\beta y^*)\right](\bar{s}-s) > C$$

因此：

$$(\bar{s}-s) > \frac{C}{\left(\frac{1}{2}\eta^2 + \frac{\lambda}{2}\beta^2\right)(\bar{s}+s) - (\eta ca^* + \lambda\beta y^*)} = M$$

只要汇率的升值幅度大于 M，则 $L^{\text{不变}} - L^{\text{变}} > C$。如图1-13所示，$L^{\text{不变}} - L^{\text{变}}$ 是一条抛物线，当汇率升值到 (U_1, U_2) 区间时，都是可接受的，即 $L^{\text{不变}} - L^{\text{变}} > C$。最优的汇率水平：$s^* = e^{\frac{\eta ca^* + \lambda\beta y^*}{\eta^2 + \lambda\beta^2}}$，且 $L^{\text{不变}} - L^{\text{变}} = \left[\left(\frac{1}{2}\eta^2 + \frac{\lambda}{2}\beta^2\right)(\bar{s}+s) - (\eta ca^* + \lambda\beta y^*)\right](\bar{s}-s)$，抛物线的两个根分别是 $\bar{s}$，$\frac{2(\eta ca^* + \lambda\beta y^*) - (\eta^2 + \lambda\beta^2)\bar{s}}{(\eta^2 + \lambda\beta^2)}$。实际上根据具体的参数值，可以计算出汇率区间 $[U_1、U_2]$：

$$U_1, U_2 = \frac{(\eta ca^* + \lambda\beta y^*) \pm \sqrt{(\eta ca^* + \lambda\beta y^*)^2 + 4\left(\frac{1}{2}\eta^2 + \frac{\lambda}{2}\beta^2\right)\left[\left(\frac{1}{2}\eta^2 + \frac{\lambda}{2}\beta^2\right)\bar{s}^2 - (\eta ca^* + \lambda\beta y^*)\bar{s} - C\right]}}{(\eta^2 + \lambda\beta^2)}$$

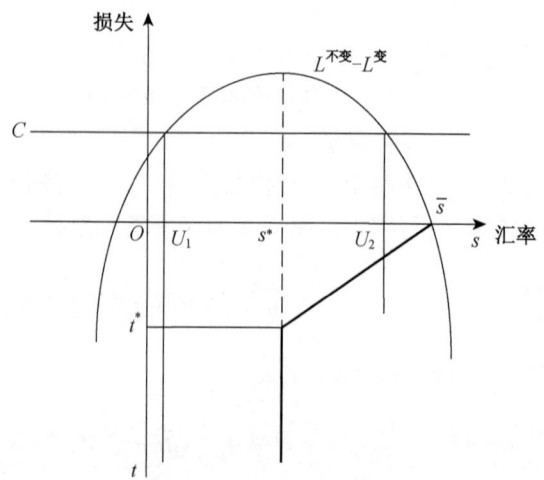

图1-13 汇率变动的区间

如果汇率调整，则汇率升值到最优水平 s^*。实际上，只要升值到 $[U_1, U_2]$ 区间内，都是可以接受的。由此可以看出，央行根据自己的损失函数和固定汇率调整的成本可以确定对汇率调整的可接受区间。区间受多种因素影响，如货币政策目标,经常项目和总需求的汇率弹性等。如果央行调整人民币对美元汇率,重启升值,根据经常项目、国民收入等目标,可逐步升值至s^*。

2010年前几个月,要求人民币对美元升值的呼声越来越高,人民币对美元汇率如何增加弹性一直是人们关注的一个重要问题。2010年6月19日,央行重启人民币升值,人民币汇率进入一个新的升值区间,直到2015年8月,人民币对美元汇率一直是保持升值趋势,央行主要是增加人民币汇率中间价的弹性。如图1-14所示,2005年汇改后人民币进入升值区间,通过人民币对美元汇率中间价的调整,人民币汇率升值到一个新的水平。由于受国际金融危机的冲击,人民币对美元汇率中间价的升值趋势中断,我国保持了人民币对美元汇率中间价的稳定,尽管受到外部需求下降的影响,人民币汇率中间价坚持不贬值,也有利于全球经济的恢复和稳定。2010年6月,人民币汇率的弹性增加,人民币汇率中间价持续升高,升高到一个新的水平。

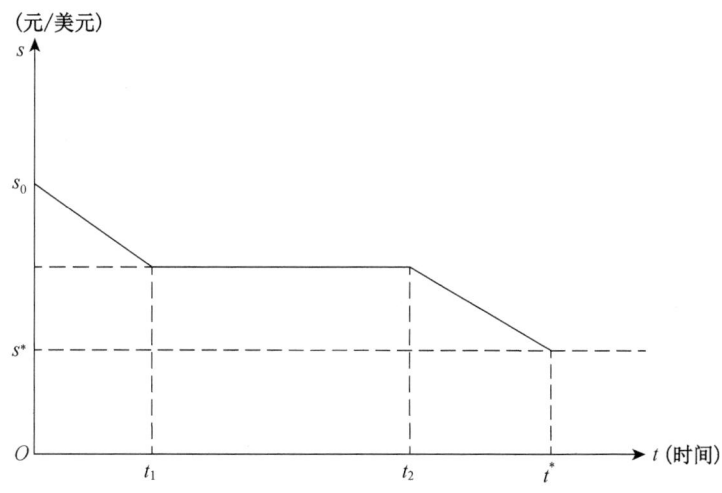

图1-14　汇率升值到目标水平

2015年人民币升值压力逐步得到缓解,中央银行也逐步退出经常性外汇干预,同时美联储开始退出量化宽松政策,提高利率,美元升值,资本回流美国,人民币升值趋势减弱,甚至还存在贬值预期。2015年8月11日汇改,增加了人民币对美元汇率弹性,双向波动明显,人民币汇率逐步趋向于均衡水平。

(四) 银行间人民币汇率波动幅度

央行调整人民币对美元汇率,一是调整人民币对美元汇率的中间价;二是调整人民币对美元汇率的波动幅度,如果人民币对美元汇率是央行货币政策的目标,则央行主要是调整人民币对美元汇率的中间价;人民币汇率的波动幅度更多地受市场预期和市场供求等因素的影响较大,人民币对美元汇率的波动幅度是逐步扩大的,央行坚持主动性和可控性原则。自2005年7月21日以来,我国银行间人民币汇率制度进行了一系列改革,目前人民币对美元汇率在我国的汇率体系中处于主导地位,人民币对非美元货币汇率要依赖于这一汇率套算决定(见表1-1)。

表1-1　　　　　　　　银行间人民币汇率浮动幅度

日期	银行间人民币汇率中间价和浮动幅度调整
2005年7月21日	中国改革了人民币汇率体制,央行规定每个工作日闭市后公布当日银行间外汇市场美元等交易货币对人民币汇率的收盘价,作为下一个工作日该货币对人民币交易的中间价格。人民币对美元交易价仍在人民银行公布的美元交易中间价上下3‰的幅度内浮动;非美元货币对人民币的交易价在人民银行公布的该货币交易中间价上下1.5%内浮动
2005年9月23日	非美元货币对人民币交易价的浮动幅度作了调整,由原来的上下1.5%扩大到上下3%
2006年1月4日	央行在银行间外汇市场引入了询价交易方式和做市商制度来确定当日人民币兑美元汇率中间价;同时人民币兑欧元、日元和港币汇率中间价由中国外汇交易中心分别根据当日人民币对美元汇率中间价与上午9时国际外汇市场欧元、日元和港币兑美元汇率套算确定
2007年5月21日	人民币兑美元交易价浮动幅度由3‰扩大至5‰
2012年4月14日	自2012年4月16日起,银行间即期外汇市场人民币兑美元交易价浮动幅度由5‰扩大至1%,即每日银行间即期外汇市场人民币兑美元的交易价可在中国外汇交易中心对外公布的当日人民币兑美元中间价上下1%的幅度内浮动
2014年3月17日	每日银行间即期外汇市场人民币对美元的交易价可在中国外汇交易中心对外公布的当日人民币兑美元汇率中间价上下2%的幅度内浮动
2014年7月1日	人民币对欧元、日元、港币、英镑、澳大利亚元、加拿大元和新西兰元交易价在中国外汇交易中心公布的人民币对该货币汇率中间价上下3%的幅度内浮动。人民币对马来西亚林吉特、俄罗斯卢布交易价在中国外汇交易中心公布的人民币对该货币汇率中间价上下5%的幅度内浮动。人民币对其他非美元货币交易价的浮动幅度另行规定

实际上,即期外汇市场非美元货币对人民币交易价的浮动幅度、人民币对美元货币波动幅度,以及美元对非美元货币的波动幅度存在相互制约的关系。也就是说,央行锁定了人民币对美元汇率和非美元货币汇率的变动幅度,也就间接地锁定了美元和非美元货币汇率的变动幅度,但是国际金融市场上美元对非美元货币汇率的变动幅度是由市场自动调节决定的,央行对此不能够控制。

(五)挂牌汇率和银行间汇率波动幅度之间的关系

2005年7月21日后,央行规定银行对客户挂牌的美元对人民币现汇买卖价不得超过央行公布的美元交易中间价上下0.2%,而银行间外汇市场美元对人民币的交易价在央行公布的美元交易中间价上下0.3%的幅度内浮动(见表

1-2)。这样柜台市场的区间幅度小于银行间市场的区间幅度,会出现银行柜台市场买入美元的价格可能低于银行间市场卖出美元的价格,银行存在经营亏损的可能。因此银行为规避经营风险,不得不把每天挂牌汇率确定在规定浮动幅度的两端,客观上导致了银行对美元挂牌汇率只能是每天价格不变。

表 1-2　　　　　　　　商业银行挂牌汇率的浮动幅度

日期	银行挂牌汇率浮动幅度调整
2005 年 7 月 21 日	银行对客户挂牌的美元对人民币现汇买卖价不得超过央行公布的美元交易中间价上下 0.2%,现钞买卖价不得超过现汇买卖中间价上下 1%。外汇指定银行对客户挂牌的非美元货币对人民币现汇买卖中间价,由外汇指定银行以中国人民银行公布的美元交易中间价为基础参照外汇市场行情自行套算和调整。非美元货币对人民币现汇卖出价与买入价之差不得超过现汇买卖中间价的 0.8%([现汇卖出价－现汇买入价]/现汇买卖中间价×100%≤0.8%),现钞卖出价与买入价之差不得超过现汇买卖中间价的 4%([现钞卖出价－现钞买入价]/现汇买卖中间价×100%≤4%)
2005 年 9 月 23 日	银行对客户美元挂牌汇价实行价差幅度管理,美元现汇卖出价与买入价之差不得超过交易中间价的 1%;现钞卖出价与买入价之差不得超过交易中间价的 4%,银行可在规定价差幅度内自行调整当日美元挂牌价格。另外,还取消了银行对客户挂牌的非美元货币的价差幅度限制,银行可自行制定非美元对人民币价格,可与客户议定所有挂牌货币的现汇和现钞买卖价格
2012 年 4 月 14 日	外汇指定银行为客户提供当日美元最高现汇卖出价与最低现汇买入价之差不得超过当日汇率中间价的幅度由 1%扩大至 2%,其他规定仍遵照《中国人民银行关于银行间外汇市场交易汇价和外汇指定银行挂牌汇价管理有关问题的通知》
2014 年 7 月 1 日	银行可基于市场需求和定价能力对客户自主挂牌人民币对各种货币汇价,现汇、现钞挂牌买卖价没有限制,根据市场供求自主定价。银行应建立健全挂牌汇价的内部管理制度,有效防范风险,避免不正当竞争

2005 年 9 月 23 日,国家规定美元现汇卖出价与买入价之差不得超过交易中间价的 1%,而银行间外汇市场美元对人民币的交易价在央行公布的美元交易中间价上下 0.3%的幅度内浮动,柜台市场区间幅度基本等于银行间市场区间幅度,且是不对称管理,更具有灵活性。央行进一步放开银行对客户挂牌的美元对人民币汇率的浮动幅度,但面临的问题是,央行还需要同时调整银行间外汇市场人民币对美元汇率的浮动幅度,如果只放宽柜台市场的人民币对美元汇率的浮动幅度,柜台市场区间幅度大于银行间市场区间幅度,同样银行可以套取汇差。如果柜台市场美元买入汇率越低,则银行在银行间市场卖出美元,获得的差价也就越大,商业银行可能会把美元价格压得很低。因此增加人民币汇率弹性,

央行需要协调柜台市场和银行间市场的人民币对美元汇率变动幅度。

从汇率的波动来看,我国场外交易市场(OTC)汇率波动的幅度要大一些,因为 OTC 市场直接面对普通老百姓,交易小额、分散,有利于促进汇率的市场化。2014 年 7 月 1 日起,国家规定银行挂牌汇率可基于市场需求和定价能力对客户自主挂牌人民币对各种货币汇价,现汇、现钞挂牌买卖价没有限制,根据市场供求自主定价。实际上,我国已放开 OTC 市场人民币汇率的波动幅度,将来会逐步放开银行间市场,即"先放开 OTC 市场,后放开银行间市场"。将来银行间外汇市场汇率波动的幅度将逐步放宽,逐步走向完全浮动。两个市场汇率的市场化是相互影响、相互促进的,每一个市场深度和广度的拓展,都有利于汇率的市场化改革。

第三节 关于人民币汇率的争论

一、关于"中国操纵人民币汇率"问题

2018 年,特朗普拿中国的贸易顺差说事,中美贸易争端不断发酵。实际上,早在 2008 年国际金融危机爆发时,美国面临经济恢复的压力,拿人民币汇率说事,实行贸易保护主义。2009 年 1 月 22 日,美国新任财政部长盖特纳在参议院金融委员会为其举行的提名听证会上说,美国总统奥巴马相信中国正在"操纵"人民币汇率,并将"积极通过所有能动用的外交途径,寻求让中国在汇率方面作出改变",意味着美国在人民币汇率问题上不断向中国政府施压。长期以来,西方国家多次指责中国操纵人民币汇率,其目的是希望限制对中国产品的进口,推行单边的贸易保护主义。关于人民币汇率问题,应该客观公正地看待我国人民币汇率市场化改革,应该看到人民币汇率市场化改革的成就,应该结合中国经济改革发展的历史进程来考察人民币汇率,而不是脱离实际,孤立地看待人民币汇率问题,否则会得出错误的结论。

首先,中国政府积极推动人民币汇率的市场化改革,人民币币值水平稳步上升。我国于 2005 年 7 月 21 日进行了新一轮外汇体制改革,当时人民币对美元汇率一次性升值 2%,此后人民币对美元一直保持升值态势。根据我国央行的统计数据,自 2005 年汇改以来,直到 2015 年 8 月人民币对美元升值了 26.11% 左右。尽管国际金融危机时期,人民币对美元保持相对稳定,但是人民币对非美元货币还是处于升值状态,人民币的总体币值水平上升,即人民币有效汇率指数不断增加。从 2005 年 7 月到 2015 年 8 月,人民币有效汇率升值了约 43.65%。

其次,人民币汇率形成机制改革应该和中国的经济以及金融市场发展水平相一致。我国人民币汇率市场化改革是一个渐进的过程,不可能在短时间内完

成。人民币汇率市场化改革并不是简单地放开人民币汇率,人民币汇率市场化是一个系统工程。除了增加人民币汇率弹性外,人民币汇率市场化还需要资本账户开放、外汇市场的深化、人民币汇率形成机制的进一步完善、利率市场化改革等多项措施相配合,才能形成一个真正意义上的双向变动的人民币市场化汇率水平。如果不顾条件地放开人民币汇率,必然会导致人民币汇率的剧烈波动和金融市场的混乱,尤其在2008年金融危机冲击的情况下,人民币汇率大幅波动的风险会迅速向金融市场传播,影响投资者预期,经济前景不确定性将进一步增加。因此,人民币汇率市场化改革将是一个逐步完善的过程,不可能一步到位,依赖于外汇管理体制完善和金融市场的发展,不能要求人民币汇率迅速像发达国家货币那样自由浮动。我国人民币汇率的市场化改革应继续按照主动性、可控性和渐进性的原则进行,这是由我国的现实经济条件所决定的。

实际上,中国政府一直在不断努力完善人民币汇率的形成机制,深化人民币汇率体制改革。第一,在国际金融危机期间,各国都采取竞争性的利率下调和扩张性的宏观经济政策,各国货币先后出现了竞争性的贬值现象。由于中国汇率和利率还没有形成完善的联动机制,中国利率下调并不能够传导到人民币汇率,西方国家大幅度降低利率本身就会促使货币的竞争性贬值。如2008年上半年美元就出现大幅度贬值现象,而2009年年底至2010年年初,欧洲主权债务危机爆发,欧元和英镑都出现大幅度贬值情况。同时主要西方国家向市场大量注入流动性,货币供给增加,货币币值也有进一步下降的趋势。2015年以来,美国逐步退出量化宽松政策,提高利率,美元升值,人民币汇率仍然保持了相对稳定,只是双向波动有所增加。第二,中美的贸易地位不对等,人民币汇率并不是美国贸易逆差的关键因素。中国出口的主要是劳动密集型产品,附加值比较低,处于贸易结构的低端。中国产品的国际竞争力主要是由于中国的劳动力成本和土地成本较低,并不是主要依赖人民币汇率低估来实现的。我国的贸易收支盈余虽然较多,但是获得的利润较少,我们出口的产品和美国产品交换,处于较大的劣势。而美国出口的主要是技术和资本密集型产品,附加值高,赚取的利润也较多。美国消费者能够消费到中国物美价廉的产品,但是中国希望进口高技术产品,美国却设置多重贸易壁垒,限制美国高技术产品向中国的出口;反过来,美国还认为贸易不平衡是由于中国操纵人民币汇率,这对中国是不公平的。

二、人民币汇率争论的背后含义

2008年爆发国际金融危机,不仅美国政府,2008年诺贝尔经济学奖获得者克鲁格曼也盯上了人民币汇率。克鲁格曼教授认为中美的贸易不均衡主要是由于人民币汇率政策造成的,认为人民币对美元应该升值,消减贸易盈余,并指出中国的贸易盈余让很多国家很生气,世界再也不能容忍中国有这么大的贸易盈余了,在危机期间盈余的国家成为麻烦制造者,而不是带给别人好处。克鲁格曼是美国主流经济学派的代表人物，他的观点必然代表了很多美国学者、官员，甚至是一些民众的想法。

从学术角度来看，中美贸易不均衡有几种理论解释。

一是从国际收支的吸收理论来看，如果一国消费少，内需不足，就需要增加出口吸收过剩产能；相反如果一国消费多，储蓄少，就会出现贸易收支逆差。美国的增长方式主要是消费拉动型的增长模式，中国更多地依赖出口和投资，如从中美GDP的构成来看，美国的消费占GDP的比例约70%，而中国消费占GDP的比重约为35%，只有美国的一半左右。这样中国高储蓄和美国高消费表现为中国贸易收支盈余，美国为贸易收支赤字。因此2009年克鲁格曼教授提出中国人并不富裕，应留钱自用的观点，而张维迎教授指出美国消费太多，储蓄少。这两种观点各有道理，反映了两国经济相互依存、联系紧密的特点，两国应加强合作，推动经济增长方式的转变。

二是从汇率的弹性理论来看，消除国际收支的盈余应该通过人民币升值或美元贬值来实现，这就是克鲁格曼要求人民币升值的观点。但从中国实际来看，中国政府一直在积极推动人民币汇率的市场化改革，人民币币值水平稳步上升。尽管国际金融危机期间人民币对美元汇率保持相对稳定，人民币的总体币值水平却一直上升，即人民币有效汇率指数不断增加。

三是从货币论观点来看，货币供给大于货币需求，过度的货币供给追逐外国商品，导致国际收支逆差。由于美元是国际货币，可以获得货币发行的铸币税，美国的贸易赤字可以通过货币发行来融通，可以通过货币的过度发行提供消费信贷，大量进口其他国家价廉物美的消费商品，提高消费者的福利水平，这也是美国高消费和贸易赤字形成的原因。美元过度的发放对世界经济不平衡起了重大作用。实际上，美元债务的扩张是一种全球资源的占有，美元外汇储备国家在和美国博弈过程中一直处于劣势，被绑架在美国的利益上。虽然这些国家持有的是美元资产，但是美国的宏观经济政策是这些国家所不能左右的。一旦美国采取滥发货币的形式刺激经济，这些国家无能为力，美国利用美元的国际货币地位可以把风险转移给其他国家。

四是从美元作为主要国际储备货币的角度来看，如果其他国家持有大量的美元外汇储备，美国的国际收支必须要逆差，否则其他国家不会有美元资产，美元也就无法发挥国际储备货币的功能。如果美国希望国际收支盈余，美元输出将受到限制，美元作为国际主要储备货币的功能会受到限制，美国也难以获得国际铸币税的好处。当然国际收支包括经常项目和资本项目，美元输出，要么通过经常项目逆差，要么通过资本项目逆差。美国追求经常项目的顺差，如果美国输出美元储备货币仍然增加或保持稳定，则资本项目必然会出现更大的逆差，国际收支要总体保持逆差水平。如果美国既要经常项目的盈余，又要资本回流，这样美元国际储备货币的地位可能会下降。美国既希望发挥美元国际储备货币的功能,又希望保持国际收支的顺差,这两者之间存在内在的冲突。实际上从布雷顿森林体系的美元危机也能够看出,美元出现了一种进退两难的状况:为满足世界经济增长和国际贸易的发展,美元的供应必须不断地增长;美元供应的不断增长,使美元同黄金的挂钩日益难以维持。美元的这种两难,就是著名的特里芬两难(Triffin Delimma),美元的这种内在缺陷是由美元承担国际和国内两个不同的功能所决定的,一方面美元作为国际储备货币,可以获得铸币税的好处;另一方面如果希望对外收支保持顺差,则会逐步丧失国际储备货币的地位,也就难以获得国际铸币税的好处,两者不可兼得。

因此从理论的角度来看,中美贸易失衡跟多种因素有关:一是美国消费多储蓄少,二是汇率问题,三是美元滥发问题,四是国际收支逆差是由美元作为主要储备货币功能所决定的等。为什么西方国家学者和政府更愿意拿人民币汇率说事?

一是利用中国操纵人民币汇率为贸易保护主义寻找借口。美国指责中国正在"操纵"人民币汇率,意味着美国可能对中国等国家的进口产品征收特别关税,以惩罚他们所称的"汇率操纵"行为。每当美国经济形势恶化,总会有人拿人民币汇率说事,以此作为贸易保护主义的借口。2009 年美国失业率上升,10 月的失业率为 10.2%,失业率突破两位数,同时创下 1982 年来的最高值。11 月份,美国失业率虽从 10 月份的 10.2%下降至 10%,但仍然处于高位。2009 年 12 月份美国的失业率依然维持在 10%左右的较高水平(见图 1-15)。同时,美国的贸易保护主义也愈演愈烈,奥巴马 2009 年 9 月 11 日决定,对从中国进口的所有小轿车和轻型卡车轮胎实施为期 3 年的惩罚性关税。2009 年 10 月 7 日美国商务部宣布决定对部分中国无缝管产品启动反倾销反补贴合并调查。2009 年 10 月 19 日美商务部又决定对原产于中国的部分铜版纸与紧固件产品进行反补贴和反倾销合并调查。2010 年 2 月 6 日美国商务部宣布,将对中国大陆产的礼物盒以及包装丝带征收最高超过 231%的反倾销税等。

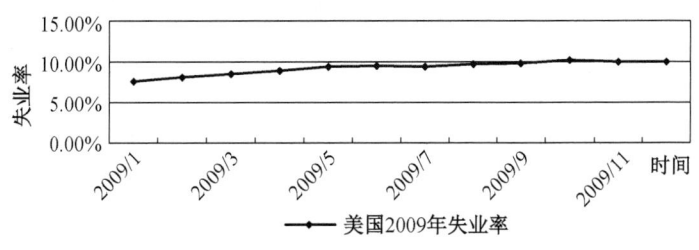

资料来源:CEIC 数据库。

图 1-15 2009 年美国的失业率

二是美国利用中国操纵人民币汇率推卸金融危机责任。美国指责中国操纵人民币汇率,可以把经济危机的责任推给中国,这也是美国一些政客们经常打的一张牌。美国部分官员和学者认为,如果人民币汇率按照市场供求浮动,中国不会有那么多的国际收支盈余,也不会有那么多资金投资美国。而过多的投资导致美国资金供给增加,利率下降,消费增加和房地产泡沫,这是美国推卸金融危机责任的内在逻辑。实际上,中国把资金投向美国,是市场投资行为,本身并没有错,中国购买美国国债,还有利于美国经济的恢复和振兴。关键是资金运用问题,甚至前美联储主席伯南克也指出"美国没有用从中国借来的资金建设'21世纪铁路',政府用这些钱到伊拉克打仗,消费者利用宽松的资金购买豪华车和大房子",这才是金融危机的问题所在。从贸易失衡的这几种原因来看,拿人民币汇率更容易指责中国。关于贸易失衡的原因,甚至是次贷危机的原因,除了拿人民币汇率说事,每一个原因都是美国责任或跟美国直接联系,无法推卸给他人,这可能也是一些美国官员和学者不愿意涉及的。因此一些官员和学者总是盯住中国的人民币汇率做文章,认为人民币汇率是贸易失衡的主要因素,甚至是美国次贷危机的原因。

三是持有美元资产的损失应该由中国政府自己负责,这也是克鲁格曼指出美国没有责任拯救储备美元的国家。按照克鲁格曼的逻辑,"没有人要求你以美元方式建立你的外汇储备,还有欧元、日元。为什么中国不这么做呢?要问中国储备银行的官员,这并不是美国人的决定,这是中国人的决定"。如果将来美元贬值,这跟美国没有关系,这是你自己的选择,这反映了美元处于强势地位的话语权。这是克鲁格曼的双重标准,在对待中国的贸易盈余上面,指责人民币汇率政策;相反,在美国量化宽松政策可能导致美元贬值上面[①],他并没有指责美国,反而认为投资损失是你自己的问题,这也是很多美国人的双重标准。此外,中国持有大量的美元外汇储备也巩固了美元国际储备货币的地位,美国也可以获得相应的国际铸币税。

实际上,几乎美国每一任总统在任期内,都会拿中国操纵人民币汇率说事,一是中美贸易逆差一直存在,为了拉选票倾向于把贸易失衡的原因指向中国;二是为贸易保护寻找借口;三是施压人民币汇率,可以获得贸易谈判的优势。特朗普总统上台以来,也多次提及中国操纵人民币汇率,作为贸易保护的理由但没有得到国会和市场的支持,原因一是中国没有操纵人民币汇率,并在不断推进人民币汇率市场化改革;二是中美两国贸易依存,如果把中国列入汇率操纵国,不仅伤害到中国,也会伤害到美国自己。

三、从"汇率制度选择"看"人民币汇率"之争

人民币汇率之争不仅仅是人民币是否要升值的问题,还是人民币汇率制度

[①] 实际上,美元是浮动汇率制度,美元币值有时升值,有时贬值。随着宏观经济形势或宏观经济政策的变化,有时是强势美元,有时是弱势美元,会导致美元资产的损益。

的选择问题。我国于2005年7月21日进行了新一轮外汇体制改革,当时人民币对美元汇率一次性升值2%,此后人民币对美元一直保持升值态势,增加了人民币对美元汇率的弹性,这是有管理的浮动汇率制度。人民币对美元保持相对稳定,也是人民币汇率制度的选择,面对国际金融危机的冲击,保持人民币对美元汇率稳定,将有利于中国经济和世界经济的复苏,这是中国对自身汇率制度的选择。实际上,第二次世界大战以后,资本主义世界建立了以美元为中心的国际货币体系,即布雷顿森林体系,确定了可调整的钉住汇率制度。布雷顿森林体系崩溃以后,主要发达国家步入浮动汇率制度。而1999年欧元区国家放弃了本国货币,建立单一货币区——欧元区,这是完全钉住的汇率制度。实际上汇率制度是由各国根据本国情况自主选择的,别国是无权干涉的。汇率制度的选择是由一系列客观条件所决定的。不同的汇率安排适合于不同的国家,依赖于各国的结构特征、外部环境、宏观经济和政治状况,上述这些因素的变化会对汇率产生调整压力,可能促使原有的汇率制度改变,但这都是由各国根据本国情况自主选择的。从我国的实际情况来看,人民币汇率制度的选择也是中国人自己的事情,是不容别人干预的。

国际金融危机时期美国面临高失业,一直希望通过扩大出口来增加就业,奥巴马也强调美国要多储蓄、少消费和多出口来实现全球经济的再平衡,而中国对美贸易盈余较多,美国一直认为人民币汇率低估是主要原因。甚至2009年一些美国经济学家计算出人民币汇率低估25%,但是这种计算是有缺陷和争议的,如美元指数1年内波动幅度很大,1年内美元什么时候高估,什么时候低估,这涉及不同的汇率制度选择。美国是浮动汇率制度,受市场的影响大,因此他们不直接说"人民币要升值",而说"美元兑人民币汇率要调整"。实际上国际金融危机爆发后,美国财长盖特纳和美国总统奥巴马提到人民币汇率的时候,总是说希望中国政府增加人民币汇率的弹性,而不是说要人民币升值。因为美国政府没有权利要人民币一定升值或贬值,否则中国政府也可以要你美元升值或贬值。美国政府一直认为中国政府是在操纵人民币汇率,所以美国政府要求中方提高人民币汇率的市场化程度,增加人民币汇率的弹性。

关于浮动汇率和固定汇率孰优孰劣,一直是国际金融领域中长期争论不休的问题。但这只是学术上的争论,而对人民币汇率施压就是另外一回事,希望别国汇率制度按照自己的意志来选择,往往是损人利己的行为。美国提出要人民币对美元汇率增加弹性,其目的是通过汇率升值的变化,削弱中国产品的竞争力,增加对中国的出口,减少从中国的进口,也是一种变相的贸易保护主义。

人民币汇率制度的选择将由我们自己决定,我国人民币汇率市场化改革将是一个逐步完善的过程,它依赖于宏观经济条件变化、外汇管理体制完善和金融市场的发展。尽管央行积极推动人民币对美元汇率的市场化改革,但是我国人民币汇率还担负着宏观调控的功能,作为宏观调控的工具和目标又决定了人民币汇率的市场化改革不能过快。人民币对美元汇率和非美元货币汇率背道而驰变化,决定了央行需要在人民币对美元汇率和人民币对非美元货币汇率之间取得平衡。

中国汇率市场化改革一直在稳步推进。我国将不断放松对人民币汇率的管制,最终要实现人民币汇率的自由浮动。

四、贸易保护主义和施压人民币升值如影随形

2018年,特朗普政府要对中国出口征收高额关税,中美贸易关系紧张加剧。早在2008年,国际金融危机爆发后,欧美等各国为了本国利益,反其道而行之,推行贸易保护主义,对人民币汇率施压,不利于全球经济的复苏和增长。2009年10月,西方七国集团在土耳其城市伊斯坦布尔举行财长和央行行长会议时,再次要求中国人民币升值。欧央行行长特里谢还联合欧洲各国财长,敦促中国让人民币对欧元升值。此外,2009年10月6日,欧盟部长理事会发布公告,裁定中国输欧无缝钢管对欧盟产业构成损害威胁,决定征收17.7%至39.2%的最终反倾销税。欧美贸易保护主义和施压人民币升值如影随形,这是金融危机下西方国家转嫁危机、以邻为壑的政策。

在金融危机的冲击下,前几年欧美经济衰退,失业率上升,贸易保护主义重新抬头,美欧政府希望多出口,少进口,解决自身的经济困境。奥巴马2009年曾提出全球经济再平衡,意味着美方会向中国等贸易盈余国家施压,为其贸易保护主义寻找借口。从"人民币汇率"到"全球经济的再平衡",美国的贸易保护主义有上升的趋势。与此同时,欧洲的贸易保护主义也不断升级。美欧贸易保护主义将损害中美、中欧贸易关系,影响中国经济乃至全球经济的增长,不仅不会解决问题,反而会导致经济进一步衰退。如果各国都采取贸易保护主义,全球贸易量会下降,经济形势将进一步恶化,全球经济转好的形势可能会得而复失。

贸易保护主义盛行,中国的出口将面临严峻的考验,在贸易保护主义不断加码的形势下,如果人民币再升值,则出口的形势将进一步恶化。

从长远来看,转变经济增长方式,调整经济结构是应对贸易保护主义和实现国际收支平衡的重要手段。转变经济增长方式就是要从以依赖外需为主转向以依赖内需为主,特别要增加消费对经济增长的拉动作用,实现宏观经济的对外平衡;要促进我国投资、消费和出口三驾马车之间的比例合理平衡,既要抑制国内出现产能过剩,又要避免回到过度依赖外需的老路上,保持经济平稳增长。调整经济结构就是要实现产业的升级换代,由传统的劳动密集型向资本和技术密集型产业转变,提高产品的技术含量,依靠科技创新,增加产品的国际竞争力,实现经济的可持续发展。

世界各国应该加强经济合作,共同努力,进行政策协调,必须促进主要储备货币汇率保持相对稳定,而不是推行贸易保护主义,采取以邻为壑的政策。经济一体化和金融全球化促使经济体之间相互依存更加紧密,中国经济的稳定和发

展必然会有利于全球经济的增长,也有利于美欧经济的恢复和增长。

第四节 "8.11汇改"后的人民币对美元汇率

后危机时代我国进行了两次汇改。2010年6月19日,中国人民银行进一步推进人民币汇率形成机制改革,增强人民币汇率弹性。根据央行汇改精神,此次人民币汇率中间价调整将遵循以下规则:人民币对美元汇率中间价不会像2005年那样一次性重估调整;坚持以市场供求为基础,参考一篮子货币进行调节,因此人民币对美元汇率中间价双向变动弹性将增强。2010年6月20日,中国人民银行新闻发言人还就进一步推进人民币汇率形成机制改革回答了记者的提问,央行强调继续按照已公布的外汇市场汇率浮动区间,对人民币汇率浮动进行动态管理和调节。实际上,此次人民币汇率增加弹性不仅增加人民币中间价弹性,人民币汇率每天的浮动区间也逐步增加弹性,如2012年4月16日,银行间即期外汇市场人民币对美元交易价浮动幅度由5‰扩大至1%;2014年3月17日每日银行间即期外汇市场人民币对美元的交易价可在中国外汇交易中心对外公布的当日人民币对美元汇率中间价上下2%的幅度内浮动,人民币汇率的波动区间也逐步扩大。

2015年8月11日,央行进行了新一轮汇改,自2015年8月11日起,做市商在每日银行间外汇市场开盘前,参考上一日银行间外汇市场收盘汇率,综合考虑外汇供求情况以及国际主要货币汇率变化向中国外汇交易中心提供中间价报价。

此次汇改人民币对美元汇率中间价的变动将主要表现为:一是人民币对美元汇率中间价不再保持基本稳定,波动幅度将明显增加。汇改以后,人民币对美元汇率的中间价的弹性将不断增加,人民币对美元汇率的弹性显著增加,与前几次汇改相比,人民币汇率变动的不确定性也将进一步增加。二是人民币对美元汇率不再保持单向升值的态势,增加人民币对美元汇率双向变动的频率。央行发布《2016年第一季度中国货币政策执行报告》指出,已初步形成以"收盘汇率+一篮子货币汇率变化"为特征的人民币兑美元汇率中间价形成机制。随着贸易投资货币多元化,双边汇率难以反映汇率的实际水平,因此人民币对美元汇率中间价的调整必须要考虑一篮子货币的变化,也就是要考虑人民币对一些非美货币汇率的变化,如人民币对欧元、日元、英镑等货币汇率的变动趋势。因此参考一篮子货币意味着如果以后美元对欧元、英镑等货币走强,人民币对美元汇率可能会贬值,而不是升值。

因此笔者认为,汇改以后人民币对美元汇率中间价双向变动的幅度和频率将明显增加,人民币对美元汇率将更多地参考一篮子货币进行调节。

实际上人民币汇率的市场化是一个综合的过程,除了人民币汇率水平本身变动以外,人民币汇率市场化和外汇市场的深化、人民币汇率形成机制的完善、利率市场化改革等都是紧密联系在一起的,提高人民币汇率的市场化是一个系统的工程,需要多项措施配合、逐步完善。人民币汇率中间价的确定在人民币汇率形成机制中发挥重要作用,如果央行放宽人民币汇率的波动幅度,意味着人民币汇率波动将更加频繁,波动幅度也将增加,央行对人民币汇率的控制能力下降,但这要建立在市场不断完善的基础之上。

一是改革外汇管理体制。我国经常项目已实现完全可兑换,2008年我国外汇管理条例取消了对企业强制结汇的要求,企业可自行保留经常项目外汇收入,个人的外汇需求基本得到满足,但是我国外汇管制放松更多的是体现在持有外汇上,对外汇使用和投资的放松仍需要进一步提高。因此我国应继续深化外汇管理体制改革,放宽企业和个人对外投资的汇兑限制和业务限制,促进境内居民充分利用国际金融市场优化资产配置、分散投资风险,提高资金收益。这样外汇市场的供给和需求的变动才能真正反映市场汇率的变化,外汇体制的改革将有利于进一步提高外汇市场的广度和深度,促进人民币汇率的市场化。

二是完善人民币汇率的形成机制。人民币对美元汇率在我国汇率体系中处于核心地位,随着我国金融市场对外开放不断扩大,外汇市场供给和需求变动将更加频繁,央行应不断扩大人民币对美元汇率的波动幅度,深化人民币对美元汇率的市场化改革,这样才有利于确定合理的人民币汇率水平。同时人民币对非美元货币的汇率主要受人民币对美元汇率和国际金融市场上美元对其他非美货币汇率的影响。随着人民币对美元市场化汇率改革的不断推进,要逐步扩大人民币对非美元货币汇率上下波动的幅度,直到人民币对非美元货币市场化汇率的形成,逐步完善人民币汇率定价体系,最终实现人民币不同汇率之间的变动由市场供给和需求自动调节。

三是协调人民币汇率和利率的市场化改革。目前人民币汇率和人民币利率的变动基本上是相互分离的,联动机制较弱,没有形成汇率和利率之间的有机联系,而在发达金融市场国家,央行通过调控利率直接影响汇率,汇率对利率的变化相当敏感。目前我国利率和汇率都充当着央行的宏观调控工具,每一种货币政策工具都是为一定的货币政策目标服务,央行对利率和汇率都有一定程度的管制。因此为了完善外汇市场和货币市场的定价机制,充分发挥市场机制的功能,央行应该进一步深化利率市场化改革,逐步转变到依赖利率变动来调控人民币汇率上来。汇率的市场化需要利率市场化改革来推动,这样人民币汇率和利率的变动将更多地由本币资金市场和外币资金市场供给和需求来决定。

四是减少中央银行对外汇市场的干预。除了市场的供求因素外,中央银行的干预也是影响人民币汇率走势的重要因素。除了外汇市场的买方和卖方,中央银行是外汇市场的参与者之一,也是一个最大的参与者。中央银行通过在外汇市场上买卖外汇,影响外汇市场的供给和需求,进一步影响汇率的走势,起到稳定外汇市场的作用。通常中央银行干预的目的是为了保持外汇市场有序健康地运行,防止汇率大幅度波动,消除短期冲击的影响,使得市场汇率回到相对稳定的均衡水平。但是如果央行保持长期的单一趋势干预,将难以发现真正的市场汇率,公众对汇率变动往往也会产生错误的预期,汇率变动将不能够准确反映市场的变化。

五是摆脱人民币对某一国货币的依赖。人民币经常是对美元升值,而对欧元等货币贬值,或是对美元贬值,而对欧元等升值,单一的人民币对美元汇率并不能够真正反映人民币币值的变化和走势,因此应根据人民币汇率指数,并根据我国经济的实际情况,科学地确定人民币对美元汇率的中间价。

六是促进外汇衍生工具市场的发展。人民币汇率的市场化意味着人民币汇率波动将更加频繁,人民币汇率的不确定性将增加,企业和居民面临汇率波动的风险将进一步增大。为了规避汇率变动的风险,必须积极推动外汇衍生品市场的发展,推出更多的规避风险的外汇市场的工具如远期交易、期货交易和期权交易等,这样才有利于推进人民币汇率的市场化,也有利于保证外汇市场的平稳发展,促进国际贸易、国际投资等的顺利发展。外汇衍生工具市场的发展将有利于进一步推动人民币汇率形成机制改革的深化,汇率的市场化和外汇衍生工具市场的发展是相互影响、相互促进的。

实际上,建立参考一篮子货币的人民币汇率中间价也只是人民币汇率中间价改革中的一个过程,最终人民币汇率水平将由市场供给和需求来决定。央行应逐步放宽篮子汇率目标的波动幅度,也就间接放宽了人民币对美元汇率和人民币对非美元货币汇率的波动幅度,让人民币汇率变动有更大的弹性,更多地让市场力量决定人民币汇率的变动。

人民币汇率最终走向浮动是人民币汇率形成机制改革的最终目标,时间的长短并不仅仅依赖于人民币汇率改革的本身,还依赖于整个经济改革的进程。人民币汇率形成机制的改革只是中国经济改革的一部分,改革的步骤、时机应与中国经济结构改革相一致。一方面需要政府完善宏观经济政策调控,维持宏观经济稳定发展;另一方面从长远来看,更需要继续推进外汇体制改革、大力发展金融市场、调整消费、贸易和产业结构、完善制度建设和继续深化经济改革。

首先,经济增长政策要转向扩大国内消费需求。国内消费下降,会促使国家更进一步依赖外需,出台更多的鼓励贸易部门的优惠政策。内需与外需之间的矛盾实际上也体现了国家政策的短期性和长期性、眼前利益与长远利益的矛盾。如果内需和外需的矛盾不解决,经济对外需的依赖不断加强,也就会限制人民币汇率改革的步伐。扩大内需、降低外需需要完善社会保障体系,解决看病难、住房难和上学难等问题,否则扩大内需很难实现。

其次,调整贸易、产业结构政策。为促进外贸增长方式的转变和进出口贸易的平衡,要调整出口结构,提高出口产品的核心竞争力,同时也要扩大进口,保持贸易收支的基本平衡。当前,国内外经济环境已发生巨大变化,应是出口结构转变的较佳时期。在我国的三大产业结构中,第一产业占比下降、第三产业占比上升,要继续大力发展服务行业来解决就业问题,鼓励"大众创业、万众创新"。就业问题一旦解决或压力下降,就无需过分依赖外贸出口行业,也有利于人民币汇率的市场化改革。

最后,完善和强化宏观审慎政策。"宏观审慎政策"主要是指利用审慎性工具防范系统性金融风险,从而阻止金融危机发生和避免实体经济遭受冲击的政策。我国已由"货币政策"为主转向"货币政策+宏观审慎政策"双支柱的金融调控框架,宏观审慎政策摆到了突出的位置。人民币汇率形成机制的改革可能会导致金融市场的波动或国际收支的变化,因此宏观金融审慎政策的预判、反应机制和政策安排等显得非常重要,要做到事前、事中和事后的系统的预防、应对和处理等。人民银行是以金融稳定也就是防范系统性金融风险作为宏观审慎政策的最终目标,人民币汇率形成机制的改革必然也是人民银行宏观审慎政策关注的重要方面,宏观审慎政策的完善将有利于人民币汇率形成机制平稳健康地过渡。

人民币汇率的改革是在中国改革的大背景下进行的,外汇体制改革、经济结构和产业结构的调整将为人民币汇率形成机制的改革创造良好的外部条件,人民币汇率形成机制改革稳步推进,人民币汇率的自由浮动就会水到渠成。总之,我国人民币汇率的市场化改革是一个系统工程,需要多方面的协调配合,才能形成一个真正意义上的人民币市场化汇率水平,而不能仅依赖人民币汇率水平本身的变动(如人民币升值或人民币贬值等)。

第五节　我国外汇市场的发展

改革开放前,我国实行统收统支的外汇管理体制,没有真正意义上的外汇市场。改革开放后,1979年8月,我国实行外汇留成管理,逐步形成了外汇调剂市场,这是我国最早的外汇市场。1994年1月1日起,我国开始实行银行结售汇制度,形成了银行对客户市场;全国统一的、以电子化交易为平台的银行间外汇市场——中国外汇交易中心成立运行。改革开放以来,我国外汇市场伴随着中国人民币汇率形成机制的完善、资本账户的开放和人民币国际化的进程,在对外贸易、投资和风险管理方面发挥着越来越大的作用。我国外汇市场的外币供给主要来自我国经常项目和资本项目的持续的、且不断扩大的盈余[①](见图1-16)。

---

① 2014年以来,经常项目盈余和外汇储备都有下降的趋势。

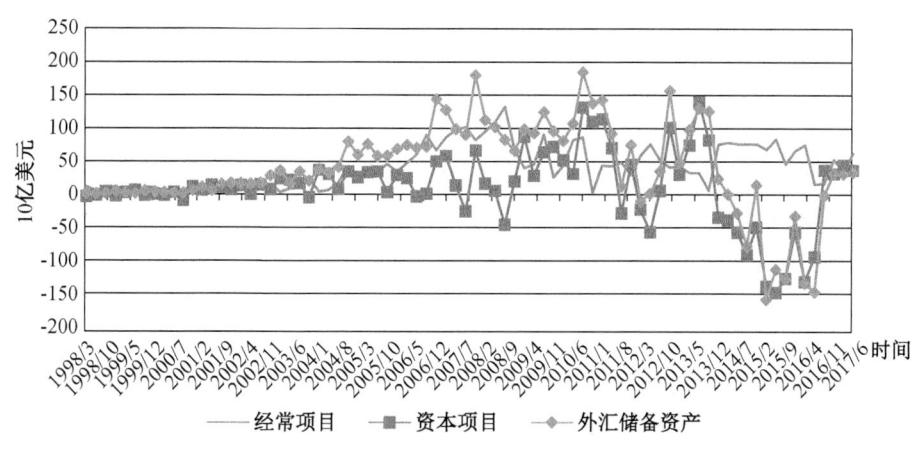

资料来源:www.safe.gov.cn。

图 1-16 我国经常项目、资本项目和外汇储备资产的变动

我国外汇市场分为两个层次:第一个层次是银行与客户之间的零售市场,企业和个人客户在该市场办理结售汇业务;第二个层次是银行间的外汇批发市场,各银行通过外汇交易中心的平台进行外汇交易,平衡外汇资金头寸。根据国家外汇局公布的数据,从市场规模来看,银行间外汇市场的规模更大。2017年,国内外汇市场人民币对外汇交易量24.1万亿美元,较1994年增长134倍,其中:即期和衍生品分别为3.8万亿美元和20.3万亿美元,银行对客户市场和银行间市场分别为9.5万亿美元和14.6万亿美元。

一、银行间外汇市场

从1994年起,我国银行间外汇市场正式成立运转,各外汇指定银行可在这个市场上买卖外汇,同时中央银行可以干预银行间外汇市场而稳定汇率。银行间市场是连接国内与国际金融市场的纽带,在调节外汇供求关系、形成市场汇率方面起着重要作用。1996年11月,我国颁布《银行间外汇市场管理暂行规定》,经国家外汇管理局批准可以经营外汇业务的境内金融机构之间通过中国外汇交易中心进行人民币与外币之间的交易市场,任何境内金融机构之间不得在交易中心之外进行人民币与外币之间的交易。我国银行间外汇市场主要为外汇指定银行平补结售汇头寸服务,并在此基础上生成人民币汇率。

为方便金融机构外币资金的运作,外汇交易中心于2002年6月1日起为金融机构开办外币拆借中介业务,满足了短期的外汇融资需求。2003年9月,国家外汇管理局决定在银行间外汇市场实行双向交易,即允许各会员单位通过银行间外汇市场交易系统在同场交易中进行买卖双向交易。2005年12月,为了增加银行间外汇市场交易主体,颁布了《非金融企业和非银行金融机构申请银行

间即期外汇市场会员资格实施细则(暂行)》。银行间外汇市场采取会员制[①],我国银行间外汇市场的交易主体不断增加。2015年11月25日,境外央行类机构进入中国银行间外汇市场,促进了中国外汇市场对外开放,境外央行类机构可以各自选择直接成为中国银行间外汇市场境外会员,由中国银行间外汇市场会员代理和中国人民银行代理中的一种或多种交易方式,并选择即期、远期、掉期、货币掉期和期权中的一个或多个品种进行人民币外汇交易。

目前,银行间外汇市场会员包括商业银行、非银行类金融机构(国泰君安证券、嘉实基金、财务公司等)、非金融企业(力帆、华为)以及境外央行类机构等,市场规模和供求不断扩大。银行包括大型商业银行、政策性银行、股份制商业银行、城市商业银行、外资银行、境外银行(境外清算行)、农村商业银行和合作银行、农村信用联社以及村镇银行等。2015年年底,国家外汇管理局进一步引入合格境外主体,符合一定条件的人民币购售业务境外参加行经向中国外汇交易中心申请成为银行间外汇市场会员后,可以进入银行间外汇市场。2005年年末,银行间外汇市场共有人民币外汇会员384家,其中国有独资银行4家,股份制商业银行11家,政策性银行3家,城市商业银行41家,商业银行授权分行109家,外资银行189家,信托投资公司2家,农村信用联社25家。截至2018年6月底,银行间外汇市场共有人民币外汇会员667家,与2005年相比,银行间外汇市场会员增加200多家(见表1-3)。

表1-3　　　　银行间外汇市场会员情况(截至2018年6月29日)

	总数	667
其中:	大型商业银行	21
	政策性银行	3
	股份制商业银行	15
	城市商业银行	103
	外资银行	134
	境外央行类机构	38
	境外清算行	21
	境外参加行	30
	农村商业银行和合作银行	202
	农村信用联社	10

---

① 在市场准入方面,银行间外汇市场的成员一般须符合相关监管条件,且取得相应的会员资格。即先成为会员才能正式进入银行间外币市场交易。另外,在2017年10月24日,境外央行、境外清算行和境外参加行可以申请外币市场会员。

	（续表）
民营银行	2
村镇银行	2
财务公司	82
企业集团	2
基金证券类	2
其他（包括租赁、信托、保险及资管等）	—

资料来源：www.chinamoney.com.cn。

2005年11月24日，在银行间外汇市场引入人民币对外币的做市商制度[①]，增强市场的流动性。2013年4月12日，为进一步完善银行间外汇市场做市商管理，国家外汇管理局对《银行间外汇市场做市商指引》予以修订和完善。截至2018年6月底，全国一共有36家银行有外汇市场做市资格，其中能参与即期做市的一共有32家，能参与远掉做市的一共有27家，能参与即期尝试做市的一共有2家，能参与远掉尝试做市的一共有7家（见表1-4）。

表1-4　　银行间外汇市场做市商情况（截至2018年6月29日）

人民币外汇市场做市商		
即期做市商		32
远掉做市商		27
直接交易做市商	人民币对欧元	15
	人民币对日元	10
	人民币对英镑	12
	人民币对澳元	12
	人民币对新西兰元	10
	人民币对新加坡元	13
	人民币对瑞士法郎	12
	人民币对加拿大元	10
	人民币对林吉特	5
	人民币对卢布	4
	人民币对南非兰特	12

---

① 所谓做市商是指市场上持续提供买、卖双向报价并在规定范围内承诺按所报价格成交的机构。我国人民币外汇做市商分为即期做市商和远期掉期做市商，同时我国也设置了人民币对欧元、日元、英镑等21个币种直接交易做市商和外汇对做市商。

(续表)

直接交易做市商	人民币对韩元	14
	人民币对阿联酋迪拉姆	7
	人民币对沙特里亚尔	7
	人民币对匈牙利福林	5
	人民币对波兰兹罗提	5
	人民币对丹麦克朗	9
	人民币对瑞典克朗	12
	人民币对挪威克朗	10
	人民币对土耳其里拉	6
	人民币对墨西哥比索	6
	人民币对泰铢	13
尝试做市	即期尝试做市	2
	远掉尝试做市	7

资料来源：www.chinamoney.com.cn。

银行间外汇市场具体的做市商包括国有银行、政策性银行、股份制银行和外资银行等，如表1-5所示。

表1-5　　　　　　　银行间外汇市场做市商名单

银行	即期做市商	远期做市商	即期尝试做市机构	远期尝试做市机构
中国银行	√	√		
中国建设银行	√	√		
中国工商银行	√	√		
中国农业银行	√	√		
交通银行	√	√		
中信银行	√	√		
国家开发银行	√	√		
上海浦东发展银行	√	√		
中国光大银行	√			√
华夏银行	√	√		
招商银行	√	√		
兴业银行	√	√		

(续表)

银行	即期做市商	远期做市商	即期尝试做市机构	远期尝试做市机构
加拿大蒙特利尔银行有限公司广州分行	√	√		
花旗银行(中国)有限公司	√	√		
汇丰银行(中国)有限公司	√	√		
渣打银行(中国)有限公司	√	√		
德意志银行(中国)有限公司	√			√
三井住友银行(中国)有限公司			√	√
中国民生银行	√	√		
广发银行	√	√		
宁波银行	√	√		
平安银行				
三菱东京日联银行(中国)有限公司	√	√		
东方汇理银行(中国)有限公司	√			√
蒙特利尔银行有限公司	√	√		
法国巴黎银行上海分行	√	√		
瑞穗实业银行(中国)有限公司	√	√		
星展银行(中国)有限公司	√	√		
美国银行上海分行	√	√		
摩根大通银行(中国)有限公司	√	√		
中国邮政储蓄银行	√	√		
上海银行	√			√
南京银行	√			√
中国进出口银行		√		
法国兴业银行(中国)有限公司	√			
宁波鄞州农村商业银行			√	
浙商银行				√

资料来源：www.chinamoney.com.cn。

2005年8月8日，我国发布了《中国人民银行关于加快发展外汇市场有关问题的通知》，允许符合条件的非金融企业和非银行金融机构进入银行间即期外汇市场，引入询价交易机制，丰富了银行间交易品种。外汇市场最早只能即期交易，自2005年开始逐步引入远期、掉期、期权等衍生产品。2005年5月18日，银行间外汇市场推出外币对外币的外汇买卖业务。2005年8月15日，符合条件的中国外汇交易中心会员可参与银行间的远期外汇交易。2006年4月24日,我国推出银行间外汇掉期交易,建立了基于利率平价的人民币远期定价机制。2007年8月,中国人民银行颁布在银行间外汇市场开办人民币外汇货币掉期业务有关问题的通知,即指在约定期限内交换约定数量人民币与外币本金,同时定期交换两种货币利息的交易协议。2018年5月2日,中国外汇交易中心在新一代外汇交易平台 CFETS FX2017 推出美元等六个币种(美元、欧元、英镑、日元、港币、澳元)的利率互换交易(见表1-6)。

表1-6　　　　　　　　　外汇产品的种类

外币产品的种类	交易方式
外汇即期	以约定的外汇币种、金额、汇率在成交后的2个交易日以内交割
外汇远期	以约定的外汇币种、金额、汇率在成交后的2个交易日以上交割
外汇掉期	一前一后两个不同的交割日、方向相反的两次本外币交换
货币掉期	约定期限内交换约定数量人民币与外币本金,同时定期交换两种货币利息的交易
外汇期权	未来某一交易日以约定汇率买卖一定数量外汇资产的权利
外币对	不涉及人民币的外汇对外汇的交易
外币利率互换	外币利率互换会员可通过交易中心系统为美元固定对浮动交易(Qtr A/360 vs USD 3M LIBOR)及欧元固定对浮动交易(Qtr A/360 vs EUR 3M EURIBOR)提供一至十年期的公开报价

资料来源:www.chinamoney.com.cn。

近年来我国银行间外汇市场中外汇交易量不断上升,其中主要是即期交易、外汇和货币掉期,而外汇远期和外汇期权交易量较小(见图1-17)。

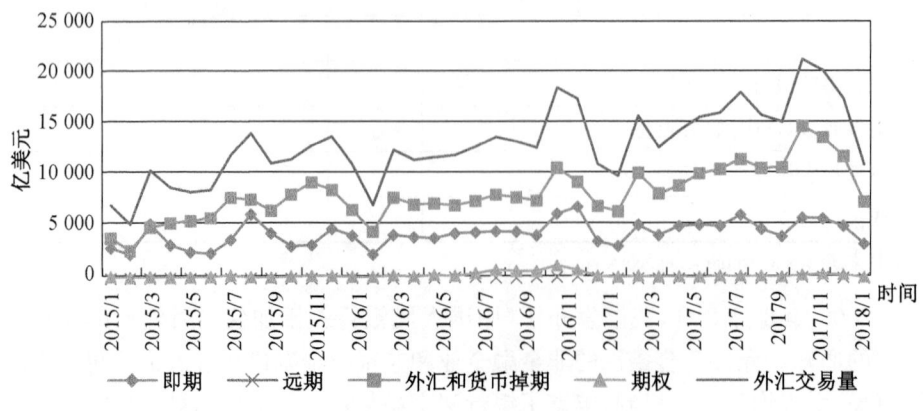

资料来源:www.chinamoney.com.cn。

图1-17　外汇交易量(单位:亿美元)

2014年12月,为丰富市场参与主体,促进外汇市场发展,境内金融机构经国家外汇管理局批准取得即期结售汇业务资格和相关金融监管部门批准取得衍生产品交易业务资格后,在满足银行间外汇市场相关业务技术规范条件下,可以成为银行间外汇市场会员,相应开展人民币对外汇即期和衍生产品交易。

1994年,外汇交易中心成立之初,银行间外汇市场上仅有美元和港币交易。随着市场发展,交易币种不断增加。截至目前,已有美元、欧元、日元、港币、英镑、澳大利亚元、新西兰元、新加坡元、加拿大元、林吉特、俄罗斯卢布、泰铢等24种交易币种[①],基本涵盖了我国跨境收支的结算货币。银行间外汇市场的交易规模、交易主体和交易品种都在不断扩大,市场化的程度不断提高,这有力地促进了我国外汇市场的发展。随着近年人民币相对非美货币先后开通直兑交易(见表1-7),人民币外汇市场非美货币交易也将迎来较大的市场。

表1-7　　　　　　　　　人民币对外币直兑交易

开通日期	直兑交易币种	开通日期	直兑交易币种
2016年12月12日	人民币对匈牙利福林	2016年6月20日	人民币对南非兰特
2016年12月12日	人民币对丹麦克朗	2015年11月10日	人民币对瑞士法郎
2016年12月12日	人民币对波兰兹罗提	2014年10月28日	人民币对新加坡元
2016年12月12日	人民币对墨西哥比索	2014年9月29日	人民币对欧元
2016年12月12日	人民币对瑞典克朗	2014年6月18日	人民币对英镑
2016年12月12日	人民币对挪威克朗	2014年3月18日	人民币对新西兰元
2016年12月12日	人民币对土耳其里拉	2013年4月9日	人民币对澳元
2016年11月14日	人民币对加拿大元	2012年5月29日	人民币对日元
2016年9月26日	人民币对沙特里亚尔	2011年11月22日	人民币对俄罗斯卢布
2016年9月26日	人民币对阿联酋迪拉姆	2011年8月19日	人民币对马来西亚林吉特
2016年6月24日	人民币对韩元		

资料来源:www.chinamoney.com.cn。

统一的银行间外汇市场,通过集中竞价的交易方式,为各外汇指定银行相互调剂余缺和办理清算服务。中国人民银行通过国家外汇管理局对市场进行监督管理,所有头寸调剂都必须通过银行间外汇市场进行。中央银行通过对外汇市场的干预,调剂金融机构的外币头寸,影响人民币汇率的水平,同时也会影响基础货币。

---

① 2013年4月,为便利两岸经贸交流与人员往来的货币兑换服务,国家外汇管理局颁布通知,商业银行可按照经营需要自行决定办理新台币兑换业务。

银行间外汇市场的发展和我国外汇体制的改革、人民币汇率制度的完善相辅相成,在这一过程中银行间外汇市场不断完善,构成了我国外汇市场的主体,推动了我国外汇市场和国际金融市场逐步接轨。

二、OTC 市场

我国 OTC 外汇市场主要包括结售汇市场、外汇存贷款市场和外汇衍生品市场等。2016 年之前,商业银行以中国人民银行每日公布的人民币对美元及其他主要货币的汇率为依据,在中国人民银行规定的浮动幅度之内自行挂牌公布汇率。2016 年放开了商业银行的挂牌汇率,商业银行可以自主确定买入价和卖出价等。结售汇市场主要是企业和个人在零售市场,根据商业银行挂牌汇价向银行结汇或是购汇。2008 年强制结售汇制度取消,企业账户限额和个人购汇额度扩大,同时央行对各银行的结售汇周转头寸管理改为综合头寸管理,结售汇综合头寸限额的管理区间变成下限为零、上限为外汇局核定的限额,银行体系的结售汇综合头寸总限额有了较大幅度的提高,有利于外汇市场的进一步发展。

随着我国中央银行外汇储备的不断增加,国家也希望能够"藏汇于民",我国的外汇管制也在逐步放开,企业和居民有了更大的自主权持有外汇,银行体系的外币存贷款也在不断上升。我国的外币存贷款市场的规模在不断扩大,有利于满足居民和企业的日常用汇需求,进一步还要满足投资需求。我国的外币存款有不断上升的趋势,外币贷款相对比较稳定(见图 1-18)。

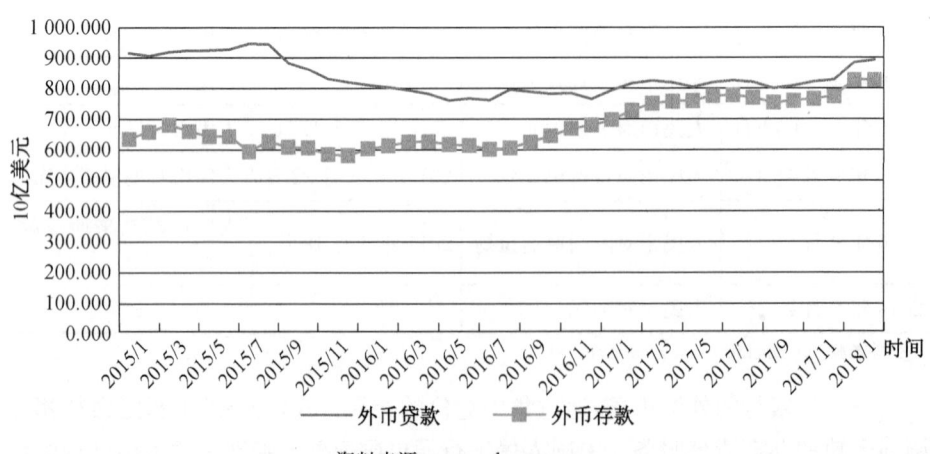

资料来源:www.pbc.gov.cn。

图 1-18 我国外币存贷款(单位:10 亿美元)

OTC 外汇市场的规模也在不断上升,外管局自 2015 年 1 月起公布境内外汇交易量月度数据,截至 2017 年 5 月,我国境内人民币兑外汇月均交易量 18 659 亿美元,其中即期 8 060 亿美元(占比 43%),衍生品 10 599 亿美元(占比 57%),衍生品交易量已超过半壁江山。

人民币汇率的升值或贬值、外币的投资渠道拓宽、本外币利率的变动等，都影响外币结售汇、存贷款和衍生品市场的变动。汇率和利率的市场化改革有利于外币存贷款市场的完善和发展，也能够更好地调节外币的供给和需求。除了汇率，境内外币利率市场化也在进一步推进。2000年9月，放开外币贷款利率和300万美元（含300万）以上的大额外币存款利率；300万美元以下的小额外币存款利率仍由人民银行统一管理。2002年3月，人民银行统一了中、外资金融机构外币利率管理政策，实现中外资金融机构在外币利率政策上的公平待遇。2003年7月，中央银行放开了英镑、瑞士法郎和加拿大元的外币小额存款利率管理，由商业银行自主确定。2003年11月，对美元、日元、港币、欧元小额存款利率实行上限管理，商业银行可根据国际金融市场利率变化，在不超过上限的前提下自主确定。2004年11月18日，上调境内商业银行1年期美元小额外币存款利率上限0.3125个百分点，调整后利率上限为0.875%；人民银行不再公布两年期美元、欧元、日元、港币小额外币存款利率上限，改由商业银行自行确定并公布两年期小额外币存款利率。中国（上海）自由贸易试验区自2014年3月1日起，外币利率市场化政策正式实施，将放开区内300万美元以下的小额外币存款利率上限，意味着自贸区的外币利率将更多地由外币的供求关系来决定。

外汇衍生品市场也稳步发展。为了完善结售汇体系和发展外汇市场，1997年中国人民银行批准中国银行开办远期结售汇业务，2002年中国建设银行、2003年中国工商银行和中国农业银行也先后被批准开办远期结售汇业务[①]。截至2005年年底，具有远期结售汇业务的银行达到46家，其中中资银行15家，外资银行31家，远期结售汇的业务范围也进一步扩大。2005年8月2日起，凡获准办理远期结售汇业务6个月以上的银行，可以开办不涉及利率的人民币对外币的掉期业务。2005年8月2日，我国发布了《中国人民银行关于扩大外汇指定银行对客户远期结售汇业务和外币掉期业务有关问题的通知》，扩大了远期交易的银行主体。2006年6月2日，人民银行对所有的外汇指定银行结售汇头寸实行权责发生制管理，从而有效地联系了即期外汇市场和远期外汇市场。2011年2月，为进一步发展外汇市场，为企业和银行提供更多的汇率避险保值工具，国家外汇管理局决定推出人民币对外汇期权交易[②]。2018年2月，国家外汇管理局规定银行为客户办理远期结售汇业务，在符合实需原则前提下，到期交割方式可以根据套期保值需求选择全额或差额结算。差额结算的货币为人民币，用于确定轧差金额使用的参考价应是境内真实、有效的市场汇率，进一步推动外汇

[①] 2018年2月13日国家外汇管理局颁布关于完善远期结售汇业务有关外汇管理问题的通知，进一步完善远期结售汇业务。

[②] 2013年12月16日，国家外汇管理局颁布关于调整人民币外汇衍生产品业务管理的通知；2014年6月23日，为规范外汇衍生产品市场发展，提高政策透明度和便利化，更好地满足市场主体管理汇率风险需求，国家外汇管理局制定了《银行对客户办理人民币与外汇衍生产品业务管理规定》。

衍生品市场的发展。近年来,银行对客户的交易量比较稳定,其中即期交易量最大,远期等其他交易量都较小(见图1-19),远期和衍生品业务还有很大的发展空间。

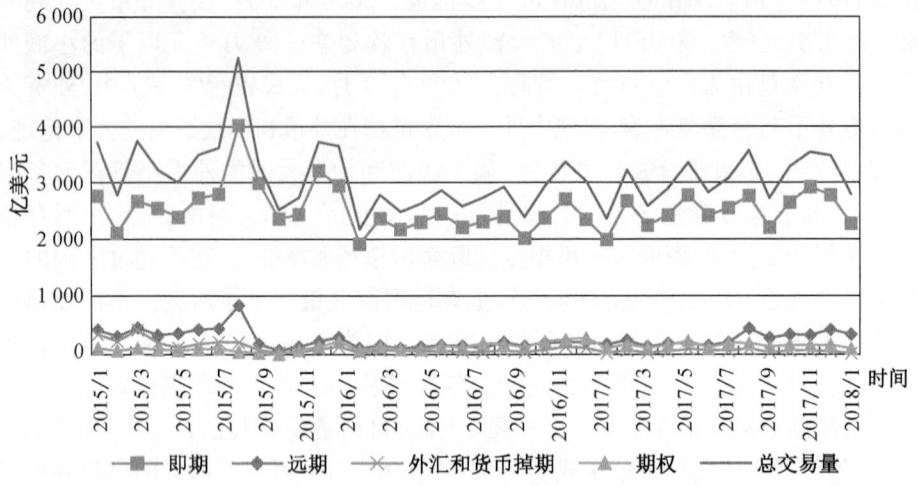

资料来源:www.safe.gov.cn。

图1-19 银行对客户的外汇市场

与美元、欧元和日元等主要国际货币相比,人民币外汇交易量仍然较低,汇率也更加稳定。随着人民币国际化的进一步推进,将进一步扩大交易主体、交易币种、交易品种和交易规模。外汇市场是我国货币市场的重要组成部分,是满足金融机构、企业和个人外汇需求的重要场所,也是中央银行调节外汇供求,实现货币政策目标,调控宏观经济的重要市场。将来我国会进一步完善市场化的汇率形成机制,人民币在未来会逐步实现自由浮动,会继续放松对经常项目和资本项目的管理限制,人民币国际化也将稳步发展,外汇市场的发展将迎来新的发展机遇,市场参与主体将进一步扩容,市场的广度和深度将有望继续提升,我国外汇市场的发展将迎来新的发展阶段。

三、外汇市场自律机制的形成[①]

防范风险一直是外汇市场中的重要问题,央行加强了对远期外汇交易的审慎管理。远期售汇业务是银行对企业提供的一种汇率避险衍生产品。企业通过远期购汇能在一定程度上规避未来汇率风险,但由于企业并不立刻购汇,而银行相应需要在即期市场购入外汇,这会影响即期汇率,进而又会影响企业的远期购汇行为。2015年"8.11"汇改之后,为抑制外汇市场过度波动,人民银行将银行

---

① 自律机制如何运作可见:www.chinamoney.com.cn。

远期售汇业务纳入宏观审慎政策框架,对开展代客远期售汇业务的金融机构收取外汇风险准备金,准备金率定为20%。2017年9月人民银行及时调整前期为抑制外汇市场顺周期波动出台的逆周期宏观审慎管理措施,将外汇风险准备金率调整为0。2018年上半年受贸易摩擦和国际汇市变化等因素影响,人民银行决定再次将远期售汇业务的外汇风险准备金率从0调整为20%。相当于让银行为应对未来可能出现的亏损而计提风险准备,通过价格传导抑制企业远期售汇的顺周期行为,防范过度投机行为,外汇风险准备金由金融机构交存,不针对企业。

长期以来,我国的外汇市场主要依赖于外部约束和监管,没有充分发挥外汇市场主体自律机制,外部监管更多的是宏观上指导,重点是防范金融风险,而自律机制能够弥补外部监管的不足,更多地体现在微观上合作和协调,以及一些技术性问题的指导和规范。自律机制的形成有助于宏观监管和微观自律相结合,形成有效的、规范的、全面的外汇市场运作体系,也有利于抵御金融风险。

建立自律机制有助于以更低的社会成本、更有效的管理方式来维护市场秩序。自律机制是在国内外成熟经验基础上的发展和完善起来的。一方面,目前全球主要八大交易市场(伦敦、纽约、新加坡、中国香港、东京等)均成立外汇自律组织。建立自律机制是与国际接轨、适应国际形势和国际潮流的需要,有助于更好地参与相关国际规范的制定,使我们在国际外汇市场上有更多的话语权。另一方面,国内在市场自律体系建设方面也进行了有益的探索和实践。2013年,利率定价自律机制形成,从此后3年的运营情况来看,该机制在进一步推动利率市场化、激励和约束成员行为、规范同业业务、维护公平有序的市场秩序等方面发挥了重要作用。2014年,银行间外汇市场职业操守和市场惯例专业委员会成立,有效规范了银行间外汇市场自律体系,推进市场诚信、公平、有序发展。这些探索和实践都为外汇市场自律机制的建立提供了良好的经验借鉴。最后,外汇市场自律机制是对现有政策资源的整合和全覆盖。通过成立外汇市场自律机制,对批发和零售外汇市场、本币和外币进行全覆盖,避免自律重叠和空白,避免监管套利。

自律机制的成立标志着中国外汇市场正在由过去的以他律为主转向他律和自律并重,对中国外汇市场改革和发展具有重大意义。外汇市场自律机制成立于2016年6月24日,是由中国银行间外汇市场成员组成的市场自律和协调机制,在符合中国有关汇率政策和外汇管理规定的前提下,对人民币汇率中间价报价行为、银行间市场和银行柜台市场交易进行自律管理,维护市场正当竞争秩序,促进外汇市场有序运作和健康发展。

外汇市场自律机制的实施适应了外汇市场发展的必然要求。自律机制的主要职责是对中国银行间市场(批发市场)和银行柜台市场(零售市场)的外汇业务及跨境人民币业务进行自律和协调,具体包括:规范人民币汇率中间价报价行为,制定并督促落实银行间市场以及柜台市场交易行为准则和业务规范,处理市场成员之间的交易纠纷以及开展国际合作等。

四、外汇市场的调控功能

中国外汇市场主要分为两部分,银行间外汇市场和零售外汇市场。在整个市场中,主要参与者有:中国人民银行和国家外汇管理局。央行授权国家外汇管理局,来监督银行间的即期和远期外汇市场以及零售市场;中国外汇交易中心,作为银行间外汇市场中的交易平台,主要职责是提供银行间外汇交易、人民币同业拆借、债券交易系统并组织市场交易,办理外汇交易的资金清算、交割,提供人民币同业拆借及债券交易的清算提示服务,提供外汇市场、债券市场和货币市场的信息服务等;外汇指定银行和其他非银行金融机构以及非金融公司是外汇市场的参与者,非银行金融机构以及其他金融公司都是由国家外汇管理局授权从事外汇业务。外汇指定银行是指经国家外汇管理局及其分支局批准经营结汇、售汇业务的金融机构。图1-20包括货币市场上外币资金的循环和人民币资金的循环,实际上在我国从货币市场的角度来看,外汇资金市场和人民币资金市场分别包括三个层次的市场。外汇资金市场第一个层次是居民的结售汇市场和外币的信贷市场;第二个层次是银行间外汇市场;第三个层次是中央银行的外汇干预。人民币资金市场的第一个层次是居民的存贷款市场、第二个层次是同业拆借市场、银行间债券市场、票据市场等;第三个层次是中央银行的货币市场的操作。外汇市场和人民币资金市场也是相通的,结售汇市场就联系了人民币资金市场和外币资金市场。中央银行正是通过货币市场的操作影响资金的流动和资金的供给,进而影响企业和居民的行为,最终实现宏观调控的效果。

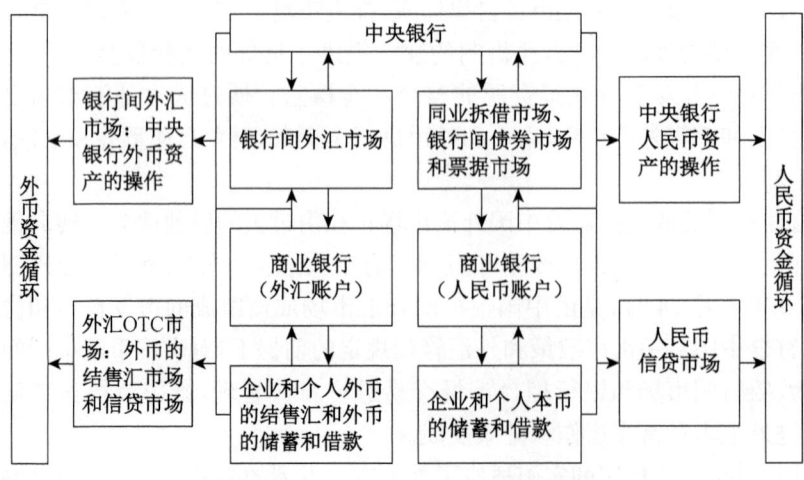

图1-20 货币市场外币资金和人民币资金的循环

自 1978 年中共十一届三中全会作出改革开放的决定以来,我国逐步由计划经济体制向社会主义市场经济体制转变,我国外汇市场也逐步由小到大、从分散、双轨制的外汇市场逐步形成全国统一、有组织规范的场内和场外交易体系完善的外汇市场。一是外汇市场交易产品不断增多。目前,国内外汇市场已形成了包括即期、远期、外汇掉期、货币掉期和期权等国际成熟市场的基础产品体系,可交易货币超过 30 种发达和新兴市场货币,涵盖了我国跨境收支的主要结算货币。二是市场参与者不断增加。企业、个人在跨境贸易、投资和金融活动在外汇市场上的外汇交易需求被满足,同时,银行间外汇市场参与者包括银行机构、非银行金融机构和非金融企业等。随着金融市场的对外开放和人民币国际化,境外机构也有序进入境内外汇市场。三是交易清算机制完善。银行间外汇市场具备国际外汇市场先进的交易清算机制,外汇交易模式可选择集中竞价、双边询价和双边授信下集中撮合三种电子交易模式,以及货币经纪公司的声讯经纪服务,清算方式可选择双边清算或中央对手集中清算。四是加强金融风险防范。我国外汇市场的发展,一直把金融风险防范作为重要任务,不断加强市场监管,努力培育行业自律,推进以行业自律为主、政府监管为辅的外汇市场管理新框架。

经过 40 年左右的发展,越来越多的境内外投资者进入中国外汇市场,中国外汇市场成为国际外汇市场的重要组成部分,为国内外投资者提供全方位的外汇兑换、交易和投资的金融服务。根据国际清算银行(BIS)的调查,2016 年,中国外汇市场交易量占全球外汇市场交易量的比重为 1.1%,为历史最高水平。我国外汇市场要服务好我国实体经济,从早期的结售汇,到现在满足实体经济和金融交易的套期保值需求,满足微观经济主体的风险防范,外汇交易由简单到复杂、由基础到衍生,防范外汇市场发展脱实向虚,努力服务好实体经济。未来我国外汇市场的发展要不断深化改革,与时俱进,不断丰富交易工具,为市场主体提供更好的外汇服务;不断扩大外汇市场的参与者,包括国内外投资机构,增加市场主体;同时不断加强风险防范和市场监管,进一步完善我国外汇市场,积极实践 2008 年国际金融危机后中央对手清算、交易后确认、冲销、报告等全球新的监管要求,服务好实体经济的运行,促进外汇市场的有序开放。

第二章 人民币有效汇率指数和人民币汇率变动

第一节 人民币有效汇率指数

一、人民币有效汇率指数

通常在浮动汇率体制下,很难确定一种货币的价值,常常会遇到货币 A 对于货币 B 是升值的,但对于货币 C 却是贬值的情况。这种情况下,有必要建立一个加权平均系数,使一国货币币值包含多种货币的决定力量,这种加权汇率就称为有效汇率。有效汇率(effective exchange rate)是一国货币对若干外币汇率的综合反映指标,它包括名义有效汇率和实际有效汇率。仅通过人民币对美元的双边汇率很难准确反映人民币汇率的总体水平,而人民币有效汇率则克服了这一缺点,它是人民币对多种货币汇率的加权平均。通常有效汇率的基础值是 100,在间接标价法下,高于 100 表示升值,低于 100 表示贬值。

人民币有效汇率包括人民币名义有效汇率和人民币实际有效汇率。有效汇率是人民币对有关国家货币汇率的贸易加权平均,也是对人民币总体变化趋势的一种反映。但名义和实际有效汇率是期间数据,并不是时点数据,它的权重是根据中国与样本货币相关国家之间的月度、季度或年度贸易数据进行调整的。而汇率指数是瞬时数据,是根据本国货币对样本货币汇率的即时变化在外汇市场上随时公布的,有利于对本国货币汇率走势的及时判断,如美元指数就是根据国际金融市场上美元对 6 种样本货币汇率变化全天候 24 小时及时公布的。目前国际货币基金组织和国际清算银行(BIS)都公布人民币有效汇率,以各贸易伙伴国在我国进出口总额中所占的比重作为权数。与双边汇率相比,人民币有效汇率更能反映我国宏观经济运行和对外经济往来的状况,是一项重要的宏观经济指标。

对人民币汇率走势的判定,不仅仅应该关注人民币对美元汇率,更应该关注人民币有效汇率的变化。

一是人民币有效汇率反映了一国货币竞争力的总体水平。人民币有效汇率是对多边汇率的综合反映,也是全面反映一国货币竞争力的重要指标,如果人民币有效汇率提高,则本国产品的总体竞争力将下降;如果有效汇率降低,则本国产品的总体竞争力将上升。而双边汇率只反映本国产品在另一国市场上的竞争力情况,有效汇率是对本国产品综合竞争力的评估。

二是人民币有效汇率反映了一国的金融和经济状况。人民币有效汇率既受对外贸易的影响,也受资本流动的影响,它更是贸易状况和资本流动变化的反映。人民币有效汇率升值反映本国国际收支盈余,外汇供给大于外汇需求,同时也是对一国劳动生产率和经济增长的反映。通常,一国经济增长和劳动生产率提高,一国货币有走强的趋势。人民币有效汇率变化和一国的经济发展和金融状况是联系在一起的。

三是人民币有效汇率反映了外部冲击的影响。汇率是联系国内经济和国外经济重要的经济变量,汇率渠道是外部冲击传导到国内的重要途径。人民币有效汇率的变动反映世界经济冲击对国内经济影响的程度,如全球通货膨胀会通过汇率渠道传播到国内,国内也可以通过人民币升值控制通货膨胀向国内传导。人民币有效汇率变动往往既能够隔离冲击,又能够吸收冲击,更是对外部冲击的一种反应。

四是人民币汇率的市场化改革更需要关注人民币有效汇率。随着我国金融市场对外开放不断扩大,外汇市场供给和需求变动将更加频繁,央行会不断扩大人民币对美元汇率的波动幅度,不断深化人民币对美元汇率的市场化改革。同时,人民币对非美元货币的汇率主要受人民币对美元汇率和国际金融市场上美元对其他非美元货币汇率的影响。这样随着人民币对美元市场化汇率改革的不断推进,人民币对非美元货币汇率上下波动的幅度也会进一步扩大,直到人民币对非美元货币市场化汇率的形成。国家会不断放松对人民币汇率的管制,人民币汇率将更多地由市场供给和需求来调节,人民币汇率波动将更加频繁,波动幅度也会扩大,因此要准确判断人民币汇率的走势,更需要人民币有效汇率指标。在人民币汇率市场化改革的过程中,人民币有效汇率会越来越受到关注,将成为宏观经济变化的一个重要指标。

五是人民币有效汇率也是构建人民币汇率指数的基础。人民币有效汇率的权重既有固定的,也有随时间变动的。构建人民币汇率指数需要确定一个相对不变的权重,需要选取合适的篮子货币,这样人民币汇率指数将可以在银行间外汇市场上随时公布。实际上,根据有效指数覆盖币种数量的多少我们可以建立人民币对主要货币如美元、欧元、日元、港币和英镑等核心有效汇率指数,还可以建立人民币有效汇率广义指数和人民币有效汇率狭义指数。

二、我国推出人民币汇率指数

通常确定人民币汇率指数主要涉及两个问题:一是样本货币的选取问题;二

是样本货币权重的选取问题。样本货币通常是选取和我国贸易往来密切的国家,如 IMF 选取了和我国贸易量较大的 16 个国家和地区的货币,也可以选取我国银行间外汇市场主要交易并公布汇率的 24 种货币,包括美元、欧元、日元、港币和英镑等主要货币。样本货币权重的选取采用不变权重和可变权重。如果是不变权重,通常是选取一定期间内与相关国家贸易额的比例作为样本货币的权重;如果是可变权重,通常选取银行间外汇市场样本货币交易量的比例作为该货币的权重,因为这种数据是能够及时得到和更新的。

人民币汇率指数和股票指数、物价指数等具有类似的道理,它是对人民币汇率变动的全面综合考察,能够反映人民币汇率总体走势的变化。

总之,随着我国汇率市场化改革的不断推进,人民币汇率变动会更加频繁,汇率指数的公布将具有重要意义。

一是有利于市场和公众对人民币汇率变动作出综合的判断。由于人民币对不同货币汇率的变动是不同的,甚至是相反的关系,因此人民币汇率指数的公布,有利于纠正人们对汇率变动的判断。通常我们判断人民币汇率走势主要是根据人民币对美元汇率的变动,但随着我国改革开放的日益推进,我国同许多非美元国家的贸易往来日益密切。除了美元以外,欧元、英镑和日元等也在两国贸易往来中充当计价和结算货币,因此人民币汇率的变动必须要考虑到非美元货币对人民币汇率的影响。

二是有利于引导市场预期。人民币汇率指数的公布有利于投资者或市场参与者对外汇市场的变动作出判断,有利于引导投资者的市场预期,促进合理的市场操作和外汇市场的供求平衡。另外,人民币汇率指数不仅仅是对人民币汇率本身的反映,它也是整个宏观经济运行的重要指标,有利于投资者对整个宏观经济形势的判断,及时调整投资和贸易策略。

三是有利于推动外汇衍生品市场的发展。自 2005 年人民币汇改以来,央行不断推动人民币汇率的市场化进程,逐步放宽汇率的波动幅度。如 2005 年 9 月 23 日,银行间即期外汇市场非美元货币对人民币交易价的浮动幅度由原来的上下1.5%扩大到上下 3%,同时从 2007 年 5 月 21 日起人民币对美元交易价浮动幅度从 3‰扩大至 5‰;2012 年 4 月 16 日和 2014 年 3 月 17 日又分别扩大到 1%和 2%。人民币对美元货币和非美元货币的浮动幅度不断增加,因此企业和金融机构等面临的汇率风险在不断上升。怎样规避外汇风险将是面临的一个重要问题,而人民币汇率指数的推出,将有利于建立以汇率指数为标的的外汇衍生产品如汇率指数的期货、期权等,这都有利于市场参与者通过套期保值来规避汇率风险。

四是为央行货币政策的决策提供依据。目前我们谈到人民币汇率主要是人民币对美元的汇率,人民币对美元的升值幅度或贬值幅度必须要考虑到人民币汇率的总体走势。在美元升值时,若人民币对美元也保持升值,则人民币对非美元货币升值的幅度就会更大,人民币汇率总体将升值更快。人民币汇率指数推出将有利于判断汇率的一般走势,对央行的汇率决策具有重要的参考意义。同时,央行的利率政策也需要和汇率政策协调,人民币汇率指数的变化也是央行利率政策重要的参考指标,同时也是央行干预外汇市场的重要决策依据。

五是有利于提高人民币的国际地位和扩大国际影响。随着我国经济规模的日益扩大,人民币的影响不断增加,虽然人民币不是自由兑换货币,但由于我国国际贸易和国际资本流动的不断增加,以及人民币在台、港、澳等地区的自由兑换,人民币汇率的走势将越来越受到更多的关注。人民币汇率指数的公布将为国外投资者和决策者提供更直接的信息,也有利于对人民币汇率变动的全面了解及把握,提高了人民币的国际影响力,也为尽快把人民币推向国际化创造良好的氛围。

国际上对有效汇率指数研究的主要是国际货币基金组织和国际清算银行,它们都公布各国的有效汇率指数,包括人民币汇率名义和实际有效汇率。Zanello 等(1997)详细描述了 IMF 名义和实际有效汇率计算方法和数据,篮子货币权重的计算主要有双重贸易加权和双边贸易加权等。双边贸易加权,赋予每一个国家的权重是这个国家与计算有效汇率指数的国家的出口和进口往来占该国出口和进口总量的比例,比例越高赋予的权重就越大。双重加权方法是双边贸易加权和多边贸易加权的结合,既反映了双边贸易的竞争力,又反映了在第三方市场的竞争。Turner P 和 J Van't dack(1993)、Marc 和 San(2006)解释了国际清算银行名义和实际有效汇率的货币选取和权重计算,BIS 有效汇率指数权重计算采取的是双重贸易加权。除了国际货币基金组织和国际清算银行以外,很多国家都公布本国的有效汇率指数,众多学者给出了自己的研究。Mack Ott(1987)探讨了不同权重计算的美元汇率指数,包括贸易权重、资本流动的权重等。ECB(2004a、2004b)给出了欧元区的有效汇率指数;Lynch 和 Whitaker(2004)解释了英国的有效汇率指数;Bank of Japan(2005)解释了日本的名义和实际有效汇率指数;Hargreaves 和 White(1999)、White(1997)给出了新西兰的有效汇率指数的编制,他们权重的计算基本都是采取双重加权的方法。值得指出的是这里篮子货币制度重点是稳定有效汇率,权重的选取和我们后面将要探讨的最优权重的选取是不同的。

2015 年 12 月 11 日,我国也公布了三种人民币有效汇率指数[①]。一是中国外汇交易系统(CFETS)人民币汇率指数,参考 CFETS 货币篮子,具体包括中国外汇交易中心挂牌的各人民币对外汇交易币种,样本货币权重采用考虑转口贸易因素的贸易权重法计算而得。二是参考国际清算银行(BIS)货币篮子计算的人民币汇率指数,参考 BIS 货币篮子,样本货币权重采用 BIS 货币篮子权重。三

---

① 见 http://www.chinamoney.com.cn/fe/Info/32566047。

是参考 SDR 货币篮子计算的人民币汇率指数,主要参考特别提款权(SDR)货币篮子,样本货币权重由各样本货币在 SDR 货币篮子的相对权重计算而得。从以上的文献综述可以看出,参考一篮子货币汇率制度是汇率制度改革的一项重要选择,在此基础之上,我国可以进一步建立和完善参考人民币有效汇率的一篮子货币汇率制度。自 2005 年 7 月汇改以来,参考一篮子货币一直是我国汇率形成机制改革的一个目标,但从之前人民币汇率的变动来看,人民币汇率主要还是钉住美元的[①],因此央行可以根据 CFETS 人民币汇率指数,参考一篮子货币保持人民币总体币值的相对稳定,再确定每天人民币对美元汇率的中间价。

第二节 有效汇率指数编制探讨及人民币有效汇率指数测算

我们将对汇率指数编制的关键性问题进行探讨,并计算和模拟人民币有效汇率指数的变动。

一、几何平均还是算术平均

计算汇率指数有两种方法:一是算术平均;二是几何平均,应该如何选择呢?本章将通过一个具体例子来说明两种计算方法的差异。假定有两种货币 x 和 y,假定人民币与 x 的比价 1 月份是 1∶20,二月份是 1∶40,3 月份是 1∶80。而人民币与货币 y 的比价 1 月份是 1∶100,2 月份是 1∶50,3 月份是 1∶25。也就是说,人民币能够购买越来越多的 x 货币,能够购买越来越少的 y 货币,如何衡量每个月人民币的总体币值呢?

首先我们用算术平均来计算人民币币值的变化。我们选取 1 月份为基期,两种货币的权重相同,则 1 月份人民币汇率指数为:$\dfrac{\frac{1}{2}\times 20+\frac{1}{2}\times 100}{\frac{1}{2}\times 20+\frac{1}{2}\times 100}=1$;2 月份的人民币汇率指数为:$\dfrac{\frac{1}{2}\times 40+\frac{1}{2}\times 50}{\frac{1}{2}\times 20+\frac{1}{2}\times 100}=0.75$;3 月份的人民币汇率指数为:$\dfrac{\frac{1}{2}\times 80+\frac{1}{2}\times 25}{\frac{1}{2}\times 20+\frac{1}{2}\times 100}=0.875$,因此人民币有效汇率指数为 100,75,87.5。

---

① IMF 之前把人民币汇率制度归入类似爬行钉住美元的汇率制度(Crawl-like arrangement),见"Annual Report on Exchange Arrangements and Exchange Restrictions 2015"《汇率安排和外汇管制年报(2015)》,www.imf.org。

下面我们再用几何平均来计算人民币币值的变化。同样我们选取1月份为基期,两种货币的权重相同,则1月份人民币汇率指数为:$\frac{20^{\frac{1}{2}}100^{\frac{1}{2}}}{20^{\frac{1}{2}}100^{\frac{1}{2}}}=1$;2月份的人民币汇率指数为:$\frac{40^{\frac{1}{2}}50^{\frac{1}{2}}}{20^{\frac{1}{2}}100^{\frac{1}{2}}}=1$;3月份的人民币汇率指数为:$\frac{80^{\frac{1}{2}}25^{\frac{1}{2}}}{20^{\frac{1}{2}}100^{\frac{1}{2}}}=1$,因此人民币有效汇率指数为100,100,100(见表2-1)。

由此可以看出,如果用算术平均,人民币有效汇率指数是先降后升的,而用几何平均,人民币有效汇率指数是相同的。从经济意义来看,几何平均更加合理,因为人民币购买 x 货币越来越多,购买 y 货币越来越少,两者之间互相抵销,人民币汇率指数不变。而算术平均人民币汇率指数先降后升,如果以3月份为基期,则人民币有效汇率也是先降后升的,说明用算术平均衡量人民币汇率指数存在一定的偏差,这种偏差是这种计算方法所固有的。因此计算有效汇率基本上都采取几何平均方法。

表 2-1 两种计算方法

月份	汇率		固定权重		算术平均的有效汇率指数	几何平均的有效汇率指数
	人民币和 x 的汇率	人民币和 y 的汇率	W_1	W_2	1月份=100	1月份=100
1	20	100	0.5	0.5	100	100
2	40	50	0.5	0.5	75	100
3	80	25	0.5	0.5	87.5	100

为什么会出现这样的问题?我们来看贸易权重的算术加权的有效汇率指数:$NEER_t = 100 \frac{\sum_{i=1}^{n} w_{i,t} S_{i,t}}{\sum_{i=1}^{n} w_{i,t} S_{i,0}}$,其中 $NEER_t$ 为 t 期的人民币名义有效汇率,$S_{i,t}$ 为 t 期人民币对 i 国货币的汇率(间接标价法),$w_{i,t}$ 为 t 期人民币对 i 国货币的贸易权重。因此 $\Delta NEER_t = 100 \frac{\sum_{i=1}^{n} w_{i,t} \Delta S_{i,t}}{\sum_{i=1}^{n} w_{i,t} S_{i,0}}$,汇率的绝对值变化影响有效汇率指数。汇率指数的波动对汇率的具体数值相当敏感,如果两个汇率的大小不等,则即使是相同的变动率,汇率指数也会变化,较高的汇率会带动汇率指数朝着自己的方向变动。而我们选取几何加权的有效汇率指数,即:$NEER_t=$

$NEER_{t-1} \prod_{i=1}^{n} (S_{i,t}/S_{i,t-1})^{w_{i,t}}$,其中 $NEER_t$ 为 t 期的人民币名义有效汇率,$NEER_{t-1}$ 为 $t-1$ 期的人民币名义有效汇率,$S_{i,t-1}$ 为 $t-1$ 期人民币对 i 国货币的汇率。因此得到:$NEER_t = NEER_{t-1} \prod_{i=1}^{n} (S_{i,t}/S_{i,t-1})^{w_{i,t}} = 100 \prod_{i=1}^{n} (S_{i,t}/S_{i,0})^{w_{i,t}}$,两边取对数,再微分得到:$\Delta \ln NEER_t = \sum_{i=1}^{n} w_{i,t} (\Delta \ln S_{i,t})$,即 $\frac{\Delta NEER_t}{NEER_t} = \sum_{i=1}^{n} w_{i,t} \left(\frac{\Delta S_{i,t}}{S_{i,t}} \right)$,有效汇率的变动率对汇率的变动率相当敏感,在权重相同的情况下,如果两个汇率的变动率方向相反、相互抵销,则对汇率指数没有影响。因此加权几何平均的汇率指数更能反映汇率相互变动的特点,更适合描述一种货币总体币值水平的变化。

二、贸易权重还是资本权重

计算一种货币的有效汇率首先要确定每一种货币的权重。确定有效汇率指数的权重,要根据有效汇率指数主要是测算贸易还是主要反映资本流动的情况。通常有效汇率指数主要是用来反映一国贸易的国际竞争力,因此用贸易权重(trade-weighted exchange rates)的居多。但是国际经济往来不仅包括国际贸易,还包括国际资本流动,因此从理论上来说,可以计算基于国际资本流动的有效汇率指数权重。国际资本流动的规模和增长速度越来越快,意味着用资本流动的权重计算有效汇率更能反映一国货币总体币值的变化趋势。尽管这种计算方法从理论上来讲是合理的,但是由于数据的可得性问题,反映国际资本流动的有效汇率指数很少。有效汇率指数的计算基本上都是贸易加权有效汇率,贸易品还包括商品贸易和服务贸易,有的有效汇率指数计算采用总的贸易,有的有效汇率指数计算主要是采用制造业的贸易(如 J. P. Morgan 和 IMF)。

(一) 基于资本往来的权重

如果有效汇率指数的计算主要从资本账户的角度来考虑,则可以计算 j 经济体(本国)货币的有效汇率中 i 国货币所占的权重。j 国的有效汇率中 i 国货币的权重必须能反映 i 与 j 的资本流入、流出状况。因此有如下方程:

(1) 资本流入权重:$w_i^I = CI_j^i / CI_j$

(2) 资本流出权重:$w_i^O = CO_j^i / CO_j$

(3) 最终权重:$w_i = \left(\frac{CI_j}{CO_j + CI_j} \right) w_i^I + \left(\frac{CO_j}{CO_j + CI_j} \right) w_i^O$

其中,CO_j^i、CI_j^i 分别代表 j 对 i 的资本流出和 j 从 i 的资本流入;CO_j、CI_j 分别代表 j 的总资本流出和总资本流入。

从资本权重来看,赋予某一国货币的权重是本国和该国资本流入和流出占本国总资本流入和流出的加权平均,是对资本流入和流出的综合反映,也是对该国和本国资本往来的相对重要性的反映。

(二) 基于贸易往来的权重

与基于资本项目的权重不同,基于贸易往来的权重主要考虑贸易项目的影响,有出口权重、进口权重、全球贸易权重、双边贸易加权和双重贸易加权法等。其中最主要的两种方法是双边贸易加权和双重贸易加权。

1. 双边贸易加权

下面利用双边贸易加权计算 j 经济体货币的有效汇率中 i 国货币所占的权重。j 国(本国)的有效汇率中 i 的权重必须能反映 i 与 j 的进口竞争和出口竞争。因此有如下方程:

(1) 进口权重: $w_i^m = m_j^i / m_j$

(2) 出口权重: $w_i^x = x_j^i / x_j$

(3) 最终权重: $w_i = \left(\dfrac{m_j}{x_j + m_j}\right) w_i^m + \left(\dfrac{x_j}{x_j + m_j}\right) w_i^x$

其中,x_j^i、m_j^i 分别代表 j 对 i 的出口和 j 从 i 的进口;x_j、m_j 分别代表 j 的总出口量和总进口量。双边贸易加权,赋予每一个国家的权重是这个国家与 j 国的出口和进口往来占 j 国出口和进口总量的比例,比例越高赋予的权重就越大,因此对于国家 i 权重就是 i 国对 j 国出口和从 j 国进口之和占 j 国对这些国家(有效汇率指数所包含的国家)出口和进口总量的比率。

除了双边贸易加权,还有多边贸易加权,多边贸易加权汇率的计算公式和双边贸易加权的公式类似,只不过多边贸易加权,赋予每一个国家的权重是这个国家的出口和进口总量之和占所有这些国家出口和进口总量之和的比例。每一个权重各有特色,多边贸易权重主要考虑了两国之间在其他国家市场的竞争状况,如人民币和美元的汇率变动不仅影响中国产品和美国产品的相对价格,还影响中国和美国之外的产品价格变化如欧元区,因此多边贸易权重方法反映了其他国家市场竞争的效应。但是多边贸易权重的缺点是往往给某些国家的权重可能太大,如果欧元区和加拿大的贸易往来大于和中国的贸易往来,则给欧元区赋予的权重可能就较大,因此双边贸易权重比多边贸易加权可能会更加合理。

2. 计算有效汇率中的权重时使用双重加权法

双重加权法(double-weighting)是国际组织和一些机构计算汇率指数较多采用的方法,这种权重能够同时反映两国之间的直接贸易以及两国在第三方市场的竞争力。下面以计算 j 经济体(本国)货币的有效汇率中 i 国货币所占的权重为例。

假设在 j 国和 i 国的贸易往来中,还有 k 个外国市场以及 h 个外国生产者。这意味着,j 与 i 在进行双边贸易的同时,其出口商品也同时在另外 k 个市场中与 i 以及其他 h 个生产者存在着竞争关系。j 国的有效汇率中 i 的权重必须能反映 i 与 j 的进口竞争,直接的出口竞争以及在第三方市场上的出口竞争。因此有如下方程:

(1) 进口权重 $\quad w_i^m = m_j^i/m_j$ (1)

(2) 出口权重 $\quad w_i^x = \left(\dfrac{x_j^i}{x_j}\right)\left(\dfrac{y_i}{y_i + \sum_h x_h^i}\right) + \sum_{k \neq i}\left(\dfrac{x_j^k}{x_j}\right)\left(\dfrac{x_i^k}{y_k + \sum_h x_h^k}\right)$ (2)

(3) 最终权重 $\quad w_i = \left(\dfrac{m_j}{x_j + m_j}\right)w_i^m + \left(\dfrac{x_j}{x_j + m_j}\right)w_i^x$ (3)

其中，x_j^i、m_j^i 分别代表 j 对 i 的出口和 j 从 i 的进口；x_j、m_j 分别代表 j 的总出口量和总进口量；y_i 代表 i 国的国内产出中用以供给国内需求的产量；$\sum_h x_h^i$ 代表 h 个外国生产者(不包括 j) 对 i 国的出口总量。上面方程(1) 的进口权重衡量了 i 国和其他对 j 出口国的竞争。j 从 i 的进口量越大，i 的汇率变化对 j 产生的影响也就越大，因此在 j 的有效汇率中，i 所占权重也就越大。由于进口权重反映的只是 j 国不同的进口国之间的相对重要性，而与 j 的国内生产规模无关，因此 y_j 不会被计入方程，而只是计算简单的比重。方程(2) 是双重加权的出口权重，右边第一项是直接出口竞争，第二项是第三方市场竞争。第一项是 j 国出口到 i 国产品和 i 国国内生产制造业的直接竞争，和进口权重不同，直接出口权重是双边的直接出口份额乘以 i 国的开放度，意味着如果 i 国是 j 国一个重要的出口市场(用 $\left(\dfrac{x_j^i}{x_j}\right)$ 度量)，但是如果 i 国是贸易开放度不高的国家，也就是说 i 国产品大部分是自给自足的(用 $\left(\dfrac{y_i}{y_i + \sum_h x_h^i}\right)$ 度量)，因此 j 出口到 i 国产品就会面临 i 国自己生产产品的激烈竞争，在 j 国有效汇率篮子中 i 国占比应该更多。第二项反映第三方市场竞争，如果 j 国和 i 国在其他 k 个市场竞争，如果 k 市场是 j 国出口的一个重要市场(用 $\left(\dfrac{x_j^k}{x_j}\right)$ 度量)，如果 i 国对 k 市场出口占较大的份额(用 $\left(\dfrac{x_i^k}{y_k + \sum_h x_h^k}\right)$ 度量)，意味着在 k 市场 i 国是 j 国重要的竞争者，因此也应该给 i 国赋予更大的权重。方程(3) 表示对于国家 i 权重就是 i 国对 j 国出口(包括第三方市场竞争) 和从 j 国进口之和占 j 国对这些国家出口和进口总量的比率。

因此，资本项目往来的有效汇率权重和双边贸易加权的计算方法类似，只不过一个是从资本项目考察有效汇率的变化，一个是从贸易项目反映有效汇率的币值。双边贸易加权和双重贸易加权这两种加权方法主要区别在于是否考虑第三方市场竞争。实际上双重加权方法是双边贸易加权和多边贸易加权的结合，结合了这两者之间的优点，既反映了双边贸易的竞争力，又反映了在第三方市场的竞争。双重加权考虑到该国国内厂商生产进口替代品的竞争，因此需要该国产出和贸易数据，也就是说，j 国出口厂商将面临其他国家出口的竞争和这些国家当地产品的市场竞争。

三、货币种类和基期的选择

(一) 货币种类和权重基期的选择

从理论上来说,有效汇率指数中货币应该选择与 j 国经济往来所有的货币,但是实际上根据数据的可得性和及时性,通常都选择一些主要的经济往来的国家。一般来说选择的标准是和该国贸易和投资往来的主要国家;该国有发达的外汇市场,汇率主要由市场供求来决定。

指数权重可以是固定权重,也可以周期性的更新,也可以每年更新。如果权重是固定的,必须确定哪一年或哪些年作为基期。固定基期还是变动的基期,各有优缺点。固定权重没有考虑贸易方式的变化,汇率指数变动可能会产生误导的信号;变动的基期考虑了贸易形势的变化,更能反映贸易新形势下的贸易竞争力。但变动基期的权重可能和汇率变动叠加在一起,如汇率可能没有变化,但由于贸易份额的变化,汇率指数可能会发生改变。面临的问题是汇率指数的变化是由于汇率的变化,还是由于贸易形势的变化,折中的方法是采取周期性变动的基期,但是多长时间变动也是需要考虑的问题。

(二) 有效汇率指数测算基期的选择

有效汇率指数测算基期的选择和有效汇率指数权重基期的选择可以不同,如果有效汇率指数权重是固定的,则有效汇率指数对基期的选择是不敏感的,也就是说,无论选择哪一年是基期都是无所谓的,但是如果有效汇率指数权重是变动的,则对基期的选择就是敏感的。由前面公式可知 $\frac{\Delta NEER_t}{NEER_t} = \sum_{i=1}^{n} w_{i,t} \left(\frac{\Delta S_{i,t}}{S_{i,t}} \right)$,如果 $w_{i,t}$ 是固定的,则有效汇率的变动率和基期的选择没有关系。如果 $w_{i,t}$ 不是固定的,则 $\frac{\Delta NEER_t}{NEER_t} = \sum_{i=1}^{n} \left[w_{i,t} \left(\frac{\Delta S_{i,t}}{S_{i,t}} \right) + \ln S_{i,t} \mathrm{d} w_{i,t} - \ln S_{i,0} \mathrm{d} w_{i,t} \right]$,因此有效汇率变动对基期汇率敏感,汇率指数的升值或者贬值将依赖于基期的选择。下面我们通过一个具体实例来说。第一例我们采取固定权重,第二例我们使用可变权重(见表 2-2、表 2-3)。

表 2-2　　　　　　　　　　固定权重

月份	汇率		固定权重		指数		指数变化百分比	
	人民币和 x 汇率	人民币和 y 的汇率	W_1	W_2	1月份=100	12月份=100	1月份=100	12月份=100
1	40	60	0.8	0.2	100	56.4		
2	48	52	0.8	0.2	110.9	62.6	10.9	10.9

(续表)

月份	汇率		固定权重		指数		指数变化百分比	
	人民币和x汇率	人民币和y的汇率	W_1	W_2	1月份=100	12月份=100	1月份=100	12月份=100
3	55	45	0.8	0.2	120.5	67.9	8.6	8.6
4	62	36	0.8	0.2	129.1	72.8	7.2	7.2
5	71	27	0.8	0.2	141.4	79.7	9.5	9.5
6	71	27	0.8	0.2	141.4	79.7	0	0
7	80	20	0.8	0.2	154.5	87.2	9.3	9.3
8	82	18	0.8	0.2	157.3	88.7	1.8	1.8
9	85	16	0.8	0.2	161.8	91.3	2.9	2.9
10	88	15	0.8	0.2	166.8	94.1	3.1	3.1
11	90	12	0.8	0.2	169.1	95.4	1.4	1.4
12	95	10	0.8	0.2	177.3	100	4.8	4.8

表2-3   可变权重

月份	汇率		可变权重		指数		指数变化百分比	
	人民币和x汇率	人民币和y的汇率	W_1	W_2	1月份=100	12月份=100	1月份=100	12月份=100
1	40	60	0.8	0.2	100.0	163.0		
2	48	52	0.75	0.25	111.4	181.5	11.4	11.4
3	55	45	0.7	0.3	118.2	192.6	6.1	6.1
4	62	36	0.65	0.35	120.2	195.9	1.7	1.7
5	71	27	0.6	0.4	121.4	197.8	0.9	0.9
6	71	27	0.55	0.45	116.4	189.6	−0.04	−0.04
7	80	20	0.5	0.5	113.6	185.2	−0.02	−0.02
8	82	18	0.45	0.55	106.4	173.3	−0.06	−0.06
9	85	16	0.4	0.6	99.1	161.5	−0.07	−0.07
10	88	15	0.35	0.65	92.2	150.2	−0.07	−0.07
11	90	12	0.3	0.7	80.5	131.1	−0.1	−0.1
12	95	10	0.2	0.8	61.4	100.0	−0.2	−0.2

从上面的分析可以看出,如果指数权重是固定的,则有效汇率变动对基期不敏感;如果是可变权重,则汇率指数变动对基期敏感,权重变动的影响将反映在汇率指数的变动中,这也是编制汇率指数或判断有效汇率走势时需要注意的问题。

四、实际有效汇率价格指数的选择

实际有效汇率计算公式为:$REER_t = REER_{t-1} \prod_{i=1}^{n} \left(S_{i,t} \dfrac{P_t}{P_{i,t}} \Big/ S_{i,t-1} \dfrac{P_{t-1}}{P_{i,t-1}} \right)^{w_{i,t}}$,其中 $REER_t$ 为 t 期的人民币实际有效汇率,$REER_{t-1}$ 为 $t-1$ 期的人民币实际有效汇率,P_t、P_{t-1} 分别表示本国 t 期和 $t-1$ 期的价格水平,$P_{i,t}$、$P_{i,t-1}$ 分别表示 i 国 t 期和 $t-1$ 期的价格水平,$w_{i,t}$ 是权重,$\sum_{i=1}^{n} w_{i,t} = 1$。

实际有效汇率指数计算要剔除价格变动因素,必须要考虑物价指数的选择。通常批发物价指数是对潜在出口产品生产的价格反映,但是它们还包括进口品和非贸易品,还可能包含对进口品征收的间接税或补贴,由于这些因素,批发物价指数可能高估或低估出口价格的变动。此外,批发物价指数可能不可比较,因为各国批发物价指数包括的种类、计算方法等可能都有所不同。

消费者价格指数主要是度量本国的消费价格变化,是度量生产者相对总单位成本的代理变量,如果 CPI 上升,反映了生产的相对成本也上升了,会减少贸易品的供给和市场份额。如果把 CPI 当作生产者成本,实际上是假定 CPI 是影响工资和投入的主要因素。CPI 面临的问题主要是国家之间难以比较,对于资本密集型国家和劳动密集型国家的 CPI 比较可能是有问题的。

GDP 平减指数是指没有剔除物价的 GDP 变动与剔除了物价变动后的 GDP 变化之商,是度量本国 GDP 和其他国家 GDP 的实际值,是本国和其他国家总的单位成本的度量。如果计算合理,这一指数能够更加准确地反映一般物价水平走向。优点是包括了所有产品和劳务,因而最适于描述一般价格水平的变动。但是该指数编制时间较长,时效性差;该指数变化还可能包含了国内生产总值的构成变化,不仅仅是纯价格的变动,往往也不能够准确反映通货膨胀。

成本指数是度量本国的劳动力成本和竞争国的劳动力成本,是对出口利润的一种度量。劳动力成本指数通常定义为劳动力成本和产出数量的比率,当用劳动力成本指数度量成本是假定劳动力是产品的主要投入要素,或者所有其他国家的劳动力成本是类似的。但劳动力可能只在贸易品和非贸易品的生产中发挥一定作用,有时不是主要投入要素,因此这一指标并不是国际贸易中反映成本竞争力的好指标。另一个问题是劳动力成本指数可能是不稳定的,并不是成本要素的较好指标。

每种价格指数各有优缺点,考虑到物价指数的可得性和时效性,在有效汇率指数的计算中,往往采用消费物价指数来测度实际有效汇率。

五、人民币有效汇率指数——基于双边贸易加权的模拟测算

实际上,根据上述汇率指数构建的要素我们可以构建人民币有效汇率指数。关于人民币汇率指数的分类。按照国际上通行的做法,根据汇率指数覆盖货币的多少可以确定三种人民币汇率指数[①]:

(1)"宽口径"(广义)人民币汇率指数。选择与我国有贸易往来的40个国家左右的人民币汇率指数,考虑到国别分布、经济体的不同特征和与中国贸易往来的发展趋势。类似于我国中国外汇交易中心的参考BIS货币篮子计算的人民币汇率指数。

(2)"窄口径"(狭义)人民币汇率指数。选择我国外汇交易中心公布的24个国家的人民币汇率构建的人民币汇率指数,包括美国、欧元区、日本、俄罗斯、英国、南非、马来西亚等国家。类似于我国外汇交易中心的CFETS人民币汇率指数。

(3)人民币核心汇率指数。类似于美元汇率指数,选择5个主要国家左右的人民币核心汇率指数,包括美国、欧元区、日本等国家。

在有效汇率的计算中,确定各种货币汇率的权数是至关重要的,国际货币基金组织(IMF)、一些中央银行或者商业机构在统计和计算一国有效汇率时,通常把加权比重和其他国家与该国的贸易占该国贸易总量的比重联系起来。关于货币的选择问题,主要是考虑双边进口或出口占整个进口或出口的百分比,如美联储1998年选取美元有效汇率指数的货币时规定双边进口或出口在1997年要超过美国总进口或总出口的0.5%,在此条件下,美联储选取了26种货币;日本央行选取货币的标准是双边出口额必须不少于日本总出口的1%。

当然具体的货币、基期选取还需要进一步研究和探讨。人民币有效汇率目标既要考虑数据的可得性、及时性,又要涵盖尽可能多国家范围。我们根据最近3年2010年至2012年中国对外贸易情况,采取双边贸易加权计算货币权重,选取40种货币,计算广义人民币汇率指数,指数基期选取2010年,实际有效汇率计算我们采取消费者物价指数。同样,我们根据最近3年2010年至2012年中国对外贸易情况,采取双边贸易加权计算货币权重,选取24种货币,计算狭义人民币汇率指数,指数基期选取2010年,实际有效汇率计算我们采取消费者物价指数。计算方法如表2-4所示。

[①] 实际上,在美国,美元汇率指数有三种,一种是广义指数(the broad index),主要货币指数(the major currencies index)和其他重要贸易伙伴指数(the other important trading partners, OITP)。见Loretan, M(2005)。

表 2-4　　　　　　　　人民币有效汇率构建的主要因素

人民币有效汇率测算	狭义	广义
计算方法	几何平均方法	几何平均方法
权重选择方法	双边贸易加权	双边贸易加权
货币种类	24 种货币	40 种货币
权重基期	2010 年至 2012 年	2010 年至 2012 年
指数基期	2010 年	2010 年
物价指数	消费者物价指数	消费者物价指数

有效汇率权重配置我们使用双边贸易加权法[①]，下面计算 j 经济体(本国)货币的有效汇率中 i 国(贸易伙伴国)货币所占的权重。j 国的有效汇率中 i 的权重必须能反映 i 与 j 的进口竞争，出口竞争。因此有如下方程：

(1) 进口权重：$w_i^m = m_j^i / m_j$

(2) 出口权重：$w_i^x = x_j^i / x_j$

(3) 最终权重：$w_i = \left(\dfrac{m_j}{x_j + m_j}\right) w_i^m + \left(\dfrac{x_j}{x_j + m_j}\right) w_i^x$

其中，x_j^i、m_j^i 分别代表 j 对 i 的出口和 j 从 i 的进口；x_j、m_j 分别代表 j 的总出口量和总进口量。根据 2010 年至 2012 年 3 年的贸易数据，我们采取双边贸易加权计算相应的权重。一是狭义的人民币汇率指数：$\dfrac{x_j}{x_j + m_j} = 0.582\,535$；$\dfrac{m_j}{x_j + m_j} = 0.417\,465$；二是广义的人民币汇率指数：$\dfrac{x_j}{x_j + m_j} = 0.554\,592$；$\dfrac{m_j}{x_j + m_j} = 0.445\,408$，进出口数据均来自 CEIC 数据库，计算结果如表 2-5 所示。

表 2-5　　　　　　　　人民币有效汇率指数的权重

	国家(地区)	国家(地区)	货币指数权重(狭义)	货币指数权重(广义)	与美元汇率(2010)
1	美国(US)	United States	0.184 52	0.153 13	1 美元/美元
2	欧元区(EA)	Euro Area	0.136 95	0.113 65	0.755 欧元/美元
3	日本(JP)	Japan	0.135 95	0.112 82	87.780 日元/美元
4	(中国)香港(HK)	Hong Kong	0.119 87	0.099 48	7.769 港币/美元
5	英国(UK)	United Kingdom	0.024 08	0.019 99	0.647 英镑/美元

---

① 这里只考虑双边的直接贸易，没有考虑在第三市场上的竞争力。BIS 有效汇率权重的计算见 Turner, P and J Van't dack(1993), Measuring international price and cost competitiveness, BIS Economic Papers, no 39, Basel, November, 其中考虑了第三方市场的竞争。

(续表)

	国家(地区)	国家(地区)	货币指数权重(狭义)	货币指数权重(广义)	与美元汇率(2010)
6	马来西亚(MA)	Malaysia	0.036 312	0.030 134	3.221 林吉特/美元
7	俄罗斯(RU)	Russia	0.031 255	0.025 937	30.368 卢布/美元
8	南非(ZA)	South African	0.018 382	0.015 255	7.321 南非兰特/美元
9	韩国(KR)	South Korea	0.099 384	0.824 76	1 156.061 韩元/美元
10	阿联酋(AE)	United Arab Emirate	0.014 186	0.011 773	3.673 迪拉姆/美元
11	沙特阿拉伯(SA)	Saudi Arabia	0.025 342	0.021 03	3.750 沙特里亚尔/美元
12	匈牙利(HU)	Hungary	0.003 649	0.003 028	207.944 福林/美元
13	波兰(PL)	Poland	0.005 396	0.004 478	3.015 兹罗提/美元
14	丹麦(DK)	Denmark	0.003 719	0.003 086	5.624 丹麦克朗/美元
15	瑞典(SE)	Sweden	0.005 415	0.004 494	7.208 瑞典克朗/美元
16	挪威(NO)	Norway	0.002 742	0.002 275	6.044 挪威克朗/美元
17	土耳其(TR)	Turkey	0.007 420	0.006 157	1.503 里拉/美元
18	墨西哥(MX)	Mexico	0.013 283	0.011 023	12.636 比索/美元
19	泰国(TH)	Thailand	0.026 266	0.021 797	31.686 泰铢/美元
20	澳大利亚(AU)	Australia(AU)	0.045 865	0.038 062	1.090 澳元/美元
21	加拿大(CA)	Canada(CA)	0.019 047	0.015 807	1.030 加元/美元
22	新西兰(NZ)	New Zealand	0.003 492	0.002 898	1.388 新西兰元/美元
23	新加坡(SG)	Singapore	0.026 636	0.022 104	1.364 新加坡元/美元
24	瑞士(CH)	Switzerland	0.010 831	0.008 989	1.043 瑞士法朗/美元
25	(中国)台湾(TW)	Taiwan		0.055 175	31.492 新台币/美元
26	印度(IN)	India		0.023 509	45.726 卢比/美元
27	巴西(BR)	Brazil		0.027 048	1.759 雷亚尔/美元

(续表)

	国家(地区)	国家(地区)	货币指数权重(狭义)	货币指数权重(广义)	与美元汇率(2010)
28	印度尼西亚(ID)	Indonesia		0.019 718	9 090.433 印尼盾/美元
29	菲律宾(PH)	Philippines		0.011 21	45.110 菲律宾比索/美元
30	智利(CL)	Chile		0.010 536	510.249 智利比索/美元
31	捷克(CZ)	Czech Republic		0.003 206	19.098 捷克克朗/美元
32	冰岛(IE)	Iceland		0.000 052	122.242 冰岛克朗/美元
33	以色列(IL)	Israel		0.003 179	3.739 新谢克尔/美元
34	秘鲁(PE)	Peru		0.004 215	2.825 新索尔/美元
35	罗马尼亚(RO)	Romania		0.001 388	3.178 列伊/美元
36	哥伦比亚(CO)	Columbia		0.002 738	1 898.570 哥伦比亚比索/美元
37	克罗地亚(HR)	Crotia		0.000 510	5.498 库纳/美元
38	阿根廷(AR)	Argentina		0.004 897	3.896 阿根廷比索/美元
39	阿尔及利亚(DZ)	Algeria		0.002 249	74.386 第纳尔/美元
40	保加利亚(BG)	Bulgaria		0.000 505	1.477 列弗/美元

资料来源:CEIC 数据库。

有效汇率指数基期选取 2010 年,2010 年美元对人民币年平均汇率为 $S_{1,0}=0.122$ 美元/元。我们计算 1999 年 1 月至 2018 年 3 月的人民币有效汇率指数,根据几何加权名义有效汇率公式可以计算出汇率指数的变动。

$$NEER_t = 100 \left[\frac{S_{1,t}^{\omega_{1,t}} \times S_{2,t}^{\omega_{2,t}} \times S_{3,t}^{\omega_{3,t}} \cdots \times S_{n,t}^{\omega_{n,t}}}{S_{1,0}^{\omega_{1,t}} \times S_{2,0}^{\omega_{2,t}} \times S_{3,0}^{\omega_{3,t}} \cdots \times S_{n,0}^{\omega_{n,t}}} \right]$$

根据上式,我们测算了广义的人民币名义汇率指数和狭义的人民币名义汇率指数(见图 2-1、图 2-2)。

在测算人民币实际有效汇率时,我们选取各国的 CPI 来测算人民币实际汇率。根据实际有效汇率公式可以计算出广义和狭义的实际汇率指数变化(见图 2-3 和图 2-4)。

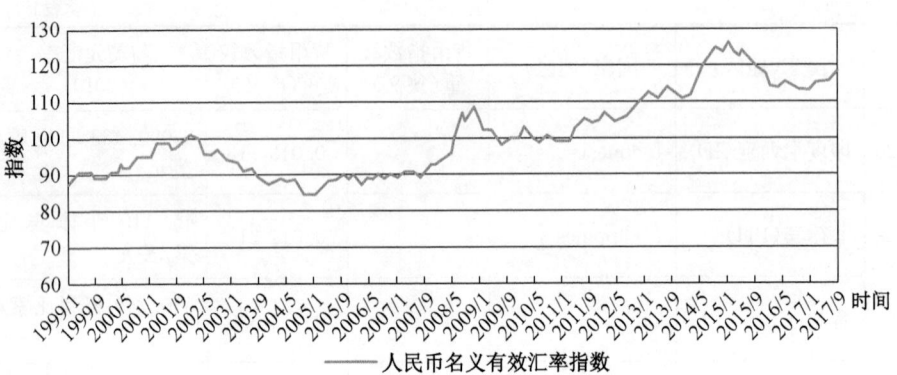

资料来源:CEIC 数据库(1999 年 1 月至 2018 年 3 月)。

图 2-1　狭义的人民币名义有效汇率指数

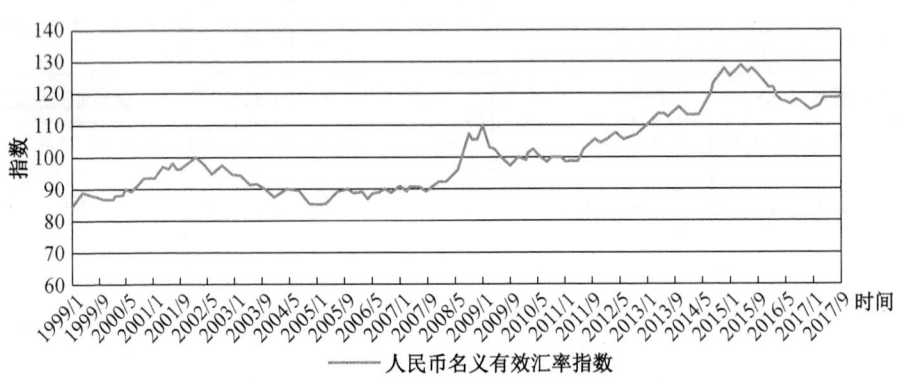

资料来源:CEIC 数据库(1999 年 1 月至 2018 年 1 月)。

图 2-2　广义的人民币名义有效汇率指数

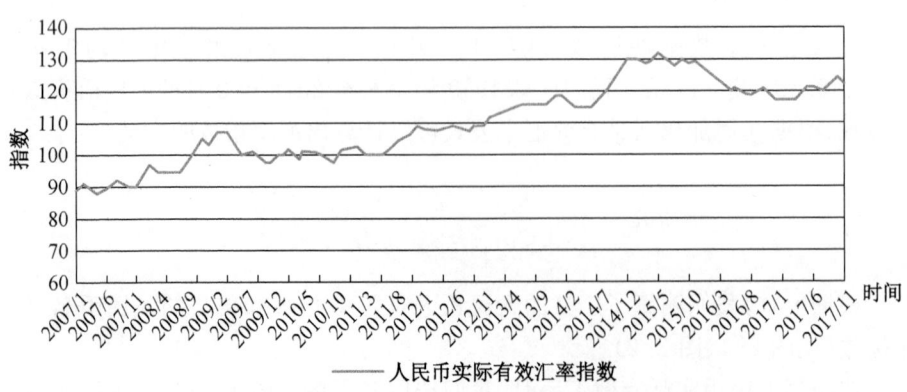

资料来源:CEIC 数据库(2007 年 1 月至 2018 年 3 月)。

图 2-3　狭义的人民币实际有效汇率指数的变动

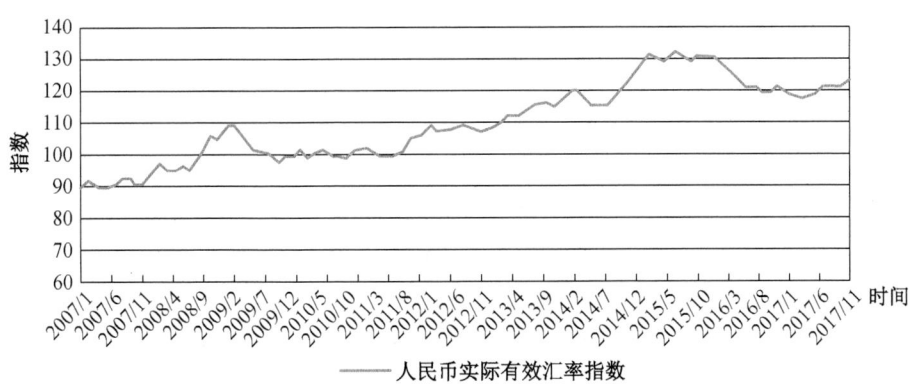

资料来源：CEIC 数据库(2007 年 1 月至 2018 年 1 月)。

图 2-4　广义的人民币实际有效汇率指数的变动

与双边汇率相比，人民币有效汇率更能反映我国宏观经济运行和对外经济往来的状况，是一项重要的宏观经济指标。人民币有效汇率是对人民币和其他国家货币汇率进行加权平均而得到的一个综合的人民币汇率指数，是反映人民币总体币值的指标。

从以上分析可以看出：

(1) 从汇率指数的计算而言，通常采取几何平均的计算公式，因为用算术平均衡量人民币汇率指数存在一定的偏差，这种偏差是这种计算方法固有的。

(2) 要确定有效汇率指数的权重，必须确定有效汇率指数的度量是测算贸易还是资本流动。通常有效汇率指数主要是用来反映一国贸易的国际竞争力，因此用贸易权重的居多。

(3) 无论是固定基期权重还是变动的基期权重，各有优缺点。固定权重没有考虑贸易方式的变化，汇率指数变动可能会产生误导的信号。变动的基期考虑了贸易形式的变化，更能反映新形势下的贸易竞争力。变动基期的权重变动可能和汇率变动混合在一起，如汇率可能没有变化，由于贸易份额的变化，汇率指数可能会发生改变。

(4) 有效汇率指数测算基期的选择和有效汇率指数权重基期的选择可以不同，如果有效汇率指数权重是固定的，则有效汇率指数对基期的选择是不敏感的，也就是说，无论选择哪一年是基期都是无所谓的。但是如果有效汇率指数权重是变动的，则对基期的选择就是敏感的，汇率指数的升值或者贬值依赖于基期的选择。

(5) 双边贸易加权没有考虑第三方市场的竞争，而双重贸易加权考虑了第三方市场的竞争。实际上双重加权方法是双边贸易加权和多边贸易加权的结合，融合了这两者的优点，既反映了双边贸易的竞争力，又反映了在第三方市场的竞争。

正是因为有效汇率指数编制方法各有不同的特点,不同的机构编制的方法可能也会有所不同,因此判断一种货币的总体变动趋势可以参考不同机构的有效汇率指数来综合评估。

人民币有效汇率既要考虑数据的可得性、及时性,又要涵盖尽可能多国家范围。下面我们引入人民币核心汇率指数,并确定核心汇率指数的货币和权重。

实际上,根据有效指数覆盖币种数量的多少我们可以建立人民币对主要货币如美元、欧元、日元、港币和英镑等核心有效汇率指数。我们选取2006年8月为基期[①],100美元=797.414 58元;100欧元=1 020.928元;100日元=6.882 175元;100港币=102.545 5元;100英镑=1 508.507元。根据BIS公布的人民币有效汇率指数[②],这五种货币的权重分别为：美元:17.759 5;欧元:18.673 7;日元:14.126 3;港币0.808 1;英镑:2.909 8[③]。如果考虑到这五种货币作为人民币核心汇率指数货币,重新分配权重,满足权重和为1,因此核心汇率指数的权重为: 0.327 2; 0.344 0; 0.260 3; 0.014 9; 0.053 6。由:

$$NEER_t = NEER_{t-1} \prod_{i=1}^{n} (S_{i,t}/S_{i,t-1})^{w_{i,t}} = NEER_0 \prod_{i=1}^{n} (S_{i,t}/S_{i,0})^{w_{i,t}}$$
$$= 100 \prod_{i=1}^{n} (S_{i,t}/S_{i,0})^{w_{i,t}}$$

因此:

$$NEER_t = 100 \prod_{i=1}^{n} (S_{i,t}/S_{i,0})^{w_{i,t}}$$
$$= \frac{100 (S_{1,t})^{0.327\,2} (S_{2,t})^{0.344\,0} (S_{3,t})^{0.260\,3} (S_{4,t})^{0.014\,9} (S_{5,t})^{0.053\,6}}{0.125\,4^{0.327\,2}\ 0.097\,9^{0.344\,0}\ 14.530\,2^{0.260\,3}\ 0.975\,1^{0.014\,9}\ 0.066\,2^{0.053\,6}}$$

根据此公式,我们可以得到2006年8月1日以后的人民币核心汇率指数,见图2-5。

根据人民币对5种货币的权重,我们可以得到每天的人民币汇率指数,甚至可以得到每一时刻的人民币汇率指数。

同样我们根据CFETS的货币权重,也可以构建人民币核心汇率指数。我们仍然选取2006年8月为基期。根据CEFTS公布的人民币有效汇率指数,这五种货币的权重分别为：美元:0.224 0;欧元:0.163 4;日元:0.115 3;港币0.042 8;英

---

① 央行从2006年8月1日起才公布英镑对人民币汇率价格。

② BIS在计算宽口径有效汇率时,分别用1993年至1995年、1996年至1998年、1999年至2001年、2002年至2004年、2005年至2007年、2008年至2010年、2011年至2013年的3年平均贸易量来计算相应时期的汇率适用的权重,然后再构建出连续的有效汇率指数。对于最近的尚未满3年的年份,计算有效汇率时其权重将延续使用上一个3年的适用权重,直至下一个3年数据全部可得为止。也就是说,2005年、2006年和2007年公布的有效汇率,其权重仍然使用2002年至2004年期的权重。本文中使用的就是2011年至2013年期的权重。

③ BIS的权重计算方法见Turner, P and J Van't dack(1993)。

资料来源:www.safe.gov.cn。

图 2-5　人民币核心汇率指数(BIS 权重)(2006 年 8 月 1 日至 2018 年 6 月 22 日)

镑:0.031 6。如果考虑到这五种货币作为人民币核心汇率指数货币,重新分配权重,满足权重和为 1,因此核心汇率指数的权重为:0.388 1；0.283 1；0.199 8；0.074 2；0.054 8。因此:

$$NEER_t = 100 \prod_{i=1}^{n} (S_{i,t}/S_{i,0})^{w_{i,t}}$$

$$= \frac{100 (S_{1,t})^{0.388\,1} (S_{2,t})^{0.283\,1} (S_{3,t})^{0.199\,8} (S_{4,t})^{0.074\,2} (S_{5,t})^{0.054\,8}}{0.125\,4^{0.388\,1}\; 0.097\,9^{0.283\,1}\; 14.530\,2^{0.199\,8}\; 0.975\,1^{0.074\,2}\; 0.066\,2^{0.054\,8}}$$

根据此公式,我们可以得到 2006 年 8 月 1 日以后的人民币核心汇率指数,见图 2-6。

资料来源:www.safe.gov.cn;www.chinamoney.com.cn。

图 2-6　人民币核心汇率指数(CFETS 权重)(2006 年 8 月 1 日至 2018 年 6 月 22 日)

由图 2-5、2-6 可以看出,2008 年以来,人民币对这 5 种货币币值的总体水平在上升。随着人民币对美元汇率以及对其他非美元货币汇率的逐步放开,人民币汇率变动会更加频繁,核心汇率指数将具有更大的理论和实践意义。

人民币有效汇率是对多边汇率的综合反映,也是全面反映一国货币竞争力的重要指标,如果人民币有效汇率升值,则本国产品的总体竞争力将下降;如果有效汇率贬值,则本国产品的总体竞争力将上升。而双边汇率只反映本国产品在另一国市场上的竞争情况,有效汇率是对本国产品综合竞争力的评估。目前中国外汇交易中心还没有编制和公布人民币实际有效汇率和人民币核心汇率指数,人民币实际有效汇率反映了人民币总体的实际购买力变化,而人民币核心汇率指数是外汇市场变动的一个信号指标,这两个指标的公布将具有重要的经济和现实意义。

第三节 人民币对非美元货币汇率的决定

目前人民币对美元汇率在我国的汇率体系中处于主导地位,人民币对非美元货币汇率要依赖这一汇率的决定,尽管在2005年9月23日,中国人民银行对银行间即期外汇市场非美元货币对人民币交易价的浮动幅度由原来的上下1.5%扩大到上下3%,但是人民币对非美元货币中间价的水平决定了汇率区间的位置。

一、三角套汇在汇率决定中的作用

根据多点套汇原理,假定0表示人民币、1表示美元,2…n表示其他n−1种非美货币,其中S_1^0表示1单位人民币等于S_1^0美元,X_2^1表示1单位美元等于X_2^1单位第2种货币,以此类推,S_0^n表示1单位第n种货币等于S_0^n单位人民币,只有当满足:$S_1^0 \times X_2^1 \times X_3^2 \cdots \times X_{i+1}^i \times \cdots X_n^{n-1} \times S_0^n = 1$时$(0 \leqslant i \leqslant n)$,投机者才不能够获得汇差。从多点套汇的公式可以看出,X_2^1、X_3^2、…、X_{i+1}^i、…、X_n^{n-1}是非人民币货币之间的汇率,它是由国际金融市场来决定的,我国央行是不能够控制的,因此在S_1^0和S_0^n之间,央行只能够控制其中之一($n-1$表示其他非美货币)。

以上是多点套汇的情况,如果以三角套汇为例,假定美元和人民币之间的汇率为S_1元/美元,欧元和美元之间的汇率为S_2美元/欧元,人民币和欧元之间的汇率为S_3欧元/元,只有当满足:S_1元/美元×S_2美元/欧元×S_3欧元/元=1时,投机者才不能够获得汇差。美元和欧元之间的汇率S_2是由国际金融市场来决定的,S_1和S_3之间央行只能够控制一个。

由于人民币汇率并不是完全市场化的汇率,三角套汇原理在人民币汇率的形成机制中起着至关重要的作用。三角套汇是指利用三种或多种不同货币之间交叉汇率或套算汇率的不一致,以赚取价差的一种套汇交易。如果不满足这种关系,投机者就能够获得套汇利润。也就是说,在一个投机兑换过程中:人民币→美元→欧元→人民币,开始投资一单位人民币(也可以是美元或欧元),经过一个兑换循环,最终还是回到一单位人民币,投机者不能够获利。

因此从三角套汇的角度来看,人民币对非美元货币的汇率主要受人民币对美元汇率和国际金融市场上美元对其他非美货币汇率的影响,是由这两个汇率共同决定的,如果三种货币三个汇率之间关系不满足三角套汇原理①,则投机者总是能够套取到汇差。在我国目前的人民币汇率体制下,人民币汇率的决定并不是高度市场化,为了防止人民币对美元汇率和人民币对非美元货币汇率之间的投机套汇,维持外汇市场和人民币汇率的稳定,必须通过汇率套算确定人民币和非美元货币的汇率,投机者才难以套取到汇率差价,这决定了我国人民币对非美元货币汇率中间价的形成机制。

2006年1月4日,我国在银行间外汇市场引入了询价交易方式,人民币对美元汇率中间价改由中外资银行做市商报价产生,人民币兑欧元、日元和港币汇率中间价由中国外汇交易中心分别根据当日人民币兑美元汇率中间价与上午9时国际外汇市场欧元、日元和港币兑美元汇率套算确定。反过来,如果人民币钉住欧元,则人民币对美元汇率就由人民币对欧元汇率和国际金融市场上欧元对美元汇率来决定的。因此人民币对非美元货币的汇率主要受人民币对美元汇率和国际金融市场上美元对其他非美货币汇率的影响,是由这两个汇率共同决定的。

实际上,目前我国人民币对非美元货币汇率并不跟随人民币对美元汇率的方向变化,即人民币对美元升值(或贬值),并不意味着人民币对欧元、日元和英镑等货币升值(或贬值)。如以前随着美元走软,人民币对美元升值,但人民币对欧元和日元等货币可能贬值,而随着美元走强,人民币对美元贬值,但人民币对欧元、日元和英镑等货币却可能快速升值。之所以会出现这种现象,主要是由于人民币和非美货币之间的汇率是由人民币和美元之间汇率以及美元和这些货币在国际金融市场上的汇率套算决定的。具体来说,如果美元对欧元、日元和英镑等汇率相对稳定,则人民币对美元升值(或贬值),也就对其他货币升值(或贬值)了。

二、人民币对美元汇率和非美元货币汇率变动的关系分析

人民币对非美元货币的汇率主要受人民币对美元汇率和国际金融市场上美元对其他非美货币汇率的影响,是由这两个汇率共同决定的。根据 S_1 元/美元×S_2 美元/欧元×S_3 欧元/元=1,对此式两边取对数并微分得:

---

① 三角套汇原理主要是指在3个或多个不同地点的外汇市场中,利用3种或多种不同货币之间交叉汇率或套算汇率的不一致,同时在这3个或多个外汇市场上进行外汇买卖,以赚取汇率差额收益的交易行为。

$$\frac{dS_1}{S_1} + \frac{dS_2}{S_2} + \frac{dS_3}{S_3} = 0$$

也就是说,美元和人民币汇率的变动率、欧元和美元汇率的变动率和人民币与欧元汇率的变动率之和为 0,这样投机者就不能够套取利润。变换上式得:

$$\frac{dS_3}{S_3} = -\frac{dS_1}{S_1} - \frac{dS_2}{S_2}$$

如果假定美元对人民币以速度 μ 升值(或贬值),欧元对美元以 θ 速度升值(或贬值),则:$\frac{dS_1}{S_1} = \mu$,$\frac{dS_2}{S_2} = \theta$,其中 $\mu > 0$ 表示美元对人民币升值,$\mu < 0$ 表示美元对人民币贬值,$\theta > 0$ 欧元对美元升值,$\theta < 0$ 表示欧元对美元贬值。因此:$\frac{dS_3}{S_3} = -\mu - \theta$,如果 $\frac{dS_3}{S_3} = -\mu - \theta > 0$,表示人民币对欧元升值;如果 $\frac{dS_3}{S_3} = -\mu - \theta < 0$,表示人民币对欧元贬值(见表 2-6)。

表 2-6 人民币对非美元货币汇率的变动率

	$|\mu|>|\theta|$	$|\mu|<|\theta|$	$|\mu|=|\theta|$
$\mu>0, \theta>0$	$\frac{dS_3}{S_3} = -(|\mu|+|\theta|)<0$	$\frac{dS_3}{S_3} = -(|\mu|+|\theta|)<0$	$\frac{dS_3}{S_3} = -(|\mu|+|\theta|)<0$
$\mu>0, \theta<0$	$\frac{dS_3}{S_3} = -(|\mu|-|\theta|)<0$	$\frac{dS_3}{S_3} = |\theta|-|\mu|>0$	0
$\mu<0, \theta>0$	$\frac{dS_3}{S_3} = |\mu|-|\theta|>0$	$\frac{dS_3}{S_3} = -(|\theta|-|\mu|)<0$	0
$\mu<0, \theta<0$	$\frac{dS_3}{S_3} = |\mu|+|\theta|>0$	$\frac{dS_3}{S_3} = |\mu|+|\theta|>0$	$\frac{dS_3}{S_3} = |\mu|+|\theta|>0$

由此可以看出,人民币对非美元货币的汇率的变动率是由美元对人民币汇率的变动率和非美元货币对美元货币汇率的变动率共同决定的,从表 2-6 可知,人民币对美元和人民币对非美元货币汇率变动的方向可能一致,也可能相反,这给判断人民币汇率的总体走势带来了困难。

在人民币对美元汇率保持稳定的条件下,人民币对非美货币汇率与美元对非美货币的汇率走势是一致的,如 1994 年 1 月 1 日至 2005 年 7 月 21 日,人民币对日元汇率与日元对美元汇率的走势基本保持一致(见图 2-7)。这里面临的一个问题是人民币跟着美元走,人民币和美元的汇率波动幅度小,而随着国际金融市场上美元对非美元货币汇率的大幅度波动,人民币对欧元、英镑和日元等货币波动幅度也将变大。反过来,如果人民币跟着欧元走,人民币钉住欧元,则人民币对美元的波动幅度将加大。

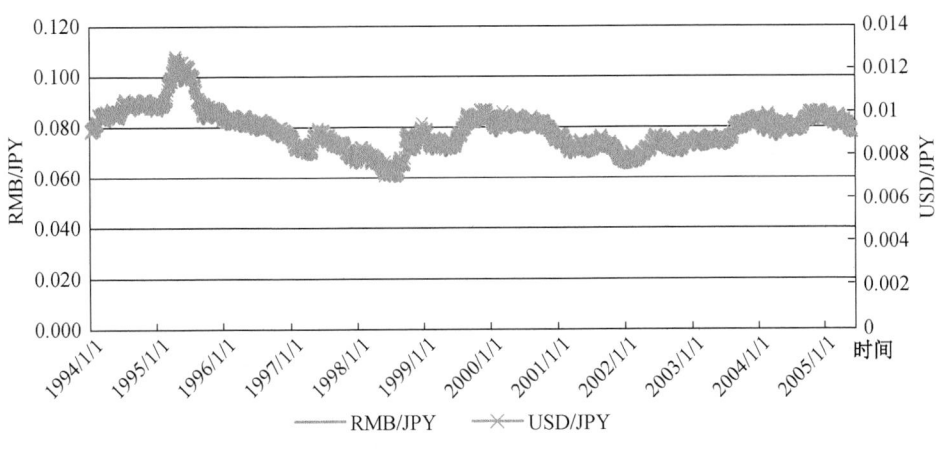

资料来源：CEIC 数据库。

图 2-7　人民币对日元与美元对日元汇率的比较（1994 年 1 月 1 日至 2005 年 7 月 21 日）

从以上分析可以看出，这一阶段我国保持了人民币对美元汇率的绝对稳定，但人民币对非美货币汇率与美元对非美货币的走势一致，波动比较大。

由此可以看出，如果人民币对美元升值，而美元对欧元又升值，则人民币对欧元升值幅度更大，是两种升值之和；如果人民币对美元贬值，而美元对欧元又贬值，则人民币对欧元贬值幅度更大，是两种贬值之和。如果人民币对美元升值，而美元对欧元贬值，且升值幅度超过贬值幅度，则人民币对欧元升值，升值幅度是两者绝对值之差。如果人民币对美元贬值，而美元对欧元升值，且贬值幅度超过升值幅度，则人民币对欧元贬值，贬值幅度是两者绝对值之差。图 2-8 是人民币对美元汇率、美元对欧元汇率和人民币对欧元汇率的走势图，人民币对美元升值，美元对欧元贬值，但由于美元对欧元贬值幅度大，因此人民币对欧元也有所贬值。

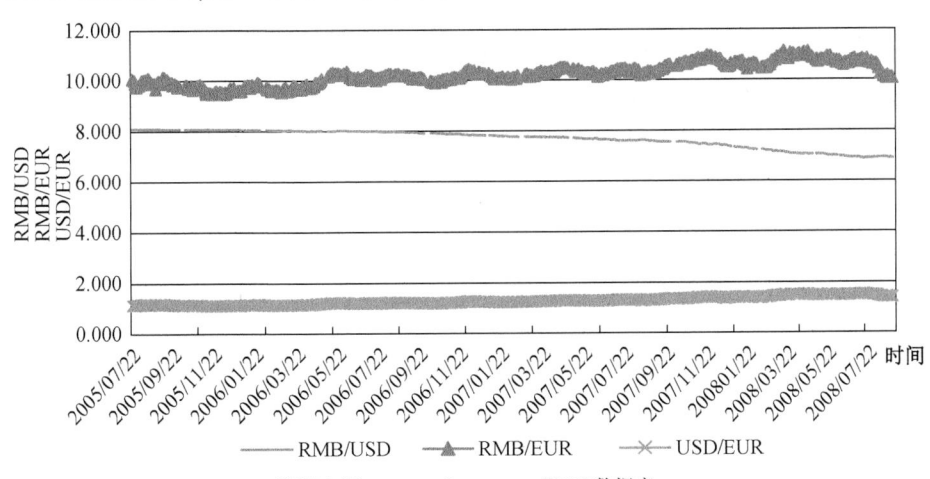

资料来源：www.safe.gov.cn；CEIC 数据库。

图 2-8　人民币对美元、美元对欧元和人民币对欧元汇率的变动关系（2005 年 7 月 22 日至 2008 年 8 月 31 日）

国际金融危机时期(2008年9月至2010年6月),人民币对美元汇率基本稳定,如果美元升值,则人民币对主要非美元货币如欧元、英镑等货币升值较快,人民币有效汇率上升幅度也较大。由此可以看出,在美元升值的条件下,如果人民币对美元继续保持升值态势,则人民币有效汇率指数上升的幅度将更大。

三、人民币汇率、美元对非美元货币汇率的浮动幅度之间关系分析

银行间外汇市场美元对人民币的交易价在人民银行公布的美元交易中间价上下一定的幅度内浮动,同样非美元货币对人民币的交易价也在人民银行公布的该货币交易中间价上下一定幅度内浮动。

2005年9月23日,中国人民银行对银行间外汇市场交易汇价作进一步调整,对银行间即期外汇市场非美元货币对人民币交易价的浮动幅度作了调整,由原来的上下1.5%扩大到上下3%。2007年5月21日,央行把银行间即期外汇市场人民币兑美元交易价浮动幅度由3‰扩大至5‰,即每日银行间即期外汇市场人民币兑美元的交易价可在中国外汇交易中心对外公布的当日人民币兑美元中间价上下5‰的幅度内浮动。目前人民币对美元汇率在我国的汇率体系中处于主导地位,人民币对非美元货币汇率要依赖于这一汇率的决定,实际上,即期外汇市场非美元货币对人民币交易价的浮动幅度、人民币对美元货币波动幅度,以及美元对非美元货币的波动幅度存在相互制约的关系。下面讨论汇率变动幅度之间的关系。

由 $S_1 \times S_2 \times S_3 = 1$,则 $S_2 = \dfrac{1}{S_1 \times S_3}$ (这里的汇率都是指中间价),假定 S_2 波动幅度的上限为 x,S_1 的变动幅度为 $[S_1(1-0.005), S_1(1+0.005)]$,$S_3$ 的变动幅度为 $\left[\dfrac{S_3}{1+0.03}, \dfrac{S_3}{1-0.03}\right]$,则为了防止投机者套汇:

$$S_2(1+x) = \dfrac{(1+0.03)}{S_1(1-0.005) \times S_3}, 则\ x = 0.035\ 1$$

S_2 波动幅度的下限为 y,则:

$$S_2(1-y) = \dfrac{(1-0.03)}{S_1(1+0.005) \times S_3}, 则\ y = 0.034\ 9$$

因此 S_2 的变动幅度就为 $[S_2(1-0.034\ 9), S_2(1+0.035\ 1)]$,也就是说,央行锁定了人民币对美元汇率和非美元货币汇率的变动幅度,也就间接地锁定了美元和非美元货币汇率的变动幅度,但是国际金融市场上美元对非美元货币汇率的变动幅度是由市场自动调节决定的,央行对此不能够控制。因此如果人民币对美元交易价在人民银行公布中间价上下0.5%的幅度内浮动,非美元货币对人

民币的交易价在该货币中间价3%幅度内浮动,则一旦国际金融市场的汇率 S_2 变动幅度超出[-0.034 9,0.035 1],人民币对美元汇率和人民币对非美元货币的变动幅度就不能够满足这一变化,就存在套利机会,必须通过第二天人民币汇率中间价变化来调整。

同样,在人民币对美元交易价和非美元货币对人民币的交易价在不同的变动幅度内,可以测算美元对非美货币的波动幅度也不相同(见表2-7)。

表2-7　　　　　　　　美元对非美货币的波动幅度

时间	人民币对美元汇率波动幅度	人民币对非美货币波动幅度	美元对非美货币波动幅度
2005年7月21日	0.3%	1.5%	[-0.017 95, 0.018 05]
2005年9月23日	0.3%	3%	[0.032 9, 0.033 1]
2007年5月21日	0.5%	3%	[-0.034 9, 0.035 1]
2012年4月14日	1%	3%	[-0.039 60, 0.040 40]
2014年3月17日	2%	3%	[-0.049 02, 0.051 02]
2014年7月1日	2%	3%,5%	[-0.049 02, 0.051 02]; [-0.068 63, 0.071 43]

目前央行锁定了人民币对美元汇率和非美元货币汇率的变动幅度,也就间接地锁定了美元和非美元货币汇率的变动幅度,但是国际金融市场上美元对非美元货币汇率的变动幅度是由市场自动调节决定的,央行对此不能够控制。如果人民币兑美元中间价上下1%的幅度内浮动,人民币对非美货币汇率在3%范围内浮动,一旦国际金融市场上美元对非美元货币变动幅度超出[$S_2(1-0.039\ 60)$, $S_2(1+0.040\ 40)$],人民币对美元汇率和人民币对非美元货币的变动幅度就不能够满足这一变化,就存在套利机会,必须通过第二天人民币汇率中间价变化来调整。因此人民币汇率的市场化改革不仅仅是对美元汇率的市场化,也涉及对非美元货币的市场化改革,这两者之间是相辅相成的。随着美元汇率市场化改革的不断推进,应逐步扩大人民币对非美元货币汇率上下波动的幅度,直到人民币对非美元货币汇率的市场化,形成完善的人民币汇率定价体系,不同汇率之间的变动将由市场供给和需求自动调节。

第四节　人民币有效汇率

我国汇率改革目标是建立以市场供求为基础、参考一篮子货币有管理的浮动汇率制度,因此人民币有效汇率应该成为央行关注的一个货币政策目标。世界上一些国家或地区就是把有效汇率作为央行的操作目标或中间目标,以维持有效汇率的相对稳定。随着人民币对非美元货币波动幅度增加,甚至与人民币对美元汇率变动方向相反,央行只控制人民币对美元的双边汇率通常很难实现央行货币政策的目标,因此从长期来看,央行必须更多地关注人民币有效汇率,才能更加准确地控制人民币汇率变动的方向、变动的大小和变动的节奏[①]。

一、人民币有效汇率

与双边汇率相比,人民币有效汇率更能反映我国宏观经济运行和对外经济往来的状况,是一项重要的宏观经济指标。假如我们选取贸易权重的几何加权的有效汇率指数作为人民币有效汇率计算公式[②],即:

$$NEER_t = NEER_{t-1} \prod_{i=1}^{n} (S_{i,t}/S_{i,t-1})^{w_{i,t}}$$

其中 $NEER_t$ 为 t 期的人民币名义有效汇率,$NEER_{t-1}$ 为 $t-1$ 期的人民币名义有效汇率,$S_{i,t}$ 为 t 期人民币对 i 国货币的汇率,$S_{i,t-1}$ 为 $t-1$ 期人民币对 i 国货币的汇率,$w_{i,t}$ 为 t 期人民币对 i 国货币的贸易权重。同样根据三角套汇原理,$S_{i,t} = S_{1,t} \times X_{i,t}$,其中 $S_{1,t}$ 是 t 期人民币对美元汇率(间接标价法),$X_{i,t}$ 是 t 期美元对非美货币 i 汇率:

$$NEER_t = NEER_{t-1} \prod_{i=1}^{n} (S_{i,t}/S_{i,t-1})^{w_{i,t}} = 100 \prod_{i=1}^{n} (S_{i,t}/S_{i,0})^{w_{i,t}}$$

$$= 100 \left[\frac{S_{1,t}^{w_{1,t}} \times (S_{1,t} \times X_{2,t})^{w_{2,t}} \times (S_{1,t} \times X_{3,t})^{w_{3,t}} \cdots \times (S_{1,t} \times X_{n,t})^{w_{n,t}}}{S_{1,0}^{w_{1,t}} \times S_{2,0}^{w_{2,t}} \times S_{3,0}^{w_{3,t}} \cdots \times S_{n,0}^{w_{n,t}}} \right]$$

$$= 100 (S_{1,t})^{w_{1,t}+w_{2,t}+w_{3,t}+\cdots+w_{n,t}} \left[\frac{X_{2,t}^{w_{2,t}} \times X_{3,t}^{w_{3,t}} \cdots X_{n,t}^{w_{n,t}}}{M_0} \right]$$

$$= 100 \left(\frac{S_{1,t}}{M_0} \right) \times [X_{2,t}^{w_{2,t}} \times X_{3,t}^{w_{3,t}} \cdots X_{n,t}^{w_{n,t}}]$$

其中:

$$w_{1,t} + w_{2,t} + w_{3,t} + \cdots + w_{n,t} = 1$$

$$[S_{1,0}^{w_{1,t}} \times S_{2,0}^{w_{2,t}} \times S_{3,0}^{w_{3,t}} \cdots \times S_{n,0}^{w_{n,t}}] = M_0$$

(M_0 是一个初始条件下的固定值)

同样地,M_0 是固定的,$[S_{1,0}^{w_{1,t}} \times S_{2,0}^{w_{2,t}} \times S_{3,0}^{w_{3,t}} \cdots \times S_{n,0}^{w_{n,t}}]$ 是外生的,是不可控的,因此 $NEER_t$,$S_{1,t}$ 只能控制其中之一,即在人民币对美元汇率和人民币有效汇率之间,央行只能控制其中之一。

[①] 人民币参考一篮子货币的形成机制分析见第三章。
[②] 美联储、国际清算银行的有效汇率指数都是采取几何加权的有效汇率指数。见 Loretan,M (2005); Marc Klau, San Sau Fung, (2006)。

也就是说，央行要么控制人民币对美元汇率，让人民币有效汇率浮动；要么控制人民币有效汇率，让人民币对美元汇率浮动。综合起来，可以看出人民币对美元汇率、人民币有效汇率，央行也只能控制一个，因此可以得到：在人民币对美元汇率、人民币对非美元货币（如欧元）汇率和人民币有效汇率三者之间，央行只能控制其中之一。

二、人民币有效汇率变动分析

根据名义有效汇率定义：

$NEER_t = NEER_{t-1} \prod_{i=1}^{n}(S_{i,t}/S_{i,t-1})^{w_{i,t}}$，这里 $S_{1,t}$ 是 t 期人民币对美元汇率（间接标价法），$S_{2,t}$，…，$S_{n,t}$ 分别表示人民币对其他 $n-1$ 种非美元货币汇率，$S_{i,t} = S_{1,t} \times X_{i,t}$，$X_{i,t}$ 是 t 期美元对非美货币汇率；再假定美元对人民币以速度 μ 升值（或贬值），非美货币 i 对美元以 θ_i 速度升值（或贬值），则：$\dfrac{dS_{1,t}}{S_{1,t}} = \mu$，$\dfrac{dX_{i,t}}{X_{i,t}} = \theta_i$，其中 $\mu > 0$ 表示人民币对美元升值，$\mu < 0$ 表示人民币对美元贬值，$\theta_i > 0$ 美元对非美货币升值，$\theta_i < 0$ 表示美元对非美货币贬值。再求解上述微分方程可知人民币对这 n 个货币汇率分别为：$S_{1,t} = e^{\bar{S}_1 + \mu t}$，$S_{2,t} = e^{\bar{S}_2 + (\mu+\theta_2)t}$，…，$S_{n,t} = e^{\bar{S}_n + (\mu+\theta_n)t}$，其中 $\bar{S}_i$ 表示初始值常数，因此[①]：

$$NEER_t = NEER_{t-1}(e^{\bar{S}_1+\mu t}/e^{\bar{S}_1+\mu(t-1)})^{w_{1,t}}(e^{\bar{S}_2+(\mu+\theta_2)t}/e^{\bar{S}_2+(\mu+\theta_2)(t-1)})^{w_{2,t}}\cdots$$
$$(e^{\bar{S}_n+(\mu+\theta_n)t}/e^{\bar{S}_n+(\mu+\theta_n)(t-1)})^{w_{n,t}}$$
$$= NEER_{t-1}e^{\mu+(\theta_2 w_{2,t}+\cdots+\theta_n w_{n,t})}$$
$$= NEER_{t-1}e^{\mu+\theta'}$$

令 $\theta' = (\theta_2 w_{2,t} + \cdots + \theta_n w_{n,t})$ 表示美元对其他非美货币的加权平均。

上述公式构成一阶差分方程，得到：

$$NEER_t = NEER_0 (e^{\bar{\theta}})^t$$

其中，$\bar{\theta} = \mu + \theta'$

两边取对数得：

[①] 可推导得到：

$NEER_t = NEER_{t-1}(e^{\bar{S}_1+\mu t}/e^{\bar{S}_1+\mu(t-1)})^{w_{1,t}}(e^{\bar{S}_2+(\mu+\theta_2)t}/e^{\bar{S}_2+(\mu+\theta_2)(t-1)})^{w_{2,t}}\cdots(e^{\bar{S}_n+(\mu+\theta_n)t}/e^{\bar{S}_n+(\mu+\theta_n)(t-1)})^{w_{n,t}}$
$= NEER_{t-1}(e^{\mu})^{w_{1,t}}(e^{(\mu+\theta_2)})^{w_{2,t}}\cdots(e^{(\mu+\theta_n)})^{w_{n,t}}$
$= NEER_{t-1}(e^{\mu})^{w_{1,t}}(e^{(\mu+\theta_2)})^{w_{2,t}}\cdots(e^{(\mu+\theta_n)})^{w_{n,t}}$
$= NEER_{t-1}e^{\mu}e^{\theta_2 w_{2,t}}\cdots e^{\theta_n w_{n,t}}$
$= NEER_{t-1}e^{\mu+(\theta_2 w_{2,t}+\cdots+\theta_n w_{n,t})}$
$= NEER_{t-1}e^{\mu+\theta'}$

$$\ln NEER_t = \ln NEER_0 + \ln(e^{\bar{\theta}})^t$$
$$= \ln NEER_0 + t\bar{\theta}$$

因此：

$$d\ln NEER_t = d\ln NEER_0 + d(t\bar{\theta})$$
$$\frac{dNEER_t/dt}{NEER_t} = \bar{\theta} = \mu + \theta'$$

如果 $\frac{dNEER_t/dt}{NEER_t} = \mu + \theta' > 0$，表示人民币币值总体水平上升；如果 $\frac{dNEER_t}{NEER_t} = \mu + \theta' < 0$，表示人民币币值总体水平下降。

表 2-8　　名义有效汇率的变动率

	$|\mu|>|\theta'|$	$|\mu|<|\theta'|$	$|\mu|=|\theta'|$
$\mu>0, \theta'>0$	$\frac{dNEER_t/dt}{NEER_t} = (|\mu|+|\theta'|)>0$	$\frac{dNEER_t/dt}{NEER_t} = |\mu|+|\theta'|>0$	$\frac{dNEER_t/dt}{NEER_t} = |\mu|+|\theta'|>0$
$\mu>0, \theta'<0$	$\frac{dNEER_t/dt}{NEER_t} = |\mu|-|\theta'|>0$	$\frac{dNEER_t/dt}{NEER_t} = -(|\theta'|-|\mu|)<0$	0
$\mu<0, \theta'>0$	$\frac{dNEER_t/dt}{NEER_t} = -(|\mu|-|\theta'|)<0$	$\frac{dNEER_t/dt}{NEER_t} = (|\theta'|-|\mu|)>0$	0
$\mu<0, \theta'<0$	$\frac{dNEER_t/dt}{NEER_t} = -(|\mu|+|\theta'|)<0$	$\frac{dNEER_t/dt}{NEER_t} = -(|\mu|+|\theta'|)<0$	$\frac{dNEER_t/dt}{NEER_t} = -(|\mu|+|\theta'|)<0$

因此，名义有效汇率的变动率为 $\bar{\theta}$，它取决于美元对人民币汇率的变动率 μ 和美元对其他非美元货币变动率的加权平均 θ'（见表 2-8），这是从理论上对人民币有效汇率变动的一种诠释。目前国际货币基金组织和国际清算银行（BIS）的人民币有效汇率权重是以各贸易伙伴国在我国进出口总额中所占的比重作为权数，它反映了人民币名义有效汇率升值或贬值，也是人民币对美元汇率的变动率和美元对其他非美元货币变动率的加权平均相对变化的反映。1994 年 1 月至 2018 年 5 月人民币名义有效汇率指数见图 2-9。

因此，人民币名义有效汇率的变动率为 $\bar{\theta}$，它取决于美元对人民币汇率的变动率

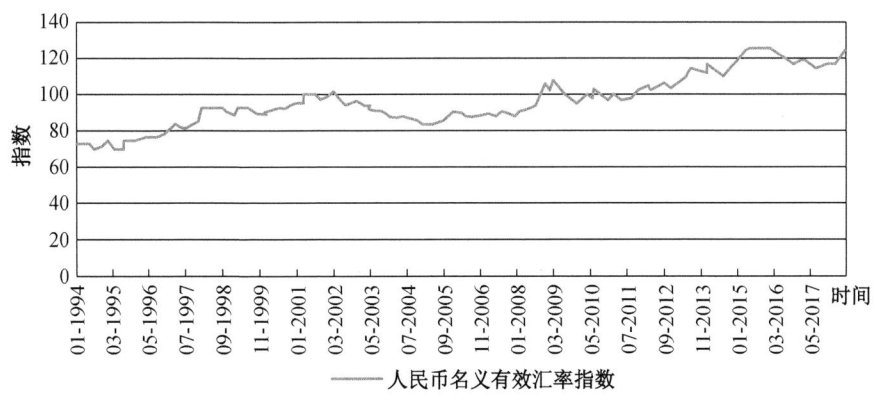

资料来源：www.bis.org。

图 2-9　1994 年 1 月—2018 年 5 月人民币名义有效汇率指数

μ 和美元对其他非美元货币变动率的加权平均 θ'。尽管央行积极推动人民币对美元汇率的市场化改革，但是我国人民币汇率还担负着宏观调控的功能，人民币对美元汇率和非美元货币汇率背道而驰变化决定了央行需要在人民币对美元汇率和人民币对非美元货币汇率之间取得平衡，必须重视人民币有效汇率指数变动。

第五节　人民币有效汇率变动的特征

一、人民币名义有效汇率的分解

人民币有效汇率是人民币对美元汇率和人民币对非美元货币汇率的加权平均，而人民币对非美元货币是由人民币对美元汇率和美元对非美元货币汇率套算出来的，因此人民币有效汇率也主要是由人民币对美元汇率和美元对非美元货币汇率加权平均得到的，从美元有效汇率变化和人民币对美元汇率变动就能够基本判断人民币有效汇率的变化。

由：

$$NEER_{cn,t} = NEER_{cn,t-1} \prod_{i=1}^{n} (S_{i,t}/S_{i,t-1})^{w_{i,t}}$$

$$= NEER_{cn,0} \left[\frac{(S_{1,t} \times X_{1,t})^{w_{1,t}} \times (S_{1,t} \times X_{2,t})^{w_{2,t}} \times \cdots \times (S_{1,t} \times X_{n,t})^{w_{n,t}}}{(S_{1,0} \times X_{1,0})^{w_{1,t}} \times (S_{1,0} \times X_{2,0})^{w_{2,t}} \times \cdots \times (S_{1,0} \times X_{n,0})^{w_{n,t}}} \right]$$

因此：

$$NEER_{cn,t} = NEER_{cn,0} \left(\frac{S_{1,t}}{S_{1,0}} \right) \left[\frac{(X_{1,t})^{w_{1,t}} \times (X_{2,t})^{w_{2,t}} \times \cdots \times (X_{n,t})^{w_{n,t}}}{(X_{1,0})^{w_{1,t}} \times (X_{2,0})^{w_{2,t}} \times \cdots \times (X_{n,0})^{w_{n,t}}} \right]$$

$$= NEER_{cn,0} \times NI_{t} \times \prod_{i=2}^{n} (X_{i,t}/X_{i,0})^{w_{i,t}}$$

其中：$NI_t = \dfrac{S_{1,t}}{S_{1,0}}$，$X_{1,t} = X_{1,0} = 1$ 美元/美元。

人民币有效汇率的变动依赖于人民币对美元汇率和美元对非美货币汇率的加权平均。我们定义美元的有效汇率如下：

$$NEER_{us,t} = NEER_{us,t-1} \prod_{i=1}^{n}(Y_{i,t}/Y_{i,t-1})^{\rho_{i,t}} = NEER_{us,0} \prod_{i=1}^{n}(Y_{i,t}/Y_{i,0})^{\rho_{i,t}}$$

其中，$NEER_{us,t}$ 是 t 期美元名义有效汇率，$NEER_{us,t-1}$ 是 $t-1$ 期美元名义有效汇率，$Y_{i,t}$ 是 t 期美元对 i 国非美货币汇率，$Y_{i,t-1}$ 是 $t-1$ 期美元对 i 国非美货币汇率，$\rho_{i,t}$ 是美元对 i 国货币汇率的贸易权重。

进一步令 $Y_{1,t}$ 为 t 期美元对人民币汇率，$\rho_{1,t}$ 为美元有效汇率中美元对人民币汇率的权重。因此：

$$NEER_{us,t} = NEER_{us,0} \left(\dfrac{1}{NI_t}\right)^{\rho_{1,t}} \prod_{i=2}^{n}(X_{i,t}/X_{i,0})^{\rho_{i,t}}$$

进一步能够得到：$(NI_t)^{\rho_{1,t}} NEER_{us,t} = NEER_{us,0} \prod_{i=2}^{n}(X_{i,t}/X_{i,0})^{\rho_{i,t}}$

实际上，从有效汇率的角度来看，如果人民币和美元有效汇率中包含的货币越多，权重越分散，则 $\omega_{i,t}$、$\rho_{i,t}$ 越接近，因为一些主要国家既是中国主要的贸易伙伴，也是美国主要的贸易伙伴，一些 $\omega_{i,t}$、$\rho_{i,t}$ 非常接近，因此我们可以假设 $\omega_{i,t} \approx \rho_{i,t}(i \neq 1)$，则 $NEER_{cn,t} \approx (NI_t)^{1+\rho_{1,t}} \times NEER_{us,t}$。

也就是说，人民币有效汇率指数等于人民币对美元汇率 $(NI_t)^{1+\rho_{1,t}}$ 乘以美元有效汇率。可以进一步验证该方程是否和实际情况相一致。实际上由于名义有效汇率和实际有效汇率在经济研究和经济决策方面非常重要，一些国际机构都编制自己的有效汇率指数和每一种货币的权重，如欧洲中央银行(ECB)、欧盟委员会(European Commission)和国际清算银行(BIS)等。国际清算银行公布 61 个国家的有效汇率指数，欧盟委员会公布 42 个国家有效汇率指数，欧洲中央银行公布欧元区 19 国和 38 个贸易伙伴国的有效汇率指数①。有的提供月度数据，有的分别公布日度、月度或年度的有效汇率指数，为了便于比较，我们统一采取月度数据。

从国际清算银行人民币和美元有效汇率指数编制来看，包含 42 个经济体，权重相对比较分散，美元在人民币有效汇率中的权重 $\omega_{1,t} = 17.7595\%$，人民币在美元有效汇率中的权重 $\rho_{1,t} = 21.6625\%$，其他各国在中美有效汇率指数中所占的权重如表 2-9 所示。从各国在中美有效汇率指数中的权重来看，很多国家的权重比较接近，无论是总权重，还是各国权重，都比较接近。权重之差的均值为 0.000 976，

---

① 不同的数据库都公布名义有效汇率和实际有效汇率，频率有日度、月度和年度数据，这些数据都可以自由下载。

标准差为0.027 933,总体上权重分散,还是比较相近的,我们的假设是合理的。

表2-9 在人民币和美元有效汇率中每一个国家货币所占的权重(2011—2013)

每一个国家和地区货币的权重	2011—2013(国际清算银行,BIS)		
	人民币	美元	人民币与美元权重之差
阿尔及利亚(Algeria)	0.001 355	0.000 313	0.001 042
阿根廷(Argentina)	0.003 945	0.003 239	0.000 706
澳大利亚(Australia)	0.014 66	0.008 758	0.005 902
巴西(Brazil)	0.013 938	0.015 991	−0.002 05
保加利亚(Bulgaria)	0.000 892	0.000 421	0.000 471
加拿大(Canada)	0.021 209	0.128 937	−0.107 73
智利(Chile)	0.008 616	0.004 673	0.003 943
中国(China)		0.216 625	
中国台北(Chinese Taipei)	0.055 999	0.022 157	0.033 842
哥伦比亚(Colombia)	0.002 925	0.003 634	−0.000 71
克罗地亚(Croatia)	0.000 533	0.000 319	0.000 214
捷克(Czech Republic)	0.007 327	0.004 122	0.003 205
丹麦(Denmark)	0.004 162	0.003 569	0.000 593
欧元区(Euro area)	0.186 737	0.166 127	0.020 609
中国香港(Hong Kong SAR)	0.008 081	0.003 275	0.004 806
匈牙利(Hungary)	0.004 263	0.002 782	0.001 481
冰岛(Iceland)	0.000 171	0.000 118	5.35E−05
印度(India)	0.022 006	0.019 166	0.002 841
印度尼西亚(Indonesia)	0.013 064	0.007 876	0.005 188
以色列(Israel)	0.004 328	0.010 512	−0.006 18
日本(Japan)	0.141 263	0.079 945	0.061 318
韩国(Korea)	0.084 65	0.035 834	0.048 817
马来西亚(Malaysia)	0.021 54	0.013 275	0.008 265
墨西哥(Mexico)	0.022 988	0.125 014	−0.102 03
新西兰(New Zealand)	0.002 095	0.001 288	0.000 807
挪威(Norway)	0.003 752	0.002 276	0.001 476
秘鲁(Peru)	0.002 777	0.002 405	0.000 372

(续表)

每一个国家和地区货币的权重	2011—2013(国际清算银行,BIS)		
	人民币	美元	人民币与美元权重之差
菲律宾(Philippines)	0.006 509	0.004 826	0.001 683
波兰(Poland)	0.008 857	0.004 603	0.004 254
罗马尼亚(Romania)	0.002 453	0.001 478	0.000 976
俄罗斯(Russia)	0.017 582	0.006 428	0.011 154
沙特(Saudi Arabia)	0.010 41	0.005 285	0.005 125
新加坡(Singapore)	0.027 441	0.013 002	0.014 439
南非(South Africa)	0.005 657	0.004 729	0.000 928
瑞典(Sweden)	0.008 048	0.006 752	0.001 296
瑞士(Switzerland)	0.013 718	0.015 39	−0.001 67
泰国(Thailand)	0.021 472	0.012 135	0.009 337
土耳其(Turkey)	0.008 302	0.004 837	0.003 465
阿联酋(United Arab Emirates)	0.007 375	0.003 798	0.003 578
英国(United Kingdom)	0.029 098	0.030 589	−0.001 49
美国(United States)	0.177 595		
委内瑞拉(Venezuela)	0.002 205	0.003 5	−0.001 29
总和	0.822 405	0.783 375 151	0.039 03
均值	0.020 56	0.019 584 379	0.000 976
标准差	0.037 226	0.037 742	0.027 933

资料来源:www.bis.org。

欧盟委员会也公布名义有效汇率和实际有效汇率指数,包含 42 个经济体(欧盟 28 国[①]和 14 个其他国家和地区[②])。美元在人民币有效汇率中的权重 $\omega_{1,t} = 25.688\,900\,8\%$,人民币在美元有效汇率中的权重 $\rho_{1,t} = 17.709\,854\%$,其他各国在中美有效汇率指数中所占的权重如表 2-10 所示。从各国在中美有效汇率指数中的权重来看,很多国家的权重比较接近,无论是总权重,还是各国权重,都比较接近。权重之差的均值为 −0.002,标准差为 0.035 4,总体上权重

[①] 欧盟 28 国包括:奥地利、比利时、保加利亚、克罗地亚、塞浦路斯、捷克、丹麦、爱沙尼亚、芬兰、法国、德国、希腊、匈牙利、爱尔兰、意大利、拉脱维亚、立陶宛、卢森堡、马耳他、荷兰、波兰、葡萄牙、罗马尼亚、斯洛文尼亚、斯洛伐克、西班牙、瑞典和英国。

[②] 其他 14 个工业化国家和地区包括:澳大利亚、加拿大、美国、日本、挪威、新西兰、墨西哥、瑞士、土耳其、俄罗斯、中国、巴西、韩国和中国香港。

分散,还是比较相近的,我们的假设是合理的。

表 2-10　在人民币和美元有效汇率中每一个国家货币所占的权重(2011—2013)

每一个国家或地区货币的权重	2013(欧盟委员会,European Commission)		
	人民币	美元	人民币与美元权重之差
比利时(Belgium)	0.017 394 145	0.015 784 39	0.001 609 755
保加利亚(Bulgaria)	0.001 178 88	0.000 689 295	0.000 489 585
捷克(Czech_Rep)	0.004 048 672	0.002 705 875	0.001 342 797
丹麦(Denmark)	0.005 703 836	0.003 336 664	0.002 367 172
德国(Germany)	0.061 942 652	0.055 670 144	0.006 272 508
爱沙尼亚(Estonia)	0.000 359 336	0.000 227 192	0.000 132 144
爱尔兰(Ireland)	0.002 834 227	0.003 698 052	−0.000 863 825
希腊(Greece)	0.002 709 209	0.001 366 91	0.001 342 299
西班牙(Spain)	0.017 580 794	0.015 183 853	0.002 396 941
法国(France)	0.035 055 887	0.034 134 516	0.000 921 371
克罗地亚(Croatia)	0.000 819 589	0.000 355 673	0.000 463 915
意大利(Italy)	0.030 794 796	0.023 815 869	0.006 978 927
塞浦路斯(Cyprus)	0.000 336 901	0.000 113 999	0.000 222 902
拉脱维亚(Latvia)	0.000 543 065	0.000 309 065	0.000 234
立陶宛(Lithuania)	0.001 122 368	0.000 623 735	0.000 498 633
卢森堡(Luxembourg)	0.000 527 205	0.000 632 07	−0.000 104 865
匈牙利(Hungary)	0.002 635 237	0.001 702 417	0.000 932 821
马耳他(Malta)	0.000 196 9	8.803 41E−05	0.000 108 866
荷兰(Netherlands)	0.023 695 554	0.022 105 161	0.001 590 393
奥地利(Austria)	0.004 612 223	0.004 371 014	0.000 241 209
波兰(Poland)	0.007 619 681	0.004 467 874	0.003 151 807
葡萄牙(Portugal)	0.002 999 255	0.001 877 447	0.001 121 808
罗马尼亚(Romania)	0.002 561 909	0.001 598 189	0.000 963 719
斯洛文尼亚(Slovenia)	0.001 066 695	0.000 557 717	0.000 508 978
斯洛伐克(Slovakia)	0.001 374 8	0.000 978 447	0.000 396 353
芬兰(Finland)	0.004 188 259	0.002 836 976	0.001 351 282

(续表)

每一个国家或地区货币的权重	2013(欧盟委员会,European Commission)		
	人民币	美元	人民币与美元权重之差
瑞典(Sweden)	0.006 738 222	0.005 769 649	0.000 968 573
英国(UK)	0.045 901 162	0.040 748 435	0.005 152 727
美国(USA)	0.256 889 008		
日本(Japan)	0.143 054 83	0.070 871 123	0.072 183 706
瑞士(Switzerland)	0.014 928 276	0.013 972 133	0.000 956 143
挪威(Norway)	0.004 718 332	0.005 638 208	−0.000 919 876
土耳其(Turkey)	0.015 164 327	0.012 984 909	0.002 179 418
加拿大(Canada)	0.022 634 932	0.182 157 469	−0.159 522 537
澳大利亚(Australia)	0.031 074 132	0.022 803 507	0.008 270 626
新西兰(New_Zealand)	0.004 376 38	0.003 290 915	0.001 085 465
墨西哥(Mexico)	0.017 873 55	0.138 468 622	−0.120 595 072
俄罗斯(Russia)	0.042 107 767	0.019 885 699	0.022 222 069
中国(China)		0.177 098 54	
中国香港(HongKong)	0.039 782 22	0.013 135 916	0.026 646 304
韩国(Korea)	0.089 697 823	0.044 567 164	0.045 130 659
巴西(Brazil)	0.031 156 964	0.049 377 132	−0.018 220 167
总和	0.743 110 992	0.822 901 46	−0.079 790 468
均值	0.018 577 775	0.020 572 536	−0.001 994 762
标准差	0.028 126 8	0.037 194 474	0.035 389 399

资料来源:http://ec.europa.eu/eurostat/data/database。

欧洲中央银行也公布名义有效汇率和实际有效汇率,包括欧元区19个国家和38个贸易伙伴国家,权重包含第三国市场的竞争。美元在人民币有效汇率中的权重 $\omega_{1,t}=15.46\%$,人民币在美元有效汇率中的权重 $\rho_{1,t}=22.11\%$,其他各国在中美有效汇率指数中所占的权重如表2-11所示。从各国在中美有效汇率指数中的权重来看,很多国家的权重比较接近,无论是总权重,还是各国权重,都比较接近。权重之差的均值为0.001 8,标准差为0.031 8,总体上权重分散,还是比较相近的,我们的假设也是合理的。

表 2-11　在人民币和美元有效汇率中每一个国家货币所占的权重(2011—2013)

每一个国家或地区货币的权重	2010—2012(European Central Bank)		
	人民币	美元	人民币与美元权重之差
欧元区 19 国(Euro area 19 countries)①	0.183 9	0.162 9	0.021
阿尔及利亚(Algeria)	0.001 1	0.000 2	0.000 9
阿根廷(Argentina)	0.003 3	0.003 4	-1E-04
保加利亚(Bulgaria)	0.000 9	0.000 4	0.000 5
智利(Chile)	0.008 1	0.004 6	0.003 5
捷克(Czech_Rep)	0.006 1	0.004 0	0.002 1
丹麦(Denmark)	0.004 0	0.004 1	-0.000 1
克罗地亚(Croatia)	0.000 7	0.000 4	0.000 3
冰岛(Iceland)	0.000 1	0.000 1	0
以色列(Israel)	0.005 6	0.011 5	-0.005 9
匈牙利(Hungary)	0.004 6	0.002 9	0.001 7
波兰(Poland)	0.007 4	0.004 5	0.002 9
罗马尼亚(Romania)	0.002 6	0.001 5	0.001 1
新加坡(Singapore)	0.030 8	0.012 0	0.018 8
瑞典(Sweden)	0.008 2	0.007 1	0.001 1
英国(United Kingdom)	0.029 1	0.029 9	-0.000 8
美国(Unite States)	0.154 6		
日本(Japan)	0.144 2	0.081 4	0.062 8
瑞士(Switzerland)	0.014 4	0.014 4	0
菲律宾(Philippines)	0.010 9	0.004 7	0.006 2
马来西亚(Malaysia)	0.030 0	0.014 4	0.015 6
摩洛哥(Morocco)	0.001 3	0.000 6	0.000 7
挪威(Norway)	0.002 8	0.002 3	0.000 5
土耳其(Turkey)	0.009 0	0.005 4	0.003 6
加拿大(Canada)	0.014 9	0.133 8	-0.118 9

① 欧元区 19 国包括比利时、德国、爱沙尼亚、爱尔兰、希腊、西班牙、法国、意大利、塞浦路斯、拉脱维亚、立陶宛、卢森堡、马耳他、荷兰、奥地利、葡萄牙、斯洛文尼亚、斯洛伐克和芬兰。

(续表)

每一个国家或地区货币的权重	2010—2012(European Central Bank)		
	人民币	美元	人民币与美元权重之差
澳大利亚(Australia)	0.011 9	0.008 7	0.003 2
新西兰(New Zealand)	0.001 4	0.001 1	0.000 3
墨西哥(Mexico)	0.015 3	0.121 4	−0.106 1
俄罗斯(Russia)	0.016 5	0.006 9	0.009 6
泰国(Thailand)	0.026 2	0.012 7	0.013 5
中国台湾(Taiwan)	0.071 0	0.022 6	0.048 4
印度尼西亚(Indonesia)	0.013 1	0.007 8	0.005 3
印度(India)	0.028 1	0.020 3	0.007 8
中国(China)		0.221 1	
中国香港(HongKong)	0.021 7	0.008 5	0.013 2
韩国(Korea)	0.093 0	0.036 6	0.056 4
巴西(Brazil)	0.013 2	0.016 5	−0.003 3
委内瑞拉(Venezuela)	0.002 1	0.003 8	−0.001 7
南非(South Africa)	0.007 9	0.005 6	0.002 3
总和	0.845 4	0.779	0.066 4
均值	0.022 849	0.021 054	0.001 795
标准差	0.039 315	0.038 798	0.031 827

资料来源：http://sdw.ecb.europa.eu/browse.do? node=9691299。

从以上分析可以看出，人民币有效汇率是人民币对美元汇率和人民币对非美货币汇率的加权平均，而后者是人民币对美元汇率与美元对非美货币汇率的加权平均，在中美有效汇率货币权重比较接近的情况下，人民币有效汇率可以表示成人民币对美元汇率与美元有效汇率乘积的形式，$NEER_{cn,t} \approx (NI_t)^{1+\rho_{1,t}} \times NEER_{us,t}$，因此人民币有效汇率的变动将受人民币对美元汇率与美元有效汇率的共同影响。进一步我们可以考察人民币有效汇率与美元有效汇率之间的关系，如果人民币对美元汇率保持稳定，则人民币有效汇率与美元有效汇率将非常接近或者保持变动趋势一致。

从实际情况来看，1994年1月1日，人民币汇率并轨，采取了单一的基于市场供求的有管理的浮动汇率制度，短期内人民币经历了一个缓慢的升值过程，到1995年6月底，人民币对美元汇率升值了4.8%，此后人民币汇率进入了相对稳定的时期，1995年6月至2005年7月人民币汇率较为稳定(见图2-10)，则人民币有效汇率和美元有效汇率走势相同。

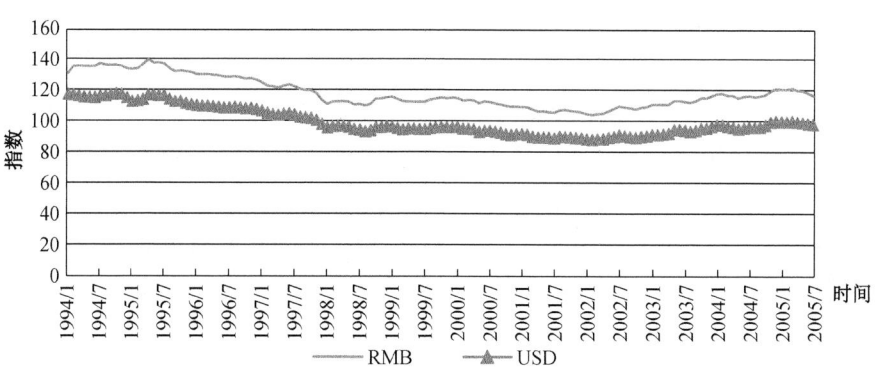

资料来源:www.bis.org(2010=100)。

图 2-10(a)

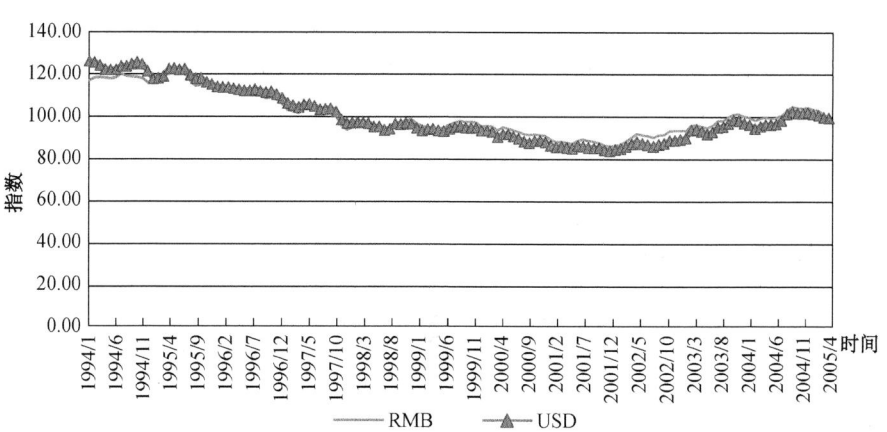

资料来源:http://ec.europa.eu/eurostat/data/database(2005=100)。

图 2-10(b)

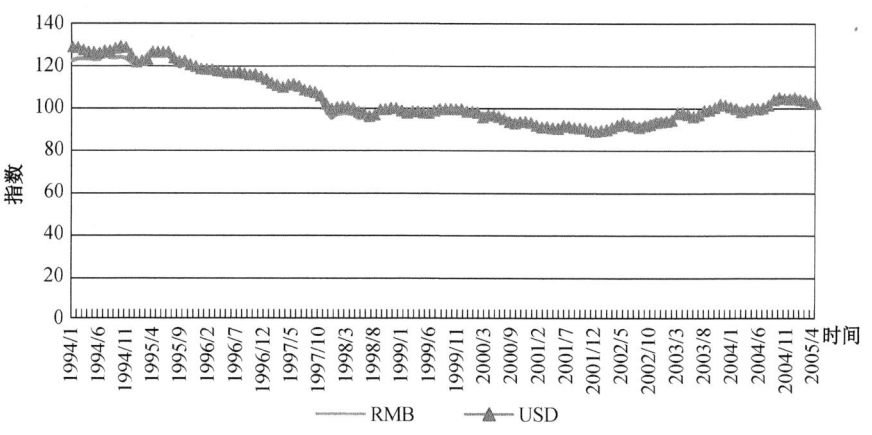

资料来源:http://sdw.ecb.europa.eu/(1999Q1=100)。

图 2-10(c)

图 2-10 人民币和美元有效汇率(1994 年 1 月至 2005 年 7 月)

从图 2-10 可以看出,在人民币对美元汇率保持基本稳定的情况下,人民币有效汇率和美元有效汇率变动具有类似的特征。

2005 年 7 月 21 日中国政府改革了人民币汇率制度,人民币汇率不再钉住美元,采取市场供求参考一篮子货币有管理的浮动汇率制度,人民币对美元汇率升值 2%,此后由于国际收支的双盈余,人民币对美元汇率持续升值,到 2008 年 8 月底,人民币对美元汇率升值了 18.58%。由于人民币对美元汇率持续升值,人民币有效汇率接近或偏离美元有效汇率的幅度越来越大,因此随着人民币对美元汇率升值,人民币有效汇率与美元有效汇率越来越接近或越来越远(依赖于有效汇率基期)(图 2-11)。

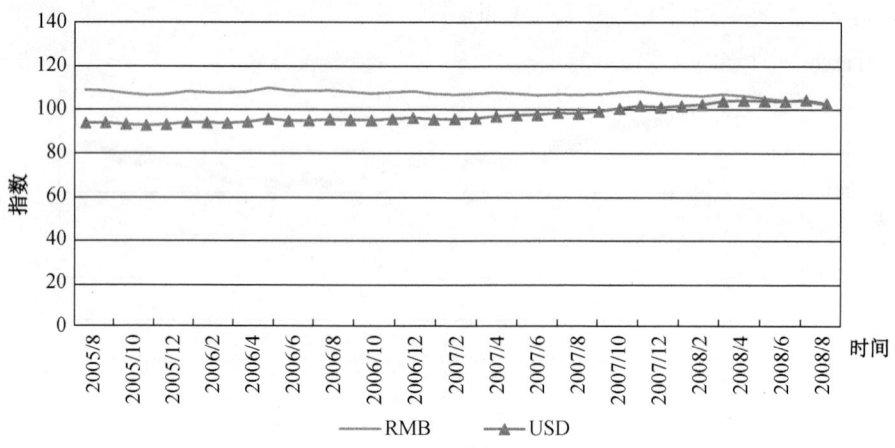

资料来源:www.bis.org(2010=100)。

图 2-11(a)

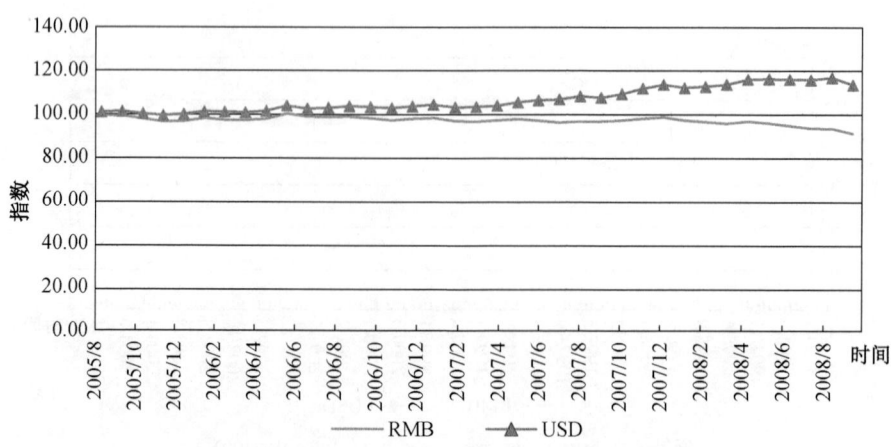

资料来源:http://ec.europa.eu/eurostat/data/database(2005=100)。

图 2-11(b)

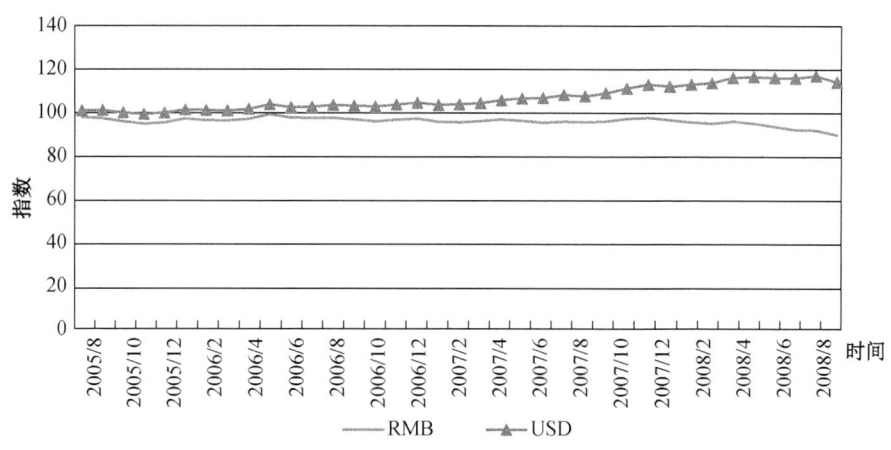

资料来源:http://sdw.ecb.europa.eu/(1999Q1=100)。
图 2-11(c)

图 2-11 人民币和美元有效汇率(2005年8月至2008年8月)

2007年美国次贷危机爆发,随着美国次贷危机的传播和加剧,全球经济状况进一步恶化,中国面临经济下滑和资本外流的风险。因此在2008年8月以后,中国放弃了人民币对美元的持续升值,保持了人民币对美元汇率的相对稳定,一直持续到2010年6月,因此这一阶段人民币有效汇率和美元有效汇率变动也保持了相同的趋势,即在人民币对美元汇率保持相对稳定的条件下,人民币有效汇率和美元有效汇率变动趋势相同(见图2-12)。

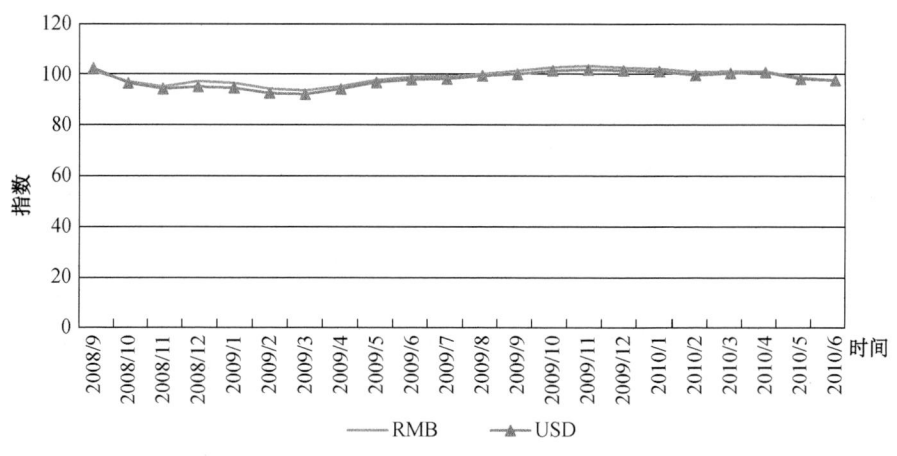

资料来源:www.bis.org(2010=100)。
图 2-12(a)

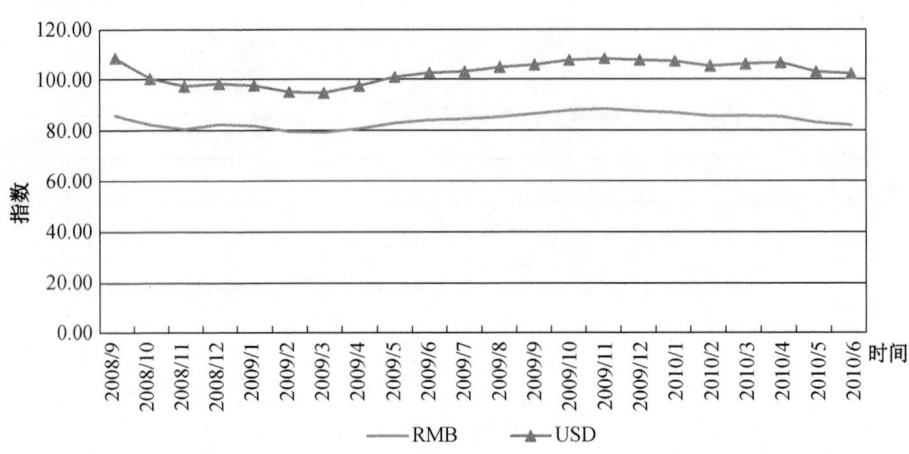

资料来源：http://ec.europa.eu/eurostat/data/database(2005＝100)。

图 2-12(b)

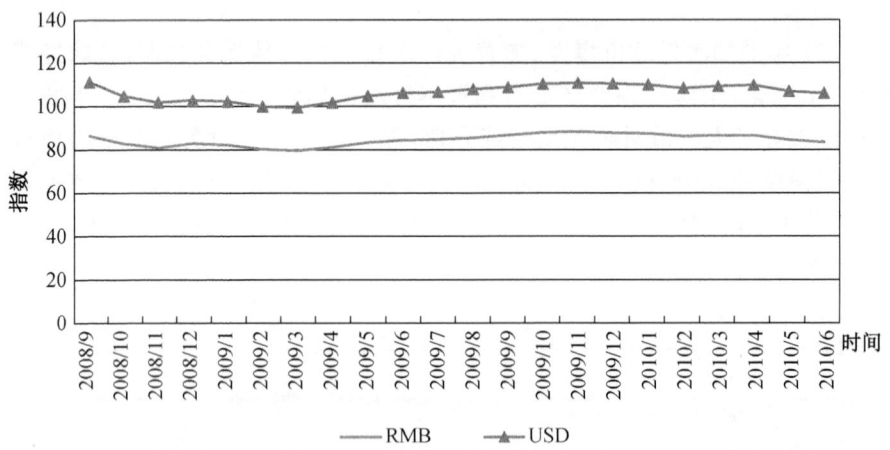

资料来源：http://sdw.ecb.europa.eu/(1999Q1＝100)。

图 2-12(c)

图 2-12　人民币和美元有效汇率(2008 年 9 月至 2010 年 6 月)

　　2010 年 6 月 19 日，我国进行了新一轮的汇改，增加了人民币对美元汇率弹性，我国外汇储备水平仍然很高，外汇市场供给仍然大于需求，人民币汇率继续保持升值，人民币有效汇率和美元有效汇率之间的缺口不断增加，随着国际金融市场美元的升值，人民币升值幅度更大(见图 2-13)。

　　2015 年 8 月 11 日，中国人民银行继续改革人民币汇率的形成机制，人民币对美元汇率的中间价上调 1 136 点，到 6.229 8，人民币汇率的弹性不断增加，双向波动幅度进一步扩大，市场供求对人民币汇率的影响不断增强，人民币有效汇率变动的不确定性上升(见图 2-14)。

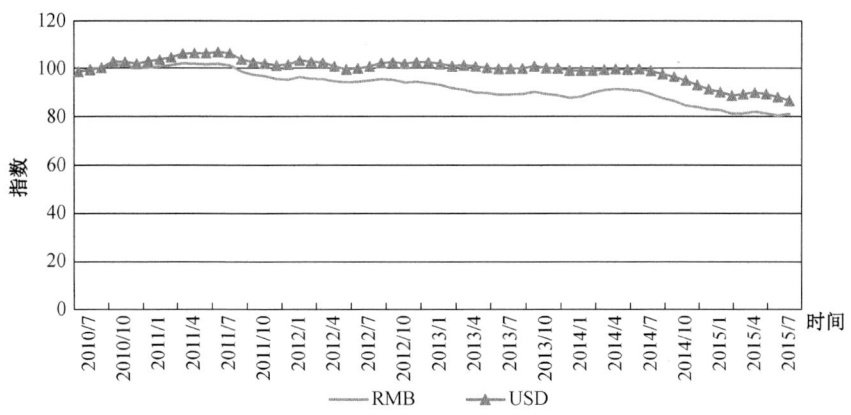

资料来源：www.bis.org(2010=100)。
图 2-13(a)

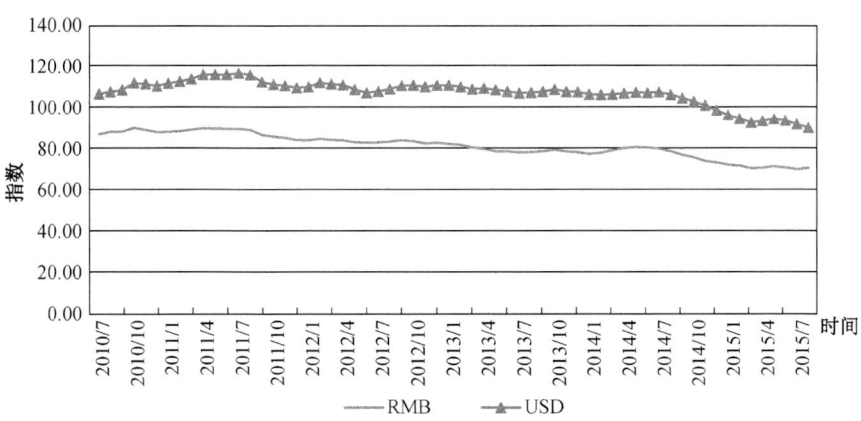

资料来源：http://ec.europa.eu/eurostat/data/database(2005=100)。
图 2-13(b)

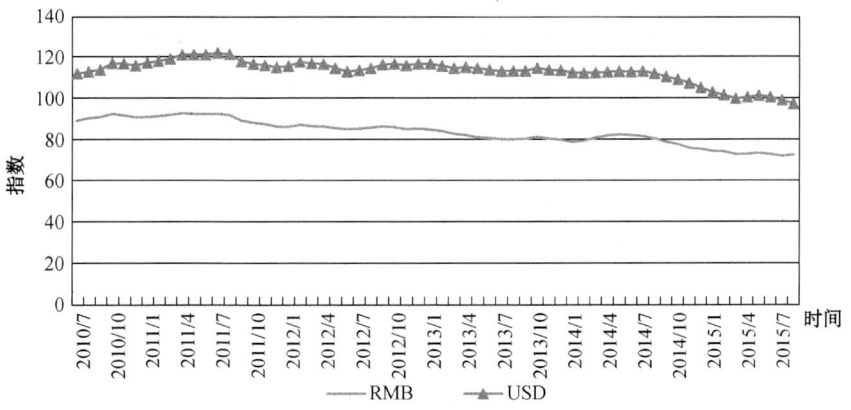

资料来源：http://sdw.ecb.europa.eu/(1999Q1=100)。
图 2-13(c)

图 2-13　人民币和美元有效汇率(2010 年 7 月至 2015 年 7 月)

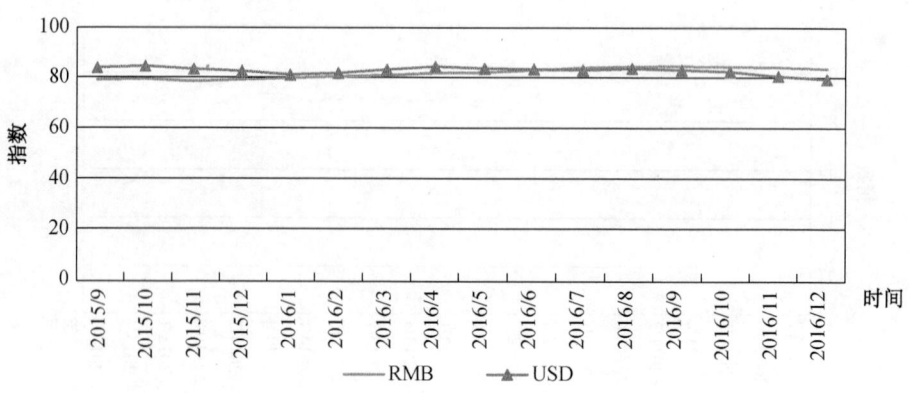

资料来源：www.bis.org(2010=100)。

图 2-14(a)

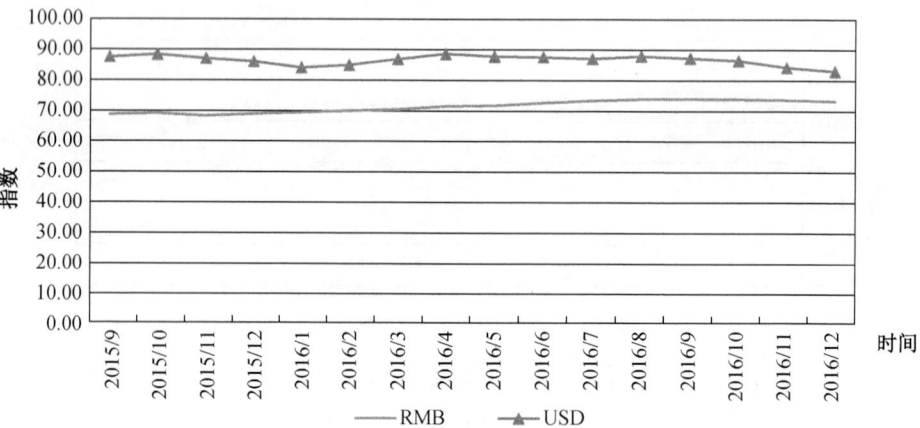

资料来源：http://ec.europa.eu/eurostat/data/database(2005=100)。

图 2-14(b)

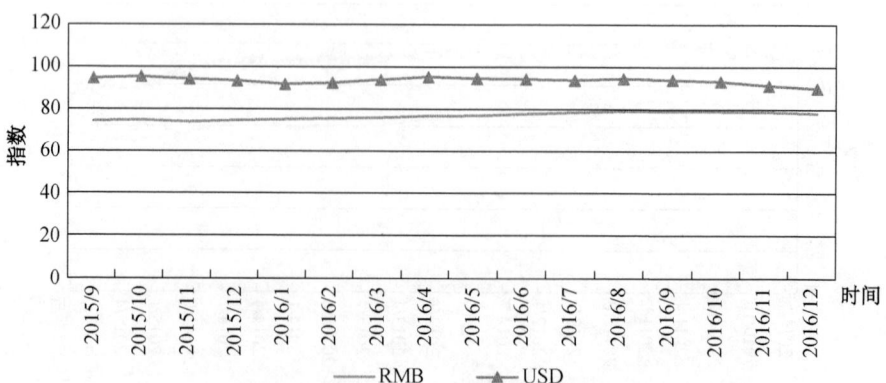

资料来源：http://sdw.ecb.europa.eu/(1999Q1=100)。

图 2-14(c)

图 2-14 人民币和美元有效汇率(2015 年 9 月至 2016 年 12 月)

根据以上的分析，人民币有效汇率能够分解为人民币对美元汇率和美元有效汇率的乘积的形式。如果人民币钉住美元，则人民币的有效汇率也基本上跟着美元的有效汇率走；如果人民币对美元持续升值，则人民币有效汇率和美元有效汇率之间的缺口越来越大。

二、人民币实际有效汇率

从实际有效汇率的角度来看，情况有所不同，实际有效汇率要从名义有效汇率中剔除两国物价水平对汇率的影响，通常两国的物价指数走势可能不一致，所以实际有效汇率走势就会有差异。人民币名义有效汇率下降，实际有效汇率上升，说明总体上其他国家的物价指数上升或跌幅较中国小。

实际上，在人民币对美元汇率保持相对稳定的情况下，人民币对非美货币的汇率和美元对这些非美货币汇率的走势基本相同，因此人民币名义有效汇率和美元名义有效汇率的走势也基本相同；而由于中国和各国物价走势有所不同，人民币实际有效汇率和美元实际有效汇率的走势将会有所差异。

我们选取贸易权重的几何加权的实际有效汇率指数作为人民币实际有效汇率计算公式，即实际有效汇率：$REER_t = REER_{t-1} \prod_{i=1}^{n} \left(S_{i,t} \frac{P_{i,t}}{P_t} \Big/ S_{i,t-1} \frac{P_{i,t-1}}{P_{t-1}} \right)^{w_{i,t}}$，其中 $REER_t$ 为 t 期的人民币实际有效汇率，$REER_{t-1}$ 为 $t-1$ 期的人民币实际有效汇率，同样 $S_{i,t}$ 为 t 期人民币对 i 国货币的汇率（直接标价法）[①]，$S_{i,t-1}$ 为 $t-1$ 期人民币对 i 国货币的汇率，$w_{i,t}$ 为 t 期人民币对 i 国货币的贸易权重（假定为常数）。P_t、P_{t-1} 分别表示本国 t 期和 $t-1$ 的价格水平，$P_{i,t}$、$P_{i,t-1}$ 分别表示 i 国 t 期和 $t-1$ 期的价格水平。

实际上，实际汇率存在三角套汇机制，$S_{i,t} \frac{P_{i,t}}{P_t} = S_{1,t} \frac{P_{1,t}}{P_t} \times X_{i,t} \frac{P_{i,t}}{P_{1,t}}$，其中 $S_{1,t}$ 是 t 期人民币对美元货币的汇率，$X_{i,t}$ 是 t 期美元对非美货币的汇率，$P_{1,t}$ 表示美国 t 期的价格水平。由实际有效汇率：

$$REER_t = REER_{t-1} \prod_{i=1}^{n} \left(S_{i,t} \frac{P_{i,t}}{P_t} \Big/ S_{i,t-1} \frac{P_{i,t-1}}{P_{t-1}} \right)^{w_{i,t}} = 100 \prod_{i=1}^{n} \left(S_{i,t} \frac{P_{i,t}}{P_t} \Big/ S_{i,0} \frac{P_{i,0}}{P_0} \right)^{w_{i,t}}$$

$$= 100 \left[\frac{\left(S_{1,t} \frac{P_{1,t}}{P_t} \times X_{1,t} \frac{P_{1,t}}{P_{1,t}} \right)^{w_{1,t}} \times \left(S_{1,t} \frac{P_{1,t}}{P_t} \times X_{2,t} \frac{P_{2,t}}{P_{1,t}} \right)^{w_{2,t}} \times \cdots \times \left(S_{1,t} \frac{P_{1,t}}{P_t} \times X_{n,t} \frac{P_{n,t}}{P_{1,t}} \right)^{w_{n,t}}}{\left(S_{1,0} \frac{P_{1,0}}{P_0} \times X_{1,0} \frac{P_{1,0}}{P_{1,0}} \right)^{w_{1,t}} \times \left(S_{1,0} \frac{P_{1,0}}{P_0} \times X_{2,0} \frac{P_{2,0}}{P_{1,0}} \right)^{w_{2,t}} \times \cdots \times \left(S_{1,0} \frac{P_{1,0}}{P_0} \times X_{n,0} \frac{P_{n,0}}{P_{1,0}} \right)^{w_{n,t}}} \right]$$

由上式可得到：

[①] 也可以用间接标价法，这样算出来的实际有效汇率和用直接标价法算出来的实际有效汇率成倒数关系，实际有效汇率上升，意味着人民币升值，而直接标价法算出来的实际有效汇率上升，意味着人民币贬值，而非升值。

$$REER_t = 100 \left[\frac{S_{1,t} \frac{P_{1,t}}{P_t}}{S_{1,0} \frac{P_{1,0}}{P_0}}\right] \left[\frac{\left(X_{1,t} \frac{P_{1,t}}{P_{1,t}}\right)^{w_{1,t}} \times \left(X_{2,t} \frac{P_{2,t}}{P_{1,t}}\right)^{w_{2,t}} \times \cdots \times \left(X_{n,t} \frac{P_{n,t}}{P_{1,t}}\right)^{w_{n,t}}}{\left(X_{1,0} \frac{P_{1,0}}{P_{1,0}}\right)^{w_{1,t}} \times \left(X_{2,0} \frac{P_{2,0}}{P_{1,0}}\right)^{w_{2,t}} \times \cdots \times \left(X_{n,0} \frac{P_{n,0}}{P_{1,0}}\right)^{w_{n,t}}}\right]$$

$$= 100 \times RI_t \times \prod_{i=2}^{n} \left(X_{i,t} \frac{P_{i,t}}{P_{1,t}} \bigg/ X_{i,0} \frac{P_{i,0}}{P_{1,0}}\right)^{w_{i,t}}$$

其中：$RI_t = S_{1,t} \frac{P_{1,t}}{P_t} \bigg/ S_{1,0} \frac{P_{1,0}}{P_0}$。

定义美元的实际有效汇率：

$$REER_{us,t} = REER_{us,t-1} \prod_{i=1}^{n} \left(Y_{i,t} \frac{P_{i,t}}{P_{1,t}} \bigg/ Y_{i,t-1} \frac{P_{i,t-1}}{P_{1,t-1}}\right)^{\rho_{i,t}} = 100 \prod_{i=1}^{n} \left(Y_{i,t} \frac{P_{i,t}}{P_{1,t}} \bigg/ Y_{i,0} \frac{P_{i,0}}{P_{1,0}}\right)^{\rho_{i,t}}$$

其中 $REER_{us,t}$ 为 t 期的美元实际有效汇率，$REER_{us,t-1}$ 为 $t-1$ 期的美元实际有效汇率，同样，$Y_{i,t}$ 为 t 期美元对 i 国货币的汇率（直接标价法）[1]，$Y_{i,t-1}$ 为 $t-1$ 期美元对 i 国货币的汇率，$\rho_{i,t}$ 为 t 期美元对 i 国货币的贸易权重。为了研究问题方便，假定 $Y_{1,t}$ 为 t 期美元对人民币的汇率，$\rho_{1,t}$ 为 t 期人民币在美元有效汇率中的权重，则：

$$REER_{us,t} = 100 \left(\frac{1}{RI_t}\right)^{\rho_{1,t}} \prod_{i=2}^{n} \left(X_{i,t} \frac{P_{i,t}}{P_{1,t}} \bigg/ X_{i,0} \frac{P_{i,0}}{P_{1,0}}\right)^{\rho_{i,t}}$$

因此：

$$(RI_t)^{\rho_{1,t}} REER_{us,t} = 100 \prod_{i=2}^{n} \left(X_{i,t} \frac{P_{i,t}}{P_{1,t}} \bigg/ X_{i,0} \frac{P_{i,0}}{P_{1,0}}\right)^{\rho_{i,t}}$$

类似地，如果人民币和美元有效汇率指数包含的国家和货币越多，贸易越多元化，则权重越分散[2]，$w_{i,t}$、$\rho_{i,t}$ 越接近，并且一些主要国家也都是中美主要的贸易伙伴，往往一些国家在人民币和美元有效汇率指数中 $w_{i,t}$、$\rho_{i,t}$ 也比较接近。如果我们假定 $w_{i,t} \approx \rho_{i,t}$，则：$REER_t \approx (RI_t)^{1+\rho_{1,t}} \times REER_{us,t}$，即人民币实际有效汇率指数等于 $(RI_t)^{1+\rho_{1,t}}$ 乘以美元实际有效汇率指数。

进一步，我们可以考察人民币实际有效汇率和美元实际有效汇率之间走势和数量关系（见图 2-15）。从图中可以看出，国际清算银行、欧盟委员会和欧洲中央银行的人民币实际有效汇率和分解后得到的人民币有效汇率走势完全一致，非常接近。

---

① 用美元来表示其他货币。

② 实际上，从数学的角度来看，如果包含多种货币，只要权重比较分散，指数值 $\prod_{i=2}^{n} \left(X_{i,t} \frac{P_{i,t}}{P_{1,t}} \bigg/ X_{i,0} \frac{P_{i,0}}{P_{1,0}}\right)^{\rho_{i,t}}$ 与 $\prod_{i=2}^{n} \left(X_{i,t} \frac{P_{i,t}}{P_{1,t}} \bigg/ X_{i,0} \frac{P_{i,0}}{P_{1,0}}\right)^{w_{i,t}}$ 就会非常接近。

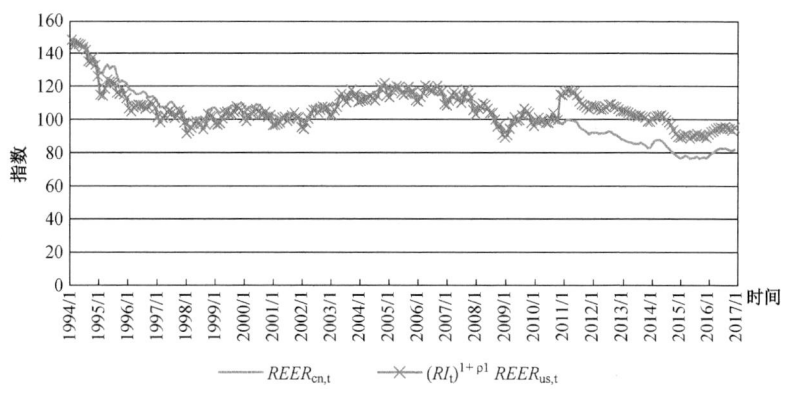

资料来源：www.bis.org(2010＝100)(1994年1月至2017年2月)。

图2-15(a)

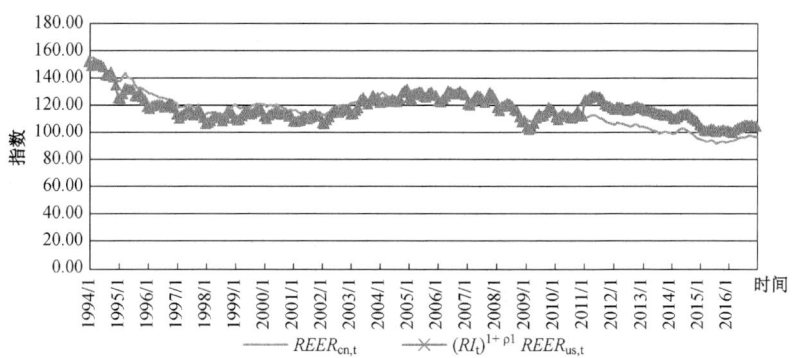

资料来源：http://ec.europa.eu/eurostat/data/database(2010＝100①)(1994年1月至2017年2月)。

图2-15(b)

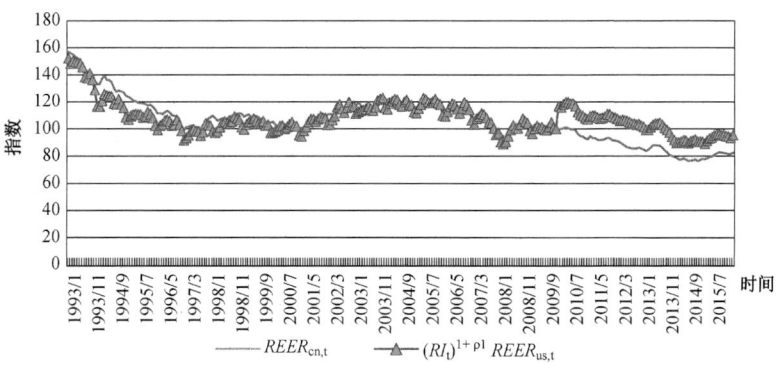

资料来源：http://sdw.ecb.europa.eu/browse.do? node=9691299(2010＝100②)(1994年1月至2016年12月)。

图2-15(c)

图2-15 人民币有效汇率($REER_{cn,t}$)和分解后的人民币有效汇率($(RI_t)^{1+\rho_{1,t}} \times REER_{us,t}$)

---

① 为了有利于比较，基期选择在2010年。
② 同样，基期选择在2010年。

我们还可以计算两者的相关系数,分别为 0.84,0.83,0.84,说明这两者是高度线性相关的,而且两者的比率,均值接近于 1,标准差也相对比较小(见表 2-12)。

表 2-12　　人民币有效汇率和分解后的人民币有效汇率的比较
（1994 年 1 月至 2016 年 12 月）

统计量	两者之间的比率 (BIS)	两者之间的比率 (European Commission)	两者之间的比率 (ECB)
均值	0.977 4	0.989 094	0.979 526
中位数	1.002 9	1.020 000	0.997 252
最大值	1.124 5	1.140 000	1.151 614
最小值	0.824 3	0.820 000	0.820 702
标准差	0.082 9	0.085 141	0.086 191
观察值	276	276	276

资料来源:笔者计算所得。

因此人民币实际有效汇率指数等于人民币对美元汇率 $(RI_t)^{1+\rho_{1,t}}$ 乘以美元实际有效汇率指数,得到实际数据的支持。

第六节　人民币实际有效汇率分解和中国的贸易收支

最早的经常账户和汇率的模型是弹性的分析方法,弹性分析方法来源于两方面的理论贡献:一是外汇市场供给和需求理论的发展;二是探讨外汇市场稳定的标准,即外汇市场的均衡。在此基础上,毕克戴克、鲁宾逊和梅茨勒(Bickerdike, Joan, 1920; Robinson, Brown, 1947; Metzler, 1948)研究了汇率稳定(国际收支均衡)的标准,这就是所谓的毕克戴克-鲁宾逊-梅茨勒(Bickerdike-Robinson-Metzler)条件,它是在马歇尔(Marshall)微观经济学的基础上建立起来的。1944 年勒纳(Abba Lerner)给出了贬值改善贸易收支的临界条件——马歇尔-勒纳条件[①](Mashall-Lerner condition),即出口和进口的需求弹性之和大于 1,则货币贬值将有利于改善贸易收支。弹性方法主要是从商品市场的角度分析汇率贬值导致相对价格的改变而影响经常账户的均衡。Dornbusch 和 Krugman(1976)认为货币贬值对贸易收支有短暂的负的影响("J曲线"效应),但如果出口汇率弹性较大,长期来看,货币贬值将改善贸易收支。货币贬值其结果是在马歇尔-勒纳条件存在的情况下,出口的增长率上升,进口的增长率削减,贸易收支改善。如果两国的一般价格水平不变,名义汇率的变动

---

① 见陆前进(2006);姜波克、陆前进(2000)。

就导致实际汇率的变动,贬值提高了国内产品的竞争力。

　　Felmingham B. S. (1985)研究了澳大利亚的贸易收支和贸易条件的关系,认为短期和长期马歇尔-勒纳条件都满足。Nielsen, Søren Bo(1986)通过考虑小型开放经济的进口品包含中间产品和最终产品,重新扩展了马歇尔-勒纳条件。Arize A. C. (1996)考察了贸易条件对贸易收支的影响,通过协整检验,认为贸易收支和贸易条件之间存在正的显著的长期统计均衡关系,这实际上也是对马歇尔-勒纳条件的另一种检验方法。Mohsen Bahmani-Oskooee, Farhang Niroomand(1998)采用Johansen协整方法估计了大约30个国家的贸易弹性,认为大多数国家的贸易弹性符合马歇尔-勒纳条件。Sastre, L(2012)通过实证研究认为贬值有利于改善西班牙的贸易收支,也符合马歇尔-勒纳条件。而Buffie, Edward F. (1986)引入投资品分析,认为贬值可能会恶化国际收支,而不是改善贸易收支。Toyonari Ide, Akira Takayama(1991)认为马歇尔-勒纳条件中价格调整过程是不充分的,他们重新得到国际均衡的稳定条件。Andrew K. Rose(1991)估计了5个主要的OECD国家的实际有效汇率和总的实际贸易余额之间的关系,认为汇率对贸易收支的影响甚微。在粘性价格的跨期最优化模型的框架内,Devereux M. B. (2000)探讨了货币贬值对贸易收支的影响,认为国际定价方式是一个重要影响因素,当价格以生产者货币定价,贬值对贸易收支的影响依赖于传统的马歇尔-勒纳条件,而如果以消费者货币定价,贬值影响贸易收支依赖于消费的跨期替代弹性。如果处于两者之间,则对贸易收支的影响依赖于期内替代弹性和跨期替代弹性相对强度。Irandoust, Manuchehr等(2006)采用面板协整技术估计了瑞典和主要贸易伙伴国的价格和收入弹性,结果显示样本期内8个贸易伙伴国只有2个国家满足马歇尔-勒纳条件。因此从国外的研究来看,关于马歇尔-勒纳条件是否存在虽然没有一致的结论,但每一种研究都从某一个方面探讨了货币贬值的影响,使马歇尔-勒纳条件的研究更加丰富。

　　同样国内学者也从多方面探讨了马歇尔-勒纳条件。卢向前、戴国强(2005)运用协整向量自回归方法对人民币与世界主要货币的加权实际汇率波动与我国进出口之间的长期关系进行了实证检验,表明人民币实际汇率波动对我国进出口存在着显著的影响,马歇尔-勒纳条件成立。曹永福(2005)认为如果考虑进口价格对出口价格的影响,那么出口价格的变动幅度将小于汇率的变动幅度,因此在讨论贸易弹性时有必要区分汇率弹性和价格弹性这两个概念。刘尧成等(2010)分析了人民币实际有效汇率变化对我国贸易差额的动态影响,认为贸易收支弹性理论在我国基本成立。而周文贵、陈梁(2011)从毕肯戴克—罗宾逊—梅茨勒条件的视角,考虑需求与供给两方面因素对中美贸易差额的影响,认为人民币升值无助于消除美国的逆差。金洪飞、周继忠(2007)研究发现我国对美进口和出口的实际汇率弹性都是不显著的,因此认为人民币汇率对中美贸易没有显著影响。殷德生(2004)研究表明人民币汇率弹性较低,人民币汇率变动对中国贸易收支变动的影响很小。

与以往研究不同的是,本章并不只是对马歇尔-勒纳条件进行实证研究,而是从一个新的角度对马歇尔-勒纳条件进行修正,本章根据人民币实际有效汇率的分解,重新探讨货币贬值改善贸易收支的马歇尔-勒纳条件,从中分析人民币对美元汇率和美元有效汇率指数变动对马歇尔-勒纳条件的影响,其中美元有效汇率对人民币汇率弹性和人民币在美元有效汇率中的比重是两个关键因素。

一、人民币有效汇率分解和 Marshall-Lerner 条件的修正

根据人民币有效汇率指数 $REER_t$ 等于 $(RI_t)^{1+\rho_{1,t}}$ 乘以美元有效汇率指数 $REER_{us,t}$,则:$REER_t \approx (RI_t)^{1+\rho_{1,t}} \times REER_{1,t}$,可以修正马歇尔-勒纳条件,考察汇率贬值影响贸易收支的效果。

国际收支的弹性分析方法(The Elasticities Approach)主要是分析汇率变动改善贸易收支的条件。基本模型如下:

国内产品出口: $X = X(REER)$

国内进口产品: $M = M(REER)$ —— (5)

贸易收支: $T = X - M = X(REER) - REER \times M(REER)$

其中,$REER$ 是人民币实际有效汇率。贸易收支方程两边同时对实际有效汇率 $REER$ 求导得到:

$$\frac{dT}{dREER} = \frac{\partial X}{\partial REER} - M - REER \times \frac{\partial M}{\partial REER}$$

根据 $REER_t \approx (RI_t)^{1+\rho_{1,t}} \times REER_{us,t}$,则:

$$dREER_t \approx (RI_t)^{1+\rho_{1,t}} \times dREER_{us,t} + (1+\rho_{1,t})(RI_t)^{\rho_{1,t}} \times REER_{us,t} \times dRI_t$$
$$= (RI_t)^{\rho_{1,t}} [(RI_t) \times dREER_{us,t} + (1+\rho_{1,t}) \times REER_{us,t} \times dRI_t]$$

把该式代入上式得到:

$$\frac{dT}{dREER} = \frac{1}{(RI_t)^{\rho_{1,t}}} \left(\frac{\partial X}{[(RI_t) \times \partial REER_{us,t} + (1+\rho_{1,t}) \times REER_{us,t} \times \partial RI_t]} \right) - M - \frac{REER}{(RI_t)^{\rho_{1,t}}} \times \left(\frac{\partial M}{[(RI_t) \times \partial REER_{us,t} + (1+\rho_{1,t}) \times REER_{us,t} \times \partial RI_t]} \right)$$

我们定义,美元有效汇率对人民币与美元汇率的弹性: $\varepsilon_{RE,RI} = \frac{\partial REER_{us}}{\partial RI} \times \frac{RI}{REER_{us}}$;

出口需求的人民币对美元汇率弹性:$\varepsilon_{X,RI} = \frac{\partial X}{\partial RI} \frac{RI}{X}$;进口需求的人民币对美元汇率弹性:$\varepsilon_{M,RI} = \frac{\partial M}{\partial RI} \frac{RI}{M}$;则:

$$\frac{dT}{dREER} = \frac{1}{(RI_t)^{\rho_1,t}} \left(\frac{\partial X}{REER_{us,t} \times \partial RI_t [\varepsilon_{RE,RI} + (1+\rho_{1,t})]} \right) - M -$$

$$\frac{(RI_t)^{1+\rho_1,t} \times REER_{us,t}}{(RI_t)^{\rho_1,t}} \times \left(\frac{\partial M}{REER_{us,t} \times \partial RI_t [\varepsilon_{RE,RI} + (1+\rho_{1,t})]} \right)$$

$$= \frac{1}{(RI_t)^{\rho_1,t}} \left(\frac{\varepsilon_{X,RI} X}{REER_{us,t} \times RI_t [\varepsilon_{RE,RI} + (1+\rho_{1,t})]} \right) - M -$$

$$\frac{(RI_t)^{1+\rho_1,t} \times REER_{us,t}}{(RI_t)^{\rho_1,t}} \times \left(\frac{\varepsilon_{M,RI} M}{REER_{us,t} \times RI_t [\varepsilon_{RE,RI} + (1+\rho_{1,t})]} \right)$$

$$= \frac{1}{(RI_t)^{1+\rho_1,t} REER_{us,t}} \left(\frac{\varepsilon_{X,RI} X}{[\varepsilon_{RE,RI} + (1+\rho_{1,t})]} \right) - M - \left(\frac{\varepsilon_{M,RI} M}{[\varepsilon_{RE,RI} + (1+\rho_{1,t})]} \right)$$

$$= M \left\{ \frac{X}{M(RI_t)^{1+\rho_1,t} REER_{us,t}} \left(\frac{\varepsilon_{X,RI}}{[\varepsilon_{RE,RI} + (1+\rho_{1,t})]} \right) - 1 - \left(\frac{\varepsilon_{M,RI}}{[\varepsilon_{RE,RI} + (1+\rho_{1,t})]} \right) \right\}$$

$$> 0$$

如果贸易均衡,则:

$$X = M(RI_t)^{1+\rho_1,t} REER_{us,t}$$

进一步得到: $\frac{\varepsilon_{X,RI}}{[\varepsilon_{RE,RI} + (1+\rho_{1,t})]} - 1 - \frac{\varepsilon_{M,RI}}{[\varepsilon_{RE,RI} + (1+\rho_{1,t})]} > 0$

因而:

$$\frac{(\varepsilon_{X,RI} - \varepsilon_{M,RI})}{[\varepsilon_{RE,RI} + (1+\rho_{1,t})]} > 1 \text{①}$$

进一步,如果 $\varepsilon_{RE,RI} + (1+\rho_{1,t}) > 0$,我们可以得到修正的马歇尔-勒纳条件:

$(\varepsilon_{X,RI} - \varepsilon_{M,RI}) > [\varepsilon_{RE,RI} + (1+\rho_{1,t})]$,这就是修正的 Marshall-Lerner 条件。还有如果 $\varepsilon_{RE,RI} + (1+\rho_{1,t}) < 0$,可以得到:$(\varepsilon_{X,RI} - \varepsilon_{M,RI}) < [\varepsilon_{RE,RI} + (1+\rho_{1,t})]$。

我们修正的马歇尔-勒纳条件意义在于我们考虑到美元有效汇率的影响,通常美元汇率的变化是影响人民币汇率的重要因素。美元有效汇率影响马歇尔-勒纳条件的两个重要因素中,一是美元有效汇率弹性($\varepsilon_{RE,RI}$),二是人民币在美元有效汇率中的权重($\rho_{1,t}$),这是对马歇尔-勒纳条件的修正(见表2-13)。

---

① 实际上,根据定义,如果考虑到 $\varepsilon_{RE,RI} = \frac{\varepsilon_{X,RI}}{\varepsilon_{X,RE}} = \frac{\varepsilon_{M,RI}}{\varepsilon_{M,RE}} = \frac{\varepsilon_{Y,RI}}{\varepsilon_{Y,RE}} = \frac{\varepsilon_{Y^*,RI}}{\varepsilon_{Y^*,RE}}$,则该式还可以表示为: $\left(\frac{\varepsilon_{X,RI} \varepsilon_{X,RE}}{[\varepsilon_{X,RI} + (1+\rho_{1,t}) * \varepsilon_{X,RE}]} \right) - \left(\frac{\varepsilon_{M,RI} \varepsilon_{M,RE}}{[\varepsilon_{M,RI} + (1+\rho_{1,t}) * \varepsilon_{M,RE}]} \right) > 1$。

表 2-13　修正的马歇尔-勒纳条件与传统的马歇尔-勒纳条件的比较

	传统的马歇尔-勒纳条件	修正的马歇尔-勒纳条件
汇率	实际有效汇率（REER）	实际有效汇率分解为美元有效汇率（$REER_{us}$）和人民币对美元汇率（RI）形式：$REER_t \approx (RI_t)^{1+\rho_{1,t}} * REER_{us,t}$
进口需求的汇率弹性	$\varepsilon_{M, REER}$	$\varepsilon_{M, RI}$
出口需求的汇率弹性	$\varepsilon_{X, REER}$	$\varepsilon_{X, RI}$
美元有效汇率弹性	—	$\varepsilon_{RE, RI}$
人民币在美元有效汇率指数中的比例	—	$\rho_{1,t}$
完整公式	$(\varepsilon_{X, REER} - \varepsilon_{M, REER}) > 1$	$(\varepsilon_{X, RI} - \varepsilon_{M, RI}) - \varepsilon_{RE, RI} > 1 + \rho_{1,t}$ ①

注：①表示在 $\varepsilon_{RE, RI} + (1+\rho_{1,t}) > 0$ 的条件下。

从修正的马歇尔-勒纳条件来看，人民币实际有效汇率贬值能否改善贸易收支，还需考虑美元有效汇率弹性和人民币在美元有效汇率中的比例。从直观的意义来讲，如果人民币对美元贬值，美元有效汇率也贬值，甚至贬值幅度更大，即 $\varepsilon_{RE, RI} > 0$，则不利于贸易收支改善，反之，则有利于贸易收支改善；如果中国贸易比重在美元有效汇率中比例越大，则人民币对美元贬值改善贸易收支的条件还要大于 $1+\rho_{1,t}$。

二、对修正的 Marshall-Lerner 条件的进一步探讨

上面是对马歇尔-勒纳条件的修正，是人民币实际有效汇率贬值改善贸易收支的条件，那么人民币对美元实际汇率贬值如何影响贸易收支呢？由：

$$\frac{dT}{dREER} = \frac{dT}{(RI_t)^{\rho_{1,t}}[(RI_t) \times dREER_{us,t} + (1+\rho_{1,t}) \times REER_{us,t} \times dRI_t]}$$

$$= \frac{1}{(RI_t)^{\rho_{1,t}} \times REER_{us,t} \times [\varepsilon_{RE, RI} + (1+\rho_{1,t})]} \frac{dT}{dRI_t}$$

当 $[\varepsilon_{RE, RI} + (1+\rho_{1,t})] > 0$ 时，$\frac{dT}{dREER}$ 与 $\frac{dT}{dRI_t}$ 符号相同，意味着人民币实际有效汇率贬值和人民币对美元实际汇率贬值的效果是相同的，只要修正的马歇尔-勒纳条件存在，人民币对美元实际汇率贬值同样能够改善贸易收支。当 $[\varepsilon_{RE, RI} + (1+\rho_{1,t})] < 0$ 时，$\frac{dT}{dREER}$，$\frac{dT}{dRI_t}$ 符号相反，意味着人民币实际有效汇率贬值和人民币对美元实际汇率贬值的效果是相反的，即使修正的马歇尔-勒纳条件存在，人民币对美元实际汇率贬值也不能够改善贸易收支，反而会恶化贸易收支。

此外,上式还可以变为:

$$\frac{\mathrm{d}T}{\mathrm{d}REER} = \frac{\mathrm{d}T}{(RI_t)^{\rho_{1,t}}(RI_t) \times \mathrm{d}REER_{us,t}[1+(1+\rho_{1,t})/\varepsilon_{RE,RI}]}$$

$$= \frac{1}{(RI_t)^{1+\rho_{1,t}} \times [1+(1+\rho_{1,t})/\varepsilon_{RE,RI}]} \frac{\mathrm{d}T}{\mathrm{d}REER_{us,t}}$$

因此,当$[1+(1+\rho_{1,t})/\varepsilon_{RE,RI}]>0$时与$\frac{\mathrm{d}T}{\mathrm{d}REER}$,$\frac{\mathrm{d}T}{\mathrm{d}REER_{us,t}}$符号相同,意味着人民币实际有效汇率贬值和美元实际有效汇率贬值的效果是相同的,只要修正的马歇尔-勒纳条件存在,美元实际有效汇率贬值同样能够改善中国贸易收支。当$[1+(1+\rho_{1,t})/\varepsilon_{RE,RI}]<0$时,$\frac{\mathrm{d}T}{\mathrm{d}REER}$与$\frac{\mathrm{d}T}{\mathrm{d}REER_{us,t}}$符号相反,意味着人民币实际有效汇率贬值和美元实际有效汇率贬值的效果是相反的,如果修正的马歇尔-勒纳条件存在,美元实际有效汇率贬值会恶化贸易收支(见表2-14)。

表2-14　人民币对美元实际汇率和美元实际有效汇率变动改善贸易收支的条件

第一种情况 $\left(\frac{\mathrm{d}T}{\mathrm{d}REER}>0\right)$	条件1	条件2
人民币对美元实际汇率贬值改善贸易收支$\frac{\mathrm{d}T}{\mathrm{d}RI_t}>0$	$\varepsilon_{X,RI}-\varepsilon_{M,RI}-\varepsilon_{RE,RI}>1+\rho_{1,t}$	$[\varepsilon_{RE,RI}+(1+\rho_{1,t})]>0$
美元实际有效汇率贬值改善贸易收支$\frac{\mathrm{d}T}{\mathrm{d}REER_{us,t}}>0$	$\varepsilon_{X,RI}-\varepsilon_{M,RI}-\varepsilon_{RE,RI}>1+\rho_{1,t}$	$[1+(1+\rho_{1,t})/\varepsilon_{RE,RI}]>0$
第二种情况 $\left(\frac{\mathrm{d}T}{\mathrm{d}REER}<0\right)$	条件1	条件2
人民币对美元实际汇率贬值改善贸易收支$\frac{\mathrm{d}T}{\mathrm{d}RI_t}>0$	$\varepsilon_{X,RI}-\varepsilon_{M,RI}-\varepsilon_{RE,RI}<1+\rho_{1,t}$	$[\varepsilon_{RE,RI}+(1+\rho_{1,t})]<0$
美元实际有效汇率贬值改善贸易收支$\frac{\mathrm{d}T}{\mathrm{d}REER_{us,t}}>0$	$\varepsilon_{X,RI}-\varepsilon_{M,RI}-\varepsilon_{RE,RI}<1+\rho_{1,t}$	$[1+(1+\rho_{1,t})/\varepsilon_{RE,RI}]<0$

从表2-14可以看出,人民币对美元实际贬值或美元实际有效汇率贬值改善贸易收支的条件,不但需要条件1,还需要条件2,如果有一个条件不满足,则贬值不能够有效改善贸易收支。讨论美元实际有效汇率贬值的意义在于:即使人民币对美元不贬值,但如果美元有效汇率贬值,通过内在的相互影响机制,也可

能会改善贸易收支。

三、实证研究

我们建立如下的实证模型：

国内产品出口：$X = X(RI, REER_{us}, Y^*)$

国内进口产品：$M = M(RI, REER_{us}, Y)$

为了考察变量之间的长期均衡关系,我们采用协整方法探讨人民币对美元汇率贬值或升值能否有效改善或恶化贸易收支。

数据说明：我们数据选取1999年1月至2018年3月,由于没有月度的中国GDP和世界GDP,我们分别用中国和OECD季度国内生产总值[①],月度平均化后再季节调整得到月度数据来代替。EX(商品和劳务的出口),IM(商品和劳务的进口),P(中国的定基物价指数,2010 = 100),P_1(美国的定基物价指数,2010 = 100)[②],以上数据来源于CEIC数据库。S_1(人民币对美元汇率,直接标价法)来自国家外汇管理局；$REER_{us}$(美元有效汇率)来源国际清算银行(www.bis.org)。实际出口：$X = EX/P$,实际进口：$M = IM/P^*$。人民币对美元实际汇率指数：$RI_t = \dfrac{S_{1,t} \dfrac{P_{1,t}}{P_t}}{S_{1,0} \dfrac{P_{1,0}}{P_0}}$。由于是月度数据,对$X$、$M$、$Y$和$Y^*$等变量进行季节调整,再取对数。

1. 单位根检验

首先对相关经济变量进行单位根检验。本书采用Eviews9.0软件进行ADF检验(见表2-15)。

表2-15　　　　　　　　单位根检验结果

变量	(c, t, m)	ADF检验值	1%临界值	5%临界值	10%临界值
$\ln X$	$(c, t, 2)$	−1.642 765	−3.998 815	−3.429 657	−3.138 345
$d\ln X$	$(c, 0, 1)$	−15.886 94	−3.458 973	−2.874 029	−2.573 502
$\ln M$	$(c, t, 1)$	−1.838 929	−3.998 815	−3.429 657	−3.138 345
$d\ln M$	$(c, 0, 0)$	−24.649 84	−3.458 845	−2.873 974	−2.573 472
$\ln Y$	$(c, t, 3)$	0.722 291	−3.999 899 7	−3.429 745	−3.138 397
$d\ln Y$	$(c, 0, 2)$	−8.132 719***	−3.459 101	−2.874 086	−2.573 533

[①] 由于没有世界国内生产总值的季度数据,用OECD国家季度国内生产总值代替全世界的国内生产总值,www.oecd.org。

[②] 中国的定基CPI是作者根据环比物价指数计算得到,美国的定基CPI来自CEIC数据库。

(续表)

变量	(c, t, m)	ADF 检验值	1%临界值	5%临界值	10%临界值
$\ln Y^*$	$(c, t, 3)$	−3.139 138	−3.998 997	−3.429 745	−3.138 397
$\mathrm{d}\ln Y^*$	$(c, 0, 5)$	−4.208 155***	−3.459 494	−2.874 258	−2.573 625
$\ln RI$	$(c, 0, 1)$	−0.291 215	−3.458 845	−2.873 974	−2.573 472
$\mathrm{d}\ln RI$	$(0, 0, 0)$	−9.845 995***	−2.575 099	−1.942 218	−1.615 776
$\ln REER_{us}$	$(c, 0, 1)$	−1.532 859	−3.458 845	−2.873 974	−2.573 472
$\mathrm{d}\ln REER_{us}$	$(0, 0, 0)$	−10.631 72***	−2.575 099	−1.942 218	−1.615 776

注：(c, t, m) 表示单位根检验方程中是否含有常数项、趋势项和滞后阶数。ADF 检验的最优滞后阶数根据 AIC 信息准则选择，***（**，*）分别表示在 1%(5%，10%)的水平下显著。

根据表 2-15，我们可以发现，$\ln X$、$\ln M$、$\ln Y$、$\ln Y^*$、$\ln RI$ 和 $\ln REER_{us}$ 都是非平稳的，但是经过差分后，$\ln X$、$\ln M$、$\ln Y$、$\ln Y^*$、$\ln RI$ 和 $\ln REER_{us}$ 序列都是一阶平稳序列。

2. 出口方程协整检验

在进行协整检验之前，首先确立 VAR 模型的结构，确定的最优滞后阶数是 4，根据得出的最优滞后阶数进行协整检验，结果如表 2-16 所示。

表 2-16　　　　Johansen 协整检验结果——协整关系数量

特征值	迹统计量	5%临界值	概率	协整关系数量
0.118 329	69.672 16	54.079 04	0.001 1	不存在***
0.086 967	41.084 74	35.192 75	0.010 3	最多存在一个**
0.051 695	20.431 64	20.261 84	0.047 4	最多存在两个**
0.036 254	8.382 638	9.164 546	0.070 2	最多存在三个*
特征值	最大特征值统计量	5%临界值	概率	协整关系数量
0.118 329	28.587 42	28.588 08	0.050 0	不存在*
0.086 967	20.653 10	22.299 62	0.083 5	最多存在一个*
0.051 695	12.049 01	15.892 10	0.183 1	最多存在两个
0.036 254	8.382 638	9.164 546	0.070 2	最多存在三个*

注：***，**，*分别表示在 1%、5%、10%的显著水平下拒绝原假设。

根据表 2-16，无论是根据迹统计量还是最大特征值统计量，当原假设为不存在协整关系时，在 10%的显著性水平下拒绝原假设，所以检验结论是存在协整关系。我们可以得到标准化协整向量(见表 2-17)。

表 2-17　　　　Johansen 协整检验结果——协整系数估计

ln X	ln RI	ln REER$_{us}$	ln Y*	C
1.000 000	−2.392 161	−4.301 252	−6.390 163	−29.988 92
标准误	(0.346 68)	(0.403 91)	(0.454 87)	(1.619 31)
T 值	−6.900 19	−10.649 0	−14.048 2	−18.519 6
似然值	2 902.756			

$$\ln X = 2.392\ 161\ln RI + 4.301\ 252\ln REER_{us} + 6.390\ 163\ln Y^* + 29.988\ 92$$

根据协整方程,可以看出 $\ln X$ 与 $\ln RI$、$\ln REER_{us}$ 和 $\ln Y^*$ 这3个变量之间存在着显著的协整关系。人民币对美元贬值,出口上升;美元实际有效汇率贬值,出口仍然增加;国外收入上升,出口上升。出口对人民币与美元汇率的弹性为 2.392 161,对美元实际有效汇率的弹性为 4.301 252。

3. 进口方程协整检验

同样,在进行协整检验之前,确定 VAR 模型的最佳滞后阶数为3阶。根据得出的最优滞后阶数进行协整检验,结果如表 2-18 所示。

表 2-18　　　　Johansen 协整检验结果——协整关系数量

特征值	迹统计量	5%临界值	概率	协整关系数量
0.507 011	208.241 8	54.079 04	0.000 0	不存在***
0.095 558	46.984 70	35.192 75	0.001 8	最多存在一个***
0.069 738	24.085 11	20.261 84	0.014 2	最多存在两个**
0.032 797	7.603 159	9.164 546	0.098 0	最多存在三个*
特征值	最大特征值统计量	5%临界值	概率	协整关系数量
0.507 011	161.257 1	28.588 08	0.000 1	不存在***
0.095 558	22.899 58	22.299 62	0.041 2	最多存在一个**
0.069 738	16.481 95	15.892 10	0.040 4	最多存在两个**
0.032 797	7.603 159	9.164 546	0.098 0	最多存在三个*

注:***、**、* 分别表示在 1%、5%、10% 的显著水平下拒绝原假设。

因此无论是根据迹统计量还是最大特征值统计量,当原假设为不存在协整关系时,在 1% 的显著性水平下拒绝原假设,所以检验结论是也存在协整关系(见表 2-19)。

表 2-19　　　　　　Johansen 协整检验结果——协整系数估计

$\ln M$	$\ln RI$	$\ln REER_{us}$	$\ln Y$	C
1.000 000	−5.266 061	−4.297 314	−1.615 598	−1.050 746
标准误	(0.589 63)	(0.536 59)	(0.130 66)	(3.266 31)
T 值	−8.931 20	−8.008 56	−12.365 0	−0.321 69
似然值	2 609.655			

$$\ln IM = 5.266\,061\ln RI + 4.297\,314\ln REER_{us} + 1.615\,598\ln Y + 1.050\,746$$

从表 2-19 可以看出 $\ln M$ 与 $\ln RI$、$\ln REER_{us}$ 和 $\ln Y$ 这三个变量之间存在着显著的协整关系。人民币对美元贬值,进口增加;美元实际有效汇率贬值,进口上升;国内收入上升,进口增加。进口对人民币与美元汇率的弹性为 5.266 061,对美元实际有效汇率的弹性为 4.297 314。

4. 美元实际有效汇率对人民币与美元汇率的弹性估计

为了获得美元实际有效汇率的弹性,首先建立美元实际有效汇率与人民币对美元汇率的回归模型,结果见表 2-20。

表 2-20　　　　　　　　模型估计的结果

变量	$\ln REER_{us}$		
	回归系数	T 检验值	P 值
C	−3.922 942	−62.963 10	0.000 0
$\ln RI$	−0.390 270	−12.366 14	0.000 0
R^2	0.400 400		
$a\text{-}R^2$	0.397 782		
$s.e$	0.068 164		

从回归结果来看,回归系数全部通过检验。对残差序列进行 ADF 检验,残差项是平稳的,因此 $\ln REER_{us}$ 和 $\ln RI$ 之间存在稳定协整关系,美元实际有效汇率对人民币与美元汇率的弹性为 −0.390 270。

从前面进出口的协整方程,既可以看出人民币对美元汇率的影响,也能够看出美元实际有效汇率指数的影响。人民币对美元汇率贬值有利于出口,出口对人民币与美元汇率弹性为正,符合理论分析,人民币对美元贬值也有利于进口,这可能和中国扩大进口的战略有关。同样美元贬值有利于中国进口,美元贬值其他国家产品可能会更有价格竞争力,导致中国进口增加,同时美元贬值还有利于中国出口,这可能意味着中国出口更多是必需品,尽管美元贬值,出口仍然会增加。从三个弹性数值能够看出,修正的马歇尔-勒纳条件不成立,人民币对美元实际汇率贬值不能够改善贸易收支,美元实际有效汇率贬值会恶化贸易收支(见表2-21)。

表 2-21　　　　　　　　　　马歇尔-勒纳条件

弹性	1999年1月至2018年3月
$\varepsilon_{X,RI}$	2.392 161
$\varepsilon_{M,RI}$	5.266 061
$\varepsilon_{RE,RI}$	−0.390 270
$\varepsilon_{X,RI} - \varepsilon_{M,RI} - \varepsilon_{RE,RI}$	−2.483 63
$1+\rho_{1,t}$	1.209 274
马歇尔-勒纳条件	不成立
$[\varepsilon_{RE,RI}+(1+\rho_{1,t})]$	0.819 004
结论	修正的马歇尔-勒纳条件不成立,人民币对美元实际汇率贬值不能够改善贸易收支,美元实际有效汇率贬值会恶化贸易收支

四、主要结论

本章通过对人民币实际有效汇率的分解,能够看出人民币实际有效汇率是人民币对美元实际汇率与美元实际有效汇率乘积形式。在此基础之上,本章修正了马歇尔-勒纳条件,从修正的马歇尔-勒纳条件来看:出口需求弹性 $\varepsilon_{X,RI}(>0)$、进口需求弹性 $\varepsilon_{M,RI}(<0)$ 和美元有效汇率弹性 $\varepsilon_{RE,RI}(<0)$ 绝对值之和大于 $1+\rho_{1,t}$。从直观的意义来讲,如果人民币对美元贬值(假定 $\varepsilon_{X,RI}$、$\varepsilon_{M,RI}$ 不变),美元有效汇率也贬值,甚至贬值幅度更大,即 $\varepsilon_{RE,RI}>0$,则不利于贸易收支改善,反之,则有利于贸易收支改善;如果中国贸易比重在美元有效汇率中比例越大,则实际有效汇率贬值改善贸易收支的条件还要大于 $1+\rho_{1,t}$。

实证研究结果显示, $\ln X$ 与 $\ln RI$、$\ln REER_{us}$ 和 $\ln Y^*$ 这三个变量之间存在着显著的协整关系; $\ln M$ 与 $\ln RI$、$\ln REER_{us}$ 和 $\ln Y$ 这三个变量之间存在着显著的协整关系; $\ln RI$ 与 $\ln REER_{us}$ 也存在着显著的协整关系。而从三个弹性之和来看,修正的马歇尔-勒纳条件不成立,人民币对美元实际汇率贬值不能够改善贸易收支,美元实际有效汇率贬值会恶化贸易收支。这也验证了人民币汇率不是中国贸易收支盈余的主要原因,西方国家指责中国操纵人民币汇率缺乏理论根据。

第三章 参考一篮子货币的汇率形成机制

第一节 参考一篮子货币汇率制度中最优货币权重的文献述评

2005年7月21日,我国进行了外汇体制改革,建立了以市场供求为基础的,参考一篮子货币的有管理的浮动汇率制度,人民币汇率变动的弹性有所增加。2008年,国际金融危机以后,2010年6月19日我国又进行新一轮汇改,增强人民币汇率弹性,汇率改革目标仍然是建立以市场供求为基础、参考一篮子货币有管理的浮动汇率制度。时任中国人民银行副行长、国家外汇管理局局长易纲2011年2月13日曾指出,中国实行以市场供求为基础、参考一篮子货币进行调节、有管理的浮动汇率制度,这是一直坚持的机制,是目前中国社会主义市场经济体制最好的选择,因此篮子汇率目标一直是汇率制度改革的重要内容。2015年8月11日,人民币汇率形成机制改革已经产生了"收盘汇率+一篮子货币汇率变化"的人民币对美元汇率定价机制。

世界上一些国家钉住篮子货币,如市场推测新加坡金管局选取大约19种货币构成货币篮子计算名义有效汇率,主要考虑贸易重要性和经济竞争关系,并直接将名义有效汇率作为货币政策的调控指标。而俄罗斯仅选择美元和欧元两种货币作为篮子计算有效汇率,简洁明了地反映卢布对主要贸易伙伴的竞争力。对于参考一篮子货币的汇率制度,央行首先要确定以下几个要素:一是篮子里面的货币种类;二是篮子货币指数基期的选择;三是篮子货币权重的选择,这也是篮子货币汇率制度中最重要的一项。

关于汇率制度的选择一直存在争论,完全固定和完全浮动这两种极端情况下的汇率制度目前很少出现。不同的国家适合不同的汇率制度,依赖于各国的经济结构、外部环境、资本流动和宏观经济形势等(Mundell,1969),钉住篮子货币是介于固定汇率和浮动汇率之间的一种汇率制度,被许多国家所采用。篮子货币汇率变动的弹性显著高于固定汇率,同时央行又能够根据经济形势的变化,对汇率进行调控。

国外对于钉住一篮子货币的汇率政策研究比较早,这也和当时的经济环境有关,布雷顿森林体系解体以后,更多的国家面临汇率制度的选择问题,钉住篮子货币成为一国汇率制度选择,因此很多经济学家都对篮子货币汇率制度进行了探讨,特别是20世纪70年代和80年代。1976年牙买加协议签订后,允许各国自由安排汇率制度,当时各主要货币都实行了浮动汇率制度,如美元、日元等,欧洲部分国家实行了联合浮动。在一个主要货币都自由浮动的世界里,完全固定的汇率制度的概念已经模糊,即使钉住某一种主要货币,由于该主要货币对其他货币自由浮动,意味着钉住该种货币的货币对其他货币也浮动。因此怎样维持汇率稳定成为一个新的课题,同时基于货币合作和建立最优货币区的需求,钉住一篮子货币的汇率政策应运而生。1975年至1999年之间前后有71个国家或地区转入实行钉住一篮子货币汇率制,其中有53个国家或地区是从单一货币钉住制转入篮子货币钉住。

钉住或参考一篮子货币,在保持汇率稳定的同时,又赋予汇率一定的弹性。在钉住一篮子货币的同时,设定波动区间,从而降低汇率调整的频率,能够有效地稳定汇率水平,减少外部冲击。这类似于BBC型有管理的浮动汇率制度(Williamson,2000)。BBC型有管理浮动汇率制是一种考虑篮子(basket)、区间(band)、爬行(crawl)的汇率制度,这种汇率制度克服了钉住一篮子货币操作上的不足。对发展中国家而言,篮子货币制度也是汇率安排的一种选择(Bordo, 2003;McKibbin W.和H-G Le,2004;Yen Kyun Wang,2008)。

国外对一篮子货币汇率机制理论有很多研究,下面将从篮子货币制度的政策目标和最优权重的构建理论等方面进行分析。

篮子货币权重的选择是钉住一篮子货币汇率制度的重要方面。从篮子货币汇率指数的角度来看,可以是贸易权重(如有效汇率),也可以是任意待定的权重,这种权重的确定往往和特定的货币政策目标结合起来。通常在进行最优货币权重设定时需要考虑政策目标以及确定最优货币权重时所采用的方法及使用的模型等。

一、篮子货币最优权重选择的理论探索

Stanley Black(1976)采用了包含可贸易和不可贸易商品的经济模型,以不可贸易商品交易衡量内部均衡,以可贸易商品交易衡量外部均衡。在没有经济增长目标的限制下,汇率政策的目标为选择合适的有效汇率使得国内可贸易商品的相对价格变化最小化。此时,最优货币权重的选择建立在总体贸易的基础上,同时反映商品贸易和服务贸易。Black认为最优货币权重的选择应该反映贸易方向,因为贸易方向更能反映贸易中的长期风险。钉住一篮子货币汇率制度既可以改善本国的贸易也可以达到平抑国家间通胀的目的。Black认为有管理的浮动汇率制度不是切实可行的,可以考虑采用钉住SDR[①]的汇率制度代替

---

① 通常有效汇率计算采取几何平均方法,而特别提款权计算采取算术平均。

钉住一篮子货币的汇率制度。

　　Crockett 和 Nsouli(1977)探讨的是钉住单一货币、钉住一篮子货币还是采取浮动汇率制度之间的选择。虽然他们承认浮动汇率制度可以作为调整收支平衡的一种手段，但是 Crockett 和 Nsouli 仍然反对采用浮动汇率制度。相对于钉住单一货币汇率制度来说，以稳定有效汇率为目标的钉住一篮子货币汇率制度可以减少对外汇储备的需求，降低外生冲击对产出和通胀的影响。在考虑钉住一篮子货币汇率制度中最优货币权重的确定时，Crockett 和 Nsouli 认为以进口权重作为最优货币权重对发展中国家来说更为合适。但是以进口权重作为最优货币权重会加大发展中国家之间汇率的不稳定性，从而影响 FDI。解决这个问题可以采取与 SDR 挂钩的汇率制度，这就意味着货币当局需要在稳定有效汇率和促进国家间贸易之间进行权衡。实证表明，对大多数国家而言，与 SDR 挂钩的汇率制度和以进口权重为货币权重的钉住一篮子货币汇率制度之间是很接近的。

　　早期的对最优货币权重的研究比较偏向于对钉住一篮子货币汇率制度进行分析，并没有给出具体的最优货币权重的计算方法。与先前的研究相比，Flanders 和 Helpman(1979)在其研究中设立模型，研究在小国开放经济条件下，一国货币当局制定汇率制度时考虑贸易收支波动最小化目标或者真实收入水平波动最小化目标时最优权重的选取。各国通常都是在改善贸易条件的约束下实现贸易条件波动最小化，或者在真实收入以一定比例增长的条件下实现收入水平波动的最小化。在这些政策目标的约束下，通过模型可以得到钉住一篮子货币汇率制度的有效边界，此时该国钉住一篮子货币汇率制度表现为基于社会福利汇率制度边界上的最优点。典型的 Flanders 和 Helpman 模型采用了 $N+1$ 国的多国假设，通过对汇率与产出、贸易和福利之间关系的研究，Flanders 和 Helpman 认为在不同政策目标下最优货币权重是不同的。

　　无论是 Flanders 和 Helpman 之后不久的经济学者，还是现在的学者，在研究最优货币比重时有时还会以 Flanders 和 Helpman 确立的模型为基础，探讨最优权重的选择。Flanders 和 Tishler(1981)对 Flanders 和 Helpman(1979)模型进行了扩展。同样是以贸易均衡为目标，根据 Flanders 和 Helpman 所设定的模型，Flanders 和 Tishler 认为最优货币权重表现为需求弹性、GNP 和贸易份额的函数，他们的研究主要集中在进出口弹性估计的准确性对最优货币权重的影响，以及一个国家所选择的货币权重为非最优货币权重时，对贸易均衡的影响。假设本国初始时处于贸易均衡状态，如果货币的实际权重小于对该国出口在本国贸易中的权重，那么高估弹性将会提高外国货币的权重，低估弹性将会降低外国货币的权重。虽然 Flanders 和 Tishler 采用了典型的 Flanders 和 Helpman 模型的假设，但是与 Flanders 和 Helpman 模型不同点在于，他们采取了贸易余额的变化量来衡量贸易波动，而不是 Flanders 和 Helpman 模型中利用方差协方差矩阵的方式来衡量贸易波动变化。

Lipschitz(1979)与 Flanders 和 Helpman 观点不同,并不认为小国开放经济在出口市场上没有影响力,该国的利率会发生变化,钉住货币国和该国的其他贸易伙伴国货币之间的汇率也会发生波动。可以将利率波动视为国内失衡,汇率波动视为外部失衡,通过货币篮子的变动达到外部均衡,但是这样只能达到宏观经济外部均衡,经济体内部却存在失衡。对于一个小国而言,汇率的变动会对本国贸易环境产生影响,使得经济体产生一定的交易成本。如果汇率政策的目标是降低汇率变动对以本币计价贸易商品价格波动的影响,可以选择贸易权重、以主要货币计价的贸易权重或者以本国货币计价的贸易权重作为最优货币权重。Lipschitz(1979)认为汇率水平的选择不能影响本国的贸易和实体经济,但是出口贸易权重和进口贸易权重两者单独或者加权平均后的权重都会对汇率水平产生影响,Lipschitz 认为以进口贸易权重为最优货币权重的汇率选择更有利于均衡的收入分配,但是对于一个小国,相对于浮动汇率制度而言,固定汇率制度更为合适。

Lipschitz 和 Sundararajan(1980)分析了 Lipschitz 在 1979 年研究中所遗留的一些问题。Lipschitz 和 Sundararajan 认为如果考虑汇率波动对经济影响最小化这一目标,以弹性为权重的钉住一篮子货币汇率制度并不是最优的。如果国内价格变化和汇率变化存在相关性,那么该国货币的权重就会比以弹性作为权重的时候要小一点。如果钉住单一货币,被钉住货币所在国的价格水平与本国的价格水平相近,那么采用钉住单一货币的汇率制度是合理的。如果说 PPP 在两国之间成立的话,那么就可以和通胀水平与本国一样的国家的货币直接挂钩。Lipschitz 和 Sundararajan(1982)在 Flanders 和 Helpman 以及 Branson 和 Kateli 的基础上引入了国内价格变化的可能性因素,得出了基于汇率和价格变化以及贸易量和弹性的方差和协方差的最优权重体系。

考虑到汇率对贸易的影响,一般认为应选择贸易作为制定最优货币权重的目标。但是,Connolly(1980)提出了降低通胀率水平以及减少通胀率波动为目标,得到以贸易为权重的一篮子货币,这样的汇率制度安排有利于消除国内通胀。实证表明对拉美国家来说,与 SDR 挂钩的汇率制度并不是最优,Connolly 认为考虑到历史原因和对美国货币政策的信任,拉美国家最好还是保留他们和美元之间的固定联系。

Branson 和 Kateli-Papaefstratiou(1980)认为贸易的波动是发展中国家收入不稳定的一个重要因素,因此汇率制度的目标就是消除贸易波动,建议可以通过制定钉住一篮子货币汇率制度以稳定本国的贸易收支均衡。Banson 和 Katsli(1981)还以贸易平衡和总价格水平为目标,确定了最优的货币权重。根据有效汇率指数变动的特征,Branson 和 Katseli-Papaefstratiou(1980)以稳定贸易条件为政策目标,认为货币篮子的最优权重应取决于出口贸易份额、进口贸易份额以及一些衡量本国在出口方面以及进口方面市场力量的参数（由供求弹性来表示），模型中用弹性变化表示市场的垄断力量。如果该国是出口市场完全垄断的，则最优权重应选择进口权重；如果该国是进口市场完全垄断的，应该选择出口权重为最优权重；如果处于这两者之间，则应选择出口权重和进口权重的加权平均值作为货币篮子权重。

Edison 和 Vardal(1987)参照了 Branson 和 Kateli-Papaefstratiou、Lipschitz 和 Sundararajan 模型，在局部均衡条件下以保持出口稳定为目标时，出口贸易比重可以作为汇率指数或者最优货币比重。在1990年研究中以贸易稳定作为政策目标，权重是方差、协方差和进出口权重的函数，认为只有在相对价格变动和汇率变动不相关时，贸易权重才是篮子货币的最优权重。Hsiang-Ling Han(2000)在 Branson 和 Kateli-Papaefstratiou(1981)的基础之上，考虑财政政策、贸易均衡及价格水平三个因素，利用一般均衡模型，得出最优货币权重。一国可以设立单个的政策目标，例如贸易均衡或者 CPI 的稳定，也可以选择合适的货币权重来同时达到贸易均衡和稳定 CPI 的目标。

之前的研究都是在资本流动性比较低的情况下，或者完全忽视资本流动的情况下进行研究，考虑的是真实贸易的纯商品经济模型，这些都属于局部均衡研究。而 Turnovsky(1982)研究了一个开放的小国经济，在资本完全流动的条件下，宏观经济达到一般均衡时的最优货币权重。该模型设定为宏观经济一般均衡，符合国内产品市场均衡，资产市场均衡和国内货币均衡三个均衡条件，货币篮子中包含了两国货币。将本国汇率表示为其他两国货币汇率的加权平均 $\bar{E} = \lambda_1 E_{1t} + \lambda_2 E_{2t}$（其中，$\lambda_1 + \lambda_2 = 1$，$E_{1t}$，$E_{2t}$ 是以对数表示的本国和其他两国之间的汇率）[1]。研究发现需求价格弹性非常重要，甚至在某些特殊情况下还成为决定最优权重的唯一因素。只有当国内产出的需求对实际利率具有弹性时，进口权重才会影响最优权重；当国内产出的需求对实际利率不具有弹性时，进口权重与货币篮子的最优权重无关。在此模型之上，Bhandari(1985)在实际有效汇率和产出两个目标波动最小化的情况下，建立三国的随机均衡模型，得到最优的货币权重。

Williamson(1982)对钉住一篮子货币汇率制度的研究进行了总结并进行了比较，总结了一些钉住篮子货币研究的文献，比较了不同的方法，并探讨了钉住 SDR 是否是一个满意的选择。Daniels(2001)等认为贸易份额近似作为最优权重只有在国内资本市场与国外市场一体化水平比较低时才成立，最优权重的计算应该考虑将外国利率对货币和债券需求的影响包括在内。在决定最优权重时，对宏观经济状况的把握是非常重要的，如外国价格、利率、汇率弹性等。由于篮子中货币之间的汇率在确定钉住一篮子货币汇率制度时是需要考量的重要变

---

[1] 这里采取的是三角套汇的原理。

量,所以包含较少币种的货币篮子是比较好的,且货币篮子权重需要随时间经常调整。

Jean-Claude Nascimento(1987)从实证研究角度考察了一个小型经济体(西非货币联盟)汇率制度选择问题,实证结果显示钉住固定贸易权重的篮子货币是最优的选择。Takagi Shinji(1988)探讨了篮子货币汇率钉住的具体操作问题,包括篮子货币组成的公布、波动幅度、调整频率等,最后指出如何在政策规则和权变之间平衡是一个决定性的原则。

以上的研究都是在布雷顿森林体系解体之后的一段时间内学者们对钉住一篮子货币汇率制度中最优货币权重的确定所作出的探索。此后一段时期内,由于发展中国家的经济不断崛起,对钉住一篮子货币的浮动汇率制度的研究更多地结合发展中国家的实际经济发展状况。

Naoyuki Yoshino, Sahoko Kaji 和 Ayako Suzuki(2004)研究了小型经济体最优汇率制度的选择,他们认为最优汇率制度选择依赖于政策目标,他们构建了宏观经济的一般均衡模型,根据不同的政策目标,比较了三种汇率制度:钉住一篮子货币、钉住美元和浮动汇率制度。他们认为相比钉住美元,钉住篮子货币(包括本币、美元和日元)有三种可能的优势:一是如果美元、日元和本币的汇率变动方向相反,并且在既定的权重下,篮子货币中两个汇率变动相互抵销,则央行没有干预的必要,除非两者不能够相互抵销,则权重要经常调整,以保持篮子货币的稳定。二是篮子货币的权重可以作为额外的政策工具实现政策目标,货币当局可以通过选择合适的权重使得政策目标偏离最小。三是如果美元和日元对本国货币变动方向相反,则美元和日元汇率变动对经常项目和总收入的影响在篮子货币钉住汇率制度下要小于钉住美元汇率制度下的情况。他们认为如果政策目标是稳定本币对美元汇率,则钉住美元制度是最优的;如果政策目标是实现货币政策的独立性,则最优汇率制度是浮动汇率制度。

Hovanov V. Nikolai, James W. Kolari, Mikhail V. Sokolov(2004)研究了不变的货币价值指数,并探讨了这种指数的计算,利用这种指数,构建了最小波动的货币篮子,并把这五种货币篮子和 IMF 特别提款权进行比较,这种货币篮子比 SDR 波动更小,由于这种货币篮子币值变动小,该文还探讨了建立世界元篮子货币(world currency)的可能。在 Hongfang Zhang(2007)的研究中,以 Turnovsky(1982)、Bhandari(1985)为基础,采取的是以产出和贸易均衡波动最小化为目标,以三种货币构成货币篮子,结论是最优篮子货币权重受主要货币交叉汇率的协方差、两国之间的通胀协方差、贸易和产出的比重、贸易、需求、供给的价格和汇率弹性的影响。另外该文还考虑了资本管制对于篮子货币选取的影响,这对于新兴国家有较好的实践意义。以上的研究都是直接计算篮子货币的最优权重,而 Frankel, Jeffrey 和 Shang-Jin Wei(2008)提供了一种新的方法评估篮子货币制度的权重和弹性。Pontines Victor, Reza Siregar(2007)研究了货币危机对不同汇率制度的敏感程度,他们考察了对美元汇率稳定、对日元汇率稳定、实际有效汇率稳定三种汇率制度的影响,建立了外汇市场压力指数,实证结果显示投机冲击对不同汇率制度选择相当敏感。

二、篮子货币权重选择模型的比较

1. 模型中包含的货币数量不同

通常,货币篮子的选择可以分为三类:三种货币、$N+1$ 国货币和以 SDR 作为篮子货币。Flanders 和 Helpman(1979)作为研究最优货币权重正式模型的开创者,采用了更为一般的 $N+1$ 国货币模型,Flanders 和 Tishler(1981)、Branson 和 Kateli-Papaefstratiou(1981)、Edison 和 Vardal(1987)也采取了 $N+1$ 国货币的分析框架。Turnovsky(1982)则是在模型中采用了三种货币构成篮子货币。

2. 模型中宏观经济政策目标不同

首先确定宏观经济目标,并在这些宏观经济目标下建立模型探讨篮子货币最优权重的选择。Crockett 和 Nsouli(1977),Flanders 和 Helpman(1979),Flanders 和 Tishler(1981)、Branson 和 Katseli-Papaefstratiou(1981)、Hsiang-Ling Han(2000)以及 Ogawa 和 Ito(2002)等都将贸易差额的稳定作为一篮子货币最优权重确定的政策目标;Edison 和 Vardal(1987)以及 Edison 和 Vardal(1990)分别将政策目标定为出口量的稳定以及贸易总量的稳定;Yoshino,kaji 和 Suzuki(2004)还将贸易额的稳定作为一篮子货币最优权重选择的政策目标。与实际有效汇率相似的贸易条件也曾被 Branson 和 Katseli-Papaefstration(1980)用来当作选择货币权重的目标。

在篮子货币汇率的研究中,贸易稳定和贸易条件稳定通常作为政策目标,但这些模型忽略了汇率变动对资本流动和资产市场的影响,而仅仅关注汇率变动对进出口商品市场的影响,得到的一篮子货币的最优权重也仅依赖于进出口比重和贸易弹性等相关经济变量。随着金融市场的发展和完善,在考虑钉住一篮子货币汇率制度最优货币权重确定时纳入了金融市场的元素。政策目标不仅仅考虑外部均衡如贸易稳定,类似于物价和收入稳定、通胀波动减小等内部均衡也受到重视。Black 在 1976 年就关注相对价格变动最小和汇率波动最小两个政策目标。Flanders 和 Helpman 在 1979 年的研究还考虑了收入均衡政策目标。Turnovsky(1982)建立了一个一般均衡模型来分析一篮子货币最优权重的选择,并将政策目标设定为收入的稳定。Bhandari(1985)考虑了三个目标:国内产出变动的最小化、国内货币供给变动的最小化和贸易权重的实际有效汇率波动最小化。Hsiang-Ling Han(2000)在建立模型时以消费物价水平以及贸易差额的稳定为一篮子货币最优权重确定的政策目标;Daniels 和 Toumanoff(2001)在 Turnovsky(1982)一般均衡模型的基础之上以新兴市场经济国家为研究对象,分析了商品市场、货币市场以及债券市场均衡,同时考虑到资本不完全流动和货币替代,认为钉住一篮子货币汇率制度的政策目标应该设置为消费物价水平和外汇储备规模变动最小化。Yoshino、kaji、Suzuki(2004)认为应将经常账户稳定及 GDP 稳定作为汇率政策目标。Rajan(1999)在 Benassy Quere(1997)模型的基础上引入了国民收入、国内物价等变量,将产出与价格变动最小化设定为政策目标,得到最优权重。

3. 理论模型的方法有所不同

理论模型的方法是不一样的,有的模型是局部均衡方法(Flanders 和 Helpman,1979;Branson 和 Kateli,1980);有的模型是一般均衡方法(Stephen J. Turnovsky,1981;Bhandari,1985)。另外,在选定的政策目标下,如何衡量贸易波动、汇率波动和收入波动成为一个关键。Flanders 和 Helpman(1979)分别以贸易稳定和收入水平稳定为目标,他们将贸易表示为进出口的差额,用国内产出表示本国收入水平,等于本国对国内产出的需求和国外对本国产出的需求,得到波动最小化的最优权重。Lipschitz 和 Sundararajan(1980)在 PPP 的基础上,以方差—协方差衡量有效汇率指数的波动,其中协方差是否为零,或方差与协方差相对大小则会影响最优权重和篮子货币的选择。Turnovsky(1981)则是以宏观市场的均衡为条件,以收入波动和贸易波动的方差衡量其稳定水平。Edison 和 Vardal(1987)则以方差作为贸易波动的衡量。Bird 和 Rajan(2002)既考虑了外部均衡,又注重国内的宏观经济政策的重要性,以福利损失函数作为目标函数,将福利损失表示为产出水平和价格水平的二次函数以确定最优权重。

4. 不同的模型和不同的宏观经济政策目标下的权重差异

篮子货币的最优权重都是基于特定的理论模型和不同的宏观经济政策目标,因此篮子货币的最优权重起到了政策工具的作用,它的调整和不同的宏观经济政策目标相对应。

5. 最优权重的理论价值和实用性比较

有的模型理论性较强,提供了最优权重的理论选择,有的模型实用性较好,为最优权重选择提供方法。Turnnovsky(1982)、Bhandari(1985)等最优权重都是由随机冲击的方差、协方差和偏导数构成,通过模拟方法确定最优权重的选择,参数值都是由作者自己选择,适用性相对较弱,但理论价值较大。Flanders 和 Helpman(1979)计算的最优权重是弹性权重,通过对弹性的计算,可以获得最优权重,模型的实用性较好。Branson 和 Katsli(1981)、Edison 和 Vardal(1987,1990)等最优权重是弹性权重或由汇率、价格水平的方差、协方差构成,能够根据实际经济情况获得最优权重,模型的实用性也相对较强。

6. 最优权重模型之间的关系

在最优货币权重的研究中存在着很多对已有研究的继承和补充,理清各个研究之间的关系对于理解最优货币权重确定非常有意义。如 Flanders 和

Helpman 作为较早在最优货币权重研究领域引入模型分析的学者,其模型和研究方法受到了极大的推崇,众多的学者在 Flanders 和 Helpman 模型的基础上发展出更符合实际的理论。Flanders 和 Tishler(1981)在 Flanders 和 Helpman 模型基础上进行扩展,同样以贸易均衡为目标得出最优权重是需求弹性、GNP 和贸易份额的函数。Branson 和 Katsli(1981)模型也是 $N+1$ 国模型,也被广泛应用,它从进出口市场均衡的角度来考察贸易收支的变化。Lipschitz 和 Sundararajan(1980/1982)分别在 Flanders 和 Helpman 以及 Branson 和 Kateli-Papaefstratiou 的基础上引入了国内价格变化这个因素,在贸易均衡目标下得出最优货币权重。Edison 和 Vardal(1987/1990)在 Branson 和 Kateli-Papaefstratiou 以及 Lipschitz 和 Sundararajan 研究的基础上进行了扩展,而 Han(2000)的分析则也是对 Branson 和 Kateli-Papaefstratiou 模型的扩展。Turnovsky(1982)建立了一个三国模型,Daniel,Toumanoff 和 von der Ruhr(2001)在此模型基础之上,使国内消费价格水平和外汇储备波动最小得到篮子货币的最优权重。

以上我们对篮子货币最优权重模型进行了理论分析和比较,篮子货币最优权重的选择有多种,主要是根据宏观经济政策目标来确定,篮子货币权重的政策含义明显。从理论角度研究最优篮子货币权重的选择对篮子货币制度国家有重要的理论和现实意义,从有效汇率指数角度来看,篮子货币选择是贸易权重,央行可以调整本国货币对美元汇率实现有效汇率指数的稳定;从货币政策目标的角度来看,央行可以选择和货币政策目标一致的篮子货币权重,从而获得和货币政策目标一致的篮子汇率指数,这里的篮子货币权重成为央行的一个工具。

尽管如此,理论模型和现实存在距离,如何从理论中总结实践经验,是篮子货币汇率制度国家面临的挑战。2005 年 7 月汇率改革后国内有很多讨论参考一篮子货币汇率的文章,但是有关人民币究竟该怎么参考一篮子货币汇率的探讨显得不足;而国际上对参考汇率制度的研究主要集中于对西方发达资本主义国家或者是小型发展中经济体。人民币钉住美元要逐步向人民币参考篮子货币过渡,并稳定人民币的总体币值,即篮子货币汇率。因此,随着中国对外开放范围的不断扩大,人民币钉住美元正逐步向人民币钉住篮子货币(或参考篮子货币)[①]过渡。

我国人民币汇率形成机制市场化改革应该分三步走,第一步人民币对美元汇率机制的改革要逐步增加弹性,使得汇率向目标水平移动。第二步确定篮子货币的权重,建立参考一篮子货币的汇率制度,如参考有效汇率目标或另一个汇率指数目标,保持人民币总体币值稳定,在此基础上,根据最优的汇率指数目标,

---

① 有的学者主张我国应该钉住篮子货币。

可以确定人民币对美元汇率和人民币对非美元货币汇率的中间价。第三步是人民币汇率由市场供给和需求决定，汇率市场化是我国经济发展战略的内在要求。自2015年8月11日新汇改以来，人民币对美元汇率参考一篮子货币的趋势日益明显。实际上参考一篮子货币汇率制度是关键一步，除了以有效汇率作为篮子货币外，央行还可以结合货币政策目标，构建新的汇率指数，确定篮子货币的权重，如央行可以根据贸易收支目标，确定最优的篮子货币的权重。当然根据不同的货币政策目标，央行可以得到不同的最优篮子的货币权重。从实践上来看，央行可以根据篮子货币的权重确定相应的汇率水平，也可以以篮子货币确定的汇率水平来调控人民币汇率走势，或汇率变动的节奏和方向，以保持汇率水平的相对稳定，这也是完善我国参考一篮子货币人民币汇率形成机制的一条重要途径。

第二节　有效汇率指数和人民币对美元汇率中间价的确定

一、引言

2005年7月21日我国建立了参考一篮子货币有管理的浮动汇率制度，参考一篮子货币是介于固定汇率和浮动汇率之间的一种汇率制度，比固定汇率弹性有所增强，有利于防范投机资本流入和货币危机，而又不像浮动汇率下那样汇率大幅度波动引发金融市场动荡。2010年6月19日和2015年8月11日我国都进行了汇改，增强人民币汇率弹性，汇率改革目标仍然是建立以市场供求为基础、参考一篮子货币有管理的浮动汇率制度，因此篮子汇率目标是汇率制度改革的重要内容。我国有管理的浮动汇率制度包括三个方面的内容：一是以市场供求为基础的汇率浮动，发挥汇率的价格信号作用；二是根据经常项目主要是贸易平衡状况动态调节汇率浮动幅度，发挥"有管理"的优势；三是参考一篮子货币，即从一篮子货币的角度看汇率，不片面地关注人民币与某个单一货币的双边汇率。这反映了我国有管理浮动汇率制度的特点，既要考虑市场调节机制，又要关注篮子货币汇率的变化。人民币对美元汇率的变化必须要考虑到人民币对非美元货币汇率的影响，央行必须在人民币对美元汇率和人民币对非美元汇率这两者之间取得平衡，使得人民币对篮子货币的升值速度不宜过快。也就是说，如果国际金融市场美元汇率变化，央行将更多地参考篮子货币的变化来调整人民币对美元汇率。从外汇市场供求的角度来看，央行应当关注国际收支的变化；从参考篮子货币的角度来看，央行应当根据国际金融市场上美元汇率的变化，在人民币对美元汇率和人民币对非美元货币汇率之间平衡，保持有效汇率的相对稳定。

二、有效汇率指数变动和参考一篮子货币的有效汇率指数目标

(一) 有效汇率指数

根据人民币有效汇率的计算公式,由:

$$NEER_t = NEER_{t-1} \prod_{i=1}^{n} (S_{i,t}/S_{i,t-1})^{w_{i,t}} = 100 \prod_{i=1}^{n} (S_{i,t}/S_{i,0})^{w_{i,t}}$$

$$= 100 \left[\frac{S_{1,t}^{w_1} \times S_{2,t}^{w_2} \times S_{3,t}^{w_3} \cdots \times S_{n,t}^{w_n}}{S_{1,0}^{w_1} \times S_{2,0}^{w_2} \times S_{3,0}^{w_3} \cdots \times S_{n,0}^{w_n}} \right]$$

其中,$S_{i,t}$ 为 t 期人民币对第 i 种货币的汇率(间接标价法),进一步可得到:

$$S_{1,t}^{w_1} \times S_{2,t}^{w_2} \times S_{3,t}^{w_3} \cdots \times S_{n,t}^{w_n} = NEER_t(S_{1,0}^{w_1} \times S_{2,0}^{w_2} \times S_{3,0}^{w_3} \cdots \times S_{n,0}^{w_n})/100 = M_0$$

两边取对数:

$$w_{1,t} \ln S_{1,t} + w_{2,t} \ln S_{2,t} + w_{3,t} \ln S_{3,t} \cdots + w_{n,t} \ln S_{n,t} = \ln M_0$$

根据三角套汇原理,$S_{i,t} = S_{1,t} \times X_{i,t}$,其中 $S_{1,t}$ 是 t 期人民币对美元货币的汇率(间接标价法),$X_{i,t}$ 是 t 期美元对非美货币的汇率:

$$w_{1,t} \ln S_{1,t} + w_{2,t} \ln(S_{1,t} \times X_{2,t}) + w_{3,t} \ln(S_{1,t} \times X_{3,t}) \cdots + w_{n,t} \ln(S_{1,t} \times X_{n,t}) = \ln M_0$$

进一步化简得到:

$$\ln S_{1,t} = \ln M_0 - w_{2,t} \ln X_{2,t} - w_{3,t} \ln X_{3,t} \cdots - w_{n,t} \ln X_{n,t} = \ln M_0 - \sum_{i=2}^{n} w_{i,t} \ln X_{i,t}$$

如果用直接标价法,则:

$$\ln E_{1,t} = -\ln M_0 - w_{2,t} \ln Y_{2,t} - w_{3,t} \ln Y_{3,t} \cdots - w_{n,t} \ln Y_{n,t} = -\ln M_0 - \sum_{i=2}^{n} w_{i,t} \ln Y_{i,t}$$

其中,$E_{1,t} = \frac{1}{S_{1,t}}$;$Y_{i,t} = \frac{1}{X_{i,t}}$,$i = 2, \cdots, n$。

对数形式用小写字母表示:

$$e_{1,t} = -m_0 - \sum_{i=2}^{n} w_{i,t} y_{i,t}$$

如果以名义有效汇率为目标,则汇率的变动率:$\hat{e}_{1,t} = -\sum_{i=2}^{n} w_{i,t} \hat{y}_{i,t}$。

其中,$\hat{e}_{1,t} = \frac{dE_{1,t}}{E_{1,t}}$,$\hat{y}_{i,t} = \frac{dY_{i,t}}{Y_{i,t}}$。由此可以看出,如果维持名义有效汇率的稳定,只需要调整 $S_{1,t}$,抵销其他变量的变化即可,主要包括其他货币对美元汇率的变动。只要央行选择了有效汇率指数目标,就可以通过人民币对美元汇率

的调整来实现这一目标。

如果考察实际有效汇率：$REER_t = REER_{t-1} \prod_{i=1}^{n} \left(S_{i,t} \dfrac{P_t}{P_{i,t}} \Big/ S_{i,t-1} \dfrac{P_{t-1}}{P_{i,t-1}} \right)^{w_{i,t}}$，其中，$REER_t$ 为 t 期的人民币实际有效汇率，$REER_{t-1}$ 为 $t-1$ 期的人民币实际有效汇率。P_t、P_{t-1} 分别表示本国 t 期和 $t-1$ 期的价格水平，$P_{i,t}$、$P_{i,t-1}$ 分别表示 i 国 t 期和 $t-1$ 期的价格水平。

由该公式可得到：

$$\left(S_{1,t} \dfrac{P_t}{P_{1,t}} \right)^{w_{1,t}} \times \left(S_{2,t} \dfrac{P_t}{P_{2,t}} \right)^{w_{2,t}} \times \left(S_{3,t} \dfrac{P_t}{P_{3,t}} \right)^{w_{3,t}} \cdots \times \left(S_{n,t} \dfrac{P_t}{P_{n,t}} \right)^{w_{n,t}} =$$
$$REER_t \left(S_{1,0} \dfrac{P_0}{P_{1,0}} \right)^{w_{1,t}} \times \left(S_{2,0} \dfrac{P_0}{P_{2,0}} \right)^{w_{2,t}} \times \left(S_{3,0} \dfrac{P_0}{P_{3,0}} \right)^{w_{3,t}} \cdots \times \left(S_{n,0} \dfrac{P_0}{P_{n,0}} \right)^{w_{n,t}} /100 = M_0$$

同样可以得到[①]：

$$e_{1,t} + p_{1,t} - p_t = -m_0 - \sum_{i=2}^{n} w_{i,t} (y_{i,t} + p_{i,t} - p_{1,t})$$

小写字母表示对数形式。如果以实际有效汇率为目标[②]，则汇率的变动率为：

$$\hat{e}_{1,t} + \hat{p}_{1,t} - \hat{p}_t = -\sum_{i=2}^{n} w_{i,t} (\hat{y}_{i,t} + \hat{p}_{i,t} - \hat{p}_{1,t})$$

同样，如果维持实际有效汇率的稳定，只需要调整 $S_{1,t}$，抵销其他变量的变化即可，主要包括其他货币对美元汇率的变动和有关价格指数的变动。只要央行选择了有效汇率指数目标，就可以通过人民币对美元汇率的调整来实现这一目标。由此可以看出，以人民币有效汇率为目标，人民币对美元汇率的弹性将显著增强，同时又可以实现人民币有效汇率目标。

[①] 对实际有效汇率取对数：$w_{1,t}(\ln S_{1,t} + \ln P_t - \ln P_{1,t}) + w_{2,t} \ln (S_{2,t} + \ln P_t - \ln P_{2,t}) + w_{3,t} \ln (S_{3,t} + \ln P_t - \ln P_{3,t}) \cdots + w_{n,t} \ln (S_{n,t} + \ln P_t - \ln P_{n,t}) = \ln M_0$
实际汇率也存在三角套汇机制：$S_{i,t} \dfrac{P_t}{P_{i,t}} = S_{1,t} \dfrac{P_t}{P_{1,t}} \times X_{i,t} \dfrac{P_{1,t}}{P_{i,t}}$，则：
$\ln S_{1,t} + \ln P_t - \ln P_{1,t} + w_{2,t} \ln (X_{2,t} + \ln P_{1,t} - \ln P_{2,t}) + w_{3,t} \ln (X_{3,t} + \ln P_{1,t} - \ln P_{3,t}) \cdots + w_{n,t} \ln (X_{n,t} + \ln P_{1,t} - \ln P_{n,t}) = \ln M_0$
这样可以得到：
$\ln S_{1,t} + \ln P_t - \ln P_{1,t} = \ln M_0 - w_{2,t} (\ln X_{2,t} + \ln P_{1,t} - \ln P_{2,t}) - w_{3,t} (\ln X_{3,t} + \ln P_{1,t} - \ln P_{3,t}) \cdots - w_{n,t} (\ln X_{n,t} + \ln P_{1,t} - \ln P_{n,t}) = \ln M_0 - \sum_{i=2}^{n} w_{i,t} (\ln X_{i,t} + \ln P_{1,t} - \ln P_{i,t})$ 如果用直接标价法，则：$\ln E_{1,t} + \ln P_{1,t} - \ln P_t = -\ln M_0 - w_{2,t} (\ln Y_{2,t} + \ln P_{2,t} - \ln P_{1,t}) - w_{3,t} (\ln Y_{3,t} + \ln P_{3,t} - \ln P_{1,t}) \cdots - w_{n,t} (\ln Y_{n,t} + \ln P_{n,t} - \ln P_{1,t}) = -\ln M_0 - \sum_{i=2}^{n} w_{i,t} (\ln Y_{i,t} + \ln P_{i,t} - \ln P_{1,t})$ 其中 $E_{1,t} = \dfrac{1}{S_{1,t}}$；$Y_{i,t} = \dfrac{1}{X_{i,t}}$，$i = 2, \cdots, n$。

[②] 意味着 m_0 是常数。

二、从人民币钉住美元汇率目标向人民币参考篮子货币汇率目标的过渡

建立参考一篮子货币的汇率制度涉及篮子货币和货币权重的选择,以及政策目标选择对篮子货币权重的影响。从上面的分析可知,在人民币对美元汇率、人民币对非美元货币(如欧元)汇率和人民币有效汇率三者之间,央行只能控制其中之一。每一种汇率制度的选择都各有优缺点(见表3-1)。

表3-1　　　　　　　　　人民币钉住货币的选择

主导汇率	优点	缺点
人民币钉住美元	有利于以美元计价和结算的贸易和资本往来	对非美元货币波动幅度大,人民币有效汇率不稳定
人民币钉住非美货币(如欧元)	有利于以欧元计价和结算的贸易和资本往来	对美元和其他非美元货币汇率波动幅度大,人民币有效汇率不稳定
人民币汇率参考篮子货币	有利于多元化货币计价和结算的贸易和资本往来;人民币总体币值比较稳定,即人民币有效汇率稳定	对美元和非美元货币汇率波动幅度大

从以上三个主要汇率来看,人民币钉住非美元货币可以不考虑,因为美元是主要储备货币,又是计价货币和结算货币,而且美国也是中国主要的贸易对象国和投资国,而且长期以来人民币一直是跟着美元走。因此人民币对美元汇率稳定优于钉住其他任意一种非美元货币,央行主要在人民币对美元汇率和人民币参考篮子货币之间进行选择。随着中国对外开放不断扩大,和各国的贸易、资本往来更加频繁,计价货币的多元化,外汇储备货币的多元化,人民币计价的跨境贸易规模也越来越大,参考篮子货币更有利于贸易和投资往来。此外,由于2008年的国际金融危机,美元国际货币地位受到严重挑战,欧元的崛起也对美元产生了挑战,因此人民币对美元汇率相对稳定要逐步向人民币参考篮子货币过渡,并稳定人民币的总体币值,即人民币有效汇率。因此我们得到:随着中国对外开放的不断扩大,人民币对美元汇率要逐步向参考篮子货币汇率过渡。

对人民币汇率制度而言,主要有以下几种选择(见表3-2)。目前人民币主要是参考一篮子货币,在没有参考一篮子货币之前,人民币爬行钉住美元,如2005年汇改直到2008年7月底,人民币基本上是爬行钉住美元,人民币对美元持续小幅度升值。

表 3-2　　　　　　　　人民币汇率制度的几种选择

汇率制度	主要特点
钉住单一货币	在这种安排下,本国货币与某种外国货币的兑换比率被固定在一个定值,称为中心汇率,汇率可以在中心汇率的±1%的范围内波动,货币当局有义务随时通过直接干预或间接干预维持汇率在这一范围内波动。中央银行的货币政策独立性将受到一定程度的限制
爬行钉住	钉住是指一国货币与某一种或多种货币固定挂钩,并随这些货币的汇率变化而变化。爬行钉住汇率可以作经常的小幅度的调整。经常被钉住的货币有美元、英镑等,以及一篮子货币 SDR。爬行钉住是指一国货币当局以固定的、事先宣布的值,对汇率不时进行小幅调整;或根据多指标(如通货膨胀率)对汇率进行经常性的调整
汇率目标区	汇率目标区只是将汇率浮动限制在一定区域内的汇率制度。货币当局在一定时期内对汇率波动的浮动幅度作出明确的界定,如±8%,当汇率在该幅度内波动时,货币当局不进行干预,只有当汇率自由波动的幅度超过了这个界限,货币当局才运用货币政策进行干预
参考一篮子货币	货币篮子的构成及各种货币的权重反映了该国贸易和金融伙伴国在贸易、服务和资本流动方面等的影响大小程度

随着我国金融开放程度的不断提高,人民币升值压力的逐步降低,人民币对美元汇率应该转向参考篮子货币,人民币可参考有效汇率指标来作为一篮子货币目标。

三、模拟研究

1. 央行确定人民币有效汇率的目标,就可以确定人民币对美元的汇率

实际上,根据人民币有效指数覆盖币种数量的多少我们可以建立参考一篮子货币(有效汇率目标)的人民币对美元中间价的汇率。仍然根据 2010 年至 2012 年中国对外贸易情况,选取 CFETS 的 24 种货币,这些国家或地区与中国的贸易占我国对外总贸易的 80% 左右。有效汇率权重配置我们使用双边贸易加权法。

2. 模拟在一定的有效汇率目标下,人民币对美元汇率变动情况

如果确定名义有效汇率目标,我们可以给出在有效汇率目标下每天的人民币对美元汇率,可以根据上午 9 点国际金融市场美元对非美元货币汇率的变化,计算出人民币对非美元货币汇率的中间价。

我们仍然选取 2010 年为基期。2010 年美元对人民币年平均汇率为 $S_{1,0}=0.147\,705$ 美元/元,如果我们取人民币有效汇率指数目标为:$NEER_t=115$,根据名义有效汇率公式可以计算出美元对人民币的汇率。由:

$$NEER_t = 115 = 100 \left[\frac{S_{1,t}^{\omega_1} \times S_{2,t}^{\omega_2} \times S_{3,t}^{\omega_3} \cdots \times S_{n,t}^{\omega_n}}{S_{1,0}^{\omega_1} \times S_{2,0}^{\omega_2} \times S_{3,0}^{\omega_3} \cdots \times S_{n,0}^{\omega_n}} \right]$$

$$= 100 \frac{S_{1,t}}{S_{1,0}} \left[\frac{X_{1,t}^{\omega_1} \times X_{2,t}^{\omega_2} \times X_{3,t}^{\omega_3} \cdots \times X_{n,t}^{\omega_n}}{X_{1,0}^{\omega_1} \times X_{2,0}^{\omega_2} \times X_{3,0}^{\omega_3} \cdots \times X_{n,0}^{\omega_n}} \right]$$

因此得到:

$$E_{1,t} = \frac{1}{S_{1,t}} = \frac{100}{115 S_{1,0}} \left[\frac{X_{1,t}^{\omega_1} \times X_{2,t}^{\omega_2} \times X_{3,t}^{\omega_3} \cdots \times X_{n,t}^{\omega_n}}{X_{1,0}^{\omega_1} \times X_{2,0}^{\omega_2} \times X_{3,0}^{\omega_3} \cdots \times X_{n,0}^{\omega_n}} \right]$$

为了表达更为标准和简洁:

$$E_{1,t} = \frac{1}{S_{1,t}} = X_{1,t}^{w_{1,t}} + \log_{X_{1,t}} \left(\frac{100}{M_0 NEER_t} \right)^{\frac{1}{n}} \times X_{2,t}^{w_{2,t}} + \log_{X_{2,t}} \left(\frac{100}{M_0 NEER_t} \right)^{\frac{1}{n}} \times$$

$$X_{3,t}^{w_{3,t}} + \log_{X_{3,t}} \left(\frac{100}{M_0 NEER_t} \right)^{\frac{1}{n}} \cdots X_{n,t}^{w_{n,t}} + \log_{X_{n,t}} \left(\frac{100}{M_0 NEER_t} \right)^{\frac{1}{n}}$$

$$= \prod_{i=1}^{n} X_{i,t}^{v_{i,t}}$$

其中[①]: $M_0 = S_{1,0} \times X_{1,0}^{\omega_1} \times X_{2,0}^{\omega_2} \times X_{3,0}^{\omega_3} \cdots \times X_{n,0}^{\omega_n}$

$$v_{i,t} = w_{i,t} + \log_{X_{i,t}} \left(\frac{100}{M_0 NEER_t} \right)^{\frac{1}{n}}$$

因此,从几何平均的方法来看,如果名义有效汇率稳定,则人民币对美元汇率中间价是 n 种非美元货币汇率的几何平均。

我们选取时间段 2000 年 1 月至 2017 年 12 月,模拟人民币对美元汇率变化见图 3-1。

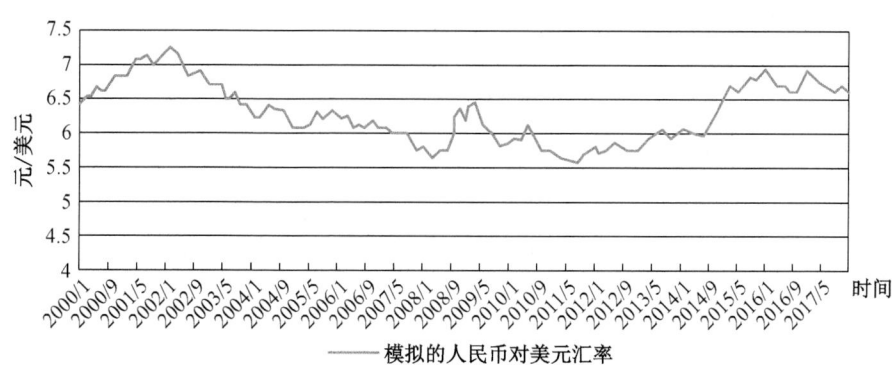

资料来源:CEIC 数据库(2000 年 1 月至 2017 年 11 月)。

图 3-1 在名义有效汇率目标下人民币对美元汇率的变化

[①] 同样,这里 $\sum_{i}^{n} v_{i,t} \neq 1$。

上述人民币对美元汇率的变动抵销了其他货币对美元汇率的变动,实现了有效汇率的相对稳定[①],人民币对美元汇率的弹性显著增强。

3. 以人民币实际有效汇率为目标模拟分析

上面分析的是以人民币名义有效汇率为目标,如果以人民币实际有效汇率[②]为目标,我们仍然可以选取贸易权重的几何加权的有效汇率指数作为人民币实际有效汇率计算公式,即实际有效汇率:$REER_t = REER_{t-1} \prod_{i=1}^{n} \left(S_{i,t} \dfrac{P_t}{P_{i,t}} \Big/ S_{i,t-1} \dfrac{P_{t-1}}{P_{i,t-1}} \right)^{w_{i,t}}$,其中,$REER_t$ 为 t 期的人民币实际有效汇率,$REER_{t-1}$ 为 $t-1$ 期的人民币实际有效汇率。P_t、P_{t-1} 分别表示本国 t 期和 $t-1$ 期的价格水平,$P_{i,t}$、$P_{i,t-1}$ 分别表示 i 国 t 期和 $t-1$ 期的价格水平。

下面模拟在一定的实际有效汇率目标下,人民币对美元汇率变动情况。我们仍然选取央行公布汇率的 24 种主要货币作为我们的货币篮子,同样我们选取 2014 年 12 月为基期。我们取人民币有效汇率指数目标为:$REER_t = 115$,根据上述公式可以计算出美元对人民币的汇率的中间价。由:

$$REER_t = 100 \frac{\left[\left(S_{1,t}\dfrac{P_t}{P_{1,t}}\right)^{w_{1,t}} \times \left(S_{2,t}\dfrac{P_t}{P_{2,t}}\right)^{w_{2,t}} \times \left(S_{3,t}\dfrac{P_t}{P_{3,t}}\right)^{w_{3,t}} \cdots \times \left(S_{n,t}\dfrac{P_t}{P_{n,t}}\right)^{w_{n,t}}\right]}{\left(S_{1,0}\dfrac{P_0}{P_{1,0}}\right)^{w_{1,t}} \times \left(S_{2,0}\dfrac{P_0}{P_{2,0}}\right)^{w_{2,t}} \times \left(S_{3,0}\dfrac{P_0}{P_{3,0}}\right)^{w_{3,t}} \cdots \times \left(S_{n,0}\dfrac{P_0}{P_{n,0}}\right)^{w_{n,t}}}$$

$$= 100 \frac{S_{1,t}}{S_{1,0}} \frac{\left[\left(X_{1,t}\dfrac{P_t}{P_{1,t}}\right)^{w_{1,t}} \times \left(X_{2,t}\dfrac{P_t}{P_{2,t}}\right)^{w_{2,t}} \times \left(X_{3,t}\dfrac{P_t}{P_{3,t}}\right)^{w_{3,t}} \cdots \times \left(X_{n,t}\dfrac{P_t}{P_{n,t}}\right)^{w_{n,t}}\right]}{\left(X_{1,0}\dfrac{P_0}{P_{1,0}}\right)^{w_{1,t}} \times \left(X_{2,0}\dfrac{P_0}{P_{2,0}}\right)^{w_{2,t}} \times \left(X_{3,0}\dfrac{P_0}{P_{3,0}}\right)^{w_{3,t}} \cdots \times \left(X_{n,0}\dfrac{P_0}{P_{n,0}}\right)^{w_{n,t}}}$$

因此得到人民币对美元的实际汇率:

$$E_{1,t} = \frac{1}{S_{1,t}} = \frac{100}{REER_t S_{1,0}} \left[\frac{\left(X_{1,t}\dfrac{P_t}{P_{1,t}}\right)^{w_{1,t}} \times \left(X_{2,t}\dfrac{P_t}{P_{2,t}}\right)^{w_{2,t}} \times \left(X_{3,t}\dfrac{P_t}{P_{3,t}}\right)^{w_{3,t}} \cdots \times \left(X_{n,t}\dfrac{P_t}{P_{n,t}}\right)^{w_{n,t}}}{\left(X_{1,0}\dfrac{P_0}{P_{1,0}}\right)^{w_{1,t}} \times \left(X_{2,0}\dfrac{P_0}{P_{2,0}}\right)^{w_{2,t}} \times \left(X_{3,0}\dfrac{P_0}{P_{3,0}}\right)^{w_{3,t}} \cdots \times \left(X_{n,0}\dfrac{P_0}{P_{n,0}}\right)^{w_{n,t}}}\right]$$

同样为了表达更为标准和简洁:

$$E_{1,t} = \frac{1}{S_{1,t}} = \left(X_{1,t}\frac{P_t}{P_{1,t}}\right)^{w_{1,t}+\log X_{1,t}\frac{P_t}{P_{1,t}}\left(\frac{100}{N_0 REER_t}\right)^{\frac{1}{n}}} \times \left(X_{2,t}\frac{P_t}{P_{2,t}}\right)^{w_{2,t}+\log X_{2,t}\frac{P_t}{P_{2,t}}\left(\frac{100}{N_0 REER_t}\right)^{\frac{1}{n}}} \times$$

$$\left(X_{3,t}\frac{P_t}{P_{3,t}}\right)^{w_{3,t}+\log X_{3,t}\frac{P_t}{P_{3,t}}\left(\frac{100}{N_0 REER_t}\right)^{\frac{1}{n}}} \cdots \left(X_{n,t}\frac{P_t}{P_{n,t}}\right)^{w_{n,t}+\log X_{n,t}\frac{P_t}{P_{n,t}}\left(\frac{100}{N_0 REER_t}\right)^{\frac{1}{n}}}$$

$$= \prod_{i=1}^{n}\left(X_{i,t}\frac{P_t}{P_{i,t}}\right)^{v_{i,t}}$$

---

① 当然人民币有效汇率目标也是可以调整的,根据经济情况的变化可以随时调整,或设定有效汇率一定的波动幅度。

② 目前中国外汇交易中心还没有公布人民币实际有效汇率指数。

其中：$N_0 = S_{1,0} \times \left(X_{1,0}\dfrac{P_0}{P_{1,0}}\right)^{w_{1,t}} \times \left(X_{2,0}\dfrac{P_0}{P_{2,0}}\right)^{w_{2,t}} \times \left(X_{3,0}\dfrac{P_0}{P_{3,0}}\right)^{w_{3,t}} \cdots$
$\times \left(X_{n,0}\dfrac{P_0}{P_{n,0}}\right)^{w_{n,t}}$

$$v_{i,t} = w_{i,t} + \log_{\left(X_{i,t}\frac{P_t}{P_{i,t}}\right)}\left(\dfrac{100}{N_0 REER_t}\right)^{\frac{1}{n}}$$

我们选取时间段 2000 年 1 月至 2017 年 12 月,汇率和物价水平数据均来自 CEIC 数据库[①],人民币对美元汇率变化见图 3-2。

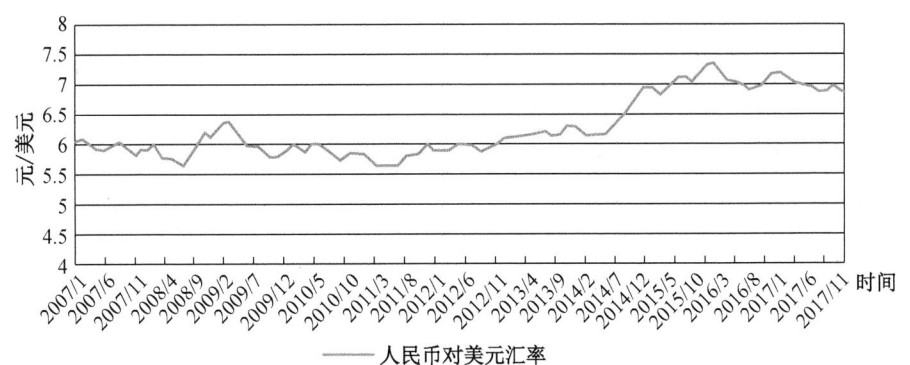

资料来源：www.safe.gov.cn；CEIC 数据库。

图 3-2　在实际有效汇率目标下人民币对美元汇率的变化（2015 年 1 月至 2017 年 12 月）

人民币对美元汇率变动满足上述关系式,人民币对美元汇率的变动抵销了其他货币对美元汇率的变动和有关价格指数的变动,实现了实际有效汇率的相对稳定[②],人民币对美元汇率的弹性将显著增强。由于各国物价指数的公布是滞后的,所以以实际有效汇率为目标,汇率的调整也将是滞后的。以人民币名义有效汇率和实际有效汇率为目标各有优缺点,如果以名义有效汇率为目标,人民币对美元汇率能够随时调整,而以实际有效汇率为目标,调整具有滞后性[③],但实际有效汇率对贸易均衡的影响更大,所以以实际有效汇率为目标,更能反映一

---

① 由于没有澳大利亚和新西兰的月度价格水平,澳大利亚的价格水平选取商品价格指数（commodity price index）,新西兰价格水平选取食品价格指数（Food Price Index）来替代月度价格水平。

② 类似于名义有效汇率,同样根据实际有效汇率指数,可以得到：$e_{1,t} + p_{1,t} - p_t = -m_0 - \sum_{i=2}^{n} w_{i,t}(y_{i,t} + p_{i,t} - p_{1,t})$,小写字母表示对数形式。如果以实际有效汇率为目标,则汇率的变动率:$\hat{e}_{1,t} + \hat{p}_{1,t} - \hat{p}_t = -\sum_{i=2}^{n} w_{i,t}(\hat{y}_{i,t} + \hat{p}_{i,t} - \hat{p}_{1,t})$,如果维持实际有效汇率的稳定,只需要调整 $S_{1,t}$,抵销其他变量的变化即可,主要包括其他货币对美元汇率的变动和有关价格指数的变动。只要央行选择了有效汇率指数目标,就可以通过人民币对美元汇率的调整来实现这一目标。

③ 实际上如果用预期的价格水平,就不会存在滞后性。

国的贸易竞争力①。

4. 人民币对美元汇率的变动——参考一篮子货币的变动

实际上,根据人民币和美元有效汇率指数之间的关系,能够看出我国人民币对美元汇率中间价的变动。由前面人民币有效汇率的公式:$NEER_t \approx (NI_t)^{1+\rho_{1,t}} \times NEER_{us,t}$,人民币有效汇率指数等于$(NI_t)^{1+\rho_{1,t}}$乘以美元有效汇率指数,两边取对数再微分能够得到:$\frac{dNEER_t/dt}{NEER_t} \approx (1+\rho_{1,t})\frac{dNI_t/dt}{NI_t} + \frac{dNEER_{us,t}/dt}{NEER_{us,t}}$。实际上,如果央行保持人民币有效汇率的稳定,即$\frac{dNEER_t/dt}{NEER_t} = 0$,意味着$\frac{dNI_t/dt}{NI_t} = -\frac{1}{(1+\rho_{1,t})}\frac{dNEER_{us,t}/dt}{NEER_{us,t}}$。也就是说,人民币对美元汇率的走势和美元有效汇率的走势相同②。由此可以看出,如果中央银行保持人民币有效汇率的稳定,则人民币对美元汇率与美元有效汇率的走势基本相同。自2015年8月11日以来,央行不断强化以市场供求为基础、参考一篮子货币进行调节的人民币对美元汇率中间价形成机制。2015年12月11日,中国外汇交易中心发布人民币汇率指数,强调要加大参考一篮子货币的力度,以更好地保持人民币对一篮子货币汇率基本稳定。2016年5月6日央行发布的2016年第一季度货币政策执行报告的专栏内容中,央行对于人民币兑美元汇率中间价形成机制首次进行了详细解释,并表示目前已经初步形成了"收盘汇率+一篮子货币汇率变化"的人民币兑美元汇率中间价形成机制。我们选取2016年4月1日至2018年3月31日人民币对美元汇率的中间价和美元指数的数据来分析走势。如果参考一篮子货币汇率变化,以人民币有效汇率为目标,则人民币对美元汇率中间价与美元指数的中间价的走势应该基本相同(见图3-3)。

由图3-3能够看出,近年来人民币对美元汇率更多地参考一篮子货币,保持了人民币有效汇率的基本稳定。

如果与之前的人民币对美元汇率变动比较能够看出,2010年6月19日以后,人民币对美元汇率持续升值,但是美元指数开始贬值,后面持续升值,出现人民币对美元汇率升值和美元指数升值持续共存的现象(见图3-4)。2015年8月11日以后,人民币对美元汇率走势和美元指数走势接近,说明人民币对美元汇率开始偏向参考一篮子货币汇率。而2016年第一季度以后,人民币对美元汇率走势和美元指数走势基本相同,说明央行确定人民币对美元汇率的中间价更多地参考一篮子货币汇率。也就是说,2010年6月19日至2015年8月11日,央行保持了人民币对美元汇率的相对稳定,升值步伐平稳,而2015年8月11日汇改后,一开始主要

---

① 当然人民币实际有效汇率目标也是可以调整的,根据经济情况的变化可以随时调整。
② 虽然公式中是负号,如果把人民币对美元汇率标价方式改过来,则负号就变成正号,走势就是一样的。

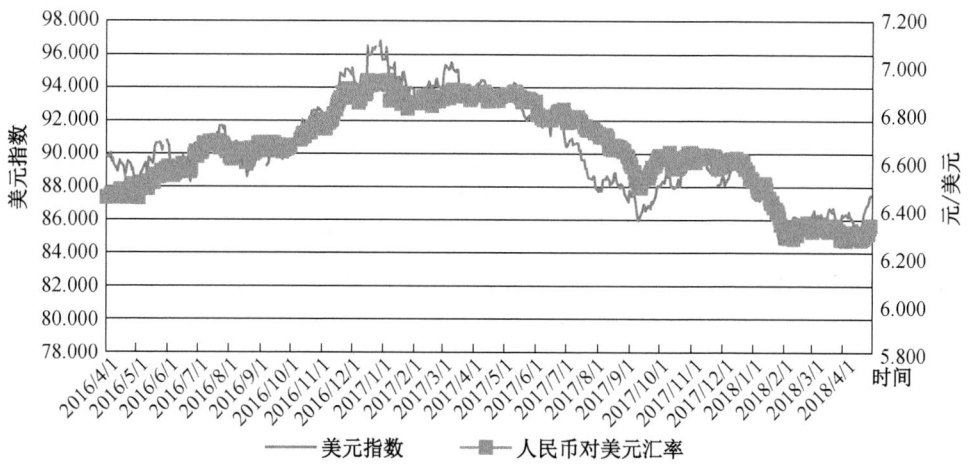

资料来源:www.safe.gov.cn;CEIC 数据库。

图 3-3　人民币对美元汇率与美元指数的走势

参考头一天的人民币对美元汇率的收盘价,随着人民币汇率指数的公布,人民币对美元汇率开始更多地参考一篮子货币汇率,保持人民币有效汇率的稳定。

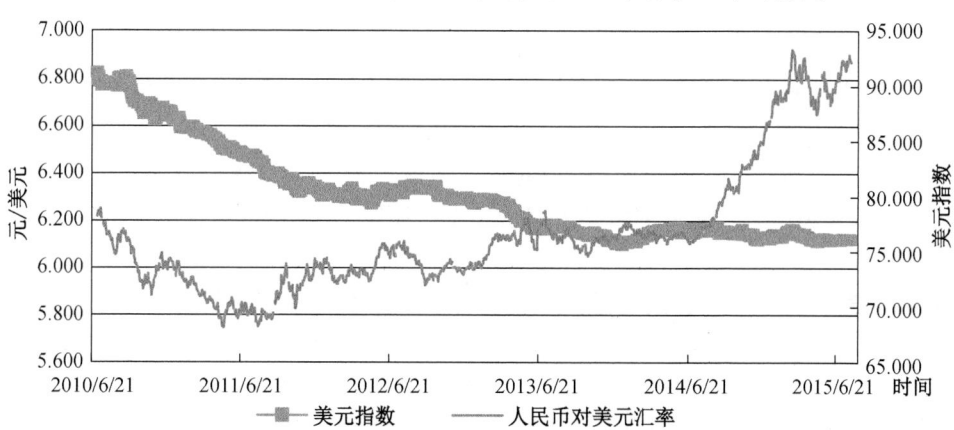

资料来源:www.safe.gov.cn;CEIC 数据库。

图 3-4　人民币对美元汇率与美元指数的走势

如果以人民币有效汇率为目标,则根据一篮子货币汇率的波动幅度,可以确定人民币对美元汇率的波动幅度。先确定篮子货币的波动幅度为有效汇率中间价上下 $\alpha\%$ 幅度内,则 $NEER_t$ 每天变动的区间为 $[NEER_t(1-\alpha\%), NEER_t(1+\alpha\%)]$,因此根据计算公式可计算出人民币对美元汇率波动的上下限:

$$E_{1,t}^{\max} = \frac{1}{S_{1,t}} = 100\left(\frac{1}{M_0 NEER_t(1-\alpha\%)}\right) \times [X_{1,t}^{w_{1,t}} - X_{2,t}^{w_{2,t}} - X_{3,t}^{w_{3,t}} \cdots X_{n,t}^{w_{n,t}}]$$

$$E_{1,t}^{\min} = \frac{1}{S_{1,t}} = 100\left(\frac{1}{M_0 NEER_t(1+\alpha\%)}\right) \times [X_{1,t}^{w_{1,t}} - X_{2,t}^{w_{2,t}} - X_{3,t}^{w_{3,t}} \cdots X_{n,t}^{w_{n,t}}]$$

类似地，我们可以计算出几何平均参考一篮子货币的人民币对美元汇率的波动区间。而根据人民币对美元汇率的波动区间和国际金融市场美元对非美元货币汇率，就可以套算人民币对非美货币的汇率的波动区间。

因此参考一篮子货币，人民币对美元汇率变动弹性增加了，人民币将在对美元汇率和非美元货币汇率之间取得平衡，保持人民币的总体币值相对稳定。实际上不仅仅是参考有效汇率，我们还可以假定参考其他任意一个篮子货币，结论都是类似的。如果以某个货币篮子汇率指数作为参考，并且货币篮子汇率指数也是一个相对固定目标，是一个常数，则同样可以套算确定人民币对美元汇率和人民币对非美元货币汇率。也就是说，参考任意一个篮子货币，都有类似的含义。如果参考特别提款权，也可以确定人民币对美元汇率。如果要计算人民币对美元即期汇率，首先要确定人民币对特别提款权的汇率目标，再根据当天美元对特别提款权的汇率，套算出人民币对美元汇率，这样就可以得出参考特别提款权的人民币对美元汇率，进一步可以计算出人民币对非美元货币汇率和人民币有效汇率。因此参考篮子货币汇率指数，人民币对美元汇率弹性增强，人民币对美元汇率受国际金融市场主要汇率变化的影响也显著增加了，人民币对美元汇率和非美元货币汇率之间变动将更加平衡。

5. "逆周期因子"的使用

为了对冲市场情绪的顺周期波动，缓解外汇市场可能存在的"羊群效应"，央行引入"逆周期因子"，人民币兑美元汇率中间价变为"前一交易日收盘汇率＋一篮子货币汇率变化＋逆周期因子"的形成机制。根据央行货币政策报告，2017年5月，人民币对美元汇率中间价报价模型由原来的"收盘价＋一篮子货币汇率变化"调整为"收盘价＋一篮子货币汇率变化＋逆周期因子"。2018年1月，人民币对美元汇率中间价报价行基于自身对经济基本面和市场情况的判断，陆续将"逆周期因子"调整至中性。2018年受美元指数走强和贸易摩擦等因素影响，2018年8月份以来人民币对美元汇率中间价报价行陆续主动调整了"逆周期因子"。也就是说，2017年5月至2018年1月，人民币对美元汇率报价采用了"逆周期因子"。2018年1月，将"逆周期因子"调整至中性。2018年8月人民币对美元汇率报价又重启"逆周期因子"。加入"逆周期因子"，主要是阻止人民币对美元过度贬值。如果由于顺周期情绪，市场贬值预期加剧，可能会引发汇率超调，因此做市商报价会引入"逆周期因子"，保持人民币汇率的相对稳定。影响"逆周期因子"使用的因素主要有：

一是前一天的收盘价。在8.11汇改后，人民币汇率形成机制强调做市商报价要参考前一个交易日的收盘汇率，确定当天的人民币对美元汇率的中间价。之所以要参考"前一天交易日的收盘价"就是要保持汇率变动的连续性和相对稳定性，防止汇率的大起大落。后来由于人民币持续贬值，波动幅度过大，因此引入"逆周期因子"，阻止人民币汇率过度调整。实际上，从理论上来看，如果人民币贬值幅度过大或人民币对美元持续贬值,则做市商报价使用"逆周期因子"的可能性上升。也就是说,随着前一天收盘价的上升,使用"逆周期因子"的概率在上升。

二是人民币的总体币值水平。从 2016 年起,人民币对美元汇率中间价转为实施"收盘价+一篮子汇率"的定价模式。也就是说,做市商报价不仅要参考前一天人民币对美元汇率交易的收盘价,还要考虑"一篮子汇率"水平,即考虑人民币的总体币值水平,而不仅仅是人民币对美元汇率水平。这也是"8.11 汇改"的一个重要变化,增加人民币对美元汇率的弹性,保持人民币总体币值水平的相对稳定。因此,如果人民币总体币值水平上升,做市商报价使用"逆周期因子"的可能性上升,以维持人民币总体币值水平的稳定。实际上,人民币总体币值水平上升,做市商采用"逆周期因子"报价的概率会上升。

三是外汇市场美元指数的变化。人民币对美元的汇率是人民币币值对美元币值之比,它反映了当期人民币和美元的购买力之比。在一定的名义汇率水平下,如果美元币值下降,人民币币值就相对上升,人民币升值压力就大;如果美元币值上升,人民币币值就相对下降,人民币升值压力将下降。如在美元持续走强的情况下,人民币对美元出现了持续贬值的现象,这是两国货币相对比较的结果,是互为参照物的。汇率是双方货币的比价,不仅由本国货币价值决定,也由其他国家的货币币值来决定。我国是参考一篮子货币、有管理的浮动汇率制度,人民币汇率要受到篮子里面货币的影响,而美元是货币篮子中的主要货币,所以美元有效汇率的变化必然会影响到银行间外汇市场人民币汇率中间价的水平。美元指数上升,人民币贬值,相反美元指数下降,人民币升值。也就是说,随着美元指数上升,人民币贬值,这是正常的市场变化,需要加入"逆周期因子"可能性下降。

因此我国采用或重启"逆周期因子"必然会受到前一天的收盘价、美元指数和人民币总体币值水平等的影响。

四、"逆周期因子"使用的概率测度

1. 数据说明

在样本的选择上,选取 2016 年 1 月 1 日至 2018 年 8 月 31 日日度相关数据,人民币对美元收盘汇率我们采用银行间外汇市场上的 16 时 30 分的汇率,用 ER 表示,数据来自 iFinD 数据库;美元指数来源于 CEIC 数据库,用 USI 表示。人民币的总体币值水平用人民币对特别提款权汇率来代替[①],用 SR 表示,数据来自 IMF 网站。

2. "逆周期因子"采用的影响因素分析

通过构建 probit 模型来考察经济变量对"逆周期因子"使用的影响。模型中"逆周期因子"使用表示因变量,"逆周期因子"使用我们用 1 表示,不使用我们用

---

① 见第五章第五节。

0 表示，自变量对"逆周期因子"使用所代表事件的影响概率：$P(y=1 \mid X) = P(y=1 \mid x_1, x_2, \cdots, x_k)$，$x_1$ 到 x_k 表示影响概率事件"逆周期因子"使用发生的 k 个因素，这些因素可以用线性概率模型来表示，ε 是随机扰动项，假定 $E(\varepsilon)=0$，这时"逆周期因子"使用所表示事件发生的概率是：

$$P(y=1 \mid X, \beta) = \beta_0 + \beta_1 x_1 + \beta_2 x_2 + \cdots + \beta_k x_k$$

考虑到因变量拟合值可能不在 0 到 1 的范围内，引入潜在变量：

$$y^* = \beta_0 + \beta_1 x_1 + \beta_2 x_2 + \cdots + \beta_k x_k + \varepsilon^*$$

这里 y^* 代表的是"逆周期因子"使用的潜在变量；ε^* 是随机干扰项，再引入虚拟的二值变量：

$$y = \begin{cases} 1 & if \ y^* > 0 \\ 0 & otherwise \end{cases}$$

当 $y=1$ 时，表示"逆周期因子"使用，反之，当 $y=0$ 时，表示不使用"逆周期因子"。这样：

$$P(y=1 \mid X, \beta) = P(y^* > 0) = 1 - G(\beta_0 + \beta_1 x_1 + \beta_2 x_2 + \cdots + \beta_k x_k)$$

G 是 ε^* 的分布函数，是连续函数，并且是单调递增的。这时可以得到满足 0～1 分布的 y 在自变量样本给定情况下的概率密度函数：

$$f(y \mid X_i; \beta) = [1 - G(X_i \beta)]^{y_i} [G(X_i \beta)]^{1-y_i}$$

其中 $y_i = 0$ 或 1，假定 $G(X_i \beta)$ 是标准正态分布函数。令 $X_i \beta = \beta_0 + \beta_1 ER + \beta_2 SR + \beta_3 USI$，其中预期符号 $\beta_1 > 0$，$\beta_2 > 0$，$\beta_3 < 0$，反映了相关变量的变动对"逆周期因子"使用的影响。下面我们进行 probit 回归。回归的结果如表 3-3 所示，其中各自变量的单位是百分比。

表 3-3　　　　　　　　最大似然法 probit 估计结果

变量	系数	标准误	Z 统计量	概率
C	−124.331 3***	40.483 07	−3.071 193	0.002 1
ER	26.146 80***	4.036 098	6.478 239	0.000 0
SR	645.611 5**	268.461 8	2.404 855	0.016 2
USI	−1.257 280***	0.161 707	−7.775 039	0.000 0
S. E. of regression	0.277 463	Akaike info criterion		0.542 696
Sum squared resid	47.115 30	Schwarz criterion		0.571 418
LR statistic(8 df)	419.732 6	McFadden R-squared		0.562 619
Probability(LR stat)	0.000 000	Log likelihood		−163.150 4

其中 * 号、** 号和 *** 号代表的显著性水平分别是 10%、5% 和 1%。

因此：$y^* = \beta_0 + \beta_1 ER + \beta_2 SR + \beta_3 USI$

估计方程得整体统计量——似然比统计量（Likelihood Ratio Statistics）为419.732 6，这表明模型的整体显著性水平是很高的，模型是适合的。结果显示前一天的收盘价对采用"逆周期因子"概率有正向作用，与理论分析相同；美元指数对采用"逆周期因子"概率有负向作用，和理论分析一致；人民币总体币值水平对采用"逆周期因子"概率有正向作用，与理论分析也一致。

第三节　货币政策的目标和参考一篮子汇率指数最优权重的选取

以上是以有效汇率指数为目标，篮子货币的权重是贸易权重，通过调整人民币对美元汇率实现人民币有效汇率目标。这里没有考虑宏观经济政策目标，在篮子货币的研究中，往往都把篮子货币权重的选择和宏观经济目标结合起来。实际上汇率指数的权重不仅仅是贸易权重，而可以根据不同的货币政策目标来确定，重新构建汇率指数，以实现最优指数的选取和货币政策目标相一致[1]。

有效汇率指数权重都是贸易权重，并没有考虑具体的货币政策的目标[2]。从汇率指数（篮子货币）研究的角度来看，篮子货币汇率制度要根据宏观经济目标确定最优权重 $\omega_{i,t}$，这里的 $\omega_{i,t}$ 可正可负[3]，只要 $\omega_{1,t} + \omega_{2,t} + \cdots + \omega_{n,t} = 1$ 即可。钉住一篮子货币的汇率制度是使一种货币相对于几种货币（或称为一篮子货币）的加权平均汇率保持不变的一种汇率制度。以下研究主要是确定宏观经济目标，在这些宏观经济目标下建立模型探讨篮子货币最优权重的选择问题。

我国宏观经济政策的目标是"扩内需、调结构"，实现对外均衡，本书将把贸易收支相对稳定作为货币政策的目标。我们将在 $N+1$ 国贸易模型（Banson 和 Katsli, 1981）的基础之上确定篮子货币最优权重的选取[4]，$N+1$ 国模型的优点主要体现在以下几个方面：一是这是一个多国模型，优于三国模型（Turnovsky, 1982；Bhandari, 1985），能够考虑多个汇率；二是从贸易收支等角度考察篮子货

---

[1] 这种汇率指数（篮子货币指标）主要是有利于实现货币政策目标，这里的汇率指数是和货币政策目标相一致的特定的篮子货币指数，并不只是通常公布的有效汇率指数。

[2] 一些国家汇率政策的目标就是选取有效汇率目标，稳定有效汇率指数。

[3] 值得指出的是这里不是贸易权重，是目标权重。

[4] 后来的一些经济学者都在该模型的基础之上，拓展该模型探讨篮子货币最优权重的选择问题。在 Banson 和 Katsli(1981)模型的基础上，Edison H. J. 和 Vardal E. (1985)从出口波动最小的政策目标角度研究了货币篮子的最优权重，区分了有效汇率指数和篮子货币指数，见 Edison H. J. and Vardal E. (1985), Optimal currency basket in a world of generalized floating: an application to the Nordic countries, International finance discussion papers, No. 266, October, 1985。Hsiang-ling H. (2000)通过建立模型确定最优的货币篮子权重，认为通过选择适当的最优权重，既能够稳定贸易余额，又可以稳定消费者物价指数，见 Han H. (2000) Choice of currency basket weights and its implications on trade balance, International Review of Economic and Finance 9, 323-350。

币权重的选择,适合实现贸易收支平衡或稳定的目标。

一、我国参考一篮子货币制度的研究

篮子货币汇率制度的改革是汇改的一个目标,国内学者和一些文献也先后研究和分析了参考一篮子货币的汇率制度。对于人民币钉住一篮子货币的汇率制度的研究主要集中在以下几个方面。周继忠(2009)对人民币货币篮子的构成方式、稳定程度和承诺水平进行了研究,认为美元在我国货币篮子中的权重远远超出了美国在我国对外贸易中的地位。贺力平(2008)则将人民币汇率的变动和中国近年来的经常账户顺差联系起来,通过对货物贸易总量及其分解部分的计量检验发现,就其他非汇率的一些影响因素而言,人民币实际汇率指数并没有突出的作用。丁志杰、郭凯、闫瑞明(2009)在适应性预期的非抛补平价理论下,证明了人民币汇率具有向后看的适应性预期特征,一篮子货币所产生的汇率变动并不能完全反映经济基本面的变动,需要管理者进行事后纠偏。张斌(2003)认为钉住一篮子货币在稳定名义有效汇率方面更有优势,货币当局可以考虑在一篮子钉住的基础上加入汇率波动的目标区和爬行钉住,即所谓的一篮子爬行目标区汇率制度。小川英治、姚枝仲(2004)对一篮子货币的汇率制度的最优货币比重进行了细致的研究,认为我国目前虽然宣布实行有管理的浮动汇率制度,但是从汇率的实际表现来看,人民币可以被认为是事实上钉住美元的汇率制度。作为中间汇率制度的坚决捍卫者,威廉姆森(2006)认为中国现在实行汇率制度不是完全的钉住一篮子货币的汇率制度,更多地表现为钉住美元的汇率制度。由于贸易权重弹性的估计存在困难,所以在以保持汇率稳定为目标的前提下,威廉姆森认为可以用总的贸易权重来安排货币篮子,以减小主要货币汇率的波动对本国实体经济的影响,并且认为如果一个国家的贸易权重不足本国贸易总额的5%,就不应该进入货币篮子。丁志杰、张薇薇(2007)分析了篮子汇率与有效汇率之间的差异,并就人民币汇率如何参考一篮子进行调节提出了政策建议。

我国参考一篮子货币制度有许多需要改进完善的地方,余永定(2005)指出汇率制度安排要求中央银行在汇率的灵活性和稳定性之间作出选择,保持汇率稳定的同时需要适当提高汇率的可调控性,这两者并不矛盾。王水林、黄海洲(2005)认为该政策要求财政政策与货币政策有更好的协调和匹配。李扬、余维彬(2006)指出整个中国经济一时间还很难承受汇率的剧烈波动,因此,他们认为改变人民币对美元钉住的变动过程中保持人民币汇率的稳定非常重要。谢科进、费新(2006)根据对我国钉住一篮子货币汇率制度中货币种类和权重的假设,验证了自2005年汇率改革机制形成以来,人民币升值趋势明显,这与我国实行稳定的汇率政策和国际收支顺差的扩大有关。赵进文、高辉、褚云皓(2006)针对稳定贸易为目标的政策选择,计算了篮子货币的最优权重。实证结果显示:篮子货币汇率均为人民币实际有效汇率的Granger原因,它们与人民币实际有效汇率之间存在长期的协整关系,建议以美元(USD)、日元(JPY)、欧元(EUR)、港币(HKD)、韩元(KRW)、新台币(TWD)、英镑(GBP)和澳元(AUD)等8种货币为篮子货币。

以上主要探讨篮子货币汇率制度的本身,通过设定具体的经济模型来解决钉住一篮子货币汇率制度中最优货币权重确定的研究却不是很多。目前,这方面的研究主要有以下一些。韩高峰(2006)是在稳定国际贸易收支的目标函数下,估计各主要货币在人民币汇率一揽子挂钩中的权重。该研究主要参考了FH模型,模型包括中国在内的N个国家。通过融入产品需求弹性和边际消费倾向的分析,确立了在贸易收支波动最小的情况下货币的权重,并考虑到香港转口贸易,对货币权重进行了调整。宿玉海、于海燕(2007)是以贸易差额稳定为目标构建了人民币一篮子货币最优权重模型,估算了人民币一篮子货币的最优权重。他们在考察我国的贸易差额变动函数、国民收入变动函数和外商直接投资变动函数之后,认为最优权重的确定和贸易差额对汇率变动的弹性、国民收入对汇率变动的弹性以及我国FDI对汇率变动的弹性有关,在贸易差额的变动最小目标下确定了最优的货币权重。从国内研究的文献能够看出,大部分文献主要是从研究篮子货币汇率制度角度来考察我国篮子货币面临的问题,对宏观经济政策目标下具体篮子货币权重的探索相对较少,这一块仍然是需要进一步研究的。

二、基本理论模型——Banson和Katsli模型的修正

本模型是建立在微观经济进出口市场均衡的基础之上,考察出口市场的均衡和进口市场的均衡,建立汇率和国际收支以及贸易条件之间的关系。

1. 出口市场的均衡

假定有$N+1$个国家[①],本国的出口供给为:$x^s = s_x(p^x - p) + a_1$,其中,x^s表示出口供给,p表示本国的物价水平,p^x示本国出口商品的物价水平,s_x表示出口供给的价格弹性,a_1是常数,$s_x > 0$。小写字母表示对数形式。本国的出口需求为:$x^d = d_x \sum_{i=1}^{N} \alpha_i(p_i^x - p_i) + b_1$,其中$x^d$表示出口供给,$d_x$表示出口需求的价格弹性,$d_x < 0$。$p_i^x$表示本国出口商品在进口国家的物价水平,$p_i$表示进口国家的物价水平,$\alpha_i$是$i$国实际GDP占所有从本国进口国家实际GDP的比例[②],$\sum_{i=1}^{N} \alpha_i =$

---

① 具体模型见本章附录1。
② 在Banson和Katsli(1981)的原模型中,α_i是出口到i国占总出口的比例,见Branson, W. H.,和Katse-i-Papaefstratiou, L. T. (1981). Currency basket and real effective exchange rates. NBER Working Paper, No 666。这里我们选择是GDP的比例,因为随着全球经济一体化速度加快,跨国投资、生产的高度专业化、加工贸易和区域贸易等的迅速发展,进出口规模更多地受到本国经济规模的影响。

$1, b_1$ 是常数,小写字母表示对数形式。出口商品价格满足购买力平价: $p^x = e_i + p_i^x$,其中 e_i 表示本国和第 i 国的汇率水平,p_i^x 表示出口商品在 i 国的价格水平。

根据出口供给和出口需求相等,能够得到:

$$x = s_x k \sum_{i=1}^{N} \alpha_i (e_i + p_i - p) + b_1 + k(a_1 - b_1)$$

$$p^x = (1-k)p + k \sum_{i=1}^{N} \alpha_i (e_i + p_i) + \frac{a_1 - b_1}{d_x - s_x}$$

其中,$k = \dfrac{d_x}{d_x - s_x}$,$0 < k \leqslant 1$。

2. 进口市场的均衡

同样从进口的角度来看,进口需求为: $m^d = d_m (p^m - p) + a_2$,其中 m^d 表示进口需求,p 表示本国的物价水平,p^m 表示本国进口商品的物价水平,d_m 表示进口需求的价格弹性,a_2 是常数,$d_m < 0$。小写字母表示对数形式。进口供给为: $m^s = s_m \sum_{i=1}^{N} \alpha_i (p_i^m - p_i) + b_2$ ①,其中 m^s 表示进口供给,p_i 表示进口国家的物价水平,p_i^m 表示本国进口商品在进口国的物价水平,s_m 表示进口供给的价格弹性,$s_m > 0$,b_2 是常数,α_i 是 i 国实际 GDP 占所有进口国家实际 GDP 的比例,小写字母表示对数形式。进口价格也满足购买力平价: $p^m = e_i + p_i^m$,其中 e_i 表示本国和第 i 国的汇率水平,p_i^m 表示进口商品在 i 国的价格水平。

因此根据进口供给等于进口需求得到:

$$m = d_m k' \sum_{i=1}^{N} \alpha_i (e_i + p_i - p) + b_2 + k'(a_2 - b_2)$$

$$p^m = (1-k')p + k' \sum_{i=1}^{N} \alpha_i (e_i + p_i) + \frac{a_2 - b_2}{s_m - d_m}$$

其中,$k' = \dfrac{s_m}{s_m - d_m}$,$0 < k' \leqslant 1$。

3. 贸易收支均衡或稳定

本国贸易收支的余额②为: $T = XP^X / MP^M$,其中 T 表示贸易收支,X 是出口数量,P^X 是出口价格,M 是进口数量,P^M 是进口价格,并且 $T > 1$ 表示贸易收支顺差;$T < 1$ 表示贸易收支逆差。因此 $\ln T = \ln X + \ln P^X - \ln M - \ln P^M$,小写变量表示对数形式,把上述变量代入,则贸易收支比例为:

---

① 在 Banson 和 Katsli(1981)的原模型中,α_i 表示从 i 国进口占总进口的比例,基于和上面同样的道理,这里我们仍然选择 GDP 的比例。

② 考虑到上述指标都是对数形式,贸易收支余额我们采取比例的形式,和 $T = XP^X - MP^M$ 的分析结论将是类似的,这与 Banson 和 Katsli(1981)模型中采用差的形式有所不同。

$$t = x + P^X - m - P^M = \left[s_x k \sum_{i=1}^{N} \alpha_i (e_i + p_i - p) + b_1 + k(a_1 - b_1) \right] +$$

$$\left[(1-k)p + k \sum_{i=1}^{N} \alpha_i (e_i + p_i) + \frac{a_1 - b_1}{d_x - s_x} \right] -$$

$$\left[d_m k' \sum_{i=1}^{N} \alpha_i (e_i + p_i - p) + b_2 + k'(a_2 - b_2) \right] -$$

$$\left[(1-k')p + k' \sum_{i=1}^{N} \alpha_i (e_i + p_i) + \frac{a_2 - b_2}{s_m - d_m} \right]$$

$$= \left[b_1 + k(a_1 - b_1) + \frac{a_1 - b_1}{d_x - s_x} - b_2 - k'(a_2 - b_2) - \frac{a_2 - b_2}{s_m - d_m} \right] +$$

$$\sum_{i=1}^{N} \left[(1+s_x)k - (1+d_m)k' \right] \alpha_i (e_i + p_i - p)$$

由[1] $e_i = e_1 + y_i (i = 2, \cdots, n)$,进一步可以得到:

$$t = \left[b_1 + k(a_1 - b_1) + \frac{a_1 - b_1}{d_x - s_x} - b_2 - k'(a_2 - b_2) - \frac{a_2 - b_2}{s_m - d_m} \right] +$$

$$\left[(1+s_x)k - (1+d_m)k' \right](e_1 + p_1 - p) +$$

$$\sum_{i=2}^{N} \left[(1+s_x)k - (1+d_m)k' \right] \alpha_i (y_i + p_i - p_1)$$

因此:

$$(e_1 + p_1 - p) = -\frac{\left[b_1 + k(a_1 - b_1) + \frac{a_1 - b_1}{d_x - s_x} - b_2 - k'(a_2 - b_2) - \frac{a_2 - b_2}{s_m - d_m} \right] - t}{\left[(1+s_x)k - (1+d_m)k' \right]}$$

$$- \sum_{i=2}^{N} \alpha_i (y_i + p_i - p_1) \quad [2]$$

如果 $t = 0$ 或常数 c,贸易收支均衡或稳定。令:

$$n_0 = \frac{b_1 + k(a_1 - b_1) + \frac{a_1 - b_1}{d_x - s_x} - b_2 - k'(a_2 - b_2) - \frac{a_2 - b_2}{s_m - d_m} - t}{\left[(1+s_x)k - (1+d_m)k' \right]}, \text{取汇率指数}$$

权重: $\omega_i = \alpha_i$,则: $(e_1 + p_1 - p) = -n_0 - \sum_{i=2}^{N} \omega(y_i + p_i - p_1)$ [3]。

如果以上述权重确定实际有效汇率(篮子货币指数),根据 n_0 可以确定有效

---

[1] 根据三角套汇原理,$S_{i,t} = S_{1,t} \times X_{i,t}$,其中 $S_{1,t}$ 是 t 期人民币对美元货币的汇率(间接标价法),$X_{i,t}$ 是 t 期美元对非美货币的汇率。令 $S_{1,t} = \frac{1}{E_{1,t}}$, $X_{i,t} = \frac{1}{Y_{i,t}}$, $S_{i,t} = \frac{1}{E_{i,t}}$,因此 $E_{i,t} = E_{1,t} \times Y_{i,t}$,两边取对数,并用小写字母表示对数形式,能够得到: $e_i = e_1 + y_i$。

[2] 右边求和是从 2 开始,注意这里推导利用了 $y_1 = 0$,因为 $Y_1 = 1$ 美元/美元。

[3] 这种形式和本章第二节实际有效汇率公式是类似的。

汇率指数目标(篮子货币指数目标),再根据国际金融市场美元对非美元货币的变化及价格水平的变动,调整人民币对美元汇率使上式成立,则可以促进贸易收支的均衡或稳定。

4. 模拟研究

根据2013年至2015年3年的GDP数据,计算相应的权重 $\alpha_i = \dfrac{GDP_i}{\sum GDP}$。实际GDP数据均来自CEIC数据库(2000年美元不变价格),计算结果见表3-4[①]。

表3-4　　　　　　　　人民币有效汇率指数的权重

国家和地区	篮子货币权重
美国(US)	0.316 225 9
欧元区(EA)	0.251 469 8
日本(JP)	0.115 663 8
中国香港(HK)	0.005 026 8
英国(UK)	0.051 400 9
马来西亚(MA)	0.006 111 8
俄罗斯(RU)	0.032 857 1
南非(ZA)	0.008 037 2
韩国(KR)	0.024 017 2
阿联酋(AE)	0.006 914 5
沙特阿拉伯(SA)	0.012 728 9
匈牙利(HU)	0.002 708 3
波兰(PL)	0.010 458 8
丹麦(DK)	0.006 536 7
瑞典(SE)	0.010 187 0
挪威(NO)	0.008 937 9
土耳其(TR)	0.020 060 0
墨西哥(MX)	0.023 011 8
泰国(TH)	0.007 502 7
澳大利亚(AU)	0.024 856 9
加拿大(CA)	0.034 570 4
新西兰(NZ)	0.003 070 3
新加坡(SG)	0.005 500 1
瑞士(CH)	0.012 145 3

资料来源:CEIC数据库。

---

① 如需要具体数据可以向作者索取。

我们仍然选取 21 种货币作为央行的货币篮子,再选取 2005 年为基期。如果我们取篮子货币汇率指数(currency basket index)目标为:$CBI_t^* = 120$,2010 年美元对人民币年平均汇率为 $S_{1,0} = 0.147\,705$ 美元/元,根据篮子货币汇率公式仍然可以计算出美元对人民币的汇率(见图 3-5)。

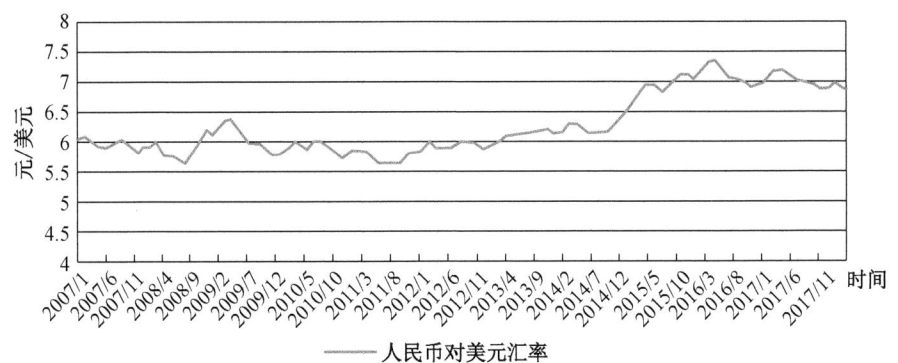

资料来源:CEIC 数据库(2007 年 1 月至 2018 年 3 月)。

图 3-5 在贸易收支稳定目标下人民币对美元汇率的变化

如果确定了篮子货币汇率指数目标,我们可以给出在这一目标下每天的人民币对美元汇率,进而可以根据上午 9 点国际金融市场美元对非美货币汇率的变化,计算出人民币对非美货币汇率的中间价。

实际上有效汇率指数的权重不仅仅是贸易权重,而可以根据不同的货币政策目标来确定,重新构建汇率指数,以实现最优指数的选取和货币政策目标相一致。在贸易收支相对稳定的情况下,如果以最优权重确定实际有效汇率目标,再根据国际金融市场美元对非美货币的变化及价格水平的变动,可以调整本国货币对美元汇率,有利于促进贸易收支的稳定或均衡。从参考篮子货币汇率制度的改革而言,央行可以根据上述权重确定汇率指数目标,确定每天人民币对美元汇率的中间价。这里所得到的权重都是和货币政策目标相联系的,但是值得指出的是这里的权重已经不再是贸易权重,而是实现政策目标的最优权重,权重反映了 i 种货币变动 1%,人民币对美元汇率变动幅度。

第四节 贸易收支、实际汇率和篮子货币最优权重的选取

一、实际汇率变动对贸易收支影响的实证研究

根据上一节公式:

$$t = \left[b_1 + k(a_1 - b_1) + \frac{a_1 - b_1}{d_x - s_x} - b_2 - k'(a_2 - b_2) - \frac{a_2 - b_2}{s_m - d_m} \right]$$
$$+ [(1 + s_x)k - (1 + d_m)k'](e_1 + p_1 - p)$$
$$+ \sum_{i=2}^{N} [(1 + s_x)k - (1 + d_m)k'] \alpha_i (y_i + p_i - p_1)$$

我们建立计量模型,考察人民币对美元实际汇率、美元对非美货币的实际汇率对贸易收支的影响。

(一) 单位根检验

根据我国1999年1月份至2018年3月份相关的经济数据,对上述方程进行实证检验,首先对相关经济变量进行单位根检验。在这里我们主要选取美欧日3种主要国际货币(美国、欧元区和日本是中国的前三大贸易伙伴),E_1是人民币对美元汇率,Y_2是欧元对美元汇率,Y_3是日元对美元汇率,P是中国的物价水平,P_1是美国的物价水平,P_2是欧元区的物价水平,P_3是日本的物价水平,以上数据均来自CEIC数据库,本文采用Eviews9.0软件进行ADF检验(见表3-5)。

表 3-5　　　　　　　　　　　　单位根检验结果

变量	(c, t, m)	ADF 检验值	1%临界值	5%临界值	10%临界值
$\ln T$	$(c, 0, 1)$	$-5.228\,580$	$-3.458\,845$	$-2.873\,974$	$-2.573\,472$
$\ln\left(E_1 \dfrac{P_1}{P}\right)$	$(c, 0, 1)$	$-0.291\,187$	$-3.458\,845$	$-2.873\,974$	$-2.573\,472$
$\ln\left(Y_2 \dfrac{P_2}{P_1}\right)$	$(c, 0, 1)$	$-1.659\,727$	$-3.458\,845$	$-2.873\,974$	$-2.573\,472$
$\ln\left(Y_3 \dfrac{P_3}{P_1}\right)$	$(c, 0, 1)$	$-1.880\,278$	$-3.458\,845$	$-2.873\,974$	$-2.573\,472$
$\Delta\ln\left(E_1 \dfrac{P_1}{P}\right)$	$(0, 0, 0)$	$-9.848\,002^{***}$	$-2.575\,099$	$-1.942\,218$	$-1.615\,776$
$\Delta\ln\left(Y_2 \dfrac{P_2}{P_1}\right)$	$(0, 0, 0)$	$-11.854\,56^{**}$	$-2.575\,099$	$-1.942\,218$	$-1.615\,776$
$\Delta\ln\left(Y_3 \dfrac{P_3}{P_1}\right)$	$(0, 0, 0)$	$-12.117\,20^{*}$	$-2.575\,099$	$-1.942\,218$	$-1.615\,776$

注:(c, t, m)表示单位根检验方程中是否含有常数项、趋势项和滞后阶数。ADF检验的最优滞后阶数根据AIC信息准则选择,***、**、*分别表示在1%、5%、10%的水平下显著。

根据表3-5,我们可以发现,$\ln\left(E_1 \dfrac{P_1}{P}\right)$序列、$\ln\left(Y_2 \dfrac{P_2}{P_1}\right)$序列和$\ln\left(Y_3 \dfrac{P_3}{P_1}\right)$都是非平稳的,但是经过差分后,$\ln\left(E_1 \dfrac{P_1}{P}\right)$、$\ln\left(Y_2 \dfrac{P_2}{P_1}\right)$和

$\ln\left(Y_3\dfrac{P_3}{P_1}\right)$ 序列都是一阶平稳序列,即 $\ln\left(E_1\dfrac{P_1}{P}\right)\sim I(1)$,$\ln\left(Y_2\dfrac{P_2}{P_1}\right)\sim I(1)$,$\ln\left(Y_3\dfrac{P_3}{P_1}\right)\sim I(1)$,$\ln T$ 是平稳序列。

(二) 协整检验

在进行协整检验之前,必须首先确立 VAR 模型的结构,以确定最优滞后期,本部分通过 Eviews9.0 给出的各种标准选取最优滞后阶数(见表3-6)。

表3-6　　　　VAR 模型最优滞后阶数的确定标准

Lag	LogL	LR	FPE	AIC	SC	HQ
0	12.402 22	NA	1.09e−05	−0.074 356	−0.013 816	−0.049 924
1	2 038.725	3 962.985	2.05e−13	−17.864 82	−17.562 12*	−17.742 67
2	2 078.175	75.757 13*	1.67e−13*	−18.072 34*	−17.527 48	−17.852 46*
3	2 088.353	19.185 53	1.75e−13	−18.020 82	−17.233 80	−17.703 21
4	2 095.534	13.282 70	1.90e−13	−17.942 78	−16.913 60	−17.527 44
5	2 109.881	26.027 10	1.93e−13	−17.928 15	−16.656 80	−17.415 09

注:* 表示由标准选择的滞后长度。

根据表3-6,LR、FPE、AIC、SC、HQ 等5种检验准则中有4种表明 VAR 的最佳滞后阶数为2。而且经过 AR 根检验,发现采用滞后阶数为2建立的 VAR 模型的特征多项式的根的绝对值均严格小于1,表明该 VAR 模型是满足稳定条件的,因此确定 VAR 模型的最佳滞后阶数为2阶。根据得出的最优滞后阶数减1进行协整检验,结果如表3-7所示。

表3-7　　Johansen 协整检验结果——协整关系数量(方程带截距项)

特征值	迹统计量	5%临界值	概率	协整关系数量
0.202 303	75.252 38	54.079 04	0.000 2	不存在*
0.045 277	23.492 26	35.192 75	0.495 8	最多存在一个
0.034 376	12.881 84	20.261 84	0.373 4	最多存在两个
0.021 047	4.871 167	9.164 546	0.297 8	最多存在三个
特征值	最大特征值统计量	5%临界值	概率	协整关系数量
0.202 303	51.760 12	28.588 08	0.000 0	不存在*
0.045 277	10.610 42	22.299 62	0.784 7	最多存在一个
0.034 376	8.010 674	15.892 10	0.546 4	最多存在两个
0.021 047	4.871 167	9.164 546	0.297 8	最多存在三个

注:* 表示在1%的显著水平下拒绝原假设。

根据上述结果,无论是根据迹统计量还是最大特征值统计量,当原假设为不存在协整关系时,在1%的显著性水平下拒绝原假设。当原假设为最多存在一个协整关系、最多存在两个和三个协整关系时,在1%的显著性水平下不能拒绝原假设。所以检验结论是存在一个协整关系,见表3-8。

表3-8　Johansen协整检验结果——协整系数估计(方程带截距项)

$\ln T$	C	$\ln\left(E_1\dfrac{P_1}{P}\right)$	$\ln\left(Y_2\dfrac{P_2}{P_1}\right)$	$\ln\left(Y_3\dfrac{P_3}{P_1}\right)$
1.000 000	1.543 147	−0.145 322	−0.165 506	−0.295 904
标准误	(0.458 16)	(−0.115 02)	(0.094 77)	(0.097 03)
似然比	2 104.200			

根据表3-5至表3-6以及协整方程,可以看出 $\ln T$ 与 $\ln\left(E_1\dfrac{P_1}{P}\right)$、$\ln\left(Y_2\dfrac{P_2}{P_1}\right)$ 和 $\ln\left(Y_3\dfrac{P_3}{P_1}\right)$ 这几个变量之间存在着显著的协整关系,并且

$$\dfrac{\partial \ln T}{\partial \ln\left(E_1\dfrac{P_1}{P}\right)}=0.145\,322,\quad \dfrac{\partial \ln T}{\partial \ln\left(Y_2\dfrac{P_2}{P_1}\right)}=0.165\,506,\quad \dfrac{\partial \ln T}{\partial \ln\left(Y_3\dfrac{P_3}{P_1}\right)}=0.295\,904,$$

从长期来看,说明人民币对美元贬值(升值)幅度增加,能够改善(恶化)贸易收支,但该系数不显著,贸易收支的弹性论是不成立的。同时欧元和(或)日元对美元实际汇率贬值,也有利于中国贸易收支的改善;欧元和(或)日元对美元实际汇率升值,会恶化中国贸易收支。

二、贸易收支波动最小的权重理论探讨

前面结论显示贸易收支和人民币、欧元和日元等实际汇率之间存在稳定的协整关系,因此我们可以探讨使得我国贸易收支波动最小条件下的篮子货币最优权重的选择。假定央行的目标是保持贸易收支的相对稳定,使得贸易收支的变动最小,类似于Flanders和Helpman(1979),de Macedo(1979)和Lipschitz和Sundararajan(1980,1982),采取方差最小的方法求最优权重[①],即通过最小方差的方法求贸易收支相对稳定下的最优权重。

(一)贸易收支波动最小的最优权重理论分析

---

① 这种方法被后来很多经济学家运用。Hali J. Edison 和 Erling Vardal(1985)利用这种方法只考虑了出口变动的情况。Turnovsky(1982)、Bhandari(1985)也利用这种方法探讨最优权重的选择,尽管他们的模型不同于该模型,是宏观经济基础的一般均衡模型。

根据前面：$NEER = 100 \prod_{i=1}^{n}(S_{i,t}/S_{i,0})^{w_{i,t}}$，有：$e_{1,t} = -m_0 - \sum_{i=2}^{n}\omega_{i,t}y_{i,t}$

将该式代入前面贸易收支方程，进一步可以得到国际收支关于贸易权重的函数关系：

$$t = n_0 + \sum_{i=1}^{N}[(1+s_x)k-(1+d_m)k']\alpha_i(p_i-p) + \sum_{i=1}^{N}[(1+s_x)k-(1+d_m)k'](\alpha_i-\omega_i)y_i$$
$$-[(1+s_x)k-(1+d_m)k']m_0$$

还可以得到：

$$t = n_0 - [(1+s_x)k-(1+d_m)k']m_0 + [(1+s_x)k-(1+d_m)k'](p_1-p)$$
$$+ \sum_{i=2}^{N}[(1+s_x)k-(1+d_m)k']\alpha_i(p_i-p_1) + \sum_{i=2}^{N}[(1+s_x)k-(1+d_m)k'](\alpha_i-\omega_i)y_i$$

贸易收支的方差：$\sigma_t^2 = VAR(t) = E(t-E(t))^2$。

$E(t)$ 是 t 的数学期望值，根据求方差的公式得到 $VAR(t)$ [1]：

$$\sigma_t^2 = \sum_{i=2}^{N}\sum_{j=2}^{N}[(1+s_x)k-(1+d_m)k')](\alpha_i-\omega_i)[(1+s_x)k-(1+d_m)k')](\alpha_j-\omega_j)\text{cov}(y_i,y_j) +$$
$$\sum_{i=2}^{N}[(1+s_x)k-(1+d_m)k')](\alpha_i-\omega_i)[(1+s_x)k-(1+d_m)k']\text{cov}[y_i,(p_1-p)] +$$
$$[(1+s_x)k-(1+d_m)k']^2 VAR(p_1-p) +$$
$$\sum_{i=2}^{N}\sum_{j=2}^{N}[(1+s_x)k-(1+d_m)k']\alpha_j[(1+s_x)k-(1+d_m)k'](\alpha_i-\omega_i)\text{cov}[(p_j-p_1),y_i] +$$
$$\sum_{i=2}^{N}\sum_{j=2}^{N}[(1+s_x)k-(1+d_m)k']\alpha_i[(1+s_x)k-(1+d_m)k']\alpha_j\text{cov}[(p_i-p_1),(p_j-p_1)] +$$
$$\sum_{i=2}^{N}[(1+s_x)k-(1+d_m)k']\alpha_i[(1+s_x)k-(1+d_m)k']\text{cov}[(p_i-p_1),(p_1-p)]$$

因此 $VAR(t)$ 是汇率指数权重 $\{\omega_i\}$ 的函数。

对 σ_t^2 关于权重 $\{\omega_j\}$ 求导，使上式最小化，可以得到最优的一阶条件：

$$-2\sum_{j=2}^{N}[(1+s_x)k-(1+d_m)k'][(1+s_x)k-(1+d_m)k')](\alpha_j-\omega_j)\text{cov}(y_i,y_j)$$
$$-[(1+s_x)k-(1+d_m)k'][(1+s_x)k-(1+d_m)k']\text{cov}[y_j,(p_1-p)]$$
$$-\sum_{j=2}^{N}[(1+s_x)k-(1+d_m)k']\alpha_j[(1+s_x)k-(1+d_m)k']\text{cov}[(p_j-p_1),y_i] = 0$$

其中 $i,j = 2,3,\cdots,N$ [2]。

---

[1] 假定 m_0 是常数。
[2] 注意：一共有 $n-1$ 个方程。

可以把上式写成矩阵形式：

$$2\Omega(A-W) + \prod A + \Gamma = 0$$

其中：

$\Omega = \text{cov}(y_i, y_j)$ 是一个 $N-1$ 行和 $N-1$ 列的协方差矩阵；

$\prod = \text{cov}(p_i - p_1, y_j)$ 是一个美国和 $N-1$ 国汇率，以及和 $N-1$ 个国家相对价格之间 $N-1$ 行和 $N-1$ 列的协方差矩阵；

$\Gamma = \text{cov}(p_1 - p, y_j)$ 是一个美国和 $N-1$ 国汇率，以及和本国相对价格之间的 $N-1$ 维的列向量；

$A\{\alpha_i\}$ 和 $W(\omega_i)$ 分别是 $N-1$ 维的列向量。

（二）最优权重的数值模拟分析

1. 模型求解

对 $2\Omega(A-W) + \prod A + \Gamma = 0$ 求解得①：

$$W = A + \frac{1}{2}\Omega^{-1}\left(\prod A + \Gamma\right)$$

根据权重的公式可以看出，影响权重的因素主要有：美元与非美元货币汇率之间的协方差；美元和 $N-1$ 国货币汇率，以及和 $N-1$ 个国家相对价格之间的协方差；美元和 $N-1$ 国汇率，以及和本国相对价格之间的协方差。除了协方差以外，还有 GDP 的比例等。

2. 数值模拟

根据前面的计算公式，我们可以模拟计算最优的篮子货币权重。我们的货币篮子包含美元、欧元和日元 3 种主要货币，美元是国际货币，是国际贸易主要的计价标准，因此美元汇率的权重是 $1 - \sum_{i=2}^{N}\omega_i$②。数据来源：我们选取的数据段是 1999 年 1 月份至 2018 年 3 月份③。美元对其他非美货币汇率，中国的物价水平，国外的物价水平数据均来自 CEIC 数据库。$A\{\alpha_i\}$ 分别是美国、欧元区和日本的 1999—2016 年实际 GDP 占总 GDP 的比例，篮子货币的最优权重主要是根据公式 $W = \frac{1}{2}\Omega^{-1}\left(\prod A + \Gamma\right) + A$ 求出（见表 3-9）。

---

① 假定矩阵 Ω 可逆。

② 根据公式只能够得到 $\omega_2, \cdots, \omega_n$，由于 $\sum_{i=1}^{N}\omega_i = 1$，因此 $\omega_1 = 1 - \sum_{i=2}^{N}\omega_i$。注意：从数学的逻辑来看，模拟出的 ω_i 可正可负，可以小于 1，也可以大于 1，最优权重主要是使得贸易收支波动最小化。

③ 一旦获得新数据，可以重新模拟，获得新的权重。篮子货币的权重也可以随时间变化而调整。

表 3-9　　　　　最优篮子货币的权重模拟分析

国家	篮子货币权重	对美元汇率(2010)
美国(US)	$w_1 = 0.451\,575$	1 美元/美元
欧元区(EA)	$w_2 = 0.433\,528$	0.755 欧元/美元
日本(JP)	$w_3 = 0.114\,896$	87.780 日元/美元

根据新的权重,我们可以根据人民币汇率指数目标,模拟计算出美元对人民币的汇率的中间价。我们选取 2010 年为基期,取篮子货币指数目标为:$BI_t^* = 130$,2010 年美元对人民币年平均汇率为 $S_{1,0} = 0.147\,705$ 美元/元,根据汇率指数公式可以计算出美元对人民币的汇率。

由篮子货币指数公式,能够得到:

$$E_{1,t} = \frac{1}{S_{1,t}} = \frac{100}{REER_t S_{1,0}} \left[\frac{\left(X_{1,t}\frac{P_t}{P_{1,t}}\right)^{w_{1,t}} \times \left(X_{2,t}\frac{P_t}{P_{2,t}}\right)^{w_{2,t}} \times \left(X_{3,t}\frac{P_t}{P_{3,t}}\right)^{w_{3,t}} \cdots \times \left(X_{n,t}\frac{P_t}{P_{n,t}}\right)^{w_{n,t}}}{\left(X_{1,0}\frac{P_0}{P_{1,0}}\right)^{w_{1,t}} \times \left(X_{2,0}\frac{P_0}{P_{2,0}}\right)^{w_{2,t}} \times \left(X_{3,0}\frac{P_0}{P_{3,0}}\right)^{w_{3,t}} \cdots \times \left(X_{n,0}\frac{P_0}{P_{n,0}}\right)^{w_{n,t}}} \right]$$

$$BI_t = 130 = 100 \left[\frac{S_{1,t}^{w_{1,t}} \times S_{2,t}^{w_{2,t}} \times S_{3,t}^{w_{3,t}} \cdots \times S_{n,t}^{w_{n,t}}}{S_{1,0}^{w_{1,t}} \times S_{2,0}^{w_{2,t}} \times S_{3,0}^{w_{3,t}} \cdots \times S_{n,0}^{w_{n,t}}} \right] = 100 \frac{S_{1,t}}{S_{1,0}} \left[\frac{X_{1,t}^{w_{1,t}} \times X_{2,t}^{w_{2,t}} \times X_{3,t}^{w_{3,t}} \cdots \times X_{n,t}^{w_{n,t}}}{X_{1,0}^{w_{1,t}} \times X_{2,0}^{w_{2,t}} \times X_{3,0}^{w_{3,t}} \cdots \times X_{n,0}^{w_{n,t}}} \right],$$

因此得到:

$$E_{1,t} = \frac{1}{S_{1,t}} = \frac{100}{130 S_{1,0}} \left[\frac{X_{1,t}^{w_{1,t}} \times X_{2,t}^{w_{2,t}} \times X_{3,t}^{w_{3,t}} \cdots \times X_{n,t}^{w_{n,t}}}{X_{1,0}^{w_{1,t}} \times X_{2,0}^{w_{2,t}} \times X_{3,0}^{w_{3,t}} \cdots \times X_{n,0}^{w_{n,t}}} \right]$$

我们选取时间段 2016 年 1 月至 2017 年 12 月[①],模拟人民币对美元汇率变化见表 3-10。

表 3-10　　在汇率指数目标下人民币对美元汇率的变化　　　　单位:元/美元

日期	贸易收支波动最小的汇率水平	日期	贸易收支波动最小的汇率水平
2016.1	6.924 548	2017.1	7.011 769
2016.2	6.939 427	2017.2	6.958 461
2016.3	6.838 805	2017.3	6.898 747
2016.4	6.723 977	2017.4	6.843 523
2016.5	6.675 08	2017.5	6.777 071
2016.6	6.643 523	2017.6	6.705 481
2016.7	6.710 417	2017.7	6.653 113
2016.8	6.653 448	2017.8	6.579 117

---

① 这里的汇率是月度平均汇率。

(续表)

日期	贸易收支波动最小的汇率水平	日期	贸易收支波动最小的汇率水平
2016.9	6.685 056	2017.9	6.567 437
2016.10	6.725 556	2017.10	6.625 546
2016.11	6.828 725	2017.11	6.629 179
2016.12	6.957 619	2017.12	6.609 924

资料来源:CEIC 数据库(2011 年 1 月至 2017 年 12 月)。

在上面贸易收支波动最小的条件下,我们模拟了人民币对美元汇率的变化,人民币对美元汇率的弹性显著增强,双向波动明显。但是值得指出的是,表 3-9 中的权重已经不再是贸易权重,而是实现政策目标的最优权重,权重反映了 i 种货币变动 1%,人民币对美元汇率应该变动 ω_i,ω_i 是人民币对美元汇率对第 i 种货币变动的弹性。这里的权重和通常意义的权重并不一致,这恰恰反映了权重和货币政策目标相联系,这个篮子货币并不是反映货币的总体币值水平如有效汇率,它是反映实现货币政策目标的权重,这与有效汇率的贸易权重是截然不同的,这里的权重受多个因素的影响。从参考篮子货币汇率制度的改革而言,央行可以根据上述权重确定汇率指数目标,确定每天人民币对美元汇率的中间价[①],这为央行参考一篮子货币制度的改革提供了一种思路。这里所得到的权重都是和货币政策目标相联系的。

三、主要结论

从协整关系能够看出人民币、欧元和日元对美元贬值幅度增加,能够改善贸易收支。在贸易收支波动最小化情形下,影响最优权重的因素主要有:美元与非美货币汇率之间的协方差;美元和 $N-1$ 国货币汇率,以及和 $N-1$ 个国家相对价格之间的协方差;美元和 $N-1$ 国汇率,以及和本国相对价格之间的协方差。除了协方差以外,还有出口供给的价格弹性,出口需求的价格弹性,进口供给的价格弹性和进口需求的价格弹性等。从参考篮子货币汇率制度的改革而言,央行可以根据上述权重确定汇率指数目标,确定每天人民币对美元汇率的中间价。这里所得到的权重都是和货币政策目标相联系的。但是值得指出的是,这里的权重已经不再是贸易权重,而是实现政策目标的最优权重,反映了 i 种货币变动 1%,人民币对美元汇率变动幅度。

该理论模型的研究现实意义在于:长期以来,我国的贸易收支和人民币、欧元和日元等实际汇率之间存在稳定的协整关系,为我国建立参考一篮子货币的汇率制度提供了一种思路,尤其在追求贸易均衡的政策目标下,篮子货币权重的适当选择将有利于贸易收支的均衡或贸易收支等的相对稳定。

---

① 最优权重至少给央行提供了一个有意义的参考指标,判断做市商的报价和篮子货币确定的人民币对美元汇率中间价的偏差有多大,为央行调节人民币对美元汇率中间价提供了方向指导。当然央行还可以根据不同的货币政策目标选择不同的货币篮子,确定最优的权重,本书只是提供了一个货币篮子的例子。

本章认为最优权重对央行决策有两重意义,一是央行可以根据最优权重,确定有效汇率指数,钉住一篮子货币的有效汇率指数。如果人民币钉住篮子货币目标,则根据人民币钉住一篮子货币的波动幅度,可以确定人民币对美元汇率的波动幅度。首先确定篮子货币的波动幅度为汇率指数(这里的指数是最优货币篮子的汇率指数)中间价上下 $\alpha\%$ 幅度内,则 EER_t 每天变动的区间为 $[EER_t(1-\alpha\%), EER_t(1+\alpha\%)]$,因此将根据计算公式计算出人民币对美元汇率波动的上下限。而根据人民币对美元汇率的波动区间和国际金融市场美元对非美货币汇率,就可以套算人民币对非美货币的汇率的波动区间。如果央行采取参考篮子货币的汇率制度,若逐步放宽篮子汇率的波动幅度,也就间接放宽了人民币对美元和人民币对非美元货币的波动幅度,让人民币汇率变动有更大的弹性。

二是最优权重给央行提供了一个有意义的参考指标,判断做市商的报价和篮子货币确定的人民币对美元汇率中间价的偏差有多大,为央行调节人民币对美元汇率中间价提供了方向指导,这为央行参考一篮子货币制度的改革提供了一种思路。由于贸易权重的有效汇率指数目标计算、含义简单直接,央行可以仍然确定人民币有效汇率指数目标,以最优权重的篮子货币汇率指数作为参考,通过货币和财政政策工具调整宏观经济的不均衡,实现宏观经济政策目标。

第五节 人民币汇率市场化改革步骤

2005 年 7 月 21 日和 2010 年 6 月 19 日,人民币汇改提出完善人民币汇率的形成机制,建立参考一篮子货币的人民币汇率,人民币对美元汇率变动弹性不断增加。2015 年 8 月 11 日汇改,确定"收盘汇率+一篮子货币"汇率形成机制。如果以货币篮子汇率指数作为参考,并且货币篮子汇率指数也是一个相对固定目标,则可以确定人民币对美元汇率和人民币对非美货币汇率。也就是说,参考任意一个篮子货币,有类似的含义,因此参考篮子货币汇率指数,无论是有效汇率、特别提款权或其他货币篮子,人民币对美元汇率弹性显著增强,人民币对美元汇率受国际金融市场主要汇率变化影响将显著增加。当然如果结合货币政策目标,确定篮子货币的权重,同样可以确定人民币对美元汇率和人民币对非美货币汇率中间价。

一、人民币汇率中间价的改革

伴随中国资本账户的逐步开放,人民币汇率形成机制的市场化改革应该逐步完善,不断增加人民币汇率弹性,人民币市场化改革的步伐将和中国的经济结构的调整相适应(见图 3-6)。人民币汇率形成机制改革的第一步[①]是以人民币对美元汇率为

---

① 见陆前进:"人民币汇率形成机制改革'三步走'",《东方早报》,2009 年 5 月 5 日。

目标,仍然将外需作为中国经济增长的重要引擎,经济增长和外贸盈余是宏观经济政策目标,人民币钉住或爬行钉住美元,如2005年至2015年人民币对美元汇率的变化就是如此,这一阶段已经结束。第二步是建立参考一篮子货币的汇率制度,经济增长是主要目标,对外需的依赖有所下降,国内需求不断上升。尽管2005年7月21日和2010年6月19日人民币汇改提出完善人民币汇率的形成机制,建立参考一篮子货币的人民币汇率,但实际上人民币汇率基本是爬行钉住美元的。如果央行参考一篮子货币,则主要以人民币有效汇率为目标或结合货币政策目标,确定篮子货币的目标和权重,再确定每天人民币对美元汇率的中间价,人民币对美元汇率波动幅度将显著增加。自2015年8月汇改后,人民币对美元汇率变化更多地参考一篮子货币,因此如果央行以人民币有效汇率为目标或结合货币政策目标,确定篮子货币的目标,也就能够确定每天人民币对美元汇率的中间价。同样也能够确定人民币对欧元、日元、港币和英镑汇率的中间价。目前我国正处于第二步。实际上,建立参考一篮子货币的人民币汇率中间价也只是人民币汇率中间价改革中的一个过程,第三步是人民币汇率水平将由市场供给和需求来决定。随着中国经济增长方式的转变,扩内需、调结构,增加居民消费,汇率水平的变动将更多地反映消费者和生产者最优化,汇率水平应该趋向一般均衡的实际汇率水平。内需作为经济增长的主要拉动力,外需对经济增长的贡献率将会逐步下降,人民币汇率将更多地发挥市场化配置资源的功能。因此市场机制将在人民币汇率的决定中发挥重要作用。

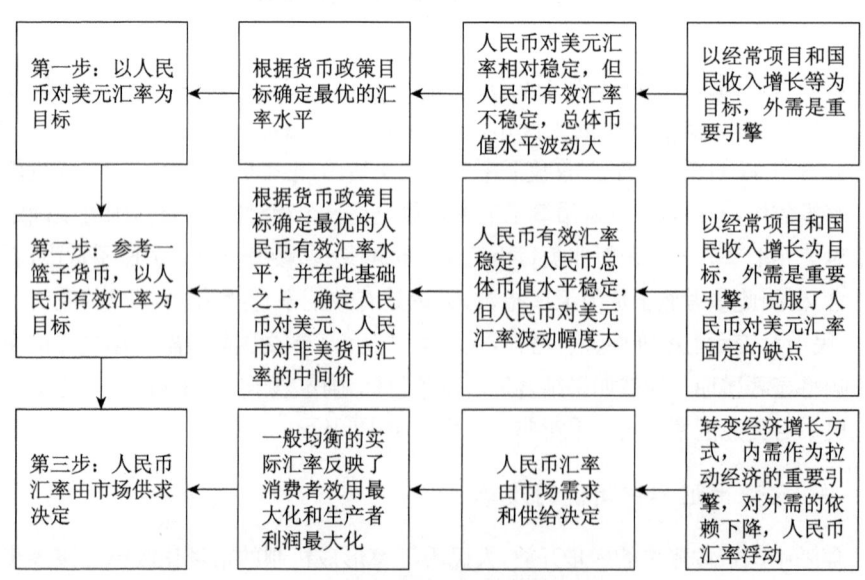

图3-6 人民币汇率形成机制的市场化改革

推动人民币汇率市场化改革,央行将来应逐步放宽人民币对美元和人民币对非美元货币的波动幅度,让人民币汇率变动有更大的弹性,更多地让市场力量决定人民币汇率的变动。随着人民币对美元市场化汇率改革的不断推进,可以首先放开人民币对非美货币的波动幅度,再逐步扩大人民币对美元货币汇率上下波动的幅度,直到人民币对美元市场化汇率的形成,逐步完善人民币汇率定价体系,最终实现人民币不同汇率之间的变动由市场供给和需求自动调节。

中国汇率制度的改革将继续按照主动性、渐进性和可控性原则逐步完善,不断增加弹性,人民币汇率形成机制的市场化改革进程和中国汇率制度的改革、货币政策目标调整、经济结构和经济增长方式的转型步伐相适应。随着我国经济增长方式的转变,扩内需、调结构,增加居民消费,汇率水平的变动将更多地反映消费者和生产者最优化,汇率水平应该趋向一般均衡的实际汇率水平①。内需作为经济增长的主要拉动力,外需对经济增长的贡献率将会逐步下降,人民币汇率将更多地发挥市场化配置资源的功能。因此市场机制将在人民币汇率的决定中发挥重要作用,人民币一般均衡实际汇率是对经济主体最优化的反映(见图3-7)。

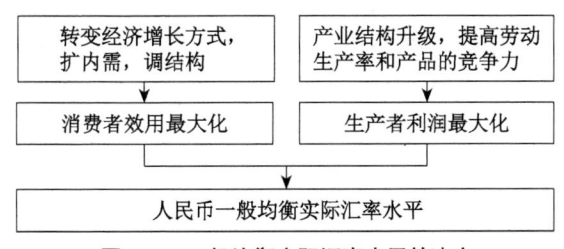

图3-7 一般均衡实际汇率水平的决定

因此随着人民币汇率管制逐步放开,人民币汇率将更多由市场均衡来实现,而市场调节机制将更多地反映消费者和生产者的最优化,货币政策的独立性将显著增强。因此从长期来看,中国的汇率市场化改革将有利于促进中国经济增长方式转型、经济结构的调整,是和经济增长方式转型、经济结构调整的趋势相一致的②,是中国汇率体制改革的方向。

三、利率、汇率和资本账户开放的顺序

利率、汇率和资本账户改革的顺序应该是先利率市场化、后汇率的市场化,最后是资本账户的开放。当然这只是改革的基本次序,实际上,在改革的过程中,有些改革可能会相互重合、相互推进,可能难以区分先后。利率市场化优先,强调国内资产价格改革率先完成,实现国内金融资源的有效配置,让利率成为宏观经济调控的指示器,真实的均衡实际利率水平逐步形成。其次是汇率的市场化,完善国外资产价格的市场化改革,体现了对外均衡的逐步实现,让汇率变动自动调节商品、资本和投资等

---

① 也就是说,随着汇率市场化改革,短期来看,人民币汇率波动幅度增加,但从长期来看,汇率水平应该收敛于实际均衡汇率水平,是对消费者效用最大化和生产者利润最大化的反映。
② 汇率市场化改革不仅仅是放开人民币汇率的波动幅度那么简单,从长期来看,它是和经济体制的市场化改革相一致的,也是消费和生产最优化的体现。

的流动,逐步减少央行的干预,增强货币政策的独立性。最后是资本账户的开放,人民币可以自由兑换,人民币走出去的步伐加快,国际资本流动将更加频繁,但面临的金融风险会增加,国外冲击将更易影响中国经济。

无论国内还是国外,利率变动发挥着基础性的作用,影响着商品市场、货币市场、信贷市场、资本市场和外汇市场等,利率市场化改革处在市场化改革的核心地位,利率市场化改革意味着市场在金融资源的配置中发挥主导性、基础性的作用,市场化的调控机制也会逐步完善和形成。汇率的市场化改革使中国经济参与到世界经济的金融资源的配置中,汇率变动将调节中国的进出口、直接投资和资本流动,以及跨境贸易的人民币结算等。汇率的市场化改革对国内经济参与世界经济提出了更高的要求,中国的出口企业的竞争力、中国的对外投资的竞争力,以及外汇资产管理,不再能够受到汇率的保护,经济主体要适应汇率的变化,提高管理外汇风险的能力,适应国际金融市场的竞争。利率往往是央行货币政策调控的目标,利率的变动会影响汇率的变动,利率是货币政策调控的基础性指标,在固定汇率制下,利率变动会影响实际汇率的变化,从而会影响宏观经济的对外均衡;在浮动汇率制下,利率变动会直接影响名义汇率的变动,但外汇风险也随之上升。继利率和汇率市场化改革之后,资本账户最终开放,实现人民币自由兑换,资本基本实现自由流动。资本账户是金融改革的最后屏障,随着利率和汇率的市场化改革,利率风险和汇率风险会显著上升,如果迅速放开资本账户,可能会面临金融危机的冲击,如 1997—1998 年东南亚国家的金融危机就是如此。在利率和汇率市场化的同时,国内投资者、资产管理者和货币政策操作都会面临一个逐步适应的过程,逐步积累经验、了解和熟悉国际竞争规则,参与国际竞争的过程,需要一个缓冲期。国内金融市场融入国际金融市场,是市场成熟的过程,也是投资者和市场管理者逐步完善的过程,只有稳步推进市场化改革,中国经济才能平稳发展,市场化的形成机制逐步完善,有效地抵御各类金融风险。

本章附录 1:

假定有 $N+1$ 个国家,本国的出口供给为 $X^s = A_1 \left(\dfrac{P^X}{P}\right)^{s_x}$,取对数形式:

$$\ln X^s = s_x(\ln P^X - \ln P) + \ln A_1$$

$$x^s = s_x(p^x - p) + a_1$$

其中,X^s 表示出口供给,P 表示本国的物价水平,P^X 表示本国出口商品的物价水平,s_x 表示出口供给的价格弹性,$s_x > 0$,A 为常数。小写字母表示对数形式。

本国的出口需求为:$X^d = B_1 \left(\dfrac{Q^X}{Q}\right)^{d_x}$,其中 X^d 表示出口供给,Q 表示进口国家的物价水平,Q^X 表示本国出口商品在进口国家的物价水平,d_x 表示出口需求的价格弹性,$d_x < 0$,B 为常数。取对数形式:$\ln X^d = d_x(\ln Q^X - \ln Q) + \ln B_1$ 如果考虑到有 N 个国家,价格指数是 N 个国家价格指数的几何平均,则:$\dfrac{Q^X}{Q} = \prod_{i=1}^{N} \left(\dfrac{P_i^X}{P_i}\right)^{a_i}$,$P_i^X$ 表示本国出口商品在进口国家的物价水平,P_i 表示进口

国家的物价水平，α_i 是出口到 i 国所占的比例，$\sum_{i=1}^{N}\alpha_i=1$，则：

$$X^d = B_1 \left(\prod_{i=1}^{N} \left(\frac{P_i^X}{P_i} \right)^{\alpha_i} \right)^{d_x}$$，取对数形式得到：

$$x^d = d_x \sum_{i=1}^{N} \alpha_i (p_i^x - p_i) + b_1$$

小写字母表示对数形式。出口商品价格满足购买力平价：

$$E_i = P^X/P_i^X$$
$$p^x = e_i + p_i^x$$

其中，E_i 表示本国和第 i 国的汇率水平，P_i^x 表示出口商品在 i 国的价格水平。

同样从进口的角度来看，进口需求为：

$\ln M^d = d_m (\ln P^M - \ln P) + \ln A_2$，取对数形式：

$$m^d = d_m (p^m - p) + a_2$$

其中，M^d 表示进口需求，P 表示本国的物价水平，P^M 表示本国进口商品的物价水平，d_M 表示进口需求的价格弹性，$d_m < 0$。小写字母表示对数形式。

进口供给为：$\ln M^s = s_m (\ln Q^M - \ln Q) + \ln B_2$，如果考虑到有 N 个国家，$\frac{Q^M}{Q} = \prod_{i=1}^{N} \left(\frac{P_i^M}{P_i} \right)^{\beta_i}$，$\beta_i$ 是出口到 i 国所占的比例，$\sum_{i=1}^{N} \beta_i = 1$，则：$M^S = B_2 \left(\prod_{i=1}^{N} \left(\frac{P_i^M}{P_i} \right)^{\beta_i} \right)^{s_m}$，取对数形式得到：

$$m^s = s_m \sum_{i=1}^{N} \beta_i (p_i^m - p_i) + b_2$$

其中，M^s 表示进口供给，Q 表示进口国家的总体物价水平，Q^M 表示本国进口商品在出口国的总体物价水平，P_i 表示进口国家的物价水平，P_i^M 表示本国进口商品在进口国的物价水平，s_m 表示进口供给的价格弹性，$s_m > 0$，β_i 表示从 i 国进口占总进口的比例。小写字母表示对数形式。

进口价格也满足购买力平价：

$$E_i = P^M/P_i^M$$
$$p^m = e_i + p_i^m$$

其中，E_i 表示本国和第 i 国的汇率水平，P_i^M 表示进口商品在 i 国的价格水平。

第四章　人民币升值或贬值条件下内外均衡的实现

第一节　人民币升值中的一些问题

一、人民币升值的影响

自 2005 年 7 月汇改以来,人民币几乎保持持续升值的态势。2008 年 4 月 10 日人民币兑美元的汇率首度破 7,人民币升值是汇改以来的主要特征。实际上,自人民币升值以来,一些话题经常出现在一些媒体和挂在老百姓的嘴边,如"人民币升值,我国的外汇储备缩水了,人民币变得更值钱了"等。怎样看待人民币升值过程中的一些经济问题呢？尽管有些问题看上去简单,但事实并非如此。

一是关于人民币升值和外汇储备的缩水问题。有一种观点认为,人民币对美元升值了,我国的外汇储备就缩水,因为美元兑换人民币的数量少了,外汇储备的存量如果用人民币计价就下降了。这种理解正确吗？这种理解是不妥当的。外汇储备是否缩水,不能仅仅用你选择的计价货币来衡量,如果你要选择对美元贬值的货币,则外汇储备还增加了。外汇储备存量的变动并不依赖于人民币币值,它依赖于外汇储备本身的货币和数量,如我国的外汇储备主要是美元资产,如果美元的购买力和美元资产的价格没有下降,则外汇储备就没有缩水；如果美元的购买力和美元资产的价格下降了,则外汇储备就缩水了。从国家管理外汇储备的角度来看,外汇储备是否缩水的衡量主要依赖于它的对外价值,而不是对内价值。而对国内居民就不一样了,人民币升值导致买外汇合算,卖外汇不合算。对中央银行来说,人民币升值后买外汇,放出的人民币相对较少,缓解了央行冲销干预的压力。

二是美元贬值和外汇储备缩水之间的关系。美元贬值了,外汇储备缩水了,这似乎是一个顺理成章的结论。如果仅仅停留在这个层次的理解是不够的,因为美元贬值,外汇储备的美元资产数量并没有改变,外汇储备怎么缩水了呢？如美元对欧元贬值,我们只能说我国的外汇储备用欧元表示缩水了,因为用同样的美元兑换欧元的数量就少了。如果美元只是对欧元等贬值,对内没有贬值,我们就不能说美元的外汇储备缩水了,因为美元资产的购买力在美国没有下降。进一步地,通常美元贬值是由于美元的购买力下降了,即美元的对内价值和对外价值都下降了,因此外汇储备真的缩水了。

三是人民币对美元升值,人民币变得值钱了。这也是一个似是而非的结论。2007年,我国人民币呈现出"外升内贬"的特征,人民币对美元升值,人民币变得更值钱了,是指人民币对外的购买力上升了,对内的购买力实际上是下降了。也就是说,你只有把人民币兑换成美元到国外消费和投资,人民币才体现出"真的值钱了",而对于大多数普通老百姓而言,没有对外交易,由于通货膨胀,人民币不是变得值钱了,而是变得更不值钱了。

四是人民币对美元升值有利于抑制物价。这个问题也不能片面地看待,而是要全面地分析。通常认为人民币对美元升值,从美国进口同样的用美元计价的产品所需的人民币数量减少了,因此进口产品用人民币定价就会下降,这排除了进口商是垄断厂商。如果进口商是垄断厂商,则进口产品的价格未必会下降。另外,人民币对欧元贬值,如果从欧洲进口,用欧元标价,则进口商品的人民币价格不仅不会下降,反而会上升。中国进口以美元定价的产品,进口商支付的美元数并没有减少,进口商要用人民币购买美元,由于人民币对美元升值,购买同样数量的美元所支付的人民币会减少。虽然进口商获得人民币升值的收益,但是国家卖外汇给进口商,损失落在政府的头上。因为人民币不是自由兑换货币,它不能够直接对外支付。

五是人民币对美元升值是吸引投机资本内流,还是防止投机资本内流。由于美国的次贷危机,2007年9月开始,美联储不断下调利率,美元持续走软,人民币对美元升值。如果每年人民币对美元升值10%,则投机资本流入呆一年,即使什么也不做,也可获得超过10%的收益,对投机资本的吸引力是很大的。实际上吸引投机资本流入的是人民币不断升值的趋势和预期。国际金融危机前有人认为人民币应该一次性大幅度升值消除人民币升值预期,缓解人民币升值压力。但一次性大幅度升值会导致国内投机资本迅速获利,是否能够防止投机资本继续流入,要依赖于人民币大幅度升值能否消除人民币升值的预期,如果能够消除预期,则有利于缓解人民币升值。

由此可见,经济现象本身往往是复杂的,需要具体问题具体分析,结论是依赖于一定的经济前提的。通过对这几种现象的分析和探讨,提示我们在现实的经济生活中,要善于对一些经济现象和经济问题进行把握和分析,要透过现象看本质,只有这样,才能够作出合理的、正确的判断。

二、一样的升值不一样的效果

2008年上半年,由于美国次贷危机,美元走软,人民币和欧元等货币纷纷对美元升值。欧元是自由兑换货币,也是主要的国际储备货币,人民币不是自由兑换货币,更不是国际储备货币,人民币和欧元两者各自升值对本国经济的影响是不同的。

1. 人民币升值有利于出国旅游和留学吗?

人民币升值和欧元升值对于各自本国或本地区居民去美国旅游、留学等都有利,人民币升值可以换得更多的美元,欧元升值也可以兑换更多的美元,但是对两国的影响并不相同。人民币升值,人民币可以兑换更多的美元,出国旅游和留学比以前更合算了。但是值得指出的是,由于人民币不是自由兑换货币,你必须首先把人民币兑换成美元,一定的人民币比以前可以兑换更多的美元,但要从国家手里购买外汇,你买的便宜,相当于国家给予补贴了。也就是说,国家可能是用8元买的1美元,现在再卖给你1美元,只能获得7元人民币。而对于欧元区则不一样,因为欧元是自由兑换货币,它直接在国际金融市场上就可以自由兑换,政府无需承担兑换的成本,居民可以获得美元贬值、欧元升值的好处,这是欧元升值获得的国际铸币税。也就是说,以前1欧元在国际金融市场上能够购买1美元,而现在在国际金融市场上,能够换得1.6美元,能够获得升值铸币税0.6美元,而人民币却不能够获得升值的铸币税,因为人民币不能够在国际金融市场上自由兑换,只能在国内金融市场上兑换,你的兑换收益相当于国家给你的补贴。

2. 人民币升值进口便宜了吗?

人民币升值,进口商从美国进口,进口价格下降,同样欧元升值,欧元区从美国进口,进口价格也会下降。尽管都是进口价格下降,但是两者之间有本质的区别。如果中国进口商从美国进口,它必须先用人民币购买美元,国家卖美元给进口商,虽然进口商买美元便宜了,但是你不是从国际金融市场上买来的,你是从国家的手里买来的,先前的美元是由我们的出口换来的,你获得的兑换收益是以国家的损失为代价的。而欧元则不同,它可以在国际金融市场上获得更多的美元,购买同样数量美元的商品支付的欧元少了,因为欧元是自由兑换货币,它能够获得升值带来的好处。

3. 人民币升值能够对冲国际商品价格的上涨吗?

国际油价和粮价上涨,欧元升值能够对冲国际商品价格上涨的损失,人民币升值却不能够对冲损失。2008年上半年美元走软,以美元标价的国际大宗商品如粮、油等的价格飙升。因为欧元在国际金融市场上能够兑换到更多的美元,欧元升值能够起到抵销粮油价格上涨的作用。但是对于人民币来说情况则不同,也就是说,从整个国家的角度来看,人民币升值对进口没有带来好处,但是从国家内部来看,进口商获得兑换收益,只是财富在进口商和政府之间发生了转移。

4. 人民币升值增强了人民币的地位吗?

欧元升值增强了欧元作为国际外汇储备的功能。2008年国际金融危机爆发,美元走软和欧元走强使得更多的国家调整自己的外汇储备结构,增持欧元,减持美元。作为国际储备货币,该货币必须稳定坚挺,能够保值增值,持续走软的货币是不适合作为储备货币的。中国外汇体制改革的目标就是要最终实现人民币的自由兑换,人民币走向国际化。众所周知,货币的功能主要是价值尺度、交换媒介和记账单位,发挥这三大功能,国际化的货币应该稳定坚挺,否则必然会被各国排斥。因此人民币要走向国际化,也必须保持人民币币值的相对稳定。

三、从铸币税的角度来分析人民币和欧元升值的不同

根据铸币税的定义：$S = \dfrac{\Delta B}{P}$，其中 S 是铸币税，B 是基础货币，P 是一般价格水平，$\Delta B = B_t - B_{t-1}$，因此央行获得的铸币税就是 $\dfrac{\Delta B}{P}$。如果铸币税用外币表示，则 $S^F = \dfrac{\Delta(B/e)}{P^*}$，其中 e 是汇率（直接标价），P^* 表示国外价格水平。假定其他因素不变，人民币汇率升值，意味着 e 下降（本币升值），外币表示的铸币税会上升。也就是说，美元贬值，人民币升值，用外币表示的铸币税也增加了，如果国际大宗商品价格上升，外币铸币税的上升能够弥补大宗商品价格的上升。但需要指出的是，如果人民币不是国际货币，不是自由兑换的货币，外币铸币税上升的好处是享受不到的，因为在国际金融市场上人民币是不能够兑换的，其他国家不能够持有人民币，也就无法征收到国际铸币税，只有国际货币才能够征收到国际铸币税。

实际上，我们可以从封闭经济和开放经济两个角度来分析铸币税的含义。假如在封闭经济体 A 和封闭经济体 B 中，经济体 A 央行增发货币 ΔB，经济体 A 中人口为 N，则每人平均承担的铸币税为 $S = \dfrac{\Delta B}{PN}$。如果经济体 A 是开放经济，A 国货币是国际货币，央行增发货币 $\Delta B = \Delta B_1 + \Delta B_2$，假定经济体 A 持有新增货币 ΔB_1，经济体 B 持有新增货币 ΔB_2（如经济体 B 向经济体 A 出口获得外汇储备）。为了分析问题的简便，假定两国价格水平相同，经济体 A 中人口为 N，经济体 B 中人口是 M，则经济体 A 每人平均承担的铸币税为 $S = \dfrac{\Delta B_1}{PN} < \dfrac{\Delta B}{PN}$，经济体 B 每人平均承担的铸币税为 $S = \dfrac{\Delta(eB_2)}{PM}$，$e$ 表示经济体 B 对经济体 A 的汇率，也就是说 A 经济体能够征收到经济体 B 的铸币税。如果经济体 A 的货币是不可兑换货币，不是国际货币，B 国不持有 A 国货币，A 国是无法征收到 B 国铸币税的。假定经济体 B 增发货币 ΔB_3，可以获得铸币税为 $S = \dfrac{\Delta B_3}{P}$，如果经济体 B 货币对经济体 A 货币升值到 e_1，则用 A 货币表示的铸币税为 $S = \dfrac{\Delta(B_3/e_1)}{P}$，用经济体 A 货币表示的铸币税上升，但这只是账面收益，因为经济体 B 的货币不是国际货币，经济体 A 不持有经济体 B 的货币，铸币税增加的好处，经济体 B 是享受不到的。

具体来说，如果国际大宗商品价格上涨，经济体 C（如欧元区）进口这些大宗商品，经济体 C 不能够直接用本国货币，必须要把本国货币换成经济体 A 的货币，C 国货币升值，能够兑换更多 A 国货币，比如 C 国新发行货币 ΔB_4，用经济体 A 货币表示的

铸币税为：$S = \dfrac{\Delta(B_4/s)}{P}$，其中 s 是经济体 C 对经济体 A 货币的汇率，如果经济体 C 货币升值，s 下降到 s_1，$S = \dfrac{\Delta(B_4/s_1)}{P}$，用外币表示的经济体 C 的铸币税上升，假设 C 国货币一部分是在 A 国兑换的，A 国可以持有 C 国货币，因此国际大宗商品价格的上涨部分能够获得国际铸币税而转移出去。

相反，如果经济体 B 进口这些商品，经济体 B 不能够直接用本国货币，必须要在国内把本国货币换成经济体 A 的货币，虽然在国内兑换 A 国货币合算了，也只不过是国内不同主体之间的财富转移罢了，无法获得国际铸币税。假如央行当时从出口商买进外汇的支出是 eB_2，现在卖出是 e_1B_2，央行外汇兑换发生亏损，进口国际大宗商品的进口商将获得这部分收益。

如果从中国的现实来看，人民币是不可自由兑换货币，其他国家不持有人民币资产，就不能够征收到国际铸币税。如果美元贬值，人民币升值，国际大宗商品价格上涨，中国进口国际大宗商品，人民币必须向央行或在国内金融市场上换成美元，不能够获得国际铸币税，无法抵销国际大宗商品价格上涨带来的支出增加。

总之，人民币和欧元对美元同样升值，但是其各自的影响却不同，不同的货币抵御外来的冲击是不一样的。由于各国货币地位的强弱不同，弱币国总是处于劣势地位，美元贬值对非国际货币国家的影响更大。美国次贷危机可以通过美元倾销转移损失，欧元也可以通过本币升值对冲部分损失，而像中国等一些发展中国家货币处于弱势地位，不得不承担美元贬值导致的损失。由于人民币不是完全自由兑换的货币，美元贬值导致的损失不能够像欧元升值那样通过国际铸币税得到一定的对冲。因此，我国要深化外汇体制改革，继续稳步推进人民币自由兑换，完善人民币汇率的形成机制，放弃对某一国货币的依赖，促进人民币走向世界，最终成为国际储备货币中的一员。

四、人民币"外升内贬"的原因及影响

由于 2007—2008 年人民币的持续升值和国内价格水平的上涨，人民币呈现出"对外升值"和"对内贬值"的现象，相对美元来说，人民币的购买力在上升，而由于国内通货膨胀，人民币在国内的购买力却在下降，这是人民币变化的一个重要特征。而进入 2008 年，人民币"外升内贬"的趋势进一步加剧。2008 年 1 月份、2 月份，居民消费价格总水平同比分别上涨了 7.1% 和 8.7%，通货膨胀有上升的趋势；2008 年上半年人民币就升值了 2.8% 左右。人民币对外升值和对内贬值呈现出相互攀升的趋势。从我国的实际情况来看，巨额的外汇储备，外国投机资本不断流入，再加之来自外国政府的施压，人民币升值预期上升。

从传统的国际金融理论来看，国内有通货膨胀，人民币应该贬值，而不是升值；同时人民币升值，国际收支盈余会下降，国内外汇占款下降，有利于控制物价水平的上

升。也就是说,这两者之间是相互抵销的关系,而不是相互强化的关系。为什么当时会出现人民币"外升内贬"不断加剧呢?从中国的实际来看,人民币的对内价值和对外价值的变动并不是完全相关的,而是有一定程度的脱离。从人民币的对外价值来看,国际收支盈余、人民币升值超强预期和美元走软等是导致人民币升值的主要因素,我国物价上涨呈现出结构性上涨的特征,对出口企业成本影响有限,贸易盈余并不会迅速下降,而升值预期和美元走软助推了人民币的加快升值。而从人民币的对内价值来看,国内的通货膨胀并不完全是由于外汇占款的增加所导致的,由于中央银行的冲销干预,外汇占款对价格水平的影响较小,国内通货膨胀更多地是国内供给不足和当时国际市场上大宗商品价格上涨等所导致的。

人民币对外升值和对内贬值会面临一定的挑战。一是人民币对外升值和对内贬值使得人民币实际升值速度加快,本国产品的价格竞争力会下降。实际上,物价水平上升导致货币购买力下降,会弱化人民币升值预期和缓解人民币升值的压力,但通货膨胀会加快人民币升值速度。从货币购买力角度看,实际汇率可以视为本国与贸易对象国各自货币的国内实际购买力的比率。如果假定国外价格水平不变,国内名义汇率下降,实际汇率下降,人民币实际升值;国内价格水平上升,实际汇率下降,人民币也实际升值。通常情况下,名义汇率不变,那么本国的通货膨胀率导致本币实际购买力下降,贸易对象国的通货膨胀率高导致外币的实际购买力下降,用本币表示的外币价格(汇率)就较低。人民币对外升值和对内贬值,意味着人民币实际升值速度加快,本国出口产品的价格竞争力会下降。

二是人民币对外升值和对内贬值导致中央银行的冲销干预的压力增大。一方面,国际收支盈余和人民币升值预期上升,中央银行的外汇占款增加。为了控制外汇占款的大幅度增加,中央银行必须大量发行央行票据,进行正回购操作或提高法定准备金率进行冲销。另一方面,货币信贷扩张,价格水平上升,也需要中央银行进行公开市场业务的操作,吸收更多的流动性,因此中央银行冲销干预的压力进一步上升。如 2007 年我国央行 10 次上调法定准备金率(还上调了外汇存款法定准备金率),6 次上调存贷款利率,6 次发行央行定向票据,同时还采取人民币特种存款冻结流动性,央行连续在公开市场上发行央行票据回笼资金,应该说央行回笼资金的力度不断加大。

人民币"外升内贬"给我国经济带来什么样的影响呢?

一是由于两者之间关系的一定脱离,通过人民币升值控制通货膨胀效果有限,因此政府要更多通过其他政策手段控制通货膨胀。正如前央行行长周小川在 2008 年 3 月 6 日的两会记者招待会上回答记者所指出的那样:"在通货膨胀的控制方面,更主要还是依靠国内综合措施,包括实行从紧的货币政策,以及其他综合措施。""不必把汇率变化更多地看作是为了抑制通货膨胀。"

二是使得实际汇率加速升值和实际利率为负同时并存。由于人民币名义升值加快,加上国内通货膨胀,人民币实际升值的速度更快,因为通货膨胀增加了出口企业的成本,也相当于人民币实际升值了。同时由于通货膨胀加剧,人民币实际利率仍然为负,并有继续下降的趋势。因此人民币的对外实际币值加速上升,可能会导致更多投机资本流入;对内的实际收益率下降,导致国内投资仍然过热,加剧了宏观经济的内外不均衡。

三是导致收入分配结构变化和内需下降。通常,社会中富人的资产性收入占绝大多数;而穷人则相反,资产性收入占比较少。因为在我国大多数的居民的收入来源主要是货币性工资,而少数富人却拥有大量的实物资产和金融资产。通货膨胀使社会中的大部分人财富迅速减少,而少数富人财富增多,使得财富向少数富人转移,进一步加剧财富分配不平等的程度。通货膨胀使得大多数民众的财富减少,于是这部分人口的消费支出必然被压缩;与此同时,富裕阶层的财富虽然增加,但是这部分人的消费偏向奢侈品消费,加之人民币的对外升值导致进口品相对便宜,这部分由于财富增加引致的消费必然会转移到进口品上。

因此,人民币的对外升值和对内贬值相结合致使政府常规的经济调节政策产生了矛盾,加剧了宏观经济的内外失衡。因此,我们要通过多种政策工具的搭配实现宏观经济内外均衡,保持人民币对内和对外价值的逐步稳定,防止汇率和价格水平的大起大落。

五、人民币升值,出口企业应相机抉择

人民币升值有利于促进经济结构的调整和发展方式的转变,但会导致一些出口企业面临更多的困境。

首先是人民币升值导致出口企业的换汇成本上升。人民币升值主要影响出口企业的换汇成本,如一家企业出口商品或提供服务获得一定数量外汇(假定是美元计价的外汇),在国内要兑换成人民币使用,如果人民币升值,就意味着这一定数量的美元外汇能够兑换到的人民币数量减少了,相当于企业的出口成本上升了。实际上,自2005年7月汇改以来,人民币持续升值,因此人民币升值导致出口企业的换汇成本在不断上升,将不断侵蚀企业的利润。

其次是外部需求的恶化。自从美国发生次贷危机以来,美国经济下滑。2010年以来,欧洲主权债务危机加剧,欧元区国家面临削减财政赤字的任务,必须通过削减开支,增加税收来改善财政状况,而收紧财政政策将导致经济恢复和增长变缓。欧盟是中国的第一大贸易伙伴,美国是中国的第二大贸易伙伴,美欧经济下滑或经济复苏缓慢会导致对中国的进口大大减少,中国企业出口的形势也将更加严峻。

最后是出口企业国际价格竞争力恶化。由于人民币汇率升值,伴随我国劳动力的成本不断上升,出口企业的生产成本上升,出口企业产品的国际价格竞争力下降。我国的很多出口企业都是劳动密集型企业,是依赖于物美价廉取胜,随着中国出口价格竞争力优势的逐步丧失,国际市场更多的一些订单开始转向一些更具有价格优势的东南亚国家,如印度、越南、斯里兰卡等,这对我国的出口形势也会产生不利影响。

人民币升值,对出口企业的影响较大,一些劳动密集型和产品附加值低的出口企业面临人民币不断升值的冲击。我国的出口型行业中纺织、服装、玩具、家具、家电、皮鞋、化工、电子机械制造业等是受影响最大的行业,甚至一些行业将面临亏损和破产的风险。人民币升值对出口企业是一个巨大的挑战,出口企业不能够消极等待,而应该积极应对,探寻规避风险的途径,尽量使自己的损失最小化。出口企业可以通过以下方式,减少人民币不断升值过程中的部分损失。

首先是减少人民币升值导致出口货款的汇兑损失。一是如果人民币升值,出口企业应加快回收货款,缩短货款回收期。出口企业为了避免人民币升值导致的损失,可以采取提前收汇或预收货款的方式,尽早收回资金,迅速结汇。二是出口商品可改用人民币计价结算或选择币值稳定或有升值趋势的货币计价。如果出口货款采取人民币计价,就会避免汇率变动导致的损失,而汇率变动的风险就由进口商来承担。出口商采取币值稳定或有升值趋势的货币计价,也可以防范人民币和美元汇率变动的损失。三是通过贸易融资的方式减少损失。如出口企业可以通过出口押汇和出口贴现等方式提前获得出口款项,避免将来人民币升值带来的收益风险。在这种收汇方式下,银行将出口押汇款项或出口贴现款项扣除押汇息或扣除贴现息、议付费及其他应收费用后支付给出口商,出口商可以提前获得货款,避免人民币升值带来的损失。但值得指出的是,如果银行考虑到人民币升值条件下出口押汇或出口贴现导致的成本上升,它会提高利息或收费标准,则出口企业很难转嫁损失或自己承担部分损失。四是利用远期结售汇来规避汇率风险。出口商可以通过远期结售汇固定人民币对美元的汇率,降低汇率变动的风险。但远期结售汇能否规避汇率风险,依赖于确定的汇率对出口企业是否有利,这取决于银行对将来汇率变动的预期。如果预期升值的幅度小于实际升值的幅度,则确定的远期结售汇汇率对出口企业可能有利;如果预期升值的幅度大于实际升值的幅度,则对出口企业不利。出口企业是否采取这一方式依赖于对将来人民币汇率变动趋势的判断。五是在签订出口订单时,提前签订美元和人民币的汇率变动的损失分担问题。在签订出口合同时,出口商可以事先约定汇率变动引起损失的分担比例,使得损失风险双方共担。或在签订出口订单时,双方协议当人民币升值或贬值时,相应地提高或降低出口价格。六是加强对外汇账户的余额管理,使得外汇账户的余额达到最优化,减少过度外汇余额导致的汇兑损失。出口企业要加强对外汇账户余额的最优化管理,使得外汇余额既能够维持自身外汇需求的正常周转,又能够减少不必要的外汇库存,使得收益达到最大化。

其次是通过需求转换来增加对出口企业产品的需求,减少汇兑损失。出口企业如果出口减少,可以通过扩大内需来弥补。人民币升值,出口企业的商品在国外的价格会上升,出口商品的数量可能会减少。这样企业可以通过转向内需为自己的产品寻求出路,又可以避免人民币汇率变动对产品价格的影响。我国经济持续增长,内需不断扩大,政府也在积极提倡拉动内需,外需向内需的转变是很多出口企业的一种战略选择。

再次是通过价格谈判,减少人民币升值带来的损失。一是通过和进口商的谈判,相应提高出口产品的价格。人民币升值,无疑会加大出口企业的成本。因此国内出口商应通过加强和外商谈判,获取更高的出口商品价格。谈判的结果依赖于出口商品是"买方市场"还是"卖方市场"。如果是"卖方市场",则有利于出口商,可能获得一个较高的谈判价格;如果是"买方市场",则在谈判中,出口商将处于劣势,损失很难转移出去。二是在签订出口合同时,应该考虑到人民币升值的因素,适当提高出口商品的价格。一些出口企业的合同可能要签到年底或第二年的,必须考虑到人民币升值导致的货款损失,可以通过谈判,适当提高将来出口商品的价格。

最后是企业应通过走内涵式发展道路,提高产品的国际竞争力。一是提高劳动生产效率,降低生产成本。人民币升值会消减出口企业的利润,如何弥补这一块,可以通过挖掘潜力,提高劳动生产率,降低生产成本来消除人民币升值的不利影响。二是促进产品升级,生产附加值高的产品。出口企业应该加速产品升级和更新换代,强化自主创新,提高产品的科技含量,提升出口商品的国外价格,获得更大的利润空间,以弥补人民币升值导致的利润下降。

总之,上述的前三种方法只是出口企业缓解人民币升值压力、减少损失的权宜之计,短期内可以起到一定的作用。从长期来看,出口企业必须通过挖掘自身潜力,降低生产成本,增强自主创新的能力,提升产品的国际竞争力,才能立于不败之地。

第二节 利率调整和汇率稳定之间的冲突

理论上,在开放经济环境下,利率与汇率有着紧密的联动关系。描述利率与汇率关系的理论有利率平价理论、国际收支说、汇率决定的资产组合模型、蒙代尔-弗莱明模型等。

凯恩斯和爱因齐格于20世纪二三十年代提出的利率平价理论指出两个国家间利率的差额近似地等于两国货币汇差,这种汇差与利差的关系不仅存在于抵补套利环境下,而且在非抵补的情况下依旧成立。在抵补套利假定下,两国利率差将导致套利资金的流动,资金将从低利率国家流向高利率国家以谋取利差,同时,套利者采用掉期的方式规避汇率风险。大规模掉期交易使得低利率国家货币即期贬值,远期升值;高利率国家货币即期升值,远期贬值;且汇差将逼近两国利差。非抵补利率平价则假设投资者根据其对未来汇率的预期进行投资,不运用掉期等金融工具转嫁汇率风险。利率平价理论体现出开放经济环境下一国利率调整必将影响该国汇率走势。汇率决定的国际收支说认为,本国利率相对于外国利率上升将导致资金内流,本币升值。资产组合平衡说认为,资产市场失衡引致的国内外资产收益率变化是居民调整其资产组合的动因,而资产市场供求调整引起汇率变动;当一国债券市场供给增加,该国利率水平上升,吸引公众将一部分资金由国外资产转为本币资产。蒙代尔-弗莱明模型分析了存在国际资本流动影响的环境下货币政策与财政政策对一国内外均衡的作用;指出固定汇率制度下,财政政策有效且资本市场开放度越高,财政政策效果越明显,而货币政策效果则会大打折扣。

一、开放经济条件下利率调整和汇率稳定

长期以来,我国利率目标和汇率目标之间存在冲突,这中间起作用的主要是利率平价机制。假设 i_t,i_t^* 分别是指本国货币和外国货币投资时在 t 到 $t+1$ 期的利率,S_t 代表外汇市场上即期汇率(汇率以直接标价法表示),用 $E_t S_{t+1}$ 表示在 t 期预期 $t+1$ 期的即期汇率。因此利率平价可表示为:

$$E_t S_{t+1}(1+i_t^*) = S_t(1+i_t)$$

则:

$$(E_t S_{t+1} - S_t)/S_t = (i_t - i_t^*)/(1+i_t^*)$$

图 4-1 中左边 IP 表示利率平价公式,右边是 $IS\text{-}LM$ 曲线,初始均衡点在 A 点,利率为 i_0,汇率为 S_0。如果政府采取紧缩性的货币政策,LM 曲线左移到 LM_1,利率由 i_0 上升到 i_1,汇率由 S_0 下降到 S_1,即汇率由 S_0 升值到 S_1。

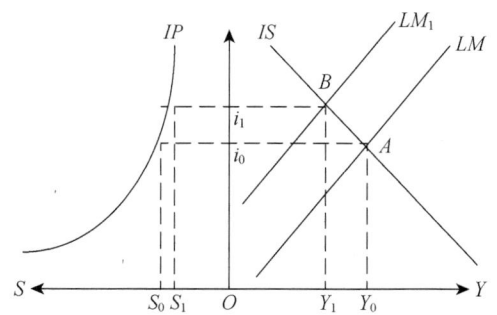

图 4-1 紧缩性的货币政策和人民币升值之间的矛盾

国际金融危机爆发前,人民币有升值压力,中国流动性过剩,国内价格水平上升,央行面临调控困境。央行不可能在人民币升值的背景下,短期内大幅度提高利率。

假定初始均衡点在 A 点,如果存在升值预期,即 $E_t S_{t+1}$ 下降,IP 右移到 IP_1,如果维持汇率 S_0 不变,套利资本流入,外汇占款增加,货币供应量增加,LM 曲线右移到 LM_1,均衡点在 B 点,利率下降到 i_1。如果开始经济处于扩张状态,中央银行为了控制经济进一步过热,紧缩银根,发行央行票据进行冲销,使得 LM_1 回到 LM,则利率又上升到 i_0,套利资本将继续流入(见图 4-2)。

货币政策存在调整的困境,在稳定汇率的条件下,放松政策,利率下降,存在通货膨胀;紧缩银根,利率上升,投机资本流入套利。实际上,2007—2008 年,我国调整利率的时候,面临着政策上的冲突,调控利率和稳定汇率之间存在矛盾。2007 年以来,

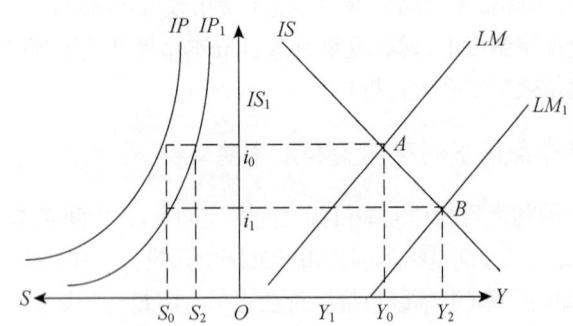

图 4-2 利率控制和汇率稳定之间的矛盾

我国 CPI 一直呈上升的态势,在 8 月份和 9 月份更是达到近几年来的最高水平 6.5% 和 6.2%。因此,央行采取紧缩性的货币政策,以遏制 CPI 数据的继续攀升。中央银行不断加息、多次提高法定准备金率和 6 次发行定向票据以紧缩信贷,回收市场的流动性,但这种紧缩性的货币政策进一步加剧了人民币升值的压力。

2005 年汇改至 2008 年国际金融危机爆发前,我国经济持续高速增长,投资不断扩大,提高利率有利于控制过快的投资增加。但是利率提高,人民币的升值压力更大。我国中央银行通过发行央行票据冲销基础货币的增加,有利于控制价格水平和通货膨胀,但是随着央行利率提高,人民币也会面临进一步升值压力。

二、热钱流入的原因分析

自 2005 年 7 月人民币汇率体制改革以来,人民币一直呈现出单向的、持续的升值,人民币汇率变化没有不确定性,对于投机资本来说,这几乎是没有风险的。尽管我国存在资本管制,投机资本不能够自由进出,但是在利益机制的驱动下,投机资本通过各种渠道潜入。同时外部环境的变化也加剧了投机资本的流入,美国爆发次贷危机后,美国不断下调联邦基金利率,进入 2008 年,中美利率倒挂,进一步加剧了投机资本的流入。

热钱的流入主要有以下几种原因。一是人民币升值较快和升值预期较强。自 2005 年 7 月汇改至 2008 年 6 月 20 日,人民币累计升值 20%,并且人民币升值呈现单向的、持续的变化趋势。我国的经常项目和资本项目双顺差,到 2009 年 12 月底,我国的外汇储备达到 23 991.52 亿美元,外汇供给一直大于外汇需求,人民币升值的预期较强。

二是中美利差倒挂。2007 年中国人民银行 6 次上调人民币存贷款利率,而美国次贷危机爆发,美联储自 2007 年 9 月 18 日以来,连续下调联邦基金利率。2008 年以来美国的利率降低到人民币存款利率以下,中美利差倒挂趋势越来越大,这进一步刺激了投机资本的流入。从上海同业拆借利率与美联储同业拆借利率的比较能够看出,2007 年中国为了控制通货膨胀,利率不断上调,而美联储受次贷危机冲击的影响,开始不断下调利率,中美利差越来越小,随着美联储继续下调联邦基金利率,中美利差开始倒挂,中国利率越来越高于美国利率(见图4-3)。

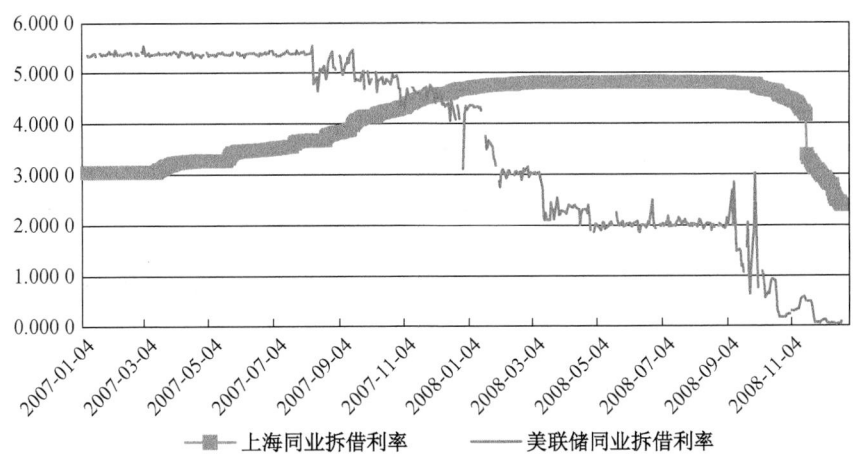

资料来源:http://www.federalreserve.gov/;http://www.pbc.gov.cn。

图 4-3 上海同业拆借利率与美联储同业拆借利率的比较(2007 年 1 月 1 日至 2008 年 12 月 31 日)

三是资产市场价格的上涨。证券市场和房地产市场的繁荣吸引了大量投机资本流入。随着我国经济的高速增长,资产价格不断上涨,为投机资本获利提供了机会。股票价格高涨。2006 年以来股票市场一路狂飙,深沪两市均全线飘红。以沪市为例,沪市综合指数已从 2006 年 2 月 6 日的 1 287.66 点,在短短 1 年多时间内狂涨至 2007 年 10 月 16 日的 6 092.06 点(见图 4-4)。深市也同样表现出色,深市成份指数已从 2006 年 2 月 6 日的 3 359.5 涨至 2007 年 10 月 31 日的 19 531.16,涨了 5.8 倍(见图 4-5)。计算 30 天累计增长率,深市、沪市平均分别为 11.79%、14.08%。

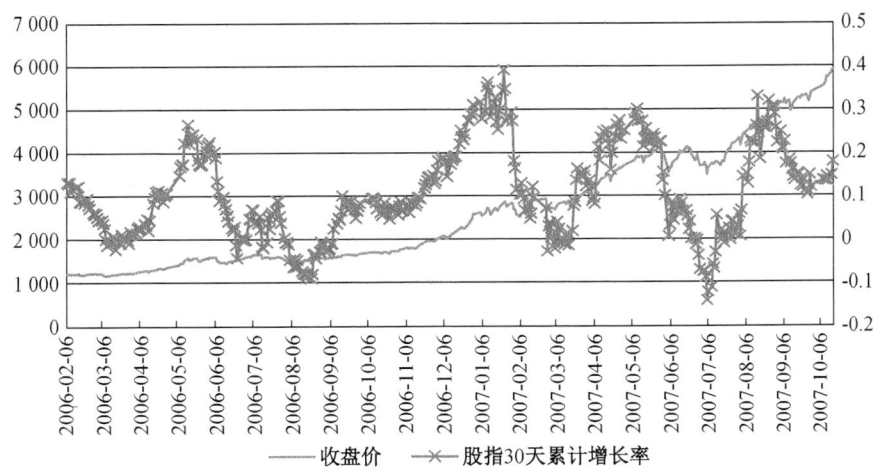

资料来源:iFinD 数据库。

图 4-4 沪市综合指数及 30 天累计增幅

——收盘价　—×—股指30天累计增长率

资料来源：iFinD 数据库。

图 4-5　深市成份指数及 30 天累计增幅

同样，国内房地产需求一直处于高速增长阶段，房地产投资的预期回报相当可观。2004 年以后，我国房地产销售价格快速攀升。

四是美元持续走软。由于美国次贷危机，美国采取扩张性的货币政策和财政政策导致美元不断走软。美元汇率指数由 2007 年年初的 83.31 下降到 2008 年 3 月 17 日的 70.70 近期低点，美元对欧元的汇率也由 2007 年年初的 1.317 0 下滑到 2008 年 4 月 23 日的 1.600 2。

三、热钱的套利机制及流入渠道

投机资本流入主要是套利或套汇，或两者兼而有之。我们通过一个简单的实例来说明投机资本怎样获利的。第一是套利，假定人民币和美元是固定汇率，且 1 美元＝7 元人民币，人民币的利率是 4%，美元的利率是 2%，人民币利率比美元利率高 2 个百分点。如果有 100 万美元的投机资本流入中国，则在中国投资获得的收益比在美国投资要高 2 个百分点，即多获得收益为：$100(4\%-2\%)=2$（万美元）。第二是套汇，假定人民币利率和美元利率都是 4%，且人民币有升值趋势，假定 1 年后人民币由 1 美元＝7 元升值到 1 美元＝6 元，人民币升值幅度为 14.3%，对应地，美元对人民币贬值幅度为 16.7%，则 100 万美元的投机资本在中国能够多获得收益为：$100\times7(1+4\%)\div6-100(1+4\%)=17.3$（万美元）。第三是既套利又套汇，即人民币利率比美元利率高，同时人民币又升值。假定人民币的利率是 4%，美元的利率是 2%，假定 1 年后人民币由 1 美元＝7 元升值到 1 美元＝6 元，则 100 万美元的投机资本在中国多获得收益为：$7\times100(1+4\%)\div6-100(1+2\%)=19.3$（万美元），它等于套利和套汇的收益之和，投机资本获得的利润是相当高的。

实际上投机资本能否获利可以从利率平价机制得出。假设 i_t, i_t^* 分别是指本国货币和外国货币投资时在 t 到 $t+1$ 期的利率，$E(\dot{S})$ 表示本币汇率的预期变动率[①]，则根据利率平价：$E(\dot{S})=i_t-i_t^*$。也就是说，汇率的预期变动率等于国内外利差。因此在人民币贬值、美元升值预期的条件下，即人民币的预期贬值率 $E(\dot{S})>0$。为了防止投机资金的套利，国内利率应该比美元利率高。假定人民币预期贬值率为 $a\%$，则国内利率应该比美元利率高 $a\%$，套利资金就不会获得利润。只要人民币贬值预期超过人民币和美元之间的利差，投机资本会不断流出。相反，在人民币升值、美元贬值预期的条件下，即人民币的预期升值率 $E(\dot{S})<0$。为了防止投机资金的套利，国内利率应该比美元利率低。假定人民币预期升值率为 $a\%$，则国内利率应该比美元利率低 $a\%$，套利资金则不会获得利润。只要人民币升值预期超过人民币和美元之间的利差，投机资本会不断流入。如果人民币 1 年升值在 10% 左右，则美元利率应该比人民币利率高 10%（忽略交易成本），套利资本不能够获得利润。

国际金融危机前，随着人民币利率的上调和美元利率的下调，人民币和美元的利差越来越小。如 2006 年 8 月 19 日金融机构 1 年期存款基准利率上调 0.27 个百分点，由当时的 2.25% 提高到 2.52%。当时联邦基金利率为 5.25%，与我国 1 年期的存款利差为 2.73%。为应付次级债危机，2007 年 9 月 18 日美联储 4 年来首次降息，宣布下调联邦基金利率，由原来的 5.25% 下调至 4.75%，中美利差不断缩小。随后，美国在半年多的时间内连续降低利率导致中美利差缩小，并出现利率倒挂。

因此如果考虑我国的实际情况（不考虑交易成本），国外投机资本投资在国内的收益率为 $i-E(\dot{S})$（人民币利率＋人民币对美元升值的幅度 $[E(\dot{S})<0]$），它包括利息收益和人民币升值后货币的汇兑收益；投资在国外的收益率为美国的利率 i^*。因此当（人民币利率＋人民币对美元升值的幅度）＝（美元的利率），则投机资本在国内投资的收益率和在国外投资的收益率相等，投机资本不会流入。当（人民币利率＋人民币对美元升值的幅度）＜（美元的利率），则投机资本在国内投资的收益比在国外投资的收益小，国外投机资本不会流入。当（人民币利率＋人民币对美元升值的幅度）＞（美元的利率），则投机资本在国内投资的收益比在国外投资的收益大，投机资本流入会获得更高的收益。总结起来，结果如下（见表 4-1）。根据利率平价理论，$E(\dot{S})=i-i^*$，可以得到：$(i-i^*)+(-E(\dot{S}))=0$，因此在利率平价成立的条件下，投机资本是不能够获得利润的。当 $(i-i^*)+(-E(\dot{S}))\neq 0$，投机资本可以获得投机利润，其中利差收益为 $(i-i^*)$，如果符号为正，表示收益，如果符号为负，表示损失；汇兑收益为 $(-E(\dot{S}))$，同样如果符号为正，表示收益，如果符号为负，表示损失。当 $(i-i^*)+(-E(\dot{S}))>0$，投机资本流入国内，可以获得投机利润；当 $(i-i^*)+[-E(\dot{S})]<0$，投机资本流出国内，可以获得投机利润（见表 4-1）。

---

① $E(\dot{S})$ 大于 0，表示人民币贬值，$E(\dot{S})$ 小于 0，表示人民币升值。

表 4-1　　　　　　　　　投机资本的套利和套汇

资本流入：$(i-i^*)_{套利}+[-E(\dot{S})]_{套汇}>0$		
$(i-i^*)_{套利}>0,[-E(\dot{S})]_{套汇}>0$	$(i-i^*)_{套利}>0,[-E(\dot{S})]_{套汇}<0$ $\lvert i-i^*\rvert>\lvert-E(\dot{S})\rvert$	$(i-i^*)_{套利}<0,[-E(\dot{S})]_{套汇}>0$ $\lvert i-i^*\rvert<\lvert-E(\dot{S})\rvert$
既能套汇又能套利	套利的收益大于套汇的损失	套汇的收益大于套利的损失
资本流出：$(i-i^*)+[-E(\dot{S})]<0$		
$(i-i^*)_{套利}<0,[-E(\dot{S})]_{套汇}<0$	$(i-i^*)_{套利}>0,[-E(\dot{S})]_{套汇}<0$ $\lvert i-i^*\rvert<\lvert-E(\dot{S})\rvert$	$(i-i^*)_{套利}<0,[-E(\dot{S})]_{套汇}>0$ $\lvert i-i^*\rvert>\lvert-E(\dot{S})\rvert$
既能套汇又能套利	套汇的收益大于套利的损失	套利的收益大于套汇的损失

从人民币和美元的基准利率，以及人民币升值的趋势来看，2007—2010 年热钱流入中国的动力较强。在我国投机资本既有套利又有套汇的机会，因为人民币利率和美元对人民币的贬值幅度都大于美元的利率。2008 年中美利率倒挂，人民币存在升值压力，套利资本流入能够获利，但在金融市场迅猛发展的今天，国际资本流动的目的往往是获得资本市场的高额收益率。因此在资产市场价格不断上涨的情况下，投机资本不会只呆在银行里，而是投资到股票市场或房地产市场追逐更高的收益，如果这样，则在国内投资获得的收益率等于（投机资本在国内资产市场的收益率＋人民币对美元升值的幅度）。我国资本市场更能吸引"热钱"，这也是我国利率与汇率联动关系特殊性的一个体现。如果投机资本能够套取资产市场的收益，则由利率平价公式可知，只要：$I_t+(-E(\dot{S}))>i_t^*$，投机资本能够获得收益，其中 I_t 为国内资产的收益率。假定资产市场的年平均收益率为 15%，即 $I_t=15\%$，人民币对美元的升值幅度为 10%，即 $-E(\dot{S})=10\%$，美元的利率为 2%，即 $i_t^*=2\%$，则投机资本获得资产市场和人民币升值的双重收益率为 15%＋10%＝25%，因此投机资本获得的利润为 25%－2%＝23%。

如果按照传统的外汇储备总金额减去贸易盈余和 FDI 来计算"热钱"，我们粗略估计了近期热钱流入状况，如表 4-2 所示。2007—2010 年，流入的热钱较多，反映了投机资本看中人民币升值和资产价格上涨所能带来的高额的收益，并且国际金融危机时期，美国采取量化宽松政策，持续下调利率，资本流入新兴市场经济国家。2014 年以来，随着美国退出量化宽松政策，提高利率与美元升值，流出的资本较多。

不过有些学者指出，不能用外汇储备减去贸易盈余和 FDI 来计算"热钱"，因为新增的外汇储备包括外汇储备的投资收益和外汇储备中其他货币对美元升值的收益。但是笔者认为，即使考虑到这一点，"热钱"流入的数量仍然不可小视，因为一些投机资本也可能混在贸易项目和 FDI 中流入（外汇储备增量－贸易顺差－外商直接投资＋虚假贸易＋虚假 FDI）。

表 4-2　"热钱"估计值　（单位：亿美元）

日期	当月新增外汇储备	当月新增贸易顺差	实际利用FDI金额	粗略估计的热钱	日期	当月新增外汇储备	当月新增贸易顺差	实际利用FDI金额	粗略估计的热钱
2005.1	137.14	64.94	40.95	31.25	2006.6	160.950 6	145.03	54.39	−38.469 4
2005.2	189.64	43.57	38.74	107.33	2006.7	134.352 5	146.24	42.79	−54.677 5
2005.3	165.34	57.33	54.19	53.82	2006.8	174.890 9	187.96	44.85	−57.919 1
2005.4	116.3	45.91	40.85	29.54	2006.9	158.886 5	152.87	53.97	−47.953 5
2005.5	202.38	89.88	48.93	63.57	2006.10	216.987 2	238.3	59.87	−81.182 8
2005.6	199.61	96.78	61.97	40.86	2006.11	291.246 4	229.28	56.87	5.096 4
2005.7	217.6	105.46	45.28	66.86	2006.12	275.932 1	209.97	184.52	−118.558
2005.8	204.76	105.93	49.02	49.81	2007.1	383.475 2	158.81	53.389 3	171.275 9
2005.9	157.95	75.62	52.54	29.79	2007.2	526.804 6	237.56	50.086 9	239.157 7
2005.10	158.976 3	120.16	51.64	−12.823 7	2007.3	446.587 9	68.71	66.533 8	311.344 1
2005.11	93.212 1	105.31	47.16	−59.257 9	2007.4	445.345 4	168.46	49.78	227.105 4
2005.12	246.488 8	110.16	192.79	−56.461 2	2007.5	461.054 1	224.74	56.26	180.054 1
2006.1	263.082 8	94.89	45.45	122.742 8	2007.6	399.537 3	269.1	83.87	46.567 3
2006.2	84.92	24.25	40.44	20.23	2007.7	525.751	243.57	60.21	221.971
2006.3	213.98	111.89	56.57	45.52	2007.8	234.413 8	249.74	58.22	−73.546 2
2006.4	199.697 1	104.57	42.33	52.797 1	2007.9	249.702 1	239.14	53.48	−42.917 9
2006.5	299.799 3	130.04	45.1	124.659 3	2007.10	212.865 2	270.51	68.6	−126.245

(续表)

日期	当月新增外汇储备	当月新增贸易顺差	实际利用FDI金额	粗略估计的热钱	日期	当月新增外汇储备	当月新增贸易顺差	实际利用FDI金额	粗略估计的热钱
2007.11	420.079 1	262.81	83.84	73.429 1	2009.4	551.39	131.350 4	58.92	361.119 7
2007.12	313.432 8	226.87	150.94	−64.377 2	2009.5	806.11	133.885 3	63.79	608.434 7
2008.1	615.612 9	194.8	112	308.812 9	2009.6	421.151 3	83.359 34	89.61	248.182
2008.2	573.233 1	85.55	69.28	418.403 1	2009.7	430.117 8	106.296 6	53.587 9	270.233 3
2008.3	350.432 9	134.07	92.86	123.502 9	2009.8	362.089 7	157.117 8	74.992 1	129.979 8
2008.4	744.781 4	166.77	76.03	501.981 4	2009.9	617.682 9	129.321 2	78.99	409.371 7
2008.5	403.056	202.1	77.61	123.346	2009.10	556.768 3	239.876 3	71.05	245.842
2008.6	118.673 1	213.5	96.1	−190.927	2009.11	605.164 7	190.93	70.23	344.004 7
2008.7	363.361 3	252.78	83.36	27.221 3	2009.12	103.638 2	184.301 7	161.71	−242.373
2008.8	389.886 1	286.94	70.08	32.866 1	2010.1	160.687 8	141.682 5	81.29	−62.284 7
2008.9	214.317 3	293.701 4	66.42	−145.804	2010.2	93.696	76.123 81	58.95	−41.377 8
2008.10	−258.97	352.39	67.22	−678.58	2010.3	224.929 8	−72.363	94.19	203.102 8
2008.11	50.297 6	400.898 2	53.22	−403.821	2010.4	434.280 5	16.812 18	73.46	344.008 3
2008.12	613.129 2	389.800 3	218.944 4	4.384 47	2010.5	−510.059	195.304 7	81.32	−786.684
2009.1	−325.742	391.093 4	75.41	−792.246	2010.6	147.690 2	200.218 5	125.09	−177.618
2009.2	−13.9	48.409 91	58.33	−120.64	2010.7	846.191 5	287.303 9	69.24	489.647 6
2009.3	416.75	185.614 4	84.03	147.105 7	2010.8	89.437 6	200.360 8	76.02	−186.943

(续表)

日期	当月新增外汇储备	当月新增贸易顺差	实际利用FDI金额	粗略估计的热钱	日期	当月新增外汇储备	当月新增贸易顺差	实际利用FDI金额	粗略估计的热钱
2010.9	1 004.653	168.749 8	83.84	752.063 1	2012.2	560.26	-314.833	77.26	797.833 2
2010.10	1 125.96	271.483 1	76.63	777.846 9	2012.3	-46.86	53.473 01	117.57	-217.903
2010.11	69.1	228.898 2	97.04	-256.838	2012.4	-60.58	184.271 9	84.01	-328.862
2010.12	795.29	130.800 6	230.27	434.219 4	2012.5	-928.04	186.993 2	92.29	-1 207.32
2011.1	843.36	64.609 41	100.28	678.470 6	2012.6	338.96	317.221 1	119.79	-98.051 1
2011.2	597.12	-73.061	77.95	592.231	2012.7	-0.53	251.467 5	75.8	-327.798
2011.3	532.88	1.387 63	125.17	406.322 4	2012.8	329.49	266.605 5	83.25	-20.365 5
2011.4	1 011.69	114.21	84.63	812.85	2012.9	121.94	276.690 3	84.285 6	-239.036
2011.5	201.54	130.469 7	92.25	-21.179 7	2012.10	23.305 8	320.466 9	83.134 4	-380.295
2011.6	314.94	222.725 8	128.63	-36.415 8	2012.11	102.458 1	196.332 8	82.86	-176.735
2011.7	477.92	314.836 1	82.96	80.123 91	2012.12	139.178 4	316.184 4	210.51	-387.516
2011.8	172.16	177.589 6	84.47	-89.899 6	2013.1	984.717 7	291.462 6	92.7	600.555 1
2011.9	-608.16	145.139 3	90.45	-843.749	2013.2	-146.43	152.254 6	82.137 2	-380.822
2011.10	721.13	170.330 7	83.33	467.469 3	2013.3	472.31	-8.230 98	124.212 8	356.328 2
2011.11	-528.89	145.281 3	87.57	-761.741	2013.4	918.33	181.614 8	84.346 4	652.368 8
2011.12	-397.59	165.207 6	202.16	-764.958	2013.5	-196.746	204.249 6	92.556 3	-493.552
2012.1	724.83	272.778 9	99.97	352.081 1	2013.6	-181.214	271.244	143.890 9	-596.349

(续表)

日期	当月新增外汇储备	当月新增贸易顺差	实际利用FDI金额	粗略估计的热钱
2013.7	511.24	178.179 5	94.079 2	238.981 3
2013.8	52.33	285.187 7	83.774 1	−316.632
2013.9	1 096.19	152.065	88.397 2	855.727 8
2013.10	739.25	311.067 1	84.164 9	344.018
2013.11	528.64	338.009 2	84.802 2	105.828 6
2013.12	318.64	256.408 5	184.048 8	−121.817
2014.1	453.256 2	318.693	107.634 5	26.928 67
2014.2	470.986	−229.888	85.460 9	615.413
2014.3	343.573 2	77.032 95	122.389 9	144.150 3
2014.4	306.986 2	184.525 7	87.206 5	35.253 99
2014.5	50.952 51	359.217 3	86.394 8	−394.66
2014.6	93.223 09	315.647	144.178	−366.602
2014.7	−269.457	473.005 5	78.128 6	−820.591
2014.8	25.58	498.364 8	72.046 2	−544.831
2014.9	−811.25	309.633 5	90.105 6	−1 210.99
2014.10	−347.818	454.054 9	85.263 9	−887.136
2014.11	−55.642 2	544.741	103.600 4	−703.984
2014.12	−43.360 8	496.118 8	222.610 7	−762.09
2015.1	−296.042	600.318 9	139.230 5	−1 035.59
2015.2	−119.113	606.19	85.608 5	−810.911
2015.3	−714.646	30.812 17	123.992 1	−869.45
2015.4	181.040 5	341.344 8	96.113 8	−256.418
2015.5	−369.99	588.674 2	93.348 1	−1 052.01
2015.6	−173.05	465.387 8	145.818 8	−784.257
2015.7	−425.281	430.249 5	82.196 7	−937.727
2015.8	−939.289	602.397 2	87.119 3	−1 628.81
2015.9	−432.607	603.418 8	95.601 7	−1 131.63
2015.10	113.864 5	616.433 9	87.731 2	−590.301
2015.11	−872.228	537.448 1	103.611 5	−1 513.29
2015.12	−1 079.22	593.891 6	215.397 8	−1 888.51
2016.1	−994.69	632.868 4	140.743 7	−1 768.3
2016.2	−285.72	325.924 8	84.421 6	−696.066
2016.3	102.58	298.569 2	128.986 9	−324.976
2016.4	70.89	455.576	98.875 4	−483.561

(续表)

日期	当月新增外汇储备	当月新增贸易顺差	实际利用FDI金额	粗略估计的热钱
2016.5	−279.32	499.755 1	88.872 1	−867.947
2016.6	134.26	479.088 9	152.270 3	−497.099
2016.7	−41.05	502.273 6	77.089 2	−620.413
2016.8	−158.9	520.492 9	87.548 9	−766.942
2016.9	−187.85	419.776 6	92.136 3	−699.763
2016.10	−457.27	487.643 9	88.118 5	−1 033.03
2016.11	−690.57	442.296 5	98.871 2	−1 231.74
2016.12	−410.81	407.084 2	199.175 9	−1 017.07
2017.1	−123.13	513.431 7	119.978 3	−756.54
2017.2	69.2	−91.476 8	87.057 4	73.619 4
2017.3	39.64	239.164 2	131.086 5	−330.611
2017.4	204.45	380.326 3	89.194 6	−265.071
2017.5	240.34	407.939 3	81.130 3	−248.73
2017.6	32.22	427.525 6	148.009 7	−543.315
2017.7	239.31	467.248 6	64.951 1	−292.89
2017.8	108.07	419.192 7	93.632 9	−404.756
2017.9	169.83	286.054 7	105.850 2	−222.075
2017.10	7.03	381.850 4	90.334 8	−465.155
2017.11	100.64	402.140 7	187.828 3	−489.329
2017.12	206.72	546.846 9	163.945 9	−504.073
2018.1	215.08	203.491 2	120.740 1	−109.151
2018.2	−269.75	337.516	89.877 8	−697.144
2018.3	83.38	−49.828	134.482 1	−1 274.1

资料来源于 wind 数据库。

四、通过外汇贷款投机

2007年上半年,境内美元贷款利率已经显著低于人民币贷款利率,导致每个月外汇贷款突增。2007年3月份以后美元贷款利率和人民币贷款利率倒挂,同时人民币又有升值趋势,借美元比借人民币更合算。央行2006年第四季度货币政策执行报告的数据显示,从2006年下半年开始美元贷款利率一直在6%之上,在2006年8月到2007年1月一直保持在6.2%以上的高位。根据央行2007年发布的第二季度货币政策执行报告,2007年上半年1年期固定利率美元贷款,其利率区间在6.02%到6.20%,2007年上半年1年期浮动利率美元贷款利率区间在6.09%到6.26%(见图4-6)。而人民币贷款利率不断提高,2006年8月的一次加息,人民币一年期贷款利率由5.85%提高到6.12%,2007年3月份由6.12%提高到6.39%,则成为本外币贷款利率的转折点,导致2007年5月至6月的外币贷款迅猛增长。2007年5月份外汇各项贷款增加35亿美元,同比多增21亿美元;2007年6月份外汇各项贷款增加90亿美元,同比多增87亿美元。经过几次加息之后人民币贷款利率已经大大高于美元贷款利率。

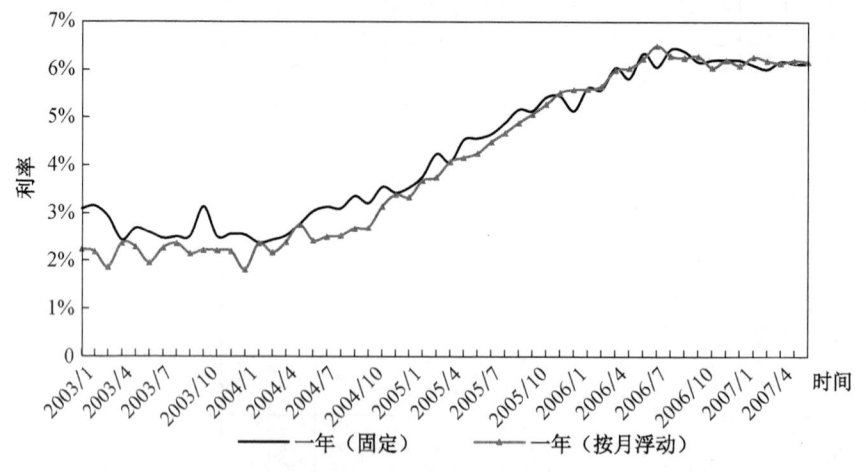

资料来源:2007年第四季度中国货币政策报告。

图 4-6 美元贷款利率

因此央行2007年连续6次加息已经导致境内本外币利率进一步倒挂,而美元贷款利率低于人民币贷款利率的直接结果,就是2007年外币贷款迅猛增长。2007年外汇贷款余额为2 198亿美元,同比增长30.2%,比年初增加511亿美元,同比多增327亿美元。本币贷款利率高于美元贷款利率,美元外币贷款迅速增长。如果企业选择外币贷款进行变相结汇,将加剧流动性过剩压力。

实际上,企业通过外汇贷款可以获得外汇贷款利率小于人民币贷款利率的利差收益和人民币升值带来的汇兑利润。如假定人民币贷款利率为7%(见表

4-3),国内美元贷款利率为6%,现在1美元=7元。如果需要人民币贷款700万元,若通过人民币借款,1年后,本金和利息为:700×(1+7%)=749万元。若通过外汇贷款,则需借100万美元,兑换人民币700万元,假定1年后汇率为1美元=6元,则只需600万元人民币购买外汇偿还100万美元,美元利息为100×6%=6万美元,需要36万人民币购买外汇偿还6万美元,因此本金和利息用人民币表示就是636万元人民币。通过以上举例分析,同样是获得人民币贷款700万元,但通过外汇贷款则少付本息113万元,借款者获得收益为64万元(700万元-636万元),这就是所谓的"借钱还可以赚钱",企业是"负成本"在运用资金。

表4-3　　　　　　　　　通过外汇贷款获得的收益

	汇率	人民币贷款	美元贷款
贷款年利率		7%	6%
当前贷款	1美元兑换7元人民币	700万元	贷款100万美元 兑换成700万元人民币
1年后还款	1美元兑换6元人民币	700(1+7%)=749(万元)	100(1+6%)=106(万美元) 需要106×6=636(万元人民币)来购买
还款差额		113万元人民币	

面对2007年第3季度继续增长的外汇贷款,中国人民银行对商业银行实施外汇综合头寸管理,核定每家银行最低外汇资本金规模下限,要求银行持有的外汇资金必须满足下限要求。如果低于下限,央行就会要求银行购汇以满足要求。外汇管理部门提高了金融机构持有外汇头寸的最低限额,希望以此控制外汇信贷资金的增加。

五、通过港币投机

港币和美元实行联系汇率制度,港币是钉住美元的,和美元保持一个稳定的名义汇率,长期以来,汇率一直固定在7.8左右。由于港币和美元实行的是固定汇率制度,因此港币的币值随着美元的币值变化而变化,美元升值,则港币升值;美元贬值,则港币贬值。由于香港是高度开放的金融市场,资本能够自由流动,港币和美元的利率差异,将引起短期资金在各国间移动。实际上,连接汇率、本币和外币利率之间变动关系的也是利率平价,高利率国家或地区将面临资金流入,低利率国家或地区则发生资金流出,资本移动会引起外汇市场上外汇供求的变化,从而对汇率和利率产生影响。从利率平价理论的分析来看,在一个实现固定汇率制的国家,如果资本账户完全开放,即资本完全流动,本币利率和外币利率应该相等。由于港元实行的是和美元联系汇率制度,汇率波动幅度很小,港币和美元都是自由兑换的货币,资本能够自由流动,因此港币利率和美元利率变化应该基本是一致的。也就是说,港币为了钉住美元,港币利率也必须钉住美元利率。如美联储7次下调联邦基金利率,香港金融管理局7次下调了港币贴现率,美联储2007年9月18日下调联邦基金利率至4.75%,9月19日香港金管局下调港币贴现率到6.25%(见图4-7、图4-8)。

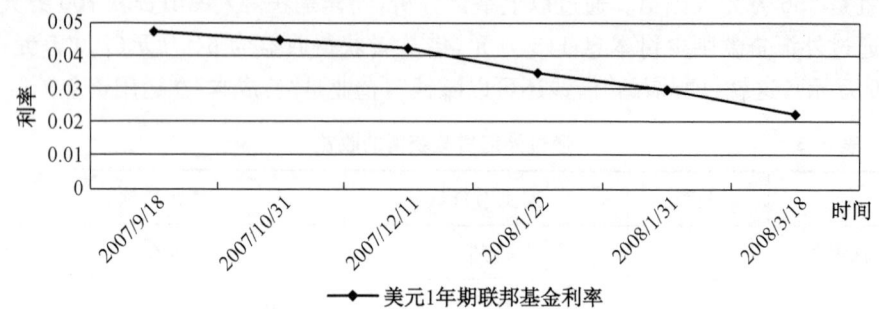

资料来源:http://www.federalreserve.gov/。

图4-7　美元1年期联邦基金利率

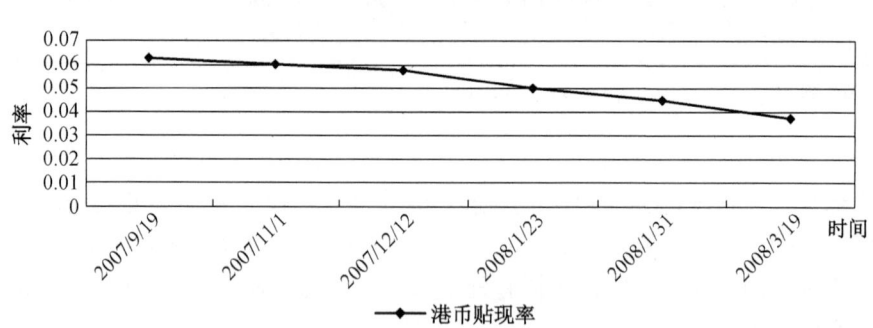

资料来源:http://www.info.gov.hk/hkma/chi/statistics/msb/index.htm。

图4-8　港币的贴现率

美元利率和港币利率每次下调的幅度大小相同,为了维持联系汇率制度,香港金融局紧跟美联储利率调整的步伐和节奏。因此,香港没有独立的货币政策,它的汇率和利率是和美元捆绑在一起的,港币的利率调整是被动的,是为了维持汇率的钉住,金融市场上美元和港币的供求通过自动调整来适应港币的汇率和利率,资本的自由流动抹平存在的套利和套汇的利润空间,从而实现汇率和利率目标。

自香港1983年实行联系汇率机制以来,港币的银行同业拆借利率(HIBOR)基本与美元的银行同业拆借利率(LIBOR)保持同步,但美联储自2015年12月启动加息周期后,两者走势开始出现分化,息差持续扩大。且由于香港资本自由流动,同时港币的汇率相对稳定,因此港币-美元成为天然的较好的套息货币组合。随着美联储退出量化宽松政策,美联储多次加息,因实行联系汇率制度,香港金管局跟随上调基准利率,但香港银行业为吸引楼市贷款而迟迟没有跟随加息,港币与美元的息差逐步扩大,市场由此套利并导致港汇多次触及7.85弱方兑换保证水平,香港金融管理局2018年上半年多次入市承接港元沽盘,出现了和2007—2008年相反的情况。

人民币和港币的汇率既受港币对美元汇率的影响,也受人民币对美元汇率的影响。由于港币和美元汇率实行联系汇率制度,名义汇率基本保持不变,因此港币和人民币汇率就主要由人民币对美元的汇率来决定,如果人民币对美元升值,则人民币对港币也升值,如果人民币对美元贬值,则人民币对港币也贬值。因此,人民币和美元关系的某些特征也间接地表现在人民币和港币的汇率上。

实际上,自2005年7月汇改至2008年8月份,人民币对美元升值了20%;人民币对港元也升值了约20%。人民币对港币不断升值,随着香港利率的不断下调,2007—2008年上半年港币的存款利率已远低于人民币存款利率,因此港币存款兑换成人民币存款,则能够获得套利和套汇的双重收益。在人民币不断升值的条件下,人民币成为港币的避风港,香港居民更愿意把自己手中的人民币、美元和港币等转移到大陆内地,兑换成人民币存款,这就出现香港资金向内地流动的现象。在香港每人每天兑换人民币的上限为2万元,每天汇入大陆账户的人民币金额上限为8万元人民币,因此对于香港个人居民来说,资金移动到大陆并不困难。甚至在国际金融危机爆发前一些香港居民为了省事和节约手续费,直接携带大量现金闯关,以赶上人民币升值的浪潮,这在深圳边检和海关被查出的也为数不少。一些香港在内地的企业也希望通过多种途径转移资产到内地存人民币,但由于内地资本账户管制,资本转移并不容易。随着人民币升值,一些港资企业的职工甚至希望企业能够直接用人民币支付工资。如果人民币不断升值,港币和人民币之间的货币替代的趋势将进一步加强。

六、防范"热钱",货币政策操作要内外兼顾

在2015年8.11汇改前,人民币持续升值,投机资本流入不断增加。投机资本流入主要是套利或套汇,或两者兼而有之。投机者可以根据各国利率和汇率的变动,寻求投机机会,追逐更高利润。国内外利率水平的变化将影响人民币升值预期和热钱流动,特别是美联储利率的变化,因此中国货币政策的调整要密切关注美联储等央行的政策。

此外,在资产市场价格不断上涨的情况下,投机资本不会只呆在银行里,而是投资到股票市场或房地产市场追逐更高的收益。因此货币政策调控要受到国外宏观经济政策的影响,如美元走软,美元的吸引力下降,人民币的吸引力增强,人民币有升值压力,央行干预外汇市场的力度将会加大。此外,如果人民币加息,则人民币的升值压力将加大,热钱流入将增加;如果美联储加息,美元走强,

人民币升值压力将减轻，人民币利率调整的时机和幅度必须要考虑到美联储等央行调整利率的时机和幅度。

2006—2008年国内通货膨胀和对外升值的结合给国家采取一般的经济手段调控经济带来了严重的困境。这主要是加息与升值压力之间的冲突，从我国央行的货币政策来看，一方面，在银行信贷市场上需要提高利率，来达到抑制信贷过快增长的政策目标，从而一定程度上缓解信贷需求上升导致通货膨胀的压力；同时由于国内价格水平上涨，为了防止负利率，央行也不得不提高利率水平，这些都要求提高利率。另一方面，在货币市场上，提高利率会导致我国与外国利差的进一步缩小，从而加剧投机资本流入，外汇储备和外汇占款增加，通货膨胀压力上升，而且会进一步加剧升值压力，并且国内通货膨胀的增加又会进一步加大国家提升利率的压力。在货币市场中力图维持相对较低的利率，来抑制升值的预期和压力；而通货膨胀压力的上升与实际负利率都要求央行提高利率，然而利率上升会导致国内外利差缩小，人民币势必面临更大的升值压力。这种调控困境主要是由于要同时实现货币目标和汇率目标所导致的，这两个目标之间存在冲突，如提高利率有利于稳定货币目标，却不利于稳定汇率。因此，国际金融危机前人民币的对外升值和对内贬值相结合致使政府常规的经济调节政策产生矛盾，陷入困境。

人民币对外升值和对内贬值，若伴随资产价格上涨，投机资本将不断流入。人民币升值和国内资产价格水平的上升，投机资本流入可以获得人民币升值和国内资产价格上升的双重收益。国内资产价格上涨预期也会进一步吸引投机资本，这将导致国内货币供给增加，通货膨胀压力上升。人民币对外升值和对内贬值的情况下，我国货币政策的操作要一只眼睛盯国内，一只眼睛盯国际，内外兼顾，既要控制货币信贷的过快增长，抑制资产价格的泡沫和通货膨胀预期；又要防范热钱的流入，维持宏观经济的平稳运行。实际上，我国利率调整对控制经济扩张和人民币升值的收益变化是不同的。对经济过热而言，利率升高的收益$RH = RH(i)$，随着利率的升高收益越大，即可以控制投资过快增长等，它是向右上方倾斜的；对人民币升值而言，利率升高的收益为$RM = RM(i)$，随着利率的升高收益越低，因为利率走低，可以平抑人民币升值压力，它是向右下方倾斜的（见图4-9）。

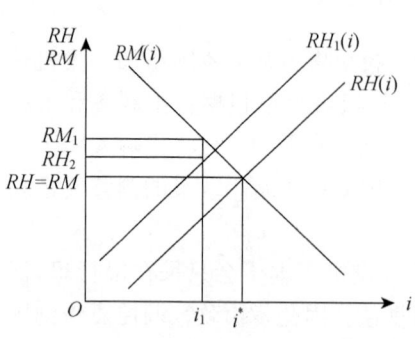

图4-9 利率调整的收益分析

如果中央银行确定的利率水平在i^*，这时$RH = RM$，则中央银行同等程度对待经济过热和人民币升值问题；如果利率

水平在 i^* 之上,则更倾向于控制经济过热;如果利率水平在 i^* 之下,则更重视人民币升值问题。如果财政政策配合紧缩经济如减少政府支出,则在同样的利率水平下,紧缩经济的收益增加,$RH(i)$ 左移到 $RH_1(i)$。如果此时利率调低到 i_1,对于控制经济扩张和人民币升值都有收益,控制经济过热的收益从 RH 增加到 RH_2,控制人民币升值的收益从 RM 上升到 RM_1。因此利率下降的位置决定了两者获得相对收益的大小。

第三节 人民币升值条件下的内外均衡控制

一、中央银行双重目标的冲突

"米德冲突"描述了国际收支失衡与国内货币稳定之间的冲突,指出在固定汇率制下,可能出现国际收支逆差与国内经济衰退并存的现象。此时,恢复外部均衡要求实行紧缩性政策,而重回内部均衡需要实行扩张性政策。反之,亦可能出现国际收支顺差与国内经济繁荣并存的现象。此时,为达到外部均衡需要扩张性政策,而为实现内部均衡则要求实施紧缩性政策。诺贝尔经济学奖获得者丁柏根论证了要实现 n 个政策目标至少需要 n 个相互独立的政策工具,为了实现内外均衡的政策目标至少需要两种相互独立的政策工具。

激增的外汇储备导致人民币升值压力,央行面临对冲外汇占款问题。下面通过模型分析汇率目标和货币目标之间的冲突。假定货币需求方程为:

$$M^d = kPY$$

其中 M^d 是货币需求,P 是一般价格水平,Y 是国民收入,k 是常数。一国的货币供给由下式表示:

$$M^s = mB = m(D+R)$$

其中 m 为货币乘数,B 为央行用通货和准备金形式投放的高能货币,在简化的央行资产负债表上表现为负债,其数额等于简化的央行资产,即央行发放的国内信贷 D 与外汇占款 R 之和。

由货币供给和货币需求相等,则:$M^d = M^s$
联立上述方程得:

$$m(D+R) = kPY$$

为了简化问题,不妨假设 m、k 为 1,则上式简化为:

$$D+R = PY$$

对该式取对数,并对时间 t 求导数:

$$\ln(D+R) = \ln P + \ln Y$$

$$\frac{1}{D+R}\frac{\mathrm{d}(D+R)}{\mathrm{d}t} = \frac{1}{P}\frac{\mathrm{d}P}{\mathrm{d}t} + \frac{1}{Y}\frac{\mathrm{d}Y}{\mathrm{d}t}$$

$$\frac{D}{D+R}\frac{1}{D}\frac{\mathrm{d}D}{\mathrm{d}t} + \frac{R}{D+R}\frac{1}{R}\frac{\mathrm{d}R}{\mathrm{d}t} = \frac{1}{P}\frac{\mathrm{d}P}{\mathrm{d}t} + \frac{1}{Y}\frac{\mathrm{d}Y}{\mathrm{d}t}$$

将国内信贷关于时间的变化率 $\frac{1}{D}\frac{\mathrm{d}D}{\mathrm{d}t}$ 为 $\hat{D}$，其余变量类似的用变化率表示，并且，记 $\frac{D}{D+R}$ 为 $a(a<1)$，则(6)变为：

$$a\hat{D} + (1-a)\hat{R} = \hat{P} + \hat{Y}$$

因此：

$$\hat{R} = -\frac{a}{1-a}\hat{D} + \frac{1}{1-a}\hat{P} + \frac{1}{1-a}\hat{Y}$$

由于 $R = SF$，其中 S 是名义汇率，F 表示外汇储备资产(用外币表示)，因此 $\hat{R} = \hat{S} + \hat{F}$，则能够得到：

$$\hat{F} = -\hat{S} - \frac{a}{1-a}\hat{D} + \frac{1}{1-a}\hat{P} + \frac{1}{1-a}\hat{Y}$$

进一步可知：

$$\frac{\mathrm{d}\hat{S}}{\mathrm{d}\hat{F}} = -1 < 0$$

$$\frac{\mathrm{d}\hat{P}}{\mathrm{d}\hat{F}} = 1 - a > 0$$

上述两式分别表示在其他因素不变的条件下，外汇储备和汇率的变动方向相反、但与价格水平的变动方向相同。随着外汇储备存量的增加，在其他条件不变的条件下，汇率水平将下降，货币存在升值压力，或货币供应量增加，价格水平上升，或两者兼而有之。因此，中央银行为了稳定汇率，价格水平将上升，产生通货膨胀；如果控制价格水平上升，人民币将面临升值压力。

伴随着全球化进程，我国经济日益融入全球经济中，为配合经济开放的步伐，金融开放的脚步也在加快，对资本流动的限制也在逐渐放宽。在人民币升值的过程中，资本管制的放松及国际套利资本的大举流入皆表明资本自由流动限制的松动，这使得货币政策独立性与汇率稳定之间难以兼顾。具体地，资本流入带来外汇储备上升，本币面临升值压力，央行为维持汇率稳定不得不进行外汇市场干预，即购入外汇，抛售本币，长此下去，必然造成本币超量发行，央行货币政策独立性受到威胁。

在人民币升值的条件下，我国内外部政策冲突日渐显性化，集中表现在内部货币稳定及外部汇率稳定的冲突。国际收支双顺差增长及大量投机资本流入进一步增强了外汇储备,本币面临更大的升值压力。在现行的结售汇制度下,外汇储备带来国内货币供给量的等量扩张,货币供给量增长速度超过目标值,货币超额供给使得国内信贷、投资扩张加速,通货膨胀压力上升。2006—2008年我国货币稳定及汇率稳定均面临着挑战。为稳定汇率同时实现国内货币均衡,中央银行不得不在外汇市场上进行大规模的冲销干预,同时紧缩银根。然而这两项政策之间又存在着潜在的矛盾。相反,在后危机时代,美联储开始退出量化宽松政策,人民币存在贬值压力,资本流出,央行需要提高利率,吸引资本流入,但是提高利率会抑制投资和消费等,再次面临调控的困境。

二、外汇储备变动和人民币升值

我国外汇储备增加迅速,2006年10月份,我国外汇储备突破1万亿美元,一方面人民币升值的压力增加,另一方面中央银行冲销干预的压力上升。同时我国宏观经济高速增长,投资增幅较大,为了控制经济过热,中央银行需要提高利率,但是利率提高会导致人民币升值压力加大。宏观经济政策目标之间存在潜在的矛盾和冲突,一个目标的实现往往会导致另一个目标的丧失。怎样保持宏观经济的平稳增长,实现宏观经济的内外均衡,成为我国货币当局面临的一个重要问题。

在我国国际收支双顺差的条件下,外汇供给不断增加,人民币面临升值压力。下面通过外汇市场的供给和需求来分析人民币汇率面临升值压力的情况(见图4-10)。假定外汇供给曲线为SS,外汇的需求曲线为DD,开始的均衡点为A,汇率为E_1。如果外汇供给增加,由SS曲线右移到SS_1,新的均衡点在B点,汇率在E_2点。如果汇率固定在E_1不变,则外汇供给为Q_3,外汇需求为Q_1,外汇的超额供给为Q_1Q_3,货币升值的压力为E_1E_2。人民币升值预期推动升值压力的进一步放大。如果国内居民和企业有升值预期,将导致对外汇需求的下降,需求曲线DD将向右移动到DD_1,与SS_1交于D点,汇率水平为E_3。

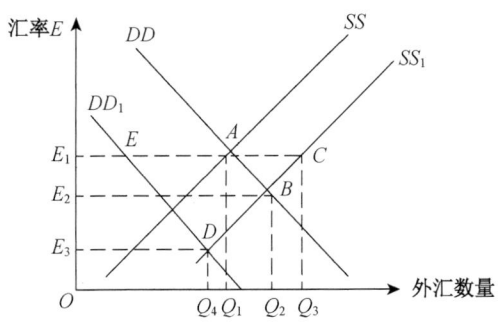

图4-10 人民币升值预期推动的升值压力

此时若仍维持汇率的稳定在 E_1 点,则超额外汇供给为 EC,人民币升值压力为 E_1E_3,其中 E_2E_3 部分是由于人民币升值预期引致的升值压力的"放大效应"。因此人民币升值的压力有市场供给上升推动和市场预期上升推动的双重作用。

在人民币升值的条件下,人民币汇率虽然有一定的弹性,为了防止汇率大幅度波动,中央银行仍然进行干预维持人民币汇率的基本稳定,一是为了防止人民币大幅度升值对国内宏观经济的不利冲击;二是防范投机资本的大量涌入等。

三、外汇储备和货币供给

长期以来,我国国际收支双盈余,在结售汇体制下,企业或个人把外汇卖给商业银行,中央银行为了维持人民币汇率的稳定,在银行间外汇市场上买进外汇,形成央行的外汇储备,投放的人民币就是外汇占款。外汇占款增加,基础货币供给会上升,在货币乘数不变的情况下,货币供给增加。下表是简化的中央银行资产负债表。资产包括:对外净资产(NFA)1 000,对银行部门的贷款(LB)1 500 和持有的政府债券 500。负债包括流通中的货币(C)1 000 和储备(R)2 000(见表4-4)。

表4-4 央行的资产负债表

资产	负债
对外净资产(NFA) 1 000	流通中的货币(C) 1 000
对银行部门的信贷(LB) 1 500	储备(R) 2 000
政府债券 (SH) 500	

假定央行在银行间外汇市场上买进外汇 500,外汇储备会增加,假定汇率是 7元/美元,则外汇占款 3 500。从央行的资产负债表来看:资产方的对外净资产增加 3 500,中央银行如果发行现金购买外汇,则流通中的货币会增加 3 500(见表4-5)。

表4-5 买进外汇后央行的资产负债表(现金)

资产	负债
对外净资产(NFA) 1 000+3 500	流通中的货币(C) 1 000+3 500
对银行部门的信贷(LB) 1 500	储备(R) 2 000
政府债券(SH) 500	

因此基础货币增加 3 500,在货币乘数不变的情况下,货币供给会随之上升。

如果中央银行是用支票支付,则商业银行在中央银行的储备增加 3 500(见表4-6)。

表 4-6　　　　　　　买进外汇后央行的资产负债表(支票)

资产	负债
对外净资产(NFA)　1 000＋3 500	流通中的货币(C)　1 000
对银行部门的信贷(LB)　1 500	储备(R)　2 000＋3 500
政府债券(SH)　500	

同样中央银行的基础货币增加 3 500，货币供给也会增加。从我国基础货币的来源来看，外汇占款的增加是我国基础货币的重要来源。由于国际收支的双盈余，外汇供给增加，人民币有升值压力。为了维持人民币汇率的稳定，中央银行从银行间外汇市场上买进外汇，投放人民币，因此外汇储备和外汇占款会增加，同时央行的基础货币也会增加。中央银行买卖外汇，和央行买卖国债相似，是影响基础货币的一种重要方式。长期以来，外汇占款是我国基础货币来源的主要形式，但是随着外汇储备和外汇占款的下降，中央银行调控基础货币的方式要转型，要由被动型控制基础货币转向主动型调控基础货币，通过买卖国债等方式调节基础货币的变动。

四、人民币升值条件下的调控机制及目标冲突

由于国际储备和外汇占款增加，银行体系有过多的流动性，银行信贷和投资将上升，通货膨胀的压力上升，中央银行为了控制通货膨胀，必须进行冲销干预，回笼货币。我国的中央银行主要通过发行央行票据和提高法定准备金率来冲销，因此，我国央行票据的发行大幅度上升，法定准备金率不断上升。同时，中央银行也通过提高利率来控制信贷的上升，但是这要依赖于银行和企业对利率的敏感程度，实施的效果并不完全掌握在中央银行手里，同时利率上升也导致人民币升值预期的加强。因此，高额的外汇储备和独立的央行货币政策存在冲突。激增的外汇储备导致人民币升值压力，央行面临对冲外汇占款和信贷扩张问题。同时，我国调整利率的时候，面临着政策上的冲突，调控利率和稳定汇率之间存在矛盾。我国经济持续高速增长，投资不断扩大，提高利率有利于控制过快的投资增加。但是利率提高，人民币的升值压力更大。我国中央银行通过发行央行票据冲销基础货币的增加，有利于控制价格水平和通货膨胀，但是随着央行利率提高，人民币也会面临进一步升值压力。上面的分析可以用框图 4-11 来表示。

自 2005 年汇改以来，人民币升值预期和通货膨胀预期一直是市场讨论的热点。随着全球经济复苏，人民币升值预期又起。人民币面临升值压力主要是由于国际收支盈余，外汇供给增加，升值压力上升。如果外汇储备继续增加，中央银行为了稳定汇率，必须干预外汇市场，买进外汇，抛出本币，则本国货币供应量增加，银行体系的流动性将进一步上升。在国际金融危机的冲击下，我国采取适

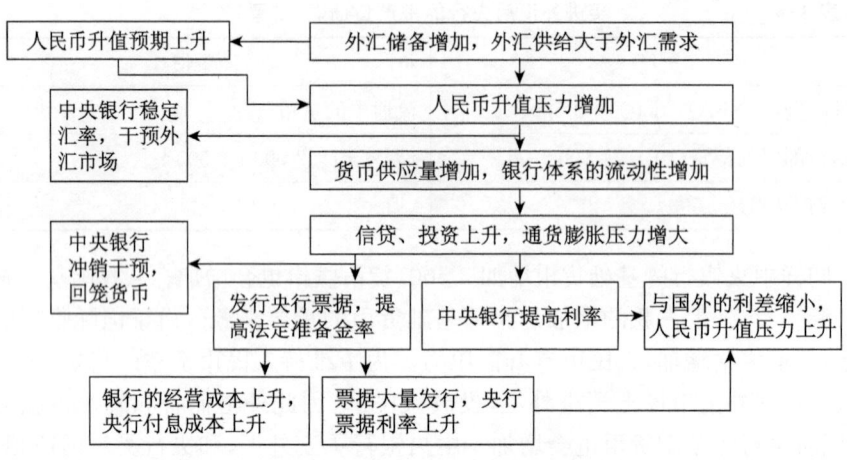

图 4-11　人民币升值条件下的调控机制及目标冲突

度宽松的货币政策,尽管外汇占款增加,但和宽松货币政策的方向是一致的,央行冲销干预压力减轻。2010 年我国经济企稳回升,通货膨胀的压力上升,中央银行为了控制通货膨胀,必须进行冲销干预,回笼货币。我国的中央银行主要是通过发行央行票据来冲销,因此为了冲销干预,央行票据的发行会上升但大量发行央行票据可能会导致利率上升,缩小与国外的利差,人民币升值压力又会上升,将来央行调控可能会面临更大的困境。

因此,防范人民币升值预期的自我实现,必须采取相应措施。一是增加进口和促进中国企业走出去,逐步消化外汇储备。我们应鼓励企业用汇,不断增加进口或扩大在海外的投资,提高外汇的使用效率。我国出口创汇企业通过结售汇,把汇率风险和外汇投资的风险全部转嫁给中央银行,由中央银行负责外汇的经营管理,以保证外汇资金的保值增值。这种结果一方面导致外币的流动性全部转化为本币的流动性,国内的过多的货币可能导致商品价格和资产市场的价格过高;另一方面中央银行管理外汇的压力较大,外汇管理的风险过于集中。要扩大外汇持有的主体,由集中管理变为分散管理,扩大资金的使用方式包括进口、海外的直接投资和金融市场的投资、留学和培训的费用等。二是扩大货币互换和跨境贸易结算,鼓励人民币走出去。国际收支盈余导致储备货币流到中国,形成了中国外币流动性,除了要减少国际收支的盈余外,可以让人民币走出去,减少外汇增加对人民币流动性的冲击,逐步推动人民币的国际化,减少对美元的过度依赖。可以和一些周边国家或其他一些发展中国家签订有关货币互换和跨境贸易结算协议,推动人民币在贸易和投资方面的主导地位,从这些国家进口或投资,可以直接用人民币支付。这样人民币流出,不会导致国内流动性的上升,又可以输出资本,推动贸易和投资的发展,缓解人民币流动性增加和央行调控的压力。

五、中央银行的冲销干预

中央银行为防止外汇市场上本币大幅波动,通常会介入外汇市场,在市场上通过买入或卖出外汇储备实现稳定本币币值的目的。理论上,中央银行干预又可分为冲销干预与非冲销干预。所谓冲销干预指的是央行在执行外汇市场干预的同时或在短期内,采取"反向"行动抵销由于外汇干预而导致的国内外汇储备的变化对国内基础货币的影响。非冲销干预则是中央银行在执行外汇市场干预时不采取任何措施来抵销该项操作对国内货币供给量造成的影响。关于外汇干预的效果仍存在着不少争议,理论上,冲销干预最终没有导致国内货币供给量的变化,而非冲销干预则能引起基础货币的变化,通过利率及市场预期的途径最终影响汇率变动。

当国际收支盈余时,中央银行为了稳定汇率,必须买进大量外汇,外汇占款大幅增加。因此为了控制货币供应量和通货膨胀,中央银行必须通过货币政策工具的操作吸收过度增加的基础货币,即通过冲销干预①手段来实现。

根据 $M = mB$,货币供给 M 等于基础货币 B 和货币乘数 m 之积,中央银行可以通过影响基础货币和货币乘数,进而冲销货币供给的增加。我们定义 $k = C/D_d$,$t = D_r/D_d$,k——现金 C 与活期存款 D_d 的比率,t——定期存款 D_r 与活期存款 D_d 的比率;$r_d = DRR/D_d$,$r_t = TRR/D_r$,r_d——活期存款的法定准备金率,r_t——定期存款的准备金率,DRR——活期存款的法定准备金,TRR——定期存款的法定准备金;$e = ER/D_d$,e——超额准备金和活期存款的比率,ER——超额准备金。则基础货币:

$$B = C + DRR + TRR + ER = (k + r_d + r_t t + e)D_d$$

因此:

$$D_d = 1/[k + r_d + tr_t + e]B$$

又由:

$$C = kD_d, D_r = tD_d$$

得到货币供应量为:

$$M_1 = C + D_d = (1+k)/(r_d + r_t t + e + k)B$$
$$M_2 = C + D_d + D_r = (1+k+t)/(r_d + r_t t + e + k)B$$

中央银行可以通过控制基础货币和货币乘数来控制货币供应量,我们可以从中央银行的资产负债表上来分析影响基础货币的主要因素。以下是简化的中

---

① 冲销干预(sterilized intervention)是指政府在外汇市场上进行交易的同时,通过其他货币政策工具,如国债的公开市场业务等,来抵销外汇市场干预对货币供应量的影响,从而在不改变货币供应量的情况下,实现对汇率的控制。

国人民银行的资产负债表(见表 4-7)。

表 4-7　　　　　　　　简化的中国人民银行资产负债表

资产	负债
对中央政府的债权(LG)	通货(C)
对外净资产(NFA)	银行储备(R)
对存款货币银行的债权(LB)	政府储蓄(GD)
对非银行金融机构的债权(LN)	央行票据(FP)
其他净项(OIN)	

资产和负债相等得到：

$$LG + NFA + LB + LN + OIN = C + R + GD + FP$$

所以：

$$\Delta B = \Delta C + \Delta R = \Delta LB + \Delta LN + \Delta LG + \Delta NFA + \Delta OIN - \Delta FP - \Delta GD,$$

由货币供应量 M_1 的变动：

$$\Delta M_1 = \Delta C + \Delta D_d = (1+k)/(r_d + r_t t + e + k)$$
$$\Delta B = (1+k)/(r_d + r_t t + e + k)(\Delta C + \Delta R + \Delta S)$$
$$= (1+k)/(r_d + r_t t + e + k)(\Delta LB + \Delta LN + \Delta LG + \Delta NFA + \Delta OIN - \Delta FP - \Delta GD)$$

货币供应量 M_2 的变动：

$$\Delta M_2 = \Delta C + \Delta D_d + \Delta D_r = (1+k+t)/(r_d + r_t t + e + k + s)(\Delta C + \Delta R)$$
$$= (1+k+t)/(r_d + r_t t + e + k)(\Delta LB + \Delta LN + \Delta LG + \Delta NFA + \Delta OIN - \Delta FP - \Delta GD)$$

从上述两式可以看出，中央银行有三种冲销方法，一是基于资产的冲销方法，中央银行减少资产项；二是基于负债的冲销方法，中央银行增加负债项或减少负债项；三是货币乘数的冲销方法(见表 4-8)。如在 ΔNFA 上升的条件下，中央银行可以选择资产方冲销如回收再贷款，即减少 ΔLB；也可以选择负债方冲销如发行央行票据，即增加 ΔFP；还可以选择货币乘数冲销如提高法定准备金率 r_d 等。

实际上中央银行只能独立地控制其中一些干预措施，如资产方的干预、央行票据的发行和法定准备金率等。有些政策手段是中央银行所不能控制的，如增加政府储蓄、减少非银行金融机构的储蓄和超额准备金率，都不是中央银行能够主动控制的，这些操作需要财政部和商业银行等的配合。从我国的中央银行的资产负债表来看，近几年我国对存款货币银行的债权是逐步上升的，也构成了基础货币的重要来源(见图 4-12)。

表 4-8　　　　　　　　中国人民银行的冲销措施

1. 基于资产的冲销方法	2. 基于负债的冲销方法	3. 货币乘数的冲销方法
1. 减少对政府的债权,即卖出政府债券,吸收基础货币; 2. 减少对存款货币银行的债权,如减少再贷款或再贴现; 3. 减少对非银行金融机构的债权; 4. 减少其他净项	1. 增加政府的储蓄; 2. 增加央行票据的发行; 3. 减少现金和准备金存款	1. 增加活期存款和定期存款的法定准备金率; 2. 增加超额准备金比率、现金比率和定期存款与活期存款的比率

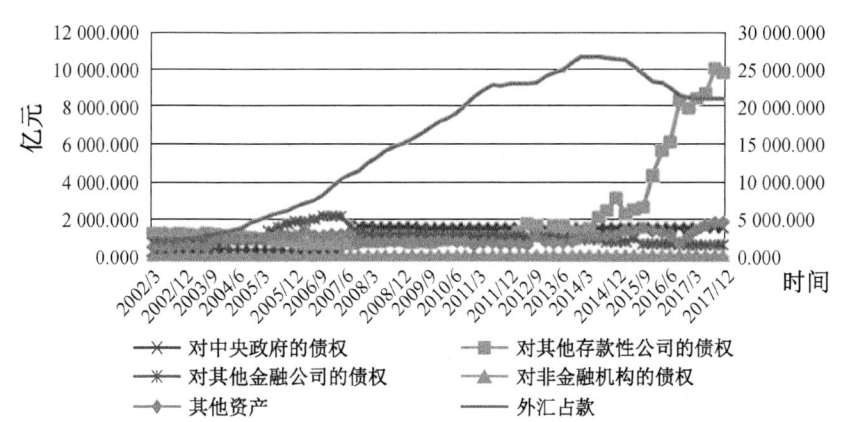

资料来源:www.pbc.gov.cn。

图 4-12　中国人民银行资产负债表资产方的变动(2002 年第一季度至 2018 年第一季度)

从负债方来看,除了自有资本和对外负债基本保持稳定外,政府储蓄、央行的债券发行和其他负债都是上升的(见图 4-13),因此负债方的冲销也起着重要作用。

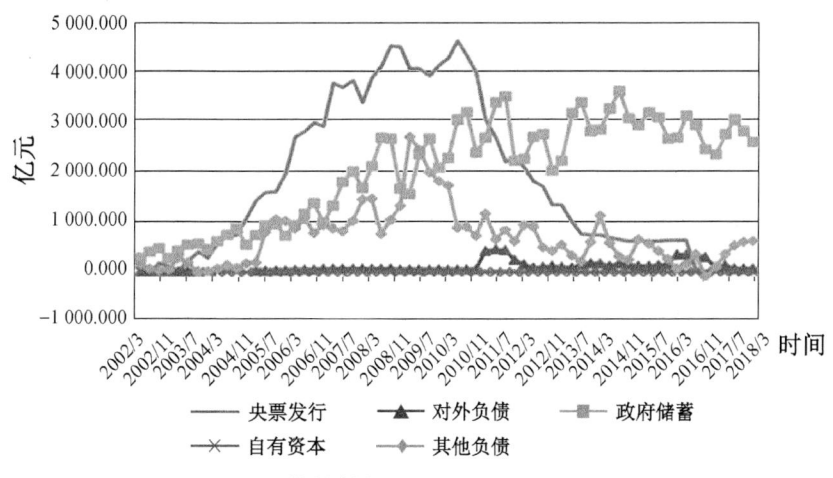

资料来源:www.pbc.gov.cn。

图 4-13　中国人民银行资产负债表负债方的变化(2002 年第一季度至 2018 年第一季度)

从以上央行的资产负债表还可以看出,长期以来,由于我国国际收支的双盈余,外汇储备和外汇占款不断增加,2010年以前央行冲销压力大,控制基础货币,冲销外汇占款的增加主要通过发行央票,还有政府储蓄增加、其他负债增加也起到了冲销的作用。2010年以后,央行冲销压力有所减弱,从央票和其他负债都减少就能够看出央行对冲外汇占款的压力下降。特别在2014年以后,我国的外汇占款开始下降,基础货币的增加转向依赖于对存款性公司债权的增加上,意味着存款性公司债权的增加弥补了外汇占款下降,基础货币供给方式由被动地依赖于对外资产的增加转向主动地控制基础货币供给。

理论上,中央银行调控基础货币的措施主要有以下几种。

1. 再融资工具,包括再贷款和再贴现政策

央行再贷款,即商业银行及其他金融机构向中央银行的借款行为。当商业银行出现流动性不足的情况下,商业银行可以选择向中央银行借款来补足流动性缺口,再贷款政策是中央银行调节基础货币的重要渠道和进行金融调控的传统政策工具,通过调控再贷款利率来实现对再贷款规模进而对基础货币的控制。1984年中央银行制度成立之后,再贷款一度是我国中央银行控制基础货币的主要工具。1994年外汇体制改革之后,由于本币汇率低估、国内经济高涨及出口鼓励政策作用下,我国国际收支出现双顺差。在外汇市场干预的同时,央行采取再贷款回收的方式回笼货币,这一举动使得央行资产负债表上,对存款货币银行债权比重大幅下滑。以回收再贷款作为冲销手段,有着局限性,冲销力度不足。

再贴现政策也是商业银行及其他金融机构向中央银行的借款行为。当商业银行需要资金时,可以通过抵押该行所持有的合格有价证券,向中央银行进行借款,贷款金额由抵押债券价值经一个特定贴现率折算之后得到,故称为再贴现政策。中央银行可以通过再贴现率的调整来调控基础货币:调高贴现率,相同的抵押债券贴现值就会减少,商业银行向央行的借款会减少,基础货币就会减少。调低贴现率,相同的抵押债券贴现值就会增加,商业银行向央行的借款会上升,基础货币就会增加。显然,央行再贴现政策受制于商业银行及其他金融机构手中持有的有价证券的数额。

后国际金融危机时代我国进入"经济新常态",出现了一些新特征、新状况,从宏观层面来看,"经济新常态"仍然是中国经济发展和改革的延续;从微观层面来看,针对后危机时代出现的新的状况和新的市场化改革的进一步要求,宏观调控也会面临新的挑战,需要通过金融创新来适应经济新常态。在"经济新常态"时期,我们面临外需下降、经济结构调整、汇率和利率市场化改革,以及资本账户的开放等问题,同时又伴随互联网金融的崛起,金融创新层出不穷,市场流动性管控也越来越难,因此央行通过常备信贷便利调控市场的流动性。常备信贷便利也是货币政策调控的重要工具。从国际经验来看,中央银行通常综合运用常备借贷便利和公开市场操作两大类货币政策工具管理流动性。常备借贷便利的主要特点:一是由金融机构主动发起,金融机构可根据自身流动性需求申请常备借贷便利;二是常备借贷便利是中央银行与金融机构"一对一"交易,针对性强;三是常备借贷便利的交易对手覆盖面广,通常覆盖存款金融机构。借鉴国际经验,中国人民银行于2013年初创设了常备借贷便利(standing lending facility, SLF)。常备借贷便利是中国人民银行正常的流动性供给渠道,影响中央银行对存款性公司债权,进而影响基础货币的供给。

2. 存款准备金率

存款准备金是指存款性金融机构为保证客户提取存款、资金清算需要而准备的,存放在中央银行的资金,包括法定存款准备金及超额存款准备金。其中,中央银行硬性要求的存款准备金占其存款总额的比例就是法定存款准备金率;超出法定存款准备金的部分与存款总额之间的比值即超额存款准备金率,超额存款准备金率由存款性金融机构自行控制。为了控制市场的流动性,法定准备金率不断提高,最高时达到20%以上,在我国宏观调控中,法定准备金率被当做一种常备工具在使用(见图4-14)。

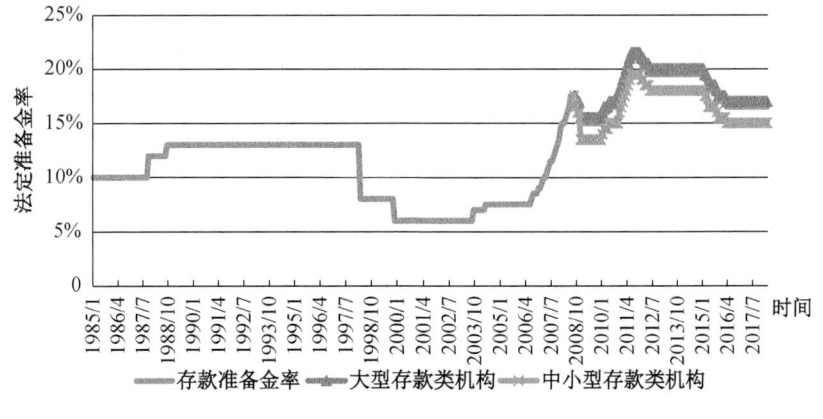

资料来源:iFinD 数据库。

图 4-14 我国法定准备金率(1985 年 1 月至 2018 年 3 月)

由于我国商业银行体系中一直存在着超额存款准备金且比例较大,对法定存款准备金率的调整难以起到有效调控货币供给量的作用,因此,央行将超额存款准备金也纳入了调控范围,超额准备金率也有下降的趋势(见图4-15)。

存款准备金率变动对货币的乘数产生巨大的影响,对经济体的影响将是剧烈的。为应对国内流动性过多的局面,央行不断提高存款准备金率。2007年以来,中央银行试图通过加息和提高存款准备金率并行的方式,紧缩国内信贷来控制货币的过快发行、抑制投资快速扩张以及缓解通货膨胀压力。

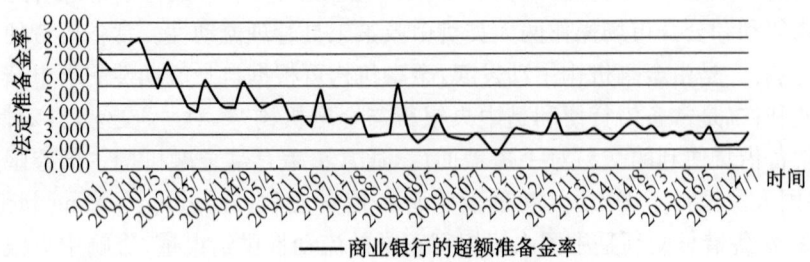

资料来源：iFinD 数据库。

图 4-15　我国商业银行的超额准备金率

同时 2007 年由于冲销压力大，中央银行还曾要求部分银行以美元缴存 2007 年 10 月 25 日上调的人民币存款准备金，这项政策人民银行已连续实施数次[①]。央行 2007 年 12 月 25 日上调存款准备金率一个百分点，要求全国性商业银行必须用外汇缴纳上调的人民币存款准备金。以美元来缴存人民币的存款准备金，相当于商业银行的人民币法定存款准备金必须以美元的形式代替，这在一定程度上可缓解人民币升值和中央银行冲销干预的压力。商业银行用美元缴存人民币的存款准备金，外汇市场美元的供给将减少，中央银行干预外汇市场的压力下降，购买外汇减少，外汇占款减少，投放的本币数量将下降，有利于缓解本币升值和货币供给增长过快的问题。

3. 公开市场操作

公开市场操作是指中央银行利用在公开市场上买卖有价证券（包括政府债券、中央银行债券等）的方法，调控金融机构的准备金规模，从而影响货币供给量及利率的活动。国际上较为常见的公开市场操作工具是国债，而我国目前主要的公开市场操作工具则是中央银行票据，即中央银行发行的短期债券，它可用于公开市场操作，但不能在二级市场上流通。1998 年以来，公开市场操作成为我国央行日常货币调控的主要手段，国债是当时公开市场操作的主要对象。

由于中央银行持有的国债有限，中央银行主要通过发行央行票据来冲销。实际上央行早在 1993 年就开始发行央行票据，但是当时发行央行票据是为了调节地区间和金融机构之间资金的不平衡，而不是管理商业银行的流动性。2002 年年底，国债规模已无法满足央行对冲外汇占款的需要，在此背景下，我国中央银行开始发行中央银行票据，之后几年中，央票发展成为公开市场上的主要操作工具。我国公开市场操作具体可细分为央行在二级市场上的回购与逆回购交

[①] 2007 年 8 月 15 日央行上调存款准备金率 0.5 个百分点至 12%，当时央行即要求，对于上调的人民币存款准备金，总部驻京的全国性商业银行必须用外汇交付，这是央行的一次"试运行"。从 2007 年 9 月 25 日第 7 次上调人民币存款准备金开始，大型商业银行已经开始用外汇支付。

易及在一级市场上定向发售中央银行票据及国债的行为。定向发售方式,即中央银行可指定某几家超额准备金率较高的商业银行购买其发行的央票,能更为有效地调控各商业银行的可贷资金。公开市场操作的优点在于中央银行可以主动地、经常性、连续性地进行操作,亦可作为微调手段,政策弹性较强。但是公开市场操作的缺陷也很明显,它需要以发达金融市场,尤其是债券市场作为支撑。

2003年4月22日,中国人民银行正式通过公开市场操作发行了金额50亿元、期限为6个月的中央银行票据。之后,人民银行选择发行中央银行票据作为中央银行调控基础货币的新形式,在公开市场上连续滚动发行3个月、6个月及1年期央行票据。自2004年12月9日起,央行开始发行三年期央行票据,创下了央行票据的最长期限。除了3年期央行票据这种长期融资工具被使用外,央行票据的远期发行方式也被采用,2004年12月29日央行首次发行远期票据,发行200亿元央票,缴款日和起息日均为2005年2月21日,距发行日50余天,是历史上首次带有远期性质的央行票据。2005年,央行公开市场操作的力度明显加大,公开市场共计发行中央银行票据125期、27 882亿元(面值),净回笼资金比2004年有大幅度增加。2004年以来,央行票据发行的规模和次数都在上升。票据期限以1年期和3个月期为主体,两者占总发行量的78%,也包括3年期的长期票据,同时央行票据的远期发行方式也被采用。2006年,发行总量为36 500亿元,比2005年约多8 600亿元。2007年以来,国际金融危机爆发前央行票据发行的规模不断增加。由于国际金融危机的爆发,我国外需下降,外汇储备增长缓慢,甚至还出现下降的趋势,央行的冲销压力减弱,2010年以后央票发行开始不断下降(见图4-16),货币供给的负债方的货币调控正逐步转向资产方调控。

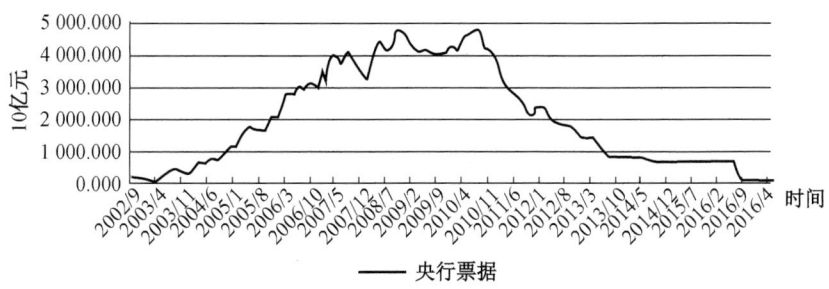

资料来源:www.pbc.gov.cn。

图4-16 央行票据的发行

六、中央银行冲销干预的手段及局限性

在长期人民币升值条件下,我国货币供给量及外汇储备存在着一个自我强化机制,如图4-17所示。国际收支双顺差及国际投机资本流入造成外汇储备快速扩张,国内货币供给量快速上升,过剩的货币在国内资本市场上掀起资产价格上涨,进一步吸引国外资本流入;货币过剩也刺激投资及信贷扩张,进而推动了物价上升,央行不得不加大冲销力度;紧缩银根必然带来利率上升,国内外利差缩小,进一步加大人民币升值压力。

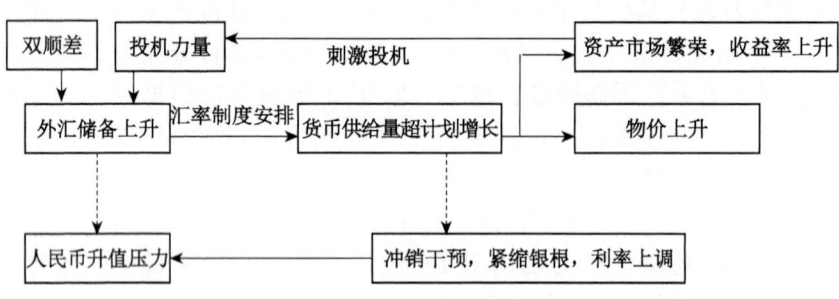

图4-17 外汇稳定与货币稳定冲突简图

当前我国冲销外汇占款影响的重要手段是央行公开市场操作及提高存款准备金率。公开市场操作是回收流动性的重要手段。表4-6展示了2003年4月至2013年12月间我国公开市场操作的大致情况。在此期间,我国累计发行央行票据达270 406.4亿元,平均每月发行央票价值达到2 096.17亿元,央票在我国公开市场业务资金回笼中冲销外汇占款发挥着重要作用。不仅如此,公开市场业务中正回购在资金的回笼中也一直发挥着积极作用。从公开市场业务的货币净投放量来看,央票和正回购起到了很好的冲销效果,从2003年4月至2013年12月,实现了净回笼5 792亿元,有效地控制了基础货币的扩张(见表4-9)。

面对流动性过剩,为了防止信贷和投资的过快增长,中央银行还发行惩罚性的定向票据。自2006年以来,定向央行票据一直用来控制商业银行信贷发行速度,而被发行的对象往往是信贷增长过快的商业银行。2007年央行发行过6次定向票据,规模都在千亿元之上,利率的惩罚性3月份为6个基点,5月份为3个基点,7月份为2个基点,8月份为2个基点,9月份为10个基点,10月份为5个基点(表4-10)。由此可见,中央银行定向票据发行是回收流动性的一个重要工具。在人民币升值和投机资本流入的情况下,流动性过剩会不断加剧,中央银行连续地发行定向票据,反映了中央银行控制信贷增长的压力较大。

第四章 人民币升值或贬值条件下内外均衡的实现

表4-9　2005年7月至2007年9月中央银行公开市场操作概况

日期	货币投放量:合计(亿元)	货币投放量:票据到期(亿元)	货币投放量:正回购到期(亿元)	货币投放量:逆回购(亿元)	货币回笼量:合计(亿元)	货币回笼量:票据发行(亿元)	货币回笼量:正回购(亿元)	货币回笼量:逆回购到期(亿元)	货币净投放量(亿元)
2003.4	0.000 0	0.000 0	0.000 0	0.000 0	570.000 0	150.000 0	420.000 0	0.000 0	−570.000 0
2003.5	250.000 0	0.000 0	250.000 0	0.000 0	800.000 0	800.000 0	0.000 0	0.000 0	−550.000 0
2003.6	180.000 0	0.000 0	180.000 0	0.000 0	1 000.000 0	1 000.000 0	0.000 0	0.000 0	−820.000 0
2003.7	870.000 0	100.000 0	770.000 0	0.000 0	1 100.000 0	1 100.000 0	0.000 0	0.000 0	−230.000 0
2003.8	1 410.000 0	400.000 0	410.000 0	600.000 0	1 500.000 0	1 500.000 0	0.000 0	0.000 0	−90.000 0
2003.9	1 880.000 0	400.000 0	980.000 0	500.000 0	2 000.000 0	900.000 0	0.000 0	1 100.000 0	−120.000 0
2003.10	750.000 0	750.000 0	0.000 0	0.000 0	400.000 0	400.000 0	0.000 0	0.000 0	350.000 0
2003.11	1 200.000 0	1 000.000 0	0.000 0	200.000 0	1 200.000 0	1 000.000 0	0.000 0	200.000 0	0.000 0
2003.12	1 100.000 0	1 100.000 0	0.000 0	0.000 0	788.200 0	788.200 0	0.000 0	0.000 0	311.800 0
2004.1	800.000 0	400.000 0	0.000 0	400.000 0	910.000 0	510.000 0	0.000 0	400.000 0	−110.000 0
2004.2	750.000 0	750.000 0	0.000 0	0.000 0	1 550.000 0	1 550.000 0	0.000 0	0.000 0	−800.000 0
2004.3	800.000 0	800.000 0	0.000 0	0.000 0	2 381.000 0	2 381.500 0	0.000 0	0.000 0	−1 581.000 0
2004.4	450.000 0	450.000 0	0.000 0	0.000 0	611.500 0	611.500 0	0.000 0	0.000 0	−161.500 0
2004.5	1 300.000 0	1 300.000 0	0.000 0	0.000 0	1 828.000 0	1 128.000 0	700.000 0	0.000 0	−528.000 0
2004.6	1 639.900 0	989.900 0	650.000 0	0.000 0	850.000 0	650.000 0	200.000 0	0.000 0	789.900 0
2004.7	1 167.000 0	657.000 0	510.000 0	0.000 0	1 710.000 0	820.000 0	890.000 0	0.000 0	−543.000 0

(续表)

日期	货币投放量：合计(亿元)	货币投放量：票据到期(亿元)	货币投放量：正回购到期(亿元)	货币投放量：逆回购(亿元)	货币回笼量：合计(亿元)	货币回笼量：票据发行(亿元)	货币回笼量：正回购(亿元)	货币回笼量：逆回购到期(亿元)	货币净投放量(亿元)
2004.8	2 030.000 0	1 200.000 0	830.000 0	0.000 0	1 230.000 0	770.000 0	460.000 0	0.000 0	800.000 0
2004.9	1 499.700 0	929.700 0	570.000 0	0.000 0	1 780.000 0	1 400.000 0	380.000 0	0.000 0	−280.300 0
2004.10	770.000 0	600.000 0	170.000 0	0.000 0	2 130.000 0	1 980.000 0	150.000 0	0.000 0	−1 360.000 0
2004.11	700.000 0	450.000 0	250.000 0	0.000 0	1 260.000 0	1 010.000 0	250.000 0	0.000 0	−560.000 0
2004.12	780.000 0	580.000 0	200.000 0	0.000 0	2 350.000 0	2 150.000 0	200.000 0	0.000 0	−1 570.000 0
2005.1	1 300.000 0	1 100.000 0	200.000 0	0.000 0	1 780.000 0	1 580.000 0	200.000 0	0.000 0	−480.000 0
2005.2	1 250.000 0	820.000 0	50.000 0	380.000 0	2 280.000 0	1 850.000 0	50.000 0	380.000 0	−1 030.000 0
2005.3	2 049.600 0	1 749.600 0	300.000 0	0.000 0	4 000.000 0	3 700.000 0	300.000 0	0.000 0	−1 950.400 0
2005.4	894.500 0	694.500 0	200.000 0	0.000 0	2 850.000 0	2 700.000 0	150.000 0	0.000 0	−1 955.500 0
2005.5	1 528.000 0	1 378.000 0	150.000 0	0.000 0	2 150.000 0	1 950.000 0	200.000 0	0.000 0	−622.000 0
2005.6	1 200.000 0	1 150.000 0	50.000 0	0.000 0	2 700.000 0	2 000.000 0	700.000 0	0.000 0	−1 500.000 0
2005.7	1 760.000 0	1 060.000 0	700.000 0	0.000 0	2 500.000 0	1 300.000 0	1 200.000 0	0.000 0	−740.000 0
2005.8	1 770.000 0	1 070.000 0	700.000 0	0.000 0	2 700.000 0	1 400.000 0	1 300.000 0	0.000 0	−930.000 0
2005.9	2 570.000 0	2 170.000 0	400.000 0	0.000 0	3 550.000 0	2 650.000 0	900.000 0	0.000 0	−980.000 0
2005.10	2 030.000 0	1 730.000 0	300.000 0	0.000 0	3 200.000 0	2 900.000 0	300.000 0	0.000 0	−1 170.000 0
2005.11	1 790.000 0	1 190.000 0	600.000 0	0.000 0	4 132.000 0	3 432.000 0	700.000 0	0.000 0	−2 342.000 0

（续表）

日期	货币投放量:合计（亿元）	货币投放量:票据到期（亿元）	货币投放量:正回购到期（亿元）	货币投放量:逆回购（亿元）	货币回笼量:合计（亿元）	货币回笼量:票据发行（亿元）	货币回笼量:正回购（亿元）	货币回笼量:逆回购到期（亿元）	货币净投放（亿元）
2005.12	3 900.000 0	3 050.000 0	850.000 0	0.000 0	3 580.000 0	2 200.000 0	1 380.000 0	0.000 0	320.000 0
2006.1	6 373.000 0	1 910.000 0	3 280.000 0	1 183.000 0	3 600.000 0	2 050.000 0	1 550.000 0	0.000 0	2 773.000 0
2006.2	4 740.000 0	2 150.000 0	2 590.000 0	0.000 0	9 723.000 0	5 600.000 0	2 940.000 0	1 183.000 0	−4 983.000 0
2006.3	5 800.000 0	1 800.000 0	4 000.000 0	0.000 0	8 100.000 0	5 550.000 0	2 550.000 0	0.000 0	−2 300.000 0
2006.4	2 800.000 0	1 600.000 0	1 200.000 0	0.000 0	2 780.000 0	1 680.000 0	1 100.000 0	0.000 0	20.000 0
2006.5	4 132.000 0	3 582.000 0	550.000 0	0.000 0	4 950.000 0	3 750.000 0	1 200.000 0	0.000 0	−818.000 0
2006.6	4 450.000 0	2 750.000 0	1 700.000 0	0.000 0	5 450.000 0	3 600.000 0	1 850.000 0	0.000 0	−1 000.000 0
2006.7	3 700.000 0	1 080.000 0	2 620.000 0	0.000 0	4 060.000 0	2 140.000 0	1 920.000 0	0.000 0	−360.000 0
2006.8	3 480.000 0	2 100.000 0	1 380.000 0	0.000 0	3 622.200 0	1 792.200 0	1 830.000 0	0.000 0	−142.200 0
2006.9	6 450.000 0	3 300.000 0	3 150.000 0	0.000 0	6 830.000 0	4 230.000 0	2 600.000 0	0.000 0	−380.000 0
2006.10	2 100.000 0	1 640.000 0	460.000 0	0.000 0	3 100.000 0	2 440.000 0	660.000 0	0.000 0	−1 000.000 0
2006.11	1 890.000 0	1 690.000 0	200.000 0	0.000 0	1 200.000 0	1 200.000 0	0.000 0	0.000 0	690.000 0
2006.12	3 980.000 0	2 880.000 0	1 100.000 0	0.000 0	4 190.500 0	2 490.500 0	1 700.000 0	0.000 0	−210.500 0
2007.1	4 940.000 0	2 340.000 0	2 600.000 0	0.000 0	10 450.000 0	7 050.000 0	3 400.000 0	0.000 0	−5 510.000 0
2007.2	6 280.000 0	3 980.000 0	1 400.000 0	900.000 0	2 420.000 0	1 520.000 0	0.000 0	900.000 0	3 860.000 0
2007.3	3 040.000 0	3 040.000 0	0.000 0	0.000 0	9 660.000 0	9 660.000 0	0.000 0	0.000 0	−6 620.000 0

(续表)

日期	货币投放量:合计(亿元)	货币投放量:票据到期(亿元)	货币投放量:正回购到期(亿元)	货币投放量:逆回购(亿元)	货币回笼量:合计(亿元)	货币回笼量:票据发行(亿元)	货币回笼量:正回购(亿元)	货币回笼量:逆回购到期(亿元)	货币净投放量(亿元)
2007.4	2 150.000 0	2 150.000 0	0.000 0	0.000 0	3 220.000 0	3 220.000 0	0.000 0	0.000 0	−1 070.000 0
2007.5	2 570.000 0	2 570.000 0	0.000 0	0.000 0	2 440.000 0	2 440.000 0	0.000 0	0.000 0	130.000 0
2007.6	4 300.000 0	4 300.000 0	0.000 0	0.000 0	2 520.000 0	2 520.000 0	0.000 0	0.000 0	1 780.000 0
2007.7	2 490.000 0	2 490.000 0	0.000 0	0.000 0	3 711.000 0	3 061.000 0	650.000 0	0.000 0	−1 221.000 0
2007.8	1 902.200 0	1 902.200 0	0.000 0	0.000 0	4 620.000 0	4 620.000 0	0.000 0	0.000 0	−2 717.800 0
2007.9	4 670.000 0	4 670.000 0	0.000 0	0.000 0	2 510.000 0	2 410.000 0	100.000 0	0.000 0	2 160.000 0
2007.10	3 600.000 0	3 600.000 0	0.000 0	0.000 0	2 230.000 0	1 700.000 0	530.000 0	0.000 0	1 370.000 0
2007.11	2 940.000 0	2 050.000 0	890.000 0	0.000 0	2 775.000 0	590.000 0	2 185.000 0	0.000 0	165.000 0
2007.12	5 015.500 0	2 910.500 0	2 105.000 0	0.000 0	6 470.000 0	1 780.000 0	4 690.000 0	0.000 0	−1 454.500 0
2008.1	18 440.000 0	5 960.000 0	12 480.000 0	0.000 0	12 510.000 0	3 650.000 0	8 860.000 0	0.000 0	5 930.000 0
2008.2	3 540.000 0	1 150.000 0	2 390.000 0	0.000 0	8 950.000 0	5 780.000 0	3 170.000 0	0.000 0	−5 410.000 0
2008.3	7 530.000 0	5 660.000 0	1 870.000 0	0.000 0	14 660.000 0	8 340.000 0	6 320.000 0	0.000 0	−7 130.000 0
2008.4	10 080.000 0	3 270.000 0	6 810.000 0	0.000 0	10 760.000 0	7 290.000 0	3 470.000 0	0.000 0	−680.000 0
2008.5	5 240.000 0	2 170.000 0	3 070.000 0	0.000 0	4 260.000 0	2 960.000 0	1 300.000 0	0.000 0	980.000 0
2008.6	5 180.000 0	3 870.000 0	1 310.000 0	0.000 0	1 770.000 0	1 420.000 0	350.000 0	0.000 0	3 410.000 0
2008.7	2 671.000 0	2 161.000 0	510.000 0	0.000 0	3 385.000 0	2 085.000 0	1 300.000 0	0.000 0	−714.000 0

(续表)

日期	货币投放量：合计（亿元）	货币投放量：票据到期（亿元）	货币投放量：正回购到期（亿元）	货币投放量：逆回购（亿元）	货币回笼量：合计（亿元）	货币回笼量：票据发行（亿元）	货币回笼量：正回购（亿元）	货币回笼量：逆回购到期（亿元）	货币净投放量（亿元）
2008.8	3 410.000 0	2 120.000 0	1 290.000 0	0.000 0	4 685.000 0	2 905.000 0	1 780.000 0	0.000 0	−1 275.000 0
2008.9	4 220.000 0	1 240.000 0	2 980.000 0	0.000 0	7 740.000 0	4 820.000 0	2 920.000 0	0.000 0	−3 520.000 0
2008.10	3 040.000 0	1 120.000 0	1 920.000 0	0.000 0	4 350.000 0	2 800.000 0	1 550.000 0	0.000 0	−1 310.000 0
2008.11	1 925.000 0	1 175.000 0	750.000 0	0.000 0	610.000 0	300.000 0	310.000 0	0.000 0	1 315.000 0
2008.12	1 940.000 0	1 530.000 0	410.000 0	0.000 0	2 530.000 0	610.000 0	1 920.000 0	0.000 0	−590.000 0
2009.1	4 860.000 0	2 840.000 0	2 020.000 0	0.000 0	2 000.000 0	700.000 0	1 300.000 0	0.000 0	2 860.000 0
2009.2	3 895.000 0	2 895.000 0	1 000.000 0	0.000 0	6 500.000 0	1 400.000 0	5 100.000 0	0.000 0	−2 605.000 0
2009.3	8 290.000 0	3 840.000 0	4 450.000 0	0.000 0	7 450.000 0	2 700.000 0	4 750.000 0	0.000 0	840.000 0
2009.4	7 760.000 0	3 660.000 0	4 100.000 0	0.000 0	8 150.000 0	3 050.000 0	5 100.000 0	0.000 0	−390.000 0
2009.5	7 420.000 0	2 520.000 0	4 900.000 0	0.000 0	6 400.000 0	3 100.000 0	3 300.000 0	0.000 0	1 020.000 0
2009.6	7 430.000 0	3 330.000 0	4 100.000 0	0.000 0	6 400.000 0	3 100.000 0	3 300.000 0	0.000 0	1 030.000 0
2009.7	8 155.000 0	3 555.000 0	4 600.000 0	0.000 0	6 650.000 0	2 800.000 0	3 850.000 0	0.000 0	1 505.000 0
2009.8	7 150.000 0	4 800.000 0	2 350.000 0	0.000 0	7 030.000 0	4 380.000 0	2 650.000 0	0.000 0	120.000 0
2009.9	10 520.000 0	7 270.000 0	3 250.000 0	0.000 0	8 230.000 0	6 030.000 0	2 200.000 0	0.000 0	2 290.000 0
2009.10	5 650.000 0	3 250.000 0	2 400.000 0	0.000 0	7 160.000 0	3 810.000 0	3 350.000 0	0.000 0	−1 510.000 0
2009.11	4 700.000 0	3 650.000 0	1 050.000 0	0.000 0	7 240.000 0	3 090.000 0	4 150.000 0	0.000 0	−2 540.000 0

（续表）

日期	货币投放量:合计(亿元)	货币投放量:票据到期(亿元)	货币投放量:正回购到期(亿元)	货币投放量:逆回购(亿元)	货币回笼量:合计(亿元)	货币回笼量:票据发行(亿元)	货币回笼量:正回购(亿元)	货币回笼量:逆回购到期(亿元)	货币净投放量(亿元)
2009.12	6 250.000 0	2 450.000 0	3 800.000 0	0.000 0	6 740.000 0	4 080.000 0	2 660.000 0	0.000 0	−490.000 0
2010.1	5 640.000 0	2 030.000 0	3 610.000 0	0.000 0	7 090.000 0	3 160.000 0	3 930.000 0	0.000 0	−1 450.000 0
2010.2	7 990.000 0	3 440.000 0	4 550.000 0	0.000 0	2 430.000 0	2 130.000 0	300.000 0	0.000 0	5 560.000 0
2010.3	8 120.000 0	7 320.000 0	800.000 0	0.000 0	13 680.000 0	8 980.000 0	4 700.000 0	0.000 0	−5 560.000 0
2010.4	7 010.000 0	3 650.000 0	3 360.000 0	0.000 0	11 380.000 0	5 860.000 0	5 520.000 0	0.000 0	−4 370.000 0
2010.5	6 130.000 0	3 130.000 0	3 000.000 0	0.000 0	3 890.000 0	3 590.000 0	300.000 0	0.000 0	2 240.000 0
2010.6	7 800.000 0	5 180.000 0	2 620.000 0	0.000 0	2 630.000 0	2 530.000 0	100.000 0	0.000 0	5 170.000 0
2010.7	7 480.000 0	4 660.000 0	2 820.000 0	0.000 0	6 380.000 0	5 330.000 0	1 050.000 0	0.000 0	1 100.000 0
2010.8	3 860.000 0	3 560.000 0	300.000 0	0.000 0	4 950.000 0	3 250.000 0	1 700.000 0	0.000 0	−1 090.000 0
2010.9	5 470.000 0	5 370.000 0	100.000 0	0.000 0	4 180.000 0	3 500.000 0	680.000 0	0.000 0	1 290.000 0
2010.10	5 720.000 0	4 670.000 0	1 050.000 0	0.000 0	4 890.000 0	2 330.000 0	2 560.000 0	0.000 0	830.000 0
2010.11	3 025.000 0	1 325.000 0	1 700.000 0	0.000 0	1 950.000 0	1 550.000 0	400.000 0	0.000 0	1 075.000 0
2010.12	2 220.000 0	1 540.000 0	680.000 0	0.000 0	190.000 0	140.000 0	50.000 0	0.000 0	2 030.000 0
2011.1	5 480.000 0	2 070.000 0	3 410.000 0	0.000 0	940.000 0	60.000 0	880.000 0	0.000 0	4 540.000 0
2011.2	4 150.000 0	3 750.000 0	400.000 0	0.000 0	740.000 0	140.000 0	600.000 0	0.000 0	3 410.000 0
2011.3	6 870.000 0	6 670.000 0	200.000 0	0.000 0	9 580.000 0	2 910.000 0	6 670.000 0	0.000 0	−2 710.000 0

(续表)

日期	货币投放量:合计(亿元)	货币投放量:票据到期(亿元)	货币投放量:正回购到期(亿元)	货币投放量:逆回购(亿元)	货币回笼量:合计(亿元)	货币回笼量:票据发行(亿元)	货币回笼量:正回购(亿元)	货币回笼量:逆回购到期(亿元)	货币净投放量(亿元)
2011.4	8 700.000 0	4 570.000 0	4 130.000 0	0.000 0	6 150.000 0	3 060.000 0	3 090.000 0	0.000 0	2 550.000 0
2011.5	5 820.000 0	2 400.000 0	3 420.000 0	0.000 0	3 350.000 0	2 090.000 0	1 260.000 0	0.000 0	2 470.000 0
2011.6	6 010.000 0	2 560.000 0	3 450.000 0	0.000 0	1 850.000 0	750.000 0	1 100.000 0	0.000 0	4 160.000 0
2011.7	3 720.000 0	2 320.000 0	1 400.000 0	0.000 0	3 830.000 0	1 270.000 0	2 560.000 0	0.000 0	−110.000 0
2011.8	3 520.000 0	1 960.000 0	1 560.000 0	0.000 0	1 850.000 0	310.000 0	1 540.000 0	0.000 0	1 670.000 0
2011.9	4 810.000 0	2 290.000 0	2 520.000 0	0.000 0	2 450.000 0	260.000 0	2 190.000 0	0.000 0	2 360.000 0
2011.10	4 870.000 0	1 880.000 0	2 990.000 0	0.000 0	3 980.000 0	880.000 0	3 100.000 0	0.000 0	890.000 0
2011.11	3 250.000 0	1 130.000 0	2 120.000 0	0.000 0	1 670.000 0	1 120.000 0	550.000 0	0.000 0	1 580.000 0
2011.12	800.000 0	150.000 0	650.000 0	0.000 0	2 540.000 0	1 290.000 0	1 250.000 0	0.000 0	−1 740.000 0
2012.1	4 780.000 0	110.000 0	1 150.000 0	3 520.000 0	1 690.000 0	0.000 0	0.000 0	1 690.000 0	3 090.000 0
2012.2	120.000 0	120.000 0	0.000 0	0.000 0	2 550.000 0	0.000 0	720.000 0	1 830.000 0	−2 430.000 0
2012.3	2 540.000 0	1 720.000 0	820.000 0	0.000 0	3 260.000 0	0.000 0	3 260.000 0	0.000 0	−720.000 0
2012.4	3 990.000 0	1 830.000 0	2 160.000 0	0.000 0	1 460.000 0	0.000 0	1 460.000 0	0.000 0	2 530.000 0
2012.5	3 250.000 0	920.000 0	1 440.000 0	890.000 0	3 690.000 0	0.000 0	2 800.000 0	890.000 0	−440.000 0
2012.6	4 140.000 0	90.000 0	2 800.000 0	1 250.000 0	1 200.000 0	0.000 0	1 200.000 0	0.000 0	2 940.000 0
2012.7	6 520.000 0	190.000 0	1 320.000 0	5 010.000 0	5 680.000 0	0.000 0	0.000 0	5 680.000 0	840.000 0

(续表)

日期	货币投放量:合计(亿元)	货币投放量:票据到期(亿元)	货币投放量:正回购到期(亿元)	货币投放量:逆回购(亿元)	货币回笼量:合计(亿元)	货币回笼量:票据发行(亿元)	货币回笼量:正回购(亿元)	货币回笼量:逆回购到期(亿元)	货币净投放量(亿元)
2012.8	9 220.000 0	120.000 0	900.000 0	8 200.000 0	5 780.000 0	0.000 0	0.000 0	5 780.000 0	3 440.000 0
2012.9	10 280.000 0	160.000 0	400.000 0	9 720.000 0	6 220.000 0	0.000 0	0.000 0	6 220.000 0	4 060.000 0
2012.10	11 800.000 0	390.000 0	0.000 0	11 410.000 0	9 610.000 0	0.000 0	0.000 0	9 610.000 0	2 190.000 0
2012.11	13 910.000 0	1 020.000 0	0.000 0	12 890.000 0	15 980.000 0	0.000 0	0.000 0	15 980.000 0	−2 070.000 0
2012.12	8 670.000 0	1 180.000 0	0.000 0	7 490.000 0	7 720.000 0	0.000 0	0.000 0	7 720.000 0	950.000 0
2013.1	4 840.000 0	0.000 0	0.000 0	4 840.000 0	7 840.000 0	0.000 0	0.000 0	7 840.000 0	−3 000.000 0
2013.2	8 600.000 0	0.000 0	0.000 0	8 600.000 0	11 130.000 0	0.000 0	550.000 0	10 580.000 0	−2 530.000 0
2013.3	450.000 0	0.000 0	450.000 0	0.000 0	1 980.000 0	0.000 0	1 980.000 0	0.000 0	−1 530.000 0
2013.4	3 030.000 0	1 050.000 0	1 980.000 0	0.000 0	2 350.000 0	0.000 0	2 350.000 0	0.000 0	680.000 0
2013.5	5 050.000 0	2 300.000 0	2 750.000 0	0.000 0	3 450.000 0	920.000 0	2 530.000 0	0.000 0	1 600.000 0
2013.6	3 510.000 0	1 280.000 0	2 230.000 0	0.000 0	460.000 0	220.000 0	240.000 0	0.000 0	3 050.000 0
2013.7	3 080.000 0	2 670.000 0	240.000 0	170.000 0	1 838.000 0	1 838.000 0	0.000 0	0.000 0	1 242.000 0
2013.8	4 950.000 0	2 580.000 0	0.000 0	2 370.000 0	2 800.000 0	1 270.000 0	0.000 0	1 530.000 0	2 150.000 0
2013.9	3 430.000 0	1 270.000 0	0.000 0	2 160.000 0	3 270.000 0	900.000 0	0.000 0	2 370.000 0	160.000 0
2013.10	2 330.000 0	220.000 0	0.000 0	2 110.000 0	2 554.000 0	114.000 0	0.000 0	2 440.000 0	−224.000 0
2013.11	2 170.000 0	110.000 0	0.000 0	2 060.000 0	1 790.000 0	100.000 0	0.000 0	1 690.000 0	380.000 0
2013.12	6 700.000 0	0.000 0	0.000 0	6 700.000 0	10 040.000 0	0.000 0	2 500.000 0	7 540.000 0	−3 340.000 0

资料来源:wind 数据库。

表 4-10　　　　　　　　　中央银行定向票据的发行

次数	数额	利率	期限	与普通央行票据利率比较	发行对象
第一次（2007年3月9日）	1 000 亿元	3.07%	3年	公开发行的3年期票据收益率为3.10%	发行对象包括9家银行,有工、农、中、建、交行、兴业银行、光大银行、招商银行和中信银行等
第二次（2007年5月11日）	1 100 亿元	3.22%	3年	3年期普通央票利率为3.28%,定向票据比该利率要低6个基点	国有商业银行的认购量最大,占了六成;股份制商业银行则为三成左右
第三次（2007年7月13日）	1 010 亿元	3.60%	3年	3年期普通央票利率为3.62%,定向票据的利率比该利率低2个基点	四大国有商业银行购买了绝大多数份额。此外,还有包括民生、光大、浦发、中信、交通和上海银行在内的一些股份制商业银行和城市商业银行
第四次（2007年8月17日）	1 000 亿元	3.69%	3年	当日3年期普通票据,利率为3.71%,定向票据的利率比该利率低2个基点	四大国有商业银行为主要发行对象,部分股份制商业银行和城市商业银行也参与发行
第五次（2007年9月7日）	1 500 亿元	3.71%	3年	3年期央票的利率为3.81%,定向央票的利率低于市场利率10个基点	主要面向商业银行发行,包括工商银行、中国银行、农业银行、建设银行和交通银行、民生银行、中信银行、浦发银行、招商银行、深圳发展银行、兴业银行、北京市商业银行和南京市商业银行等
第六次（2007年10月11日）①	1 520 亿元	3.95%	3年	二级市场3年期央票利率在4%左右,高于定向票据利率约5个基点	工商银行、建设银行、农业银行、中国银行和交通银行分别被发行270亿元、240亿元、220亿元、170亿元和110亿元,共计1 010亿元,占发行总量的2/3;其余510亿元由浦发银行、招商银行和民生银行等9家股份制银行承担,分别被发行40亿元至80亿元

资料来源:www.chinamoney.com.cn。

---

①　与以往不同的是,央行在通知中明确本期定向票据可以流通、质押,这意味着其与普通央行票据类似。在需要资金时,商业银行可以将本期定向票据卖出,也可以将其作为质押券进行融资。对商业银行而言,本期定向票据的资金冻结功能有所减弱。

由于我国国债发行量不足,中央银行发行央票以替代国债,进行公开市场操作。以央票为主要操作对象的公开市场操作有着其局限性。用发行中央票据的方式回笼资金无疑会增加中央银行货币政策成本负担,在长期难以维持。然而,国债与中央银行票据的性质完全不同,这也决定了公开市场操作中,中央银行票据无法在长期内代替国债。在中央银行负债表上,国债表现对政府的债权,位于资产项目一栏中;中央银行票据则是中央银行对其他金融机构的负债,位于负债项目栏中。中央银行向其他金融机构出售国债,其资产负债表表现为中央银行资产减少,即对政府债权的减少,而金融机构在中央银行的准备金存款亦减少,基础货币收缩;反之,中央银行从其他金融机构购入国债,其资产负债表表现为中央银行资产增加,金融机构在中央银行的准备金存款增加。中央银行向其他金融机构发售央票则表现为中央银行负债的增加,即表中所示中央银行债券增加,同时金融机构的准备金存款减少;央行从其他金融机构购入央票则表现为中央银行负债减少和金融机构准备金存款的增加。

显然地,央行所持有的国债的增减不会直接增加央行财务成本。相反地,持有国债到期还能给中央银行带来一定的利息收益。然而,发行央票则不可避免地要支出一定的利息,这增加了中央银行的财务成本。中央银行并不是一个盈利性组织,利息支出没有相应的资金来源,这种情况持续下去,无疑会加大民众对未来通货膨胀的预期。

尽管央行票据冲销对稳定汇率和货币供应量起着重要作用,但我国央行票据发行仍面临一些主要问题:

(1) 我国的冲销干预是被动的。

(2) 如果外汇储备持续增加,中央银行必须持续干预外汇市场。

(3) 由于持续干预和票据利率上升,央行干预的成本将不断上升。

(4) 从理论上来说,如果资本内流是短期的,冲销干预是有效的;如果资本持续内流,冲销干预不可能长期维持。

(5) 央行发行的票据成为债券市场交易的主要产品,影响了其他债券市场的发展。

显然,央票并不是一个可供长期使用的政策工具,随着外汇市场干预的压力下降,通过央票冻结资金的压力也下降,2012年以来,央票的发行量逐步下降,逐步退出常规性的货币政策工具。为保障公开市场操作的持续性及有效性,必须扩大债券市场规模,开发新的可供操作的政策工具。2007年6月27日,第十届全国人大常委会第二十八次会议审议了国务院关于提请财政部发行特别国债购买外汇的议案。该提议是财政部发行15 500亿元人民币特别国债,购买约2 000亿美元外汇,作为组建国家外汇投资公司的资本金来源。此举实质上是对中央银行所持有的资产结构进行调整,表现为资产负债表中,资产项目下的净国外资产减少,对政府的债权增加。特别国债将成为央行公开市场操作中一项新的操作工具且能有效减轻央行政策操作的财务成本。此外,大力发展金融债券,如发展金融资产证券化、住房抵押贷款证券化等,都可以扩充央行可操作政策工具的范围。

此外,央行的货币政策工具往往还是搭配使用,如中央银行通过准备金率变动改变货币供应量,常常伴以公开市场业务配合来实现货币供应量目标。

第四节 经济新常态下人民币汇率及宏观调控

一、经济新常态下的人民币汇率变动

后危机时代,我国进入经济新常态。所谓"经济新常态",就是后国际金融危机时代,我国经济出现的一些新特征、新状况,从宏观层面来看,"经济新常态"仍然是中国经济发展和改革的延续;从微观层面来看,针对后危机时代出现的新的状况和新的市场化改革的进一步要求,宏观调控也会面临新的挑战,需要通过金融创新来适应经济新常态。在"经济新常态"时期,我们面临外需下降,经济结构调整,金融创新层出不穷,汇率和利率市场化改革,以及资本账户的开放等问题,同时又伴随美国退出量化宽松政策和中美贸易战等。

从人民币汇率的走势来看,2005年7月汇改至2015年8月汇改10年间,尽管中间经历了2008年的金融危机,但人民币对美元汇率基本上都是升值的,从8.3升值到6.11左右,升值了约26.4%。但是2015年8月汇改后,人民币开始转向双向波动,贬值成了人民币对美元汇率变动的主要趋势,从2015年8月10日6.1162贬值到2018年7月20日6.767,贬值了10.64%。从人民币对美元每天汇率的收盘价和中间价也能够看出人民币对美元汇率的贬值趋势(见图4-18)。2014年之前人民币对美元汇率每天收盘价与中间价之差基本都为负值,意味着人民币对美元汇率一直存在升值压力。2014年至2015年汇改,人民币对美元汇率每天收盘价与中间价之差主要为正值,意味着虽然人民币对美元汇率中间价一直是升值的,但是银行间外汇市场人民币对美元汇率一直存在贬值压力。也正因为如此,中央银行在2015年8月11日进行了新一轮汇改,人民币对美元汇率贬值2%,并修改了人民币汇率中间价的形成机制。从2015年8月至2017年年初,人民币对美元汇率基本上是持续贬值,这可能主要是由于汇改后人民币贬值预期和国际收支盈余下降导致的,但人民币对美元汇率双向波动更加明显。为了遏制持续的贬值,2016年央行在人民币汇率形成机制中加入了"逆周期因子"对中间价进行调节,同时对资本外流的管理更加严格了,不断扭转人民币持续贬值的趋势。因此2017年至2018年第一季度人民币对美元汇率又开始重返升值道路,这一阶段人民币贬值预期逐步消除,资本流出下降,外汇

储备有所上升,市场重拾人民币升值的信心。但 2018 年第一季度后,人民币对美元汇率又开始转向贬值,一是由于美联储持续上调利率,美元走强,人民币贬值;二是特朗普政府上台以来,和多个国家发生贸易摩擦,特别是和中国的贸易战,意味着中国贸易收支可能会面临更大的困境,对人民币汇率会产生很大的贬值预期,因此人民币对美元汇率转向贬值趋势。

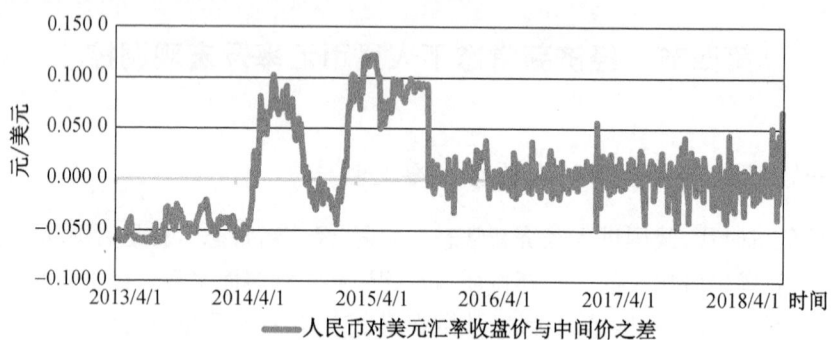

资料来源:Wind 数据库。

图 4-18　人民币对美元汇率的收盘价与中间价之差

总之,这一期间人民币贬值受多种因素的影响:一是全球经济仍然增长缓慢,外需下滑,国际收支的盈余会下降,外汇占款和外汇储备下降;二是美国退出量化宽松政策,美联储提高利率,资本外流,美元指数上升,人民币存在贬值压力;三是中美贸易战,中国贸易收支面临很大的不确定性,人民币存在贬值预期;四是中国实行人民币国际化战略,鼓励跨境贸易和对外投资,国际收支的盈余也会下降,人民币也会转向贬值;五是中央银行逐步退出常态化干预,意味着在人民币汇率市场化的改革中,中央银行不再通过外汇市场干预维持人民币汇率的稳定。

二、汇率贬值的影响

前面在人民币升值的条件下,重点考察了人民币升值的经济效应。同样在人民币贬值的情况下,需要重新审视人民币对美元汇率变化对宏观经济的影响。

首先是汇率贬值对进出口的影响。从理论上来讲,汇率贬值有利于贸易收支的改善,但这要满足马歇尔-勒纳条件,即出口需求的汇率弹性与进口需求的汇率弹性之和要大于 1,只有满足这个条件,汇率贬值才有利于贸易收支的改善,如果不满足这个条件,汇率贬值不能够改善贸易收支。一般来说,汇率贬值后,本国的贸易条件[①]会恶化,即出口价格下降,进口价格上升,因此出口数量会

---

① 所谓贸易条件是指出口商品单位价格与进口商品单位价格之间的比率。当比率上升,称为贸易条件改善,它表示由于进出口相对价格的有利变动而使相同数量的出口能换回较多数量的进口;反之,当这一比率下降,称为贸易条件恶化,它表示由于进出口相对价格的不利变动而使相同数量的出口只能换回较少数量的进口,这意味着实际资源的损失。

上升,进口数量会下降。如果改善贸易收支,需要马歇尔-勒纳条件成立,意味着汇率贬值导致进出口数量的变化效应超过了汇率贬值对价格变化的影响效应,因此贸易收支改善。如果当汇率贬值(或升值),贸易条件恶化(或改善)时,若进出口数量依旧不变,则贸易收支必将恶化(或改善)。

其次是汇率贬值对资本流动的影响。长期以来,人民币对美元汇率一直保持升值,会吸引资本流入,相反人民币对美元贬值,会导致资本外流。同样根据利率平价可以看出,如果人民币对美元汇率贬值,则国内美元资本流出,能够获得人民币贬值(美元升值)的好处,特别是在美联储升息的情况下,资本外流的动力更强。同样香港是联系汇率制度,意味着港币和美元是固定的,如果人民币对美元汇率贬值,则人民币对港币也是贬值的,因此国内港币和美元也可以流入香港套汇。如果人民币有贬值趋势,投机资本会流入香港。此外,投资者在香港还可以把人民币兑换成港币或美元,如果将来港币和美元升值,则可以获得人民币贬值的收益。

再次是汇率贬值和价格水平的关系。一般来讲,如果人民币对美元汇率贬值,则用美元表示的出口价格会下降,用人民币表示的进口价格会上升,如果国内进口原材料的价格上升,可能会导致国内的通货膨胀。还有人民币贬值,外汇储备和外汇占款会下降,人民币基础货币供给会减少,价格水平可能会下降。因此最终价格水平的变化可能是由这几种效应共同影响决定的。

最后是人民币对美元汇率贬值和宏观经济总量的关系。人民币对美元汇率贬值导致出口品价格下降,进口品价格上升,将会刺激出口品和进口替代品的投资和生产,国内总需求会上升,产出增加,促进经济增长。还有本国货币贬值,具有保护国内落后产业的作用。货币贬值提高了进口商品的价格,削弱了进口商品的竞争力,从而为本国进口替代品留下了生存和发展的空间,促进了进口替代品的生产和发展。

二、美国退出量化宽松政策对我国宏观调控的影响

自 2015 年以来,美国开始退出量化宽松政策,不断提高联邦基金利率,美元升值,资本回流,而新兴市场经济国家货币贬值和资本外流。现在的宏观情况与过去的情况正好相反,随着美联储提高利率,我国的货币政策操作也面临困境,一方面美国提高利率,美元升值,人民币对美元有贬值压力,资本有外流倾向,如果中国也跟随提高利率,遏制资本外流,但在中国股市下滑和地方政府债务水平较高的情况下,提高利率并不是一个好的政策选择。另一方面,央行也面临两种选择,在人民币贬值和资本外流的情况下,是提高利率还是保持利率的稳定?

假定初始均衡点在 A 点,如果存在贬值预期,即 E_tS_{t+1} 上升,IP 左移到 IP_1,如果维持汇率 S_0 不变,套利资本外流,外汇占款较少,货币供应量减少,LM 曲线左移到 LM_1,均衡点在 B 点,利率上升到 i_1。如果开始经济处于已经紧缩状态,中

央银行为了控制经济进一步下滑,扩张货币,使得 LM_1 回到 LM,则利率又下降到 i_0,套利资本将继续流出(图 4-19)。

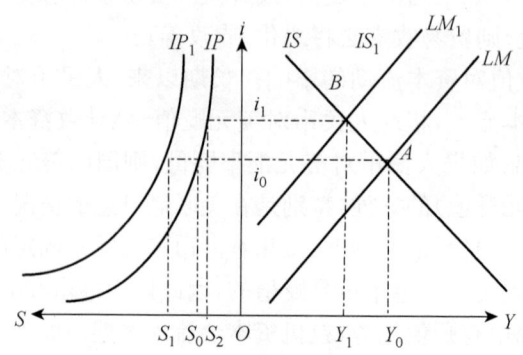

图 4-19　利率控制和汇率稳定之间的矛盾

货币政策存在调整的困境,在稳定汇率的条件下,收紧政策,利率上升,存在经济下行压力;扩张货币,利率下降,投机资本流出。因此在美国退出量化宽松政策的情况下,新兴市场经济国家往往会面临调控困境,需要央行在两者之间进行平衡,这种情况和 2007 年至 2008 年的情况正好相反。

三、经济新常态条件下我国调控机制的转型

前面重点考察了在流动性过剩和人民币升值的条件下,我国货币政策调控工具操作及效果。在经济新常态的条件下,外汇储备和外汇占款下降,人民币贬值,市场流动性管控也越来越难,央行逐步退出常态化干预,央票工具也退出常规工具,法定准备金率逐步转向降低,因此央行更多地通过常备信贷便利微调市场的流动性。

常备借贷便利是中国人民银行正常的流动性供给渠道,主要功能是满足金融机构期限较长的大额流动性需求。对象主要为政策性银行和全国性商业银行。期限为 1~3 个月。利率水平根据货币政策调控、引导市场利率的需要等综合确定。2015 年春节期间,中国人民银行总行通过常备借贷便利向符合条件的大型商业银行提供了短期流动性支持;分支机构向符合条件的中小金融机构提供了短期流动性支持。也就是说,在经济新常态的情况下,中央银行针对后危机时代复杂的经济形势,综合运用传统的货币政策工具和创新的金融工具,搭配使用,保证人民币汇率、利率的稳定,促使宏观经济稳定健康的运行。

后危机时代,特别是特朗普上台以来,美国和中国的贸易摩擦不断加剧,中国的贸易项目面临严峻考验,中美贸易盈余将会下降,人民币贬值预期上升。同时美国退出量化宽松政策,提高利率,美元升值,资本外流的压力上升,因此国际收支盈余会下降,甚至会出现逆差,意味着外汇储备会下降,也推高人民币贬值

预期。外汇市场上人民币贬值压力上升,外汇需求会增加,中央银行卖出外汇,买进本币,外汇储备和外汇占款会下降,货币供应量会减少,银行信贷和投资会下降。中央银行需要释放流动性,但央行面临货币政策调控的困境,如果央行下调利率,则资本外逃的压力上升,人民币贬值的压力会继续上升。货币政策工具包括价格型货币政策工具和数量型货币政策工具,如果央行采取价格型货币政策工具,则面临调控困境,因此央行可以采取数量型货币政策工具。央行可以降低法定准备金率,或通过公开市场业务注资,或通过常备信贷便利注资,货币和信贷供给增加(见图4-20),实现宏观经济均衡。

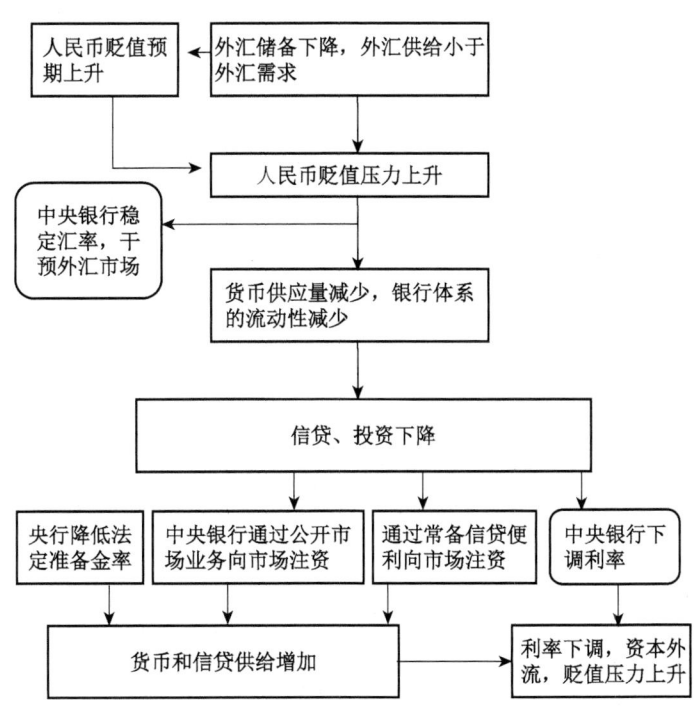

图4-20 人民币贬值条件下的货币政策调控

在开放经济的环境下,本国的利率水平不仅由国内可贷资金的供需决定,而且受到国际资本追逐利差的套利行为的影响。当一国经济下滑时,如果中央银行采取扩张性货币政策,货币供给增加,国内利率将下降,若低于国外利率,则引起资本外流,本币面临贬值压力。如果投资者买进外汇,卖出本币,则中央银行买进本国货币卖出外汇,外汇储备和外汇占款下降。如果央行维持人民币汇率的稳定,需要提高利率,吸引资本内流,而提高利率会导致投资成本上升,股价下跌,地方政府债务成本上升。也就是说,央行在维持人民币汇率稳定和促进投资、消费增长方面面临政策冲突和调控困境,也需要在这两者之间取得平衡。中央银行可以通过货币政策工具的搭配,如通过法定准备金率工具、公开市场业务和常备信贷便利等工具的搭配,特别是常备信贷便利工具的运用,有利于满足市场的流动性需求,实现货币政策的目标,促进经济增长。

第五节 中国外汇市场压力

要反映外汇市场人民币升值或贬值的压力大小,就必须测度外汇市场的压力,通常反映外汇市场压力有两个主要因素:一是外汇市场名义汇率的变动;二是官方外汇市场的变动。如果外汇市场没有压力,则名义汇率将保持相当稳定。如果外汇市场存在升值或贬值压力[①],则要么通过货币升值或贬值实现外汇市场的均衡,要么通过外汇市场的干预实现外汇市场的均衡。许多学者都定义和测度了外汇市场压力(EMP),较早的研究是 Girton 和 Roper(1977)利用国际收支的货币模型定义了 EMP,并对 EMP 进行了测度。在他们的研究中,外汇市场压力是名义汇率的变动和外汇储备变动之和。Weymark(1995)也给出外汇市场压力和央行干预的程度的测度方法,实证研究了 1975—1990 年加拿大的外汇市场的压力和干预程度。Eichengreen 等(1994,1995)构建了一个更加简单的,依赖模型的 EMP 指数。Eric J Pentecost,Charlotte Van Hooydonk,André Van Poeck(2001)建立了新的模型,利用主成分方法,研究了欧盟中的 5 个国家外汇市场压力,认为外汇市场压力能够被不同的货币增长、长期的利差变化、实际贬值、预算赤字和经常项目等因素来解释。Franc Klaassen 和 Henk Jager(2011)认为传统的外汇市场压力测量和外汇市场压力的定义是不一致的,他们建立了一个新的外汇市场压力的测度方法,他们认为外汇市场压力分析中不应该用利率之差,而应该是利率的水平值。C. Paul Hallwood,Ian W. Marsh(2004)研究了 1925—1931 年之间英镑和美元汇率之间的外汇市场压力,认为英国基本因素相对于美国基本因素的变化解释了美元兑英镑的市场压力。Joshua Aizenman,Michael M. Hutchison(2012)分析了由美国爆发的全球金融危机向新兴市场经济国家的传导,危机导致新兴市场经济国家的压力,研究认为新兴市场经济国家外汇市场压力更多通过汇率变动来吸收,而不是通过储备减少来吸收。Victor Pontines,Reza Siregar(2008)采用了许多不同的方法来测度外汇市场的压力,以确定货币危机爆发的可能性。Maria Socorro Gochoco-Bautista,Carlos C. Bautista(2005)研究了货币政策对外汇市场压力的反映,研究发现菲律宾采用收紧信贷和增加利差来降低外汇市场压力,而在危机期间却有所不同。Mirza Allim Baig,Narasimhan V.,Ramachandran M.(2003)构建了一个小型开放经济模型,测量外汇市场压力和干预指数,研究表明印度储备银行通过货币

---

① 实际上,压力有两种,一种是升值压力,另一种是贬值压力。

贬值,竭力遏制货币升值。Sophocles N. Brissimis, John A. Leventakis(1984)建立了产出、价格和外汇市场压力相互作用的短期不均衡模型,实证分析了1975—1981年希腊的外汇市场压力。

关于人民币的压力研究,刘晓辉、张璟(2012)利用模型依赖和非模型依赖两种方法经验地估计了1999年1月至2010年12月人民币外汇市场压力,认为1999年以来人民币面临的持续升值压力已于2007年年底出现根本逆转,2007年后人民币升值压力正在降低。朱梦楠、刘林(2010)利用事前和事后外汇市场压力指数构建外汇市场干预有效性指数模型,同时利用多种方法测算出外汇市场干预的有效性指数,认为我国外汇市场干预是有效的。陈娟等(2011)基于1996—2010年月度数据,采用马尔可夫三区制转换模型对人民币外汇市场压力进行了区制识别,认为人民币外汇市场经历了适度升值压力区制、贬值压力区制及较强升值压力区制三个阶段。周兵、靳玉英、张志栋(2012)研究了1990—2009年期间新兴市场经济国家外汇市场压力,认为2000年以来,升值成为新兴市场国家绝对主导的外汇市场压力类型,还对外汇市场压力形成的影响因素进行了实证分析。黄驰云、刘林(2011)建立外汇市场压力、国际资本流动与国内货币市场均衡状况的理论模型,认为国际资本净流入时,我国外汇市场压力为正(人民币升值压力),同时我国货币市场会出现短暂的超额供给。李晓峰、陈萍、叶文娱(2011)采用Weymark指数法估计了1994年来我国面临的外汇市场压力和央行外汇干预指数,认为2005年人民币汇率改革之后,人民币面临的外汇市场压力过度了,存在货币危机的可能性。卜永祥(2009)建立了一个由三个市场和货币当局构成的中国开放经济宏观模型,研究发现1994年以来,除了东亚金融危机时期的个别月份,人民币对美元都面临升值压力。朱杰(2003)计算了中国的外汇市场压力和中央银行干预指数,探讨了1994年汇率并轨以来人民币外汇市场压力的变化趋势。

外汇市场压力也体现了中央银行干预的力度,长期以来,我国国际收支双盈余,外汇储备不断增加,人民币升值的压力也不断上升。人民币升值的压力一方面通过名义汇率的持续升值得到释放,另一方面中央银行还通过外汇市场的干预稳定人民币的汇率水平,控制人民币升值压力,防止汇率的过度波动。从政策面的角度来看,央行通过市场操作干预外汇市场稳定名义汇率,外汇市场压力的变化是对央行货币政策的反应,但央行的外汇市场干预会释放外汇占款,导致基础货币上升,货币供应量增加,通货膨胀压力会上升(见图4-21)。

我国的汇率制度是以市场供求为基础,参考一篮子货币的有管理的浮动汇率制度,随着外汇市场压力的逐步释放,人民币汇率将更多地反映市场供求的变化。长期以来,人民币汇率一直是中美争论的焦点,也是西方主要发达国家施压中国的借口,我国先后在2005年、2010年和2015年进行了汇改,增加人民币汇率的弹性,人民币汇率逐步向均衡水平趋近。如何测度人民币汇率

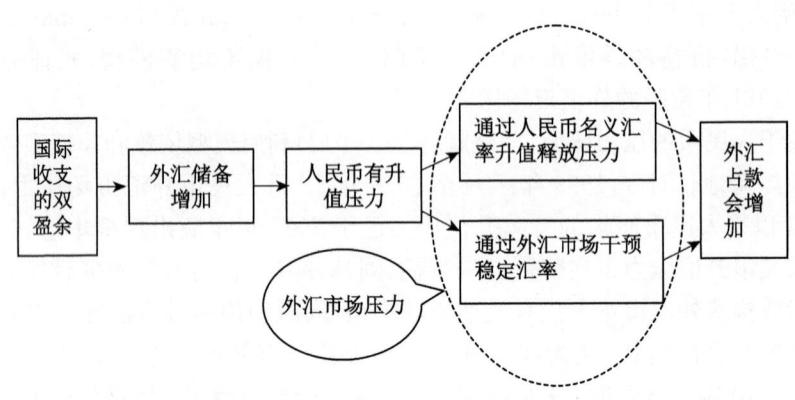

图 4-21　中央银行干预、外汇市场压力

的均衡水平,也一直是汇率经济学的难题,因为在不同的假设条件和不同的模型框架结构内,得出的结论并不一致,实际的可操作性不强,不同的计算方法,甚至结论完全相反。而外汇市场压力的测试并不是直接测度人民币汇率的均衡水平,而是看外汇市场的压力大小来考察外汇市场是否处于均衡状态,人民币汇率水平是否合理。也就是说,直接测度人民币均衡汇率水平比较困难,难以获得令人信服的结论,但是通过外汇市场压力指标,我们能够判断外汇市场是否由供求决定,中央银行的干预程度,人民币汇率的市场化程度。实际上关于人民币汇率的争论并不在汇率的均衡水平,而是汇率的市场化程度,如果人民币汇率主要由市场来决定,人民币汇率水平的弹性较大,人民币汇率水平逐步趋于合理。

二、货币市场均衡和外汇市场压力指数

在货币市场均衡的基础上测度我国外汇市场的压力。汇率的货币分析法对国际收支的研究不再局限于贸易差额,而是直接分析国际收支的综合差额。其基本观点是:国际收支失衡是货币供求失衡的结果;在不改变国内价格和收入水平,即不改变货币需求的情况下,超额的货币供给必须通过本国货币流出来消除;反之,超额的货币需求必须通过国外货币流入来满足。

1. 货币信贷变动——基于简化央行和商业银行的资产负债表分析

由商业银行的资产负债表来看,资产项目中最主要的贷款,包括短期贷款、中长期贷款等;缴存准备金存款主要是指商业银行存放在中央银行账户上的法定准备金和超额准备金。从负债方来看,活期储蓄和定期储蓄主要是企业和居民在商业银行的活期储蓄和定期储蓄(见表 4-11)。由商业银行的资产和负债均衡可知,$LP + RB = D = D_d + D_t$。

表 4-11　　　　　　　　简化的商业银行资产负债表

负债	资产
储蓄 D	贷款 LP
活期储蓄 D_d	缴存准备金存款 RB
定期储蓄 D_t	

下面我们分析中央银行的资产负债表(见表 4-12)。资产方的任一变动都具有货币信贷倍数的扩张和收缩能力,它是基础货币的来源。资产项目中的对外净资产主要是以外汇占款为主。

从负债方来看,储备货币主要包括发行货币和对金融机构的负债,这实际上就是西方理论中通常所称的基础货币。发行货币即为现金发行,对金融机构的负债主要包括法定准备金和超额准备金。(见表 4-12)

表 4-12　　　　　　　简化的中国人民银行资产负债表

负债	资产
储备货币 B	对外净资产 NFA
流通中的现金①C	
金融机构的存款 RB	

由中央银行的资产和负债均衡可知:$NFA = B = C + RB$

由上面两式左右相加可得:$NFA + LP + RB = C + RB + D_d + D_t$。

由 $M^s = C + D_d + D_t$,进一步得到:$M^s = LP + NFA$

因此货币供给主要受银行信贷、外汇占款等的影响。货币供给等于发放的国内信贷 LP 与持有的外汇占款 NFA 之和,即货币供给包括国内信贷 LP 和外汇占款 NFA(以国际储备作为代表形成的外汇占款),这也是 IMF 的简化货币供给等式(Barth 等 2000)。

如果用卡甘货币需求函数:$\dfrac{M^d}{P} = Ay(A > 0)$,其中 M^d 是货币需求,P 是一般价格水平,y 是实际国民收入。从长期来看,货币供给和货币需求将达到相等,则:$M^d = M^s$,得:

$$LP + NFA = APy$$

对该式取对数:

$$\ln(LP + NFA) = \ln A + \ln P + \ln y$$

---

① 这里主要是指流通中的现金,作为基础货币的一部分,它是漏出量,并不参加银行体系货币的多倍创造;前面商业银行资产负债表中也没有库存现金(即使银行持有现金,也把它们归入银行储蓄中)。

实际上，由 $M = LP + NFA$，可得 $M - E(M) = (LP - E(LP)) + (NFA - E(NFA))$，$E(X)$ 是相应 X 的均值，两边同时除以 $E(M)$ 可得到：

$$\frac{M-E(M)}{E(M)} = \frac{(LP-E(LP))}{E(M)} + \frac{(NFA-E(NFA))}{E(M)}$$

$$= \frac{E(LP)}{E(M)}\frac{(LP-E(LP))}{E(LP)} + \frac{E(NFA)}{E(M)}\frac{(NFA-E(NFA))}{E(NFA)}$$

$$= \theta\frac{(LP-E(LP))}{E(LP)} + (1-\theta)\frac{(NFA-E(NFA))}{E(NFA)}$$

令 $\theta = \frac{E(LP)}{E(M)}$，$1-\theta = \frac{E(NFA)}{E(M)}$，对随机变量 X，有 $\frac{X-E(X)}{E(X)} \sim \ln(X) - \ln(E(X))$，因此[①]：$\ln M = \theta \ln LP + (1-\theta)\ln NFA + \ln\left[\left(\frac{1}{\theta}\right)^{\theta}\left(\frac{1}{1-\theta}\right)^{(1-\theta)}\right]$，该式可变换为：

$$\theta \ln LP + (1-\theta)\ln NFA + \ln\left[\left(\frac{1}{\theta}\right)^{\theta}\left(\frac{1}{1-\theta}\right)^{(1-\theta)}\right] = \ln A + \ln P + \ln y$$

又 $NFA = E \times FA$，由实际汇率公式：$S = E\frac{P^*}{P}$，其中 P 是国内价格水平，P^* 是国外价格水平，E 是名义汇率（直接标价法），S 是实际汇率。则：

$$P = E\frac{P^*}{S}$$

因此能够得到：

$$\theta \ln LP + (1-\theta)(\ln E + \ln FA) + \ln\left[\left(\frac{1}{\theta}\right)^{\theta}\left(\frac{1}{1-\theta}\right)^{(1-\theta)}\right] =$$
$$\ln A + \ln E + \ln P^* - \ln S + \ln y$$

进一步得到：

$$\ln E - \frac{(1-\theta)}{\theta}(\ln FA) = \ln LP + \frac{1}{\theta}\ln\left[\left(\frac{1}{\theta}\right)^{\theta}\left(\frac{1}{1-\theta}\right)^{(1-\theta)}\right] -$$
$$\frac{1}{\theta}\ln A - \frac{1}{\theta}\ln P^* + \frac{1}{\theta}\ln S - \frac{1}{\theta}\ln y$$

---

① 具体推导过程：$\ln M = \theta \ln LP + (1-\theta)\ln NFA + \ln E(M) - \theta \ln E(LP) - (1-\theta)\ln E(NFA)$
$= \theta \ln LP + (1-\theta)\ln NFA + [\theta \ln E(M) + (1-\theta)\ln E(M)] - \theta \ln E(LP) - (1-\theta)\ln E(NFA)$
$= \theta \ln LP + (1-\theta)\ln NFA + [\theta \ln E(M) - \theta \ln E(LP)] + (1-\theta)[\ln E(M) - \ln E(NFA)]$
$= \theta \ln LP + (1-\theta)\ln NFA + \theta \ln \frac{E(M)}{E(LP)} + (1-\theta)\ln \frac{E(M)}{E(NFA)}$
$= \theta \ln LP + (1-\theta)\ln NFA + \theta \ln \frac{1}{\theta} + (1-\theta)\ln \frac{1}{1-\theta}$
$= \theta \ln LP + (1-\theta)\ln NFA + \ln \left[\left(\frac{1}{\theta}\right)^{\theta}\left(\frac{1}{1-\theta}\right)^{(1-\theta)}\right]$

国内信贷供给是利率的函数：$\ln LP = L_0 + \rho i$，因此：

$$\ln E - \frac{(1-\theta)}{\theta}(\ln FA) = L_0 + \frac{1}{\theta}\ln\left[\left(\frac{1}{\theta}\right)^\theta \left(\frac{1}{1-\theta}\right)^{(1-\theta)}\right] - \frac{1}{\theta}\ln A - \frac{1}{\theta}\ln P^* + \frac{1}{\theta}\ln S - \frac{1}{\theta}\ln y + \rho i$$

两边同时差分得到：

$$\Delta \ln E - \frac{(1-\theta)}{\theta}(\Delta \ln FA) = -\frac{1}{\theta}\Delta \ln P^* + \frac{1}{\theta}\Delta \ln S - \frac{1}{\theta}\Delta \ln y + \rho \Delta i$$

对数形式用小写字母形式表示：

$$\Delta e - \frac{(1-\theta)}{\theta}(\Delta fa) = -\frac{1}{\theta}\Delta p^* + \frac{1}{\theta}\Delta s - \frac{1}{\theta}\Delta y + \rho \Delta i$$

因此定义外汇市场压力指数为：$emp = \Delta e - \frac{(1-\theta)}{\theta}(\Delta fa) = -\frac{1}{\theta}\Delta p^* + \frac{1}{\theta}\Delta s - \frac{1}{\theta}\Delta y + \rho \Delta i$

EMP 是对本国外汇市场有贬值或升值压力的测度，$EMP>0$ 意味着本国外汇市场有贬值压力，$EMP<0$ 意味着本国外汇市场上有升值压力。如果人民币存在升值压力，名义汇率的变动率 Δe 为负值，同时中央银行干预外汇市场，买进外汇，投放人民币，因此外汇储备的变动 Δfa 为正，但 $-\frac{1-\theta}{\theta}\Delta fa$ 为负，因此人民币存在升值压力，外汇市场压力指数为负，人民币升值压力越大，外汇市场压力指数越小。相反，如果人民币有贬值压力，则外汇市场压力指数为正，人民币贬值压力越大，人民币压力指数越大。根据外汇市场的压力指数，我们能够得到人民币的 EMP 指数变化（见图 4-22）。

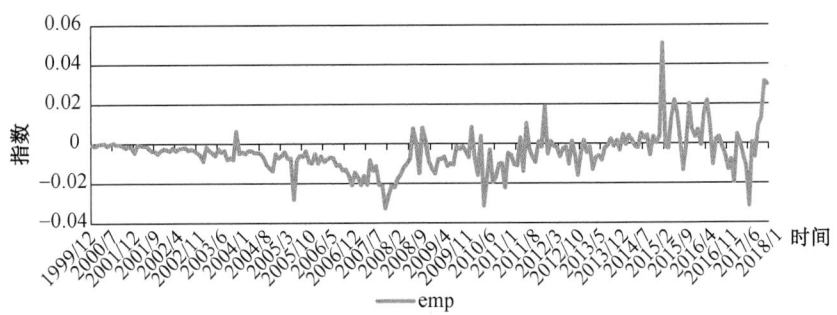

资料来源：www.pbc.gov.cn。

图 4-22 人民币 EMP 的指数变化（2002 年 12 月至 2018 年 7 月）

从人民币汇率 EMP 指数变化来看,外汇市场压力指数为负,人民币有升值压力,其中 2005 年、2007 年、2008 年左右人民币升值压力最大,这一阶段也是我国外汇储备增长最快的阶段,并且升值压力也是不断变化的,这可能与持续不断的人民币升值预期有关。特别是 2014 年以来,人民币升值压力减弱,甚至还有贬值压力,2016 年后,人民币又有升值压力。但随着美国退出量化宽松政策,美元升值,人民币开始有贬值趋势。

三、外汇市场干预指数

如果考虑到中央银行的外汇市场干预,意味着央行可以通过国内基础货币吸收外汇市场的压力。我们定义国内外汇市场干预的指数为:$STI = \dfrac{-\dfrac{1-\theta}{\theta}\Delta fa}{EMP}$,反映了干预缓解市场压力的程度,$STI$ 越大,反映了汇率稳定,外汇市场压力主要通过央行干预来吸收;STI 越小,反映了市场压力主要通过名义汇率变动来吸收。当然这只是正常情况下的外汇干预,人民币有升值压力,央行买进外汇,投放本币,或者人民币有贬值压力,央行卖出外汇,买进本币,其外汇市场干预指数在 0~1 之间。此外,还有少数情况,人民币汇率中间价的变动和央行干预的方向不一致,如中间价是升值的,而外汇市场上中央银行是卖出外汇的;中间价是贬值的,外汇市场上中央银行是买进外汇的,这通常主要是人民币汇率的中间价变动与市场供求的方向有背离的情况。其外汇市场干预指数如果大于1,说明外汇市场有升值或贬值压力,央行主要通过外汇市场干预稳定汇率的;外汇市场干预指数如果小于-1,说明外汇市场有贬值压力,央行主要通过外汇市场卖出外汇稳定汇率的。当然如果外汇市场干预指数在-1 与 0 之间,说明外汇市场有升值压力或贬值压力,央行外汇市场干预是次要的,对人民币汇率的影响相对较小。

根据外汇市场压力和国内外汇储备的变动,能够测度中央银行冲销干预的指数,见图 4-23。

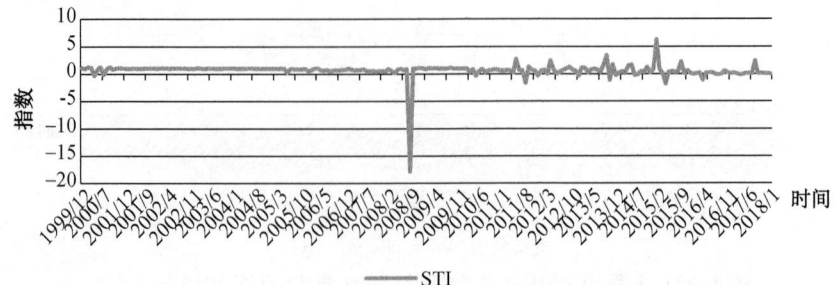

资料来源:www.pbc.gov.cn。

图 4-23 我国中央银行外汇市场干预的指数

从外汇市场干预的指数来看,我国中央银行干预的压力一直很大,2011年以后干预压力逐步有所缓解,最近随着外汇储备下降,中央银行逐步退出日常性的外汇市场干预。

四、实证研究

对外汇市场压力方程进行实证研究,数据选取:2002年第4季度至2018年第1季度,Δp^*表示美国价格水平的变动率,Δy表示国内GDP的变动率,Δi表示国内贷款利率的变动率,Δs表示实际汇率的变动率。由于是季度数据,对GDP等变量进行季节调整,再取对数。数据来源于CEIC数据库。

1. 单位根检验

首先对相关经济变量进行单位根检验。本文采用Eviews9.0软件进行ADF检验(见表4-13)。

表4-13　　　　　　　　　单位根检验结果

变量	ADF 单位根检验			PP 单位根检验		
	(c, t, m)	ADF 检验值	概率	(c, t, m)	PP 检验值	概率
Emp	$(c, 0, 0)$	-3.299 872	0.019 2	$(c, 0, 1)$	-3.207 882	0.024 3
Δp^*	$(0, 0, 2)$	-2.417 638	0.016 3	$(0, 0, 3)$	-4.721 917	0.000 0
Δy	$(c, 0, 0)$	-4.045 379	0.002 3	$(c, 0, 1)$	-3.978 830	0.002 9
Δi	$(0, 0, 0)$	-6.247 066	0.000 0	$(0, 0, 2)$	-6.275 104	0.000 0
Δs	$(0, 0, 0)$	-4.658 519	0.000 0	$(0, 0, 2)$	-4.585 476	0.000 0

注:(c, t, m)表示单位根检验方程中是否含有常数项、趋势项和滞后阶数。ADF检验的最优滞后阶数根据AIC信息准则选择,***(**,*)分别表示在1%(5%,10%)的水平下显著。

经检验,所有变量都是平稳的,因此可以进行回归分析,不会产生伪回归,结果见表4-14。

表4-14　　　　　　　　　模型估计的结果

变量	Emp		
	回归系数	T 检验值	概率
c	0.007 050	3.390 448	0.001 3
Δp^*	-1.308 613	-4.139 968	0.000 1
Δy	-0.378 147	-4.791 516	0.080 092
Δi	0.003 705	1.150 188	0.255 0

(续表)

变量	Emp		
	回归系数	T检验值	概率
Δs	0.874 720	7.895 882	0.000 0
R^2	0.697 371	s.e	0.006 004
$a\text{-}R^2$	0.675 754	DW	1.478 771

$J\text{-}B = 1.147\ 831(0.563\ 316)$ $LM = 8.873\ 420(0.064\ 3)$; $ARCH = 1.704\ 070(0.790\ 0)$;
$WH = 16.026\ 08(0.311\ 8)$; $RESET = 4.251\ 051(0.373\ 1)$

注意：***、**、*分别表示在1%、5%、10%的显著性水平下拒绝零假设。

从回归结果来看，除了利率，所有回归系数全部通过检验。从检验结果可知，美国价格水平、国内GDP、人民币实际汇率等对国内外汇市场压力影响都较显著。

进一步我们对模型进行诊断检验，用Jarque-Berra指标评估残差分布的正态性，用Breusch-Godfrey LM检验序列相关，用LM检验自回归的条件异方差，用White检验残差项的异方差，用CUSUM和CUSUM平方检验模型的稳定性，如果残差全部在置信区间内，则说明系数是稳定的。由于是季度数据，诊断检验我们选取滞后期为4，结果见表4-14。从诊断结果来看，模型基本上都通过了相关检验。

进一步，由图4-24递归残差累积图和平方累积图，我们可以判断，模型估计的系数在样本区内在5%的显著性水平下是基本稳定的。

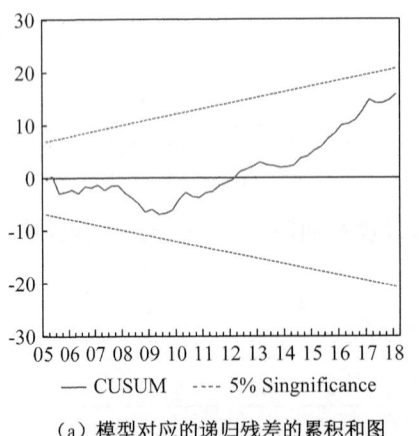

(a) 模型对应的递归残差的累积和图

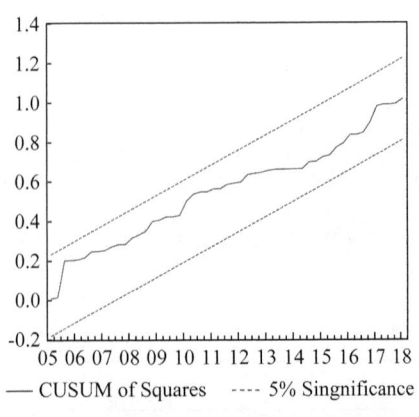

(b) 模型对应的递归残差的平方累积和图

图4-24 模型的CUSUM和CUSUMSQ图

五、人民币汇率的变动

根据货币市场的均衡，$MS(\ln LP, \ln E, \ln FA) = MD(Py)$，因此：$\ln E$

$= F(\ln GDP, \ln FA, \ln LP)$。为了分析汇率的动态变化,我们利用 VAR 模型来实证分析。根据货币市场均衡等式:

$$\theta \ln LP + (1-\theta)\ln NFA + \ln\left[\left(\frac{1}{\theta}\right)^{\theta}\left(\frac{1}{1-\theta}\right)^{(1-\theta)}\right] = \ln A + \ln(Py)$$

进一步:

$$\ln E = \frac{1}{1-\theta}\ln A + \frac{1}{1-\theta}\ln(Py) - \ln FA - \frac{\theta}{1-\theta}\ln LP - \frac{1}{1-\theta}\ln\left[\left(\frac{1}{\theta}\right)^{\theta}\left(\frac{1}{1-\theta}\right)^{(1-\theta)}\right]$$

其中,$\frac{\partial \ln E}{\partial \ln(Py)} = \frac{1}{1-\theta} > 0, \frac{\partial \ln E}{\partial \ln FA} = -1 < 0, \frac{\partial \ln E}{\partial \ln LP} = -\frac{\theta}{1-\theta} < 0$

因此名义 GDP 增加,会导致国内货币需求的增加,国内货币供给会随之上升,人民币汇率会贬值,人民币汇率上升。外汇储备增加,外汇供给会增加,外币贬值,人民币升值,人民币汇率下降。同样银行信贷增加,在货币需求一定的情况下,外汇占款将下降,人民币升值。

1. 单位根检验

首先我们检验序列的平稳性(见表 4-15)。

表 4-15 单位根检验结果

变量	ADF 单位根检验			PP 单位根检验		
	(c, t, m)	ADF 检验值	概率	(c, t, m)	PP 检验值	概率
E	$(c, 0, 1)$	$-1.114\ 561$	$0.704\ 7$	$(c, 0, 4)$	$-1.242\ 788$	$0.650\ 4$
de	$(0, 0, 0)$	$-2.521\ 700$	$0.012\ 4$	$(0, 0, 1)$	$-2.338\ 908$	$0.019\ 9$
GDP	$(c, t, 2)$	$-0.922\ 352$	$0.946\ 3$	$(c, t, 3)$	$-0.283\ 772$	$0.989\ 5$
$dGDP$	$(c, 0, 0)$	$-3.210\ 089$	$0.024\ 2$	$(c, 0, 1)$	$-3.205\ 611$	$0.024\ 5$
FA	$(c, t, 0)$	$-0.347\ 499$	$0.987\ 4$	$(c, t, 3)$	$-0.356\ 644$	$0.987\ 1$
dFA	$(c, 0, 0)$	$-3.970\ 376$	$0.002\ 9$	$(c, 0, 1)$	$-3.825\ 000$	$0.004\ 5$
LP	$(c, t, 4)$	$-2.351\ 303$	$0.400\ 4$	$(c, t, 0)$	$-0.960\ 186$	$0.941\ 6$
dLP	$(c, 0, 4)$	$-3.012\ 091$	$0.039\ 8$	$(c, 0, 6)$	$-6.698\ 308$	$0.000\ 0$

注:(c, t, m) 表示单位根检验方程中是否含有常数项、趋势项和滞后阶数。ADF 检验的最优滞后阶数根据 AIC 信息准则选择,***(**,*)分别表示在1%(5%,10%)的水平下显著。

从检验结果来看,名义汇率、GDP、外汇储备 FA 和银行信贷 LP 等在 5% 的显著性水平下原序列不平稳,但一阶差分序列都是平稳序列。

2. 协整检验

在进行协整检验之前，首先确立 VAR 模型的结构，以确定最优滞后期，根据 AIC 和 SC 等标准选取最优滞后阶数（见表 4-16）。

表 4-16　　　　　VAR 模型最优滞后阶数的确定标准

Lag	LogL	LR	FPE	AIC	SC	HQ
0	179.286 6	NA	2.79e-08	−6.044 367	−5.902 267	−5.989 016
1	653.876 4	867.353 6	3.79e-15	−21.857 81	−21.147 31*	−21.581 05
2	676.868 3	38.848 41*	3.00e-15*	−22.098 91*	−20.820 01	−21.600 75*
3	685.006 4	12.628 10	4.02e-15	−21.827 81	−19.980 51	−21.108 25
4	698.099 7	18.511 27	4.62e-15	−21.727 58	−19.311 88	−20.786 62

注：* 表示由标准选择的滞后长度。

根据表 4-16 的结果，确定的最优滞后阶数是 2，根据得出的最优滞后阶数减 1 进行协整检验，结果如表 4-17 所示。

表 4-17　　　　　Johansen 协整检验结果——协整关系数量

特征值	迹统计量	5%临界值	概率	协整关系数量
0.455 930	94.941 74	54.079 04	0.000 0	不存在***
0.373 240	58.421 04	35.192 75	0.000 0	最多存在一个***
0.295 616	30.389 56	20.261 84	0.001 4	最多存在两个**
0.144 493	9.363 694	9.164 546	0.045 8	最多存在三个**

特征值	最大特征值统计量	5%临界值	概率	协整关系数量
0.455 930	36.520 70	28.588 08	0.003 9	不存在***
0.373 240	28.031 48	22.299 62	0.007 1	最多存在一个***
0.295 616	21.025 87	15.892 10	0.007 1	最多存在两个***
0.144 493	9.363 694	9.164 546	0.045 8	最多存在三个**

注：***、** 分别表示在 1%、5% 的显著水平下拒绝原假设。

由上述结果，根据迹统计量，当原假设为不存在协整关系时，在 1% 的显著性水平下拒绝原假设。根据最大特征值统计量，在 1% 的显著性水平下拒绝原假设，所以检验结论是存在协整关系。我们可以得到标准化协整向量（见表 4-18）。

表 4-18　Johansen 协整检验结果——协整系数估计

ln E	ln GDP	ln FA	ln LP	C
1.000 000	−1.654 168	0.335 808	1.216 863	1.226 297
标准误	(0.497 46)	(0.108 68)	(0.326 56)	(1.583 22)
T 值	−3.325 25	3.089 88	3.726 34	0.774 56

$$\ln E = 1.654\,168 \ln GDP - 0.335\,808 \ln FA - 1.216\,863 \ln LP - 1.226\,297$$

根据协整方程,可以看出 ln E 与 ln GDP、ln FA 和 ln LP 这三个变量之间存在着显著的协整关系。名义 GDP 增加,人民币汇率上升,即人民币汇率贬值;外汇储备增加,人民币升值;银行信贷增加,人民币升值,符合理论分析。

3. 脉冲反应函数和方差分解

对 VAR 模型稳定性进行检验,从图 4-25 的 AR 根图可以看出,所选滞后 2 阶的 VAR 模型所有根模的倒数小于 1,即位于单位圆之内,说明我们所选 VAR 模型是稳定的。

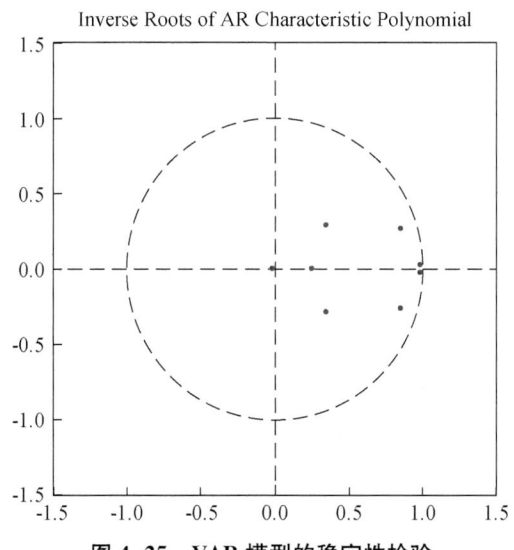

图 4-25　VAR 模型的稳定性检验

(1) 脉冲反应函数。脉冲响应函数反映了一个变量对另一个变量一个标准差冲击的响应,因此根据脉冲响应函数,可以看出 GDP、外汇储备和国内信贷变动对人民币汇率影响的方向、大小和持续时间。从脉冲反应的图 4-26 来看[①],

---

[①] VAR 模型的残差可能是彼此相关的,对一个变量的冲击可能由于残差的相关性,导致对其他变量的冲击,也就是说,我们很难区分变量变动的冲击真正来源,因此必须利用 Cholesky 分解,但必须事先确定变量的因果顺序。如果方程残差的相关性相当低,则方差分解和脉冲响应函数结果对变量的顺序是不敏感的;如果相当高,则方差分解和脉冲响应函数结果对变量的顺序会相当敏感。通常变量的排序是先是最外生的变量,后是最内生的变量。我们对汇率和 GDP、外汇储备和国内信贷进行相关性分析,变量的顺序为:汇率、国内信贷、外汇储备和国内生产总值。

任何变量的脉冲反应最终都趋向于稳定,意味着,VAR 模型体系是稳定的。国内信贷上升冲击将导致人民币汇率小幅度贬值,随后升值,最终趋于均衡。GDP 冲击导致汇率持续升值,并最终逐步趋于均衡。外汇储备冲击导致人民币开始贬值,然后持续升值,最终逐步趋于稳定。

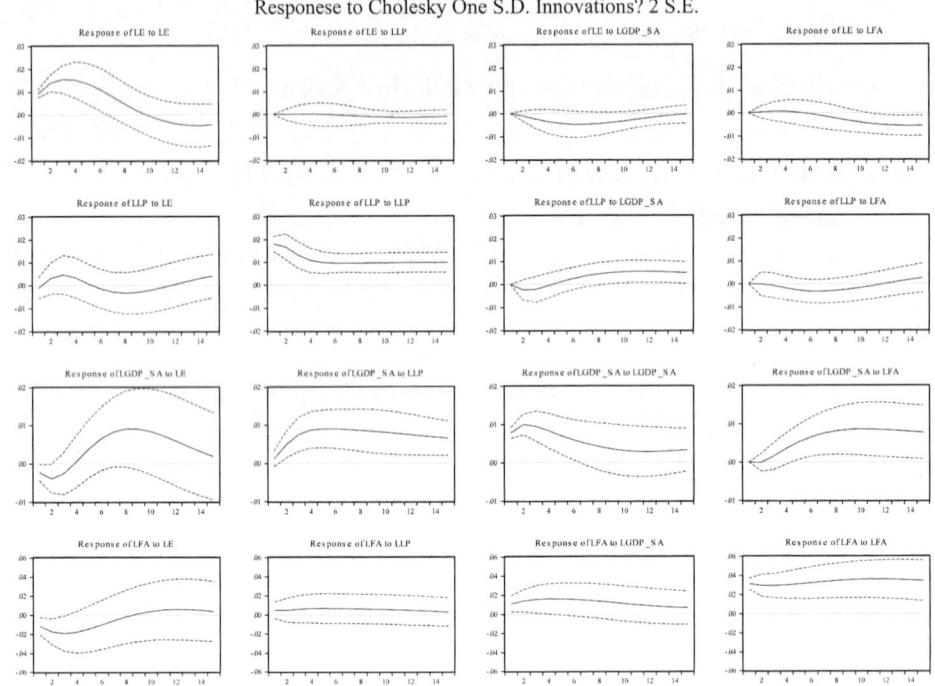

图 4-26　国内信贷、外汇储备、GDP 的改变和人民币汇率的改变的脉冲响应函数

(2) 方差分解。从方差分解的表 4-19 来看,预测误差的方差都可以由每一个变量的冲击来解释,一般来讲,对序列本身的冲击能够解释误差方差的大部分,尽管这种冲击也会影响其他变量,但对本身的影响是最大的。从表 4-19 还可以看出,GDP 能够部分解释人民币汇率的变动,在第 15 季度,人民币汇率预测误差方差的解释分别为:79.47%,0.71%,8.89%,10.92%,人民币汇率预测误差方差被外汇储备和 GDP 解释相对较多,人民币汇率预测误差方差被国内信贷解释最少。

根据表 4-19,国内信贷、外汇储备和人民币汇率自己的冲击对本身影响相当高,分别为 81.95%、79.47% 和 79.47%,意味着这几个变量在方差分解中,误差方差被其他变量冲击解释得相对较少。GDP 对自身的影响相对小一些,为 26.82%,意味着 GDP 被其他变量冲击解释要多一点。

表 4-19　　　　　　　　方差分解

	ln e	ln LP	ln FA	ln GDP
ln e 的方差分解				
1	100.000 0	0.000 000	0.000 000	0.000 000
3	96.043 08	0.002 390	3.812 999	0.141 536
5	96.043 08	3.709 455	0.162 876	0.084 593
10	87.527 51	0.264 494	9.652 058	2.555 939
15	79.470 08	0.713 180	8.892 930	10.923 81
ln LP 的方差分解				
1	0.361 194	99.638 81	0.000 000	0.000 000
3	4.009 610	94.678 69	1.254 576	0.057 123
5	4.205 964	93.604 46	1.131 847	1.057 729
10	4.755 293	85.899 80	6.390 903	2.954 007
15	4.676 541	81.948 00	10.750 77	2.624 687
ln GDP 的方差分解				
1	8.078 329	2.045 641	89.876 03	0.000 000
3	7.521 592	22.801 47	69.021 99	0.654 946
5	6.130 625	34.619 94	53.212 59	6.036 840
10	21.311 87	33.488 71	25.743 23	19.456 20
15	19.687 62	33.563 58	19.932 85	26.815 94
ln FA 的方差分解				
1	10.668 96	1.829 183	9.499 754	78.002 10
3	19.404 43	1.942 699	13.421 87	65.231 00
5	18.613 95	2.340 925	14.962 28	64.082 85
10	10.393 45	2.470 128	13.786 84	73.349 58
15	7.639 140	2.040 643	10.846 87	79.473 35

六、外汇市场的稳定性——从货币市场到外汇市场的理论探讨

1. 外汇市场的稳定性

从货币市场的均衡来看,货币供给＝货币需求,即 $D+R=M^d$,因此 $R=M^d-D$,如果国内货币需求超过国内信贷供给,则外汇占款上升;如果国内货币需求小于国内信贷供给,则外汇占款下降。因此:

（1）考虑到外汇市场均衡，外汇供给 NFA(E) 等于外汇需求 $M^d(\hat{\varepsilon}, R)$，汇率变动要受到预期的汇率变动率、外汇储备等的影响，因此汇率水平变动：$E = F(\hat{\varepsilon}, R)$，其中 $\hat{\varepsilon}$ 表示预期汇率的变动率，R 表示外汇储备，$\frac{\partial F}{\partial \hat{\varepsilon}} > 0, \frac{\partial F}{\partial R} < 0$，$\hat{\varepsilon}$ 上升越大，则表示人民币汇率预期贬值越大，则汇率 E 上升；R 上升越大，表示外汇供给越多，人民币升值压力越大，则 E 下降。

（2）外汇储备的变动率要受到汇率水平和自身水平决定，$\dot{R} = G(E, R)$，$\frac{\partial G}{\partial E} > 0, \frac{\partial G}{\partial R} < 0$，$E$ 上升越大，则表示人民币汇率贬值越大，出口增加，则外汇储备 R 上升越多；R 上升越大，表示外汇储备增加越多，外汇储备上升的速度 $\dot{R}$ 将下降。

假定外汇市场上是完全预期，则 $\hat{\varepsilon} = \dot{E}$，同时假定变量之间存在线性关系：
(1) $\dot{E} = a_0 + a_1 E + a_2 R, a_1 > 0, a_2 > 0$
(2) $\dot{R} = b_0 + b_1 E + b_2 R, b_1 > 0, b_2 < 0$
此差分方程系统写成矩阵形式，则：

(3) $\begin{pmatrix} \dot{E} \\ \dot{R} \end{pmatrix} = \begin{pmatrix} a_0 \\ b_0 \end{pmatrix} + \begin{pmatrix} a_1 & a_2 \\ b_1 & b_2 \end{pmatrix} \begin{pmatrix} E \\ R \end{pmatrix}$

由此可以看出，此矩阵方程有唯一的收敛鞍线的必要且充分条件是上述矩阵方程系数矩阵行列式值为负，即此矩阵的特征方程有一个正的特征根和一个负的特征根。因为 $a_1 b_2 - a_2 b_1 < 0$，所以该微分方程有一个正的特征根和一个负的特征根，令 $-\theta$ 是其中的一个负的特征根，则 E 的运动方程为：$\dot{E} = -\theta(E - \bar{E})$，$\bar{E}$ 表示均衡汇率，把此式代入 $\dot{E} = a_0 + a_1 E + a_2 R$，得 $E = -\frac{a_2}{a_1 + \theta} R + \frac{\theta \bar{E} - a_0}{a_1 + \theta}$，该方程就是系统收敛的均衡鞍线。

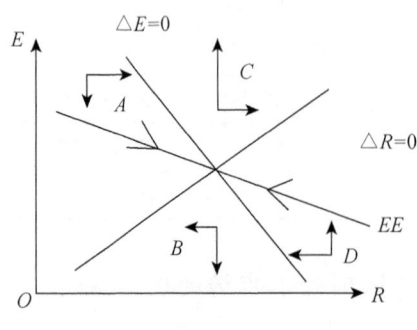

图 4-27 外汇市场的动态调整

$\Delta E = 0$ 表示 $a_0 + a_1 E + a_2 R = 0$ 的曲线，$\Delta R = 0$ 表示 $b_0 + b_1 E + b_2 R = 0$ 曲线，它们的交点是均衡的外汇水平和汇率水平。这两条曲线是分界线，其系统内的变动趋势的箭头如图 4-27 所示。

曲线 $\Delta E = 0$ 的斜率为负，因为外汇增加，人民币升值，外汇减少，人民币贬值，外汇供给和人民币汇率反向变化。如果点在 $\Delta E = 0$ 的左边，外汇供给低于均衡水平，对于既定的汇率水平 E，R 偏低，外汇供给不足，因此汇率水平下降（升值），而在右边，外汇供给过高，对于既定的汇率水平 E，R 偏高，外汇供给过度，因此汇率水平上升（贬值）。图中垂直箭头表示国内汇率水平的变动,因此如果经济偏离 $\Delta E=0$,将有一个回复的趋势,这种调整关系是稳定的。曲线 $\Delta R=0$ 的斜率为正,因为人民币汇率上升,汇率贬值,出口增加,外汇储备将增加;人民币汇率下降,汇率升值,出口减少,外汇储备将下降,因此人民币汇率和外汇供给正向变动。如果点在 $\Delta R=0$ 的下方,汇率水平相对均衡水平而言过低,对于既定的汇率水平,外汇供给过多,因此汇率水平上升,外汇下降。如图中水平箭头。在 $\Delta R=0$ 上方的点,汇率水平相对均衡水平过高,外汇供给较低,因此汇率将贬值,外汇增加,这样如果经济偏离 $\Delta R=0$,则没有回复的趋势,这种调整关系是不稳定的。

如果开始一点在 A,如图 4-27 所示。汇率过高,因此汇率水平将下降,外汇将增加,系统是稳定的。在 D 点,其调整过程和 A 点相反。如果开始经济处于 B 点,汇率水平过低,外汇将下降,经济沿着西南方向变动,系统处于不稳定状态,在 C 点其调整过程和 B 点相反。上述分析指出整个系统是鞍点不稳定的,但存在唯一的一条鞍线均衡,在这条鞍线上,不稳定的趋势被稳定的趋势所抵消,如图中 EE 曲线所示。当经济处于不稳定的情况下,在完全预期的条件下,经济将迅速调整到 EE 曲线上,然后沿着这条曲线到达均衡点 E。

2. 外部冲击和外汇市场的稳定性

如果考虑到将来外汇储备和外汇占款的突然下降,即在时间 t 之后的 τ 期($\tau>0$),外汇占款突然下降。从方程(3)式知,外来冲击上升,ΔR 必须左移以使 $\Delta E=0$,因此 $\Delta R=0$ 线左移,从开始均衡点 A,汇率陡升至 B 点,然后沿着稳定的鞍线缓慢向均衡点移动,随着 R 下降,E 贬值,达到新的均衡 C。如图 4-28 所示。

从外汇市场的稳定性来看,当经济处于不稳定的情况下,在完全预期的条件下,

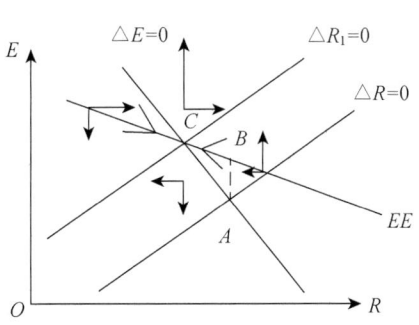

图 4-28 外汇市场的稳定性

经济将迅速调整到 EE 曲线上,然后沿着这条曲线到达均衡点 E。并且有且只有一条曲线 EE,在外部冲击下,沿着它到达均衡。只有当市场主体相信外汇总是沿着 EE 到达新的均衡,稳定才存在。随着 EE 的移动,汇率会立即变到新的 EE 上,因此完全预期的调整路径是沿着新的 EE 曲线调整。因此中央银行汇率的调整对公众预期的引导是至关重要的。

第五章　人民币和几个主要货币及特别提款权汇率

第一节　人民币对主要国际货币汇率变动的格局

目前我国央行主要公布人民币对美元、人民币对欧元、人民币对日元、人民币对港币和人民币对英镑等24种主要国际货币的汇率。在国际金融危机期间和后危机时代，美元和欧元、日元、英镑等主要货币之间的汇率变化都有其自身的特点，这直接影响我国人民币汇率的水平。根据我国人民币汇率的特点，我们可以把人民币汇率分为人民币对美元汇率和人民币对非美元货币汇率。

一、人民币和美元之间的关系

虽然2015年8月11日我国进行了汇率体制改革，人民币汇率不再钉住单一美元，而是参考篮子货币进行调节，但是人民币和美元之间仍然存在千丝万缕的联系。

第一，2005年以前，人民币主要是钉住美元，2005年以后，人民币参考一篮子货币，实际上，篮子货币中美元仍然占较高的比例，美元在我国的汇率体系中占有重要的位置，美元对人民币币值的影响最大。目前人民币对美元汇率在我国的汇率体系中处于主导地位，人民币对非美元货币的汇率主要受人民币对美元汇率和国际金融市场上美元对其他非美货币汇率的影响，是由这两个汇率共同决定的。

第二，美元在国际货币体系中占有重要地位。美元是世界上主要的国际货币，也是国际贸易和国际投资的主要的计价和结算货币，美元变动对世界经济有着重要的影响，人民币对美元汇率变动在我国国际贸易和国际投资的发展中起着至关重要的作用。

第三，美元币值在人民币汇率中间价的决定中起着重要作用。2006年1月4日，央行在银行间外汇市场引入了询价交易方式和做市商制度，中国外汇交易中心于每日银行间外汇市场开盘前向所有银行间外汇市场做市商询价，确定当日人民币兑美元汇率中间价，因此美元币值的变动对人民币汇率中间价的确定是至关重要的。

第四,人民币对美元汇率是中美两国贸易投资往来关键变量。美国是我国的第二大贸易伙伴,我国外汇储备中大部分资产是美元资产,因此中美两国的货币关系是联系两国经济的纽带,人民币对美元汇率在中美经济联系中起着重要作用,人民币对美元汇率的变动对两国经济的往来影响较大。

第五,短期内美元币值变动对人民币汇率影响显著。人民币对美元汇率主要受宏观经济基本面的变化、央行的利率政策和美元变化等因素的影响,而宏观经济基本面数据和央行的利率政策是一定时间间隔公布的,而美元币值的每天变化都能反映出来,对人民币汇率的变化都有显著的影响,因此除了受宏观经济基本面影响外,人民币汇率的日常变动对美元币值变动非常敏感。

由此可以看出,人民币和美元之间的紧密联系是由人民币汇率制度的演变、我国人民币汇率体制的特点、美元的国际地位和两国经济的联系等多种因素共同决定的。

二、人民币和其他货币之间的关系

从我国人民币汇率的形成机制来看,美元对非美元货币汇率是我国人民币对美元汇率和人民币对非美元货币之间的桥梁和纽带,它是影响人民币对非美元货币汇率的重要变量,但是美元对非美元货币汇率是由国际金融市场供求所决定的,不是我国中央银行能够确定和干预的,是不可控的。我国的中央银行只可以干预和控制人民币对美元汇率或人民币对非美元货币的汇率水平,目前我国央行主要是控制人民币对美元汇率的中间价,而人民币对非美元货币中间价波动相对较大。人民币对非美元货币汇率波动幅度主要受国际金融市场上美元对非美元货币汇率的变动影响,这一波动幅度会直接传递到人民币对非美元货币汇率的水平上来。

第一,欧元对美元汇率。自 2007 年 9 月份美联储开始降息以来,美元开始走软,资产价格一路上涨,而欧盟为了控制通货膨胀并没有跟随降息,同时次贷危机的冲击还没有蔓延到欧洲,因此美元对欧元不断贬值。其中 2008 年 4 月 22 日欧元对美元汇率一度突破 1∶1.60 关口,创下 1999 年欧元面世以来的历史新高。但 2008 年 8 月形势发生变化,随着两房被美国政府接管,雷曼兄弟破产,美国次贷危机迅速传染到欧洲,全球股市和房地产价格下跌,欧洲经济形势迅速恶化。全球经济下滑,投资风险上升,大量资金回流美国追逐安全性高的美国国债,导致美元走强,欧元走弱,这也是金融危机下欧元对美元汇率特有的表现。随着美国经济形势不断恶化,美联储继续降低利率,并且美联储 2008 年 11 月份宣布计划采用定量宽松政策刺激经济,美元又转向走弱。而 2009 年年初奥巴马计划推出 7 750 亿美元的经济刺激计划,以及欧洲面临降息的压力,又进一步提振了美元,削弱了欧元。因此欧元对美元汇率变动是多种效应的叠加。从欧元对美元汇率变动来看,一是汇率对基本面的经济数据公布敏感,如就业、消费者信心指数等,一旦某一国的经济数据改善,该国货币将走强。二是对宏观经济政策的反映,如降息导致本国货币走软,或采取扩张性的财政政策刺激经济,导致货币走强。三是新的救市政策出台,一旦有新的刺激经济的政策出台,该国货币也会升值。因此次贷危机爆发以来,欧元先是对美元升值,随后对美元贬值。美元对欧元汇率的变化会很快传递到人民币对欧元汇率的变化上来,2008年7月底之前人民币对美元升值,由于人民币对美元升值幅度小于美元对欧元的贬值幅度,因此人民币对欧元贬值。之后人民币对美元汇率基本保持稳定,因此随着欧元对美元汇率变化,人民币对欧元开始升值,然后贬值。

2009年年底至2010年年初,欧洲主权债务危机爆发,从欧洲主权债务危机后美元汇率变化来看,美元对欧元汇率经历了两个主要变化过程。首先是在主权债务危机的冲击下,美元对欧元大幅度升值,从2010年1月4日的1.438 9美元/欧元下滑到2010年6月8日最低点的1.194 2美元/欧元,美元对欧元升值了20.5%。其次是美元对欧元贬值,美元对欧元汇率从2010年6月8日的1.194 2美元/欧元反弹到2010年7月23日的1.289 7美元/欧元,美元对欧元贬值了7.40%,其中在2010年7月16日达到最高点1.3美元/欧元。因此,从2010年的美元和欧元汇率来看,美元和欧元汇率"跷跷板"变动趋势明显,先是美元上涨、欧元下跌,后面又是欧元上涨,美元下跌,美元、欧元轮流走强。2015年1月22日,欧洲央行开始实施规模为1.1万亿欧元的量化宽松政策(QE)[①],欧洲央行宣布实行QE后,市场随即作出反应,欧元兑美元汇率应声下跌超过2%,达到1比1.13,创下11年来新低。

货币的强弱是一个相比较的概念,除了自身的因素外,还要受对方国家货币强弱的影响,如欧元走软,则美元相对于欧元就走强,因此欧元区经济体经济状况和走势也决定了美元货币的走势,相反美元的强弱也会影响欧元币值的变化。也就是说,美元对欧元的汇率是美元币值对欧元币值之比,不仅由本国货币价值决定,而且也由对方国家的货币币值决定。如欧洲主权债务危机爆发,欧元持续走软,美元就升值。而欧洲主权债务危机有所缓解,投资者风险情绪有所转变,同时美国经济又表现不佳,导致美元下跌,欧元上涨。因此,美元和欧元的"跷跷板"效应既反映两国经济状况的相对变化,也反映欧洲主权债务危机的影响,以及在此基础上投资者市场信心和预期的变化。2015年12月,欧洲央行宣布降低隔夜存款利率10个基点至-0.3%,延长量化宽松政策实施期限至2017年3月份,也打压了欧元。2016年12月8日,欧洲央行宣布维持主要再融资利率于

---

① 将从2015年3月1日起,每月在二级市场购买600亿欧元政府与私人债券,并一直持续到2016年9月,为期18个月,总额高达1万亿欧元。其间,将根据具体情况对政策期限作出调整,直到实现通货通胀率接近但低于2%的既定目标。

0 水平不变,维持隔夜存款利率−0.4%不变,维持隔夜贷款利率 0.25%不变,将每月购买 800 亿欧元资产,直至 2017 年 3 月份,因此欧元也有所下滑。同时,欧洲央行决定从 2017 年 4 月起将资产购买规模缩减 200 亿欧元至每月 600 亿欧元,并将延长 QE 计划至 2017 年 12 月。另外,欧洲央行在对到期资金再投资的同时,也将进行净资产购买。2018 年 1 月,欧洲央行公布的货币政策会议纪要表示,欧洲央行依然需要延续量化宽松货币政策,提振长期疲软的通胀水准,欧央行继续延长量化宽松政策进一步打压了欧元,提振了美元。欧洲央行实施和延长量化宽松政策,会抑制欧元反弹,欧元疲软的可能性上升。

美元和欧元的"跷跷板"效应说明了主要发达经济体复苏的不稳定性和步伐的不一致性,美元对欧元汇率波动幅度较大。以前美国经济复苏不稳定导致美元下滑,而欧元区主权债务危机导致欧元波动幅度加大,这些问题都会通过汇率的变动表现出来。实际上,导致美元对欧元升值和贬值的因素同时存在,美元对欧元汇率会在这两股力量的对抗和势力变动中前行。随着美国经济的复苏和逐步改善,美元会走强,但是臃肿的美联储资产负债表和较高的财政赤字等因素会推动美元走弱。欧洲国家的主权债务问题比较严重,导致欧元下滑、美元走强,但如果主权债务压力得到缓解,宏观经济面转好,则欧元会走强。随着 2015 年美国逐步退出量化宽松政策,美元走强,欧元贬值。自 2015 年以来,美国逐步退出量化宽松政策,美元升值,欧元走软。当然,欧洲央行将于 2018 年年底后不再新购入债券,2019 年停止净买入,随着欧洲央行退出量化宽松政策,欧元对美元汇率可能会升值,两者之间贬值和升值可能会交替变化(见图 5-1)。

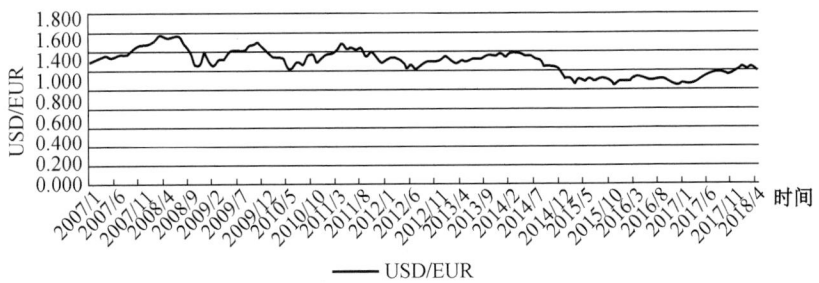

资料来源:CEIC 数据库。

图 5-1 欧元对美元汇率

美元和欧元的此消彼长变化首先是对美国和欧元区贸易和投资有一定的影响。美元或欧元升值必然会导致两国企业产品出口竞争力下降,但也将有利于促进他们对外投资。同时随着美元升值,资本将回流美国,有利于经济复苏,同样随着欧元升值,资本也会流入欧元区,而货币升值和资本流动存在相互强化的作用,货币升值吸引资本回流,同时资本回流也进一步推动货币升值。其次,美元和欧元汇率变化对主要国家外汇储备有显著影响。美元贬值,如果国际大宗商品价格上涨,美元储备资产的购买力会相应下降。也就是说,随着美元的贬值,现在等值的美元可能已经买不到当时同等数量的商品了。另外,美元贬值,欧元升值,美元外汇资产能够兑换到的欧元资产数量也下降了。也就是说,以另一种货币度量,外汇储备资产缩水了。同样欧元贬值,欧元外汇资产能够兑换到的美元资产数量也会下降,外汇资产价值的变化将取决于美元和欧元资产所占的比例。最后,美元和欧元汇率变化还影响全球财富再分配,如美元升值、国际油价下跌,原油生产国和输出国等国家可能面临较大的损失。而一旦美元贬值和国际油价上涨,对能源消费国和进口国将会产生较大的冲击。各国在美元和欧元等资产价格的变动中,财富被重新再分配。

美元和欧元的"跷跷板"效应对我国人民币对欧元汇率也会产生一定的影响,人民币对欧元汇率主要受人民币对美元汇率和国际金融市场上美元对欧元汇率的影响,是由这两个汇率共同决定的。

第二,日元对美元汇率。次贷危机爆发以后,美国持续降低联邦基金利率,日元和欧元一样,开始对美元升值,这一时期人民币对日元贬值。但2008年第二季度开始,日元开始贬值,主要原因是套息交易。长期以来日本维持低利率政策,借款成本较低,促使了日元的套利交易,主要是市场大量借入日元,投资到收益率高的其他货币的金融资产上或新兴市场经济国家赚取较高收益。这样投资者把借入日元转为高息货币,日元供给不断增加,日元对美元开始走软。这一阶段由于人民币对美元升值,进而人民币对日元也相应升值。而随着次贷危机向全球蔓延,发达国家陷入经济衰退,日元并没有像欧元那样,对美元继续贬值,反而对美元升值,这也是通过套息交易机制实现的,主要是投资者纷纷解除套利头寸。由于经济形势恶化,投资收益率下降,投资者迅速平仓,纷纷卖出相关国外资产,偿还日元,导致对日元需求大幅度上升,日元开始转向升值。同时各国央行积极救市,不断下调基准利率,与日元的利差缩小,而日元利率已经处于较低的水平,因此其他国家降息导致该国货币对日元贬值预期增强。这一阶段由于日元对美元的升值幅度较大,同时人民币对美元汇率保持稳定,因此人民币对日元的贬值幅度也较大,从2008年8月1日到2008年12月31日人民币对日元贬值了将近16.08%。2012年以后,由于"安倍经济学"强调日元贬值、扩大公共支出等,为了抑制通缩,日本推出了无限量的货币政策宽松政策,日元贬值。同时美国开始逐步退出量化宽松政策,提振了美元,也打压了日元(见图5-2)。

第三,英镑对美元汇率。美国次贷危机以来,美元对英镑也开始走软,英镑升值,而2008年上半年,英国经济增长逐步放缓,为了控制通货膨胀,英国并没有降息,这一时期美元对英镑汇率的波动幅度并不大。但自2008年7月份以后,英国经济疲弱明显,住房价格下降,消费者信心下滑,英镑对美元不断贬值,即使期间欧元对美元升值,英镑也对美元继续贬值,主要是由于英国经

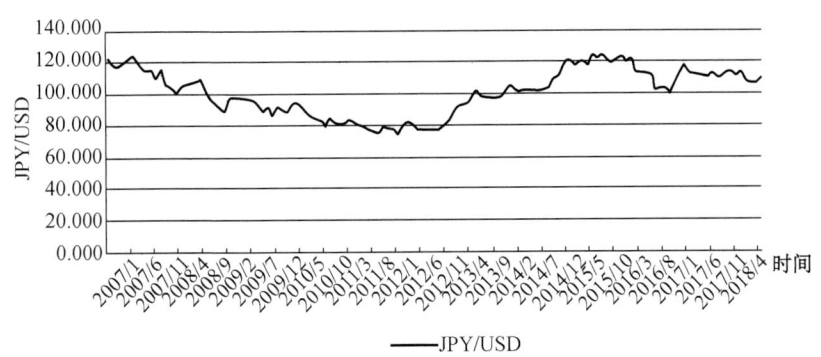

资料来源:CEIC 数据库。

图 5-2 日元对美元汇率

济衰退比欧元区严重,通胀水平持续回落,英格兰银行大幅度降低利率,基准利率已低于欧元区的利率水平,同时英国的房地产继续大幅度下滑,英国的财政赤字也不断上升,投资者信心下降,导致英镑对美元不断贬值。由于英镑对美元持续贬值,因此人民币对英镑也一直保持升值态势。2009 年年底至 2010 年初,英国主权债务风险也不断加剧,同时伴随英国大选的不确定性,英镑大幅度贬值,人民币对英镑也升值。近年来,英镑走势受到英国脱欧、英国经济基本面和英国货币政策等因素的影响,因此英国脱欧和英国脱欧谈判的不确定性导致英镑走弱,同时英国央行的 10 年来的低利率政策都会影响英镑的走势(见图 5-3)。

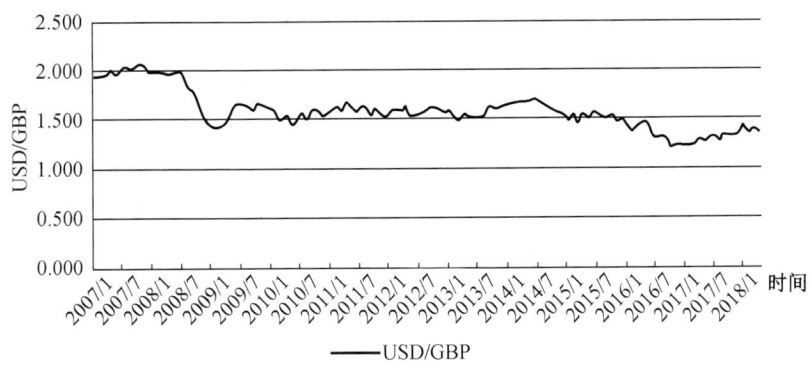

资料来源:CEIC 数据库。

图 5-3 英镑对美元汇率

总之,国际金融市场上欧元、日元和英镑等货币币值受多种因素的影响,长期主要受基本要素的影响,短期主要受市场因素、预期和市场信息的公开等的影响,这直接影响人民币对欧元、日元和英镑的汇率。

第二节　第三国汇率变动对中国贸易收支的影响

一、引言

美元和欧元是主要的国际货币,美元和欧元的变动既反映了两国基本经济状况的相对变化,也反映了欧洲主权债务危机、美国财政赤字等的影响,以及在此基础上投资者市场信心和预期的变化。美国和欧洲是全球重要的经济体,欧元、美元汇率的变化对全球外汇市场和国际贸易有重要影响。随着中国贸易投资日益多元化、全球化,美元对欧元汇率的变动必然会对中国的贸易收支产生重要的作用。

自马歇尔-勒纳条件诞生以来,许多经济学家对马歇尔-勒纳条件进行了探讨,Fritz Breuss(1984)认为如果考虑到出口品中有进口资源,马歇尔-勒纳条件中的价格条件需要修正,尤其对主要从事国际贸易的小国更为显著。关于马歇尔-勒纳条件是否成立,结论也各不相同。Colin Lawrence(1987)在理性预期的模型中考察汇率、贸易条件和利率等对供给冲击的反应,认为无论是否市场出清,马歇尔-勒纳的弹性条件足以保证经济增长并导致汇率升值。Hooper等(2009)估计了G7集团进出口价格的短期和长期弹性,结果显示长期内马歇尔-勒纳条件几乎都存在。Chiu Yi-Bin,Chien-Chiang Lee,Chia-Hung Sun(2010)实证结果显示,美元贬值导致美国和13个贸易伙伴贸易收支恶化和37个贸易伙伴贸易收支改善(包括中国),并且从面板的协整还可以看出,美元实际汇率和贸易收支存在长期的负向关系。Wang Chun-Hsuan,Chun-Hung A. Lin,Chih-Hai Yang(2012)实证结果显示,人民币升值存在倒"J曲线效应"。但是从长期来看,人民币升值导致中国和其中一些贸易伙伴贸易盈余是递减的,而对其中另一些贸易伙伴贸易盈余是递增的,结果各有不同。但Groenewold Nicolaas,Lei He(2007)认为人民币升值对中美贸易收支的影响没有想象的那么大。Yin Zhang,Guanghua Wan(2007)认为实际冲击影响中国的贸易收支,汇率变动对贸易收支影响较小。在马歇尔-勒纳进行实证研究方面主要是采用协整和误差修正模型(如Gupta-Kapoor and Ramakrishnan(1999),Bahmani-Oskooee and Alse(1994)等)。

同样,国内学者也探讨了汇率变动对中国贸易收支的影响,马歇尔-勒纳条件成立的有:马丹、许少强(2005)认为人民币实际有效汇率的贬值能够改善中国贸易收支;而中国贸易结构的变化在一定程度上可以解释人民币实际有效汇率的变化。陈继勇、雷欣(2008)分析认为从长期看,人民币兑美元汇率变化与中美农产品贸易存在着均衡关系,但在短期内,中美农产品贸易与人民币汇率变化的均衡关系并不明显。刘尧成等(2010)研究认为贸易收支弹性理论在我国基本成立,而且人民币实际有效汇率变化对我国贸易差额存在明显但有修正的J曲线效应。支持马歇尔-勒纳条件的还包括徐新华等(2010)、李宏彬等(2011)以及黄飞雪、王云(2011)的研究。但部分研究学者的结论有所不同,王晓雷(2007)实证分析表明,美国对主要贸易伙伴国的双边贸易收支与美元汇率没有实质性联系,美国逼迫其他货币升值没有也不能缓解美国的贸易逆差问题。同样,美国逼迫人民币升值也不能缓解美中双边贸易失衡问题。周逢民等(2009)研究结果表明,中俄贸易收支与人民币汇率之间不存在因果关系,人民币实际有效汇率对中俄贸易收支总体上不存在J曲线效应。认为马歇尔-勒纳条件部分成立有:梁琦等(2005)研究显示中美双边实际汇率在中美双边贸易收支变动中的影响微乎其微,但中日双边实际汇率在长期中却是中日双边贸易收支变动的主要影响因素。叶永刚等(2006)实证结果表明,人民币有效汇率对中美贸易收支和中日贸易收支的影响是不同的,无论长期还是短期人民币有效汇率与中美贸易收支之间均不存在因果关系,但是中日贸易收支与人民币有效汇率之间互为因果关系;人民币有效汇率对中美贸易收支和中日贸易收支均不存在J曲线效应。姜昱等(2011)利用Hansen(1999)的门限面板模型,对我国17个主要贸易伙伴1985—2008年年度数据进行了实证研究,认为在不同的汇率区间,马歇尔-勒纳条件均不成立,不存在门限效应。但在不同的汇率波动幅度下,马歇尔-勒纳条件成立情况不同,存在门限效应。

以上研究主要是直接分析双边汇率或有效汇率对中国贸易的影响,而研究美元和欧元汇率对中国贸易的影响较少。与以往研究不同的是,不是直接研究双边汇率和双边贸易的关系,而是根据汇率之间的联系,修正了传统的马歇尔-勒纳条件和"J曲线"效应,重点研究国际货币美元对欧元汇率对中国双边贸易的影响。在此基础之上,本文对美元对欧元汇率影响中美、中欧贸易收支进行了实证研究。

二、双边汇率的三角套汇和马歇尔-勒纳条件

实际上,如果名义汇率存在三角套汇机制,实际汇率必然存在三角套汇机制,$S_{1,t}\dfrac{P_{us,t}}{P_{ch,t}} \times S_{2,t}\dfrac{P_{ea,t}}{P_{us,t}} \times S_{3,t}\dfrac{P_{ch,t}}{P_{ea,t}} = 1$,其中$S_{1,t}$是$t$期人民币对美元货币的汇率,$S_{2,t}$是$t$期美元对欧元的汇率,$S_{3,t}$是$t$期人民币对欧元的汇率,$P_{ch,t}$、$P_{us,t}$、$P_{ea,t}$表示中国、美国、欧元区$t$期的价格水平。因此:$S_{1,t}\dfrac{P_{us,t}}{P_{ch,t}} = \dfrac{P_{us,t}}{S_{2,t}P_{ea,t}} \times S_{3,t}\dfrac{P_{ea,t}}{P_{ch,t}}$,令$q_1 = S_{1,t}\dfrac{P_{us,t}}{P_{ch,t}}$,$q_2 = S_{2,t}\dfrac{P_{us,t}}{P_{ea,t}}$,$q_3 = S_{3,t}\dfrac{P_{ea,t}}{P_{ch,t}}$,这样$q_1 = q_2 q_3$,这反映了三个汇率之间的关系。

国际收支的弹性分析方法(the elasticities approach)主要是分析汇率变动改善贸易收支的条件。基本模型如下:国内产品出口:$X = X(q_1)$;国内进口产品:$M = M(q_1)$;贸易收支:$T = X(q_1) - q_1 \times M(q_1)$,其中 q_1 是人民币对美元实际汇率。中美贸易收支方程两边同时对实际汇率 q_1 求导得到:

$$\frac{dT}{dq_1} = \frac{dX}{dq_1} - M - q_1 \times \frac{dM}{dq_1} \qquad (1)$$

根据 $q_1 = q_2 \times q_3$,则:

$$dq_1 = q_3 dq_2 + q_2 dq_3 \qquad (2)$$

把(2)代入(1)得到:

$$\frac{dT}{dq_1} = \frac{dX}{(q_3 dq_2 + q_2 dq_3)} - M - q_2 q_3 \times \frac{dM}{(q_3 dq_2 + q_2 dq_3)}$$

我们定义:

人民币对欧元汇率与欧元对美元汇率弹性:$\varepsilon_{q_3, q_2} = \dfrac{q_2 dq_3}{q_3 dq_2}$

出口需求的欧元对美元汇率弹性:$\varepsilon_{X, q_2} = \dfrac{dX}{dq_2} \dfrac{q_2}{X}$

进口需求的欧元对美元汇率弹性:$\varepsilon_{M, q_2} = \dfrac{dM}{dq_2} \dfrac{q_2}{M}$

则:

$$\begin{aligned}
\frac{dT}{dq_1} &= \frac{dX}{q_3 dq_2 \left(1 + \frac{q_2 dq_3}{q_3 dq_2}\right)} - M - q_2 q_3 \times \frac{dM}{q_3 dq_2 \left(1 + \frac{q_2 dq_3}{q_3 dq_2}\right)} \\
&= \frac{X \frac{q_2 dX}{X dq_2}}{q_2 q_3 \left(1 + \frac{q_2 dq_3}{q_3 dq_2}\right)} - M - M \times \frac{\frac{q_2 dM}{M dq_2}}{\left(1 + \frac{q_2 dq_3}{q_3 dq_2}\right)} \\
&= M \left[\frac{X \varepsilon_{X, q_2}}{M q_2 q_3 (1 + \varepsilon_{q_3, q_2})} - 1 - \frac{\varepsilon_{M, q_2}}{(1 + \varepsilon_{q_3, q_2})}\right]
\end{aligned}$$

如果开始贸易均衡,则:

$$X = M q_3 q_2$$

进一步得到:

$$\frac{\varepsilon_{X, q_2}}{(1 + \varepsilon_{q_3, q_2})} - 1 - \frac{\varepsilon_{M, q_2}}{(1 + \varepsilon_{q_3, q_2})} > 0$$

因而：

如果 $1+\varepsilon_{q_3,q_2} > 0$，则 $\varepsilon_{X,q_2} - \varepsilon_{M,q_2} > 1+\varepsilon_{q_3,q_2}$，这就是修正的马歇尔-勒纳条件。下面我们分几种情况讨论：

(1) 如果 $\varepsilon_{q_3,q_2} = 0$，则 $\varepsilon_{X,q_2} - \varepsilon_{M,q_2} > 1$，则马歇尔-勒纳条件为出口需求汇率弹性 ε_{X,q_2}、进口需求汇率弹性 ε_{M,q_2}[①] 绝对值之和大于 1，这和我们熟悉的马歇尔-勒纳条件一样。

(2) 如果 $\varepsilon_{q_3,q_2} \neq 0$，则马歇尔-勒纳条件为：$\varepsilon_{X,q_2} - \varepsilon_{M,q_2} > 1+\varepsilon_{q_3,q_2}$，这是我们把人民币对美元汇率分解为欧元对美元汇率和人民币对欧元汇率的乘积情况下得到的完整的马歇尔-勒纳条件。

如果 $1+\varepsilon_{q_3,q_2} < 0$，则 $\varepsilon_{X,q_2} - \varepsilon_{M,q_2} < 1+\varepsilon_{q_3,q_2}$，这也是修正的马歇尔-勒纳条件。同样下面我们分几种情况讨论：

(3) 如果 $\varepsilon_{q_3,q_2} = 0$，则 $\varepsilon_{X,q_2} - \varepsilon_{M,q_2} < 1$，则马歇尔-勒纳条件为出口需求汇率弹性 ε_{X,q_2}、进口需求汇率弹性 ε_{M,q_2}[②] 绝对值之和小于 1。

(4) 如果 $\varepsilon_{q_3,q_2} \neq 0$，则马歇尔-勒纳条件为：$\varepsilon_{X,q_2} - \varepsilon_{M,q_2} < 1+\varepsilon_{q_3,q_2}$，这也是我们把人民币对美元汇率分解为欧元对美元汇率和人民币对欧元汇率的乘积情况下得到的完整的马歇尔-勒纳条件。

同样如果考虑到中欧贸易，由 $R_{1,t} \dfrac{P_{ea,t}}{P_{ch,t}} \times R_{2,t} \dfrac{P_{us,t}}{P_{ea,t}} \times R_{3,t} \dfrac{P_{ch,t}}{P_{us,t}} = 1$，其中 $R_{1,t}$ 是 t 期人民币对欧元货币的汇率，$R_{2,t}$ 是 t 期美元对欧元的汇率，$R_{3,t}$ 是 t 期人民币对美元的汇率。因此：$R_{1,t} \dfrac{P_{ea,t}}{P_{ch,t}} = R_{2,t} \dfrac{P_{ea,t}}{P_{us,t}} \times R_{3,t} \dfrac{P_{us,t}}{P_{ch,t}}$，令 $r_1 = R_{1,t} \dfrac{P_{ea,t}}{P_{ch,t}}$，$r_2 = R_{2,t} \dfrac{P_{ea,t}}{P_{us,t}}$，$r_3 = R_{3,t} \dfrac{P_{us,t}}{P_{ch,t}}$，因此 $r_1 = r_2 r_3$。

同样定义：

人民币对美元汇率与欧元对美元汇率弹性：$\varepsilon_{r_3,r_2} = \dfrac{r_2 \mathrm{d} r_3}{r_3 \mathrm{d} r_2}$

出口需求的欧元对美元汇率弹性：$\varepsilon_{X,r_2} = \dfrac{\mathrm{d} X}{\mathrm{d} r_2} \dfrac{r_2}{X}$

进口需求的欧元对美元汇率弹性：$\varepsilon_{M,r_2} = \dfrac{\mathrm{d} M}{\mathrm{d} r_2} \dfrac{r_2}{M}$

类似地可以得到：$\varepsilon_{X,r_2} - \varepsilon_{M,r_2} > 1+\varepsilon_{r_3,r_2}$，马歇尔-勒纳条件为出口需求汇率弹性 ε_{X,r_2}、进口需求汇率弹性 ε_{M,r_2} 绝对值之和大于 $1+\varepsilon_{r_3,r_2}$。

[①] 通常 $\varepsilon_{M,q_2} < 0$。

[②] 通常 $\varepsilon_{M,q_2} < 0$。

三、对修正的 Marshall-Lerner 条件的进一步探讨

上面是对马歇尔-勒纳条件的修正,是人民币对美元实际汇率(或有效汇率)贬值改善贸易收支的条件,那么欧元对美元实际汇率(或有效汇率)变动如何影响贸易收支呢? 由:

$$\frac{\mathrm{d}T}{\mathrm{d}q_1} = \frac{\mathrm{d}T}{(q_3 \mathrm{d}q_2 + q_2 \mathrm{d}q_3)} = \frac{1}{q_3(1+\varepsilon_{q_3,q_2})} \frac{\mathrm{d}T}{\mathrm{d}q_2}$$

当 $(1+\varepsilon_{q_3,q_2})>0$ 时,$\frac{\mathrm{d}T}{\mathrm{d}q_1}$ 与 $\frac{\mathrm{d}T}{\mathrm{d}q_2}$ 符号相同,意味着人民币对美元实际汇率贬值和欧元对美元实际汇率贬值的效果是相同的,只要修正的马歇尔-勒纳条件存在,欧元对美元实际汇率贬值同样能够改善贸易收支。当 $(1+\varepsilon_{q_3,q_2})<0$ 时,$\frac{\mathrm{d}T}{\mathrm{d}q_1}$ 与 $\frac{\mathrm{d}T}{\mathrm{d}q_2}$ 符号相反,意味着人民币对美元实际汇率贬值和欧元对美元实际汇率贬值的效果是相反的,即使修正的马歇尔-勒纳条件存在,欧元对美元实际汇率贬值也不能够改善贸易收支,反而会恶化贸易收支[①],见表 5-1。

表 5-1 欧元对美元实际汇率变动影响中国贸易收支的条件

	双边贸易	条件 1	条件 2
马歇尔-勒纳条件成立	第一种情况 $\left(\frac{\mathrm{d}T}{\mathrm{d}q_1}>0\right)$: 美元对欧元实际汇率贬值改善贸易收支 $\frac{\mathrm{d}T}{\mathrm{d}q_2}>0$	$\varepsilon_{X,q_2} - \varepsilon_{M,q_2} > 1 + \varepsilon_{q_3,q_2}$	$(1+\varepsilon_{q_3,q_2})>0$
马歇尔-勒纳条件成立	第二种情况 $\left(\frac{\mathrm{d}T}{\mathrm{d}q_1}>0\right)$: 美元对欧元实际汇率升值改善贸易收支 $\frac{\mathrm{d}T}{\mathrm{d}q_2}<0$	$\varepsilon_{X,q_2} - \varepsilon_{M,q_2} > 1 + \varepsilon_{q_3,q_2}$	$(1+\varepsilon_{q_3,q_2})<0$
马歇尔-勒纳条件不成立	第三种情况 $\left(\frac{\mathrm{d}T}{\mathrm{d}q_1}<0\right)$: 美元对欧元实际汇率升值改善贸易收支 $\frac{\mathrm{d}T}{\mathrm{d}q_2}<0$	$\varepsilon_{X,q_2} - \varepsilon_{M,q_2} < 1 + \varepsilon_{q_3,q_2}$	$(1+\varepsilon_{q_3,q_2})>0$
马歇尔-勒纳条件不成立	第四种情况 $\left(\frac{\mathrm{d}T}{\mathrm{d}q_1}<0\right)$: 美元对欧元实际汇率贬值改善贸易收支 $\frac{\mathrm{d}T}{\mathrm{d}q_2}>0$	$\varepsilon_{X,q_2} - \varepsilon_{M,q_2} < 1 + \varepsilon_{q_3,q_2}$	$(1+\varepsilon_{q_3,q_2})<0$

---

① 同样中欧贸易也有类似的结论,本章不再列出详细推导。

同样可以分析欧元对美元汇率变化对中欧贸易收支的影响。

四、"J"曲线效应分析

假定马歇尔-勒纳条件是成立的,贬值能够改善贸易收支,但是它依赖于进出口数量的调整,由于贸易合同调整的时滞,贬值开始时贸易收支有可能会恶化,贸易收支随时间的变化类似于字母 J 的形状,因此被称为"J 曲线效应"(J-curve effect)。

由经常账户贸易收支:$T = X(q_1) - q_1 \times M(q_1)$,其中 X 代表出口,M 代表进口,则 $\frac{dT}{dq_1} = \frac{\delta X}{\delta q_1} - M - q_1 \times \frac{\delta M}{\delta q_1}$。贬值能够影响经常账户:

第一,短期效应。贬值过后,进出口商的合同仍然是在贬值前签订的,价格和数量仍然是贬值前的水平,因此 $\frac{\delta X}{\delta q_1} = \frac{\delta M}{\delta q_1} = 0$,贬值将恶化经常账户 $\left(\frac{dT}{dq_1} = -M\right)$,因为更多的本国货币被用来支付进口(如果进口合同是用本币计价和支付的,则不会出现贸易收支的恶化)。

第二,长期效应。贬值后签订的新合同将反映相对价格的变化,贬值前的汇率为 q_{10},贬值后的汇率为 q_{1t},相对价格的变化导致需求从国外产品转向国内产品,因此 $\frac{\delta X}{\delta q_1} > 0, \frac{\delta M}{\delta q_1} < 0$,在马歇尔-勒纳的条件下,出口和进口的数量将发生变化,即进口减少,出口增加,贸易账户改善。

而根据我们的模型,可以重新考虑"J"曲线效应。下面分几种情况讨论:

(a) 若 $1 + \varepsilon_{q_3, q_2} > 0$,则 $\frac{dT}{dq_2}$ 与 $\frac{dT}{dq_1}$ 符号相同,即人民币对美元实际汇率贬值改善贸易收支,美元对欧元实际汇率贬值也改善贸易收支。因此如果人民币实际汇率贬值的"J"曲线效应存在,则美元对欧元实际汇率贬值的"J"曲线效应一定存在。

(b) 若 $1 + \varepsilon_{q_3, q_2} < 0$,则 $\frac{dT}{dq_2}$ 与 $\frac{dT}{dq_1}$ 符号相反,即人民币对美元实际汇率贬值改善贸易收支,美元对欧元实际汇率贬值会恶化贸易收支。因此如果人民币实际汇率贬值的"J"曲线效应存在,则美元对欧元实际汇率贬值的"J"曲线效应不存在。

类似地,可以分析欧元对美元汇率对中欧贸易收支的"J 曲线效应"是否存在。

从上面的分析可以看出,中美贸易不仅会受到人民币对美元汇率的影响,而且还会受第三国欧元汇率的影响;同样中欧贸易不仅会受到人民币对欧元汇率的影响,而且还会受第三国美元汇率的影响,因此可以分析美元对欧元汇率对中美双边贸易和中欧双边贸易的影响大小和影响方向。

中美贸易：$\ln X_{us} = c_{0,us} + c_{1,us} \ln q_2 + c_{2,us} \ln q_3 + c_{3,us} \ln Y_{us} + \upsilon_{us,t}$，$\ln M_{us} = d_{0,us} + d_{1,us} \ln q_2 + d_{2,us} \ln q_3 + d_{3,us} \ln Y_{ch} + \nu_t$，$\ln q_3 = e_{0,us} + e_{1,us} \ln q_2 + \rho_t$

中欧贸易：$\ln X_{ea} = c_{0,ea} + c_{1,ea} \ln r_2 + c_{2,ea} \ln r_3 + c_{3,ea} \ln Y_{ea} + \upsilon_{ea,t}$，$\ln M_{ea} = d_{0,ea} + d_{1,ea} \ln r_2 + d_{2,ea} \ln r_3 + d_{3,ea} \ln Y_{ch} + \nu_{ea,t}$，$\ln r_3 = e_{0,ea} + e_{1,ea} \ln r_2 + \rho_{ea,t}$

数据说明：我们选取 1999 年 1 月至 2018 年 3 月，X_{us}，X_{ea}（中国向美国、欧元区出口），IM_{us}，IM_{ea}（中国从美国、欧洲进口），Y_{us}，Y_{ea}，Y（美国、欧元区和中国的实际总产出）[①]，以上数据来源于 CEIC 数据库，实际出口和进口要剔除价格因素的影响。名义汇率 S_1（人民币对美元汇率，直接标价法），S_2（美元对欧元汇率），S_3（人民币对欧元汇率）来自 CEIC 和国家外汇管理局；P_1（中国的定基物价指数，2010=100），P_2（美国的定基物价指数，2010=100）[②]，P_3（欧元区定基的物价指数，2010=100）。由于是月度数据，对 X、M 等变量进行季节调整，再取对数。

1. 单位根检验

首先对相关经济变量进行单位根检验。本书采用 Eviews9.0 软件进行 ADF 检验（见表 5-2）。

表 5-2　　　　　　　　　　单位根检验结果

变量	(c, t, m)	ADF 检验值	概率	变量	(c, t, m)	ADF 检验值	概率
$\ln X_{us}$	(c, t, 2)	−1.595 250	0.792 2	$d\ln q_3$	(0, 0, 0)	−14.066 75***	0.000 0
$d\ln X_{us}$	(c, 0, 1)	−17.059 65***	0.000 00	$\ln r_2$	(c, 0, 1)	−1.699 013	0.430 4
$\ln M_{us}$	(c, t, 2)	−1.854 906	0.674 5	$d\ln r_2$	(0, 0, 0)	−11.654 41***	0.000 0
$d\ln M_{us}$	(c, 0, 1)	−18.937 47***	0.000 0	$\ln r_3$	(c, 0, 5)	−0.857 835	0.800 0
$\ln X_{ea}$	(c, t, 3)	−3.230 839*	0.081 1	$d\ln r_3$	(0, 0, 4)	−2.446 446**	0.014 3
$d\ln X_{ea}$	(c, 0, 2)	−9.222 532***	0.000 0	$\ln Y_{us}$	(c, t, 3)	−2.283 172	0.441 0
$\ln M_{ea}$	(c, t, 6)	−2.146 055	0.516 9	$d\ln Y_{us}$	(c, 0, 2)	−5.443 080***	0.000 0
$d\ln M_{ea}$	(c, 0, 5)	−4.402 829	0.000 4	$\ln Y_{ea}$	(c, 0, 5)	−2.427 751	0.364 2
$\ln q_2$	(c, 0, 1)	−1.699 013	0.430 4	$d\ln Y_{ea}$	(c, 0, 2)	−5.514 042***	0.000 0
$d\ln q_2$	(0, 0, 0)	−11.654 41***	0.000 0	$\ln Y_{ch}$	(c, t, 3)	0.722 291	0.999 7
Lnq_3	(c, 0, 0)	−1.006 732	0.751 2	$d\ln Y_{ch}$	(c, 0, 2)	−8.132 719***	0.000 0

注：(c, t, m) 表示单位根检验方程中是否含有常数项、趋势项和滞后阶数。ADF 检验的最优滞后阶数根据 AIC 信息准则选择，***、**、* 分别表示在 1%、5%、10% 的水平下显著。

[①] 由于国内生产总值只有季度数据，本书把季度数据转换成月度数据，采取对季度数据平均化，再进行季节调整的方法得到月度数据。

[②] 中国的定基 CPI 是作者根据环比物价指数计算得到，美国的定基 CPI 来自 CEIC 数据库。

根据表 5-2，我们可以发现，$\ln X_{us}$、$\ln X_{ea}$、$\ln q_2$、$\ln q_3$、$\ln r_2$、$\ln r_3$、$\ln M_{us}$、$\ln M_{ea}$、$\ln Y_{us}$、$\ln Y_{ea}$、$\ln Y_{ch}$ 都是非平稳的，但是经过差分后，序列都是一阶平稳序列。

2. 出口方程协整检验

在进行协整检验之前，首先确立 VAR 模型的结构，以确定最优滞后期，根据 AIC 标准或 SC 标准等中美出口方程选取最优滞后阶数是 4；中欧出口方程选取最优滞后阶数是 2，再根据最优滞后阶数减 1 进行协整检验，得到协整关系数量（见表 5-3）。

表 5-3   Johansen 协整检验结果

	特征值	迹统计量	概率	协整数量	最大特征值统计量	概率	协整数量
中美出口方程	0.145 353	69.864 56	0.014 4	不存在**	35.654 16	0.017 7	不存在**
	0.091 748	34.210 41	0.279 0	最多存在一个	21.845 05	0.153 9	最多存在一个
	0.032 589	12.365 36	0.786 1	最多存在两个	7.521 022	0.862 1	最多存在两个
	0.021 115	4.844 333	0.618 8	最多存在三个	4.844 333	0.618 8	最多存在三个
中欧出口方程	0.156 146	75.514 92	0.000 2	不存在***	38.878 75	0.001 7	不存在***
	0.094 759	36.636 17	0.034 7	最多存在一个**	22.797 90	0.042 6	最多存在一个**
	0.045 344	13.838 27	0.300 7	最多存在两个	10.626 67	0.280 7	最多存在两个
	0.013 927	3.211 598	0.541 9	最多存在三个	3.211 598	0.541 9	最多存在三个

注：***、** 分别表示在 1%、5% 的显著水平下拒绝原假设。

由上述结果，根据迹统计量，当原假设为不存在协整关系时，在 5% 的显著性水平下拒绝原假设，所以检验结论是存在协整关系。我们可以得到标准化协整向量。

表 5-4   Johansen 协整检验结果——协整系数估计

中美出口方程	$\ln X_{us}$	$\ln q_2$	$\ln q_3$	$\ln Y_{us}$	t
	1.000 000	−11.237 24	−12.382 04	28.331 37	−0.066 701
	标准差	(2.235 42)	(2.231 50)	(6.937 59)	(0.013 36)
中欧出口方程	$\ln X_{ea}$	$\ln r_2$	$\ln r_3$	$\ln Y_{ea}$	C
	1.000 000	0.627 893	3.056 588	−5.133 089	66.733 97
	标准差	(0.314 55)	(0.516 48)	(0.979 94)	(14.055 5)

根据协整方程,可以看出 $\ln X_{us}$ 与 $\ln q_2$、$\ln q_3$；$\ln X_{ea}$ 与 $\ln r_2$、$\ln r_3$ 之间分别存在着显著的协整关系。欧元对美元升值,中国对美国出口增加,中国对欧洲出口也增加。

3. 进口方程协整检验

同样,在进行协整检验之前,先确定最优滞后期。确定中美 VAR 模型的最佳滞后阶数为 3 阶；确定中欧 VAR 模型的最佳滞后阶数为 3 阶,根据得出的最优滞后阶数减 1 进行协整检验(见表 5-5)。

表 5-5　　　　　Johansen 协整检验结果——协整关系数量

	特征值	迹统计量	概率	协整数量	最大特征值统计量	概率	协整数量
中美进口方程	0.220 393	102.581 9	0.000 0	不存在***	56.764 19	0.000 0	不存在***
	0.094 326	45.817 74	0.024 9	最多存在一个**	22.589 18	0.126 3	最多存在一个
	0.058 332	23.228 55	0.103	最多存在两个	13.703 27	0.274 6	最多存在两个
	0.040 917	9.525 279	0.150 4	最多存在三个	9.525 279	0.150 4	最多存在三个
中欧进口方程	0.458 661	188.881 9	0.000 0	不存在***	139.925 7	0.000 0	不存在***
	0.112 373	48.956 25	0.000 9	最多存在一个	27.178 47	0.009 6	最多存在一个
	0.053 236	21.777 78	0.030 7	最多存在两个	12.472 86	0.160 2	最多存在两个
	0.039 989	9.304 917	0.047 0	最多存在三个	9.304 917	0.047 0	最多存在三个

注：***、**分别表示在 1%、5%的显著水平下拒绝原假设。

因此无论根据迹统计量还是最大特征值统计量,当原假设为不存在协整关系时,拒绝原假设,所以检验结论是存在协整关系(见表 5-6)。

表 5-6　　　　　Johansen 协整检验结果——协整系数估计

中美进口方程	$\ln M_{us}$	$\ln q_2$	$\ln q_3$	$\ln Y_{ch}$	T
	1.000 000	−4.577 075	−4.811 558	−4.328 422	0.023 404
	标准差	(1.127 27)	(0.779 99)	(1.110 81)	(0.008 95)
中欧进口方程	$\ln M_{ea}$	$\ln r_2$	$\ln r_3$	$\ln Y_{ch}$	C
	1.000 000	5.477 57	17.111 45	0.668 794	−36.177 82
	标准差	(1.676 56)	(4.572 20)	(0.869 64)	(17.379 0)

可以看出 $\ln M_{us}$ 与 $\ln q_2$、$\ln q_3$；$\ln M_{ea}$ 与 $\ln r_2$、$\ln r_3$ 之间分别存在着显著的协整关系。根据表 5-6,欧元对美元升值,中国从美国进口增加,中国从欧洲

进口也增加。

4. 汇率的弹性估计

为了获得美元对欧元实际有效汇率的弹性,建立人民币对欧元(或美元)汇率与美元对欧元实际有效汇率的回归模型,结果见表 5-7。

表 5-7　　　　　　　　　模型估计的结果

中美贸易方程		中欧贸易方程	
	$\ln q_3$		$\ln r_3$
变量	回归系数	变量	回归系数
c	2.185 044	c	2.177 408
	(225.674 9)		(309.838 9)
t	−0.001 876	t	−0.001 515
	(−26.474 77)		(−29.458 41)
$\ln q_2$	−1.009 271	$\ln r_2$	−0.120 182
	(−29.522 36)		(−4.843 469)
R^2	0.839 290	R^2	0.828 251
$a\text{-}R^2$	0.837 880	$a\text{-}R^2$	0.826 744
$s.e$	0.067 924	$s.e$	0.049 301
残差 e_t	−2.336 540($p=0.019\,1$)	残差 e_t	−2.495 557($p=0.012\,5$)

从回归结果来看,回归系数全部通过检验。对残差序列进行 ADF 检验,检验结果见表 5-7。从检验结果可知,残差项是平稳的,因此 $\ln q_3$ 和 $\ln q_2$、$\ln r_3$ 和 $\ln r_2$ 之间存在稳定协整关系,对应的汇率弹性为 −1.009 271、−0.120 182。

从前面进出口的协整方程,可以看出欧元对美元汇率对中美贸易、中欧贸易的影响,从三个弹性数值能够看出,中美贸易修正的马歇尔-勒纳条件不成立,中欧贸易修正的马歇尔-勒纳条件成立,美元对欧元实际汇率贬值(q_2 上升)能够改善中欧的贸易收支,但升值会恶化中欧贸易收支;相反美元对欧元实际汇率升值能够改善中美的贸易收支,但贬值会恶化中美贸易收支(见表 5-8)。

表 5-8　　　　　　　　　马歇尔-勒纳条件

弹性	中美贸易	弹性	中欧贸易
ε_{X,q_2}	11.237 24	ε_{X,r_2}	0.627 893
ε_{M,q_2}	4.577 075	ε_{M,r_2}	−5.477 757
ε_{q_3,q_2}	−1.009 271	ε_{r_3,r_2}	−0.120 182
$\varepsilon_{X,q_2}-\varepsilon_{M,q_2}$	6.660 165	$\varepsilon_{X,r_2}-\varepsilon_{M,r_2}$	6.105 65

(续表)

弹性	中美贸易	弹性	中欧贸易
$1+\varepsilon_{q_3,q_2}$	$-0.009\,271$	$1+\varepsilon_{r_3,r_2}$	$0.879\,818$
马歇尔-勒纳条件	不成立	马歇尔-勒纳条件	成立
$1+\varepsilon_{q_3,q_2}$	<0	$1+\varepsilon_{r_3,r_2}$	>0
结论：修正的马歇尔-勒纳条件不成立，美元对欧元实际汇率升值[①]能够改善中美贸易收支，美元对欧元实际汇率贬值会恶化贸易收支		结论：修正的马歇尔-勒纳条件成立，美元对欧元实际汇率贬值能够改善中欧贸易收支，美元对欧元实际汇率升值会恶化中欧贸易	

5. "J"曲线效应的实证检验

由于中美贸易修正的马歇尔-勒纳条件不存在，美元对欧元实际汇率贬值的"J"曲线效应也不存在。而中欧贸易马歇尔-勒纳条件存在，又 $1+\varepsilon_{r_3,r_2}=0.879\,818>0$，因此如果人民币对欧元实际汇率贬值的"J"曲线效应存在，则美元对欧元实际汇率贬值的"J"曲线效应一定存在。下面考察美元对欧元实际汇率贬值的"J"曲线效应是否存在。

我们分别建立如下的实证模型：贸易收支：$TB=TB(q_1)$，$TB=TB(r_1)$，分别考察人民币对美元汇率、人民币对欧元汇率贬值能否有效改善贸易收支。贸易收支我们采取进出口的比率来表示：$TB_{us}=EX_{us}/IM_{us}$、$TB_{ea}=EX_{ea}/IM_{ea}$，进行季节调整，并取对数。

我们考察人民币实际汇率变动对贸易收支影响的长期关系，对贸易收支和人民币实际汇率进行单位根检验，结果显示贸易收支和人民币实际汇率都是一阶单整的，但是其差分序列都是平稳的（见表5-9）。

表5-9　　　　　　　单位根检验结果

变量	(c,t,m)	ADF 单位根检验 ADF 检验值	概率	变量	(c,t,m)	ADF 单位根检验 ADF 检验值	概率
$\ln TB_{us}$	$(c,0,2)$	$-2.870\,178$	$0.050\,5$	$\ln q_1$	$(c,0,1)$	$-0.291\,215$	$0.922\,8$
$d\ln TB_{us}$	$(0,0,1)$	$-18.930\,35$	$0.000\,00$	$d\ln q_1$	$(0,0,0)$	$-9.845\,995$	$0.000\,0$
$\ln TB_{ea}$	$(c,0,1)$	$-1.519\,294$	$0.522\,2$	$\ln r_1$	$(c,0,0)$	$-1.472\,085$	$0.546\,1$
$d\ln TB_{ea}$	$(0,0,1)$	$-14.355\,85$	$0.000\,0$	$d\ln r_1$	$(0,0,0)$	$-13.777\,58$	$0.000\,0$

注：(c,t,m) 表示单位根检验方程中是否含有常数项、趋势项和滞后阶数。ADF 检验的最优滞后阶数根据 AIC 信息准则选择，***、**、* 分别表示在1%、5%、10%的水平下显著。

同样，先确定最优滞后期。确定中美贸易方程最佳滞后阶数为4阶；中欧贸

[①] 美元对欧元实际汇率升值表示美元币值上升，欧元币值下降，而美元对欧元实际汇率贬值正好相反。

易方程的最佳滞后阶数为 4 阶,根据得出的最优滞后阶数减 1 进行协整检验(见表 5-10)。

表 5-10　　　　Johansen 协整检验结果——协整关系数量

	特征值	迹统计量	概率	协整数量	最大特征值统计量	概率	协整数量
中美贸易方程	0.309 609	116.713 7	0.000 0	不存在***	84.102 75	0.000 0	不存在***
	0.076 242	32.610 93	0.092 5	最多存在一个**	18.002 32	0.179 0	最多存在一个**
	0.048 083	14.608 61	0.249 7	最多存在两个	11.185 89	0.238 4	最多存在两个
	0.014 965	3.422 728	0.504 8	最多存在三个	3.422 728	0.504 8	最多存在三个
中欧贸易方程	0.356 478	137.909 6	0.000 0	不存在***	100.061 6	0.000 0	不存在***
	0.107 808	37.848 08	0.025 3	最多存在一个**	25.894 71	0.015 1	最多存在一个**
	0.035 444	11.953 37	0.453 0	最多存在两个	8.191 770	0.525 0	最多存在两个
	0.016 434	3.761 599	0.448 8	最多存在三个	3.761 599	0.448 8	最多存在三个

注:***、**分别表示在 1%、5%的显著水平下拒绝原假设。

因此无论根据迹统计量还是最大特征值统计量,当原假设为不存在协整关系时,拒绝原假设,所以检验结论是存在协整关系(见表 5-11)。

表 5-11　　　　Johansen 协整检验结果——协整系数估计

中美贸易方程	$\ln T_{us}$	$\ln q_1$	$\ln Y_{us}$	$\ln Y_{ch}$	C
	1.000 000	5.940 641	−9.597 987	2.367 025	112.558 8
	标准差	(1.346 82)	(3.109 60)	(0.726 45)	(39.243 0)
中欧贸易方程	$\ln T_{ea}$	$\ln r_1$	$\ln Y_{ea}$	$\ln Y_{ch}$	T
	1.000 000	−4.731 363	−1.366 488	0.420 584	22.154 13
	标准差	(0.956 54)	(5.198 14)	(0.558 82)	(64.508 9)

可以看出 $\ln T_{us}$ 与 $\ln q_1$、$\ln Y_{us}$、$\ln Y_{ch}$;$\ln T_{ea}$ 与 $\ln r_1$、$\ln Y_{ea}$、$\ln Y_{ch}$ 之间分别存在着显著的协整关系。根据表 5-11,中美贸易方程人民币汇率系数为负,人民币对美元贬值,中美贸易收支会恶化,马歇尔-勒纳条件不成立;中欧贸易方程人民币汇率符号为正,人民币对欧元贬值,中欧贸易收支改善,汇率贬

值有利于贸易收支的改善，马歇尔-勒纳条件成立，和前面的分析结论完全一致[①]。

下面我们利用误差修正模型来分析中欧贸易中人民币对欧元实际汇率和贸易收支的短期关系。根据协整关系，可以得出贸易收支的误差修正模型（见表5-12）。

表5-12 误差协整模型估计的结果

中欧贸易方程（$d(\ln T_{eu})$）	
变量	回归系数
$d(\ln T_{eu}(-1))$	−0.406 071
	(−6.030 41)
$d(\ln T_{eu}(-2))$	−0.145 641
	(−2.006 61)
$d(\ln T_{eu}(-3))$	0.086 496
	(1.317 97)
$d(\ln q_1(-1))$	0.172 957
	(1.111 06)
$d(\ln q_1(-2))$	−0.078 832
	(−0.510 15)
$d(\ln q_1(-3))$	0.400 351
	(2.598 17)
$d(\ln Y_{eu}(-1))$	−3.366 460
	(−2.992 13)
$d(\ln Y_{eu}(-2))$	−0.152 100
	(−0.133 43)
$d(\ln Y_{eu}(-3))$	−1.784 490
	(−1.560 07)
$d(\ln Y_{ch}(-1))$	1.334 354
	(2.125 35)
$d(\ln Y_{ch}(-2))$	−1.202 151
	(−1.882 02)

[①] 也就是和修正的马歇尔-勒纳条件的结论是一致的。

(续表)

中欧贸易方程（$d(\ln T_{ea})$）

变量	回归系数
$d(\ln Ych(-3))$	0.435 422
	(0.675 87)
Ecm_{t-1}	−0.000 690
	(−0.193 67)
R^2	0.266 971
$a\text{-}R^2$	0.225 867
$s.e$	0.058 848
Log likelihood	327.638 1

从误差修正模型来看，短期内滞后 1 期、2 期人民币对欧元实际汇率对贸易收支的影响不显著，滞后 3 期人民币对欧元实际汇率对贸易收支的影响为正，意味着短期内欧元对美元实际汇率贬值对贸易收支的影响并不为负，"J"曲线在中欧贸易中并不存在，因此美元对欧元贬值的"J 曲线效应"也不存在。

五、主要结论

本节考察了美元对欧元汇率变动对中美贸易、中欧贸易和中国总体贸易的影响。根据三角套汇之间的关系，本书修正了传统的马歇尔-勒纳条件。从双边贸易能够看出只要修正的马歇尔-勒纳条件：$\varepsilon_{X,q_2} - \varepsilon_{M,q_2} > 1 + \varepsilon_{q_3,q_2}$ 成立，并且 $(1+\varepsilon_{q_3,q_2}) > 0$，美元对欧元实际汇率贬值（或升值）同样能够改善（或恶化）贸易收支，美元对欧元贬值的"J"曲线效应存在。当 $(1+\varepsilon_{q_3,q_2}) < 0$ 时，美元对欧元实际汇率贬值也不能够改善贸易收支，反而会恶化贸易收支；美元对欧元实际汇率升值能够改善贸易收支，美元对欧元贬值的"J"曲线效应不存在。

本节实证结果显示进出口和欧元对美元汇率之间存在长期的协整关系，从弹性数值能够看出，中美贸易收支修正的马歇尔-勒纳条件都不成立，但美元对欧元实际汇率升值能够改善中美贸易收支，美元对欧元实际汇率贬值会恶化贸易收支。中欧的贸易收支的马歇尔-勒纳条件成立，欧元对美元实际汇率贬值能够改善中欧贸易收支，但升值会恶化中欧贸易收支。

从长期来看，美元对欧元实际汇率贬值能够改善中欧贸易收支，短期内中欧贸易欧元对美元实际汇率贬值不会恶化贸易收支，"J"曲线效应在中欧贸易中并不存在。

第三节 人民币和港币之间的关系

长期以来,港币主要受美元币值和美国经济的影响大,随着内地和香港的经济一体化加强和金融市场的联系越来越深,人民币币值的变化对港币和香港经济的影响也越来越强,怎样协调港币和人民币、美元之间的关系,将是香港政府面临的一大挑战。

一、港币和美元之间的关系

港币和美元实行联系汇率制度,港币是钉住美元的,和美元保持一个稳定的名义汇率。长期以来,汇率一直固定在7.8左右。由于港币和美元实行的是固定汇率制度,因此港元的币值随着美元的币值变化而变化,美元升值,则港元升值;美元贬值,则港币贬值。由于香港是高度开放的金融市场,资本能够自由流动,港币和美元的利率差异,将引起短期资金在各国际间移动。港币对美元汇率波动幅度很小,港币和美元都是自由兑换的货币,资本能够自由流动,因此港币利率和美元利率变化应该基本是一致的。这也就是说,港币为了钉住美元,港币利率也必须钉住美元利率。如美联储下调联邦基金利率,香港金融管理局下调了港币贴现率,美联储2007年9月18日下调联邦基金利率至4.75%,9月19日香港金管局下调港币贴现率到6.25%。随后,2007年10月31日将联邦基金利率降至4.50%,11月1日港币贴现率下调到6%;2007年12月11日联邦基金利率降至4.25%,12月12日港币贴现率降到5.75%;2008年1月22日联邦基金利率下调至3.5%,2008年1月23日港币贴现率下调到5%;2008年1月30日联邦基金利率下调至3.5%,2008年1月31日港币贴现率下调到4.5%;2008年3月18日联邦基金利率下调至2.25%,3月19日港币的贴现率下调到3.75%;2008年联邦基金利率4月30日下调至2%,5月2日港币的贴现率下调到3.50%。香港没有独立的货币政策,它的汇率和利率是和美元捆绑在一起的,港币的利率调整是被动的,是为了维持汇率的钉住,金融市场上美元和港币的供求自动调整来适应港币的汇率和利率,资本的自由流动抹平存在的套利和套汇的利润空间,从而实现汇率和利率目标。图5-4是港币的隔夜拆借利率和美国的联邦基金利率的走势,能够看出两者变动趋势基本一致。香港的货币政策是跟随美国的货币政策的,为了维持港币兑美元汇率的稳定,香港的货币政策要受美国货币政策的制约。

2015年,美国开始逐步退出量化宽松政策,美联储不断上调联邦基金利率,尽管香港金管局上调了基准利率,而香港银行业却没有随之上调贷款利率,导致美国和香港的利差不断扩大,投机者可以通过借港币买美元资产,获得更高的收

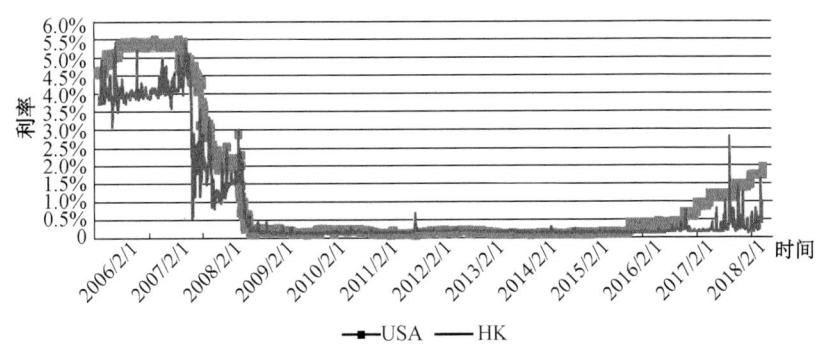

资料来源:CEIC 数据库。

图 5-4　港币的隔夜拆借利率和美国的联邦基金利率(2006 年 1 月 1 日至 2018 年 6 月 8 日)

益。借港币买美元导致港币贬值压力上升,香港金管局为了维持港币汇率的稳定,必须大量买进港币。如美国联邦储备委员会 2018 年 3 月 21 日宣布将联邦基金利率目标区间上调 25 个基点到 1.5%至 1.75%的水平,3 个月期美元 Libor 从 2017 年年底的 1.69%升至约 2.36%的水平,上升了 67 个基点,而 3 个月期港元 Hibor 刚回到 1.3%,与 2017 年水平一致,因此利差加大,套利资本卖出港币,买进美元。从 2018 年 4 月 12 日晚间开始,港元兑美元跌至 7.85,触发了香港金管局 7.85 港元兑 1 美元的"弱方兑换保证"。就在当晚,金管局向市场买入了总值 8.16 亿的港元。这是 2005 年金管局设立双边兑换保证以来的首次操作。之后的 8 天,香港金融管理局 13 次出手,总共买入 513 亿港元"护盘"后,2018 年 4 月 19 日上午 10 点后,持续徘徊在 7.85 弱方兑换保证水平的港元对美元汇率,突然大幅拉升近 60 个基点至 7.844 3,创两个月来最大涨幅,港币的升值将会消除掉投机者获得的利差,但是银行业利率存在上调的压力。

二、港币和人民币之间的关系

人民币和港币的汇率既受港币对美元汇率的影响,也受人民币对美元汇率的影响。由于港币和美元汇率实行联系汇率制度,名义汇率基本保持不变,因此港币和人民币汇率就主要由人民币对美元的汇率来决定。如果人民币对美元升值,则人民币对港币也升值;如果人民币对美元贬值,则人民币对港币也贬值。因此,人民币和美元的关系,某些特征也间接地表现在人民币和港币的汇率上。

实际上,自 2005 年 7 月汇改以来,人民币对美元升值了 20%;人民币对港元也升值了 21%(见图 5-5)。人民币对港币升值会导致香港的通货膨胀加剧,因为香港从内地的进口商品价格会相应上升,但人民币升值有利于内地去香港旅游,有利于香港对内地出口,能够刺激香港经济的发展。另外,2008 年上半年国际金融危机前,人民币对港币不断升值,随着香港利率的不断下调,人民币基准利率和港币基准利率倒挂。如 2008 年 1 年期的人民币存款利率为 4.14%，而港币的贴现率为 3.5%，同样在人民币升值的条件下，港币的存款利率低于人民币存款利率。因此，港币存款兑换成人民币存款，则能够获得套利和套汇的双重收益。在人民币不断升值的条件下，人民币成为港币的避风港，香港居民更愿意把自己手中的人民币、美元和港币等转移到内地，兑换成人民币存款，这就出现香港资金向内地流动的现象。

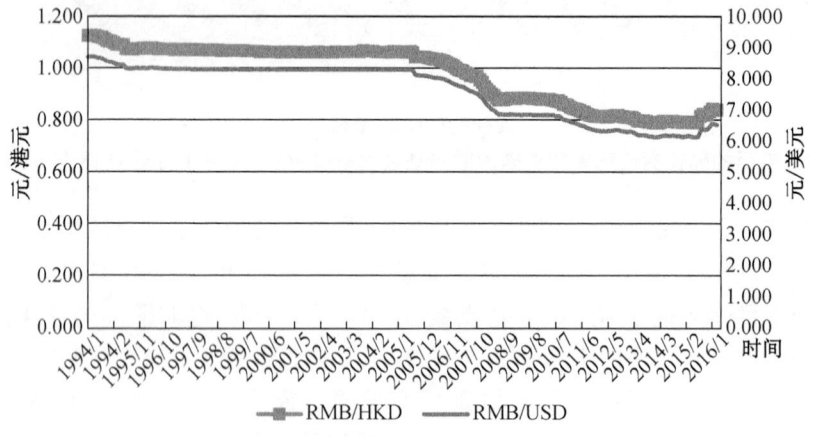

资料来源：www.safe.gov.cn。

图 5-5　人民币对港币汇率与人民币对美元汇率

同样美国退出量化宽松政策，美联储提高联邦基金利率，美元升值，人民币贬值，因此港币也升值，人民币对港币会有所贬值。如果美元对人民币升值幅度增加，投资美元可以获得升值的好处，同样投资港币也可以获得相应的收益。香港和内地的资本流动程度高，如果港币对人民币持续升值，则内地资金会流入香港套利，就和当年香港资金流向内地一样。

三、港币和人民币、美元关系的协调

目前人民币和港币都是以美元定价，一方面，美元币值和美国经济的波动必然会影响港币的币值，港币币值的不稳定必然会影响香港经济的发展。另一方面，人民币对美元币值的变化也影响到港币的币值，其变化通过港币对人民币汇率的变动表现出来。因此，港币的内在币值一是通过和美元的联系汇率制度反映出来，港币和美元的汇率是国际金融市场中港币的币值；二是通过和人民币的汇率反映出来，港币和人民币汇率更多地体现在是内地和香港港币的币值。香港是一个高度自由的小型开放经济体，美元是主要的国际货币，美国是除内地外的香港第二大贸易伙伴，港币钉住美元有利于促进香港的对外贸易、对外投资和资本流动等，香港生产要素的自由流动也有利于香港金融市场的自动调节，这也

是香港实行联系汇率制度和汇率能够稳定的重要原因。美元币值的不稳定必然导致港币的不稳定,港币的不稳定必然会对香港经济产生不利影响,香港经济的稳定需要一个稳定健康的美元。美元作为港币的计价货币在于它是主要的国际货币,以及两者之间的经济联系。

从长期来看,我们应该推进人民币的自由兑换,进一步推动人民币汇率和人民币利率的市场化改革,强化人民币汇率和人民币利率的国际定价功能,建立自由浮动的人民币汇率制度,脱离对某一国货币的依赖,使得汇率和利率的决定逐步由国内金融市场过渡到国际金融市场,实现真正意义上的供求决定的人民币利率和汇率。随着人民币脱离美元,港币对人民币的市场化汇率形成,人民币对港币的汇率将变成对港币币值最有影响的汇率之一。

对于港币而言,怎样协调和美元、人民币之间的关系是将来面临的一大挑战。随着香港逐步放开人民币业务,人民币汇率对港币的影响越来越大,港币既要维持和美元的联系汇率制度,又要保持和人民币稳定关系,这样才有利于港币币值和香港金融市场的稳定。怎样找到港币和美元汇率、港币和人民币汇率之间的一个平衡点是将来需要面临的一个重要问题。在港币不放弃联系汇率制度的条件下,这种平衡会更多地受到人民币币值和美元币值的影响,这两国经济的发展对港币的稳定和香港经济的发展是至关重要的。随着中国经济的高速增长、人民币自由兑换和国际化的推进,人民币对港币的影响将会越来越大。

四、货币地位不对等面临的调控问题

如果人民币对美元保持稳定,港币和美元是联系汇率制度,汇率是稳定的,因此人民币和港币汇率也是稳定的,形成了人民币、港币和美元之间的三角固定。由于香港是高度开放的小型经济体,资本自由流动,所以根据"三元悖论",港币钉住美元汇率、资本自由流动和独立的货币政策不可能同时存在,就内地而言,稍有不同,如果人民币钉住美元,但人民币不是自由兑换货币,资本不能够自由流动,内地货币政策的独立性相对较高。不过,随着我国不断扩大金融开放,资本流动增大,货币政策的独立性也会有所下降。央行为了维持固定汇率,必须在外汇市场进行干预,被动买进美元,投放本币,货币政策必须服务于汇率钉住,独立性受到一定影响。因此在人民币钉住美元的条件下,如国际金融危机时期,内地也面临着香港类似的情况。随着人民币升值预期增强,热钱流入增加,央行为了维持人民币汇率的基本稳定,必须买入美元,投放人民币,外汇占款增加,同时央行又必须发行央行票据进行冲销,控制基础货币,防范通货膨胀。

实际上,中国内地、中国香港和美国之间只有两个独立汇率(不包括套算汇率),如人民币对美元汇率、港币对美元汇率是独立的,人民币对港币汇率是套算汇率,是由人民币对美元汇率和港币对美元汇率共同决定的。假定中国内地维持人民币对美元汇率的稳定,为了维持三角固定,三个货币当局必须调整它们的

货币政策工具以维持固定汇率,或至多只有一个货币当局可以独立地使用货币政策。从人民币、港币和美元三角固定来看,香港钉住美元,放弃了货币政策;如果内地钉住美元,但由于资本不完全流动,货币政策部分独立,只有美国才拥有独立的货币政策。在三角固定中,美国居于主导地位,香港和内地处于从属地位,因为港币和人民币主动钉住美元,而美元是自由浮动货币,不用维持美元对港币、人民币汇率的稳定,因此美国可以独立地决定自己的货币政策。而香港和内地没有选择,为了稳定汇率,不得不跟着美国货币政策走,这是三角固定汇率的特点。值得指出的是,尽管内地人民币不能够完全自由兑换,资本不能够自由流动,货币政策相对独立,但是如果人民币钉住美元,在经济高度开放的情况下,美国货币政策对中国的影响日益增大,如美国的货币宽松政策导致美元贬值,人民币升值压力上升,为了稳定汇率,央行必须买进外汇,投放人民币,货币政策处于被动地位。就三角固定的整个汇率系统而言,港币和人民币主动钉住美元,美国处于货币政策的主导地位,不会干预汇率,干预汇率的任务主要由香港和大陆自己完成。

也就是说,在当今的货币体系下,一些发达国家的货币占据主导地位,一些发展中国家的货币处于从属地位。发达国家自由决定自己的货币供给,而一些发展中国家的货币供给受制于这些发达国家,丧失了货币政策的独立性,宏观政策的调控面临被动局面。现考虑两个国家 A 和 B,A 国的货币需求:

$$M_A^D = P_A L_A(Y_A, r_A)$$

P_A 代表价格水平,Y_A 代表产量,r_A 代表利率水平,价格水平上升,总需求上升;产量上升,货币需求上升;利率下降,货币需求上升。A 国的货币供给为:

$$M_A^S = R_A + D_A$$

R_A 代表货币供给的国外部分,D_A 代表货币供给的国内部分。同样对于 B 国,货币需求:

$$M_B^D = P_B L_B(Y_B, r_B)$$

货币供给:

$$M_B^S = R_B + D_B$$

假定两国之间资本是完全流动的,非抵补利率平价是存在的,即:

$$r_B = r_A + u$$

u 是 A 国货币汇率的预期变动率。如果 A 国和 B 国汇率固定,则汇率的预期变动率为 0,即 $u=0$,两国的利率水平应该是相等的。如图5-6所示。货币需求曲线是向下倾斜的,货币供给曲线是垂直的,两国的均衡点分别是 E 和 F,利率水平相等。

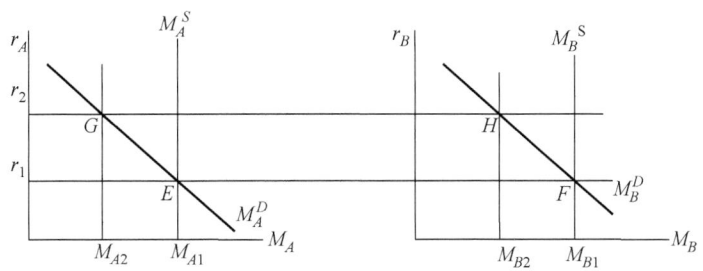

图 5-6 固定汇率制下协调

从整个系统来看,有许多均衡点,这个系统的均衡是不确定的。下面考虑系统的非对称解(两国处于不等的地位)和对称解(两国处于同等地位)。假定 A 国居于主导地位,独立地决定货币供给,如在 M_{A1},利率水平在 r_1。这时 B 国没有选择,利率水平必须和 A 国相同,货币供给在 M_{B1},B 国必须接收这个货币供给,它不可能选择一个独立的货币政策。在这种非对称的安排下,这个系统的解是由 A 国所决定的。第二种情况是两国共同决定货币供给和利率水平,均衡解是两国合作的结果。两国可以联合决定货币供给分别在 M_{A2} 和 M_{B2},当一国的汇率偏离中心汇率时,该国就要采取必要的措施,强币国要采取扩张性货币政策,弱币国要采取紧缩性货币政策。对称解的另一种情况是中央银行在外汇市场联合干预,即当汇率达到上限时,两国政府同时干预,货币效应是对称的。如果经济主体有货币 B 的升值预期,由利率平价原理,B 国利率相对 A 国利率必须下降,在外汇市场上投机者买进 B 国货币,卖出 A 国货币,为了阻止 B 国货币汇率偏离一定幅度,B 国中央银行卖出本币,买进 A 国货币,这样 B 国货币供应量上升,A 国货币供应量下降,B 国利率下降,A 国利率上升。但是如果 A 国不愿意本国货币供应量下降和本国利率上升,它会在外汇市场上采取冲销措施,这样本国货币供应量和利率水平不变,但是 B 国的货币供应量上升和利率下降的幅度会更大。这样调节具有不对称性,这种不对称性意味着所有的调节负担都落在 B 国的身上。

在国际金融危机的冲击下,美国调整货币供给和利率,必然会影响到香港和内地,如美国货币增加供给和利率调整,流动性上升,热钱流入[①],为了维持汇率稳定,香港和内地必须吸收这些流动性,港汇占款或人民币外汇占款会增加,资产价格上涨,通货膨胀预期上升。因此美元走软,美元的吸引力下降,意味着港币和人民币的吸引力上升,港币和人民币的升值预期上升,升值压力增大,冲销干预的压力加大。同时在汇率固定的情况下,美元币值的变化对港币和人民币

---

① 见第三章第二节。

影响也较大,如美元走弱,人民币和港币也跟着美元贬值;如果美元升值,港币和人民币也跟着美元升值。因此国际金融危机时期随着美元持续下跌,人民币和港币也跟着下跌,但是人民币和港币的升值压力增加。为了维持汇率稳定,中国的货币政策调整必须要考虑到美联储货币政策的变化,人民币升息的时机和幅度必须要考虑到美联储调整利率的时机和幅度。

总之,香港是货币局制度,汇率固定,完全的资本流动,没有独立的货币政策;内地人民币与美元汇率保持稳定,资本不完全流动,货币政策是部分独立的,而美国货币政策是完全独立的,香港的利率要跟着美联储走,而美国货币政策对中国的溢出效应较大。因此在这个三角固定中,被钉住国有独立的货币政策,两个钉住国(或地区)货币政策的独立性受到很大影响。也就是说,货币政策主要是用来维持汇率稳定,货币政策的独立性下降。实际上,我国央行往往会陷入调控困境,为了维持汇率稳定,必须投放本币,流动性上升,通货膨胀压力上升,这样央行又必须大量回笼流动性,会推高货币市场利率,如果存贷款利率提高,资本将进一步流入。因此,为了提高央行货币政策的独立性,必须加强对资本流动和利率变动的管理,这样才有利于央行在维持汇率稳定的同时,可以通过货币政策工具实现国内经济目标。

香港维持港币汇率的稳定,利率政策的调整仍然要受到美元利率政策的制约,特别是美国退出量化宽松政策,不断上调联邦基金利率,港币利率上调的压力上升。2015年8月11日我国汇改后,人民币汇率的弹性不断增加,货币政策的独立性显著增强,汇改后央行更加关注篮子货币汇率目标,人民币对美元汇率的弹性不断增加,人民币汇率的独立性也会相应上升。随着资本账户不断开放,人民币对美元汇率波动幅度最终会完全放开,汇率将不再是央行货币政策目标之一,央行货币政策可能会更加关注利率的调整,而不受汇率的束缚。

第四节 人民币和台币之间的关系

2008年6月,台湾开放了大陆居民赴台团队游,大陆居民赴台旅游首发团于2008年7月4日启程赴台,为配合对大陆旅游团的开放,台湾金融主管部门积极准备,迅速批准台湾商业银行进行人民币买卖,从2008年6月30日开始人民币可在台湾本岛进行双向兑换。人民币在台湾可兑换启动了台湾金融部门服务大陆游客重要一步,也标志着两岸的金融开放和金融合作的正式开始。2010年第一季度,因预期人民币升值,台湾出现抢购人民币的现象,造成各大银行人民币现钞缺货,引起广泛关注。

实际上,虽然之前人民币不能够合法进入台湾岛,但由于两岸经贸关系的日益发展和人员往来的不断增多,对人民币交易性需求持续增加。据估计,2008

年之前在台商与台湾流通的人民币约500亿元~800亿元。而随着台湾金融主管部门允许人民币在岛内可兑换,对人民币的交易性需求进一步扩大,据台湾相关媒体报道,2008年台湾的各银行已经备妥5亿元以上人民币等着给民众兑换。另外,如果出现人民币缺货,台湾各银行可以迅速在国际金融市场上购买人民币,随时可以空运人民币现钞到台。

人民币在岛内可兑换和流通,对两岸关系的发展有极其重要的意义。一是促进两岸的经济交流和日常往来,便利了岛内居民或大陆赴台居民对人民币或台币的交易性需求,有利于两岸旅游、经贸的进一步发展;二是随着人民币在岛内流通的不断增加,必将进一步推动大陆和台湾的金融开放,有利于将来两岸金融进一步合作;三是有利于促进人民币走出去,推动人民币区域化发展,为人民币国际化积累经验。

之前由于两岸尚未建立货币清算机制,岛内银行不能够开办人民币存款业务,因此台湾岛内流通的主要是人民币现钞,人民币流通主要是服务两岸往来人员日常性的交易货币需求。2013年1月28日中国人民银行批准中国银行台北分行为台湾地区人民币清算行,台湾外汇指定银行可与中银台北分行签署人民币清算协议,并办理开户等业务。截至2017年年末,中行台北分行已为境内外85家参加行开立账户,其中,台湾当地银行已全部在清算行开户往来。中行台北分行不断加强人民币流动性管理,为人民币参加行提供流动性支持,为台湾30家参加行核定日间透支额度83亿元人民币,为5家参加行提供专项拆借额度15亿元人民币。至2017年12月末,中行台北分行累计办理人民币清算业务148万笔,18万亿元人民币,其中两岸跨境清算76万笔,1万亿元人民币,在两岸间运送人民币现钞94亿元。2018年1月,中国人民银行与中国银行台北分行续签《关于人民币业务的清算协议》,有利于保证和促进台湾人民币业务的不断发展和进一步拓宽人民币货币业务需求。

2013年2月6日,人民币业务在岛内正式开启,共有46家银行启动了人民币存贷款业务与汇款业务。根据规定,台湾民众可以开设人民币账户,每人每日提现、存款上限均为2万元,汇款上限则为8万元。因此岛内人民币的交易额会不断上升,台湾民众不仅可以存取人民币,还可以用人民币来投资理财,这是人民币受岛内民众追捧的主要原因。截至2017年12月底,台湾地区人民币存款余额合计达3 223亿元,在台湾各外币存款中仅次于美元存款。

2013年之前台币在大陆并不是可兑换货币,以前台湾居民首先要把台币换成美元,然后在大陆才能兑换成人民币,而现在台胞来大陆直接在台湾就能够兑换到人民币。并且2013年4月,为便利两岸经贸交流与人员往来的货币兑换服务,国家外汇管理局颁布通知,商业银行可按照经营需要自行决定办理新台币兑换业务,意味着大陆也能够办理新台币和人民币的直接兑换,更加方便两岸资本流动和人员往来。

除此之外，随着大陆经济多年的高速增长，人民币国际化稳步推进，两岸的贸易、投资、人员往来日益密切，台胞对人民币的需求会不断增加。台湾和香港不同，香港实行的是钉住美元的联系汇率制度，而台湾实行的是对美元的浮动汇率制度；台湾有独立的货币政策，而香港的货币政策必须为联系汇率制度服务；中国银行是香港的发钞行和香港地区人民币的清算行，中国银行台北分行为台湾地区人民币清算行。随着人民币流向台湾越来越多，人民币回流将是两岸合作的首要问题。也即是说，除了满足日常交易的人民币需求外，有多余的人民币，怎样解决这一部分人民币的出路问题？

台湾人民币离岸市场可以借鉴香港的一些成熟的经验，并且大陆的金融开放程度越来越高，台湾地区有望成为继香港之后的第二个离岸人民币市场，台湾还可以进一步享受大陆改革开放的成果，加快人民币离岸市场的建设。两岸货币清算机制启动，人民币在台业务的开放，不仅企业可存人民币，企业贸易结算同步采用人民币，个人也可存人民币，甚至可以进行人民币理财投资。台湾人民币资金池会不断扩大，人民币回流可以通过贸易信贷、跨境贷款、发行人民币债券、RQDII等多渠道回流大陆，这与大陆的资本账户的开放相契合，需要双方共同协商合作，有利于台湾人民币离岸中心的建设。

目前台湾人民币离岸市场的业务不断增加，人民币可以投资理财产品。2015年11月2日台湾货币政策主管部门进一步放宽指定银行（人民币参加行）与人民币清算行平仓规定，同时交易种类放宽为即期、远期及掉期均可交易。中行台北分行也积极开展产品创新，率先推出或开办了两岸人民币汇款、人民币兑换、人民币资金拆借、两岸人民币现钞运送、宝岛债、人民币汇率期货、人民币可转让定期存单、首笔对台人民币投资等产品，向主管机构申请获准同意可采用人民币缴交人民币存款的准备金。不仅如此，台湾金融机构也开办了人民币基金、人民币保险、人民币汇率选择权等产品。截至2017年年末，台湾的宝岛债已累计发行人民币732亿元，其中，中国银行发行的宝岛债达人民币70亿元，最长期限达15年；人民币汇率期货成交量累计达635亿美元，人民币汇率期权累计成交28.9万手，约78亿美元。台湾人民币离岸市场金融产品日益丰富，为企业和投资者提供了投资、保值防范风险的金融工具，促进了离岸市场的发展。

台湾的汇率制度是有管理的浮动汇率制度。1979年3月，有管理的浮动汇率被台湾全面推行，逐渐发展成为汇率由市场供需决定的浮动汇率制度，至今汇率的稳定一直是台湾的重要议题，但是利率的调整和外汇储备是其保持汇率波动稳定性的基础。外汇自由化方面，台湾于1987年7月修改"管理外汇条例"，大幅放宽资本管制以及解除经常账户的外汇管制。虽然台湾已于1989年7月实行利率自由化，但对于台湾金融业拆借利率与美国联邦基金基准利率维持高度正相关而言，短期的汇率变化主要由外汇储备调节。由于台湾是以出口为导向的经济体,截止至 2016 年外汇储备已累积 4 342.04 亿美元,在全球排名第五位[①]。自 2007 年以来,台湾历经国际金融危机冲击,新台币对美元汇率保持了相对稳定,波动幅度在 3‰~4‰,汇率的稳定性较高,有利于外汇市场的稳定(见图 5-7)。

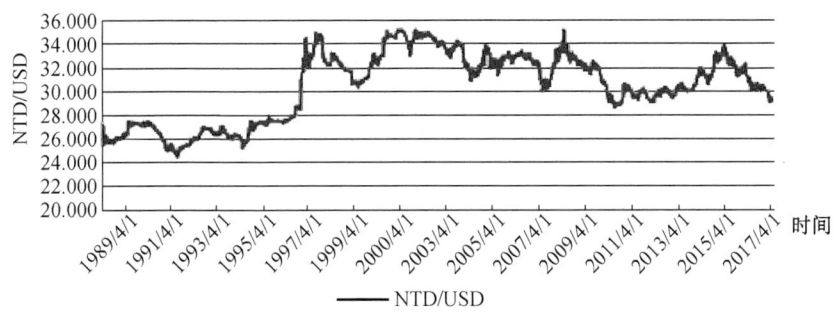

资料来源:CEIC 数据库。

图 5-7 新台币汇率的走势

人民币在台湾可兑换是两岸金融开放的第一步,在此基础之上,两岸的金融开放和合作会越来越广泛。在人民币交易性货币需求被不断满足的情况下,对人民币投机性的货币需求会不断增加,持有人民币资产的台胞希望能够投资大陆金融市场,促进手中的人民币保值增值,大陆居民也希望能够赴台投资,这将是下一步两岸金融开放的重要内容。一是台湾的人民币流通或储备会越来越多,需要回流大陆银行体系或投资于资产市场,需要大陆进一步开放金融市场,为其提供投资便利;二是更多的大陆资金希望能够进入台湾,也需要台湾开放金融市场,这样才有利于促进资本流动,优化两岸的资源配置;三是加强两岸的金融合作,共同应对金融风险,如在热钱流动、金融监管等方面可深化合作;四是促进台币在大陆的可兑换,公布每天的人民币和台币的汇率,台湾也应放松公司兑换人民币的需求等;五是加强两岸货币政策的日常协调,共同维护两岸的金融稳定;六是加快大陆金融改革的步伐,继续稳步推进利率市场化和汇率市场化改革,积极为人民币在香港和台湾建立离岸金融中心服务。

总之随着两岸开放的不断扩大,金融开放和金融合作将向纵深发展,两岸金融合作的潜力巨大,前景广阔。

第五节 人民币与特别提款权(SDR)汇率

特别提款权是超主权货币,其他国家货币都是主权货币,可以通过有效汇率

---

① 前四名为中国、日本、瑞士及沙乌地阿拉伯。

指数来衡量总体的币值水平①,特别提款权没有有效汇率(至少国际清算银行和国际货币基金组织都没有公布)。由于特别提款权是超主权货币,本身并不能够自由流通,不能够在金融市场中使用,难以发挥货币的媒介功能和交易功能,但在国际货币体系的改革中,特别提款权还可以发挥它的价值尺度功能,可以作为汇率制度选择中的锚货币,起到币值稳定的作用。

一、IMF 特别提款权篮子货币定价和币值的稳定性

特别提款权中主要包含五种货币:美元、欧元、日元、英镑和人民币②。根据 IMF 规定,特别提款权中 i 国货币的权重必须能反映 i 国产品和服务出口,以及其他国家持有该国货币的储备资产($i=$ 美国、欧元区、英国、日本和中国)。2011年以来特别提款权里每一种货币的权重和相应的数量(见表 5-13)。

表 5-13　　　　几种主要货币在特别提款权中占的比重

	2011—2015		2016—2021	
	权重	数量	权重	数量
美元	0.419③	0.660 0	0.417 3	0.582 52
欧元	0.374	0.423 0	0.309 3	0.386 71
英镑	0.113	0.111 0	0.080 9	0.085 946
日元	0.094	12.100 0	0.083 3	11.900 0
人民币			0.109 2	1.017 4

资料来源:www.imf.org。

从表 5-13 可以看出,各国货币权重也是一个不断调整的过程,最近一次调整是 2016 年 1 月 1 日,人民币加入特别提款权,权重占 10.92%,其他货币权重有所下降,但欧元权重下降最多。特别提款权是篮子货币定价,是复合货币,因此特别提款权可能具有价值相对稳定的特点,还可能作为价值尺度衡量一国货币的总体币值水平。

根据前面的货币权重,我们可以计算每天 SDR 对美元汇率。首先要根据相

---

①　如国际清算银行和国际货币基金组织都公布成员国货币的有效汇率。
②　特别提款权中货币选择遵从以下原则:在特别提款权新的权重修正实施 12 月之前的 5 年间商品和服务出口最多的国家,同时该国货币必须是可以自由使用的货币(freely usable currency)。
③　2011—2015 年权重是保留到小数点后三位(如果按照权重之和为 1 计算,是保留到小数点后三位;如果按照权重和为 100 计算,是保留到小数点后一位)。如果按照权重之和为 100 来计算,前几轮计算都保留到整数位,这样根据四舍五入,如果权重之和为 99,处理方法是把美元权重加 1,而这一次把权重保留到小数点后一位,权重之和正好为 100,如果还按照以前的方法,美元的权重还会上升。

应的权重计算出每种货币的数量[①],然后再根据篮子中货币当天对美元的汇率,把每种货币数量转化成美元,最后得到特别提款权和美元的汇率。根据特别提款权货币篮子美元的权重计算出美元的数量为 a_1,同样可以算出欧元、日元、英镑和人民币的数量分别为:a_2、a_3、a_4、a_4,如果当天这些货币对美元的汇率分别为 x_{d1},x_{d2},x_{d3},x_{d4},x_{d5},因此特别提款权对美元的汇率为:

$$E_t = a_1 x_{d1,t} + a_2 x_{d2,t} + a_3 x_{d3,t} + a_4 x_{d4,t} + a_5 x_{d5,t}$$

实际上,令

$$\theta_1 = \frac{E(a_1 x_{d1,t})}{E(E_t)}, \theta_2 = \frac{E(a_2 x_{d2,t})}{E(E_t)}, \theta_3 = \frac{E(a_3 x_{d3,t})}{E(E_t)}, \theta_4 = \frac{E(a_4 x_{d4,t})}{E(E_t)}, \theta_5 = \frac{E(a_5 x_{d5,t})}{E(E_t)} (0 < \theta < 1)$$

因此:

$$E_t - E(E_t) = (a_1 x_{d1,t} - E(a_1 x_{d1,t})) + (a_2 x_{d2,t} - E(a_2 x_{d2,t})) + (a_3 x_{d3,t} - E(a_3 x_{d3,t})) + (a_4 x_{d4,t} - E(a_4 x_{d4,t})) + (a_5 x_{d5,t} - E(a_5 x_{d5,t}))$$

$E(X)$ 是相应 X 的均值,两边同时除以 $E(E_t)$ 可得到:

$$\frac{E_t - E(E_t)}{E(E_t)} = \frac{(a_1 x_{d1,t} - E(a_1 x_{d1,t}))}{E(E_t)} + \frac{(a_2 x_{d2,t} - E(a_2 x_{d2,t}))}{E(E_t)} + \frac{(a_3 x_{d3,t} - E(a_3 x_{d3,t}))}{E(E_t)} +$$

$$\frac{(a_4 x_{d4,t} - E(a_4 x_{d4,t}))}{E(E_t)} + \frac{(a_5 x_{d5,t} - E(a_5 x_{d5,t}))}{E(E_t)}$$

$$= \theta_1 \frac{(a_1 x_{d1,t} - E(a_1 x_{d1,t}))}{E(a_1 x_{d1,t})} + \theta_2 \frac{(a_2 x_{d2,t} - E(a_2 x_{d2,t}))}{E(a_2 x_{2d,t})} + \theta_3 \frac{(a_3 x_{d3,t} - E(a_3 x_{d3,t}))}{E(a_3 x_{d3,t})} +$$

$$\theta_4 \frac{(a_4 x_{d4,t} - E(a_4 x_{d4,t}))}{E(a_4 x_{d4,t})} + \theta_5 \frac{(a_5 x_{d5,t} - E(a_5 x_{d5,t}))}{E(a_5 x_{d5,t})}$$

对随机变量 X,有 $\frac{X - E(X)}{E(X)} \sim \ln(X) - \ln(E(X))$,因此:

$$\ln E_t = \theta_1 \ln a_1 x_{d1,t} + \theta_2 \ln a_2 x_{d2,t} + \theta_3 \ln a_3 x_{d3,t} + \theta_4 \ln a_4 x_{d4,t} + \theta_5 \ln a_5 x_{d5,t} +$$
$$\ln E(E_t) - \theta_1 \ln E(a_1 x_{d1,t}) - \theta_2 \ln E(a_2 x_{d2,t}) - \theta_3 \ln E(a_3 x_{d3,t}) -$$
$$\theta_4 \ln E(a_4 x_{d4,t}) - \theta_5 \ln E(a_5 x_{d5,t}) = \theta_1 \ln a_1 x_{d1,t} + \theta_2 \ln a_2 x_{d2,t} +$$
$$\theta_3 \ln a_3 x_{d3,t} + \theta_4 \ln a_4 x_{d4,t} + \theta_5 - \ln a_5 x_{d5,t} + \theta_1 (\ln E(E_t) - \ln E(a_1 x_{d1,t}))$$
$$+ \theta_2 (\ln E(E_t) - \ln E(a_2 x_{d2,t})) + \theta_3 (\ln E(E_t) - \ln E(a_3 x_{d3,t})) +$$
$$\theta_4 (\ln E(E_t) - \ln E(a_4 x_{d4,t})) + \theta_5 (\ln E(E_t) - \ln E(a_5 x_{d5,t}))$$
$$= \theta_1 \ln a_1 x_{d1,t} + \theta_2 \ln a_2 x_{d2,t} + \theta_3 \ln a_3 x_{d3,t} + \theta_4 \ln a_4 x_{d4,t} + \theta_5 \ln a_5 x_{d5,t} +$$
$$\ln \left[\left(\frac{1}{\theta_1}\right)^{\theta_1} \left(\frac{1}{\theta_2}\right)^{\theta_2} \left(\frac{1}{\theta_3}\right)^{\theta_3} \left(\frac{1}{\theta_4}\right)^{\theta_4} \left(\frac{1}{\theta_5}\right)^{\theta_5} \right]$$

[①] 根据每一种货币在特别提款权中的权重,再根据前 5 年最后一个工作日前 3 个月对特别提款权的平均汇率,计算出每一种货币的数量,以保证最后一个工作日在旧权重和新权重下特别提款权币值相同(数量可以同比例调整),这样调整出的数量在下一个 5 年中用来计算各国货币和特别提款权的汇率。

$$= \theta_1 \ln x_{d1,t} + \theta_2 \ln x_{d2,t} + \theta_3 \ln x_{d3,t} + \theta_4 \ln x_{d4,t} + \theta_5 \ln x_{d5,t} +$$
$$\ln\left[\left(\frac{a_1}{\theta_1}\right)^{\theta_1}\left(\frac{a_2}{\theta_2}\right)^{\theta_2}\left(\frac{a_3}{\theta_3}\right)^{\theta_3}\left(\frac{a_4}{\theta_4}\right)^{\theta_4}\left(\frac{a_5}{\theta_5}\right)^{\theta_5}\right]$$

因此我们能够把特别提款权对美元汇率算术平均写成几何平均指数形式:

$$E_t = \left[\left(\frac{a_1}{\theta_1}\right)^{\theta_1}\left(\frac{a_2}{\theta_2}\right)^{\theta_2}\left(\frac{a_3}{\theta_3}\right)^{\theta_3}\left(\frac{a_4}{\theta_4}\right)^{\theta_4}\left(\frac{a_5}{\theta_5}\right)^{\theta_5}\right]\prod_{i=1}^{5}(x_{di,t})^{\theta_i}$$

进一步,其他任意货币对特别提款权的汇率为:

$$E_{rs} = E_{rd} \times E_t = \left[\left(\frac{a_1}{\theta_1}\right)^{\theta_1}\left(\frac{a_2}{\theta_2}\right)^{\theta_2}\left(\frac{a_3}{\theta_3}\right)^{\theta_3}\left(\frac{a_4}{\theta_4}\right)^{\theta_4}\left(\frac{a_5}{\theta_5}\right)^{\theta_5}\right]E_{rd} \times \prod_{i=1}^{5}(x_{di,t})^{\theta_i}$$
$$= \left[\left(\frac{a_1}{\theta_1}\right)^{\theta_1}\left(\frac{a_2}{\theta_2}\right)^{\theta_2}\left(\frac{a_3}{\theta_3}\right)^{\theta_3}\left(\frac{a_4}{\theta_4}\right)^{\theta_4}\left(\frac{a_5}{\theta_5}\right)^{\theta_5}\right]\prod_{i=1}^{5}(E_{ri,t})^{\theta_i}$$

其中: E_{rd} 表示任意货币对美元的汇率,$E_{ri,t}$ 表示任意货币对货币 i 的汇率,$\sum_{i=1}^{5}\theta_i = 1$ ($i=$ 美元,欧元,日元,英镑和人民币)。进一步:

$$\frac{E_{rs}}{\prod_{i=1}^{5}(E_{ri,t})^{\theta_i}} = \left[\left(\frac{a_1}{\theta_1}\right)^{\theta_1}\left(\frac{a_2}{\theta_2}\right)^{\theta_2}\left(\frac{a_3}{\theta_3}\right)^{\theta_3}\left(\frac{a_4}{\theta_4}\right)^{\theta_4}\left(\frac{a_5}{\theta_5}\right)^{\theta_5}\right]$$

因此:

$$\prod_{i=1}^{5}(E_{is,t})^{\theta_i} = \left[\left(\frac{a_1}{\theta_1}\right)^{\theta_1}\left(\frac{a_2}{\theta_2}\right)^{\theta_2}\left(\frac{a_3}{\theta_3}\right)^{\theta_3}\left(\frac{a_4}{\theta_4}\right)^{\theta_4}\left(\frac{a_5}{\theta_5}\right)^{\theta_5}\right]$$

可以得出,特别提款权对篮子货币的五种汇率指数是稳定的,特别提款权的总体币值是相对稳定的。特别提款权里只包含五种货币,如果构建特别提款权有效汇率指数,会包含多种货币,特别提款权的有效汇率指数还会稳定吗?

2. 特别提款权汇率与一国货币有效汇率货币篮子之间的关系

假定任意一国货币(仍用 r 表示该国货币)的有效汇率指数为: $NEER_t = NEER_{t-1}\prod_{i=1}^{n}(S_{ir,t}/S_{ir,t-1})^{w_{i,t}}$,其中 $NEER_t$ 为 t 期的有效汇率指数,$NEER_{t-1}$ 为 $t-1$ 期的有效汇率指数,$S_{ir,t}$ 为 t 期任一货币对 i 国货币的汇率(间接标价法),$S_{ir,t-1}$ 为 $t-1$ 期该国货币对 i 国货币的汇率,$w_{i,t}$ 为 t 期该国货币对 i 国货币的权重。

为了考察有效汇率货币篮子与特别提款权货币篮子之间的关系。我们首先要选择标准的计价货币(numeraire 或参照货币,reference currency),这里我们选择特别提款权(special drawing right,SDR)作为计价货币[①],根据交叉汇率间

[①] 在 Frankel 和 Wei(2008)的研究中,计价货币选择的是特别提款权,在 Michael Funke 和 Marc Gronwald(2008)的研究中,计价货币选择的是瑞士法郎,因为这两种货币币值相对比较稳定,本书采用特别提款权计价。

的计算关系，$S_{ir,t} = E_{sr,t} \times E_{is,t}$，其中 $E_{sr,t}$ 是 t 期该国货币对特别提款权的汇率，$E_{is,t}$ 是 t 期特别提款权对 i 货币的汇率。由：

$$NEER_t = NEER_{t-1} \prod_{i=1}^{n} (S_{ir,t}/S_{ir,t-1})^{w_{i,t}} = \prod_{i=1}^{n} (S_{ir,t}/S_{ir,0})^{w_{i,t}}$$
$$= \prod_{i=1}^{n} \left(\frac{E_{sr,t} \times E_{is,t}}{E_{sr,0} \times E_{is,0}} \right)^{w_{i,t}}$$

其中令 $NEER_0 = 1$，$E_{sr,t}$ 为 t 期该国货币对特别提款权的汇率，即单位该国货币的特别提款权价格，$E_{is,t}$ 为 t 期单位特别提款权 i 货币的价格，对应的权重为 $\omega_{i,t}$，$\sum_{i=1}^{n} \omega_{i,t} = 1$。

上式可以化为：

$$NEER_t = \prod_{i=1}^{n} \left(\frac{E_{sr,t} \times E_{is,t}}{E_{sr,0} \times E_{is,0}} \right)^{w_{i,t}} = \frac{E_{sr,t}}{E_{sr,0}} \prod_{i=1}^{n} \left(\frac{E_{is,t}}{E_{is,0}} \right)^{w_i}$$

$E_{sr,0}$ 表示 0 期单位该国货币的特别提款权价格，$E_{is,0}$ 为 0 期单位特别提款权 i 货币的价格。由上式[1]：

$$\frac{E_{rs,t}}{E_{rs,0}} = \frac{1}{NEER_t} \prod_{i=1}^{n} \left[\frac{E_{is,t}}{E_{is,0}} \right]^{w_{i,t}}$$

定义特别提款权的有效汇率：

$$NEER_{sdr,t} = NEER_{sdr,t-1} \prod_{i=1}^{n+1} (E_{is,t}/E_{is,t-1})^{\rho_{i,t}} = \prod_{i=1}^{n+1} (E_{is,t}/E_{is,0})^{\rho_{i,t}}$$

其中 $NEER_{sdr,t}$ 为 t 期的特别提款权有效汇率，$NEER_{sdr,t-1}$ 为 $t-1$ 期的特别提款权有效汇率，$E_{is,t}$ 为 t 期特别提款权对 i 国货币的汇率（直接标价法）[2]，$E_{is,t-1}$ 为 $t-1$ 期特别提款权对 i 国货币的汇率，$\rho_{i,t}$ 为 t 期特别提款权对 i 国货币的贸易权重。

为了研究问题方便，假定 E_{rs} 为 t 期特别提款权对该国货币的汇率，$\rho_{1,t}$ 为 t 期该国货币在特别提款权有效汇率中的权重，则 $\frac{E_{rs,t}}{E_{rs,0}}$ 可写成：

$$\frac{E_{rs,t}}{E_{rs,0}} = \frac{1}{NEER_t} \prod_{i=2}^{n+1} \left[\frac{E_{rs,t}}{E_{rs,0}} \right]^{0} \left[\frac{E_{is,t}}{E_{is,0}} \right]^{w_{i,t}}$$

（把原 $i=1,\cdots,n$ 种货币标记改为 $i=2,\cdots,n+1$ 重新标记）

特别提款权的有效汇率两边除以 $\prod_{i=2}^{n+1} \left[\frac{E_{rs,t}}{E_{rs,0}} \right]^{0} \left[\frac{E_{is,t}}{E_{is,0}} \right]^{w_{i,t}}$ 得到：

---

[1] 因为 $E_{sr,t} = \frac{1}{E_{rs,t}}$。

[2] 用美元来表示其他货币。

$$\frac{NEER_{sdr,t}}{\prod_{i=1}^{n+1}\left[\frac{E_{is,t}}{E_{is,0}}\right]^{\omega_{i,t}}} = \prod_{i=2}^{n+1}\left[\frac{E_{rs,t}}{E_{rs,0}}\right]^{p_{1,t}-0} (E_{is,t}/E_{is,0})^{\rho_{i,t}-\omega_{i,t}}$$

令 $\varepsilon_{i,t} = \rho_{i,t} - \omega_{i,t}$ $(i=1, 2, \cdots, n+1)$，因此：

$$\frac{NEER_{sdr,t}}{\prod_{i=1}^{n+1}\left[\frac{E_{is,t}}{E_{is,0}}\right]^{\omega_{i,t}}} = \prod_{i=1}^{n+1}(E_{is,t}/E_{is,0})^{\varepsilon_{i,t}}$$

如果该国货币和美元有效汇率指数包含的国家和货币越多，贸易越多元化，则权重越分散[①]，因此可以假定 $\varepsilon_{i,t}$ 趋向于 0，也就是说，直观来讲，$\varepsilon_{i,t}$ 围绕 0 左右上下波动，而货币有升值，有贬值，也是随机变化的，因此汇率 $(E_{is,t}/E_{is,0})$ 也是有升，有降的，在1的左右上下波动，这样随着 n 增加，$\prod_{i=1}^{n+1}(E_{is,t}/E_{is,0})^{\varepsilon_{i,t}} \to 1$，得到：$NEER_{sdr,t} \approx \prod_{i=1}^{n+1}\left[\frac{E_{is,t}}{E_{is,0}}\right]^{\omega_{i,t}}$。

因此：

$$\frac{E_{rs,t}}{E_{rs,0}} = \frac{1}{NEER_t} \times NEER_{sdr,t}$$

令该国货币对特别提款权汇率指数：$RI_t = \frac{E_{rs,t}}{E_{rs,0}}$，得到：$RI_t = \frac{NEER_{sdr,t}}{NEER_t}$。如果以直接标价法表示汇率，则：$RI_t = \frac{NEER'_t}{NEER'_{sdr,t}}$，其中 $NEER'_t = \frac{1}{NEER_t}$，$NEER'_{sdr,t} = \frac{1}{NEER_{sdr,t}}$。

因此，一国货币对特别提款权汇率指数等于该国货币的有效汇率指数除以特别提款权的有效汇率指数。

二、特别提款权有效汇率的编制

有效汇率（effective exchange rate）是一国货币对若干外币汇率的综合反映指标。为了更加全面正确地考察特别提款权汇率变动，必须要建立特别提款权汇率指数，即对特别提款权和其他主要国家货币的汇率进行加权平均，得到一个综合的特别提款权汇率指数。

[①] 实际上，从数学的角度来看，如果包含多种货币，只要权重比较分散，指数值 $\prod_{i=2}^{n}(E_{is,t}/E_{is,0})^{\rho_{i,t}}$ 与 $\prod_{i=2}^{n}(E_{is,t}/E_{is,0})^{\omega_{i,t}}$ 就会非常接近。

我们选取贸易权重的几何加权的有效汇率指数作为特别提款权有效汇率计算公式[①]，即：

$$NEER_{sdr,t} = NEER_{sdr,t-1} \prod_{i=1}^{n+1} (E_{is,t}/E_{is,t-1})^{w_{i,t}}$$

其中，$NEER_{sdr,t}$ 为 t 期的特别提款权有效汇率，$NEER_{sdr,t-1}$ 为 $t-1$ 期的特别提款权有效汇率，$E_{is,t}$ 为 t 期特别提款权对 i 国货币的汇率（间接标价法），$E_{is,t-1}$ 为 $t-1$ 期特别提款权对 i 国货币的汇率，$w_{i,t}$ 为 t 期特别提款权对 i 国货币的权重。

有效汇率权重配置我们使用双边贸易加权法，下面计算特别提款权货币的有效汇率中 i 国（贸易伙伴国）货币所占的权重（2008—2010）。因此有如下方程：

(1) 进口权重 $w_i^m = m^i/m$

(2) 出口权重 $w_i^x = x^i/x$

(3) 最终权重 $w_i = \left(\dfrac{m}{x+m}\right)w_i^m + \left(\dfrac{x}{x+m}\right)w_i^x$

其中，x^i、m^i 分别代表 i 的出口和 i 的进口；x、m 分别代表总出口量和总进口量。特别提款权汇率数据均来自 CEIC 数据库，计算结果见表 5-14。

表 5-14　　　　　　　　特别提款权中每一国货币的权重

主要国家和地区	基期对特别提款权的汇率（2010）	特别提款权有效汇率指数中货币的贸易权重（权重之和为100）
阿尔及利亚（Algeria）	113.498 4	0.340 765
阿根廷（Argentina）	5.945 804	0.380 127
澳大利亚（Australia）	1.662 362	1.267 986
巴西（Brazil）	2.683 823	1.199 919
保加利亚（Bulgaria）	2.252 706	0.164 611
加拿大（Canada）	1.571 911	2.591 201
智利（Chile）	778.169 3	0.394 461
中国（China）	10.330 46	8.758 851
哥伦比亚（Colombia）	2 896.743	0.253 078
克罗地亚（Croatia）	8.384 126	0.122 628
捷克（Czech Republic）	29.116 85	0.867 465
丹麦（Denmark）	8.575 622	0.651 46

---

① 美联储、国际清算银行和欧元区的有效汇率指数都是采取几何加权的有效汇率指数，见 Loretan(2005)，Marc 和 San(2006)，ECB(2004a)。

(续表)

主要国家和地区	基期对特别提款权的汇率(2010)	特别提款权有效汇率指数中货币的贸易权重(权重之和为100)
欧元区(Euro area)	1.151 285	35.479 42
中国香港(Hong Kong SAR)	11.855 58	2.534 917
匈牙利(Hungary)	317.019 1	0.632 34
冰岛(Iceland)	186.424 4	0.030 607
印度(India)	69.766 13	1.713 04
印度尼西亚(Indonesia)	13 871.38	0.875 774
以色列(Israel)	5.703 563	0.390 711
日本(Japan)	133.893	4.682 419
韩国(Korea)	1 763.498	2.753 393
拉脱维亚(Latvia)	0.808 874	0.069 666
立陶宛(Lithuania)	3.974 134	0.151 64
马来西亚(Malaysia)	4.915 035	1.131 527
墨西哥(Mexico)	19.281 09	1.932 049
新西兰(New Zealand)	2.116 235	0.202 731
挪威(Norway)	9.217 888	0.742 057
秘鲁(Peru)	4.310 989	0.197 924
菲律宾(Philippines)	68.820 8	0.344 322
波兰(Poland)	4.597 098	1.131 128
罗马尼亚(Romania)	4.845 763	0.383 162
俄罗斯(Russia)	46.338 76	2.241 948
沙特阿拉伯(Saudi Arabia)	5.722 551	1.215 729
新加坡(Singapore)	2.080 118	2.077 752
南非(South Africa)	11.167	0.564 625
瑞典(Sweden)	10.989 83	1.030 562
瑞士(Switzerland)	1.590 206	1.167 166
中国台湾(Chinese Taipei)	48.045 64	1.584 096
泰国(Thailand)	48.337 84	1.156 652
土耳其(Turkey)	2.292 256	0.991 774

(续表)

主要国家和地区	基期对特别提款权的汇率(2010)	特别提款权有效汇率指数中货币的贸易权重(权重之和为100)
英国(United Kingdom)	0.987 059	3.317 811
阿联酋(United Arab Emirates)	5.604 286	1.28 0 002
美国(United States)	1.526 013	10.613 09
委内瑞拉(Venezuela)	3.939 984	0.387 417

资料来源:CEIC 数据库;www.bis.org。

我们可以建立特别提款权的有效汇率指数,我们选取 2010 年为基期。根据特别提款权的有效汇率:

$$NEER_{sdr,t} = NEER_{sdr,t-1} \prod_{i=1}^{n+1} (E_{is,t}/E_{is,t-1})^{\rho_{i,t}} = \prod_{i=1}^{n+1} (E_{is,t}/E_{is,0})^{\rho_{i,t}}$$

我们可以得到 1999 年 1 月至 2012 年 12 月的特别提款权有效汇率指数,见图 5-8。

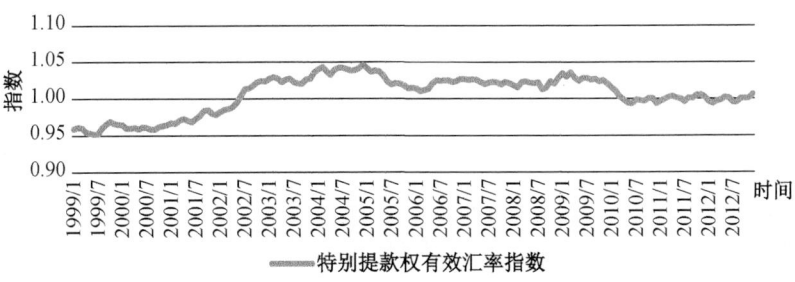

图 5-8 特别提款权有效汇率指数(贸易权重,数据:1999 年 1 月至 2012 年 12 月),2010 年=1

从特别提款权的有效汇率指数来看,特别提款权的有效汇率指数相对比较稳定,变化波动不大,符合理论分析。特别提款权有效汇率指数的统计性描述见表 5-15。

表 5-15　特别提款权有效汇率指数的统计性描述

	特别提款权有效汇率指数(贸易权重)
均值(Mean)	1.019 096
中位数(Median)	1.014 779
最大值(Maximum)	1.062 102
最小值(Minimum)	0.970 110

(续表)

	特别提款权有效汇率指数(贸易权重)
标准差(Std. Dev.)	0.023 982
总和(Sum)	171.208 2
离差平方和(Sum Sq. Dev.)	0.096 047
观察值(Observations)	168

从国际清算银行(BIS)有效汇率指数编制(2008—2010)[①]来看,包含44个经济体,权重相对比较分散。从各国货币的有效汇率指数的权重和特别提款权有效汇率指数中的权重来看,我们可以考察有效汇率权重和特别提款权贸易权重之差,从表5-16可以看出,两者之差均值为零。

表5-16 特别提款权和有效汇率中每一国货币的权重(权重之和为100)之差

主要国家和地区	有效汇率指数与贸易权重的SDR权重之差的均值	有效汇率指数与贸易权重的SDR权重之差的标准差
阿尔及利亚(Algeria)	−1.14E-07	9.538 87
阿根廷(Argentina)	−6.82E-08	7.813 775
澳大利亚(Australia)	−1.59E-07	6.429 615
巴西(Brazil)	−9.09E-08	6.587 064
保加利亚(Bulgaria)	−2.27E-08	9.306 472
加拿大(Canada)	−9.09E-08	9.216 612
智利(Chile)	−1.14E-07	6.557 492
中国(China)	−4.55E-08	6.781 137
哥伦比亚(Colombia)	−6.82E-08	6.803 344
克罗地亚(Croatia)	−1.36E-07	6.613 915
捷克(Czech Republic)	−9.09E-08	10.454 97
丹麦(Denmark)	−6.82E-08	9.585 751
欧元区(Euro area)	−1.14E-07	8.544 689
中国香港(Hong Kong SAR)	−6.82E-08	5.751 629
匈牙利(Hungary)	−2.27E-08	6.428 866
冰岛(Iceland)	−6.82E-08	9.285 395

---

① 国际清算银行周期性更换货币的权重,已公布过2002—2004年、2005—2007年、2008—2010年和2011—2013年贸易数据的货币权重,我们这里选择2008—2010年的贸易权重。

(续表)

主要国家和地区	有效汇率指数与贸易权重的 SDR 权重之差的均值	有效汇率指数与贸易权重的 SDR 权重之差的标准差
印度(India)	−1.14E-07	7.647 148
印度尼西亚(Indonesia)	−1.48E-16	6.403 488
以色列(Israel)	−1.14E-07	6.492 737
日本(Japan)	−4.55E-08	7.041 121
韩国(Korea)	−1.14E-07	6.727 602
拉脱维亚(Latvia)	−4.55E-08	6.779 275
立陶宛(Lithuania)	−2.27E-08	8.347 63
马来西亚(Malaysia)	−4.55E-08	8.296 932
墨西哥(Mexico)	−4.55E-08	6.359 741
新西兰(New Zealand)	−2.27E-08	8.609 141
挪威(Norway)	−6.82E-08	6.702 482
秘鲁(Peru)	−1.14E-07	7.128 704
菲律宾(Philippines)	−6.82E-08	6.370 18
波兰(Poland)	−6.82E-08	6.441 271
罗马尼亚(Romania)	−6.82E-08	9.513 953
俄罗斯(Russia)	−6.82E-08	9.801 305
沙特阿拉伯(Saudi Arabia)	−2.27E-08	8.061 888
新加坡(Singapore)	−4.55E-08	6.704 713
南非(South Africa)	−9.09E-08	6.217 54
瑞典(Sweden)	−6.82E-08	7.014 962
瑞士(Switzerland)	−9.09E-08	8.100 084
中国台湾(Chinese Taipei)	−4.55E-08	9.381 393
泰国(Thailand)	−1.14E-07	6.516 931
土耳其(Turkey)	−2.27E-08	8.412 756
英国(United Kingdom)	−9.09E-08	6.842 254
阿联酋(United Arab Emirates)	−9.09E-08	8.592 392
美国(United States)	−1.36E-07	6.896 781
委内瑞拉(Venezuela)	−9.09E-08	6.957 771

资料来源:CEIC 数据库;www.bis.org。

根据特别提款权的定义,特别提款权是篮子货币定价的,其汇率是相对稳定,特别提款权的名义有效汇率也会比较相对稳定。如果特别提款权的有效汇率指数相对稳定,则一国货币对特别提款权汇率和该国货币名义有效汇率的变动方向将一致。

特别提款权是一种篮子货币,是一种复合货币,其他货币以特别提款权计价,也体现了该货币的总体币值水平,我们可以比较该货币对特别提款权的汇率和该货币的名义有效汇率的相关性(见表5-17)。

表 5-17　　　　特别提款权汇率与各国名义有效汇率的相关系数

主要国家和地区	特别提款权汇率与名义有效汇率(广义)[①]的相关系数 (1994.1—2018.05)	特别提款权汇率与名义有效汇率(狭义)的相关系数 (1964.1—2018.05)
阿尔及利亚(Algeria)	0.948 4	
阿根廷(Argentina)	0.969 832	
澳大利亚(Australia)	0.967 89	0.990 92
巴西(Brazil)	0.992 21	
保加利亚(Bulgaria)	0.998 24	
加拿大(Canada)	0.972 4	0.896 3
智利(Chile)	0.850 4	
中国(China)	0.964 7	
哥伦比亚(Colombia)	0.947 381	
克罗地亚(Croatia)	0.815 5	
捷克(Czech Republic)	0.951 716	
丹麦(Denmark)	0.732 295	0.376 725
欧元区(Euro area)	0.933 766	0.957 042
中国香港(Hong Kong SAR)	0.836 738	0.978 358
匈牙利(Hungary)	0.985 83	
冰岛(Iceland)	0.981 2	
印度(India)	0.970 1	
印度尼西亚(Indonesia)	0.998 904	
以色列(Israel)	0.908 5	

---

① 国际清算银行公布有效汇率包括广义的有效汇率和狭义的有效汇率,主要是包含国家的多少不同。

(续表)

主要国家和地区	特别提款权汇率与名义有效汇率(广义)的相关系数 (1994.1—2018.05)	特别提款权汇率与名义有效汇率(狭义)的相关系数 (1964.1—2018.05)
日本(Japan)	0.910 8	0.996 5
韩国(Korea)	0.950 2	0.999 14
拉脱维亚(Latvia)	0.023 3	
立陶宛(Lithuania)	0.896 702	
马来西亚(Malaysia)	0.977 961	
墨西哥(Mexico)	0.997 5	
新西兰(New Zealand)	0.956 98	0.997 626 3
挪威(Norway)	0.883 7	0.785 8
秘鲁(Peru)	0.420 1	
菲律宾(Philippines)	0.993 821	
波兰(Poland)	0.945	
罗马尼亚(Romania)	0.811 78	
俄罗斯(Russia)	0.997 78	
沙特阿拉伯(Saudi Arabia)	0.906 602	
新加坡(Singapore)	0.816 452	0.986 6
南非(South Africa)	0.995 717	
瑞典(Sweden)	0.780 02	0.988 83
瑞士(Switzerland)	0.959 832	0.986 748
中国台湾(Chinese Taipei)	0.860 846	0.975 99
泰国(Thailand)	0.963 57	
土耳其(Turkey)	0.999 1	
英国(United Kingdom)	0.887 941	0.991 10
阿联酋(United Arab Emirates)	0.763 967	
美国(United States)	0.763 351	0.922 432
委内瑞拉(Venezuela)	0.996 069 2	

资料来源:CEIC数据库;www.bis.org。

从上表5-17可以看出,特别提款权作为主要的基准货币来计价,更能够反映一种货币的总体币值水平,能够很好度量某一种货币的币值水平,正因为特别提款权有效汇率指数相对稳定,该国货币对特别提款权的汇率基本上能够反映该国货币名义有效汇率的变化。因此能够看出人民币对特别提款权汇率与人民币名义有效汇率的走势一致;美元对特别提款权汇率与美元有效汇率的走势基本一致(见图 5-9、图 5-10)。

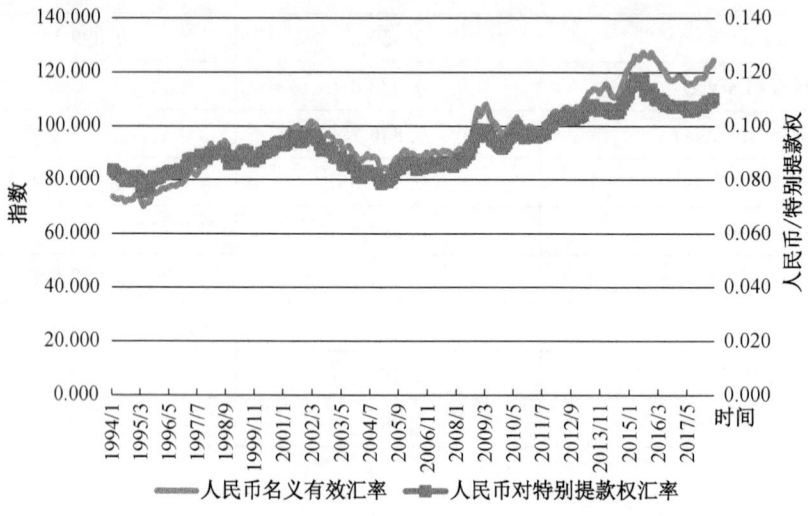

资料来源:CEIC 数据库。

图 5-9　人民币对特别提款权汇率与人民币有效汇率(1994 年 1 月至 2018 年 5 月)

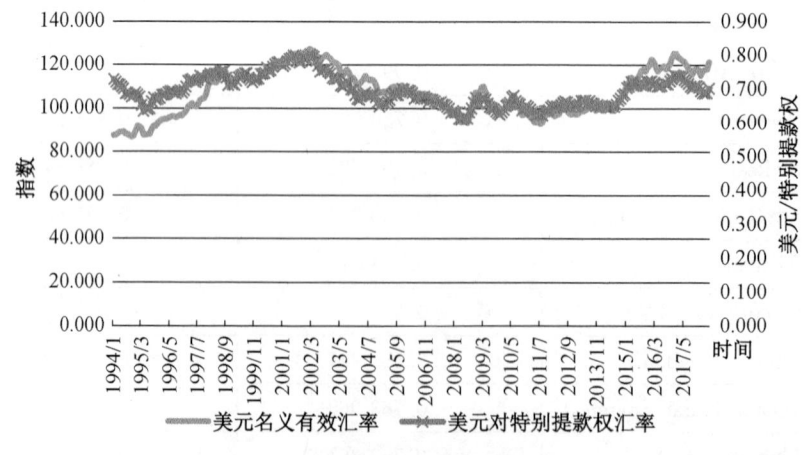

资料来源:CEIC 数据库。

图 5-10　美元对特别提款权汇率与美元有效汇率(1994 年 1 月至 2018 年 5 月)

特别提款权是超主权货币,是以篮子货币来定价的,特别提款权具有价值稳定的特点。名义有效汇率能够分解为本国货币对特别提款权的汇率乘以特别提款权的有效汇率,因此一国货币对特别提款权汇率指数等于该货币的有效汇率指数除以特别提款权的有效汇率指数。特别提款权的有效汇率是相对稳定的,因此一国货币与特别提款权汇率是有效汇率指数预测的一个有效指标,各国货币对特别提款权汇率可以反映该国货币总体的币值水平。

我们仍然选取2016年4月1日至2018年3月31日人民币对美元汇率的中间价和美元指数的数据来分析走势。如果参考一篮子货币汇率变化,以人民币有效汇率为目标,则人民币对特别提款权汇率应该是比较稳定的(见图5-11)。

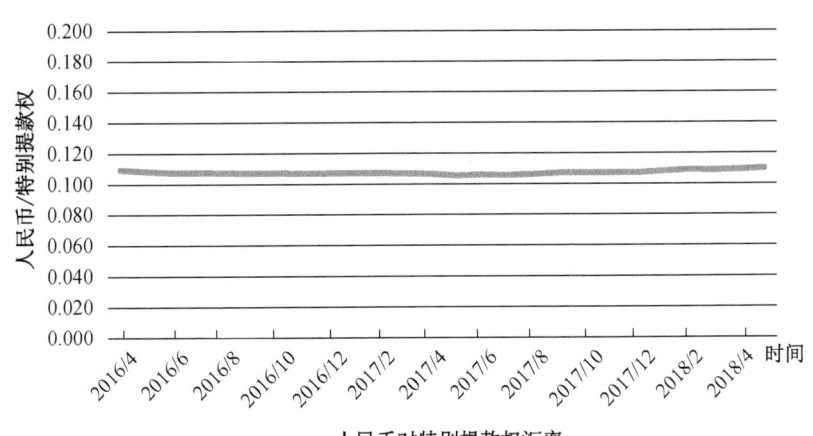

资料来源:www.imf.org。

图5-11 人民币对特别提款权汇率的走势

由图5-11能够看出,近年来人民币对美元汇率更多地参考一篮子货币,保持了人民币有效汇率的基本稳定。从理论上来说,特别提款权币值稳定,构建参考一篮子货币的汇率制度和参考特别提款权的汇率制度有类似的特点。

三、特别提款权在汇率形成机制改革中的作用

建立参考一篮子货币的汇率制度,如果以人民币有效汇率为目标,保持人民币总体币值水平的稳定,可以确定人民币对美元汇率的中间价。当然也可以以人民币对特别提款权汇率为目标,构建参考特别提款权的一篮子货币汇率制度,从而也可以确定人民币对美元汇率的中间价,这也是人民币汇率形成机制改革的方式。

人民币汇率形成机制的改革要逐步增加人民币汇率弹性,因此央行的汇率政策目标既要注重人民币对美元汇率,又要关注人民币总体币值水平,即篮子货币汇率水平。考虑到人民币对美元汇率变动还有趋势性特征,因此定义央行的汇率政策目标为:$I_t = (e^t)^{\omega_1} \left(\dfrac{E_{rmbus,\,t}}{E_{rmbus,\,0}}\right)^{\omega_2} \left[\dfrac{E_{rmbsdr,\,t}}{E_{rmbsdr,\,0}}\right]^{1-\omega_1-\omega_2}$,其中 ω_1 是时间趋势的权重,ω_2 是人民币对美元汇率的权重,ω_3(其中 $\omega_3 = 1 - \omega_1 - \omega_2$)是人民币参

考篮子货币的权重①，这里的篮子货币我们用人民币对特别提款权的汇率来表示，则：

$$I_t = (e^t)^{\omega_1} \left(\frac{E_{rmbus,\,t}}{E_{rmbus,\,0}}\right)^{\omega_2} \left[\frac{E_{rmbus,\,t}}{E_{rmbus,\,0}} \frac{E_{ussdr,\,t}}{E_{ussdr,\,0}}\right]^{1-\omega_1-\omega_2}$$

$$= (e^t)^{\omega_1} \left(\frac{E_{rmbus,\,t}}{E_{rmbus,\,0}}\right)^{1-\omega_1} \left[\frac{E_{ussdr,\,t}}{E_{ussdr,\,0}}\right]^{1-\omega_1-\omega_2}$$

因此：

$$\left(\frac{E_{usrmb,\,t}}{E_{usrmb,\,0}}\right) = \left(\frac{1}{I_t}\right)^{\frac{1}{1-\omega_1}} (e^t)^{\frac{\omega_1}{1-\omega_1}} \left[\frac{E_{ussdr,\,t}}{E_{ussdr,\,0}}\right]^{\frac{1-\omega_1-\omega_2}{1-\omega_1}}$$

两边取对数：

$$\ln\left(\frac{E_{rmbus,\,t}}{E_{rmbus,\,0}}\right) = \frac{\omega_1}{1-\omega_1}\ln e^t + \frac{(1-\omega_1-\omega_2)}{1-\omega_1}\ln\left[\frac{E_{ussdr,\,t}}{E_{ussdr,\,0}}\right] - \frac{1}{1-\omega_1}\ln I_t$$

因此要获得相应的权重，应根据与汇率指数相关性达到最大化条件来确定。如果目标 I_t 不变，则 $corr(\ln\left(\frac{E_{rmbus,\,t}}{E_{rmbus,\,0}}\right), \ln(e^t)^{\frac{\omega_1}{1-\omega_1}} \left[\frac{E_{ussdr,\,t}}{E_{ussdr,\,0}}\right]^{\frac{1-\omega_1-\omega_2}{1-\omega_1}}) = 1$，意味着人民币对美元汇率调整是钉住目标的，而参考篮子货币有管理的浮动汇率制度调整意味着 $corr(\ln\left(\frac{E_{rmbus,\,t}}{E_{rmbus,\,0}}\right), \ln(e^t)^{\frac{\omega_1}{1-\omega_1}} \left[\frac{E_{ussdr,\,t}}{E_{ussdr,\,0}}\right]^{\frac{1-\omega_1-\omega_2}{1-\omega_1}}) \leqslant 1$，人民币对美元汇率变动和篮子货币汇率变动的相关性较高，央行的汇率政策目标并不是完全固定的，因此央行参考篮子货币调整人民币对美元汇率，意味着我们估算篮子货币的权重要根据两者相关系数达到最大化时来确定，即

MAX：

$$corr\left(\ln\left(\frac{E_{rmbus,\,t}}{E_{rmbus,\,0}}\right), \ln(e^t)^{\frac{\omega_1}{1-\omega_1}} \left[\frac{E_{ussdr,\,t}}{E_{ussdr,\,0}}\right]^{\frac{1-\omega_1-\omega_2}{1-\omega_1}}\right) = corr\left(\ln\left(\frac{E_{rmbus,\,t}}{E_{rmbus,\,0}}\right), \frac{\omega_1}{1-\omega_1}\ln e^t + \frac{(1-\omega_1-\omega_2)}{1-\omega_1}\ln\left[\frac{E_{ussdr,\,t}}{E_{ussdr,\,0}}\right]\right)$$

$$= \left\{\frac{\omega_1}{1-\omega_1}cov\left(\ln\left(\frac{E_{rmbus,\,t}}{E_{rmbus,\,0}}\right), \ln e^t\right) + \frac{(1-\omega_1-\omega_2)}{1-\omega_1}cov\left(\ln\left(\frac{E_{rmbus,\,t}}{E_{rmbus,\,0}}\right), \ln\left[\frac{E_{ussdr,\,t}}{E_{ussdr,\,0}}\right]\right)\right\} \Big/ \left\{S\left(\ln\left(\frac{E_{rmbus,\,t}}{E_{rmbus,\,0}}\right)\right)\right.$$

$$\left.\sqrt{\left(\frac{\omega_1}{1-\omega_1}\right)^2 var(\ln e^t) + \left[\frac{(1-\omega_1-\omega_2)}{1-\omega_1}\right]^2 var\left(\ln\left[\frac{E_{ussdr,\,t}}{E_{ussdr,\,0}}\right]\right) + 2\frac{\omega_1}{1-\omega_1}\left[\frac{(1-\omega_1-\omega_2)}{1-\omega_1}\right]cov\left(\ln e^t, \ln\left[\frac{E_{ussdr,\,t}}{E_{ussdr,\,0}}\right]\right)}\right\}$$

$$= \frac{\Gamma^T w}{\ln\left(\frac{E_{rmbus,\,t}}{E_{rmbus,\,0}}\right)(w^T \Omega w)^{\frac{1}{2}}}$$

---

① 在模型中，央行的汇率目标既考虑人民币对美元汇率的收盘价，也考虑到篮子货币汇率，还有汇率指数变化的时间趋势。

其中：$\varGamma = \begin{bmatrix} \text{cov}\left[\ln\left(\dfrac{E_{mbus,\,t}}{E_{mbus,\,0}}\right),\,\ln e^t\right] \\ \text{cov}\left(\ln\left(\dfrac{E_{mbus,\,t}}{E_{mbus,\,0}}\right),\,\ln\left[\dfrac{E_{ussdr,\,t}}{E_{ussdr,\,0}}\right]\right) \end{bmatrix}$ 是一个 $n\times 1$ 阶的协方差列向量，$\Omega =$

$\begin{bmatrix} \text{var}(\ln e^t) & \text{cov}\left(\ln e^t,\,\ln\left[\dfrac{E_{ussdr,\,t}}{E_{ussdr,\,0}}\right]\right) \\ \text{cov}\left(\ln e^t,\,\ln\left[\dfrac{E_{ussdr,\,t}}{E_{ussdr,\,0}}\right]\right) & \text{var}\left(\ln\left[\dfrac{E_{ussdr,\,t}}{E_{ussdr,\,0}}\right]\right) \end{bmatrix}$，$w=\begin{bmatrix} \dfrac{\omega_1}{1-\omega_1} \\ \dfrac{(1-\omega_1-\omega_2)}{1-\omega_1} \end{bmatrix}$ 是一个 $n\times 1$ 阶的列向量。

上式相关系数是权重的函数，根据 Cauchy-Schwarz 不等式[①]：

$$(\varGamma^T w)^2 \leqslant (\varGamma^T \Omega^{-1} \varGamma)(w^T \Omega w),$$

当上式取等号时，相关系数最大化，则待估权重为：

$$w = \dfrac{\Omega^{-1}\varGamma}{(1^T \Omega^{-1} \varGamma)}$$

其中 1 为元素为 1 的 n 维列向量，因此待估权重 w 是人民币汇率指数和其他每一种货币汇率指数的协方差矩阵，以及其他每一种货币汇率指数之间协方差矩阵的函数，根据汇率指数协方差矩阵就可以估计出每一种货币的权重。进一步地，我们可以得到最大的相关系数：

$$\rho = corr(\ln\left(\dfrac{E_{mbus,\,t}}{E_{mbus,\,0}}\right),\,\ln(e^t)^{\frac{\omega_1}{1-\omega_1}}\left[\dfrac{E_{ussdr,\,t}}{S_{ussdr,\,0}}\right]^{\frac{1-\omega_1-\omega_2}{1-\omega_1}}) = \dfrac{\sqrt{\varGamma^T \Omega^{-1} \varGamma}}{S(\ln\left(\dfrac{E_{mbus,\,t}}{E_{mbus,\,0}}\right))}$$

四、汇改以来人民币对美元汇率和篮子货币的权重变化

数据说明：我们取汇改以来的数据（2005 年 7 月至 2018 年 5 月）进行研究测度时间趋势、人民币对美元汇率、篮子货币权重等。人民币对美元汇率来源于国家外汇管理局网站（www.safe.gov.cn）。人民币对特别提款权汇率来源于国际货币基金组织（www.imf.org）。根据权重公式，我们可以求出相关性最大的最优权重（见表5-18）。我们把时间区间分为两种情况分别计算。第一，第一次汇改至第二次汇改（2005 年 7 月至 2010 年 6 月）；第二，第二次汇改至今（2010 年 7 月至 2018 年 5 月）。具体如表 5-18 所示。

[①] Cauchy-Schwarz 不等式 $\left(\sum\limits_{i=1}^{n} a_i b_i\right)^2 \leqslant \left(\sum\limits_{i=1}^{n} a_i^2\right)\left(\sum\limits_{i=1}^{n} b_i^2\right)$ 等式成立的充分必要条件是 $a_i = b_i$，$i=1,\cdots,n$，其中 a_i，b_i，$i=1,\cdots,n$ 均为实数。

表 5-18　　　　　篮子货币中每一种货币的权重估计

时间区间	相关性	元/美元	元/特别提款权	T
2005年7月至2010年6月	0.958 415	$\omega_2 = 0.795471$	$1 - \omega_1 - \omega_2 = 0.205970$	$\omega_1 = -0.001441$
2010年7月至2018年5月	0.725 702	$\omega_2 = 0.275299$	$1 - \omega_1 - \omega_2 = 0.735635$	$\omega_1 = 0.000533$

同样根据最大相关系数公式,我们可以得到汇率指数相关系数分别为:$\rho = 0.9584, 0.7257$,第一区间两者之间的线性相关程度较高,第二区间两者之间的相关程度虽然有所下降,但也超过了70%(见表5-18),说明我们假设的央行汇率政策目标是合理的,央行汇率目标调整既有时间趋势,又考虑到人民币对美元汇率和参考篮子货币汇率。从第一时间段来看,2005年7月至2010年6月人民币对美元汇率权重约80%,篮子货币的权重约20%;第二个时间段,人民币对美元汇率权重约27.5%,篮子货币的权重约73.56%,美元的权重在下降,篮子货币的权重在上升。从人民币汇率的走势图来看,第二次汇改前,人民币升值速度较快,第二次汇改后人民币升值变缓,尤其是2015年8月以后,人民币对美元汇率双向波动更加明显,因此第二区间人民币对美元的权重要低于第一区间的权重,而从美元对特别提款权的变化权重来看,正好相反。

五、主要结论

特别提款权是超主权货币,是以篮子货币来定价的,特别提款权具有价值稳定的特点。名义有效汇率能够分解为本国货币对特别提款权的汇率乘以特别提款权的有效汇率,因此一国货币对特别提款权汇率指数等于该货币的有效汇率指数除以特别提款权的有效汇率指数。特别提款权的有效汇率是相对稳定的,因此一国货币与特别提款权汇率是有效汇率指数预测的一个有效指标,各国货币对特别提款权汇率可以反映该国货币总体的币值水平。

根据我国人民币汇率形成机制改革的实际,我国汇率改革目标是建立以市场供求为基础、参考一篮子货币有管理的浮动汇率制度,本文认为央行不仅关注人民币对美元汇率,而且也关注篮子货币汇率,央行的汇率目标是这两者的加权平均,体现了央行参考篮子货币调控人民币汇率的特点。

央行的汇率目标既有时间趋势,又兼顾人民币对美元汇率和篮子货币汇率,以确定人民币对美元汇率。从第一时间段来看,人民币对美元汇率权重约80%,篮子货币的权重约20%;第二时间段人民币对美元汇率权重约27.5%,篮子货币的权重约73.6%,美元的权重在下降,篮子货币的权重在上升。从人民币汇率的走势来看,第二次汇改前,人民币升值速度较快,第二次汇改后人民币升值变缓,人民币对美元汇率双向波动更加明显,因此第二次汇改前人民币对美元的权重要高于汇改后的权重,而从人民币对特别提款权的变化来看,正好相反。

第六章 人民币自由兑换和金融危机的防范

第一节 人民币自由兑换的现状

怎样稳步推进我国的外汇体制改革,实现人民币最终的自由兑换,这是我国金融改革中的一个重要问题。人民币自由兑换是一个渐进的过程,需要宏观经济发展和金融市场的完善,同时更需要人民币自由兑换的微观机制的设计和有步骤推进,逐步实现人民币的自由兑换。

1978年之前,在高度计划经济体制下,我国对外经济基本上是封闭的,特别是和世界上一些资本主义国家几乎没有经济贸易往来,当时没有市场,更没有市场资源的流动,严格实行外汇管制,没有对外借款和FDI内流,更没有其他资本流动。1978年以后,我国实行改革开放政策,逐步建立社会主义市场经济,市场发挥资源配置的基础性作用,资源逐步可以自由流动。不仅是国内,对国外也逐步开放,人民币资本账户管制开始逐步放松,资本流动和人民币自由兑换也逐步放开。我国的对外开放主要包括以下几个阶段:

1978—1997年,对外开放开始阶段。随着中国开始实施改革开放政策,对外贸易的往来不断扩大,资本流动的自由化也伴随着贸易的自由化逐步凸显出来,我国开始实现经常项目的可兑换和部分资本项目的可兑换,其目的是鼓励资本内流,限制资本外流;鼓励长期直接投资,限制短期债务性的投资;促进机构投资,限制个人投资。在1993年召开的中共十四届三中全会上,中国设定了"逐渐将人民币变为可自由兑换货币"的目标,人民币自由兑换的讨论开始引起国内民众的关注,出现了大量关于人民币自由兑换的研究。1994年人民币汇率双轨制并轨,开始实行银行结售汇制度,取消外汇留成。1996年我国顺利实行人民币经常项目下可兑换,意味着在经常项目下的各科目对内对外的交易中人民币都可以自由兑换。与此同时,中国宣布将寻找机会实现资本账户可自由兑换。

1998—2000年,稳步发展阶段。政府稳步推进资本账户开放和人民币自由兑换,人民币有望尽快实现自由兑换,但资本账户开放进程却被随后不久爆发的亚洲金融危机所中断。由于东南亚金融危机的传染,资本开始流出,政府加强了对资本流出的管制,资本项目可兑换临时中断了。同时东南亚的金融危机使得管理层对资本账户开放重新认识,也更加谨慎,资本账户开放会面临更大的金融风险。对新兴市场经济国家来说,投资成本比较低,有较高的收益,外资流入。但是这需要建立在一系列的金融基础之上,如完善的金融市场和中央银行调控体系、健康的银行体系、有效的金融监督和管理体系。否则,资本账户的开放会面临较大的风险,甚至会发生金融危机。

2001—2010年,快速发展阶段。2001年世界经济走出了亚洲金融危机的阴影,中国也正式加入WTO,中国承诺加速市场化经济体系的建立。在2003年10月的中共十六届三中全会上,中国再一次明确了"逐渐将人民币变为可自由兑换货币"的目标。此后,推出了很多简化外汇管理和促进资本账户可自由兑换的措施:人民币在外国直接投资(FDI)和对外直接投资(ODI)方面很大程度上实现了可自由兑换;对贸易融资以及与贸易相关的对非居民债权(trade credit and trade-related claims on nonresidents)已经采用注册制(registration-based management),只有对外债务仍旧采用配额管理(quota management);合格境外机构投资者(QFII)和合格境内机构投资者(QDII)制度已经被引入和完善,人民币在资本账户下的可兑换正逐步放松。2002年引入QFII计划,即合格境外机构投资者制度,是2002年在我国资本项目尚未开放情况下引进外资、开放资本市场的一项过渡性制度安排,该制度要求境外机构投资者若要投资境内资本市场,必须符合一定资格条件,在批准的额度内汇入外汇资金,通过专门账户,投资规定范围的证券金融产品。2005年7月,我国再次改革人民币汇率形成机制,人民币汇率由钉住单一美元转向参考一篮子货币,实施有管理的浮动汇率制度,同时继续推进资本账户开放,启动合格境内机构投资者境外投资管理、放松合格境外机构投资者境内投资管理等。2006年引入QDII计划,资本账户逐步放松管制,推出合格境内机构投资者(QDII)制度,允许居民个人可用自有外汇资金及人民币购汇直接从事境外证券投资。2008年,我国修订《外汇管理条例》,出口企业实行意愿结汇,人民币在旅游、融资、贸易与投资结算上的可用性不断扩大,个人可以从事进出口贸易并给予外汇收支便利,结束了长期以来外汇管理"宽进严出"、贸易"奖出限入"的管制局面,但人民币资本账户可自由兑换再一次被2008年的国际金融危机所耽搁。2008年美国的次贷危机逐步演变为全球的金融风暴,迅速传染到欧洲、亚洲等国家,我国资本账户开放程度还不高,人民币还不能够自由兑换,而这为中国金融市场构筑了一道防火墙,国际金融危机通过金融渠道直接对中国经济的冲击比较有限。中国金融机构购买的次贷抵押债、两房债券、两房担保债等比较有限,因此直接损失并不大。2008年国际金融危机后,随着中国金融市场的发展和中国金融监管体系日益完善,中国并没有放慢资本账户开放的步伐,但更加强调风险防范和金融宏观审慎监管。

2010年至今,快速推进阶段。过去几十年,中国经历了持续的国际收支的双盈余,外汇储备迅速累积。正是在这样的背景下,资本账户不断开放,从直接投资到资产投资,从资本内流到资本外流。2010年6月19日我国进行了新一轮汇改,增加人民币汇率的弹性,逐步放宽人民币汇率的波动幅度。2009年开启跨境贸易人民币结算。2012年取消了多项ODI或FDI的事先审批。同时由于主要国际货币波动性加剧,人民币币值稳定,对人民币的需求增加,正是在这样的背景下,中国实现人民币走出去战略,促进人民币跨境贸易和投资使用,包括允许国外投资者投资国内银行间市场,2011年引入RQFII计划,开启人民币境外合格投资者(RQFII)计划。2013年3月发布《人民币合格境外机构投资者境内证券投资试点办法》,RQFII制度正式确立,形成证监会负责资格准入、人民银行负责人民币账户管理、外汇局负责投资额度的监管框架。2018年6月12日,我国取消QFII资金汇出的比例要求,取消QFII、RQFII本金锁定要求,允许QFII、RQFII开展外汇套期保值业务。

在QFII和RQFII制度发布之后,遵循稳步推动资本项目可兑换的开放原则,先后经历了多次改革,在资格门槛、投资范围、投资额度和资金汇兑等多个方面不断放松管理,通过简政放权提升投资便利度。截至2018年5月底,累计有287家QFII机构合计获得994.59亿美元、196家RQFII机构合计获得6 158.52亿元人民币投资额度。同时,QFII总额度为1 500亿美元,RQFII试点区域拓展至19个国家和地区,总试点规模19 400亿元人民币,QFII和RQFII的发展将进一步扩大。中国深化双边合作,扩大双边货币互换,继续促进人民币离岸市场的发展,在多个国家建立人民币清算银行,这些措施不仅促进了人民币国际化,也促进了人民币资本账户的可兑换。

一些发展中国家或新兴市场经济国家在资本账户开放以后经常会发生金融危机,我国在资本账户自由化的过程中,成功避免了债务危机和货币危机。资本账户开放的渐进顺序使中国对外部冲击更加有韧性、有弹性来抵御外部冲击。我国资本账户开放过程是渐进的(见表6-1),有利于防范金融风险。

表6-1　　　　　　　　　我国资本账户的逐步开放

1978年	引入FDI
1979年	成立外汇管理局,实行外汇留成制度。同时引入ODI
1980年	发行外汇兑换券,建立外汇留成的外汇调剂市场
1982年	允许国内企业在国外发行外币债券
1989年	国家外汇管理局颁布境外投资外汇管理办法,在中国境内登记注册的公司、企业或者其他经济组织(不包括外商投资企业)在境外设立各类企业或者购股、参股,从事生产、经营的活动等的外汇管理
1991年	建立B股市场
1993年	允许国内企业在国外发行股票
1994年	外汇体制改革,人民币汇率并轨。成立外汇交易中心

(续表)

1994年	在1994年国家外汇管理局颁布了"关于境外上市企业外汇管理有关问题的通知"以及"关于境外上市企业外汇管理若干问题的通知"
1996年	人民币在经常项目下可兑换
1998年	为了防止虚假外汇购买,引入电子进口支付认证系统
1998—2000年	重申首先使用自有外汇,再购买外汇进行相关资本账户的支付
2000年	国有商业银行实行中长期外债余额管理
2001年	本国居民可以参与B股市场
2002年	引入QFII计划
2004年	允许国际开发机构在国内市场发行人民币债券
2004年	被批准的公司可以向外贷款,移民可以向国外转移有限资产
2005年	允许国内企业在香港发行人民币债券(熊猫债券)
2006年	引入QDII计划
2006年	取消ODI兑换外币的配额限制
2007年	增加QDII数量,提高QDII的额度,居民可以发行离岸人民币债券。首次在香港人民币市场发行以人民币定价和结算的债券,即"点心债"
2008年	修订《外汇管理条例》,取消强制结售汇制度,改为意愿结汇
2009年	允许合格企业用自有外汇或购买外汇进行贷款
2009年	跨境贸易和FDI人民币结算
2010年	开展试点,允许合格的国内出口企业开立离岸的储蓄账户
2010年	被批准的中央银行或外国银行可以投资中国债券市场;公司、居民可以向外借款
2011年	引入RQFII计划
2012年	QFII的额度上调到800亿美元,RQFII额度上调到2 000亿元,取消中央银行的配额
2012年	国内企业购买外汇对外贷款无需审批
2012年	取消了多项ODI或FDI的事先审批
2012年	合格的RQFII机构增加,关于资产配置的限制放松了
2014年	国家外汇管理局颁布关于境外上市外汇管理有关问题的通知。推出"沪港通"
2015年	国家外汇管理局颁布关于境外交易者和境外经纪机构从事境内特定品种期货交易外汇管理有关问题的通知
2016年	中国人民银行、国家外汇管理局关于人民币合格境外机构投资者境内证券投资管理有关问题的通知。推出"深港通"

(续表)

2017 年	推出"债券通"
2018 年	一是取消 QFII 资金汇出 20%比例要求,QFII 可委托托管人办理相关资金汇出。二是取消 QFII、RQFII 本金锁定期要求,QFII、RQFII 可根据投资情况汇出本金。三是允许 QFII、RQFII 开展外汇套期保值,对冲境内投资的汇率风险

资料来源:www.safe.gov.cn;www.pbc.gov.cn。

目前经常项目下人民币实现可兑换,资本项目开放度也逐步提高,我国和外部世界,特别是和中国香港、大量的海外华人,以及外资企业有着紧密的经济和金融联系。跨境资本流动迅速上升,净资本内流,特别是净 FDI 内流,是我国外汇储备增加的重要来源。2016 年我国作为第二大净对外债权国,不仅是重要的资本进口国,也是重要的资本出口国。根据《世界投资报告 2018》数据,2017 年中国吸收外资全球排名第二,在美国之后。2016 年中国全球排名第三,位于美国和英国之后。2017 年中国对外投资全球排名第三,在美国和日本之后。2016 年中国全球排名第二,仅次于美国。中国仍为发展中国家中最大的吸收外资国和对外投资国。

一、经常项目的开放

我国汇率制度的改革逐步推进,实行有管理的浮动汇率制度,并参考一篮子货币定价,汇率的浮动幅度逐步放宽。同时金融体制的改革也在逐步加快,经常项目和资本项目的开放不断深入。

为了更准确地说明我国经常项目和资本项目的开放,可以从国际收支平衡表各项目来考察经常账户和资本账户的开放。国际收支平衡表(balance of payment statement)是国际经济交易按项目进行分类统计的一览表,反映的是一个经济体在特定时期内与世界其他经济体间发生的全部经济交易,所谓人民币自由兑换,就是人民币在经常项目和资本项目等不同种类交易中实行可兑换。

国际收支平衡表由经常账户、资本和金融账户等组成。经常账户是指对实际资源在国际的流动进行记录的账户,包括货物和服务、收益和经常转移项目。货物的进出口是有形贸易;服务的进出口称为无形贸易。运输、旅游、通讯、建筑、保险、金融、信息产业、专利使用费用、咨询、广告和媒体等业务记入服务的进出口中。收益包括两大类交易:职工报酬和投资收益。其中投资收益又包括直接投资收入(股本收入和债务收入)和证券投资收入(股票红利和债券利息)。官方的单方面转移包括对外援助、战争赔偿等。私人的单方面转移包括外出务工人员将收入寄回国内,以及私人捐赠等。1996 年年底我国实现了人民币经常项目的可兑换,意味着政府不对经常项目下的交易进行限制,私人部门因商品进出口和服务贸易等的交易需要,可实现本外币自由兑换,不进行限制,仅仅对私人部门的交易真实性进行检查。

1996 年以后,我国进一步完善和推动经常项目人民币的自由兑换,逐步放松企业开立外汇账户的条件,直至取消外汇账户的开立、变更、关闭进行事先核准;同时逐步增加企业持有经常项目外汇收入的比例,直至可以自由保留其经常项目外汇收入。2011年试点对贸易项下国际支付不予限制,2012年正式对贸易项下国际支付不再限制,2013年对服务贸易项下国际支付不予限制,因此经常项目下资金流出基本上是无限制的。还有国家外汇管理局对捐赠、保险业务、互联网金融外汇管理也都有具体规定,在金融开放的过程中,会逐步实现自由兑换(见表6-2)。

表6-2　　　　　　　　　　　经常项目外汇账户的管理

时间	内容
2015.1.20	国家外汇管理局颁布关于开展支付机构跨境外汇支付业务试点的通知。积极支持跨境电子商务发展,防范互联网渠道外汇支付风险
2015.1.19	国家外汇管理局颁布《保险业务外汇管理指引》。进一步推进简政放权,完善保险业务外汇管理
2014.3.5	国家外汇管理局颁布关于边境地区贸易外汇管理有关问题的通知。规范和便利边境贸易结算,促进我国与周边国家边境贸易健康发展
2013.7.18	国家外汇管理局关于印发服务贸易外汇管理法规的通知。国家对服务贸易项下国际支付不予限制
2012.6.30	国家外汇管理局颁布关于印发货物贸易外汇管理法规有关问题的通知。国家对贸易项下国际支付不予限制
2011.9.9	国家外汇管理局、国家税务总局、海关总署关于货物贸易外汇管理制度改革试点的公告。国家对贸易项下国际支付不予限制
2009.12.25	国家外汇管理局颁布关于境内机构捐赠外汇管理有关问题的通知。境内机构应当通过捐赠外汇账户办理捐赠外汇收支。外汇指定银行应当为境内机构开立捐赠外汇账户,并纳入外汇账户管理信息系统进行管理
2007.8.12	为进一步满足境内机构持有和使用外汇的需要,国家外汇管理局决定进一步改革经常项目外汇管理,境内机构可根据经营需要自行保留其经常项目外汇收入
2006.5.1	取消经常项目外汇账户开户事前审批,提高经常项目外汇账户限额。外汇局不再对境内机构经常项目外汇账户的开立、变更、关闭进行事先核准。提高境内机构经常项目外汇账户保留外汇的限额,按上年度经常项目外汇收入的80%与经常项目外汇支出的50%之和确定。对于上年度没有经常项目外汇收支且需要开立账户的境内机构,开立经常项目外汇账户的初始限额,调整为不超过等值50万美元
2005.8.2	境内机构上年度经常项目外汇支出占经常项目外汇收入的比例在80%以下的,其经常项目外汇账户保留现汇的比例,由其上年度经常项目外汇收入的30%调整为50%。境内机构上年度经常项目外汇支出占经常项目外汇收入的比例在80%(含)以上的,其经常项目外汇账户保留现汇的比例,由其上年度经常项目外汇收入的50%调整为80%。新开立经常项目外汇账户的境内机构,如上年度没有经常项目外汇收入,其开立经常项目外汇账户的初始限额,由以前的不超过等值10万美元调整为不超过等值20万美元

(续表)

时间	内容
2005.3.1	将超限额结汇期限由现行的 10 个工作日延长至 90 日。扩大按实际外汇收入 100% 核定经常项目外汇账户限额的企业范围
2004.5.1	根据境内机构经常项目外汇收支的实际情况，分档次核定经常项目外汇账户限额，将境内机构经常项目外汇账户可保留现汇的比例，由现行的 20% 调高到 30% 或 50%
2002.10.15	进一步放宽中资企业的开户标准，统一中外资企业经常项目外汇账户开户条件。将现行的经常项目外汇结算账户和外汇专用账户合并为经常项目外汇账户。经常项目外汇账户的收入范围为经常项目外汇收入，支出范围为经常项目外汇支出和经外汇局核准的资本项目外汇支出

资料来源：www.safe.gov.cn。

从上面分析能够看出，我国经常账户的开放也是渐进的，从外汇账户的设立、经常项目结售汇保留比例、货物贸易国际支付、服务贸易国际支付，到保险和电子商务的放开，也是渐进的，稳步推进，经常项目放开的范围更广了，管制越来越少了。

二、资本项目的开放

人民币自由兑换符合世界经济发展的规律，随着经济全球化和中国经济的高速发展，人民币自由兑换问题更加引人关注。目前我国对外经贸活动快速发展，对货币自由兑换的要求日益迫切。虽然 1996 年我国宣布接受世贸组织第八条款，实现在经常项目下人民币的自由兑换。但现在人民币还不是一种完全自由兑换的货币，在资本项目下人民币的兑换还未完全放开。根据 IMF 的《汇兑安排与汇兑管制年报》(2016) 可以看出各国资本管制的程度，我们选取 G20 国家比较，既有发达国家，也有新兴市场经济国家。从 IMF 公布的各国资本管制的情况来看，加拿大、日本和意大利等发达国家资本管制较少，而阿根廷、中国、南非和印度等新兴市场经济国家资本管制仍然较多（见表 6-3）。

表 6-3　　　　　　　　各国的资本管制

国家	资本市场	货币市场	集合投资	衍生品及其他	商业信贷	金融信贷	担保保证、金融支持措施	直接投资	直接投资清盘	房地产交易	个人资本交易
加拿大(2)	√							√			
日本(2)	√							√			
意大利(2)			√					√			
韩国(3)	√			√				√			
法国(4)	√	√	√					√			

(续表)

国家	资本市场	货币市场	集合投资	衍生品及其他	商业信贷	金融信贷	担保保证、金融支持措施	直接投资	直接投资清盘	房地产交易	个人资本交易
俄罗斯(4)	✓	✓	✓					✓			
澳大利亚(5)	✓		✓					✓		✓	✓
英国(5)	✓		✓					✓		✓	
美国(7)	✓		✓	✓			✓	✓		✓	
德国(7)	✓	✓	✓			✓		✓		✓	
巴西(8)	✓	✓	✓	✓				✓		✓	
土耳其(8)	✓	✓	✓	✓				✓		✓	
沙特阿拉伯(9)	✓	✓	✓	✓		✓		✓		✓	
墨西哥(9)	✓	✓	✓	✓		✓		✓		✓	✓
印度尼西亚(9)	✓	✓	✓	✓		✓		✓		✓	
阿根廷(10)	✓	✓	✓		✓		✓	✓	✓	✓	✓
中国(10)	✓	✓	✓	✓	✓	✓		✓		✓	
南非(10)	✓	✓	✓	✓	✓	✓		✓		✓	
印度(11)	✓	✓	✓	✓	✓	✓		✓	✓	✓	✓

资料来源：《汇兑安排与汇兑管制年报》(2016)，IMF。

以上是根据 11 大类来考察 G20 相关国家资本账户的开放程度，实际上，每一个大类下面还包含若干小类，除了考察各大类外，我们可以进一步考察若干小类的资本账户的开放。同样根据国际收支平衡表，资本和金融账户是指对资产所有权在各国间的流动进行交易的账户①。这里资本账户包括资本转移和非生产非金融资产的收买和放弃。单方面的资本转移：当涉及固定资产所有权的变更或债权方单方面对债务进行减免时，则为资本转移；当现金转移与固定资产的获取或处置相关或基于固定资产的获取或处置时，则为资本转移，如投资捐赠。非生产非金融资产的收买和放弃是指各种无形资产如专利、版权、商标、经销权及租赁和其他可转让合同的交易。

---

① 根据 IMF《汇率安排和外汇管制年度报告(2016)》，可以把资本账户直接投资、证券投资和其他投资细分为 13 大类，42 个小类，可以分析不同小类是否实现了人民币可兑换。此处还参考了中国人民大学国际货币研究所新浪官方微博，中国资本账户开放度测算，http://blog.sina.com.cn/s/blog_7e53ae3b0101iuaq.html。

人民币自由兑换在资本项目开放包括资本转移如债务减免、移民转移等内容和非生产、非金融资产的收买或出售。前者主要是投资捐赠和债务注销;后者主要是土地和无形资产(专利、版权、商标等)的收买或出售(见表6-4)。

表6-4　　　　　　　　　　个人资本转移的开放

一、个人资本流动 (controls on personal capital transactions)	开放内容	资本管制
贷款		有管制
1. 居民向非居民提供	未经专门授权,个人居民不得向境外居民提供贷款	有管制(部分可兑换)
2. 非居民向居民提供	未经专门授权,个人非居民不得向境内居民提供贷款	有管制(部分可兑换)
礼品捐款遗产		
3. 居民向非居民提供	在每年5万美元内,个人居民可直接购汇为海外直系亲属提供资助。更大额的则需提供个人身份、亲属关系和资助证明等材料。境外继承人可将遗产转移出境	有最高限额(基本可兑换)
4. 非居民向居民提供	在每年5万美元内,个人居民可将来自赠予、捐赠和遗产的收入直接换汇。更大额的则需提供有效身份证件和相关支付凭证	有最高限额(基本可兑换)
5. 移入居民境外债务清偿		有管制,没有适用法律(部分可兑换)
6. 资产转移	退休金和养老金可汇出境外。移居境外的自然人,在获得移民身份前,可清盘其境内合法财产,购买外汇并汇出	有管制(基本可兑换)
移出居民向境外转移		有管制
7、移入居民向境外转移	目前无适用法律	有管制,没有适用法律(部分可兑换)
8. 博彩和获奖所得的转移	目前无适用法律	有管制,没有适用法律(部分可兑换)

资料来源:《汇率安排和外汇管制年报(2016)》,www.imf.org;www.safe.gov.cn。

从个人资本流动来看,礼品捐款遗产等多数基本可兑换,其他的部分可兑换。

金融账户包括涉及对外资产和负债的所有权变动的所有交易。按投资方式分为直接投资、证券投资和其他投资。直接投资的主要目的是对非居民企业持续的有效的管理权，投资者在外国开设企业或购买国外企业一定比例以上的股票并直接参与企业的经营管理。直接投资分为外国在本国直接投资和本国在外国直接投资。证券投资是指对金融资产（债券，股票）的投资，包括本国居民对外国债券或不包括直接投资内的股票投资和外国居民对本国债券和股票的购买或售卖。对于证券投资而言，它包括期限在 1 年以上的中长期证券、货币市场工具和其他衍生品金融工具。其他投资包括所有直接投资和证券投资以外的项目，其中主要是存贷款等。人民币在资本项目下可兑换，意味着人民币在直接投资、证券投资和其他投资等不同的项目下可兑换，直接投资、证券投资和其他投资等对内对外都是双向的。

平常所说的资本账户开放，实际上指的是金融账户，包括直接投资、证券投资、其他投资三块内容，其他投资包括了贸易信贷、贷款、货币和存款。具体来看，在直接投资方面，也即 FDI 和 ODI，非居民的直接投资流入和流出（清算）基本上是自由的，投资收益可以自由汇出。外商投资企业清盘、撤资、转股后属于外方投资者的资金，只需按照国际惯例经外汇局审核真实性后即可以现汇（或购汇后）方式汇出，对投资的行业也没有太大的限制（见表 6-5）。但是本国居民对外直接投资受到限制，必须经过审批，有较严格的限制。概括来说，直接投资项目下人民币的兑换情况是，非居民可以将人民币自由兑换为外币，或将外币自由兑换为人民币，但本国居民将本币兑换为外币还受一定的限制，交易本身也受限制。

表 6-5　　　　　　　　　　直接投资的开放

二、直接投资 （controls on direct investment）	开放内容	资本管制
9. 对内直接投资	非居民可在符合法律和监管的前提下在中国投资设立企业。以投资为主业的合伙企业还须符合国家相关规定。单笔结算超过 5 万美元的 FDI 资金汇兑须基于实际支付情况。境外投资者可依相关规定对境内上市公司的 A 股进行战略投资。非居民可以境外募集人民币进行直接投资	需要商务部、当地中国人民银行分行或者当地商务部机构的批准（基本可兑换）
10. 对外直接投资	境内企业对外直接投资不受外汇额度限制。ODI 项目须符合相关规定并获国家和地方发改委批准。在项目准备阶段，境内机构可在外汇局登记后将部分投资汇出。ODI 外汇资金来源需要登记但无需审批	在初期，投资汇出需要外汇管理局批准（基本可兑换）

(续表)

三、直接投资清盘 (controls on liquidation of direct investment)	开放内容	资本管制
11. 直接投资清盘	上市公司的 A 股 3 年内不得转让。经营期限到期前的清盘须由原审批单位批准或由司法机关决定。清盘后,外国投资者可在外汇局登记后直接购汇、调出资金	有管制(基本可兑换)

资料来源:《汇率安排和外汇管制年报(2016)》,www.imf.org;www.safe.gov.cn。

除了对外对内直接投资以及清盘的汇兑外,经济合作与发展组织(OECD)每年发布外商直接投资管制条例限制指数(The foreign direct investment(FDI) Regulatory Restrictiveness Index)[①],用来衡量一国对外商直接投资限制的管理条例,主要包括以下限制:一是对外股权的限制;二是歧视性的审查或批准机制;三是对外国人被任命为关键人事岗位的限制;四是其他一些操作性的限制,如对建立分支机构的限制、对资本汇回的限制、对外商企业土地所有权的限制。每一项限制被赋值在 0 与 1 之间,如果没有限制,赋值为 0,如果有完全限制,赋值为 1,每一项限制针对其重要性评估确定一个得分,总的指数是各部门得分的加权平均,得分越高,限制越严,得分越低,自由投资。投资歧视得分由高到低,如果歧视政策只针对外国人,作为度量国家所有权和国家垄断的重要标准赋值,直到外国人不受歧视,不得分。外商直接投资管制条例限制指数公布包括 62 个国家,每个国家包含 22 个部门,公布年份包括 1997 年、2003 年、2006 年和 2010—2017 年。这些国家包括 OECD 国家和非 OECD 国家,他们都是"OECD 关于国际投资和跨国企业宣言"的拥护者。对于 OECD 国家,收集该国国民待遇的例外条款;对于非 OECD 国家,通过查阅该国投资政策收集相关信息。遵循 OECD 对投资措施的投资自由监控,每年更新外商直接投资管制条例限制指数信息[②]。从 FDI 指数来看,FDI 管制由高到低排名,中国排名第四,仍然属于投资管制比较多的国家(见图 6-1)。

虽然与其他国家相比,中国直接投资仍然存在一定的管制,但是多年来中国直接投资不断放松管制,包括股权、人事等方面的一些限制,中国直接投资账户的开放日益扩大,进一步向广度、深度拓展(见图 6-2)。2018 年 7 月 28 日中国

---

① 关于 FDI 指数介绍,见 Kalinova B., Palerm A. 和 Thomsen S.(2010),"OECD's FDI Restrictiveness Index: 2010 Update", OECD Working Papers on International Investment, 2010/03, OECD Publishing, Paris.

② FDI 指数并不是对一国的投资气候全面度量,还有一些其他影响因素,如 FDI 规则是如何实施的;投资堡垒还可能由于其他原因导致的,如关键部门国家所有制;一国吸引 FDI 还可能受其他因素影响,如市场规模、和邻国一体化程度,甚至是地理因素。尽管如此,FDI 指数也是反映吸引外国投资者的关键指标。

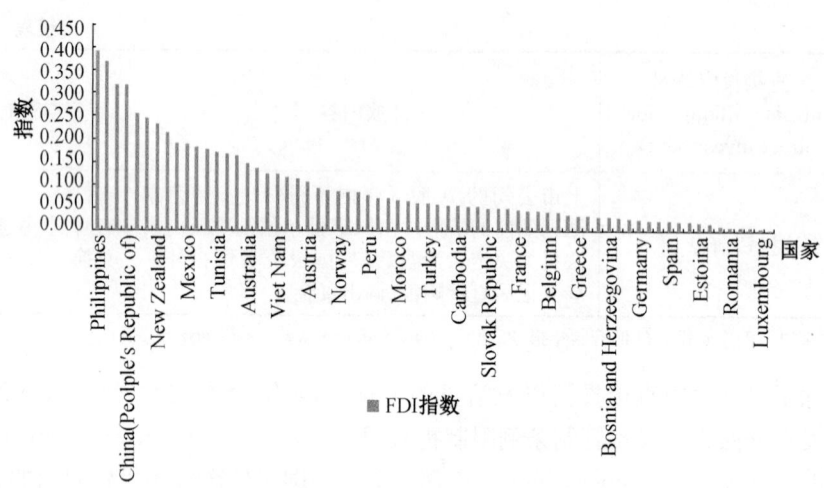

资料来源：https://stats.oecd.org/。

图 6-1　各国 FDI 指数（2017）

国家发展改革委、商务部发布 2018 年版外商投资准入负面清单，在 22 个领域推出新一轮开放措施。从 2018 年 7 月 28 日起，外资进入银行、证券、汽车制造、电网建设、铁路干线路网建设、连锁加油站建设等一系列限制将取消。

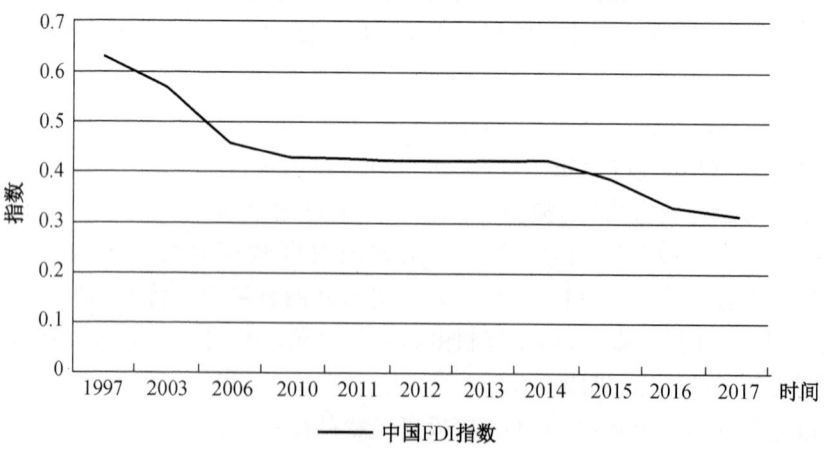

资料来源：https://stats.oecd.org/。

图 6-2　中国 FDI 指数的变化

在证券投资方面，非居民可投资境内 B 股、香港上市的 H 股等外币股票、以及在境外发行的外币债券等，而对除此之外的其他股票投资则不允许。我国逐步放松对非居民的证券投资的限制，推出了合格境外投资者（QFII）制度，那些通过审查成为 QFII 的外国机构可以投资我国证券市场的其他股票和债券。但是，对于境外经营性机构在境内发行股票或股权类证券、债券及其他债务证券都存在限制。而在证券投资项目下,对于居民企业和个人投资境外股票和债券则有严格限制,一般不被允许。近期由于 QDII 制度的出台,这一管制逐渐放松,那些成为 QDII 的境内机构则可以投资于国外的证券市场。居民企业对外发行股票管制相对较松,通过审查即可,但是对居民企业对外发行债券则存在严格管制,有一系列严格的审批规定(见表 6-6)。在证券投资项目下居民个人对外投资从 2006 年逐步开始放松。

表 6-6 股权投资的开放

四、资本市场工具 (on capital market instruments)	开放内容	资本管制
股权或权益类投资		有管制
12. 非居民境内购买	QFII 可在股份限额、投资配额和锁定期限等条件下投资 A 股。除了开放式基金,QFIIs 投资本金汇回需要外管局批准。非居民投资 B 股不受限制。外国投资者可在一定条件下对 A 股境内上市公司进行战略投资。RQFII 可以境外募集的人民币投资境内证券市场	除 B 股外,不允许。对 QFII 无限制。(部分可兑换)
13. 非居民境内出售和发行	非居民可销售 A 股和 B 股,依赖于 QFII 不同类型。非居民发行 A 股或 B 股,虽无限制,但尚无先例	经过批准的金融机构、工商企业等可以,其他不允许。(部分可兑换)
14. 居民境外购买	境外上市公司可在外汇局核准下回购其境外股票。保险公司、合格资产管理公司和证券公司可在获批准后于相应额度和监管规定内投资境外证券,包括股票。QDII 可在外汇额度和监管规定内购买境外股票和其他投资工具。在外汇局登记,合格境外上市公司的境内员工可参与其公司的股权激励计划,购买计划内的股票或期权	经过批准的金融机构、工商企业等可以,其他不允许。(部分可兑换)
15. 居民境外出售和发行	外商投资的股份制有限责任公司在境外发行股票需有证监会批准并在外汇局登记	需经证监会批准(基本可兑换)
债券类投资		有管制
16. 非居民境内购买	QFII 可投资证监会允许的人民币产品,包括交易所债券和权证以及银行间固定收益产品,也可参加新股、可转债发行和股票增发等,但有一定的限额。RQFII 可投资交易所证券和银行间债券	有管制(基本可兑换)

(续表)

四、资本市场工具 （on capital market instruments）	开放内容	资本管制
17. 非居民境内出售和发行	经财政部、人民银行和发改委批准，国际发展机构可发行人民币债券。外商独资企业也可发行债券	有管制 （部分可兑换）
18. 居民境外购买	QDII可在外汇额度和监管规定内购买境外债券。符合条件的银行、基金、证券和保险公司需同时满足针对它们特定的监管要求	有管制。需经批准，并有投资限额。（部分可兑换）
19. 居民境外出售和发行	在境外发行1年以上期限的债券须向发改委申请，发行外币债券须报国务院批准	有管制。需经发改委和国务院批准。（部分可兑换）

资料来源：《汇率安排和外汇管制年报（2016）》，www.imf.org；www.safe.gov.cn。

根据中国人民银行2006年第5号公告规定：符合条件的基金管理公司等证券经营机构可以在一定额度内集合境内机构和个人的自有外汇，用于在境外进行的包含股票在内的组合证券投资；认购、申购基金时，居民个人只能使用本人存放于境内银行的外汇存款，不得直接使用外币现钞，机构不得使用债务性外汇资金。但是由于居民个人仍需通过境内的投资基金间接地投资外国证券，其本身还不能直接投资于外国证券，因此居民个人对外证券投资还没有完全放开（见表6-7）。近年来我国在证券投资方面的开放力度不断增加。

表6-7　　　　　　　　　集合投资证券的开放

五、集合投资证券 （on collective investment securities）	开放内容	资本管制
20. 非居民境内购买	QFII可投资境内封闭式和开放式基金	有管制（基本可兑换）
21. 非居民境内发行	非居民不得从事此类交易	有管制（不可兑换）
22. 居民境外购买	QDII可在外汇配额和监管规定内购买境外集合投资证券。保险公司的境外投资还须满足专门的监管要求	有管制（部分可兑换）
23. 居民境外发售	居民可据外汇局批准在境外发行集合投资证券	有管制（部分可兑换）

资料来源：《汇率安排和外汇管制年报（2016）》，www.imf.org；www.safe.gov.cn。

证券投资除了包含股票和债券的交易，还包括货币市场工具和衍生品工具的交易。货币市场工具的开放也是证券投资开放的重要组成部分（见表6-8）。

表6-8　　　　　　　　　　货币市场工具的开放

六、货币市场工具 （on money market instruments）	开放内容	资本管制
24. 非居民境内购买	QFII在锁定期限等要求下可购买货币市场基金，但不允许直接参与银行间外汇市场	有管制。需要批准，存在不同的限额。（基本可兑换）
25. 非居民境内出售和发行	非居民不得发行货币市场工具。售出需要批准，有具体的上限规定	有管制。（不可兑换）
26. 居民境外购买	QDII可在外汇配额和监管规定内购买货币市场工具。保险公司的境外投资还须满足专门的监管要求	有管制。外资企业事后登记，其他公司须委托金融机构办理。（部分可兑换）
27. 居民境外出售和发行	居民可按外汇局批准在境外发行货币市场工具，包括1年期内的债券和商业票据	有管制。（部分可兑换）

资料来源：《汇率安排和外汇管制年报（2016）》，www.imf.org；www.safe.gov.cn。

2015年7月29日，国家外汇管理局颁布关于境外交易者和境外经纪机构从事境内特定品种期货交易外汇管理有关问题的通知，境外交易者、境外经纪机构可以外汇或人民币形式汇入资金从事境内特定品种期货交易。期货交易所为会员以及直接入场交易的境外交易者、境外经纪机构从事境内特定品种期货交易提供交易、结算等服务的，可在期货保证金存管银行开立相应的外汇专用结算账户，用于办理特定品种期货交易相关资金收付、汇兑及划转（见表6-9）。2018年3月26日，以人民币计价结算的原油期货在上海国际能源交易中心正式挂牌交易，有助于推动人民币成为大宗商品计价结算货币，促进人民币在全球贸易中的使用，也有利于促进人民币在衍生品投资中的自由兑换。国家将进一步扩大境内商品期货等衍生品市场对外开放，确定原油期货实物交割外汇管理规则，明确铁矿石期货实物交割外汇管理规则，便利境外投资者参与原油、铁矿石期货交易。

表6-9　　　　　　　　　　衍生品投资的开放

七、衍生品市场 （controls on derivatives and other instruments）	开放内容	资本管制
衍生品投资		有管制
28. 非居民境内购买	QFII出于保值的目的可在具体限额和规模内投资境内股指期货	有管制（不可兑换）

(续表)

七、衍生品市场 (controls on derivatives and other instruments)	开放内容	资本管制
29. 非居民境内出售和发行	非居民不得从事此类交易	有管制(不可兑换)
30. 居民境外购买	受银监会监管机构出于风险对冲等目的可经银监会批准后买卖境外衍生工具。通过一般理财服务在境外开展代客理财业务的银行不得投资于商品类衍生产品。QDII可在外汇额度内投资国外衍生品。经国务院批准和证监会准许,一些国有企业可从事商品期货套期保值。经国资委批准,一些央企可从事离岸衍生产品交易。保监会允许保险公司使用远期、掉期、期权和期货等产品对冲风险。在外汇局登记,合格境外上市公司的境内员工可参与其公司的股权激励计划,购买计划内的股票或期权	有管制。外资企业事后登记,其他公司须委托金融机构办理。(部分可兑换)
31. 居民境外出售和发行	适用针对购买的监管要求	有管制(部分可兑换)

资料来源:《汇率安排和外汇管制年报(2016)》,www.imf.org;www.safe.gov.cn。

  其他投资包括长短期的贸易信贷、贷款(包括利用基金组织的信贷、基金组织的贷款和同金融租赁联系在一起的贷款)、货币和存款(可转让的和其他类型的,如:储蓄存款和定期存款,入股形式的存款和贷款以及在信贷合作社的股份等),以及应收款项和应付款项(直接投资项下的交易排除在外)。我国贸易信贷基本上都放开了,金融信贷还存在一定的管制。居民对外借款仍有严格管制,境内经营性机构对外借款还需审批,其中包括借款主体的资格审查、对外借款必须纳入国家利用外资计划和对外借款所得资金必须调回境内等。但境内金融机构对外放贷、非居民对中国境内居民的还贷等则基本无限制。在"贸易借贷"子项中,不论是资金流入还是流出均管制较松;在"货币和存款"子项中,货币的流入和存款没有限制,货币的流出和存款有所管制;在"其他(包括租赁等其他形式的投资)"子项中,对资金流出入也都有所限制,但都较为宽松。2013年12月6日,国家外汇管理局颁布关于完善银行贸易融资业务外汇管理有关问题的通知,支持守法合规企业开展正常经营活动,更好发挥金融服务实体经济作用,遏制无真实交易背景的虚假贸易融资行为,防范异常外汇资金跨境流动。

  2009年6月9日,国家外汇管理局颁布关于境内企业境外放款外汇管理有关问题的通知,境内企业可以为其在境外合法设立的全资附属企业或参股企业提供直接放款的资金融通,也可通过外汇指定银行以及经批准设立并具有外汇业务资格的企业集团财务公司以委托贷款方式进行。放款人境外放款余额不得超过其所有者权益的30%,并不得超过借款人已办妥相关登记手续的中方协议投资额。放款人可使用其自有外汇资金、人民币购汇资金以及经外汇局核准的外币资金池资金向借款人进行境外放款(见表6-10)。

表6-10　　　　　　　　贸易信贷和金融信贷的开放

八、贸易信贷（commercial credits）	开放内容	资本管制
32. 居民向非居民提供		无管制(完全可兑换)
33. 非居民向居民提供		无管制。企业或金融机构经授权和批准可借用,外企事后登记(完全可兑换)
九、金融信贷（financial credits）	开放内容	资本管制
34. 居民向非居民提供	跨国公司的境内关联企业可在一定额度内直接给境外关联企业借贷,也可通过境内银行提供贷款	有管制,管制较松(基本可兑换)
35. 非居民向居民提供	境内机构1年以上期限的境外借款须由发改委批准。金融机构和获授权的股份公司在外汇局批准的限额内进行1年期内的短期境外借款。所有境外借贷须在外汇局登记。外资企业境外借款不得超过其投资总额和注册资本间差额,在此限额内无须审批,但仍须向外汇局登记	有管制。企业或金融机构经授权和批准可借用,外企事后登记(基本可兑换)

资料来源:《汇率安排和外汇管制年报(2016)》,www.imf.org;www.safe.gov.cn。

跨境担保分为内保外贷、外保内贷和其他形式跨境担保①,国家外汇管理局规范跨境担保产生的各类国际收支交易(见表6-11)。2014年5月12日,国家外汇管理局颁布《跨境担保外汇管理规定》的通知,为更好地支持真实合规的对外贸易投资活动,内保外贷管理得到进一步完善。内保外贷项下资金回流限制放宽,允许内保外贷项下境外债务人通过向境内放贷、股权投资等方式将担保项下资金直接或间接调回境内使用,进一步便利了资金使用。同时,强化对内保外

---

① 内保外贷是指担保人注册地在境内、债务人和债权人注册地均在境外的跨境担保。外保内贷是指担保人注册地在境外、债务人和债权人注册地均在境内的跨境担保。其他形式跨境担保是指除前述内保外贷和外保内贷以外的其他跨境担保情形。

贷业务非现场核查和现场检查,提高银行业务合规意识和管理水平,引导内保外贷业务健康有序发展。

表 6-11　　　　　　　　担保、保证与金融背书的开放

十、担保、保证与金融背书(guarantees, sureties, and financial backup facilities)	开放内容	资本管制
36. 居民向非居民提供	境内银行可在外汇局批准的额度内对外提供金融担保,非金融担保无需审批。境内银行须定期向外汇局报备对外担保情况。非银行金融机构和企业也可在限额内或依外汇局个案审批对外提供金融和非金融担保,所有担保须向外汇局登记	有管制(基本可兑换)
37. 非居民向居民提供	外资企业从境内金融机构贷款时可接受境外机构担保。中资企业在境内贷款经外汇局批准后可接受境外机构担保	有管制(基本可兑换)

资料来源:《汇率安排和外汇管制年报(2016)》,www.imf.org;www.safe.gov.cn。

　　2006 年 7 月 11 日,中华人民共和国建设部、商务部、国家发展和改革委员会、中国人民银行、国家工商行政管理总局、国家外汇管理局颁布关于规范房地产市场外资准入和管理的意见。境外机构和个人在境内投资购买非自用房地产的,应根据外商投资的法律、法规及相关规定,申请设立外商投资企业。外商投资设立房地产企业,投资总额在 1 000 万美元(含 1 000 万美元)以上的,其注册资本应不低于投资总额的 50%;投资总额在 300 万美元至 1 000 万美元的,其注册资本应不低于投资总额的 50%;投资总额在 300 万美元以下(含 300 万美元)的,其注册资本应不低于投资总额的 70%。2006 年 9 月 1 日,国家外汇管理局建设部颁布关于规范房地产市场外汇管理有关问题的通知,境外机构在境内设立的分支、代表机构在注册登记地购买符合实际需要的自用商品房符合下列规定:在境内工作、学习时间超过一年的境外个人,可购买符合实际需要的自住商品房;港澳台居民和华侨因生活需要,可在境内购买一定面积的自住商品房;境内分支、代表机构和境外个人因故不能完成商品房交易的,需将退回的人民币购房款购汇汇出的,外汇指定银行进行真实性审核确认后,可将人民币购房款及利息购汇划回境外机构或个人外汇账户。2010 年 11 月 4 日,建设部、国家外汇管理局颁布关于进一步规范境外机构和个人购房管理的通知,境外个人在境内只能购买一套用于自住的住房。在境内设立分支、代表机构的境外机构只能在注册城市购买办公所需的非住宅房屋(见表 6-12)。

表 6-12　　　　　　　　　　不动产交易开放

十一、不动产交易 （controls on real estate transactions）	开放内容	资本管制
38. 居民境外购置	境内机构购置境外不动产时执行ODI相关规定。保险公司投资境内外不动产还须满足专门的监管要求	有管制（部分可兑换）
39. 非居民境内购置	外国居民购买商品住宅须按实际需求和自用原则办理，获准后可直接换汇购买	有管制（部分可兑换）
40. 非居民境内出让	外国居民可在外汇局登记后将卖房所得直接汇出	有管制（基本可兑换）

资料来源：《汇率安排和外汇管制年报（2016）》，www.imf.org；www.safe.gov.cn。

此外，除了上述资本账户和金融账户交易项目外，还有一些针对金融机构的特别管理规定（见表6-13）。

表 6-13　　　　　　　　　　一些特别规定

适用于下列机构的特别规定 （provisions specific to）		
十二、商业银行和其他信贷机构 （commercial banks and other credit institutions）	开放内容	资本管制
41. 商业银行和其他信贷机构	对于银行和其他信贷机构，有一系列关于对外借贷、证券交易、存款准备金、流动性和投融资等专门的监管要求	有管制（部分可兑换）
十三、机构投资者 （institutional investors）	开放内容	资本管制
42. 机构投资者	保险公司、养老基金、投资公司、集合投资基金等也须履行针对它们关于跨境资本交易专门的监管要求	有管制（部分可兑换）

资料来源：《汇率安排和外汇管制年报（2016）》，www.imf.org；www.safe.gov.cn。

以上是根据资本账户的分类来考察各项目下的人民币自由兑换情况。按以上国际货币基金组织划分的42个资本交易项目,目前我国将近14个资本项目交易已基本不受限制或有较少限制,有约24个交易项目受较多限制,严格管制的项目仅有一成。对于这些子项目开放的先后顺序,国际研究表明可能更多地依赖其所处经济状态,其所处的经济状态不同,其先后次序也就不尽相同,并无固定的法则可依。我国只有较少项目仍旧完全不可自由兑换,这些项目主要涉及个人跨境投资以及非居民在本国市场发行股票和其他金融工具。因此,中国离实现人民币资本账户可自由兑换的目标并不遥远。资本账户开放,不仅是指资本项目在汇兑与支付环节的开放,更涵盖了直接投资、证券投资、其他投资等方面的开放,以及国际国内金融市场的不断融合。总的看来我国在资本项目下主要是采取的审批制,并不是完全的禁止。从上面的分析可以看出,中国的资本项目正不断扩大开放,包括直接投资、证券投资和其他投资等,中国正积极稳妥有序推进资本项目可兑换。在资本项目下的人民币兑换情况如表6-14所示。截至2017年年末,根据IMF分类的7个大项目和40个小项目中,有34项均实现了全部或部分的可兑换,完全不可兑换的小项目6个,主要与衍生品交易、非居民在境内发行股票、个人外币贷款等相关。

表6-14　　　　　　　　　　中国资本账户的开放[①]

	不可兑换	部分可兑换	基本可兑换	完全可兑换	合计
个人资本交易	0	6	2	0	8
直接投资	0	1	1	0	2
直接投资清盘	0	0	1	0	1
资本和货币市场工具	2	10	4	0	16
信贷工具交易	0	0	4	2	6
衍生品及其他工具交易	2	2	0	0	4
房地产交易	0	2	1	0	3
一些特别规定	0	2	0	0	2
合计	4	24	12	2	42

中国不断推进金融市场双向开放,持续推进境内股票和债券市场的开放,完

[①] 国际货币基金组织对成员国资本账户开放的单项认定细分为13项(包括8类13项42子项),如果不包括"一些特别规定",则就细分为11项(包括7类11项40子项)。

善债券通,还有沪伦通,支持沪港、深港股票市场交易互联互通机制以及基金互认。完善 QFII、RQFII、QDII 等外汇管理制度。积极支持国内有能力和有条件的企业开展真实合规的对外投资。

我国资本账户开放坚持如下原则:先流入,后流出;先长期,后短期;先直接,后证券。①流入流出方面。我国开放资本账户的出发点是利用外资,在以前的开放实践中一直为资本流入创造便利。②长期和短期资本交易自由化方面。一是长期资本流动先于短期资本流动自由化。长期资本以追求长期利益为主,相对比较稳定,可逆转性较小,因此先放开管制一般风险较小。而短期资本一般是投机性资本,以追逐短期利益为主,波动性很大,一般也较难以监测,风险控制的难度较大,多数应该放在较后的位置。二是有交易背景的资本交易如直接投资和贸易融资先于无交易背景的资本交易自由化如发行证券、有价证券投资、金融信贷等。三是间接与实物部门有关的交易如证券发行、海外借款、对外投资等交易的自由化应先于与有价证券有关的资本交易的自由化。四是居民国外交易先于非居民国内交易自由化。此外,关于直接投资和证券投资对内对外先后顺序的关系,应遵循以下的次序规则:首先放开居民到海外实业部门投资和非居民对国内直接投资的限制,然后放开对居民海外有价证券投资的限制,接着放开非居民对国内资本交易的限制(对非居民股票投资的自由化应先于对债券投资)。

由此可以看出,央行扩大了资本账户对外开放的力度,资本自由流动进一步提高,在后危机时代,中国稳步推进人民币自由兑换,并没有停止或放慢资本账户开放的步伐。20 世纪末,中国实现了经常项目的完全可兑换;21 世纪初以来,逐步实现了直接投资项下的基本可兑换;在证券投资项下可兑换的程度也在逐步提高。

三、资本账户开放指数①和中国的资本账户开放

IMF 每年都公布各国的外汇管制情况,发布《汇率安排和外汇管制年报》(Annual Report on Exchange Arrangements and Exchange Restrictions, AREAER),其中包含各国汇率安排和经常项目、资本项目交易管制情况的信息表格,表格中每一项反映了资本管制的情况。Chinn 和 Ito(2006)根据 AREAER 这张表格,构建了资本账户开放指数。这个指数开始是在 Chinn 和 Ito(2006)的文章中引入的,资本账户开放指数基于两项虚拟变量(取值为 0 或 1),这些变量主要包括:反映多重汇率制度的变量(k_1);反映经常账户交易限制

---

① 见 Chinn, Menzie D. and Hiro Ito. 2006. "What Matters for Financial Development? Capital Controls, Institutions, and Interactions" Journal of Development Economics, Volume 81, Issue 1, Pages 163-192(October). Chinn, Menzie D. and Hiro Ito. 2008. "A New Measure of Financial Openness" Journal of Comparative Policy Analysis, Volume 10, Issue 3 September 2008, p. 309-322。

的变量(k_2);反映资本账户交易限制的变量(k_3);反映出口收入强制结汇的变量(k_4)。自从1967年以来,AREAER提供了许多国家管理对外账户交易规则和条例管制的信息,它列举了各国对外交易相关项目管制的情况,这个表格提供了一国是否存在资本管制的判断。在1997年之前,这个总结表格把跨境金融交易的管制分为四类:是否存在多重汇率制度安排;经常账户交易是否存在限制;资本账户交易是否存在限制;出口收入是否要强制结汇。1996年AREAER中项目分类发生了改变,这4类进一步细化,以便更好地反映资本管制的复杂性,比如资本账户交易这一项就细分为13类。类似于Mody和Murshid(2005)的研究,Chinn和Ito(2006)构建资本账户开放指数,而不是资本管制指数,AREAER外汇管制表格是反映资本管制的,因此他们在二项变量取值时采取相反赋值,当资本账户管制不存在的时候,变量赋值为1,并且对于资本管制变量k_3,考察5年时间窗口(包括$t,t-1,t-2,t-3,t-4$)中资本管制不存在的比例来反映资本开放的程度:

$$SHAREk_{3,j} = \frac{k_{3,t}+k_{3,t-1}+k_{3,t-2}+k_{3,t-3}+k_{3,t-4}}{5}$$

Chinn和Ito(2007)构建资本账户开放指数($KAOPEN_t$),采取主成分方法,即考察变量($k_{1t},k_{2t},SHAREk_{3t},k_{4t}$)的第一个主成分,跨境资本账户交易越开放的国家,这个指数的值就越大。主成分分析方法是一种统计方法,它是从若干个相关性变量中提取正交化的变量,即主成分。一般来讲,前面几个主成分就能够很好地反映这些变量的变化,这几个主成分往往就是这组变量几个正交化特征的基本反映,第一个主成分就反映了几个原始变量($k_1,k_2,SHARE\_k_3,k_4$)最主要的变动特征。在使用主成分方法是,原始变量都是进行标准化,因此主成分的均值为0,并且主成分的值有正有负,因此资本账户开放指数有正有负,当然开放指数的值越大仍然反映开放度越高。另外Chinn和Ito除了公布资本账户开放指数($KAOPEN_t$),同时还把资本账户开放指数($KAOPEN_t$)进行标准化,转换到0~1之间,这样相应的开放指数就对应标准化的资本账户开放指数(KA_OPEN_t)。

资本管制两分法的度量存在一定的缺陷,对变量采取0,1赋值,它无法度量资本管制的强度和资本管制的有效性。为了克服这种缺陷,Chinn和Ito(2007)在指数的构建中融入了k_{1t},k_{2t},k_{4t},而不仅仅是针对k_3,因为融入k_{1t},k_{2t},k_{4t},更能够反映资本管制的强弱。$KAOPEN_t$指数一个优点是作者希望它能够度量资本管制的强弱,一般来讲,资本管制的强弱和其他国际交易k_{1t},k_{2t},k_{4t}是有很强的相关性。从这个指数构建的本质来看,$KAOPEN_t$指数度量的是资本管制的广度,因为它没有直接考察跨境交易管制的严厉性,而只是考察不同类型管制的存在性。但是他们认为度量资本管制的广泛性可能就是资本管制强弱的一个很好的代理变量,如一国资本账户管制,它还可能通过限制经常账户交易、多重汇率制度和出口收入的强制结售汇来限制资本流动。换句话说,资本账户不开放的国家可能对经常账户交易、多重汇率制度和出口收入的强制结售汇等管制也比较严格,以防止私人部门逃避资本账户的管制。也就是说,资本账户开放程度越高的国家,它的其他三个方面经常账户交易、多重汇率制度和出口收入的强制结售汇的开放程度通常也是较高的。如果经常账户交易、多重汇率制度和出口收入的强制结售汇的开放程度得分较高,即使资本账户(k_3)开放得分相同,也能够说明这个国家资本账户开放更大。

Chinn 和 Ito 每年都更新资本账户开放指数,2017 年 7 月 20 日更新了新一期的资本账户开放指数,新的指数时间区间是 1970—2015 年,一共是 182 个国家。根据 The Chinn-Ito Index 的定义和计算方法,可以看出该指数并不是一个度量资本管制非常精确的指标,只是衡量一国资本账户开放的一个基本状况,是相互比较的一个根据,根据 $KAOPEN_t$ 的指数值,可以比较不同的国家之间的开放程度高低,或者是否处在大致相同的水平上。由于资本开放每一项的取值就是 0 或 1,因此无法精确反映资本账户的开放程度,如果 $KAOPEN_t$ 的指数值相同,也只能说明这两个国家开放程度近似,处在同一水平上,无法分辨哪一个国家开放程度松一些,哪个国家开放程度紧一些。比如我们可以比较中国香港和美国的开放程度,从 $KAOPEN_t$ 的指数值来看(见表 6-15),从 1972 年以来,中国香港和美国 $KAOPEN_t$ 的指数值相等,并且较高,也就说明香港和美国的开放程度接近,处于同一开放水平。

表 6-15　　　　　　　　中国香港和美国开放程度的比较

年份	美国		中国香港	
	$KAOPEN_t$	KA_OPEN_t	$KAOPEN_t$	KA_OPEN_t
1970	2.374 419	1	1.665 566	0.834 303
1971	2.374 419	1	1.161 72	0.716 527
1972	2.374 419	1	2.374 419	1
1973	2.374 419	1	2.374 419	1
1974	2.374 419	1	2.374 419	1
1975	2.374 419	1	2.374 419	1
1976	2.374 419	1	2.374 419	1
1977	2.374 419	1	2.374 419	1

(续表)

年份	美国		中国香港	
	$KAOPEN_t$	KA_OPEN_t	$KAOPEN_t$	KA_OPEN_t
1978	2.374 419	1	2.374 419	1
1979	2.374 419	1	2.374 419	1
1980	2.374 419	1	2.374 419	1
1981	2.374 419	1	2.374 419	1
1982	2.374 419	1	2.374 419	1
1983	2.374 419	1	2.374 419	1
1984	2.374 419	1	2.374 419	1
1985	2.374 419	1	2.374 419	1
1986	2.374 419	1	2.374 419	1
1987	2.374 419	1	2.374 419	1
1988	2.374 419	1	2.374 419	1
1989	2.374 419	1	2.374 419	1
1990	2.374 419	1	2.374 419	1
1991	2.374 419	1	2.374 419	1
1992	2.374 419	1	2.374 419	1
1993	2.374 419	1	2.374 419	1
1994	2.374 419	1	2.374 419	1
1995	2.374 419	1	2.374 419	1
1996	2.374 419	1	2.374 419	1
1997	2.374 419	1	2.374 419	1
1998	2.374 419	1	2.374 419	1
1999	2.374 419	1	2.374 419	1
2000	2.374 419	1	2.374 419	1
2001	2.374 419	1	2.374 419	1

(续表)

年份	美国		中国香港	
	$KAOPEN_t$	KA_OPEN_t	$KAOPEN_t$	KA_OPEN_t
2002	2.374 419	1	2.374 419	1
2003	2.374 419	1	2.374 419	1
2004	2.374 419	1	2.374 419	1
2005	2.374 419	1	2.374 419	1
2006	2.374 419	1	2.374 419	1
2007	2.374 419	1	2.374 419	1
2008	2.374 419	1	2.374 419	1
2009	2.374 419	1	2.374 419	1
2010	2.374 419	1	2.374 419	1
2011	2.374 419	1	2.374 419	1
2012	2.374 419	1	2.374 419	1
2013	2.374 419	1	2.374 419	1
2014	2.374 419	1	2.374 419	1
2015	2.374 419	1	2.374 419	1

资料来源：http://web.pdx.edu/~ito/Chinn-Ito_website.htm。

我们还可以比较金砖五国的开放程度（见表6-16），2015年金砖五国$KAOPEN_t$的指数值，俄罗斯的开放程度最高，但比美国、中国香港低，虽然中国的开放程度比俄罗斯低，但中国和南非、巴西、印度等的资本账户开放程度比较接近，也就是说金砖五国在资本账户开放方面还是比较接近的。具体来看，南非资本账户开放波动比较大，开始资本账户开放不断扩大，随后有所下降，20世纪90年代初又有所上升，随后又下降。巴西的资本账户从1998年开始有所上升，随后又开始下降。俄罗斯从2002年以来，资本账户不断扩大开放，也是金砖五国开放度最高的国家。印度的开放程度和中国一直是比较类似，处于同一档次的开放水平。从2013年、2014年、2015年3年数据来看，南非、巴西、印度和中国资本账户开放处于同一层次水平。

表 6-16 金砖五国资本账户开放的比较

年份	南非		巴西		俄罗斯	印度		中国	
1970	−1.194 73	0.165 697	−1.903 59	0		−1.194 73	0.165 697		
1971	−1.194 73	0.165 697	−1.903 59	0		−1.194 73	0.165 697		
1972	−0.130 3	0.414 513	−1.903 59	0		−1.194 73	0.165 697		
1973	−0.130 3	0.414 513	−1.903 59	0		−1.194 73	0.165 697		
1974	−0.130 3	0.414 513	−1.903 59	0		−1.194 73	0.165 697		
1975	−0.130 3	0.414 513	−1.903 59	0		−1.194 73	0.165 697		
1976	−0.839 15	0.248 816	−1.903 59	0		−1.194 73	0.165 697		
1977	−0.839 15	0.248 816	−1.903 59	0		−1.194 73	0.165 697		
1978	−1.903 59	0	−1.903 59	0		−1.194 73	0.165 697		
1979	−1.903 59	0	−1.903 59	0		−1.194 73	0.165 697		
1980	−1.903 59	0	−1.903 59	0		−1.194 73	0.165 697		
1981	−1.903 59	0	−1.903 59	0		−1.194 73	0.165 697		
1982	−1.194 73	0.165 697	−1.903 59	0		−1.194 73	0.165 697		
1983	−1.194 73	0.165 697	−1.903 59	0		−1.194 73	0.165 697		
1984	−1.194 73	0.165 697	−1.903 59	0		−1.194 73	0.165 697	−1.194 73	0.165 697
1985	−1.903 59	0	−1.903 59	0		−1.194 73	0.165 697	−1.194 73	0.165 697
1986	−1.903 59	0	−1.903 59	0		−1.194 73	0.165 697	−1.194 73	0.165 697

(续表)

年份	南非		巴西		俄罗斯		印度		中国	
1987	−1.903 59	0	−1.903 59	0			−1.194 73	0.165 697	−1.903 59	0
1988	−1.903 59	0	−1.903 59	0			−1.194 73	0.165 697	−1.903 59	0
1989	−1.903 59	0	−1.903 59	0			−1.194 73	0.165 697	−1.903 59	0
1990	−1.903 59	0	−1.903 59	0			−1.194 73	0.165 697	−1.903 59	0
1991	−1.903 59	0	−1.903 59	0			−1.194 73	0.165 697	−1.903 59	0
1992	−1.903 59	0	−1.903 59	0			−1.194 73	0.165 697	−1.903 59	0
1993	−0.839 15	0.248 816	−1.903 59	0			−1.194 73	0.165 697	−1.194 73	0.165 697
1994	−0.130 3	0.414 513	−1.903 59	0			−1.194 73	0.165 697	−1.194 73	0.165 697
1995	−0.130 3	0.414 513	−1.903 59	0			−1.194 73	0.165 697	−1.194 73	0.165 697
1996	−1.194 73	0.165 697	−1.903 59	0	−0.130 3	0.414 513	−1.194 73	0.165 697	−1.194 73	0.165 697
1997	−1.194 73	0.165 697	−1.903 59	0	−0.130 3	0.414 513	−1.194 73	0.165 697	−1.194 73	0.165 697
1998	−1.194 73	0.165 697	−1.194 73	0.165 697	−0.839 15	0.248 816	−1.194 73	0.165 697	−1.194 73	0.165 697
1999	−1.194 73	0.165 697	−1.194 73	0.165 697	−1.903 59	0	−1.194 73	0.165 697	−1.194 73	0.165 697
2000	−1.194 73	0.165 697	−1.194 73	0.165 697	−0.839 15	0.248 816	−1.194 73	0.165 697	−1.194 73	0.165 697
2001	−1.194 73	0.165 697	−1.194 73	0.165 697	−1.903 59	0	−1.194 73	0.165 697	−1.194 73	0.165 697
2002	−1.194 73	0.165 697	−0.130 3	0.414 513	−0.130 3	0.414 513	−1.194 73	0.165 697	−1.194 73	0.165 697
2003	−1.194 73	0.165 697	−0.130 3	0.414 513	−0.130 3	0.414 513	−1.194 73	0.165 697	−1.194 73	0.165 697
2004	−1.194 73	0.165 697	−0.130 3	0.414 513	−0.130 3	0.414 513	−1.194 73	0.165 697	−1.194 73	0.165 697

(续表)

年份	南非		巴西		俄罗斯		印度		中国	
2005	−1.194 73	0.165 697	0.128 107	0.474 916	−0.130 3	0.414 513	−1.194 73	0.165 697	−1.194 73	0.165 697
2006	−1.194 73	0.165 697	0.386 51	0.535 319	−0.130 3	0.414 513	−1.194 73	0.165 697	−1.194 73	0.165 697
2007	−1.194 73	0.165 697	0.386 51	0.535 319	−0.130 3	0.414 513	−1.194 73	0.165 697	−1.194 73	0.165 697
2008	−1.194 73	0.165 697	0.386 51	0.535 319	−0.130 3	0.414 513	−1.194 73	0.165 697	−1.194 73	0.165 697
2009	−1.194 73	0.165 697	0.128 107	0.474 916	0.128 107	0.474 916	−1.194 73	0.165 697	−1.194 73	0.165 697
2010	−1.194 73	0.165 697	−0.130 3	0.414 513	0.386 51	0.535 319	−1.194 73	0.165 697	−1.194 73	0.165 697
2011	−1.194 73	0.165 697	−0.130 3	0.414 513	0.644 913	0.595 721	−1.194 73	0.165 697	−1.194 73	0.165 697
2012	−1.194 73	0.165 697	−0.130 3	0.414 513	0.903 317	0.656 124	−1.194 73	0.165 697	−1.194 73	0.165 697
2013	−1.194 73	0.165 697	−0.130 3	0.414 513	1.161 72	0.716 527	−1.194 73	0.165 697	−1.194 73	0.165 697
2014	−1.194 73	0.165 697	−0.130 3	0.414 513	1.161 72	0.716 527	−1.194 73	0.165 697	−1.194 73	0.165 697
2015	−1.194 73	0.165 697	−1.194 73	0.165 697	1.161 72	0.716 527	−1.194 73	0.165 697	−1.194 73	0.165 697

资料来源:http://web.pdx.edu/~ito/Chinn-Ito_website.htm。

尽管 The Chinn-Ito Index 能够反映一国的开放水平,但是也存在一些固有的缺陷:一是 IMF 的 AREAER 表格中的指标值本身就是定性判断,不是严格意义的赋值判断,作者根据两项值进行赋值,只能够反映大体状况,实际上只能够反映某一国开放程度在某一个区域范围内,属于某一个集团;二是通过主成分方法获得第一个特征向量来考察资本账户开放,但是随着新的数据获得,需要重新计算资本账户开放指数,不能够和过去年份算出的资本账户开放指数直接比较,这也是该方法的缺陷;三是这个资本账户开放指数只能够作为开放程度的初步判断,有一定的参考意义,但在具体实践中,要联系实际,要进一步细化,才能更加准确反映一国资本账户的开放程度。

第二节 人民币自由兑换的步骤

一、继续推进人民币自由兑换

我国外汇管理逐步由"宽进严出"向"双向均衡"转变,逐步降低政府行政管制,逐步取消内资与外资企业之间、国有与民营企业之间等的差别待遇。目前,在已有的基础上,继续完善对外直接投资项目下人民币自由兑换,同时重点推进证券投资项目和短期借贷的兑换进程,实现该项目下的人民币自由兑换,并逐步放开其他投资项目下的管制和兑换。扩大金融市场双向开放,稳妥有序推进资本项目可兑换。进一步健全完善宏观审慎政策框架下的外债和资本流动管理体系,不断强化资本项目统计监测和事中事后监管,切实防范跨境资本流动风险。

1. 国内对外投资的开放

要继续完善直接投资项目下人民币的自由兑换。允许企业用自有人民币资金或募集的资金向国家兑换外汇用于对外直接投资。因为经过企业的改革,国有企业在产权制度、公司治理结构等方面已经有了进步,企业自身各种利益激励和责任约束制度等已经建立,同时我国的监管能力也会有所增强,企业投资的质量和效益也会提高。

在进一步放开和完善直接投资的情况下,本阶段重点推进证券投资项下的人民币兑换。要进一步扩大居民对外证券投资的范围,放开居民企业和个人对外债权类、股权类证券的投资,允许企业和个人投资于外国公司的债券、股票或其他权益类证券。我国企业和个人逐步对外国市场有了相当的了解,投资将更加理性,对我国企业和个人来说风险将相对较小。特别是放开对外股权投资后,将增加企业或个人对外投资的渠道。

对于企业进行对外股票投资的资金,仍然仅限为自有外汇资金。企业证券投资外汇资金应该严格和企业对外直接投资账户资金分开,并分别监管。一方面由于股票投资风险相对较大,再加之我国企业没有在外国市场投资股票的经验,容易发生损失,如果允许在该项目下购汇投资,容易造成外汇资金的损失和浪费;另一方面由于我们已允许企业在对外直接投资中用自有人民币资金购买外币资金用于对外投资,我们应防止企业通过该项目购得资金用于股票投资,所以应对企业对外直接投资和证券投资账户分别监管。对于企业对外股票投资,应鼓励企业进行长期的权益性投资。因为对外进行长期权益性投资,有利于企业获得外国企业的各种优质资源,如管理资源、技术资源、财务资源等,有利于提高企业自身的素质和竞争力。在企业为获得控制权而追加投资时,可以考虑允许企业用自有人民币资金兑换外汇资金,但这部分购汇要求要对其真实性进行审查,这对银行对企业外汇资金运用的监管提出了较高的要求。

允许我国企业到国外市场发行债券。随着我国企业的国际经验逐渐丰富,对国际市场的法律、法规、市场状况等因素也更加熟悉,此时放开我国企业在国外发行债券的限制,以使我国企业能有效地利用国际金融市场的资金,扩大融资渠道,有效利用国际资金。发行的债券一般以外币为面值,非居民用外币购买。随着我国推进人民币成为国际货币,允许我国企业在国外市场发行以人民币为面值的债券,非居民可用人民币购买,偿还时也用人民币偿还,此举将对促进人民币的国际化有利。

在允许我国企业到国际市场发行债券的同时,允许我国企业在国际市场发行股票等权益性证券。取消现阶段实施的主体资格审批等审批制度,改为行业指导,对那些关系到国家重大利益和安全的行业的企业应当对其在国际市场发行股票募集资金的规模进行指导和限制,或者禁止国际资本对这些企业投资控股。而对其他行业的企业,只要是有能力在国际金融市场上发行股票募集资金的企业,可自行决定是否到国际市场募集资金。当然也可以像发行债券一样,允许我国企业在国际市场发行双币种的股票,非居民可以用外币购买,也可用人民币购买,以此促进人民币的国际化。

当企业对外国债券和股票市场投资有了更多的了解和投资经验后,可考虑放开企业对外国金融衍生品市场的投资。因为当在债券和股票市场的投资进行到一定程度,规避投资风险的要求将产生,而衍生品市场的重要功能就是为投资者提供规避风险的手段,因此适时的放开对衍生品投资的限制将进一步促进我国居民对国外债券市场和股票市场的投资。我国企业在国际衍生品市场的投资运作经验将对我国国内衍生品市场的发展起到推动作用。在对衍生品投资的开始阶段暂不放开企业在该项目下用人民币兑换外币的要求,企业这部分投资的资金还是以企业自有的外汇为主。

同样对于居民个人对外证券类投资,放开投资证券的种类,从债券扩大到股票和其他股权类证券以及衍生品证券。目前我国居民个人结售汇管理不断放松,但是对外投资仍然存在一定的管制,个人对外投资放开要从自贸区开始先行先试,自贸区内的个人对外投资包括结售汇会逐步放松,同时考虑取消对居民用自有人民币资金兑换外币的限额要求,从而实现人民币在居民个人证券投资项目下的完全自由兑换,但自贸区外的个人对外投资包括结售汇会继续加强管理(见表6-17),渐进式开放。

表6-17 个人结售汇管理政策

时间	内容
2017.5.19	外国人永久居留身份证可作为个人办理结售汇业务的有效身份证件,持外国人永久居留身份证的外籍人员适用结汇和购汇等值5万美元的年度便利化额度
2015.12.25	国家外汇管理局颁布关于进一步完善个人外汇管理有关问题的通知,个人在办理外汇业务时,应当遵守个人外汇管理有关规定,不得以分拆等方式规避额度及真实性管理。国家外汇管理局及其分支局对规避额度及真实性管理的个人实施"关注名单"管理
2009.11.25	国家外汇管理局颁布关于进一步完善个人结售汇业务管理的通知,为进一步完善个人结售汇管理,遏制个人以分拆等方式规避限额监管,规范个人手持外币现钞结汇行为
2006.12.25	颁布《个人外汇管理办法》。对个人结汇和境内个人购汇实行年度总额管理。年度总额内的,凭本人有效身份证件在银行办理;超过年度总额的,经常项目项下凭本人有效身份证件和有交易额的相关证明等材料在银行办理,资本项目项下按照有关规定办理
2006.5.1	放宽境内居民个人购汇政策,实行年度总额管理
2005.8.3	提高境内居民个人经常项目下因私购汇指导性限额。境内居民个人持境内银行发行的外币卡在境外用于经常项目消费或提现形成的透支,持卡人按规定可以到银行购汇偿还。进一步简化境内居民个人经常项目下因私购汇凭证。对于自费留学人员只有在汇出或在境内银行预交签证保证金后才能取得有效入境签证的特殊情况,允许其在银行交纳2 000元人民币保证金后,持规定的证明材料办理购汇手续
2005.1.27	国家外汇管理局、外交部、公安部、监察部、司法部关于实施《个人财产对外转移售付汇管理暂行办法》有关问题的通知
2005.1.1	调整境内居民个人自费留学的供汇指导性限额。简化自费留学人员购汇时需提供的生活费证明材料
2004.12.15	放宽"企业"和"预算外单位"人员出国(境)进行考察、访问、学习、经贸洽谈、举办展览、培训或研修等公务出境活动的用汇
2004.4.1	居民个人的合法外汇收入可以依照有关规定到银行办理结汇
2004.3.1	规范"非居民个人"在境内办理外汇收支、外汇划转、结汇、购汇、开立外汇账户的管理
2003.10.1	提高境内居民个人(以下简称居民个人)经常项目下购汇的指导性限额。扩大自费留学的供汇范围。对赴邻国边境地区旅游的居民个人售汇

(续表)

2002.11.20	调整因公出国人员个人自费购汇标准
2002.11.21	境内居民个人通过黑龙江、内蒙古和新疆三省区边境口岸前往与之接壤国家的边境地区旅游,可以委托有权办理边境旅游的旅行社(以下简称"旅行社"),到该三省区经国家外汇管理局或其分支局(以下简称"外汇局")授权经营境内居民个人售汇业务的银行,办理购买外汇手续
2001.12.1	对赴国(境)外攻读正规大学预科以上学位(含预科)的自费留学人员的学费和生活费予以供汇
1999.10.1	取消居民个人1年内因私多次出境年度供汇一次的限制
1998.9.1	颁布《境内居民个人外汇管理暂行办法》

资料来源:www.safe.gov.cn。

总体上,在现有人民币兑换格局的基础上,我们将实现人民币的最终自由兑换(主要是资本项目下的自由兑换)的制度安排,基本上遵从了先实现居民企业资本账户下人民币的自由兑换,再实现居民个人资本项目的自由兑换,即先企业后个人的顺序。之所以先放开居民企业资本项目的兑换,再放开个人资本项下的自由兑换,是基于下面几个方面的原因:首先,居民企业经济能力强,能够获得更多的投资信息,能够更好地配置外币资产,抗风险能力较大。其次,居民个人相对企业其数量大得多,每个个体经济能力较弱,国际金融市场瞬息万变,作为居民个人,抗风险能力弱,不利于金融市场的开放与稳定。

2. 国外对内投资的开放

在放开我国居民对外投资的同时,应进一步扩大吸收利用外国资金的渠道,逐步放开非居民在证券投资项目下对我国的投资。首先放开非居民对我国的债券投资,在我国现阶段实施的QFII基础上,放开资格审批限制,允许非居民投资于我国的债券。对于外国机构投资者可进入我国银行间外汇市场交易兑换人民币,个人交易者可以进入OTC外汇市场兑换人民币。

其次,在QFII制度的基础上,进一步放开对投资主体的资格审批,逐步放开非居民对我国股票等权益证券的投资,允许境外机构和个人投资我国股票市场,但在资金数量、持股比例、持股时间等方面要逐步放开。机构投资者其资金兑换可通过向银行购买人民币,也可进入银行间外汇市场购买,非居民个人的兑换要求可以通过OTC外汇市场。对于非居民对我国股票投资的开放应注意两点:一对于投资领域的指导,这即是对国家安全的需要,也是减少非居民投资境内股票对我国经济冲击的需要,鼓励其进入一级市场进行长期权益投资。对于二级市场的投资,要防止其过度投机,如对于房地产等行业要限制其过度进入,防止形成泡沫。因此可以制定政策对其在国内的投资时间进行约束,如对于投资时间短于1年就流出的,对其征收资本增值税等税收,并且制定较高的税率,如果投资时间越长,退出时征收的税率越低。通过这种做法限制过度投机行为,以保护我国股市健康发展。

在此基础之上,逐步放开非居民到我国境内发行债券,允许非居民到我国市场发行债券融资。随着国外机构发行债券规模的不断增加,可以逐步放松非居民发债主体的资格审查,一方面是由于我国居民个人和企业已经有相当的国际化视野和在国际市场运作的经验,对国际市场已比较熟悉,在市场的博弈中他们自己会作出较理性的判断。那些质量差的外国企业的债券在我国市场将不会吸引到投资者,自然会在我国市场淘汰。还有我国要大力发展和完善信用评级机构,发挥信用评级机构在资本账户开放中的重要作用,信用评级机构要客观公正,要经得起市场检验,要树立市场的信任度。中国信用评级机构要对来中国发行债券的公司给出信用评级,作为能否在中国发行债券的一个市场标准。市场的筛选功能会强于国家的甄别和筛选。另一方面,国家主体的能力毕竟是有限的。随着我国经济的发展,金融市场的能量扩大,我国金融市场的吸引力将增强,要到我国市场来融资的企业会越来越多。国家审查方式将不能满足这一要求,其作用和效果将降低,影响着这一市场的发展,同时这种方式也容易引起寻租行为发生,所以将这种筛选交给市场是最合适、最有效的方法。

相应地也放开非居民到我国市场发行股票等权益性证券的限制,允许非居民到我国境内发行和销售股票。我们允许我国企业到国际市场投资外国企业的股票,这对于那些熟悉国际市场的企业将是一个机会,也能够积累经验,但是对我国境内那些实力不够以及没有国际市场经验的企业来说并不意味着是个机会。因此,在本阶段允许非居民到我国境内发行和销售股票,对我国境内那些初涉国际市场的企业来说既提供了一个投资机会,也提供了一种参与国际市场的手段,这将进一步增强我国企业参与国际市场的程度。同样中国信用评级机构的发展对上市公司的评级也尤为重要,中国信用评级机构要对来中国发行股票的公司给出信用评级,作为能否在中国市场发行股票融资或投资的一个重要参考标准。

二、近年来中国资本账户的开放

1. 资本账户开放的一些举措[①]

近年来,我国不断提高资本项目可兑换程度[②]。改革合格境外机构投资者(QFII)额度管理,扩大境内资本市场开放。2016年2月,外汇局发布了《合格境外机构投资者境内证券投资外汇管理规定》,对合格境外机构投资者(QFII)外汇管理制度进行改革。主要改革内容包括:放宽单家QFII机构投资额度上限,

---

① 我国资本账户开放的一些相关文件见本章附录。
② "主动适应外汇形势新常态,深入推进重点领域改革及金融市场开放,国家外汇管理局有关负责人就外汇管理有关问题答本报记者问",来源:金融时报,2016年12月19日。

不再对单家机构设置统一的投资额度上限,而是根据机构资产规模或管理的资产规模的一定比例作为其获取投资额度(基础额度)的依据;简化额度审批管理,对QFII机构基础额度内的额度申请采取备案管理,超出基础额度的,才需外汇局审批;进一步便利资金汇出入,对QFII投资本金不再设置汇入期限要求,允许QFII开放式基金按日申购、赎回;将锁定期从1年缩短为3个月,保留资金分批、分期汇出要求,QFII每月汇出资金总规模不得超过境内资产的20%。进一步放宽了QFII额度限制,并简化了审批流程,为跨境证券投资及资金出入提供了更多便利。

统一规范并简化资本项目结汇管理政策。2016年4月,外汇局统一中、外资企业外债结汇管理政策,允许中资非金融企业借用的外债资金参照现行外商投资企业外债管理规定结汇使用。推动银行间债券市场对外开放。为配合人民银行进一步开放境内银行间债券市场,2016年5月,外汇局规范境外机构投资者投资银行间债券市场外汇管理,不设单家机构限额或总限额,并对境外机构投资者实行登记管理,境外机构投资者可到银行直接办理登记汇兑手续。同时为控制风险,要求资金汇出入币种基本一致,投资者汇出资金中本外币比例应保持与汇入时的本外币比例基本一致,上下波动不超过10%。根据统计数据,截至2018年上半年,从外资持债结构看,57%的海外资金配置国债,其中以3~5年期为主。24%的海外资金配置各类政府、金融债,外资持仓占整个政府、金融债市场比重约2.4%。2016年6月,全面实施外债资金意愿结汇管理,并统一境内机构资本项目外汇收入意愿结汇政策。同时,对资本项目收入的使用实施统一的负面清单管理模式,并大幅缩减相关负面清单,进一步满足和便利境内企业经营与资金运作需要,促进跨境投融资便利化。2017年7月,"债券通"的"北向通"开通。"债券通"是指境内外投资者通过香港与内地债券市场基础设施机构连接,买卖两个市场交易流通债券的机制安排。"北向通"使得境外投资者可经由香港与中国内地基础设施机构之间在交易、托管、结算等方面互联互通的机制安排,投资于内地银行间债券市场。随着2017年债券通放开,外资对国内同业存单市场购买不断增加,外资持仓占整个同业存单市场比重从2017年中的0.2%迅速升至2018年7月末的2.0%。

2018年6月12日,国家外汇管理局发布《合格境外机构投资者境内证券投资外汇管理规定》,人民银行会同国家外汇管理局发布《中国人民银行国家外汇管理局关于人民币合格境外机构投资者境内证券投资管理有关问题的通知》,完善合格境外机构投资者(QFII/RQFII)境内证券投资相关管理,进一步便利跨境证券投资。主要包含以下三点:一是取消资金汇出限制。本次规定是取消QFII每月资金汇出不超过上年末境内总资产20%的限制,合格投资者可委托托管人办理相关投资本金和收益汇出。政府对资金汇出的规定逐渐放宽,资金汇出的时间由按月办理(2009)逐步改革为按周办理(2012)、按日办理(2016);2016年取消了对汇入投资本金的最低限制;2018年在此基础上取消了QFII每月资金汇出不超过上年年末境内总资产20%的限制,同时取消了"分期、分批汇出"的说法。二是取消本金锁定期要求。本次规定是取消QFII、RQFII本金锁定期要求,将现存的QFII投资3个月锁定期、RQFII非开放式基金投资3个月锁定期全部取消,境外机构投资者可以根据需要办理资金汇出。QFII方面,2016年将所有合格投资者的本金锁定期统一为3个月,并且将计期方式改为累计汇入投资本金达到等值2 000万美元之日起计算;RQFII方面,由2013年的"一年"转变为2016年的"三个月",本次也一并全部取消锁定期要求。三是允许QFII、RQFII外汇套保。本次规定是明确合格机构投资者外汇风险管理政策,允许QFII、RQFII对其境内投资进行外汇套保,对冲其汇率风险。四是投资额度宏观审慎管理,QFII与RQFII额度计算公式维持不变。

国家外汇管理局2018年5月31日发布的数据显示,2017年年末,我国对外证券投资资产(不含储备资产)4 977亿美元。其中,股权类投资3 035亿美元,债券类投资1 942亿美元。

为进一步深化资本项目外汇管理改革,推进简政放权,促进贸易投资便利化,2014年2月10日,国家外汇管理局发布《国家外汇管理局关于进一步改进和调整资本项目外汇管理政策的通知》。一是简化融资租赁类公司对外债权外汇管理。二是简化境外投资者受让境内不良资产外汇管理。三是进一步放宽境外直接投资前期费用管理。四是进一步放宽境内企业境外放款管理。五是简化境内机构利润汇出审核。六是改进证券公司《证券业务外汇经营许可证》管理。

2017年,一系列资本项目便利化改革顺利开展。《国家外汇管理局年报(2017)》介绍,特定区域、特定行业的结汇资金对外支付便利化试点落地,为进一步放开资本项目外汇收入结汇与支付管理积累了经验。深圳地区银行不良资产跨境资产转让试点、中关村国家自主创新示范区高科技企业外债便利化试点以及天津融资租赁企业外债便利化试点等先后开展,积极探索符合地方经济发展实际和企业涉汇需求特点的改革措施,切实服务地方经济发展。

还有其他放松管制的措施也在计划实施[①]:

(1) 取消银行和金融资产管理公司的外资持股比例限制,内外资一视同仁;允许外国银行在我国境内同时设立分行和子行,大幅度扩大外资银行业务范围。

(2) 将证券公司、基金管理公司、期货公司、人身险公司的外资持股比例上限放宽至51%,3年后不再设限。

(3) 不再要求合资证券公司境内股东至少有一家是证券公司,不再对合资证券公司业务范围单独设限,内外资一致。

---

① "易纲行长在博鳌亚洲论坛宣布进一步扩大金融业对外开放的具体措施和时间表",2018年4月11日,来自www.pbc.gov.cn。

(4) 为进一步完善内地与香港两地股票市场互联互通机制,2018 年 5 月 1 日起把互联互通每日额度扩大四倍,即沪股通及深股通每日额度从 130 亿元调整为 520 亿元人民币,港股通每日额度从 105 亿元调整为 420 亿元人民币。

(5) 允许符合条件的外国投资者来华经营保险代理业务和保险公估业务。

(6) 全面取消外资保险公司设立前需开设 2 年代表处要求,放开外资保险经纪公司经营范围,与中资机构一致。

(7) 鼓励在信托、金融租赁、汽车金融、货币经纪、消费金融等银行业金融领域引入外资。

2018 年 7 月 10 日,上海发布《上海市贯彻落实国家进一步扩大开放重大举措加快建立开放型经济新体制行动方案》(简称扩大开放 100 条),主要集中在三方面:一是对国家宣布的开放措施作了具体展开。比如"取消在沪银行和金融资产管理公司外资持股比例限制,支持外国银行在沪同时设立分行和子行"。二是对部分开放作出部署,提出先行先试。比如,对国家明确的三年后不再对人身险公司的外资持股比例设限,表述为"争取 3 年内取消外资人身险公司持股比例限制"。三是突出上海的市场优势和功能特色。包括金融要素市场和自由贸易账户等优势。比如,"支持境外企业和投资者参与上海证券市场,修改完善发行上市规则"等。

随后,2018 年 9 月 5 日,广州市推出了《关于广州扩大金融对外开放提高金融国际化水平的实施意见》,根据实施意见,广州将取消银行和金融资产管理公司的外资持股比例限制;将证券公司、基金管理公司、期货公司、人身险公司的外资持股比例上限放宽至 51%,三年后不再设限,争取加快取消证券机构外资持股比例限制;大幅度扩大外资银行业务范围。此外,与港澳共同发展离岸金融业务,探索建立与粤港澳大湾区建设相适应的账户管理体系。依托广东自贸区南沙片区积极推进跨境人民币业务创新试点工作,争取 NRA 账户业务创新先行先试,打通离岸在岸资金通道等。

上海和广州根据国家进一步扩大金融开放的总体部署,先行先试,把资本账户开放引向深入。上海和广州金融开放提出具体措施,以点带面,把资本账户的开放进一步细化、深化,积累经验。上海和广州等城市是我国金融业比较发达和金融业比较集中的地区,对长三角和珠三角的辐射能力强,既能够提高长三角和珠三角金融发展水平和服务水平,促进金融资源的有效配置,也能够带动长三角和珠三角实体经济的进一步发展。

此前宣布的各项开放措施均在顺利推进,我们已经放开了银行卡清算机构和非银行支付机构的市场准入限制,放宽了外资金融服务公司开展信用评级服务的限制,对外商投资征信机构实行国民待遇。此外,经中英双方共同努力,目前沪伦通准备工作进展顺利,预计 2018 年内开通"沪伦通"。

外管局加强事中事后管理,提高外汇管理有效性。一是完善货物贸易、直接投资等外汇管理,加强真实性合规性审核;强化对商业银行的管理,督促商业银行认真落实展业三原则,履行真实性合规性审核要求。二是坚决打击各种外汇违规行为。针对跨境资金违规流动开展各类专项检查,加大对大要案件和地下钱庄等外汇违法犯罪行为的打击力度,维护外汇市场正常秩序。2016年1月至10月,共查处外汇违规案件1 544起,处行政罚款逾2.88亿元人民币。三是搭建银行自律平台,统一展业原则执行标准,组织14家核心成员银行签署《银行外汇业务展业公约》,发布实施《银行外汇业务展业原则》,严控规避政策投机套利行为。

2. 资本账户自贸区开放试点

2015年10月21日召开的国务院常务会议强调,把上海国际金融中心建设与上海自贸试验区金融改革试点相结合,推进金融业对内对外开放,使资本项目可兑换得到全面有序实施。自贸区企业和金融机构境外融资全面放开,上海个人境外投资落地实施,利率市场化全面推进,上海金融市场实现与国际市场双向开放,金融业准入扩大对内对外开放,金融监管的负面清单管理全面实施。中国人民银行出台了《关于金融支持中国(上海)自由贸易试验区建设的意见》("央行30条")。自贸区账户体系是人民银行支持自贸区发展30条意见中的关键内容①,是探索投融资汇兑便利、扩大金融市场开放和防范金融风险的一项重要制度安排。自由贸易(free trade)账户是银行为客户在上海自由贸易试验区分账核算单元开立的规则统一的本外币账户,属于人民银行账户体系的专用账户。对境内企业来说,拥有自由账户基本就是拥有了一个可以和境外资金自由汇兑的账户。而对境外企业来说,则意味着它们可以按准入前国民待遇原则获得相关金融服务。根据央行要求,自由贸易账户的账号之前必须添加FT打头的3位英文字母作为前缀标识,并在资金的汇出、清算、兑换和汇入等各业务流程中全程体现该标识。目前,已经通过风险合格审慎评估的有7家银行:中国银行上海市分行、工商银行上海市分行、建设银行上海市分行、浦东发展银行上海分行、上海银行、交通银行上海分行及招商银行上海分行。其中中行、工行、建行上海市分行、浦发行上海分行、上海银行5家银行,已经验收接入央行上海总部系统。也就是说,它们已具备开立自由贸易账户的资格。FT账户可更方便地办理经常项下和直接投资项下的跨境资金结算。

自贸区内和境外五类主体可以根据央行规定,申请开立自由贸易账户。①区内机构:包括上海自贸区内依法成立的法人和非法人企业,以及境外机构驻区内机构,账号前缀FTE,上海全市授权开办网点都可以开立。②境外机构:是指在境外(含港澳台)注册成立的法人和其他组织,账号前缀FTN,区内注册的

---

① 2014年5月22日,央行上海总部正式发布《中国(上海)自由贸易试验区分账核算业务实施细则(试行)》和《中国(上海)自由贸易试验区审慎管理细则(试行)》,上海自贸区自由贸易账户体系正式落地。

授权开办网点才可以开立。③同业机构：是指已被央行验收通过的其他金融机构的分账核算单元以及境外金融机构，账号前缀FTU，上海全市授权开办网点都可以开立。④区内个人：是指在上海自贸区工作，并由其区内工作单位向中国税务机关代扣代缴一年以上所得税的中国公民，账号前缀FTI，上海全市授权开办网点都可以开立。⑤区内境外个人：是指持有境外身份证件、在试验区内工作1年以上、持有中国境内就业许可证的境外（含港澳台）自然人，账号前缀FTF，上海自贸区内注册的授权开办网点才可以开立。境内区外的企业和个人不能开立自由贸易账户。一个客户对FT账户的数量无限制，即在不同银行或在同一银行的不同营业网点均可开立FT账户。

在区内就业并符合条件的个人可按规定开展包括证券投资在内的各类境外投资，即可以用FT账户直接买美股、港股。个人在区内获得的合法所得可在完税后向外支付；区内个体工商户可根据业务需要向其在境外经营主体提供跨境贷款。区内企业的境外母公司可按国家有关法规在境内资本市场发行人民币债券。根据经营需要，注册在试验区内的中外资企业、非银行金融机构以及其他经济组织可按规定从境外融入本外币资金。允许符合条件的区内企业按规定开展境外证券投资和境外衍生品投资业务。同一非金融机构自由贸易账户与其开立的境内其他银行计算账户之间，可办理以下业务项下的人民币资金划转：经常项下业务；偿还自身名下且存续期超过6个月（不含）的上海市银行业金融机构发放的人民币贷款，偿还贷款资金必须直接划入开立在贷款银行的同名账户；新建投资、并购投资、增资等实业投资；中国人民银行上海总部规定的其他跨境交易。

2018年6月21日下午，上海自贸试验区管委会推出《中国（上海）自由贸易试验区关于扩大金融服务业对外开放进一步形成开发开放新优势的意见》，扩大银行、证券、保险等业务，力争率先形成金融开放新优势。在上海自贸试验区稳步推进资本项目管理的便利化和可兑换，先行先试外汇管理改革，拓展自由贸易账户的投融资功能和适用范围。支持境外投资者参与上海证券市场，支持境外创新企业在沪发行中国存托凭证（CDR），争取年内开通"沪伦通"；持续深化原油期货、"沪港通""债券通"、黄金国际板的金融创新；支持上海保交所搭建国际再保险交易平台，探索建立保险业"一带一路"国际再保险共同体，进一步提升上海自贸试验区的全球金融资源配置能力。

因此，上海自贸区以"投融资汇兑便利"为核心的资本账户开放试点，主要包括企业跨境投资、个人跨境投资和跨境借款融资三个方面，关键亮点在于"负面清单"制度和以"沪港通"为标志的个人跨境投资的初步尝试。总体上看，上海自贸区已通过一系列试点迈开了推进我国资本账户开放的第一步。跨境双向直接投资方面，在我国已实现资本项目基本可兑换的基础上，进一步通过负面清单制度放开限制措施，扩大"引进来"与"走出去"的成果。在证券投融资方面，在QDII、QFII、RQFII的基础上，已推出的"沪港通"将加快股市开放，境外发行人民币债券打破资金不能回流的限制,融资区域也从香港扩至更广泛地区,境外企业在境内发债融资也已获批。跨境人民币贷款业务更在人民币国际化浪潮下取得了突破。上海自贸试验区金融改革试点,有利于促进资本项目自由兑换,实现上海金融市场与国际金融市场双向开放,推动上海国际金融中心的建设。

第三节 人民币自由兑换和"三元悖论"

20世纪60年代初,弗莱明和蒙代尔提出货币政策完全独立、资本的自由流动、汇率稳定三项目标中,一国政府最多只能同时实现两项。经济学家克鲁格曼基于对亚洲金融危机研究发展了这一思想,于20世纪90年代提出"永恒三角形"理论,指出一国货币政策操作中不可能同时满足货币政策独立性、汇率稳定与资本自由流动这三个目标。他在《萧条经济学的回归》[①]一书中写道:"世界各大洲都会从下列三种汇率制度中选择其一,但这三种制度都有严重的缺陷。它们可以选择一个独立的货币政策,而让汇率自行波动,这样它们就可以对付经济衰退;它们可以选择固定汇率,让市场相信它们绝对不会贬值,这会令商业活动简单而且安全,但会将上述的'放之四海而皆准的货币政策'的矛盾带来;它们还可以选择'可调整的盯住'汇率制度,即在稳定汇率时保留调整的权力。为此,它们需要限制资本的流动,这点很难做到,而且会给商业活动增加额外的成本。同时,像限制任何有利可图的交易一样,这种限制是腐败的温床。"我国选择的是控制资本自由流动,保障货币政策独立性及汇率稳定这两个目标。

一、资本自由流动和"三元悖论"

一个国家货币当局的政策独立性与其选择的汇率制度和本币的自由兑换程度有很大关系。赞成固定汇率制的人认为:固定汇率制下的汇率水平是相对稳定的,能使各国经济连成一个稳定的经济体系,有利于世界经济的协调发展,而浮动汇率制则会由于汇率的波动导致国际贸易的不确定性,不利于国际贸易的发展;采用固定汇率制的货币当局必须在一定程度上放弃货币政策的独立性,从而避免浮动汇率制下的"以邻为壑"(汇率竞争性贬值)的汇率政策滥用现象,有利于国际经济合作。货币政策和财政政策的有效性在不同的汇率制度下是不同的,最经典的模型是20世纪60年代的蒙代尔-弗莱明模型(Mundell-Fleming model),采用宏观经济学中的 IS-LM 模型进行分析。利率目标和汇率目标之间存在冲突,这中间起作用的主要是利率平价机制。假设 i_t,i_t^* 分别是指本国货币和外国货币投资在 t 到 $t+1$ 期的利率,S_t 代表外汇市场上即期汇率(汇率以直

[①] [美]保罗·克鲁格曼:《萧条经济学的回归》,中国人民大学出版社1998年版。

接标价法表示),用 E_tS_{t+1} 表示在 t 期预期 $t+1$ 期的即期汇率。因此利率平价可表示为:$E_tS_{t+1}(1+i_t^*) = S_t(1+i_t)$,则:$(E_tS_{t+1} - S_t)/S_t = (i_t - i_t^*)/(1+i_t^*)$。

图 6-3 中左边 IP 表示利率平价公式,右边是 IS-LM 曲线,初始均衡点在 A 点,利率为 i_0,汇率为 S_0。在固定制度下,采用财政政策时,如图 6-3 所示,扩张的财政政策带来 IS 曲线右移至 IS_1,利率上升。利率上升导致资本内流,本币有升值压力。为了维持固定汇率,必须将流入的外资完全货币化,LM 曲线右移至 LM_1,利率回落至原先的水平,产出进一步增加。

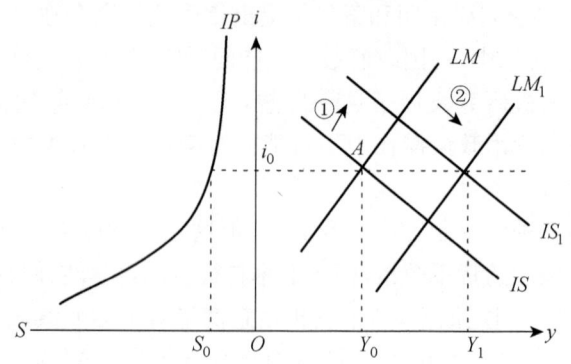

图 6-3 固定汇率制下财政政策有效性分析

在固定汇率制下,采用货币政策时,如图 6-4 所示,扩张的货币政策带来 LM 曲线右移至 LM_1,利率下降,资本外流,本币有贬值压力。为了维持固定汇率,货币当局必须在外汇市场上卖出外汇储备,货币供应量减少,LM 曲线左移至原来的位置,产出和利率都没有变化,但基础货币的构成发生改变,国外信用收缩,国内信用扩张。

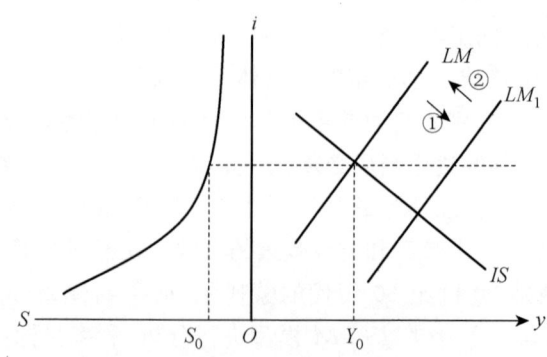

图 6-4 固定汇率制下货币政策有效性分析

因此在资本完全流动的条件下,如果选择固定汇率,则财政政策是有效的,而货币政策是无效的,货币政策是没有独立性的。也就是说,在固定汇率制度下,为了维持固定汇率,中央银行卖出外汇买进本国货币。外汇市场的干预将减少本币供给,抵销货币政策调控当局扩张货币供应的努力。若是采用紧缩性货币政策也会由于利率上升,资本流入,汇率存在升值压力,中央银行买入外汇,增加货币量,而使货币政策同样无用。可见,固定汇率制下,若资本具有完全流动性,则国内的货币政策不取决于宏观经济的需要,而是被动地取决于维持固定汇率的需要,货币政策低效或无效。因此,学术界对开放经济条件下汇率稳定与货币政策独立性之间的关系进行了新的分析,将开放经济下宏观经济目标选择的理论发展为著名的"三元悖论"(见图6-5),也称为"蒙代尔-弗莱明不可能三角"(Mundell-Fleming's Impossible Trinity)。它指的是一国货币政策独立、汇率稳定和资本的完全流动三个目标只可能达到两个,不可能三者兼得。

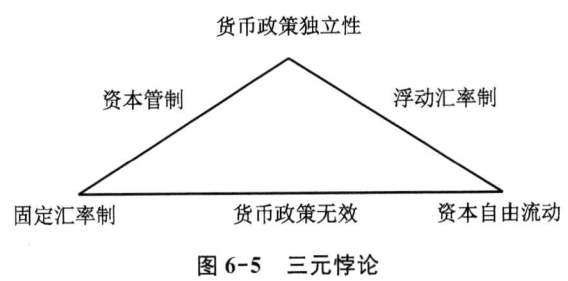

图6-5 三元悖论

图6-5表明,一个国家必须选择三角形的一边。若选择底边,则只能实现固定汇率制和资本自由流动,同时货币政策被迫无效;若选择左边,则在不改变固定汇率制的前提下,要求货币政策独立,唯一可行的是实行资本管制;若选择右边,实现货币政策独立性和资本自由流动,则必须放弃固定汇率制,实行浮动汇率制。

这一理论反映了开放经济下经济体系内部所蕴含的矛盾,即开放经济下宏观调控当局面临多重相互交织相互矛盾的目标时必须有所取舍,而这一取舍必须针对各国当时的实际经济运行状况。西方发达国家在1973年以后纷纷选择货币政策独立和资本自由流动目标,放弃汇率稳定目标,这是因为发达国家对汇率不稳定的承受力较强,国际资本市场对发达国家信心充分,汇率的贬值不会造成资本大量逃避。而发展中国家对汇率不稳的承受力不足,货币贬值往往造成资本的大量逃避,所以纷纷选择了货币政策独立和汇率稳定,放弃资本完全流动。

二、中国的"三元悖论指数"

实际上,"三元悖论"反映的是极端情况,固定汇率、货币政策独立性和资本自由流动三者不能同时存在,最多只能够两者成立。在现实生活中,很少有完全固定汇率、资本完全自由流动和货币政策完全独立,往往是处于两者之间,如汇率制度处于固定汇率和浮动汇率之间,资本是不完全流动,货币政策也是部分独立的,因此 Aizenman, Joshua, Menzie D. Chinn 和 Hiro Ito(2008)构建了"三元悖论指数","三元悖论指数"包括"货币政策独立性指数""汇率稳定指数"和"资本账户开放指数"。"货币政策独立性指数"主要用本国和基准国家(如美国)的月度利率(i)的年相关性来度量,定义为:$MI = 1 - \frac{corr(i_i, i_j) + 1}{2}$,其中下标 i 表示本国,j 表示基准国家,因此 MI 在 0～1 之间,指数值越大,表示货币政策的独立性越高。"汇率稳定指数"用本国和基准国家之间的月度汇率波动的年标准差来反映,定义为:$ERS = \frac{0.01}{0.01 + stdev(\Delta(\log exchrate))}$,同样 ERS 也在 0～1 之间,指数值越大,表示汇率越稳定。"资本账户开放指数"用 The Chinn-Ito Index 来表示,该指数标准化后在 0～1 之间,指数值越大,表示资本账户开放度越高。根据指数定义,可以得到中国香港和中国内地的"三元悖论指数"见图 6-6、图 6-7。

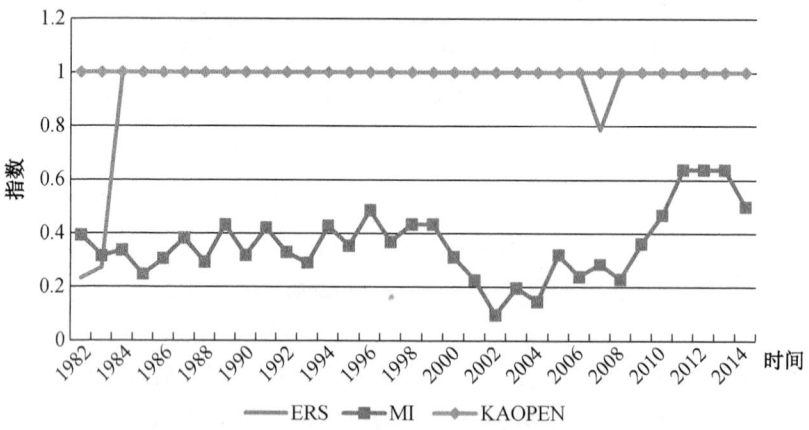

资料来源:http://web.pdx.edu/~ito/trilemma_indexes.htm。

图 6-6 中国香港的"三元悖论指数"

中国香港是高度开放的小型经济体,港币汇率比较稳定,资本账户高度开放,货币政策独立性相对较低。香港放弃了货币政策的独立性,保持了港币稳定和资本账户的高度开放。

从中国内地的情况来看,人民币汇率弹性有所增加,资本账户存在一定的管制,货币政策有一定的独立性。根据 Aizenman, Joshua, Menzie D. Chinn 和 Hiro Ito(2008)研究结果,通过回归可以得到这三个指数的加权平均和为一常数,意味着一个指数的增加,必须通过另一个或另两个指数的下降来平衡,如增加汇率弹性(ERS 下降),意味着货币政策独立性可以上升或资本账户开放度上升或两者兼而有之;资本账户开放度上升,意味着汇率弹性可以增加或货币政策

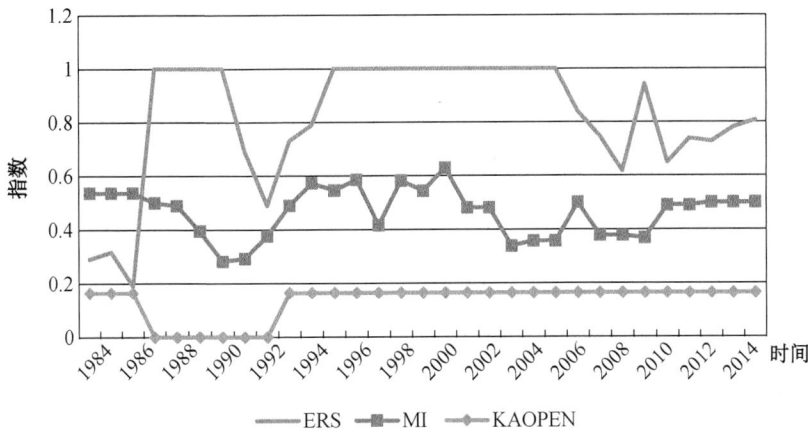

资料来源：http://web.pdx.edu/~ito/trilemma_indexes.htm。

图 6-7 中国大陆的"三元悖论指数"

独立性上升或两者兼而有之。实际上，汇率制度、资本账户开放和货币政策独立性三者之间是相互影响、相互制约的，如何协调好这三者之间的关系，如何把握三者度的协调是货币当局面临的挑战。

值得指出的是，尽管"三元悖论指数"能够一定程度上反映货币政策、汇率政策和资本账户开放之间的关系，但是模型中货币政策独立性定义和汇率制度弹性定义存在一定的问题。利用利率相关性来度量货币政策独立性对利率还没有市场化的国家是不准确的，特别是一些新兴市场经济国家，由于存在利率管制，货币政策的独立性主要体现在数量型工具上，利用利率的相关性可能不能够很好地反映这些国家货币政策的独立性[①]。还有利用双边汇率还是利用多边汇率(有效汇率)来度量汇率稳定，哪一个更加合适，也是一个值得思考的问题。

第四节 资本账户的开放和金融危机防范

20 世纪 70 年代初布雷顿森林体系解体之后的世界经济逐渐具备了开放经济的特点，这表现在：世界经济的一体化的进程飞速发展，经济自由化和金融深化的浪潮空前高涨，国际金融领域里也掀起了放松管制的高潮，金融市场的交易也随之显现出国际化、证券化、衍生化的趋势。加之先进的现代通讯和电子技术的运用，资金在世界各金融市场间迅速转移，国际资本的大规模流动愈发频繁。

---

① 如中国香港和中国内地情况就是如此，从图 6-6、图 6-7 可以看出，有时中国香港货币政策的独立性要高于中国大陆，中国香港利率是高度市场化利率，而中国内地利率存在一定管制，因此"货币政策独立性指数"度量中国内地的情况可能并不准确。

其中,以各种基金、大银行、非银行机构甚至大企业为主体的私人资本占据了主导地位,其追逐利润最大化的本性驱使它们在国际金融市场间兴风作浪,成为引发货币危机的"导火索"——投机性攻击的主力。20世纪70年代,大多数金融市场都通过信贷配给来调节,经常实际利率为负,70年代后期和80年代初期,随着发展中国家的金融自由化改革,导致实际利率的上升,资本内流,金融自由化经常先于金融危机。

在20世纪90年代,新兴市场经济国家资金流入强劲增长。流入墨西哥的资金从1987—1988年的平均21亿美元增加到1993年的360亿美元,几乎占GDP的9%。这些流入资金的组成也发生了变化,证券投资增加了在总流动中的份额。在1991—1993年,证券投资每年平均占总资金流入的72.2%。发达国家利率的降低是拉美国家在90年代初期资本流动大幅增加的重要原因。尤其在90年代初期,证券投资占了相当大的份额,很明显与利差有关,但墨西哥的发展潜力和10年间的经济改革增强了本国对投资的吸引力。20世纪90年代大量外资流入东南亚国家,如泰国从1993年起通过BIBF引进的外资占引进外资总额的很大部分,从1993年的77亿元增加到1994年的105亿元,在1995年有少许回落,为87亿美元。泰国1996年通过BIBF获得的外资贷款占泰国引进外资总额的比例有上升趋势,达到35%。资本内流的增加给新兴市场经济国家的经济发展提供了重要的帮助,但是资本内流给宏观经济带来的影响和随后的投机冲击却是始料未及的。因此,全面分析资本内流的宏观经济影响能够给发展中的中国提供政策借鉴。

一、资本内流的原因

资本内流的原因有三类:一是国内货币需求函数自动增加;二是国内资本生产率的上升;三是外部因素如国际利率的下降。前两个因素通常被称作"拉进"(pull)因素,第三个是"推进"(push)因素。假定国内和国外资产不完全替代,资本不完全流动[①],国内货币需求函数上移,利率上升,很可能导致国内债券、股票和不动产价格下降;另外,利率上升,资本内流,会促进国内债券、股票和不动产价格上升,最终是这两种效应的叠加。如果由于国际利率下降或国内资本的生产率上升,资本内流,则实际资产和金融资产的价格可能上升;另外国内资本生产率上升,利率上升,会导致国内债券、股票和不动产价格下降,最终也取决于这两种效应的叠加。利率可以用来判断资本内流是由于推进还是拉进因素所导致的。在其他因素不变的条件下,"拉进"因素所导致的资本内流是国内名义利率有上升的压力,而由于推进因素所导致的资本内流是国外利率有下降的压力。

---

① 关于不完全替代和不完全流动的具体含义参见姜波克、陆前进:《汇率理论和政策研究》,复旦大学出版社2000年版。

国际利率下降引发的资本内流导致名义和实际货币余额上升。较高国内资本生产率所吸引的资本内流很可能和利率、国内收入的上升相一致，对货币需求的净效应依赖于后者对利率、收入变化的敏感度。当国内货币需求函数向上移动或国际利率水平下降，资本内流，银行体系的外币储蓄上升。通常，国际利率下降可能吸引短期证券投资，而资本国内收益率的上升导致吸引更长期的外国直接投资，这还依赖于一国的管理环境和吸收能力。因此，国际利率下降和国内资本生产率的上升开始可能导致较大的证券资产内流，随后吸引更多的外国直接投资。

资本内流迅速增加的因素还有：①资本账户的开放。②发展中国家宏观经济的稳定和政策改革。③贸易的多边化导致更多的回避风险的金融交易。④掉期、期权和期货等衍生金融工具的发展。信息技术的发展也促进了资本流动。

如果一国是固定汇率制度并且有大量的外国资本进入，该国的货币当局经常干预外汇市场稳定汇率，导致基础货币的增加，面临通货膨胀压力。而冲销干预通常导致国内利率上升，资本进一步内流，干扰了冲销干预的有效性。另外，非冲销干预导致通货膨胀会提高真实汇率，经常账户又会面临压力。因此，无论是冲销干预，还是非冲销干预，都会面临问题。资本内流还会导致金融机构资产负债表在币种和期限上的不匹配。同时，资本内流导致一国对外负债项目不断增加。如果不能有效地使用资金，如用于资产投资和消费，则将来会面临严重问题。在固定汇率制下，资本内流是否导致通货膨胀依赖于资本内流是否反映了货币需求函数的上移，如果资本内流是由于国内持续的货币需求的上升，则不会产生通货膨胀。如果由于其他原因，外汇储备将增加，在没有冲销的情况下，货币基础上升，发生通货膨胀。

一些国家为了抵销资本内流对汇率上浮（升值）的压力，加速开放贸易和资本账户，如放松对资本外流的管制。对追求国内价格水平稳定的宏观政策目标来说，可有三种工具管理资本内流：冲销干预、紧缩性的财政政策和汇率升值。表 6-18 是管理资本内流的每一种工具的使用。

表 6-18　　　　　　　　　　管理资本内流的工具

	国内货币需求曲线上移	国内资本生产率上升	外部因素如国际利率下降
冲销	可能需要干预减少汇率的波动	可能需要干预减少汇率波动	冲销是适当的
汇率升值	均衡的实际有效汇率不变	均衡实际有效汇率的上升可以部分通过名义汇率的上升来实现、部分通过非贸易品价格上升来实现	均衡的实际汇率不变，如果不进行冲销，短期名义汇率升值
财政政策	不需要干预	紧缩性的财政政策通常是有效的	如果严格限制冲销，汇率升值，对外竞争较弱，则可能必须考虑紧缩性的财政政策

如当资本内流是由于货币需求函数向上移动,则不需要采取政策,因为货币基础的扩张不会导致通货膨胀或威胁外部均衡,货币市场实现均衡。但是中央银行可能必须干预货币和外汇市场减少汇率和利率的波动。另外,货币余额上升,银行信贷可能扩张,如果银行管理和监督体系不完善,商业银行储备的增加可能导致商业银行过度冒险,因此应该对银行中介采取一定的监管措施。

如当资本内流是由于国内资本生产率的上升引致的,则不需要采取政策,因为货币基础的扩张不会导致通货膨胀或威胁外部均衡,产出增加,总需求和总供给实现均衡。但是中央银行可能必须干预货币和外汇市场减少汇率和利率的波动。均衡实际有效汇率的上升可以部分通过名义汇率的上升来实现。货币供给的扩张可能需要紧缩性的财政政策。

国际利率下降或国内利率上升,资本内流,如果国内金融市场发展并不完善,则冲销干预能够限制货币基础的增加。如果以前的冲销已导致了中央银行大量的准财政成本(外汇储备的利率和融通冲销干预的成本之差),则这种效果可能是有限的。在冲销干预的情况下,均衡实际汇率不变,如果不进行冲销,短期名义汇率升值。另外,如果不进行冲销,货币供给增加,价格水平上升,尽管紧缩性财政政策能够起到作用,但是有一定的时滞。汇率升值使得一国的竞争力下降。应该说如果这些政策工具的使用或有效性受到限制,则可能需要资本管制,但资本管制面临一定的局限性,如果管制时间太长,可能会妨碍金融体系的发展和导致资源分配的效率下降。

二、对几次金融危机的分析

资本内流能获得重要的收益,创造了资产分散化的有价值的投资机会;贷款给外国投资者,家庭和企业能够避免本国经济因素的干扰;公司能够投资在国外避免本国成本和生产率变动冲击;资本流动能够使得投资者获得更高的收益。但是金融自由化也是有成本的,主要是投机冲击的风险。研究20世纪70年代以来的几次重大的货币危机,将使我们更清楚地认识开放经济下货币危机的本质。

1994年墨西哥金融危机。为了控制通胀,墨西哥政府于1987年之后实施了一系列稳定经济的改革措施,包括重新固定比索同美元的汇率,1989年1月改为爬行盯住汇率制,1991年12月又变为移动目标区汇率制。但这一反通胀计划实际上是由本币实际汇率升值、贸易自由化和用资本流入弥补贸易逆差三部分组成的,而汇率政策又常常与其他两个部分发生冲突。结果是国民经济高度依赖进口,贸易项目连年逆差——从1991年的110亿美元增加到1994年的200多亿美元。而与此同时,大量短期外国资本蜂拥而入——仅1994年墨西哥就吸引了730亿美元的外资,这些资本大多进入股票、债券和货币市场中赚取投机利润,而对真实产业部门的扶植甚少。1994年,墨西哥比索高估程度达30%以上,经济增长却陷于停顿,加上大选中出现了政治谋杀事件,以及美国连续6次提高利率导致大量外资撤逃,人们对墨西哥的经济前景普遍表示担忧,纷纷抛售比索抢购美元,造成比索贬值的压力也越来越大。在外汇储备耗失殆尽的时候,墨政府不得不于1994年12月20日宣布比索贬值15%,大量资金外流。很快地,在一星期内比索贬值了50%,公众担心墨西哥政府可能无法偿付短期政府债券。而后,新汇率马上遭到了更大的投机性冲击,迫使政府转向实行浮动汇率制,比索汇率连创新低。

墨西哥危机促使人们采取各种措施来避免下一次危机的产生,然而,1997年的夏天更大的一次货币危机在亚洲开始了。90年代中期,东南亚国家面临着经济结构调整的压力。为了驱动经济的增长,各国加快了金融自由化的步伐,竞相放松了金融管制,大量吸引国际资金的流入,希望借资本账户的顺差来缓解经常项目的逆差。据国际金融协会的统计,1996年国际私人资本流入亚洲新兴国家的净额是1 418亿美元,1997年为1 071亿美元。这些巨额资金中有相当部分是短期投机资本,在国际社会对东亚经济的一片看好声中已经悄悄地瞄准了这些国家货币的致命弱点。韩国、泰国、印尼、马来西亚的经济成就很多年来一直被视为奇迹。1970年以来的年平均增长率由高达6.9%(印尼)至8.9%(韩国)。这些国家的经济从贫穷的、基本上是农业社会的不发达状态转型为中等收入的市场经济已成为最值得称道的成功。但从1997年中期泰铢的贬值开始,该地区经济陷入严重的货币危机中。

以泰国为例,1990年外债为280亿美元,而1996年已上升到900亿美元,相当于GDP的一半以上,其中短期外债就高达400亿美元,超过了1997年年初的外汇储备水平。另外,大量资金流入国内的房地产市场后形成的大笔坏账直接威胁到泰国金融体系的安全:1997年年初,泰国金融机构的坏账总额已超过了300亿美元,其中房地产坏账就占170亿美元。再者,泰国的产业结构老化,出口产品的竞争力日益下降,导致贸易逆差连年增加——由1994年的93亿美元增加到1996年的177亿美元,同年经常项目赤字已占国内生产总值(GDP)的10.2%(大大超过了国际公认的5%的警戒线)。1997年年初,国际投机力量试图用从泰国的商业银行借入泰铢,并在外汇市场上抛售的办法来冲击泰铢汇率,泰国央行被迫于3月提高金融机构的准备金率。但这一举动反倒引起了公众的信心危机,导致更大规模的银行挤兑和抛售泰铢风潮,泰国的外汇储备在第二季度骤降57亿美元。7月2日,面对外汇储备的严重耗减和经济形势的持续恶化,泰国央行被迫宣布允许泰铢自由浮动,当天泰铢就贬值20%,从此引发了一场旷日持久的东亚货币危机。1997年7月和12月之间,泰国、菲律宾、印度尼西亚、马来西亚和韩国的货币贬值超过了50%。泰国、印度尼西亚和韩国要求国际货币基金组织提供"一揽子"计划来避免严重的流动性短缺和银行可能的违约风险。1998年该地区大多数国家的经济增长率为负值,本次经济萧条成为第二次世界大战后程度最深的一次。据统计显示,1998年实际的GDP下降分别为:印尼为13.7%、泰国为9.4%、马来西亚为6.7%、韩国为5.8%。

一些新兴市场经济的资本内流主要是通过离岸金融市场的,如泰国曼谷国际银行便利市场是1993年3月设立的一个离岸银行市场。最初这个市场希望发展成地区性金融中心,但它不久就与出发点发生偏离,只是为了满足本国不断增长的投资需要,外资的进入更为方便。那些泰国的银行或外资银行,只要从央行获得许可证即可加入BIBF。这种"外—内"交易所需的资金是离岸银行通过海外的分部、总部或其他国家的银行得到短期借款,而这些借款被用于泰国正常的工商投资。如果这些资金被兑换成泰铢,那么汇率危险将由借款者承担,由于泰国是钉住美元的汇率制度,所以不存在汇率风险,如果固定汇率崩溃,这种潜在的风险就变成现实的风险了。大量外资流入的理由是由于泰铢和美元两种不同的利率,1993年美元的短期利率在3%~4%,而泰铢3个月期的利率平均略大于10%。泰国大量的资本内流最终导致了货币危机的爆发。如图6-8所示。

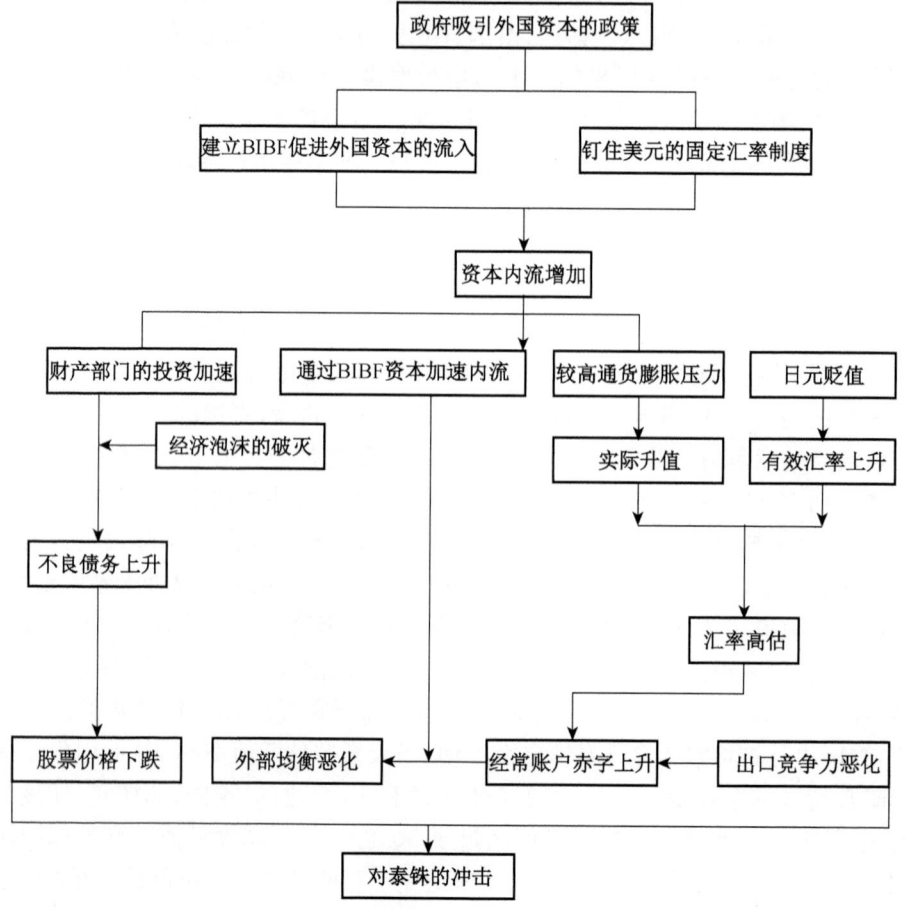

图6-8 泰国的货币危机示意图

在许多新兴市场经济国家,资本内流是导致投机冲击的主要因素,因此对于人民币国际化,中中央银行应从政策和制度安排两个方面管理资本流动,防范潜在的投机冲击风险,这一点是货币国际化中必须要防范的。

在1996年年底,韩国累积的外国直接投资是12.491亿美元,只是对外借款110亿美元的1/10,对外借款主要是短期债务,其导致货币危机的机制如图6-9所示。

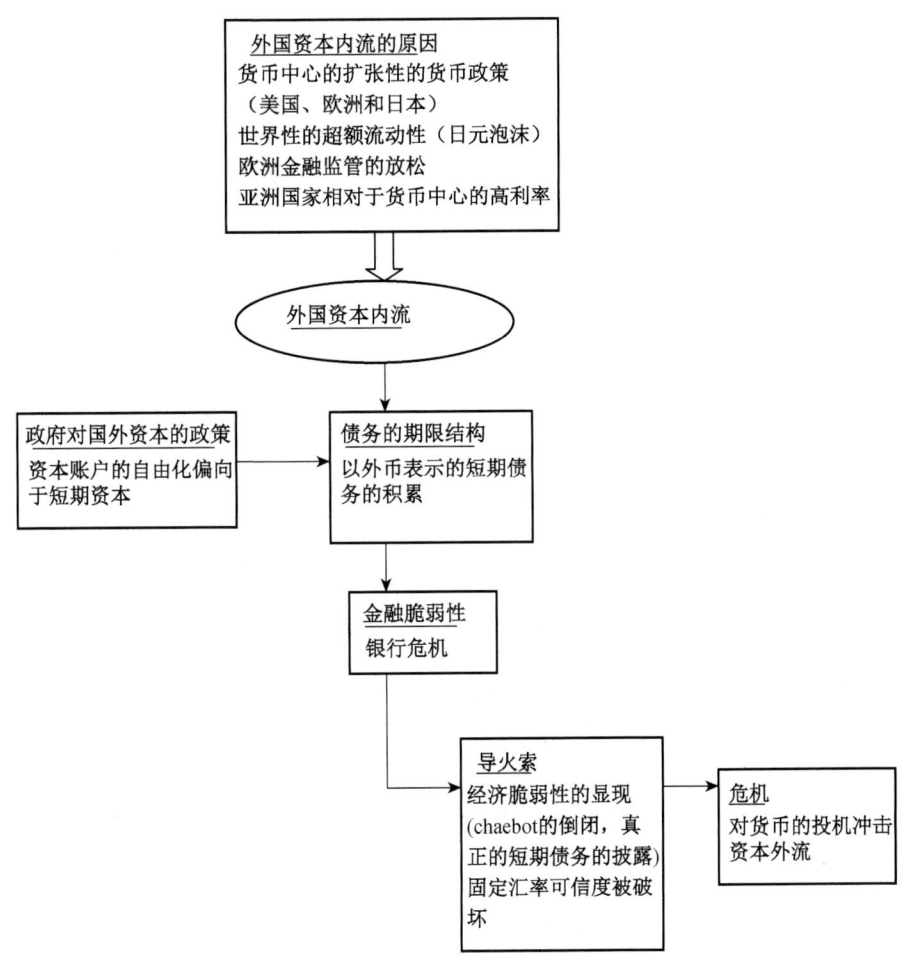

图6-9 短期资本流动的影响机制(韩国)

不仅韩国的短期资本流动比例高,在其他东南亚国家和中国的台湾地区,短期资本流动也占较高比例,表6-19是1997年第二季度短期债务占总储备的比率,因此短期债务水平较高是引发东南亚货币危机的一个重要因素。

表 6-19　　　　　　　　1997 年第二季度短期债务

	短期债务(10亿美元)	总储备(10亿美元)	短期债务的比率（占总储备的百分比）
印度尼西亚	34.25	20.34	168
韩国	67.51	34.07	198
马来西亚	11.18	26.59	42
菲律宾	7.74	9.78	79
新加坡	175.23	80.66	217
中国台湾	18.87	90.02	21
泰国	45.57	31.36	145

资料来源：Eichengreen(1999)。

此外，投机冲击波及菲律宾、马来西亚、印度尼西亚、中国香港和中国台湾及日本，除中国香港外大多数国家的货币大幅贬值，股市狂泄不止，楼市价格大跌，金融机构纷纷倒闭，标志着由投机性冲击引发的货币危机已经逐渐演变为综合性的金融危机。

20 世纪 90 年代初俄罗斯经济转轨之后，迅速地开放了国内金融市场，大量国际资本涌入。截至 1997 年 7 月 1 日，累计外国投资为 180 亿美元，其中约 100 亿美元为证券投资等短期资本。1997 年上半年股市涨势迅猛，金融资产价格出现泡沫膨胀；而同期的国民经济却连年负增长，几次改革的结果是货币发行的不断增加，导致国内通胀率居高不下。在这种情况下，俄卢布的内在价值已经受到严重的损害，当东南亚货币危机爆发并向东北亚扩散时，俄卢布首先成为市场投机力量攻击的对象。从 1997 年 11 月起，卢布汇率在投机冲击之下大幅波动，1998 年年初，俄政府和中央银行被迫一方面大量动用外汇储备收购卢布，并宣布扩大卢布汇率的浮动幅度，另一方面将利率由 21% 提升至 35%。但事与愿违，卢布汇率在市场贬值预期压力下频频下挫。1998 年 5 月，俄政府再次将利率提升到 150%，并寻求国际社会的援助。

三、我国资本账户的开放

东南亚的金融危机主要是由于大量的资本突然流出，关于资本账户的开放问题一直是经济学家讨论的重要问题。目前我国资本账户仍然没有完全开放，但资本账户的开放一直是我国金融改革的重要目标，我们需要对我国资本账户开放的影响作全面的评估，以利于我国金融的顺利改革。

1. 资本账户开放的前提条件

为了最大程度地获取资本账户开放潜在的收益并使开放资本账户的危险最小化，新兴市场经济国家必须寻求一个有序的途径去建立和维持完全可兑换。

第一,财政政策。谨慎的财政政策是实现和维持资本账户可兑换的一个重要因素。因为大量的财政赤字可能导致货币化,会使汇率不稳定并且使外国和国内投资者都失去信心。而依赖高利率的外国贷款导致债务管理问题,降低信用度,并使管理外部冲击的能力减弱。

第二,货币政策。安全的货币政策是另一个重要因素,因为过多流动性会对对外部门有影响,可能导致经常账户的赤字。

第三,汇率和外汇储备。一个市场出清的汇率对维持外部均衡是至关重要的。此外为了避免汇率的大幅波动,除了谨慎的宏观经济政策,还要有足够的国际储备。

第四,金融部门。一个有效和安全的金融部门是资本账户可兑换的必要因素,它使银行能谨慎地吸收资本流入和抵御冲击。金融部门的效率依赖于以市场为基础的货币工具和一个市场化管理体制。金融部门的健全还依赖于有效的银行业务管理和遵守《巴塞尔协议》。

第五,市场体制。一个功能完善的价格机制能够有利于资源分配,避免经济变量的失调。因此需要消除补贴和价格管制等,减少经济中的行政干预,提高经济运行的市场化程度,改善经济决策的透明度。

第六,涉及企业部门。企业处于经济运行中基础地位,一是企业要有良好的经营和管理机制;二是企业要提高自己的国际竞争力。要加强企业内部风险的管理和抵御外部冲击的能力,良好的企业经营也是保证国内金融部门安全的重要因素。

第七,要有发达的金融市场。金融市场不仅仅在于它的融资功能,还在于它对宏观调控功能的影响。资本账户的开放,面临的潜在的冲击更多,因此中央银行必须有更多的调控工具,而这都要建立在发达的金融市场上。

第八,要建立完善的金融监管机制,建立科学的预警体系。资本账户开放,宏观金融和微观金融都面临投资风险和暴露,货币当局要加强监督和监管,完善金融法制和法规的建设。对金融交易,特别是衍生产品的金融交易要进行有效的监控。

中国资本账户开放的条件一直比较有利,中国经济保持稳定的增长,通货膨胀温和,财政状况比较稳固,就业率也比较稳定,失业率较低,外汇储备较多,抵御风险的能力较强。中国宏观经济管理体系不断完善,经济发展更加稳固,利率和汇率市场化改革取得显著进展。人民币自由兑换稳步推进,2003年正式提出人民币自由兑换,中国官方正式承诺要实现人民币自由兑换。"十一五"规划和"十二五"规划把资本账户可兑换列为政策目标,2012年中共十八大重新强调这一目标,资本账户可兑换作为我国经济改革开放的重要组成部分。在2013年中共十八届三中全会上宣布加快人民币资本账户可兑换的进程。2013年建立上海自由贸易区。2014年下半年上海和香港证券市场互联互通成功启动,标志着资本市场开放进入重要阶段。2012年中央银行逐步退出常态化干预。银行和企业市场化改革取得重要成就,上市公司增长迅速。中国资本账户开放的外部环境也比较有利,国际社会对谨慎的资本账户开放更能够理解,资本账户开放的过程中,应采取适当的资本流动管理和宏观审慎措施,特殊情况下可以采取临时性的资本管制。

当然我国资本账户开放也面临一些不利因素,一是我国的地方政府融资平台的债务水平仍然较高,还贷压力较大;二是国际上美国退出量化宽松政策,不断提高利率,美元走强,资本外流的压力大。

四、货币危机的防范措施

鉴于开放经济下货币危机的巨大破坏力,各国都在研究和制定防范危机的政策措施,以尽量避免本国经济遭受大规模投机冲击的威胁。综观各国常用的防范措施体系,大体上可分为三类:应对式管理、防御式管理和预警式管理。应对式管理是一种应急式的干预,是事后的、被动的防范措施;防御式管理主要是针对导致投机冲击的资本流动的管理,也包含对部分宏观经济领域的管理;而预警式管理则是一种较高层次的危机防范措施,是事前的、主动的管理行为系统。下面我们就对以上三种防范措施体系分别加以论述。

(一)应对式管理体系

投机冲击的应对式管理是指一国货币当局采取一些应急式的干预措施,以抵销冲击造成的本币贬值的压力。

1. 应对式管理手段

1)入市干预

一国央行为了维持本币汇率的稳定,在外汇市场上作出与投机冲击相反的操作——抛出外汇、买入本币,这种方式也被称为"蛮力干预"(brute-force intervention)。由于这种干预对国内货币存量的影响较大,常使得一国的货币政策受制于外部因素而部分地失去了独立性。因此当局往往会采取冲销操作,即在国内公开市场上买卖政府债券来抵销外汇市场干预对货币存量的影响。因此,一国货币当局的入市干预往往是与中和性的冲销干预相结合:首先是干预外汇市场,减轻本币汇率的贬值压力;然后是使干预中和化,以避免由干预所带来的货币紧缩。

2)告示性干预

告示性干预是指政府利用自身和公众间信息不对称的条件,通过公开告示的方式,对公众的预期心理施加影响,改变其预期及相应市场行为的一种干预措施。当政府认为市场参与者对基本形势认识不足或对政策可靠性失去信心时,可以在投机冲击出现之初预告或强调未来某项政策的实施或变化。因为不同市场参与者所拥有的信息不同,信心也不同,其预期必然存在着差异。因此在收到当局发出的告示信号后,投机者很可能重新考虑自己的投机决策——在政策变化的情况下投机是否能成功? 于是相应地改变了投机攻击的策略。

3) 利率干预

由于投机者在发动投机冲击之前,往往从本国的金融机构借入大量的本币在外汇市场上大肆抛空,因此央行常用的对策之一就是提高本国的利率水平(尤其是短期拆借利率)以增加持有本币空头头寸的资金成本,让那些靠借入本币抛空的投机者付出巨大的代价。如果短期利率提高后,发动投机的成本高于预期本币贬值后的资本收益率,就可以迫使投机者将空头合约平仓,从而缓解本币汇率贬值的压力。事实上,在东南亚货币危机期间,韩国、马来西亚、泰国和菲律宾等国的货币当局都曾采取过提高短期利率的干预措施,取得了一定的效果。2018年上半年,阿根廷面临资本外流,本国货币贬值压力,所以大幅度提高利率;同样我国香港是钉住美元汇率的,2018年上半年,美联储提高利率,香港面临资本外流和港币贬值的压力,最终也不得不提高利率。

4) 直接管制

所谓直接管制,是指货币当局使用强制性的手段禁止或限制投机性的外汇买卖,从而阻止投机力量对本币汇率的冲击。这些管制措施包括:①严肃市场交易规则。如菲律宾中央银行曾于1997年7月22日宣布停止美元期货交易3个月。马来西亚规定从1997年8月4日起,本国银行同每个外国客户进行的林吉特掉期交易最高额从1 000万美元调低为200万美元。②限制外国投机者获得本币信贷资金。如泰国央行自1997年5月15日起,限制本国银行向境外银行提供信贷。③割断国内外市场。如新加坡就曾颁发不同的许可证限制外资银行经营新元业务,分离新元和非新元账户。

2. 应对式管理的有效性分析

应该说,应对式管理是一种短期内有效的干预行为体系,因为它往往直接针对外汇市场上的投机行为,采取反向的操作来维护本币汇率,保证本国金融体系的稳定。但随着国际金融市场的高度一体化,投机资本的规模和流动性都大大提高了,投机冲击的力度也越来越大,因此单靠被动和应急式的干预常常难以收到理想的效果,因为它无法从根本上改变经济基本面的失衡。

就入市干预来说,其有效性取决于一国的外汇储备规模、进入短期国际信贷市场筹资的能力以及货币当局的可信度等因素。首先,外汇储备是否充足,直接影响到该国的国际支付能力、汇率的稳定程度和国际融资的资信度。如果外汇储备不足,央行将没有足够的实力与规模庞大的国际投机力量抗衡。其次,进入短期国际信贷市场融资的能力决定了该国能否在投机冲击时从国际上的官方机构获得其他资金来源,以抵御外部冲击。如果货币当局不能借入足够的资金,入市干预成功的可能性就不大。最后,如果货币当局过去一贯的政策可信度较高,对市场交易者预期的形成能施加重要的影响,那么通过入市干预来改变投机者行为的概率也较高,入市干预就是有效的。

就告示性干预而言,其有效性直接取决于市场参与者对当局发出的政策信号的信任度和随后的反应。这意味着货币当局在实施告示性干预时处于相对被动的地位。遇到投机者力量相当强大,或者政府可信度较差的情况时,市场参与者往往轻视央行发出的政策告示,或对当局的干预能力表示怀疑,这些政策信号反而被当作是本币贬值压力增大的预兆,进而加剧了对本币的投机冲击,导致告示性干预无效。

就利率干预而言,其有效性更是受到融资期限长短、股指和期指空头仓位多少、对其他正常经济活动的紧缩作用等因素的制约,因此也不宜作为常用的手段。

就直接干预而言,更是一时的强制性措施,虽然在短期内会起到一定的作用,但毕竟破坏了市场原则,通常是低效和高成本的。其有效性取决于逃避管制的难易程度、管制的漏洞等因素。直接管制的不良后果,一是不利于树立货币当局政策行为持续、守信的形象,损害投资者的信心;二是会加剧资本的外逃,不利于经济的发展。

(二) 防御式管理体系

通常新兴市场经济国家面临的主要问题有以下几方面。

第一,金融市场改革——资本账户的开放和金融体系市场化改革。金融自由化对金融市场的作用主要是能引导资金流向投资收益最多的机会。对新兴市场经济国家来说,投资成本比较低,能有很高的收益。但是这需要建立在一系列的金融基础之上,如完善的金融市场和中央银行调控体系、健康的银行体系,有效的金融监督和管理体系。否则,资本账户的开放会面临一定的风险。国内金融体系的改革可能导致过量放贷,虽然市场化改革和金融的深化从长远来看对经济的发展是积极的,但从短期看,过量放贷可能超过金融系统中的有效投资,从而促成将来的金融崩溃。过量放贷已经在许多国家成为金融市场化的特点,而且跟在其后的经常是货币危机和银行风险。

第二,固定汇率制度。固定汇率限制了中央银行货币政策的独立性,尤其在资本完全流动的条件下,很难实现这三者之间的融合和一致。固定汇率可能阻碍信息在金融市场中的流动,而对经济造成破坏性的影响。固定汇率制的另一个严重问题是,汇率本身就是金融市场中的一个重要信号,它对金融资源的供给和需求起着调节作用。因此,汇率的市场化可能也是新兴市场经济国家的一个重要问题。

第三,对金融部门缺乏有效的管理和监督机制。对银行业系统严格谨慎的管理对新兴市场经济国家经济的健康发展和金融危机的预防是至关重要的。一个原因是新兴市场经济国家的金融市场发展还不完善,而它们的银行在引导资金流向那些生产性的投资机会中比工业化国家的银行扮演更为重要的角色。因此，缺乏谨慎的管理，使银行业危机变得更有可能，甚至会产生更严重的后果，因为脆弱的银行业部门可能导致货币危机，并给中央银行一个进退两难的局面。为了抵御投机行为，中央银行必须急剧提高利率来维持汇率固定。另外，如果利率提高，这将进一步使银行资产负债表恶化。

第四，金融市场和宏观调控功能的完善。在许多新兴市场经济国家，金融市场远远没有发达的工业化国家完善，其融资渠道、市场信息和透明度、金融市场的监管都面临不断完善的过程，金融开放的步骤更应该审慎，否则极易导致冲击的传染和羊群效应。另外，由于金融市场的不发达和金融工具的缺乏，限制了中央银行的调控功能。实际上，对危机的预防和防范是一个综合的过程，只有不断完善每一方面的金融改革，才是防范危机的合理行为。

实际上，墨西哥和许多亚洲国家卷入货币危机有以下三个常见的理由：①由于和美元保持固定汇率导致实际汇率过高，有大量的经常账户的赤字（对于墨西哥和泰国是GDP的8%）。②脆弱的银行和财政体系。③对短期资金的流入太过依赖。

首先，墨西哥有一个汇率调节机制，它会自动地将中央汇率在一个很小的幅度内下调。然而，这种贬值的幅度不足以弥补墨西哥与美国之间通货膨胀的差价。几年后，实际汇率上升，这就是经常账户赤字的根源。1994年，经常账户赤字达到GDP的8%，直到1994年2月，这种赤字一直都被资金流入所抵销，外币储备增加。然而，在政治风险增加的情况下（例如，总统候选人Colosio的遇害），资金流入开始下跌。这引起了许多问题，但是这个根源就是汇率政策。类似地，泰国名义上也是对美元的固定汇率制。这个体制自从1984—1997年一直运行得很好。然而，经常账户赤字在1995—1996年达到了GDP的8%，出口和经济增长突然的下降导致了对联系汇率制的悲观的预期。出口自1995年的20%下降到1996年0%，其中一个理由是日元的下降（从1995年4月的每1美元可换80日元到1997年的春天每一美元可换125日元）。对于泰国来说，日本是重要的贸易国。日元和美元汇率的大幅度波动导致泰国货币实际升值，经常账户赤字。

墨西哥和亚洲国家的相似点还在于金融上的脆弱性，包括银行和非银行的机构。第一，脆弱的银行依靠政策贷款来抵御由于利率上升导致的成本上升。因此，一个拥有脆弱的银行机构的国家更容易卷入到金融危机中去。第二，脆弱的银行机构趋向于加深货币危机。墨西哥和泰国的银行有巨大美元负债。在货币贬值时，以美元表示的负债恶化了资产负债表。1995年墨西哥不得不从GDP中提取7%征税从而支持银行体系。在泰国，因为金融公司有着大量不良资产，所以是更脆弱的金融机构。通货膨胀或泡沫经济发生在20世纪90年代，当较多的资金从1994—1996年通过离岸市场流入延迟了泡沫经济的崩溃。泰国货币当局甚至在贬值前就尽力去整理金融公司，但是更激进的方法是在贬值时提出,16家金融公司在1997年7月被停业,42家金融公司在8月被停业。

第三个相似点是从国外借了大量短期贷款。墨西哥在货币贬值中最敏锐的问题是Tesobonos这种短期政府证券,是美元债务。当墨西哥的比索贬值,这就说明它的外汇储备衰竭,以至于大量的Texobonos超过外汇储备的数量。这就提高了不能兑付的恐慌,加速了由于1994年12月20日的贬值导致的资金流出。在泰国,向国外银行借款一般是泰国的商业银行和金融公司,特别是通过BIBF。尽管这和Tesobonos不尽相同,但有非常相似的影响。当滚动贷款被拒绝,泰国的银行变得非常容易受到攻击。既然银行是经济系统信用的关键,政府部门不得不进行干预,从而对汇率产生影响。

防御式管理是通过防范性措施,尽量消除投机性资金的投机空间。其重点是对资本流入、汇率体制和金融体系的管理。

1. 有效管理巨额资本流入

经验表明,大量国际资本流入新兴市场国家,造成这些国家通胀压力增大、本币实际汇率升值、竞争力下降及经常项目恶化,是造成货币危机的重要因素之一。因此,对巨额资本流入的管理是保持开放经济稳定的关键。它包括以下几种政策手段。

1)货币政策

当大量资本流入导致本币汇率的升值压力增大时,货币当局往往会投放大量本币干预汇市,导致国内货币扩张。在这种情况下,货币政策常常成为一种中和性的干预手段,以阻隔资本流入对国内经济的影响。中和性货币政策分为公开市场操作、变动存款准备金率和转移公共部门存放等。

公开市场操作是由央行卖出政府债券、收回本币而实现的。这种做法的最大优点是既可以减少因外汇市场干预而引起的本币扩张,又不会给银行体系增加负担。缺点是可能导致央行遭受巨大的经济损失,并导致更高的国内利率水平,吸引更多的短期资本流入。

提高存款准备金率可以降低银行体系的货币乘数,从而减少因外汇市场干预造成的本币扩张。但这种政策会增加银行体系的负担,抑制了企业正常的资金来源,不利于经济的增长。

转移公共部门存放是指国家将公共部门存款(政府存款或养老金存款)从银行体系转入中央银行,以中和资本流入的影响。这种做法不会增加银行体系的负担,也不会提高短期利率,但因公共部门的存款规模有限,干预操作的余地十分有限。

2)财政政策

财政政策往往作为货币政策的补充,主要是利用财政紧缩,尤其是削减非贸易支出的手段,降低总需求,减轻汇率升值压力,并抑制资本流入对国内通胀率的影响。但是压缩财政支出是一个敏感的政治问题,不可能一经制定就马上执行;同时由于它的实施与生效之间存在着很长一段时滞,这种实际上的滞后性会增加其风险性和政策效果的不确定性。自从智利1992年汇率机制危机发生后,全球范围内学术界关于智利对外来短期投资所征的用以减缓资本流动的税收争论变得激烈起来,然而政策制定者们对全世界所有国家共同合作这一建议的反应已不太热烈了。1997年,七国首脑会谈又一次重申了寻找监控国际资本流动的途径的重要性,托宾税可能也是一种方法。

3) 引导政策

引导政策是通过创造合适的宏观经济环境,引导外资形成直接的生产力。发展中国家和新兴市场大力吸引外资的理论依据是著名的"双缺口模型"($I-S=M-X$),即以外资弥补国内储蓄的不足,推动国内实际生产力的增长。但实际上,流入的外资中只有一部分作为直接投资转化为了直接的生产力,而作为国际资本流动的主要形式的证券投资,多数是在二级市场活动,并未推动真实经济的增长。

实际上资本内流涉及经济发展问题。泰国政府发觉单靠增加资金投入是很难实现经济增长的,资金投入应该包括提高生产率,工业生产力增长,这归功于更适合的管理或更恰当的经济、货币政策,还应当包括建立服务体系,比如金融服务体系。

另外,人们呼吁更多地把本国发展中的银行系统与外来短期资本隔离开来。由于国际资本大范围的调整性逃避日益频繁,将国家的资本管制、金融惯例的调整及税收管理结合起来将是最有前途的手段。如智利对外来投资所征收的税,将减少国民对短期资金的依赖,并迫使借债人及债权人内化由大范围短期投资引发货币危机所带来的损失。

最后涉及汇率政策与经济管理。外国投机资本对泰铢的袭击,触发了东南亚金融危机。1980年拉丁美洲有关国家因不能偿还债务而引发了拉美债务危机。1994—1995年,墨西哥金融危机爆发的原因是大量资金流向的突然逆转,爆发危机的前几年,墨西哥用短期投资而不用长期投资来充实自己的外汇储备。在东南亚金融危机中,既没有出现拖欠债务的情况,也没有大规模资金逃走的情况,但投机资本频繁地攻击了泰铢。因此采用合适的经济政策可能是一个比较好的方法。

2. 确定合适的汇率制度

在促成投机冲击的因素中,汇率制度的不合理性是首要的。从理论上讲,固定汇率、浮动汇率及介于两者之间的其他汇率制都有其固有的优点和缺点,都不是十全十美的。但从实际情况看,实行固定汇率和钉住汇率制的国家逐渐减少,实行浮动或管理浮动汇率制的国家逐渐增多。历史经验证明,浮动汇率能较为及时地反映出市场的真实供求关系,从而较好地缓和针对本币汇率的外部冲击;而成熟市场上越来越多的金融避险工具能够有效减少汇率风险,降低因汇率过度波动带来的损失。但固定汇率或钉住汇率则缺乏弹性,常常出现名义汇率同实际币值脱离的情况,一旦这种背离得不到及时的调整,就很容易使本币遭受投机攻击。如果投机者对本币汇率冲击成功,将获得巨大的投机利润(其规模取决于贬值后的汇率与固定汇率的差距);如果冲击不成功,则投机者的损失只是有限的本外币利率差。因此,这种汇率制度使得投机冲击的成本和收益不对称,无形中鼓励了针对固定汇率和钉住汇率制的投机行为。

东南亚货币危机的经验表明,在投机冲击发生前,该地区多数国家实行的是以钉住美元为主的固定汇率制度,而且已经解除了对贸易和资本流动的严格管制,无疑为投机冲击提供了便利条件。东南亚国家在经济发展初期,同美元挂钩吸引了大量外资。但是,随着东盟国家外贸的发展,对日本的依赖性越来越强,各国对日贸易份额平均高达20%,因此它们的出口竞争力受到了美元或日元汇率波动的严重影响。1990年上半年,美元同日元相比处于弱势,同美元挂钩的货币相对贬值,这提高了这些国家的出口竞争力。另外,1995年后美元迅速上浮,使这些国家的汇率回弹,导致了东盟国家出口竞争力下降。有些经济学家建议受影响的国家应该通过拓宽本国货币的贸易范围来使汇率更具有弹性。

一般来说,决定一国汇率制度的因素主要有:①一国经济结构特点。外贸占国民经济比重大、开放度高的小规模经济宜采用钉住主要贸易国家货币的钉住汇率制。②相对通胀水平。通胀率明显高于贸易伙伴国的国家,为防止通胀削弱出口竞争力,宜采取可灵活调整的浮动汇率制。③国内金融市场的深度和广度。国内金融市场发育欠成熟的国家,宜采用相对固定的汇率制,以避免汇率过度波动对金融体系造成的冲击。④金融当局的可信度。可信度较差、监管能力较低的国家,宜采用与硬通货币挂钩的汇率制度,以帮助其建立信誉。⑤资本市场的开放度。开放度越高,维持固定汇率的难度越大,宜采用灵活性较高的浮动汇率制。

综上所述,我们认为,对那些开放程度较高、外汇管制已经减弱、国内金融市场发育较成熟而金融当局监管能力较强的国家来说,选择弹性较强的浮动或管理浮动汇率制度是比较适合的;对于那些尚不具备大规模开放条件和较强监管能力的国家来说,则应谨慎放开货币的自由兑换,在相当长的一段时期内还是以相对稳定的固定汇率为主。但汇率制度的选择必须符合本国经济发展的实际进程,结合某一阶段的经济目标和方向,并且根据国内外的情况适时地作出调整。

3. 加强金融体系有效监管

金融体系的脆弱性是导致货币危机的重要原因之一。对金融体系的有效监管就是保证金融机构以审慎方式经营,并且持有足够的资本和储备以应付各种风险。其主要做法有:①满足最低资本充足率要求。②建立并遵循一系列政策、规则和程序,以评估资产质量、贷款损失准备及储备的充足性。③具有能够识别贷款集中程度及其风险的管理信息系统。④具有识别、监测和控制国际借贷和投资活动中的国别风险和转移风险的规则与程序,并具有抵御该风险的适当的储备。⑤具有识别、监测和控制市场风险的系统。⑥具有有效的金融机构内控系统。⑦对跨国银行实行全球性监管,建立国际间的信息交流机制。为了适应金融全球化的发展趋势,金融监管也出现了许多新的特点:一是金融监管从传统的干预型向市场导向型转变。如巴塞尔委员会建议以"风险价值"(value-at-risk)作为银行风险度量的标准①;二是采用统一监管标准的国家增多了;三是区域性金融机构监管的合作加强了。

要增强银行经营、监管透明度和改善信息披露的措施。人们早就呼吁提高亚洲国家国内金融市场的透明度,并揭露其中的腐败问题。作为国家金融自由化的过程之一,亚洲国家正在完善其处置腐败的各项职能。在资本流入的"黄金"时期,反腐败措施的不健全并没有阻止外国投资者的涌入,特别是他们对与那些与政治关系密切的公司的投资没有改变。(同样的事在俄罗斯和欧洲的一些国家转型阶段也发生过,这并不是一个仅仅亚洲才发生的现象)提高金融体系和金融市场的透明度是防范危机的一个重要因素。

4. 增强国际协调、合作及相互监督

如果从国际的角度分析危机的防范,国际社会能够做的第一点是促进国家间的透明度。透明的市场能够防止逆向选择和道德风险,减少投机冲击的因素。第二点是发挥国际协调监督的功能。一些重要的国际组织都可以充当这一职能,如 IMF、G7、G20 和 APEC 财政部长会议等。最后可以对危机国提供更多的无条件的紧急援助,降低投资者自我实现的预期,但批评者认为这可能导致道德风险,延缓了危机的调整,可能导致更多的损失。从目前来看,国际社会可能只是在监督、协调和提供一定的援助上发挥作用,更多的可能还要靠一国自身增强防范和抵御冲击的能力。

5. 资本流动和中国的宏观审慎监管政策

全球金融危机后资本账户可自由兑换概念已经发生了改变。中国正在努力找机会实现的资本账户可自由兑换不再是基于完全的可自由兑换这样的传统概念。取而代之的是,从全球金融危机吸取了经验,中国将采用有管理的可自由兑换。在实现人民币资本账户可自由兑换之后,中国将继续管理资本账户交易,但很大程度会以新的方式进行,包括使用宏观审慎方法限制跨境资本流动以及维持币值稳定和金融环境安全。中国将在以下四种情况下保留资本项目管制:第一,涉及洗钱、对恐怖主义进行融资、过度利用避税天堂的跨境金融交易,都应该受到监控和分析。第二,新兴市场经济体仍旧需要对外债进行宏观审慎管理。私人部门过多的外债和货币错配是亚洲金融危机的源头。各国需要从危机中吸

---

① 风险价值是指一定时期内,以某一置信度计算的资产组合头寸价值出现最大损失的估计量。目前常用的估计方法是资产正态法(asset-normal approach)和得尔塔-伽马法(Delta-gamma)。

取教训,宏观审慎的方法在必要应该在管理外债中使用。第三,中国将在合适的时机管理短期投机资本流动,然而对于支持实体经济发展的中期和长期资本流动将解除管制,这也是 IMF 的建议。第四,国际收支统计和监测将会加强。正如 IMF 建议的那样,在全球金融危机后,当非常规的国际市场动荡或者国际收支出现问题时,各国可以暂时采取资本控制的方法。

防范跨境资本流动风险,维护外汇市场稳定,需要跨境资本流动的宏观审慎管理与微观市场监管体系,外汇局所采取的宏观审慎管理的工具有很多,包括远期购汇征收 20% 的准备金;对企业实施全口径的跨境融资管理。微观市场监管方面,在国家法律、法规和现行外汇管理政策的框架下,开展市场监管和执法,维护一个良性、健康和稳定的外汇市场的秩序。

2016 年外汇管理局在打击虚假对外投资行为方面取得了不少进展。首先是有效甄别相关异常情况。境外投资过快增长的同时伴随着一些问题:一是新设企业境外投资,部分企业成立不足数月,在无任何实体经营的情况下即开展境外投资活动;二是小企业大资金境外投资,部分企业存在"母小子大"的现象,即投资规模远大于境内母公司注册资本,企业财务报表反映的经营状况难以支撑其境外投资的规模;三是非主营业务领域境外投资,个别企业境外投资项目与境内母公司主营业务相去甚远,不存在任何相关性;四是投资人民币来源异常,个别企业境外投资购付汇人民币资金零散,付汇资金来源于个人和关联企业,存在涉嫌为个人向境外非法转移资产、洗钱和地下钱庄非法经营的情况。

外汇管理局加大对境外投资热点地区的外汇检查力度。检查中发现其中潜藏着洗钱、境外证券和房地产市场投资、境内个人投资移民等利用境外投资渠道汇出资金的虚假投资行为。严厉查处相关涉案企业,有效封堵异常资金跨境流出通道。如 2014 年 9 月至 2015 年 12 月,湖北某公司将 6 738.17 万元人民币以境外投资资本金名义购汇后划转至美国子公司,最终用于个人客户在美国办理投资移民。目前,外汇局已对该公司进行行政处罚。强化境外投资真实性审核检查。以真实性审核为重点,严查境外投资合规性,深入追查资金交易真实性,加强延伸检查,提升检查成效。保持对地下钱庄高压打击态势。加强与公安部门合作力度,严厉打击虚假境外投资所涉的地下钱庄等外汇违法犯罪活动。

2016 年 1 至 11 月,我国中资企业(含中资非银行金融机构)外债签约额合计 894 亿美元,是 2015 年全年中资企业外债签约额的两倍。截至 2016 年 11 月末,中资企业登记外债余额为 411 亿美元,较 4 月末(全口径跨境融资宏观审慎管理政策全国推广前)增长 104%。2016 年 1 月,外汇管理局配合人民银行,面向 27 家金融机构和注册在上海、天津、广州、福建 4 个自贸区的企业,扩大本外币一体化的全口径跨境融资宏观审慎管理试点。2016 年 4 月末,外汇局配合人民银行发布《关于在全国范围内实施全口径跨境融资宏观审慎管理的通知》,自 2016 年 5 月 3 日起,将本外币一体化的全口径跨境融资宏观审慎管理试点扩大至全国范围内的金融机构和企业。《关于在全国范围内实施全口径跨境融资宏观审慎管理的通知》的实施,进一步丰富了境内市场主体特别是中资企业的融资渠道,拉平了中外资企业政策,大大降低了融资成本,协助解决"融资难、融资贵"问题,更好地服务实体经济发展,取得了良好的政策效果,受到了众多企业、银行的广泛好评,我国中资企业外债签约额和余额均大幅增长。2018年我国适时调整和完善宏观审慎政策。启动金融机构评级工作,加强对金融机构经营情况和风险状态的监测。进一步完善宏观审慎评估(MPA),将同业存单纳入MPA同业负债占比指标,适当调整MPA参数设置,引导金融机构支持小微企业融资和符合条件的表外资产回表。

五、预警式管理体系

预警式管理体系的核心是货币当局在投机冲击发生前能够观察到某些迹象,并采取相应的防范措施,避免冲击的发生或者将冲击导致的损失降到最低。这是一种早期的、主动式的防范干预措施,是将危机消灭在萌芽状态的有效做法。预警研究的方法主要有三种:第一种是就引发投机冲击的经济因素加以定性分析,强调一个或几个指标的变化,但缺乏严格的有效性检验。第二种是将投机冲击前某些典型变量的变化与"对照组"变量①进行比较,并就典型变量在投机冲击发生前的表现与"对照组"变量是否存在系统性差异进行参数检验和非参数检验,从而确定哪些变量有助于估测投机冲击发生的概率。第三种是在多变量模型中检验每一个变量在长期内发出正确预警信号的概率高低,以此确定它是否属于有效的预警指标。考虑到预警体系的准确性和严密性,我们主要介绍第二种和第三种方法。

(一) 2008年国际金融危机前的预警指标体系

1. 国际货币基金组织的脆弱性预警指标体系

IMF的脆弱性预警指标体系实际上就是选取一些典型经济变量,将其在冲击发生前的水平与正常状态下的水平进行比较,如果系统性偏差较大,就是脆弱性预警指标。IMF对53个国家(22个工业国和31个发展中国家)在1975—1997年间发生的投机冲击事件进行了考察,发现一些宏观经济变量(包括实际汇率、某些金融市场变量和贸易变量)在投机冲击前几个月中会表现出显然不同于正常时期的特征。

经验证明,在投机冲击发生前24个月左右,实际汇率水平要比正常水平高约7%;冲击发生前3个月,随着名义汇率的下跌压力增大,实际汇率开始向正常水平下降;而在冲击后一年左右,实际汇率将比正常时期低7%左右。因此,可以用实际汇率的波动来预测投机冲击。

---

① 对照组变量可以是冲击发生国在正常时期的表现,也可以是同期未发生投机冲击的国家的表现。

在投机冲击发生前本币升值的同时,出口状况会恶化,但随着投机冲击导致本币汇率的贬值,出口又会大幅增长;相比之下,进口在投机冲击前不会发生明显的变化,冲击后会有明显的收缩。因此,贸易收支会在投机冲击来临之前发生恶化,冲击后将有改善的可能。同时,作为投机冲击的结果,外汇储备会在投机冲击前后急剧下降。

在投机冲击发生前两年中,通胀率明显高于正常时期;在投机冲击发生前15个月左右,通胀率会有所缓和,可能是因为当局采取了措施对过热的经济进行了降温;在接下去的12~18个月中,本币贬值又造成了通胀率的急剧上升;而在投机冲击后的18个月左右,通胀率再次开始下降。

在投机冲击中,人们为了保障自己的资产不受损失,会将大量本币兑换成外币,而银行体系能否承受这一攻击压力的关键是其本币负债在多大程度上有外汇储备的支持。因此,我们可以用广义货币M_2(银行的负债)与官方储备之比来反映投机冲击的潜在规模及货币当局的干预能力。在投机冲击发生前24个月中,该比例从接近正常水平处增加,而在危机发生后数月,该比例急剧下降,表明外汇储备耗减巨大。

在投机冲击发生前两年,货币供给增长也会明显增加,在投机冲击发生前18个月达到最高点,此后稳步下降。其中广义货币M_2一直降到投机冲击发生前,狭义货币M_1一直降到冲击发生后9个月。

另外,国内资产价格(如房地产和股票价格)的涨跌周期也是一个波动性较大的指标。平均看来,股票价格增长率在投机冲击发生之前6~12个月开始大幅下滑,到危机开始前6个月变为负数,然后在投机冲击发生后不久,跌到低于正常时期平均值的25%左右,约在投机冲击后1年,股价开始回升。

IMF认为,以上变量并非全都是投机冲击的有效预警指标,因为一是缺乏准确的统计基础和严格的计量检验,可能有误差和巧合的情况;二是很多变量只在投机冲击即将来临时才显示出脆弱性,没有提供足够的反应时间。而一个有效的预警指标必须多次成功地预测投机冲击的到来,并且在冲击来临之前很早就发出信号,提供足够的反应时间。根据这一原则,IMF认为只有实际汇率、信贷增长、广义货币与外汇储备之比等少数几个指标是有效的预警指标。而大多数其他指标只能够用来确认一国经济易受投机冲击的脆弱性程度,而无法准确预测投机冲击的发生。

2. 投机冲击的"信号"预警法

卡明斯基、利佐多和来恩哈特(Kaminsky,Lizondo和Reinhart,1998)等学者曾提出过一种新的预警方法——投机冲击的"信号法"(signal approach),属于前文所述的第三种类型的预警体系。这一系统由多个经济变量组成,当某个变量偏离其"正常"水平的幅度超过一定的临界值时,就可以看作是对未来潜在投机冲击的预警信号。他们根据有关投机冲击的文献中对冲击起因的解释,总结出 103 个常被使用的变量,并在其中寻找出预警效果最好的指标。

为了检验预警效果,他们提出一个矩阵(见表 6-20)。

表 6-20　　　　　　　　　　信号预警矩阵

	24 个月内发生货币危机	24 个月内未发生货币危机
发出信号	A	B
未发出信号	C	D

其中,A 表示指标发出好信号(即发出正确预警信号)的月数,B 表示指标发出坏信号(即发出错误预警信号)的月数,C 表示指标未发出预警信号但事实上存在危机的月数,D 表示指标未发出预警信号而事实上也没有危机的月数。最好的指标应位于 A 和 D 方位,$A/(A+C)$ 可以用来测算指标发出好信号的概率,该数值越大,说明每一次危机都被正确预测到。$B/(B+D)$ 可以用来测算指标发出坏信号的概率,该数值越低,说明发出错误预警信号的概率越低,预测越准确。而 $[B/(B+D)]/[A/(A+C)]$ 可以作为测算指标的"噪音度",即发出错误预警信号的概率与发出正确信号的概率之比,该数值越小,预测效果越好。此外,噪音度也可以用危机发生的条件概率 $A/(A+B)$ 减去无条件概率 $(A+C)/(A+B+C+D)$ 来表示,对于能够提供有用信息的指标,其条件概率要大于无条件概率。通过以上检测,可以剔除许多预测效果较差的指标。

在作出以上初步筛选后,他们又根据指标第一次发出信号距离危机发生时间的长短进行筛选,将发出预警信号距离危机发生时间较短的指标剔除;然后,再区别能够持续发出好信号的指标和不能持续发出好信号的指标,最终确定那些预警效果最佳的指标。他们应用上述方法对 1970—1995 年 15 个发展中国家和 5 个工业化国家发生的 76 次投机冲击进行考察后发现:①一个有效的预警系统应包括范围比较广泛的指标。②在预警方面非常有效的指标包括国际储备、实际汇率、对公共部门的信用和通货膨胀等几个指标。此外,贸易余额、出口额、货币供给量、实际 GDP 和财政赤字对预警也发挥了一定程度的作用。

实际上,Kaminsky,Linzondo 和 Reinhant(1998)把一次危机定义为一次对货币的攻击(无论是否成功)。他们选择了几个货币危机潜在的指导性的指标,然后用过去的信息得到每一个使信号—噪音比达到最大的指标的百分比下限,以此作为预警指标。

货币危机和银行危机往往是同时发生,货币危机和银行危机是怎样相互联系在一起的呢?是否这两种危机有共同的宏观经济背景? Kaminsky 和 Reinhart(1999)分析了 16 个宏观经济和金融变量。金融自由化的指标主要包括 M_2 的乘数、国内信贷和名义 GDP 的比率、储蓄的实际利率、贷款和储蓄利率的比率。其他金融指标包括实际 M_1 过度余额、商业银行的实际储蓄、M_2 和外汇储备的比率。经常账户的指标主要包括实际汇率偏差百分比,进口和出口的价值,贸易条件。资本账户的指标包括外汇储备、国内和国外储蓄的实际利差。实际部门的指标主要包括工业生产和股票价格的指数。财政变量主要包括财政赤字占 GDP 的百分比。当然还有一些其他变量如政治变量,选举的时间等。他们考察了 76 次货币危机和 26 次银行危机,发现货币危机和银行危机与金融的自由化是紧密联系的,通常银行危机先于货币危机,货币危机进一步恶化了银行部门,并且进一步发现在银行危机和货币危机中,弱的和恶化的宏观基本因素是一个主要原因。

3. Frankel & Rose probit model(1996)

我们首先来看 Frankel & Rose 模型,它把发生货币危机的可能性预测成一个由宏观经济和金融的变量组成的函数。他们把"货币暴跌"定义为在 1 年内相对于美元汇率跌落大于 25%。为了排除高度的通货膨胀的影响,这种跌落至少要比上一年的下跌高出 10 个百分点。同时为了避免前期危机的干扰,在 3 年的时限内,应没有出现过危机。根据 FR 模型,当外国利率较高、国内贷款的高速增长、实际汇率相对于该国平均水平较高、经常账户赤字、财政盈余占 GDP 的比率较高、对外债务较小和 FDI 占对外总债务的比率较小,危机易于发生。

4. Sachs,Tornell 和 Velasco(1996)国家间的回归

STV 分析了 1994 年 12 月墨西哥的金融危机在 1995 年对其他新兴市场经济国家的影响,实际上这种方法不是来预测危机的时间,而是回答在全球环境的改变中哪些国家最容易受到冲击。

从以前货币危机的研究中可以看出,比较好的预警指标有:外汇储备(特别是外汇储备与短期债务的比例)、实际汇率升值、经常项目赤字、资本内流的结构等,特别是外汇储备和实际汇率升值更加明显。

从以上分析可以看出,应对式管理体系可以在短期内直接作用于某些出现危机的经济部门,其政策手段具有强制性的特征,也缺乏必要的弹性,常常导致市场结构的突然扭曲和政府信誉度的下降,因此只宜作为防范危机的临时性手段。防御式管理体系偏重的是与开放市场相联系的制度安排和政策取向,具有较强的针对性和操作性,但它更多地是强调对外资流入和贸易收支的管理,关注的重点是国民经济的外部均衡关系,调整经济内部均衡关系的政策和制度还不够丰富。而预警式管理的优点是建立一套完整的预警指标体系,通过监测指标的变化就可以在危机发生之前预测到这一威胁,以便当局提前采取相应的对策将危机的影响降到最低。应该说,这是一种较为完善和严密的防范危机体系。

(二)国际金融危机时期的预警指标

许多新兴市场经济国家汲取了 20 世纪 90 年代货币危机的教训,经受住了 2008—2009 年国际金融危机的考验。这些国家采取更加富有弹性的汇率制度,拥有较高的外汇储备、较少的外币债务、较低的经常项目的赤字,财政状况也较

强,特别是以中国为代表的一些新兴市场经济国家,拥有较高水平的外汇储备。并且在这一段时期用资本内流融通贸易赤字的国家并不多。外汇储备是一个较好的指标,外汇储备有利于遏制本国货币升值,因此限制了本国经常项目赤字。另一方面外汇储备有预防动机,在2008年国际金融危机中外汇储备是一个很好的预警指标。当然其他指标还包括经常项目、国民储蓄、银行信贷增长与银行准备金、短期债务与出口的比率。Frankel 和 Saravelos(2012)研究表明从2008—2009年国际金融危机的冲击来看,外汇储备是最好的指标,其次是实际汇率、经常项目和国民储蓄也是较好的指标,新兴市场经济国家吸取了教训,很显然有利于抵御国际金融危机的冲击。

(三) 2013年美国量化宽松政策"退出恐慌"(taper tantrum)

2008年美国爆发国际金融危机后,为了刺激经济,美联储通过量化宽松政策向市场注资,流动性宽松,扩大内需,产出增加。量化宽松政策只是一种短期行为,如果持续进行量化宽松政策,可能会导致美元贬值,而今一旦突然退出,会导致市场恐慌。美联储退出量化宽松政策就是如此,QE减弱(tapering)是美联储逐步减少市场注资,减少经济对宽松政策的过度依赖。但是实际上,美联储量化宽松政策已经实施多年,国内实体经济对量化宽松政策有一定的依赖性和适应性,因此如果公众听说美联储计划减少量化宽松政策的注资,可能会引发一定的市场恐慌,这也就是量化宽松政策的减弱恐慌(taper tantrum),或者是量化宽松政策的退出恐慌[①]。

随着美国经济逐步恢复,人们都在讨论"退出恐慌",美联储已经开始提高利率,意味着人们扩大支出的成本更高,投资者担心是否会导致经济衰退。随着美联储提高利率,债券的预期收益率会上升。因此新兴市场经济国家受到2013年5~6月"退出恐慌"的冲击,这些国家贸易赤字较大,实际汇率升值明显,但是储备没有起到有效遏制冲击的作用。Eichengreen 和 Gupta P. (2013)认为这些国家贸易赤字较高、较高的通货膨胀率,新兴市场经济国家实际货币升值和较大的资本内流都是潜在的风险因素[②]。

从以上的分析可以看出,一些经济指标提供了分析金融危机的原因,如国际储备过度的货币余额,国内和国外利率水平,其他外部冲击如贸易条件。另外,稳定通货膨胀和金融自由化模型也强调了在进口、产量、资本流动、银行信贷和资产价格之间的相互关系。国际收支的危机可以通过国内货币的贬值和汇率浮动来解决,但是中央银行能够通过紧缩性的货币政策和外汇市场的干预来抵御投机冲击,货币市场的动荡主要体现在国内利率的大幅上升和外汇储备的大量

---

① 2013年,美联储主席伯南克宣布不再购买债券,产生了全球恐慌,债券收益率迅速大幅度上升,这就是2013年的退出恐慌(2013 taper tantrum)。一旦投资者意识到没有理由恐慌,市场又会恢复正常。

② 因此2009—2015年一些新兴市场经济国家财政状况较弱、通货膨胀率较高、经常项目赤字、私人部门外币债务的收益率较低,存在发生危机的可能性。

流失,因此可以建立货币危机的指标。货币危机和银行危机往往是相互联系的,在墨西哥和东南亚国家,金融部门(包括银行机构和非银行的金融机构)的脆弱性导致货币危机。第一,弱的银行部门限制了提高利率抵御货币攻击,因此一个弱的银行体系更容易陷入货币危机。第二,一旦贬值开始,弱银行倾向于加剧货币危机。如墨西哥和泰国银行有较多的美元负债,部分由于货币钉住,当货币贬值时,大大增加了银行的负担。

在墨西哥和亚洲的金融危机中,一个显著的特征是银行危机先于货币危机,货币危机加深了银行危机,呈现一种螺旋上升的态势。金融自由化经常先于银行危机,这些分析指出金融自由化导致信贷扩张、资本内流和货币的过度升值,当经济长期繁荣过后进入萧条时期,危机出现。在第一代货币危机的模型[1]中,以及在第二代货币危机的模型[2]中,都没有考虑银行和货币危机之间的相互影响。James Stoker(1994)分析了从货币危机到银行危机的情况,开始外部冲击如外国利率上升,中央银行为了维持固定平价,导致储备损失,如果不进行冲销将导致信贷紧缩,银行破产和金融危机。而且Mishkin(1996)认为如果贬值出现,并且银行体系负债的大部分是外国货币,则银行体系将受到削弱。而其他一些模型如Velasco(1987)指出相反的因果关系,金融部门的问题导致货币危机,这种模型强调中央银行为了拯救问题银行,扩张货币导致货币危机,这实际上和第一代货币危机的模型是相一致的。第三种观点认为银行危机和货币危机有相同的原因[3],因为在金融自由化的经济中,通货膨胀将渐渐地回到国际水平,由于固定汇率,实际汇率将升值。在早期,进口和经济活动将高涨,经常账户赤字将继续增加,金融市场发现稳定汇率将不能持久,导致对该国货币的攻击。因为经济的高涨是通过银行信贷的扩张来实现的,如果银行在外国借款,资本内流最终将变成资本外流,资产市场崩溃,银行体系出现问题。McKinnon和Huw Pill(1996)分析了金融自由化,伴有微观经济的扭曲如储蓄保险,可能导致信贷过分扩张,银行体系崩溃。Goldfajn和Valdes(1995)分析了国际利率和资本内流的变动怎样由于银行的进一步作用而加剧,这样的变动怎样进一步加剧经济周期,结果是银行挤兑和金融危机。

当银行危机和货币危机同时出现时,危害程度更深,在两种危机中,金融自由化导致更加容易通过国际资本市场融资,外汇风险的暴露增加。在亚洲,虽然成功地控制了通货膨胀、经济高涨、财政盈余,但是资本账户实现了自由化,国内金融部门又管理较弱,监督不力,银行部门出现问题,最终摧毁了中央银行维持固定汇率的承诺。印度尼西亚的许多银行,其中包括一两个国家银行不良贷款严重;泰国的金融公司由于1992—1993年资产的通货膨胀或1996—1997年的

---

[1] 见Krugman,1979。
[2] 见Obstfeld,1986。
[3] 这方面的文献概览见Reinhart和Carlos A. Vegh(1996)。

经济紧缩有大量不良贷款。一个弱的银行体系是外国投机者袭击该国货币的重要指标。当本国货币受到攻击时,中央银行可以通过高利率政策鼓励资本内流,但是弱的银行体系可能使得这种效果无效。另一方面,许多银行的负债和公司债务是以美元记账的,当本国货币贬值时,以本国货币表示的债务更大,因此货币危机又经常导致银行危机。从某种意义上来说,货币危机和银行危机是一种"双胞胎危机"(twin crises)。在亚洲一些国家特别是泰国、印度尼西亚和韩国短期负债不断增加,在宏观经济不稳定的条件下,这些资金会很快撤出,对汇率产生压力。如在1996年资金开始缓缓撤离泰国,一旦泰国的林吉特浮动,而在韩国拒绝银行贷款展期又进一步加剧了危机。因此在高度一体化的全球的资本市场中,钉住汇率是否是可行的;怎样建立货币和银行风险的预警机制等问题越来越受到金融专家的高度重视。

因此,不仅要构建货币危机的预警指标,还要构建银行危机的预警指标,Kaminsky和Reinhart(1999)研究了76个货币危机和26个银行危机,发现在金融自由化以后,银行危机和货币危机紧密相连,银行危机通常在货币危机之前开始,货币危机进一步加剧了银行危机。关于银行危机,如果银行危机开始是由于银行挤兑,银行储蓄的变动可以预示危机。经常银行危机并不是由于负债方,而是由于资产质量的恶化,如房地产价格的崩溃和非金融部门的破产增加,在这种情况下,资产价格的改变或者破产增加或者不良贷款上升都可能预示危机的开始。因此银行危机可能由于两种情况开始,一是银行挤兑导致关闭、兼并或接管;二是如果没有挤兑,则关闭、兼并、接管,或政府大量援助某一个金融机构。这些分析指出能够对货币危机和银行危机进行早期预警,通过建立适当的指标监控有关变量的变化,及早预防。

本章附录

表附1 我国资本项目的开放相关文件规定

时间	内容
2018.6.12	国家外汇管理局发布《合格境外机构投资者境内证券投资外汇管理规定》,人民银行会同国家外汇管理局发布《中国人民银行、国家外汇管理局关于人民币合格境外机构投资者境内证券投资管理有关问题的通知》
2017.10.2	国家外汇管理局颁布关于融资租赁业务外汇管理有关问题的通知
2016.8.30	中国人民银行、国家外汇管理局关于人民币合格境外机构投资者境内证券投资管理有关问题的通知
2016.6.9	国家外汇管理局关于改革和规范资本项目结汇管理政策的通知。在全国范围内推广企业外债资金结汇管理方式改革,同时统一规范资本项目外汇收入意愿结汇及支付管理

(续表)

时间	内 容
2016.4.14	境外央行类机构投资中国银行间债券市场和外汇市场
2016.2.24	为推动银行间债券市场对外开放,便利符合条件的境外机构投资者依法合规投资银行间债券市场,中国人民银行颁布公告,引入更多符合条件的境外机构投资者,取消额度限制,简化管理流程
2016.2.3	国家外汇管理局颁布合格境外机构投资者境内证券投资外汇管理规定
2015.11.9	中国人民银行、国家外汇管理局颁布内地与香港证券投资基金跨境发行销售资金管理操作指引
2015.7.29	国家外汇管理局颁布关于境外交易者和境外经纪机构从事境内特定品种期货交易外汇管理有关问题的通知
2015.10.28	为满足境外中央银行、货币当局、其他官方储备管理机构、国际金融组织以及主权财富基金投资境内银行间市场的实际需求,境外中央银行类机构参与境内银行间债券市场和外汇市场交易,可凭投资境内银行间外汇市场的备案表或有关部门关于开展相关业务资金往来的复函,在境内银行开立境内外汇专用账户
2015.8.5	国家外汇管理局关于印发《跨国公司外汇资金集中运营管理规定》的通知。1.试点外债比例自律管理。2.优化国际主账户功能。3.简化账户开立要求。4.简化外汇收支手续。5.完善涉外收付款申报手续
2015.3.30	国家外汇管理局关于改革外商投资企业外汇资本金结汇管理方式的通知。外商投资企业外汇资本金实行意愿结汇
2015.2.13	国家外汇管理局颁布关于进一步简化和改进直接投资外汇管理政策的通知
2015.1.13	中国人民银行关于外资银行结售汇专用人民币账户管理有关问题的通知
2014.12.26	国家外汇管理局颁布关于境外上市外汇管理有关问题的通知
2014.7.4	国家外汇管理局颁布关于境内居民通过特殊目的公司境外投融资及返程投资外汇管理有关问题的通知
2014.6.27	银行办理结售汇业务管理办法
2014.5.12	国家外汇管理局颁布关于发布《跨境担保外汇管理规定》的通知
2014.1.10	国家外汇管理局颁布关于进一步改进和调整资本项目外汇管理政策的通知
2013.8.21	国家外汇管理局颁布合格境内机构投资者境外证券投资外汇管理规定
2013.5.10	国家外汇管理局印发《外国投资者境内直接投资外汇管理规定》及配套文件的通知
2013.3.11	国家外汇管理局颁布关于人民币合格境外机构投资者境内证券投资试点有关问题的通知

(续表)

时间	内容
2013.3.1	中国证券监督管理委员会、中国人民银行、国家外汇管理局颁布人民币合格境外机构投资者境内证券投资试点办法
2013.2.18	国家外汇管理局颁布关于境外上市外汇管理有关问题的通知
2012.12.7	国家外汇管理局颁布合格境外机构投资者境内证券投资外汇管理规定
2012.11.19	国家外汇管理局颁布关于进一步改进和调整直接投资外汇管理政策的通知
2012.6.11	国家外汇管理局颁布关于鼓励和引导民间投资健康发展有关外汇管理问题的通知
2011.12.22	国家外汇管理局颁布关于基金公司、证券公司人民币合格境外机构投资者境内证券投资试点有关问题的通知
2010.11.4	建设部、国家外汇管理局颁布关于进一步规范境外机构和个人购房管理的通知
2010.6.30	国家外汇管理局颁布关于境内银行境外直接投资外汇管理有关问题的通知
2009.9.29	国家外汇管理局颁布合格境外机构投资者境内证券投资外汇管理规定
2009.9.29	国家外汇管理局颁布国家外汇管理局关于基金管理公司和证券公司境外证券投资外汇管理有关问题的通知
2009.7.13	境内银行为境外机构开立外汇账户,除国家外汇管理局另有规定外,不需经国家外汇管理局及其分支局批准
2009.6.9	国家外汇管理局颁布关于境内企业境外放款外汇管理有关问题的通知
2008.8.29	国家外汇管理局综合司颁布关于完善外商投资企业外汇资本金支付结汇管理有关业务操作问题的通知
2007.8.20	国家外汇管理局关于在天津滨海新区开展境内个人直接投资境外证券市场试点的批复
2007.5.23	商务部、国家外汇管理局颁布关于进一步加强、规范外商直接投资房地产业审批和监管的通知
2006.9.1	国家外汇管理局 建设部颁布关于规范房地产市场外汇管理有关问题的通知
2006.8.30	国家外汇管理局颁布关于基金管理公司境外证券投资外汇管理有关问题的通知
2006.8.24	中国证券监督管理委员会、中国人民银行、国家外汇管理局颁布《合格境外机构投资者境内证券投资管理办法》
2006.8.8	中华人民共和国商务部、国务院国有资产监督管理委员会、国家税务总局、国家工商行政管理总局、中国证券监督管理委员会、国家外汇管理局颁布《外国投资者并购境内企业暂行规定》

(续表)

时间	内　　容
2008.8.5	颁布《中华人民共和国外汇管理条例》
2007.7.31	国家外汇管理局颁布保险资金境外投资管理暂行办法
2006.7.11	中华人民共和国建设部、商务部、国家发展和改革委员会、中国人民银行、国家工商行政管理总局、国家外汇管理局颁布关于规范房地产市场外资准入和管理的意见
2006.6.6	国家外汇管理局颁布关于调整部分境外投资外汇管理政策的通知。境内投资者到境外投资所需外汇,可使用自有外汇、人民币购汇及国内外汇贷款。国家外汇管理局不再核定境外投资购汇额度。境内投资者向有关主管部门提交境外投资项目核准申请或投资意向后,在获得正式批准前,可以自有外汇、人民币购汇或国内外汇贷款向境外支付与境外投资项目相关的前期费用
2006.4.17	中国人民银行、中国银行业监督管理委员会、国家外汇管理局关于发布《商业银行开办代客境外理财业务管理暂行办法》的通知
2005.12.31	商务部、证监会、税务总局、工商总局、外汇局制定了《外国投资者对上市公司战略投资管理办法》
2005.11.24	国家外汇管理局综合司关于下发《关于完善外债管理有关问题的通知》及《关于境内居民通过境外特殊目的公司融资及返程投资外汇管理有关问题的通知》操作规程的通知
2005.5.19	国家外汇管理局颁布关于扩大境外投资外汇管理改革试点有关问题的通知
2005.3.3	国家外汇管理局颁布关于边境地区境外投资外汇管理有关问题的通知。开展境外投资外汇管理改革试点范围从目前的24个省、自治区、直辖市扩展到全国;增加境外投资的用汇额度,总额度从目前的33亿美元增加至50亿美元;扩大试点地区外汇局的审查权限。凡办理此项业务的外汇分局和外汇管理部,其对境外投资外汇资金来源的审查权限从300万美元提高至1 000万美元
2005.2.1	国家外汇管理局颁布关于境外上市外汇管理有关问题的通知
2005.1.27	国家外汇管理局　外交部、公安部、监察部、司法部关于实施《个人财产对外转移售付汇管理暂行办法》有关问题的通知
2004.7.15	国家外汇管理局颁布关于汽车金融公司有关外汇管理问题的通知
2004.6.21	国家外汇管理局颁布关于实施《境内外资银行外债管理办法》有关问题的通知
2003.10.15	国家外汇管理局颁布关于进一步深化境外投资外汇管理改革有关问题的通知。境外投资外汇管理改革试点地区的分局、外汇管理部,可以直接出具中方外汇投资额不超过300万美元的境外投资项目外汇资金来源审查意见。试点分局可授权辖内境外投资业务量较大的支局直接出具中方外汇投资额不超过100万美元的境外投资项目外汇资金来源审查意见

(续表)

时间	内　容
2003.9.24	国家外汇管理局颁布关于完善境外上市外汇管理有关问题的通知
2003.9.12	国家外汇管理局综合司颁布关于QFII外汇管理操作问题的通知
2003.3.29	国家外汇管理局颁布关于外资参股基金管理公司有关外汇管理问题的通知
2003.3.6	国家外汇管理局颁布关于完善外商直接投资外汇管理工作有关问题的通知
2003.1.8	国家发展计划委员会、财政部、国家外汇管理局颁布外债管理暂行办法
2002.12.6	国家外汇管理局颁布关于实施国内外汇贷款外汇管理方式改革的通知
2002.11.28	国家外汇管理局颁布关于发布《合格境外机构投资者境内证券投资外汇管理暂行规定》的公告
2002.8.20	国家外汇管理局、中国证监会颁布关于进一步完善境外上市外汇管理有关问题的通知
2002.6.17	国家外汇管理局颁布关于改革外商投资项下资本金结汇管理方式的通知
2001.10.24	中国人民银行、国家外汇管理局颁布关于调整资本项下部分购汇管理措施的通知
2001.8.8	国家外汇管理局关于对国内外汇贷款外汇管理方式进行改革试点的通知
2001.2.23	国家外汇管理局颁布关于证券经营机构从事B股业务若干问题的补充通知;国家外汇管理局颁布关于境内居民投资境内上市外资股有关问题的补充通知
2001.2.22	国家外汇管理局颁布关于境内居民个人投资境内上市外资股若干问题的通知
2001.1.1	国家外汇管理局颁布资本项目外汇收入结汇暂行办法
2000.2.23	国家外汇管理局颁布关于进一步加强对外发债管理的意见
2000.1.11	国家计委、中国人民银行、国家外汇管理局颁布关于国有商业银行实行中长期外债余额管理的通知
1999.1.7	国家外汇管理局颁布关于完善资本项目外汇管理有关问题的通知
1998.9.15	国家外汇管理局颁布关于加强资本项目外汇管理若干问题的通知
1997.5.8	国家外汇管理局颁布关于境外上市企业外汇账户开立与使用有关问题的通知
1995.9.14	国家外汇管理局颁布关于《境外投资管理办法》的补充通知
1990.6.26	国家外汇管理局颁布境外投资外汇管理办法细则
1989.3.6	国家外汇管理局颁布境外投资外汇管理办法

资料来源:www.safe.gov.cn。

第七章 美元汇率的动态变化及美元霸权

第一节 金融危机下美元贬值及影响

美元是主要的国际货币,美元走势对美国经济和世界经济都会产生很大的影响。美元的走势一方面根据美国的经济状况变化而变动,另一方面也会受国际因素的影响。

美元的走势可以分为短期走势和长期走势,美元的长期走势主要是由经济基本面变化和宏观经济政策的走势来决定的,它反映了美元币值的整体变动。短期走势是根据市场因素主导,如风险因素、短期经济消息公布和市场预期等因素。美国的基本因素决定美元汇率走势:一是 2008 年国际金融危机爆发,美国经济已经陷入衰退,并有进一步下滑的趋势,美元存在贬值压力;二是过度扩张的货币政策。美国采取扩张性的货币政策,将会导致国内货币扩张,美元走软。2008 年 12 月,美国经过 1 年多的持续降息,已步入零利率时代,美联储表示在经济增长之前,将把利率维持在一个较低的水平,这也意味着在将来很长的一段时间内,美国将维持这种宽松的利率政策。除了利率工具以外,美国还将采取多种创新工具,包括所谓的"量化宽松政策"等向市场注资[①],扩张货币供应量,因此美国大量货币的扩张必然导致美元币值下降。

自美国次贷危机爆发以来,美联储持续下调联邦基金利率。2008 年 12 月 16 日美联储决定将联邦基金利率降到历史最低点,从此前的 1% 下调到 0~0.25% 的零利率水平,直到 2015 年一直维持低利率水平不变(见表 7-1)。

表 7-1 美联储利率变化

时间	调整幅度	调整后利率
2015 年	维持不变直到 2015 年 12 月 17 日	0~0.25%
2014 年	8 次维持利率不变	

---

① 所谓量化宽松货币政策,就是央行通过公开市场操作,从二级市场大量买入各种债券,向银行体系大量注入资金。

(续表)

时间	调整幅度	调整后利率
2013 年	8 次维持利率不变	
2012 年	8 次维持利率不变	
2011 年	8 次维持利率不变	
2010 年	8 次维持利率不变	
2009 年	8 次维持利率不变	
2008 年	调整 7 次利率	
12 月 16 日	调降至少 75 基点	0～0.25%
10 月 29 日	调降 50 基点	1%
10 月 8 日	调降 50 基点	1.5%
4 月 30 日	调降 25 基点	2%
3 月 18 日	调降 75 基点	2.25%
1 月 30 日	调降 50 基点	3%
1 月 22 日	调降 75 基点	3.5%
2007 年	调整 3 次利率	
12 月 11 日	调降 25 基点	4.25%
10 月 31 日	调降 25 基点	4.5%
9 月 18 日	调降 50 基点	4.75%

资料来源：美联储网站。

2007年年底以来，美联储还启动了"信贷与流动性计划"（credit and liquidity programs），通过货币政策工具的创新，对金融市场提供流动性支持。美联储货币政策工具创新主要分五类：第一类是针对存款机构的工具创新，包括期限拍卖工具（TAF）、定期贴现措施（TDWP）、不良资产救济计划（TAPP）；第二类是针对交易商的工具创新，包括一级交易商信贷工具（PDCF）、定期证券贷款工具（TSLF）；第三类是针对货币市场的工具创新，包括资产支持商业票据货币市场共同基金工具（AMLF）、货币市场投资基金便利（NMIFF）等；第四类是针对向借款人和投资者提供的流动性，包括投资者融资便利工具（MMIF）、定期证券借贷工具（TSLF）、商业票据融资工具（CPFF）、定期资产抵押证券贷款工具（TALF）等。这些金融创新工具旨在延长贴现贷款的期限、扩大贴现贷款的对象范围和抵押品范围，降低金融机构的融资门槛和融资成本。

同时美国还配合政府采取量化宽松政策向市场注入流动性，财政赤字最终被货币化。量化宽松政策是货币政策和财政政策的搭配，通过货币创造，向市场注入大量流动性。美联储的量化宽松政策和财政政策相结合,通过增加货币发行向市场注资以刺激经济。美联储通过四轮量化宽松政策共收购美国国债约万亿美元(见表7-2)。美联储资产负债表从金融危机前的不到1万亿美元,上升到2014年年底的4.5万亿美元。美国整个量化宽松规模超过3.5万亿美元。

表 7-2　　　　　　　　　　美国的量化宽松政策

量化宽松政策	具体实施计划
第一次量化宽松政策	2008年11月25日,美联储宣布从两大住房抵押贷款机构房利美和房地美以及联邦住房贷款银行购买最高达1 000亿美元的直接债务,并另外购买最高达5 000亿美元的抵押贷款支持证券。2009年3月18日美国联邦储备委员会议决定大手笔购买债券,在原有6 000亿美元的基础之上,再购买7 500亿美元的机构抵押债券,总额达到1.25万亿美元,再购买1 000亿美元的房贷机构债券,总量达到2 000亿美元,除此之外,还将未来6个月内购买高达3 000亿美元的美国长期国债。3 000亿美元国债在2009年10月底购买结束
	2009年11月4日,美国决定削减房贷机构债券购买到1 750亿美元。整个购买计划在2010年第一季度全部结束
	2010年8月10日,美联储决定保持债券持有水平不变,一是用房贷机构债券和房贷抵押债券偿还的本金继续购买美国长期国债,并且美国债券到期,美联储将滚动购买
第二轮量化宽松政策	2010年11月2至3日,美联储议息会议决定推出第二轮量化宽松政策(QE2),第二轮量化宽松政策要在2011年6月前继续增加购买6 000亿美元的国债,货币将进一步扩张
	根据美联储2011年4月27日的决议,美联储将继续用房贷机构债券和抵押债券偿还的本金投资美国长期国债,同时在2011年第二季度完成6 000亿美元的国债购买
第三轮量化宽松政策	2012年9月14日,美联储宣布0～0.25%超低利率的维持期限将延长到2015年中,将从15日开始推出新的量化宽松政策(QE3),每月采购400亿美元的抵押贷款支持证券(MBS),现有扭曲操作(OT)等维持不变。内容是在2012年6月底以前买入4 000亿美元的美国国债,其剩余到期时间在6～30年之间;同时出售等量的美国国债,其剩余到期时间为3年或以下,随后这项计划在今年6月份被延长到年底
第四轮量化宽松政策	2012年12月13日,美联储推出第四轮量化宽松QE4,每月采购450亿美元国债,替代扭曲操作,加上QE3每月400亿美元的宽松额度,联储每月资产采购额达到850亿美元。除了量化宽松的猛药之外,美联储保持了零利率的政策,把利率保持在0～0.25%的极低水平

资料来源:美联储网站。

过度扩张的财政政策,财政赤字上升。①金融危机前的状况。1998 财政年度成功地实现了 700 亿美元的财政盈余,这是美国联邦政府自 1969 年以来第一次取得财政盈余。2000 年美国财政盈余继续上升,达到 2 370 亿美元。美国财政状况从 1992 年财政赤字占 GDP 的 4.6% 高峰扭转为 2000 年财政盈余占 GDP 总值的 2.4%,克林顿时期财政状况显著改善。2001 年小布什上台,美国财政盈余开始下降,为 1 272 亿美元,占 GDP 的比率为 1.2%;2002 年出现财政赤字,达到 1 590 亿美元,占 GDP1.5%。2003—2007 年美国一直处于财政赤字状态,其中 2004 年达到最高值 4 130 亿美元,但财政赤字占 GDP 的比率均在 3.5%之内,2005—2007 年都处于 3%之内,政府债务比率也刚超过 60%。②次贷危机后的财政状况。2007 年美国次贷危机爆发,为了进一步促进经济增长,美国政府还采取扩大支出、减税等一系列财政政策刺激经济。这些措施主要包括小布什时期的经济刺激计划和金融稳定计划,以及奥巴马执政时期的两次经济刺激措施。美国 2008 年 2 月份推出了 2 000 亿美元的救市计划;9 月份推出了 7 000 亿美元的计划;2009 年 1 月份,奥巴马的救市计划为 7 870 亿美元(见表 7-3)。

表 7-3　　　　　　　　美国次贷危机以来的财政政策

次贷危机以来的财政政策	救市政策和刺激政策
经济刺激计划(the economic stimulus act of 2008)	2008 年 2 月美国国会通过了总额达 1 520 亿美元的经济刺激计划,该法案主要内容是通过各种方式增加老百姓收入,对低收入和中低收入的纳税者实行退税,大多数在收入线以下纳税人每人至少获得 300 美元,家庭获得 600 美元的退税,额外增加对 17 岁以下的家庭成员补助 300 美元。对企业投资实施税收刺激,大规模降低企业纳税基准;增加养老金补助等
金融救援计划(the emergency economic stabilization act of 2008)	2008 年 9 月 20 日布什政府提出一项总额达 7 000 亿美元的金融救援计划(the emergency economic stabilization act of 2008),虽然经历了一波三折,最终还是于 2008 年 10 月 4 日获得美国众议院通过。这一金融救援方案主要是购买问题银行的金融资产,向金融体系注资,防止金融体系的系统性风险爆发
经济刺激计划(american recovery and reinvestment act of 2009)	2009 年奥巴马上台后,为了恢复经济,2009 年 2 月 17 日,美国总统奥巴马签署了总额为 7 870 亿美元的经济刺激计划(american recovery and reinvestment act of 2009),这是第二次世界大战以来美国政府最庞大的开支计划,主要包括 2 870 亿美元的个人和企业减税措施以及接近 5 000 亿美元的政府开支计划组成(这些资金将被用于基础设施建设、对低收入者、失业人员和退休人员的帮助、医疗保健、教育项目及对紧缺现金的各州政府提供扶持等)
第二轮新的经济刺激计划(new economic stimulus plan)	2010 年 9 月奥巴马政府又推出第二轮新的经济刺激计划(new economic stimulus plan),具体包括对研究和创新型企业永久延长信贷优惠、计划对中产阶级(年收入 25 万美元及以下)减税,以及 500 亿美元投资基础设施,以期待对经济有相应的拉动作用

资料来源:美国商务部网站。

扩张性的财政救市计划会加大美国的财政赤字,2008 财年美国政府财政赤字为 4 585.5 亿美元,美国 2009 年的财政赤字预算达到 1.41 万亿美元,创历史最高纪录(见表 7-4),美国的债务水平不断上升。财政赤字增加一方面会通过赤字货币化形式来融通[①],将导致货币供给增加,美元贬值;另一方面美国的财政赤字和贸易赤字是联系在一起的,贸易收支的恶化将促使美元走软。

表 7-4　　　　　　　　　美国的财政赤字和债务水平

年份	美国财政赤字 (10 亿美元)	美国债务水平 (10 亿美元)	财政赤字 占 GDP	债务水平 占 GDP	美国 GDP (10 亿美元)
1990	−221.036	3 206.290	−3.696 51	0.536 206	5 979.589
1991	−269.238	3 598.178	−4.360 81	0.582 791	6 174.043
1992	−290.321	4 001.787	−4.439 63	0.611 96	6 539.299
1993	−255.051	4 351.044	−3.707 83	0.632 537	6 878.718
1994	−203.186	4 643.307	−2.780 04	0.635 308	7 308.755
1995	−163.952	4 920.586	−2.139 23	0.642 034	7 664.06
1996	−107.431	5 181.465	−1.326 28	0.639 671	8 100.201
1997	−21.884	5 369.206	−0.254 21	0.623 709	8 608.515
1998	69.270	5 478.189	0.762 116	0.602 716	9 089.168
1999	125.610	5 605.523	1.300 227	0.580 244	9 660.624
2000	236.241	5 628.700	2.296 996	0.547 284	10 284.78
2001	128.236	5 769.881	1.207 288	0.543 21	10 621.82
2002	−157.758	6 198.401	−1.437 1	0.564 645	10 977.51
2003	−377.585	6 760.014	−3.280 3	0.587 282	11 510.67
2004	−412.727	7 354.657	−3.362 36	0.599 161	12 274.93
2005	−318.346	7 905.300	−2.431 29	0.603 747	13 093.73
2006	−248.181	8 451.350	−1.791 16	0.609 946	13 855.89
2007	−160.701	8 950.744	−1.109 99	0.618 246	14 477.64
2008	−458.553	9 986.082	−3.115 47	0.678 468	14 718.58
2009	−1 412.688	11 875.851	−9.797 58	0.823 64	14 418.74
2010	−1 294.373	13 528.807	−8.649 7	0.904 068	14 964.37

---

① 实际上就是美国政府发行债券筹集资金,而美联储在二级市场上买进同样数量的旧债券,财政赤字就被货币化了,相当于美联储直接向财政注资。

(续表)

年份	美国财政赤字 （10亿美元）	美国债务水平 （10亿美元）	财政赤字 占GDP	债务水平 占GDP	美国GDP （10亿美元）
2011	−1 299.599	14 764.222	−8.374 82	0.951 43	15 517.93
2012	−1 086.955	16 050.921	−6.728 18	0.993 542	16 155.26
2013	−679.542	16 719.434	−4.071 18	1.001 673	16 691.52
2014	−484.600	17 794.483	−2.780 65	1.021 051	17 427.61
2015	−438.496	18 120.106	−2.419 86	0.999 966	18 120.71
2016	−584.651	19 539.450	−3.139 15	1.049 128	18 624.48
2017	−665.372	20 205.705	−3.432 07	1.042 236	19 386.89

资料来源：CEIC 数据库。

一系列的金融稳定和财政刺激措施，增加了美国的财政赤字，债务水平和财政负担明显上升。2008年9月30日美国政府债务总额9.986万亿美元；2009年9月30日为11.876万亿美元，突破10万亿美元，占当年GDP的比率达到82.4%；2010年9月30日为13.53万亿美元，占GDP的比例上升到90.4%，2010财年美国政府赤字约1.35万亿美元。2011年4月18日，标普公司宣布，将美国AAA信用评级的前景评级从"稳定"降至"负面"，美国政府债务总额已在2011年5月16日触及14.29万亿美元的法定上限，国际金融危机冲击下美国主权债务风险凸显出来。

从对世界经济的影响来看，国际金融危机后美国主权债务风险会影响全球通货膨胀和其他国家美元外汇资产的价值。由于美国采取低利率和宽松的宏观经济政策，市场流动性充裕，导致新兴市场经济国家货币面临升值的压力和资本大量流入的风险，新兴市场经济国家通货膨胀压力陡增，宏观经济调控也遇到前所未有的困境。美元主权债务风险会影响美元国际储备货币地位，美联储开动印钞机救市和刺激经济势必将软化美元。过高的美元债务和美元滥发会削弱美元国际储备货币地位[1]。

美元是自由浮动的货币，它的币值随着经济形势的变化在不断地变动，美元贬值必然会给美元储备的国家带来很大的风险，尤其像中国这样美元储备比较高的国家。回忆一下在布雷顿森林时代，美元实行双挂钩制度，美元和黄金挂钩，其他货币和美元挂钩。对美元泛滥的一个重要约束是美元和黄金挂钩，1盎司黄金等于35美元。也就是说，其他国家获得的美元可以到美国按照1盎司黄金等于35美元兑换黄金[2]，这是对美国货币政策的一个约束，因此，美国会尽量

---

[1] 2009年3月，我国前央行行长周小川提出超主权储备货币替代美元的设想。
[2] 陆前进：《国际金融学教程》，立信会计出版社2006年版。

维持美元币值的稳定。而在目前浮动汇率制主导的国际货币体系下,美元仍然充当国际货币,但是美元兑换黄金的约束已经没有了,所以美元扩张的内在冲动比以前更强了,美元流动性泛滥带来的风险全部由美元储备的国家自己承担和消化,因此美元贬值给持有美元储备多的国家带来的损失会越来越大。自2007年7月份美国次贷危机爆发以来,美元经历了贬值、升值,再贬值再升值的过程。综观美元的走势,可以看出,随着美联储不断下调利率,美元对一些非美元货币不断贬值,美元汇率指数从2007年2月份的85左右一直下降到2008年7月底的约72左右。导致新兴市场经济国家货币升值、热钱流入和通货膨胀压力上升。另外,美元走软可以转嫁美国的风险,因为美元是国际的主导货币,美元流动性过剩,美国对外负债较高,美元贬值将使美国的对外债务的实际水平下降,缓解了美国的债务压力。美元走软可能将导致国际大宗商品价格上升,对能源进口国冲击较大。

第二节　美元升值问题

一、美元指数的变化

美元是浮动汇率,在一段时间内,美元指数变化有很大的不确定性,美元的升值和贬值往往是交替发生的。2008年上半年美元走弱,但进入2009年8月份,美元汇率指数开始反弹。主要是由于美国一系列经济数据略有改善,美元开始走强,美元汇率指数从8月初的约73上升到9月初的约77。同时随着2009年9月份次贷危机不断加剧,并迅速蔓延到欧洲,美元升值进一步加强,美元汇率指数一路上升,12月初达到约86。这是金融危机下美元走势的特殊表现,主要源于两方面的原因:一是由于欧盟经济同样受到次贷危机的打击,经济状况并不比美国好;二是出于避险的目的,大量资金流向美国国债市场,导致美元走强。2014年以来,随着美国逐步退出量化宽松政策,美元开始走强。

美元升值会导致全球财富的重新分配。2008年下半年,随着美国次贷危机不断加剧,全球股市下跌,避险资金追逐美国国债,导致美元不断走强。同时全球经济衰退,总需求下降,国际油价不断下跌,而美元升值,也进一步推动了原油价格下跌。这一阶段主要表现为美元升值、原油和黄金价格下跌。如美元指数从2008年8月初的73左右上涨到12月底的81左右,其中2008年11月21日达到最高的88.191;原油价格从2008年8月初的123美元左右下降到12月底的41美元左右,其中12月24日达到最低的34.04美元;黄金价格从2008年8月月初的910美元左右下滑到12月底的882美元左右。这一阶段黄金价格有所下跌,但是黄金的抗跌性较强,黄金的价格波动相对也较大。美元升值,原油价格下跌对能源生产国和出口国的冲击较大,如俄罗斯和 OPEC 国家的外汇收入大幅度下降,甚至一些国家国际收支不断恶化。2008 年,俄罗斯面临美元升值和国际油价下跌的双重打击,油价下跌,导致俄罗斯外汇收入下降,同时资本流出、美元升值导致俄罗斯卢布贬值压力不断增加。而对 OPEC 国家来说,油价下跌无疑对其伤害巨大,外汇收入下降,以至于 OPEC 不断提出要求减产,以应对油价的不断下跌。因此,美元、黄金和油价的交替变化导致财富在全球发生重新分配。

总之,美元等资产的强势或弱势都会对全球经济产生很大的影响,导致全球的财富重新分配。各国经济随着美元等资产节奏的变化而摇摆不定,如美元升值、国际油价下跌,原油生产国和输出国 OPEC 等国家面临较大的损失,俄罗斯经济会受到很大的冲击;而一旦美元贬值和国际油价上涨,对能源消费国和进口国如中国等国家将会产生很大的冲击。尤其在金融危机期间,美元等资产价格的变动加大了全球经济的不稳定性,使得一国经济面临很大的不确定性。随着美元的贬值和升值,每一个国家都会受到很大的冲击,只不过对不同国家冲击所带来的正负效应有所不同。由于美元币值的变动本身是美国经济的反映,强势和弱势对其都是有利的,美国总是处于有利地位。但是对其他国家而言,由于本国货币不是国际货币,要受到美元变动的冲击,如果美元变动对你有利,你是幸运的;如果美元变动对你不利,你必须承受这种损失,自己是难以改变的,一国的利益和外汇财富随着美元的变化而变动。很多国家的命运掌握在美元手中,其他国家在面对美元变动时,往往处于被动地位,各国在美元等资产价格的变动中,财富被重新再分配。

二、美国量化宽松政策的退出

后危机时代,随着美国经济逐步好转,美联储开始考虑逐步退出量化宽松政策。一是美联储不再维持低利率政策,开始不断上调利率(见表 7-5)。

表 7-5　　　　　　　　　美联储上调联邦基金利率

调整日期	调整幅度	调整后利率
2018 年 6 月 13 日	调升 25 基点	1.75%～2.00%
2018 年 3 月 21 日	调升 25 基点	1.5%～1.75%
2017 年 12 月 14 日	调升 25 基点	1.25%～1.50%
2017 年 6 月 14 日	调升 25 基点	1.00%～1.25%
2017 年 3 月 14 日	调升 25 基点	0.75%～1.00%
2016 年 12 月 15 日	调升 25 基点	0.50%～0.75%
2015 年 12 月 17 日	调升 25 基点	0.25%～0.5%

资料来源:美联储网站。

美联储提高利率,美元升值,因为美元资产收益率上升,对美元资产的需求会增加,资本会流入美国。从美联储利率和美元指数的变化来看,美联储利率和美元指数有类似的趋势(见图7-1)。

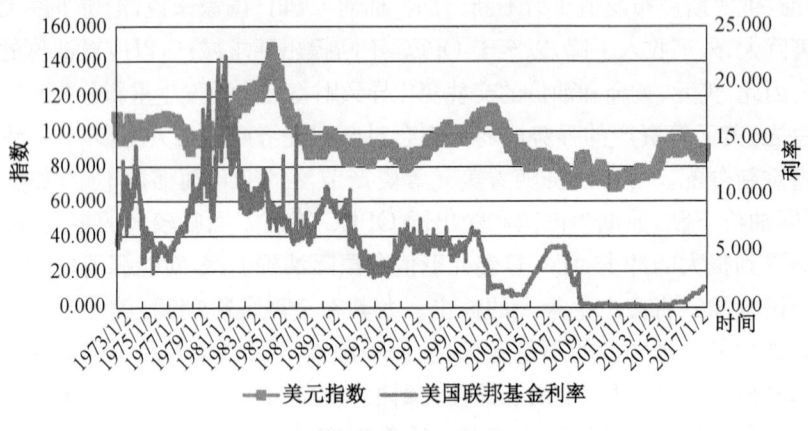

资料来源:CEIC数据库。

图7-1 联邦基金利率和美元指数

从美国联邦基金利率和美元指数的相关性也能够看出两者之间的正相关关系,美国联邦基金利率和美元指数的同期相关系数为0.566 761;美国联邦基金利率和滞后1年的美元指数的相关系数为0.649;美国联邦基金利率和滞后2年的美元指数的相关系数为0.702;美国联邦基金利率和滞后3年的美元指数的相关系数为0.740;美国联邦基金利率和滞后4年的美元指数的相关系数为0.672;美国联邦基金利率和滞后5年美元指数的相关系数为0.516,其中相关系数在第三年达到最大值。美国联邦基金利率的变动也是美元汇率指数周期性变化的一个领先指标。

美联储计划逐步回笼流动性。国际金融危机时期,美联储实行量化宽松政策,大肆购买国债和机构债券,美联储共持有约2.5万亿美元美国国债和1.8万亿美元抵押贷款支持证券,美联储一直通过将到期证券的本金进行再投资,也就是"以新换旧"的方式维持当前资产负债表规模不变。根据美联储公布的收缩资产负债表计划,美联储将逐步减少对美联储持有的到期证券本金进行再投资来缩减资产负债表。具体来讲,美联储计划将持有的到期美国国债本金每个月不再进行再投资的上限最初设定为60亿美元,然后每3个月将此上限再提高60亿美元,直到最后升至300亿美元。同时,美联储计划将持有的机构债务和抵押贷款支持证券的本金每个月不再进行再投资的上限最初设定为40亿美元,然后每3个月将此上限再提高40亿美元,直到最后升至200亿美元,只有超过上限部分的到期证券本金才可进行再投资。因此,随着上限的逐步提高,美联储每月再投资的证券规模将逐步减少,美联储的资产负债表也将逐步收缩。最终美联储资产负债表应缩减到多大的规模才算合适,目前尚无定论。纽约联邦储备银行高级副行长洛丽·洛根表示,为满足执行货币政策的正常需求,美联储的资产负债表规模至少应维持在2.1万亿美元左右。美联储前主席伯南克认为,当前美联储资产负债表的最优规模应在2.5万亿美元以上。美联储前理事现美联储主席鲍威尔则表示,考虑到近年来流通货币需求上升,美联储的资产负债表规模很难降到2.5万亿美元至3万亿美元以下。综合来看,多数美联储官员和经济学家认为,美联储可以维持相对较大的资产负债表规模。美联储前主席耶伦也表示,美联储"缩表"后的最终规模"明显要小"于当前4.5万亿美元的水平,但比危机之前的规模也要"大得多"。

随着美联储逐步退出量化宽松政策,美元会趋向于升值。美元汇率不仅受宏观经济政策的影响,还受经济增长、国际收支、公众预期和国外因素等的影响,应该说美联储退出量化宽松政策将是美元变动的一个重要因素。

三、美元升值和货币危机

美元升值将对新兴市场经济国家产生较大的影响。主要体现在以下两个方面:一是积极影响。主要是美元升值,本国货币贬值,有利于新兴市场经济国家的出口竞争力的提高,出口会增加;美元升值,以美元计价的大宗商品价格会下降,对进口这些产品的国家比较有利。二是负面影响。本国进口商品的价格会更加昂贵,如果是必须的投资品,将会影响本国的生产成本,产出会下降。美元升值,本国货币贬值,在马歇尔-勒纳条件成立的情况下,有利于出口增加。但是一些新兴市场经济国家生产要素成本不断上升,出口利润较薄,难以下调出口价格,或者即使下调价格,产量也无法上升,在贸易条件恶化的情况下,国内收入下降,总需求会下降,国内总产出下降,经济增长速度放缓或下滑。

美元利率的上升,一方面会导致资本从新兴市场经济国家流向美国,另一方面导致新兴市场经济国家美元的借贷成本提高,如果从国际金融市场上借美元资金,随着美元利率的上升,美元资产的借款成本上升,会抑制本国投资。一般来说,一些新兴市场经济国家外币债务水平较高,通常都以美元计价,随着美元升值,债务负担会更加沉重。比如1997年,一些东南亚国家的外债水平就较高,都超过国际安全水平60%,达到65%~170%。

2015年以来,随着美元利率的提高,新兴市场经济国家也受到美元升值和出口商品价格下降的影响。美元的持续坚挺和美国利率的上涨在短期内可能会进一步抑制新兴市场经济体的发展,因为美元是主要的国际货币,商品进出口主要以美元计价,贸易结算和外汇储备也主要是美元,美元币值的变动对新兴市场经济国家影响较大。

因此随着美联储退出量化宽松政策,美联储进入一个新的升值周期,对新兴市场经济国家的影响逐步会凸显出来。美元升值将增加新兴市场经济国家美元计价的债务负担,导致资产和负债错配的风险,同时大宗商品的价格将走低,将损害依赖大宗商品出口的新兴市场国家,新兴市场经济国家的资本外流将进一步恶化。国际金融机构向一些新兴市场经济国家美元贷款数额较高,同时新兴市场国家的借款人发行的美元国际债券也较多,在美元升值的条件下,这些国家可能会面临违约,发生债务危机的可能。同时在美元升值的情况下,新兴市场经济国家会面临资本外流和汇率大幅度贬值的情况。其中美元升值对阿根廷、土耳其和墨西哥等国家的影响较大,如2018年4月中旬至5月上旬,阿根廷就经历过"汇债双杀"的严峻考验,在美元强势的情况下,投资者从新兴市场经济国家债券市场和股票市场抽出资金,导致债券市场和股票市场双双下跌,阿根廷比索出现单日暴跌8.5%,不仅是阿根廷,同期墨西哥比索对美元暴跌了约6.5%;而土耳其里拉就一度暴跌超过6%。

2008年4月26日以前,阿根廷基准利率处于30%以下,2018年4月27日上调至30.25%,2018年5月3日上调至33.25%。2018年5月4日阿根廷中央银行把政策性利率提高了40%以遏制迅速贬值的比索,这已经是一周内第三次提升利率,之前中央银行在一周内动用43亿美元外汇储备也没有能阻止比索的下滑。此后直至8月12日的持续三个多月时间,基准利率保持不变。2018年8月13日开始,基准利率上调至45%,并一直持续到2018年8月29日。2018年8月30日,阿根廷央行宣布将基准利率从45%上调至60%,再创新高,同时阿根廷央行还上调私人银行存款准备金率五个百分点。尽管如此,阿根廷比索还是迅速下跌,跌幅达到11%,至1美元兑38比索的水平。此外阿根廷当局减少财政赤字目标,宣布采取新措施以稳定金融市场。但是在2018年5月8日阿根廷比索对美元大幅度下跌超过5%,汇率到一个新的低水平23.5,迫使政府不得不向IMF求援。阿根廷政府在6月初与国际货币基金组织达成一项为期36个月的500亿美元规模备用安排贷款协议。当月阿根廷获得了其中首批150亿美元,第二批30亿美元料将9月发放,阿根廷总统马克里公开呼吁IMF加快发放贷款,为保证明年融资项目提供一切必要的资源。

由于长期债券的收益率上升和通货膨胀率仍处于较低水平,市场预期美联储将比预期更加坚决地提升利率,美元指数迅速上升,比索贬值。同时阿根廷又对外国人持有的比索面值的阿根廷中央银行票据征收5%收益税,也进一步打压了比索。美国退出量化宽松政策,全球经济收紧,阿根廷外债水平较高,经常项目的赤字主要通过外债来弥补,本国的通货膨胀率也较高,达到25.4%,阿根廷金融的脆弱性不断显现出来。根据IMF的统计,2015年阿根廷外债达到1 789亿美元(占GDP的28%),2018年上升到2 529亿美元(占GDP的38.8%),外国投资者怀疑阿根廷的偿债能力,进一步打压了比索。

实际上,2015年年末阿根廷总统马克里上台,政府放松外汇管制和贸易管制,采取通货膨胀率目标制和自由浮动汇率制,解决了和国外私人债权人的争端,减少对公共服务的补贴,采取其他市场友好的改革,重新回到国际资本市场。IMF和全球经济的领导人都赞赏总统马克里的市场化改革,外国资本大量流进阿根廷,投资股票和债券市场。由于2001年阿根廷主权债务违约,时隔15年阿根廷重返国际债券市场。2016年4月,在国际资本市场上阿根廷售出160亿美元的主权债务,但通过这些债券筹集的资金主要被用来偿还2001年违约而未偿的债权人。

2017年6月阿根廷售出了2 750亿美元100年期的债券,利息为7.125%,由于发达国家量化宽松政策导致流动性充裕,中央银行、养老基金、对冲基金和其他机构投资者都购买这些所谓的"世纪证券",希望这次能够有所不同。阿根廷并不是唯一的面临过度汇率波动和投资者情绪突然转变的新兴市场经济国家,美联储提高利率、较高的石油价格、中美贸易摩擦和加剧的地缘紧张局势使得其他新兴市场经济国家也面临全球的金融风险,可能会导致这些国家大量的资本外流。

国际金融危机爆发以后,由于美国和其他发达国家采取低利率和量化宽松政策,新兴市场经济国家高利率和好的发展势头,大量的资本流入新兴市场经济国家。现在由于美联储收紧货币政策,提高利率,加剧了新兴市场经济国家的脆弱性。正如2013年中那样,好几个新兴市场经济体面临美联储QE缩减,私人资本迅速抽出的困境,导致新兴市场经济国家的股票、债券和其他金融资产被抛售,从而导致这些国家货币承压,印度卢比贬值幅度最大,2013年5月至8月达到23%;南非和巴西货币对美元汇率在2013年6月也触及4年来的最低点。

除了政府债务,新兴市场经济国家的公司债务也在不断增加,近年来,这些国家的公司债务也值得关注。私人部门发行的外币债务,也面临外部冲击的风险,不像本币债务,外币债务面临汇率贬值风险,如果私人部门没有外币收入和外币资产,可能会更加难以偿还债务,高额的外币债务使得新兴市场经济国家面临更大的金融不稳定和经济下滑的风险。

国际金融危机时期,由于低利率和宽松的货币条件,截至2016年年末,新兴市场经济国家非金融机构在国际金融市场上发行了大量的外币债务。据统计,到2015年6月末,新兴市场经济国家公司债中44%是外币债务,在土耳其公司外币债务占到GDP的41%,俄罗斯占到37%,印度占到17%,中国为10%。新兴市场经济国家外币债务面临外部金融冲击,美国提高利率,如果公司的外币债务没有进行适当的风险对冲,美元走强会恶化公司的资产负债表。值得指出的是许多新兴市场经济国家的公司没有通过对冲金融工具如外汇掉期对冲他们的外币债务风险。一旦本国货币对美元贬值,新兴市场经济国家的公司很难偿还他们的外币债务。

如果公司有大量的美元债务,新兴市场经济国家还面临汇率波动的风险,因为它们的收入和资产都是用本币表示的,从1997年的亚洲金融危机来看,当时这些国家也面临资产与负债货币和期限不匹配问题,引发了货币危机。

在最近这些年,新兴市场经济国家增加了外汇储备的持有,作为应对外部金融冲击的缓冲器,阿根廷还实行了浮动汇率制度,但是并不总是能够隔绝外部冲击。由于没有全球经济政策协调,新兴市场经济国家应该努力改善宏观经济和金融管理的环境以应对外部金融冲击,密切关注金融市场的波动,确认潜在的传染渠道,毫不犹豫采取行动包括资本管制和宏观审慎政策以应对外部风险。

还有我国的香港也面临美元加息的冲击。2015年以来,美联储多次加息,香港基准利率随之上调,但香港银行业贷款利率并没有随之上调,港元与美元之间的息差持续扩大。随着利率上升,资本流出香港,从2018年4月12日至4月19日,港元有较大的贬值压力,又因香港实行联系汇率制度,4月期间多次触及联系汇率制度下7.75~7.85的干预线一侧,创下35年来低点,中国香港金管局在8个交易日内连续出手13次"捍卫"港元联系汇率制度。此外,尽管香港银行尚未正式上调最优惠利率,但自美联储6月宣布加息后,各大银行已开始纷纷提高存款利率。5月4日,汇丰银行宣布即日起上调其在香港地区美元存款利率100倍,由0.001%上调至0.1%,这还是2009年以来的首次调整。事实上,自从美联储开始加息以来,香港市场的利率已经趋升,以楼宇按揭常用作基准的一个月银行同业拆息为例,已从2015年年底的0.22%不断攀升至逾1.7%的水平,创下近10年以来的新高。同时,在金管局连续入市买入港元后,港元的短期利率也持续上升。香港如果持续加息,必然极大制约居民按揭贷款能力,对楼市造成较大压力。2018年6月,香港楼市也屡创新高,单价约是金融危机前的2.5倍,是金融危机后低点的3.5倍。

从2008年4月金管局入市干预前至今,香港银行结余由1 700亿港元下降40%至2018年6月的大约1 100亿港元,使得市场普遍担忧香港市场的流动性是否会发生逆转。然而,总结余是银行用于应付日常结算的资金,只是本地银行体系港元流动资金的其中一部分。香港银行目前持有约1万亿港元的外汇基金票据和债券(exchange fund bills and notes)。这些票据和债券是香港货币基础的组成部分,具有高度流动性。在有需要时,银行可以将票据作抵押,向金管局以贴现率借入港元资金结算和周转。由于银行体系持有大量外汇基金票据,随时用于贴现。截至2018年4月20日,在约16 600亿港元的货币基础上,总结余占不足10%,而外汇基金票据和债券约1 090亿港元,是货币基础的63%,可以为香港银行体系在应付资金流出时,提供相当强大的流动性缓冲。这意味着,金管局可以根据市场情况和需要,通过调节票据的发行量来提升市场港元的流动性。例如,当一批票据到期时,金管局可以减少续期重发量,释放资金回流入银行体系,变为新增的总结余,这便能够提升港元的流动性,外汇基金都在其中发挥了十分重要的作用。

新兴市场经济国家货币贬值,可能会导致通胀率上升,央行为了遏制通货膨胀,会提高利率,从而不利于经济增长。如 2018 年前 4 个多月,阿根廷比索兑美元已累计下挫 20% 以上,阿根廷央行出售大量美元以支持阿根廷比索,同时在 4 月 27 日至 5 月 4 日短短一周左右的时间里,阿根廷政府被迫连续三次大幅加息,将基准利率提升至 40%。

四、债务水平和货币危机

货币危机发生可能是债务水平过高,名义利率上升发挥了很大的作用,因为从理论上讲,政府总可以通过提高利率以抵销市场贬值预期。当政府被迫放弃平价时,原因一定是提高利率以维系平价的成本大大高于维持平价所能获得的收益。在这种条件下,货币危机的发生机制体现为一种恶性循环:政府通过提高利率方法来维持平价的努力会增加政府干预的成本,这又会加强市场的贬值预期,促使利率进一步上升;在信息不对称的条件下,市场对政府放弃平价的成本只能推测出大致区间,在此区间内不断进行投机攻击;如果在政府捍卫平价期间有足以改变投机者预期的好消息,货币危机将会停止,否则政府将被迫进行贬值。

第二代货币危机的模型是基于巴罗-戈登等(Barro 和 Gordon,Kydland 和 Prescott)政策规则的模型[①]。假定在一个小型开放经济体中,政府最小化它的损失函数:

$$L = \frac{1}{2}(\alpha \pi_t^2 + x_t^2), \alpha > 0$$

其中,π_t 是通货膨胀率,反映的是汇率的贬值率,x_t 表示净税收收入。政府厌恶通货膨胀和净税收(表示公众收入的下降)。在购买力平价存在和固定汇率条件下,如果国外没有通货膨胀,则国内的通货膨胀为 0。

政府预算约束条件为:

$$Rb_t = x_t + \theta(\pi_t - \pi_t^e), \theta > 0$$

其中,R 是利率,b_t 是政府总的净债务存量。π_t^e 是预期的通货膨胀率,即预期的汇率贬值率。$\theta(\pi_t - \pi_t^e)$ 表示通货膨胀税,如果 $\pi_t = \pi_t^e$,则没有通货膨胀税,即完全预期的通货膨胀率是没有通货膨胀税。

构建拉格朗日函数:$\Lambda = \frac{1}{2}(\alpha \pi_t^2 + x_t^2) + \mu[Rb_t - x_t - \theta(\pi_t - \pi_t^e)]$

它的一阶条件为:

[①] Barro 和 Gordon(1983)在"自然率模型中一个积极货币政策理论"中指出权变的货币政策具有动态的非一致性问题,是一种次优的货币政策选择。Kydland 和 Prescott(1985)在"规则优于权变:最优计划的不一致性"中也指出规则优于权变政策。

$$\frac{\delta \Lambda}{\delta \pi_t} = \alpha \pi_t - \mu \theta = 0$$

$$\frac{\delta \Lambda}{\delta x_t} = x_t - \mu = 0$$

$$\frac{\delta \Lambda}{\delta \mu} = Rb_t - x_t - \theta(\pi_t - \pi_t^e) = 0$$

由前两个方程我们得到：$x_t = \frac{\alpha}{\theta} \pi_t$

再把约束条件代入损失函数得：$L^d(b_t, \pi_t^e) = \frac{1}{2} \lambda (Rb_t + \theta \pi_t^e)^2$，$\lambda \equiv \frac{\alpha}{\alpha + \theta^2} < 1$

其中，上标 d 表示贬值。

如果政府事先承诺不贬值，即 $\pi_t = 0$，政府约束条件为：$Rb_t = x_t - \theta \pi_t^e$。则最优化问题变为：

$\text{Min } L = \frac{1}{2} x_t^2$，约束条件：$Rb_t = x_t - \theta \pi_t^e$

因此固定汇率的损失函数为：$L^f(b_t, \pi_t^e) = \frac{1}{2} (Rb_t + \theta \pi_t^e)^2$，其中 f 表示固定汇率。

因为 $\lambda < 1$，因此 $L^d < L^f$，贬值的损失小于固定汇率的损失。但是贬值会导致对政府的不信任等，这些成本我们用 c 表示。

因此如果 $L^d + c < L^f$，则政府贬值是最优的。

此时有：$L^d(b_t, \pi_t^e) + c = \frac{1}{2} \lambda (Rb_t + \theta \pi_t^e)^2 + c < L^f(b_t, \pi_t^e) = \frac{1}{2} (Rb_t + \theta \pi_t^e)^2$

因此：$(Rb_t + \theta \pi_t^e) > k$

其中：$k \equiv (1-\lambda)^{-1/2} (2c)^{1/2} > 0$

从上式可以看出，如果贬值预期 π_t^e 非常高或债务存量非常大，则会出现贬值。

下面分情况讨论：

1. 当 $Rb_t > k$，上述条件满足，政府将实行贬值。

2. 当 $Rb_t \leq k$ 和 $\pi_t^e = 0$，政府将不贬值。

3. 当 $Rb_t \leq k$ 和 $\pi_t^e > 0$，情况较复杂。

因为：$\lambda \equiv \frac{\alpha}{\alpha + \theta^2} < 1$，所以 $x_t = \frac{\lambda \theta}{1-\lambda} \pi_t$

把此式代入到约束方程得到：$\theta \pi_t = (1-\lambda)(Rb_t + \theta \pi_t^e)$

令 $\pi_t = \pi_t^e$，得到：$\theta\pi_t = \theta\pi_t^e = \dfrac{(1-\lambda)}{\lambda}Rb_t$

把此式代入 $(Rb_t + \theta\pi_t^e) > k$，得到：$(Rb_t + \dfrac{1-\lambda}{\lambda}Rb_t) > k$

因此如果 $Rb_t > \lambda k$，则出现贬值；如果 $Rb_t < \lambda k$，则不会贬值。

对于较低的债务水平 $Rb_t < \lambda k$，无论通货膨胀预期是多少，都不会出现贬值。

对于较高的债务水平 $Rb_t > k$，无论通货膨胀预期是多少，都会贬值。

对于中间的债务水平 $\lambda k < Rb_t < k$，投资者预期没有贬值出现，则贬值不会出现；如果预期贬值出现，则贬值一定发生。

从该模型能够看出，如果债务水平比较低，不会出现贬值；如果债务水平很高，肯定会贬值，放弃汇率稳定。如果债务水平处于中间水平，中央银行既可能贬值货币，也可能稳定汇率，私人投资者既可能攻击该国货币，也可能放弃，依赖于私人经济主体和政府之间相互博弈，如果中央银行维持固定汇率的成本大于收益，则会放弃固定汇率，本币会贬值。因此，货币危机和汇率调整主要是私人经济主体和政府之间相互博弈的过程。政府对市场预期内生性反应，一是由于贬值预期，货币当局为了维持固定汇率，必须上调利率，但高的名义利率最终可能迫使政府放弃钉住汇率；二是预期贬值融入到工资和竞争力的变化之中，即导致产品竞争力下降，失业率上升，政府为了抵销对失业和竞争力的冲击，可能必须调整汇率，使贬值本国货币。

第三节　在美元迷局中面临的困境和挑战

从美国自身来看，美国经济状况决定了美元的基本走势，美元的变化是适应于美国经济形势的，如美元走强，有利于美国发行国债筹资，降低了美国国债的发行成本；而美元走软，则有利于刺激美国出口。同时，持有美元资产的个人和国家将分摊美国的救市负担。在美元的变动棋局中，我国将面临更多的困境和挑战。

一、美元汇率变动的影响

1. 国际商品价格上涨，人民币升值无法对冲损失

由于美国次贷危机，美元走软，以美元标价的国际大宗商品如粮、油等价格飙升。美元贬值导致欧元和人民币相应走强，欧元升值能够对冲国际商品价格上涨的损失，人民币升值却不能够对冲损失。

2. 美元走软，我们的外汇储备缩水

美元走软，国际商品价格看涨，同样的美元储备资产的购买力会相应下降。

也就是说,我们当时出口换来的外汇,随着美元的贬值,现在等值的美元可能已经买不到当时同等数量的商品了。另外,美元贬值,欧元升值,美元外汇资产能够兑换到的欧元资产数量下降了。也就是说,以另一种坚挺的货币度量,外汇储备资产缩水了。也许有人认为,这种外汇缩水只是随着美元贬值带来的账面资产的瞬时变化,并不是最终损失,如果将来美元升值,则会弥补这种损失。但是值得指出的是,由于美元汇率和资产价格等变动的不确定性,管理外汇面临的不确定性和风险上升,持有外汇资产的总体可能是下降的。

3. 国际货币协调的不对称性

当经济体出现危机或金融市场动荡时,就需要各国共同努力,相互合作,加强协调,但是目前国际货币协调面临困难,存在协调的不对称性。国际货币协调意味着本国经济政策更多的束缚,较少的自由,而未来收益不确定,毕竟贸易收支和利率等的协调的预期结果很难量化。而且关于采取哪些政策,不同的国家有不同的观点,因此协调面临多方面的困境,如最近G7之间的协调更多是口头声明,引导市场预期,而实质性的协调行动很难取得大的进步。在发达国家之间尚且如此,发达国家和发展中国家更加难以协调。国家之间的相互依赖性不同,协调的主动性和积极性也不同,各国都从本身的利益出发,一个大国如美国与某个发展中国家相比,更不易为其他国家的政策所影响,导致国际协调的困难,因为协调不是利他主义,而是相互受益。发展中国家比大国更愿意政策协调,因为它们必须忍受大国政策对本国经济的冲击,同时又不能采取相应的报复措施。但是发展中国家在和发达国家的协调中总是处于不利地位,话语权总是掌握在大国手里,而自己承担更大的责任和义务。

4. 投资美国国债获得的收益难以弥补国内支付的央行票据利息

国际金融危机前,我国国际收支盈余的双顺差,外汇资产不断增加,由于人民币存在升值压力,外汇供给大于需求,盈余的外汇最终主要是卖给了中央银行,因此央行的外汇占款大幅度增加。为了控制通货膨胀,央行必须进行冲销,通过发行大量的央行票据回笼资金。这样央行在购买大量外汇同时,也发行了大量的央行票据。央行购买外汇形成了我国的外汇储备,为了使外汇资产保值增值,央行买进的外汇再投资到美国国债上。表面上来看,投资美国国债能够获得一定的收益,但是国内被动发行的大量央行票据,央行也必须得支付利息。随着美国基准利率的不断下调,美国国债1年期的收益率已低于我国央行票据1年期的收益率,央行面临亏损的局面。

5. 人民币在美元不断的波动中经受考验

美国会任由美元持续贬值吗?当然不会,美元会继续维持其国际货币地位,这是美国的根本利益所在。由于次贷危机,美元大幅度贬值,虽然美国能够转嫁风险,但是也有不利的一面。如果美元长期走软,必然会受到国际社会的排斥,美元作为国际货币的地位将会下降,美元能够获得的好处也将丧失,这也是美国所不愿意看到的。目前欧元也是国际金融市场上的主要货币,美元走软,给欧元带来了契机,更多的国家调整外汇储备资产,增加持有欧元资产。因此,从长期来看,美国会继续支持"强势美元"的地位,但随着美国国内和国际形势的变化,美元会在弱势美元和强势美元之间循环,因为在后布雷顿森林体系下,对美元的宏观经济政策的约束进一步削弱了,美国可以根据国内经济形势变化,相机抉择地选择宏观经济政策,而无需顾虑像布雷顿森林体系时代的"双挂钩"制度约束。美元输出能够获得铸币税,但是美元扩张的约束下降了,最近的美国次贷危机的现象就是很好的说明。实际上,自布雷顿森林体系以来,美元就经历多次大幅度贬值,给国际金融市场带来很大的冲击。在目前的国际货币体系下,美国会在自身的利益和美元币值的走势之间寻求平衡。而美元的变动必然会影响到人民币币值,维持人民币币值的稳定将面临更大的挑战。

在当前主要国际货币没有固定名义锚的情况下,从国内来看,我国应该采取相应的对策,改变以往的外汇管理思路。首先改变以出口换外汇,再储备外汇的思路,多出口就要多进口,在外汇储备满足一定需求的情况下,扩大进口,同时鼓励外汇资本走出去,积极到海外投资。其次实行动态的外汇管理模式,让外汇在运动中保值增值,密切关注国际金融市场汇率的变化,及时调整外汇储备的币种结构和头寸,根据国际商品市场和国际金融市场的价格,调整外汇储备的投资结构。再次是逐步改革我国现有的外汇管理体制,实现"藏汇于民",居民分散管理外汇的效率要远高于国家集中管理外汇,他们能够根据市场的变化,及时调整头寸,规避风险。

从国际的角度来看,一是应该积极推动建立多极化的国际货币体系,实现储备货币的多元化,目前我们还不可能确定一个全世界都统一的货币,但是我们要建立多元化国际货币体系,建立相互制约的关系,建立一种国际货币相互竞争的机制,这对一国是一种无形约束,如果该国采取以邻为壑的政策,则该国货币将面临其他货币的竞争,这将有利于世界经济的平衡发展。二是建立国际货币的协调体系,这种协调体系可以建立在国际货币基金组织或世界银行基础之上,不仅仅只是发达国家之间的协调,应该包括更多的发展中国家参与,因为汇率的变动不仅仅是对发达国家的影响,往往对发展中国家的影响更大,发展中国家需要更多的话语权,发达国家在本国宏观经济政策约束方面需要承担更大的责任。最后是进一步扩大对外开放,推动人民币的自由兑换,为人民币的国际化积极准备,促进人民币参与国际货币的竞争,这样才能最大程度地增加我们的清偿力,也就可以大大减少我国的外汇储备,减少我们对其他货币的依赖,增强我国在国际货币协调中的地位,提高我们应对国际货币汇率变动的能力。

二、美元汇率的周期性变化对新兴市场经济国家的影响

自20世纪70年代以来,美元先后经历过若干次的贬值和升值周期的循环。

统计数据显示,美元升值对新兴市场经济国家的负面影响更大。美元升值周期,一般为6~8年,通常发生在美国经济的增长期,虽然美国经济增长能够带动全球经济需求的增加,但在美元升值时期,新兴市场国家的实际GDP增长却比较缓慢。相反,在美元贬值周期,约持续10年,新兴市场经济增长更快。

美元升值,美国经济增长迅速,全球经济总需求扩大,新兴市场经济体出口会增加,为什么新兴市场经济国家反而会增长缓慢呢?实际上,如果美元升值,新兴市场经济国家以美元计价的出口商品价格开始下降,商品价格下降会导致新兴市场经济体的收入下降,因此国内需求的增长速度放缓,因此也就导致了新兴市场经济体实际GDP增长变缓,也就是说,美元升值的不利影响甚至超过了美国经济增长对全球经济出口的拉动效应。

美元升值,新兴市场经济体货币贬值,会导致其出口商品价格下降,出口商品的国外需求会上升,有利于本国经济的增长。但是美元升值可能会抑制这些国家的出口总收入。根据传统的马歇尔-勒纳条件,只有出口需求的汇率弹性与进口需求的汇率弹性绝对值之和大于1时,汇率贬值才能够改善贸易收支,提高本国总需求,否则汇率贬值也不能够改善贸易收支。美元升值,新兴市场经济国家货币贬值,新兴市场经济国家贸易条件恶化,出口价格下降的影响超过了数量上升的影响,因此新兴市场经济国家的出口收入下降,而不是上升,或者即使出口收入上升,但是上升幅度下降。因此,美国经济加快增长和美元升值未必会促进新兴市场经济国家的经济增长。如果新兴市场经济国家的出口数量不能够得到有效提升,其结果可能是贸易收支恶化,总需求下降,经济增长放缓。也就是说,当美元处于升值周期时,出口商品的价格下降,反过来抑制了新兴市场经济国家的增长,美元走强对新兴市场经济国家造成的负面收入效应反映了以美元计价的出口商品价格的下跌,当出口商品所得收入小于国内进口支出时,国内需求将下滑,经济总量也会下降。相反,在美元走弱的时候,将会出现相反的情况,新兴市场经济国家经济可能加快增长。

美国经济增长会导致通货膨胀压力上升,价格水平上升会导致美联储提高利率,美国利率上升的时期往往还伴随着美元的走强;反之,亦然。美元利率上升吸引了资本流入美国,因为投资者可以获得更高的收益率,进一步推动美元升值。美元利率的上升与美国经济的快速增长有关,通货膨胀上升,美国会提高利率,因此企业和个人的借贷成本会上升,特别对一些新兴市场经济国家借外债比较多,依赖于进口资本投入的国家,影响更加明显,因此新兴市场经济国家增长也可能放缓。由于国际大宗商品定价、国际贸易商品计价、国际资本流动的交易和计价货币基本上都是美元,新兴市场经济国家出口商品价格和进口资本都以美元计价,强势美元对新兴市场经济国家的抑制效应比较明显,而新兴市场经济国家货币变动对美国基本上没有影响。

美国2015年开始退出量化宽松政策,不断提高利率,美元开始升值。在一段时间内,美元将继续升值的概率较高,美元可能进入升值周期,这表明以美元计价的商品价格有可能持续疲软,新兴市场经济国家的贸易条件会恶化。在全球贸易摩擦不断加剧的情况下,出口收入可能会下降,总需求也会下降,新兴市场经济体的实际 GDP 增长可能会比美元贬值阶段更慢。随着美元持续的加息,美元保持坚挺的可能性更大,一些新兴市场经济国家的资本会外逃,本国货币贬值压力大,发生货币危机的可能性增加,如阿根廷、土耳其、巴西和俄罗斯等。同时国际融资成本大幅度增加,新兴市场经济国家在美元升值周期将面临更大的考验。

第四节　美元霸权是全球经济失衡的重要因素

第二次世界大战后,资本主义世界建立了一个以美元为中心的国际货币体系,即布雷顿森林体系。布雷顿森林体系下的国际货币制度实质上是黄金-美元为基础的国际金汇兑本位制,从而确立了美元的霸权地位,此时对美元滥发的一个重要约束是美元和黄金挂钩。也就是说,其他国家获得的美元可以在美国按照 1 盎司黄金等于 35 美元兑换黄金,这是对美国货币政策的一个约束,因此美国要尽量维持美元币值的稳定。自从布雷顿森林体系确立美元的"双挂钩"以后,强化了美元的国际货币地位,更多国家的货币依附于美元,虽然布雷顿森林体系早已于 20 世纪 70 年代初解体,但由于美元一直充当着国际货币,长期形成用美元进行国际交易、支付和储藏功能被不断强化,美元主导国际货币体系的局面并没有改变。目前美元仍然是国际上的主要货币,而且还没有哪一种货币能够完全替代美元,但是美元兑换黄金的约束已经没有了,所以美元扩张的内在冲动比以前更强了,美元流动性泛滥带来的风险全部由美元储备的国家自己承担和消化。真正威胁全球经济不稳定的一个重要因素是美元霸权,美元是国际货币,依赖自己的国际信用,可以动用全球资源为自己服务,当然也包括次贷危机冲击下的救市,美国可以把自己的风险转移给别的国家。

一、贸易赤字可以通过美元滥发来融通,支撑了美国的高消费

美国的增长方式主要是消费拉动型的增长模式,其他发展中国家或新兴市场经济国家主要依赖于出口和投资,如从中美 GDP 的构成来看,美国的消费占 GDP 的比例约 70%,而中国消费占 GDP 的比重为 35%,只有美国的一半左右。中国高储蓄和美国高消费表现为中国贸易收支盈余,美国贸易收支赤字。

由于美元是国际货币,可以获得货币发行的铸币税,美国的贸易赤字可以通过货币发行来融通,美国可以通过货币的过度发行提供消费信贷,大量进口其他国家价廉物美的消费商品,提高消费者的福利水平,这也是美国高消费和贸易赤

字形成的原因。如果美元不是国际货币,美国就不能够通过美元信贷扩张大量进口消费品,如其他国家(非国际货币国家)就难以通过发行本国货币进口商品来扩大消费,因为该国货币不可以作为国际支付手段,必须通过出口获得外汇或向外借款,进口商再通过购买外汇支付进口。也就是说,其他国家增加对外支付的能力,必须累积外汇资产,而美国扩大对外支付,增加货币发行就可以了。美国可以通过货币发行直接支付进口,美元滥发可以保证美国进口远远超过美国的出口,而其他国家必须先出口或向外借款获得外汇,再支付进口。美元的国际货币地位可以支撑美国的高消费,也就是说,美国可以通过自己货币的国际信用,发挥世界货币的功能,支付大量进口,而无需扩大出口,美国的贸易赤字并不是一个大问题,美元的过度扩张增加了对其他国家产品的消费,甚至对全球经济来说还是一件好事。美国可以借助美元的国际信用为自己服务,如果其他国家进口大于出口,贸易收支赤字,必须在国际金融市场上借款弥补贸易收支赤字,而美国贸易收支赤字通过美元发行就可以弥补了,这是美元霸权的一个表现。另外,其他国家如中国获得美元,若能够从美国再进口商品,中国的贸易盈余和美国的贸易赤字都会下降,中美外部均衡。但是美国对中国高技术产品出口进行限制,导致中国贸易盈余获得的美元只能投资到美国的债券市场上供美国消费和投资,中国赚取较低债券收益,而一旦美元贬值或通货膨胀,中国持有的美国债券就面临严重缩水的风险。

二、财政赤字可以通过美元滥发来融通,支撑了美国巨大的对外债务

由于美元是国际货币,美元国债不仅仅是美国金融机构和个人投资购买,还有众多的国际投资者参与如英国、日本和中国等。美国发行国债既是对内债务,也是对外债务,美国的国债外流,美国的对外债务就会上升。如果是某一国货币,本国货币债务扩张只能动用本国资源,而美元是国际货币,美元债务扩张可以动用全球资源为美国经济发展服务。由于全世界对美元信用的过度依赖,其他国家愿意借钱给美国,美国可以更大程度上扩张对外债务,美国的财政赤字不断增加,甚至石油美元和亚洲美元等的回流还依赖于美国财政赤字的扩张,这是美元霸权的另一种表现。

国际金融危机时期,美元作为避险资产受到国际投资者追捧,导致美元走强,而美元升值有利于美国国债发行,支撑了美国的救市资金的来源。美元是国际货币,对美国来说,它的外债主要是美元债券,面对外债增加时,可以通过发新债偿旧债方式或通过赤字货币化来解决,不会面临所谓的国家破产问题。而对其他一些国家如中东欧国家,资本流出,外债较多,危机加剧,本国货币不是国际货币,就不能够像美国那样发行货币筹集资金或偿还外债,他们的债务无法转移,只能向国际金融市场借款,而且一旦陷入危机,信用评级下降,融资困难,最

后往往是本国货币大幅度贬值,经济受到沉重打击。

不仅如此,美国还可以通过量化宽松政策购买美国国债和其他债券扩张货币。美联储的量化宽松政策和财政政策相结合,意味着财政赤字货币化开始,通过增加货币发行来刺激经济。美元承担国际货币和一国货币的功能,作为国际货币,需要美国维持货币币值的稳定;作为国内货币,美国的国内经济政策的目标是第一位的,美元币值的稳定与否是次要的,美国更加注重的是本国经济增长。美国开动印钞机对拥有美元资产的国家影响较大,如当美联储宣布采取量化宽松政策,市场迅速反应,美元大幅度贬值,国际油价和金价上涨。

三、美国经济的问题成为全球经济的问题

美元的国际货币地位可以支撑美国巨大的财政赤字和贸易赤字,如果是别的国家可能早就破产了,而美国却安然无恙,这主要得益于美元国际货币地位和美国发达的金融市场,通过美元债务的扩张,动用全球的资源,为美国经济发展或救市提供了巨大的资金来源。如果美元不是国际货币,美国货币滥发伤害的首先是它自己,它的对外债务就不可以通过货币发行来解决,像其他非国际货币国家那样,必须通过扩大出口或国际借款来获得资金,对外债务负担将由美国人自己承担,不能够动用全球的资源为自己服务。

美元债务的扩张是一种全球资源的占有,而其他国家对外债务的扩张则是一种负担,美国巨大的对外债务并不是问题。只要这些债权国不全部来挤兑债务(把美元资产转换成实物资产或其他货币资产),美国就不会面临问题,债务规模可以继续增加。实际上,这些美元外汇储备国家在和美国博弈过程中一直处于劣势,如果这些国家都卖出美国债券,美国债券价格会大幅度下跌,受损失的是这些储备货币国家,这些国家被绑架在美国的利益上。虽然这些国家持有的是美元资产,但是美国的宏观经济政策是这些国家所不能左右的,一旦美国采取滥发货币的形式刺激经济,这些国家无能为力,美国利用美元的国际货币地位可以把风险转移给其他国家。由于美元长期形成的国际货币的垄断地位,目前其他国际货币还无法与其抗衡,拥有储备资产多的国家也无法调整储备结构,美国也正是看到这一点,才敢有恃无恐地滥发货币。如果你不愿意持有美元资产,调整其他货币的资产,但是其他国家货币资产风险仍然较高,最终可能仍然会选择美元资产,难以动摇美元的国际地位,这是长期形成的美元统治地位所决定的。

由于国际上还缺乏一种世界货币,美元继续在国际经济往来中充当国际贸易和国际投资的主要计价单位和支付货币,世界经济对美元的依赖并没有削弱,导致美元在世界的流通量越来越大。对美元的过度依赖导致全球经济结构的失衡,美国可以消费世界上更多的产品,导致全球经济的振兴依赖于美国经济需求的增加,从货币依赖变成了实体经济依赖,以至于全球经济发展寄希望于美国,

而美国经济的问题就变成了全球经济的问题,体现了美元霸权。由于美元是国际主导货币,美国的债务就变成了世界的债务,由世界人民共同承担;其他国家持有的美元资产越多,受美国经济的影响也越大。

美国对外的债务越高,说明美国占用其他国家的资源就越多,如果将来美元贬值,则美国占有的多而偿还的少,对于美元霸权,我们要提高警惕。目前,我们还没有办法改变美元独大的地位,但各国正在不断努力,力争改革国际货币体系,我国政府早就强调要建立国际金融新秩序,稳步推进国际货币体系多元化。不仅中国,俄罗斯政府也曾提出要改革国际金融和货币体系,促进货币结算多元化。改革国际货币体系是许多国家的共识,但是我们也必须清醒地认识到国际货币体系的多元化将是一个漫长的过程。目前,美元将仍然发挥国际主导货币的功能,我们必须在这样的格局下,积极应对,趋利避害,才可以尽可能减少我们自己的损失。

四、美元滥发是国际货币体系面临的一个重要问题

由于国际金融危机的冲击,全球央行都大幅度下调利率,向市场提供廉价的资金,希望刺激消费和投资,同时主要发达国家经济体维持低利率水平。降息是央行创造货币的价格工具,通过调节借款者的借款成本来控制借款意愿和借款数量,进而调节货币供给。

首先,美联储下调利率,降低金融机构的借款成本,向市场扩大融资规模。自次贷危机以来,为了缓解信贷市场的压力,美联储持续下调利率,向市场提供大量流动性。美联储通过下调利率来降低借款者的成本,主要是增强金融机构借款的意愿,刺激经济。但是在国际金融危机的冲击下,美联储通过下调利率向市场注资,政策的效果取决于金融机构借款意愿,美联储是被动的,金融机构可能会不看好未来经济,不愿意借款,收紧信贷。不过,美联储表示将把利率长期维持在较低的水平,将持续不断向市场提供廉价的资金,因此市场流动性会不断上升。

其次,货币政策决策和实施迅速,与财政政策相比,货币创造远比税收和政府支出来得快。西方发达国家货币政策从决策到实施时间短,不需要议会批准,事先也不需要制定复杂的政策计划和协调有关行政部门的立场;而财政政策就复杂得多,要通过一些立法程序,要经过议会讨论批准,需要平衡有关各方的利益,往往还需要修改有关条款等,从决策到实施时间较长。如美国7 000亿的财政救市计划和8 000亿的美联储救市计划相比,决策过程要复杂的多,财政救市经过几轮的讨价还价,并不断修改有关细节,最终在次贷危机进一步恶化的情况下,才获得通过,而货币政策制定要迅速的多。为了防止金融危机向实体经济渗透,2008年11月25日,美联储迅速出台了8 000亿美元的救市计划。

再次,通过金融工具创新,央行的货币创造能力被不断放大。自美国爆发次贷危机以来,美联储不断降低利息,向市场提供大量流动性。随着次贷危机演变

为国际金融危机,全球的央行协调行动,降低利率,向市场大量注资,缓解流动性短缺的压力。除了利率工具外,美联储还创新了多种数量型货币政策工具,向市场释放流动性。

最后,政府财政赤字货币化,货币供应量将进一步增加。2009年,为了应对日益严重的经济衰退,美联储采取非传统手段来刺激经济和激活信贷市场,包括收购国债或机构债券等,这就是所谓的"量化宽松政策"。尽管美联储持续下调利率,但是美国长期国债的收益率水平仍然较高,美联储希望通过购买债券,削减债券的收益率水平,使得更多的资金流入实体经济。一旦美联储大量购买美国国债,美国的财政赤字就被货币化了,也就相当于美联储直接向财政注入资金,货币政策为财政政策的扩张推波助澜,财政赤字可能会进一步增加。实际上央行在二级债券市场上购买债券,货币供应量会增加。如果此时政府为弥补财政赤字而发行债券,央行恰好在二级市场上买进同样数量的旧债券,财政赤字就被货币化了。尤其在次贷危机的冲击下,美国政府通过赤字财政发行债券筹集资金救市,而一旦美联储在二级市场大量买进国债,美联储就相当于直接融通了美国的财政赤字,美联储的基础货币将增加,货币供应量会上升。

在信用货币的年代,美联储能够凭借自己强大的货币创造功能,向市场源源不断提供资金支持,这是财政部所无法比拟的,也是救市的最后贷款人。扩张性货币政策还可能导致各国货币竞争性贬值,各国都在扩张信用,货币供应量增加,货币的币值在下降,各国货币大幅度变动可能导致全球性的贸易下降,同时由于美元是国际货币,美联储注资将导致全球美元的流动性大幅度增加。如果美元走软,将导致国际大宗商品价格上涨和持有美元外汇储备的国家面临外汇储备资产缩水的风险。

次贷危机对全球经济打击巨大,许多国家开始反思现有的国际金融体系面临的困境,国际金融体系的改革又被重新提到议事日程上来。实际上,美元货币滥发是引发全球金融动荡的一个重要原因,美元的过度扩张,货币输出,流动性泛滥,其他国家获得美元资产,形成该国国际收支的盈余。而这些资产如欧洲美元、石油美元和亚洲美元等又会重新投资到美国金融市场上,供美国消费和投资,投资者获得投资收益。从内外均衡的角度来看,如果美国经济保持一定的增长速度,消费和投资增长能够吸收这些回流的资本,则美国经济平稳增长,其他国家能够获得投资的收益。但由于美元过度发行,回流的美元资产往往会超出美国实体经济的吸收能力,对这种过多投资的吸收往往是通过资产泡沫来实现的。也就是说,美国实体经济吸收不了的资本,必然会通过美国资产价格(如房地产价格)的膨胀来体现。

不仅是现在,甚至在布雷顿森林体系强有力的货币约束下,美元货币滥发就一直存在。布雷顿森林体系是一个以美元为中心的固定汇率的国际货币体系,美元和黄金保持固定比价;各国货币与美元保持固定汇率。应该说双挂钩制度制约了各国滥发货币的行为,如果美国滥发货币,它就不能维持美元和黄金之间的固定比价关系；如果其他国家滥发货币，它就不能维持和美元之间的固定汇率关系。

布雷顿森林体系建立起来的美元"双挂钩"制度，确立了美元的国际货币地位，更多国家的货币依附于美元，形成了以美元为核心的货币体系。同时长期以来美元充当国际货币使得用美元进行国际交易、支付和储藏功能被不断强化，因而即使布雷顿森林体系解体，主要资本主义国家货币开始实行浮动汇率制度，美元主导国际货币体系的局面并没有改变，美元仍然是国际上的主要货币。不幸的是，美元地位没有削弱，但美元货币发行的约束机制却削弱了，因为美元已经脱离和黄金挂钩，美元发行已经没有黄金储备的限制了。一旦遇到经济问题，美联储就有内在扩张的冲动，美元作为一国的主权货币，别国是很难干涉的，国内的目标是放在第一位，别国只能承担美元贬值的损失和风险。美国扩张性的货币政策导致美元的供给会不断增加，美元流动性过剩，相当于美国对持有外汇储备的国家征收了一定的通货膨胀税。美元输出，美国出现大量的贸易赤字，其他国家积累了大量的美元资产，而美国为了吸引这些资产，大量发行国债，形成了巨大的财政赤字。

建立新的国际金融体系，制约主导货币国家滥发货币的行为是国际货币体系改革的一个重要目标。尽管国际金融危机对美国经济有一定的冲击，但美国的政治、军事实力和国际竞争力并没有被削弱，在国际货币体系的改革中，美国仍然唱主角，美国不会轻易放弃美元主导地位，国际货币体系的改革仍然充满许多不确定性。怎样防范美元滥发？现实的选择是削弱滥发货币的国际地位，建立多极化的国际货币体系，建立储备货币的多元化、国际贸易交易货币的多元化、国际大宗商品计价货币的多元化等。目前我们还不可能建立一个全球统一使用的货币，但是我们可以促进国际货币的多元化，建立国际货币相互制约和相互竞争的机制，这对一国货币滥发是一种无形约束。如果该国采取以邻为壑的政策，则该国货币将面临其他货币的竞争，虽然该国能够获得货币贬值的好处，但必然也会弱化其国际地位，也会丧失作为国际货币给其带来国际贸易和国际投资等的好处，这将有利于世界经济的平衡发展。如美联储降低利率，美元走软，很多国家开始更多地储备欧元等货币，这也会削弱美元的国际地位。另外，要建立国际货币的协调体系，这种协调体系应该建立在国际货币基金组织基础之上，发挥国际货币基金组织的作用，不仅仅只在发达国家之间协调，应该包括更多的发展中国家参与，因为货币滥发对发展中国家的影响更大，从当前的国际货币体系来看，一些发展中国家货币处于不利的地位，无法和美元竞争，只能承担损失，发展中国家需要更多的话语权，发达国家在本国宏观经济政策约束方面需要承担更大的责任。

关于国际货币体系的改革是全球治理体系的变革，涉及多方面利益，在美国发生次贷危机和美元贬值的情况下，一些新兴市场经济国家希望改革美元主导的国际货币体系。一旦美国经济复苏，美元走强，改革国际货币体系的热情会有所下降。

第五节　关于外汇储备使用的几个问题

我国外汇储备余额达到了 3 万多亿美元,最高时接近 4 万亿美元。如何促使外汇储备的保值增值是外汇管理部门的一项重要任务。

一、中国在美投资的安全问题

长期以来,中国是美国国债的第一大债权国,根据美国对外关系委员会地缘经济研究中心公布的一份报告,截至 2017 年年底,中国持有的外汇资产总规模达到 31 399.49 亿美元,其中 2/3 为美元计价资产,包括美国国债和机构债等。实际上,美国国债或部分机构债是由美国政府信用作担保,违约风险低,是我国外汇储备投资的主要资产之一。美国作为一个经济大国,政府的信用应该是有保证的,但投资美国国债或机构债所面临的风险除了违约风险以外,还包括汇率风险、通货膨胀风险和市场风险等,这些风险是美国所不能承诺的。如果美元贬值和通货膨胀风险增加,美元金融资产就会面临购买力下降问题。如自从 2007 年 7 月份次贷危机爆发以来,美国经济形势恶化,美联储持续降息,美元持续走软,2008 年上半年国际大宗商品价格大幅度上涨,我国外汇储备面临缩水的损失,这才是我们担心的问题。

外汇储备保值增值是一个动态的过程,不是一成不变的。实际上,美元贬值的风险一直是存在的,如布雷顿森林体系期间,美元就经历了三次危机,出现大幅度贬值。作为一国货币,一旦美国经济出现问题,美国就会采取扩张性的宏观经济政策刺激经济,美元会走软。而作为国际储备货币,需要美元币值稳定,需要美国约束自己的宏观经济政策,而美国的经济政策是别人无法干预的,这样就出现过多次美元大幅度贬值的现象,给美元资产的持有者带来较大的损失,如次贷危机爆发,美元指数从 2007 年年初的 84 左右下滑到 2008 年 7 月底的 73 左右,甚至在 2008 年 7 月 15 日达到最低点 71.872;原油现货价格从 2007 年初的 57 美元左右,上涨到 2008 年 7 月底的 123 美元左右,在 2008 年 7 月 3 日达到最高点 145.66 美元;黄金现货价格从 2007 年初每盎司 636 美元左右上升到 2008 年 7 月底 914 美元左右,即使美国承诺债券投资不会违约,但是外汇储备的实际购买力已经下降了,潜在的损失是存在的。这是美元作为一国货币和世界储备货币所面临的问题,这种现象过去存在,现在存在,将来仍然会存在。

因此美元国债实际价值可能会下降,这是我们持有美国国债所面临的一个重要问题。也就是说,当国债到期时,我们获得的美元本息的购买力可能还比不上当时美元投资时的购买力。这就好像储蓄者把钱存在银行里,由于通货膨胀,存款到期时,存款本息的购买力已经比不上当时本金的购买力,这是一种潜在的损失,这是我们最担心的。我国持有大量的美元国债,怎样防止外汇资产缩水?笔者认为主动权应掌握在我们手中,我国外汇储备的投资更需要全面权衡,优化投资策略,需要用系统的、多种政策相结合的方法来解决。

一是抓住机遇,积极调整资产结构,利用美元升值和国际大宗商品价格下跌的有利时机,增加进口。目前我国外汇储备较高,要积极调整储备外汇资产的策略,不仅要储备外汇金融资产,还要储备实物资产,调整资产结构,分散风险。要用手中的外汇储备购买实物资产来储备如资源性物资和战略性物资,扩大对外直接投资等。

二是扩大内需,调整产业结构,减少对出口的过分依赖。应该通过拉动内需刺激经济增长,改变过度依赖出口拉动经济增长的局面,转变经济增长模式。

三是改革外汇管理体制,藏汇于民。改革外汇管理体制,让更多居民持有外汇,改变央行集中管理外汇的体制。外汇分散持有,更多的投资者将参与市场竞争,投资更灵活,投资方式也更多样化,投资者独立承担风险,有利于提高外汇投资的收益和使用途径。

二、"外储内用"问题

2009年据媒体报道,著名经济学家张维迎和中投集团总经理高西庆展开争论,争论的焦点是:中国庞大的外汇储备该不该分给老百姓。外汇储备是央行的资产,是央行通过货币创造购买的外汇资产,如果再使用出去会导致货币的第二次创造,外汇储备不是政府的财政收入,不可以像政府支出那样使用出去。如果外汇储备的一半用来老百姓平分,相当于央行用一半的外汇储备来扩张货币。也就是说,老百姓获得外汇,使用时必须兑换成人民币,外汇资产又回到央行的手里,人民币又扩张了一次,等同于央行通过货币创造给每个老百姓发一点钱,这是央行职能所不允许的。再者,中国持有的外汇储备主要投资在美国债券市场上,如果继续用在国内,必须卖出美国债券,而一旦中国大规模卖出美国债券,必然会导致美国债券价格大幅度下跌,中国外汇储备面临严重损失,同时也会导致美国政府的坚决反对。

央行不是财政部,外汇储备也不是财政收入,央行是货币政策的管理机构,不是私人投资者,中国应该深化外汇管理体制改革和人民币汇率的形成机制,实行藏汇于民,最终实现由市场投资者进行外汇资产的管理和运营,提高外汇资产的收益率,实现外汇资产的保值增值,逐步摆脱央行集中管理外汇资产的弊端。

目前中国是美国的最大债权人,中国的外汇储备主要是投资在美国国债和机构债上,外汇储备能否内用?外汇储备是我国国际收支盈余形成的。如以贸易收支为例,一家外贸企业获得贸易盈余,以美元货币表示,若该企业要在国内消费和投资,必须把美元卖给银行,获得人民币资金,银行再把美元卖给中央银行获得人民币,美元资产就形成了央行的外汇储备。直观地来看,中央银行买进美元资产,形成外汇储备,企业获得人民币资产,这是按美元对人民币汇率进行交换得来的。这是央行外汇市场的公开市场业务,央行买进美元,形成对外资产,投放人民币,形成对本国老百姓的负债。严格意义上来讲,外汇储备是用来对外支付的,不可以用在国内,如企业增加进口,从外汇市场用人民币购买外汇,进口国外商品,央行外汇储备下降,同时央行本币回笼,央行负债下降。如果外汇储备用在国内,外汇储备最终不会下降,如央行把外汇资产贷放出去,商业银行获得外汇资产,再贷给企业或居民进行投资和消费,企业和居民获得外汇资产,必须再兑换成人民币才能在国内消费和投资,这样外汇资产又会回到央行的手里,外汇储备仍然没有改变,只不过货币信贷又扩张了一次,相当于央行对商业银行又发行了一次货币。除非企业和居民用外汇进口或对外直接投资,外汇储备下降,但这是拉动出口国的内需,而不是我国的内需。

如果财政部扩大支出,能否通过"外储内用"来实现呢？答案也是否定的。我们假定政府采取特别国债的发行方式获得外汇资产,财政部发行美元债券,央行通过公开市场业务买进美元债券,财政部获得外汇资产。如果财政部用来扩大支出,投资基础设施或民生工程拉动内需,无论是财政部,还是获得外汇资产的企业和居民,外汇资产使用仍然要兑换成人民币,最终外汇资产仍然要回到央行的手中,央行买进外汇资产将又一次扩张货币,相当于央行直接对财政部融资,提供人民币贷款。由此可以看出,"外储内用"是有局限性的,如果没有用来进口或对外投资,只是在国内使用,外汇储备不会下降,通过和人民币资金的循环,又回到了央行手里,只不过由外汇储备中介作用,促使人民币投放资金的增加。

也许有人提出疑问,政府曾发行了1.5万亿元国债,购买了2 000亿美元的外汇,由中投公司运营,这不是"外储内用"吗？值得指出的是,中投的2 000亿美元最终是用来对外投资的,不是用来拉动国内投资和消费的。还有,当时国家用外汇注资中行、工行、建行和农行,也主要是提高商业银行的资本充足率,增强银行资本实力,提升商业银行的特许权价值,这些注资形成了商业银行总资产中的外币资产,也不是用在国内消费和投资上的。"外储内用"对中国经济拉动内需没有实际意义,央行完全可以通过货币政策工具的操作来扩大资金投放,而不需要通过外储这种绕圈子的方式投放人民币,而且"外储内用"不是在用外币,还是在用本币投资和消费,只不过是利用外汇储备把人民币资金吸引出来,因此外汇储备是不可能直接用在国内消费和投资的。外储真正地使用出去还是要通过扩大进口、对外直接投资和并购等形式来实现。

我国将改变外汇储备的管理模式,由"被动管理"向"更加主动地管理"转型,不断扩展外汇储备运用渠道及方式,提高其使用效率和收益。怎样保证外汇储备不会缩水或减少缩水的损失？我国应该采取相应的对策,积极调整外汇储备资产结构,分散风险,不仅要储备外汇金融资产,还要储备实物资产,要用手中的外汇储备购买实物资产来储备如资源性物资和战略性物资等。同时要鼓励中国金融机构和企业走出去,扩大对外直接投资,或通过收购和兼并的方式积极开拓国际市场。首先改变以出口换外汇,再储备外汇的思路,多出口就要多进口,在外汇储备满足一定需求的情况下,扩大进口,多购买科技含量高的产品和设备。其次实行动态的外汇管理模式,让外汇在运动中保值增值,密切关注国际金融市场汇率的变化,及时调整外汇储备的币种结构和头寸,根据国际商品市场和国际金融市场的价格,调整外汇储备的投资结构。

为了利用好这些外汇储备,外管局成立了华安、华新、华欧、华美四家投资公司主要进行境外投资,分别投资美国、欧洲和新加坡等地区。为了配合国家的"一带一路"战略实施,中国的外汇储备还通过注资的方式参与了成立丝路基金、亚洲基础设施投资银行(即"亚投行",AIIB)、金砖国家开发银行等的建设。其中,丝路基金获得外储注资 65 亿美元,亚投行获得注资 297.8 亿美元,新开发银行获得首批注资 20 亿美元(中国总注资达 410 亿美元)。自 2010 年以来,外汇局通过与国开行、进出口银行、民生银行等合作,向"走出去的企业"发放了多笔委托贷款,其中包括支持中俄管道供油 250 亿美元、中俄原油增供 673 亿美元等。国新国际投资有限公司是经国务院批准、由中国国家外汇储备和国务院国资委共同出资,于 2012 年 5 月在香港设立,2013 年初正式运营,授权股本 167 亿美元。作为支持中国企业"走出去"的载体,支持中国企业国际化,实现国有企业保值增值。外汇储备正在被广泛应用于多个方面,在服务于实体经济、促进中国企业走出去、支持中国的对外开放战略等方面发挥着越来越重要的作用。

第六节　美元和国际大宗商品的价格走势

一、美元汇率和主要资产价格变化

黄金、黑金(石油)和美金是三种重要的国际资产,前两种是实物资产,后一种是金融资产。这三种资产价格的变化会导致全球财富的重新分配,尤其在金融危机期间,还会影响一国经济的稳定。自美国次贷危机爆发以来,这三种资产的价格呈现较大幅度的波动。首先是美元贬值,原油和黄金价格上涨。美国次贷危机导致美国经济陷入困境,美联储不断采取扩张性的宏观经济政策导致美元持续走软,而以美元标价的国际大宗商品如粮、油以及黄金等的价格迅速飙升,这一阶段呈现美元弱、原油和黄金走强的格局。

2008 年下半年,随着美国次贷危机不断加剧,危机逐步向其他国家扩散和蔓延,全球股市下跌,避险资金追逐美国国债,导致美元不断走强。同时全球经济衰退,总需求下降,国际油价不断下跌,而美元升值,也进一步推动了原油价格下跌。这一阶段主要表现为美元升值、原油和黄金价格下跌。如美元指数从

2008年8月初的73左右上涨到12月低的81左右,其中2008年11月21日达到最高的88.191;原油价格从2008年8月初的123美元左右下降到2008年年底的35美元左右,其中12月24日达到最底的34.04美元;黄金价格从2008年8月初的910美元左右下滑到12月底的882美元左右。这一阶段黄金价格有所下跌,但是黄金的抗跌性较强,黄金的价格波动相对也较大。美元升值,原油价格下跌对能源生产国和出口国的冲击较大,如俄罗斯和OPEC国家的外汇收入大幅度下降,甚至一些国家国际收支不断恶化。另外,由于俄罗斯等中东欧国家还面临资本外逃的问题,一旦外汇收入下降,将会引发货币大幅度贬值,经济面临崩溃的危险。俄罗斯面临美元升值和国际油价下跌的双重打击,油价下跌,导致俄罗斯外汇收入下降,同时资本流出、美元升值导致俄罗斯卢布贬值压力进一步增加。而对OPEC国家来说,油价下跌无疑对其伤害也是巨大的,以至于OPEC不断提出要求减产,以应对油价的不断下跌。

而进入2009年,全球经济形势继续恶化,美元国债仍然是较好的避险资产,美元继续升值,同时全球对原油需求不振,原油价格继续下滑。如美元指数从年初的81左右上升到3月初的87左右,原油现货价格从年初的47美元左右下降到3月初的40美元左右,而黄金现货价格却大幅度上涨,由年初的879美元左右上涨到3月初的979美元左右,直指1 000美元大关。这一阶段体现了原油价格下跌,黄金和美元上涨的局面。为了应对国际金融危机的冲击,各国都采取扩张性的宏观经济政策,主要发达国家利率都下调到零利率水平,或处于历史低位,同时扩张性的财政政策将导致各国的财政赤字大幅度上升,一旦经济反弹,通货膨胀会迅速上升。同时,欧洲经济形势持续恶化,在这样的市场预期和经济环境下,一些避险资金纷纷投向黄金,导致黄金价格不断攀升。因此,除了美元作为避险资产外,更多的投资者看好黄金的保值和增值功能,黄金走强。

2009年下半年美元贬值,创出了2009年最低点,美元汇率指数已经跌破77,而黄金走强,突破1盎司1 000美元的价格水平,股价和油价持续震荡。这一阶段资产价格主要体现出美元弱、黄金强和股价、油价震荡的局面。美元走软主要有以下几种原因:一是由于美元供给过多,流动性泛滥,美元有贬值预期和贬值压力。为了应对金融危机,美国采取扩张性的货币政策和财政政策,向市场大量注入流动性,美联储开动印钞机救市和刺激经济势必将软化美元。除了货币政策外,扩张性的财政政策增加了政府财政赤字。巨大的财政刺激计划,增加了美国的财政赤字,财政负担明显上升。财政赤字的不断上升,引发市场对美国经济恢复和美元走势的担心,持有美元意愿下降,美元贬值。二是经济正见底回升,美元的避险功能减弱,美元需求下降。根据美国、欧盟等经济体的经济数据,全球经济逐步转好,正触底回升。随着全球经济逐步恢复,美元避险功能减弱,对美元需求下降,美元贬值,美元指数下滑。三是宽松的宏观经济政策仍将继续。2009年9月4~5日召开的20国集团财长和央行行长认为世界经济复苏的基础仍然不牢固,面临的困难仍然较大,需要继续采取刺激措施确保经济的稳定复苏,这进一步加大了市场对将来通胀的预期,投资者规避通货膨胀风险,抛售美元,促使美元贬值。

从资产价格走势来看,美元持续贬值,黄金价格不断走强,主要是由于市场担心将来通货膨胀和美元贬值,黄金的避险功能受到青睐,投资者纷纷购买黄金保值,这体现了美元和黄金价格的跷跷板效应。而从美元贬值和股价、油价的变动来看,美元贬值,股价和油价持续震荡。一般是经济转好,股市上涨,美元避险功能减弱,对美元需求下降,美元贬值,体现了美元贬值和股市上涨的反向变化关系。同时由于国际原油价格主要是以美元计价,美元贬值将会推动国际原油价格上涨,因此美元和股价、油价也会体现一定的跷跷板效应。

2015年以来,美国开始退出量化宽松政策,美元转向升值,股价和油价开始震荡下滑。美国经济复苏趋势确立,开始提高利率,美元走强,原油、黄金和股市开始下滑。

总之,在国际金融危机的经济形势下,各国向市场注入大量流动性,并将继续采取经济刺激措施的情况下,市场预期通货膨胀将上升,投资者对美元贬值预期增强,美元将有持续走软的趋势。美元的避险功能减弱,市场对美元的需求下降,进一步导致美元贬值。由于对通货膨胀的担心和经济复苏的忧虑,市场投资者更青睐保值资产黄金,在美元贬值、股市和油价震荡的情况下,黄金的天然保值功能必然受到市场青睐,这也是黄金一直走强的原因。此外,由于经济复苏的不确定性,总需求上升的动力不足,经济前景仍有较大的不确定性,股价和油价也处于振荡期,一旦经济复苏的趋势确立,则美元贬值,股价和油价将得到强有力的支撑。后危机时代美国退出量化宽松政策,利率上升,美元走强,原油、黄金和股市都有所下降。

美元贬值意味着国际油价大幅度上升,两者是呈反向变化的,两者相关系数为-0.860 28(见图7-2)。

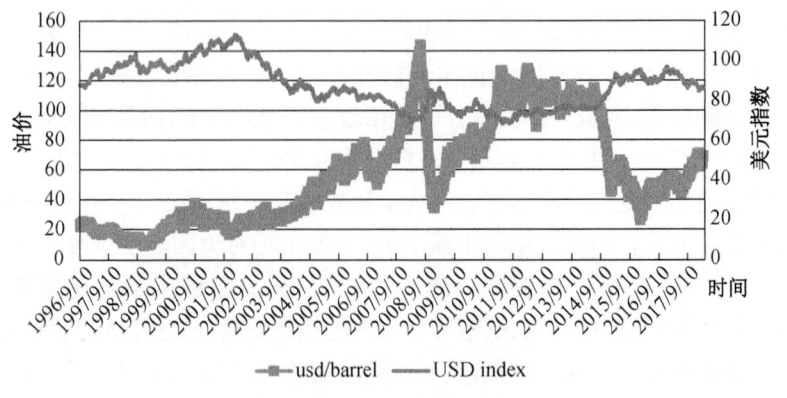

资料来源:CEIC数据库。

图7-2　美元指数和国际油价的关系(1996年9月10日至2018年3月29日)

同样美元指数和黄金价格也出现反向变化关系,两者相关系数为-0.694 63(见图7-3)。

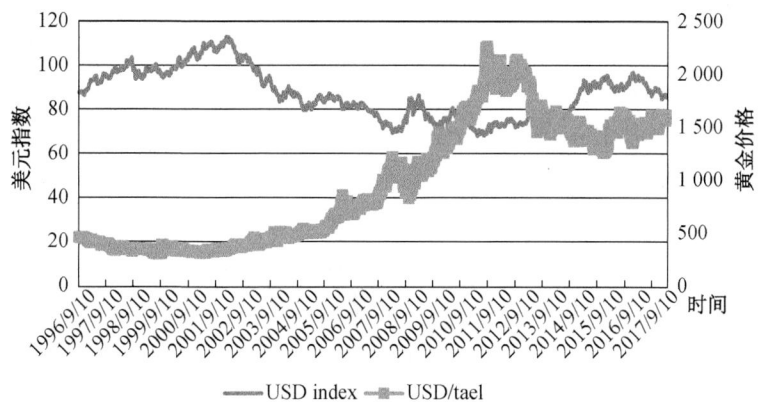

资料来源:CEIC数据库。

图 7-3　美元指数和黄金价格之间的关系(1996 年 9 月 10 日至 2018 年 3 月 29 日)

美元指数和道琼斯指数也呈反向变化关系,两者相关系数为-0.531 24(见图7-4)。

资料来源:CEIC数据库。

图 7-4　美元指数和道琼斯指数的关系(1973 年 1 月 2 日至 2018 年 4 月 20 日)

二、主要影响

国际资产价格变化导致财富的重新分配,美元走软和国际大宗商品价格上涨,对拥有美元储备资产的国家来说,外汇资产购买力下降,外汇资产缩水。也就是说,随着美元的贬值,现在等值的美元可能已经买不到当时同等数量的商品了,以主要的大宗商品价格来衡量,外汇储备缩水了。因此美元贬值,原油和黄金价格上涨,对美元外汇储备多的国家影响较大,对主要依赖能源进口的国家影响也较大。例如中国,随着美元贬值和原油价格的上升,中国外汇储备大幅度缩水,同时中国进口原油的支出也增加,推动国内原油价格上升,导致国内通货膨胀压力增加。

当然,除了美元汇率变动以外,投机行为、地缘政治因素也是国际大宗商品波动的重要影响因素。如2008年上半年,除了美元贬值以外,全球经济形势还没有恶化,国际投机资金大肆炒作原油期货,油价暴涨。还有2018年5月8日美国总统特朗普宣布美国将退出伊核协议,并重启因协议而豁免的对伊制裁。2015年签署伊朗核协议,国际社会逐步停止对伊朗经济制裁,伊朗又重回全球主要产油国行列。美国退出伊朗核协议,并重新实施对伊制裁,实行石油禁运,将会减少全球石油供应,推动油价上涨。国际油价不仅受美元指数这些基本因素的影响,也受地缘政治因素冲击的影响,是多种影响因素叠加的结果。

美元等资产的强势或弱势都会对全球经济产生很大的影响,导致全球经济的财富重新分配。各国经济随着美元等资产节奏的变化而摇摆不定,如美元升值、国际油价下跌,原油生产国和输出国OPEC等国家面临较大的损失;而一旦美元贬值和国际油价上涨,对能源消费国和进口国如中国等国家将会产生很大的冲击。尤其在金融危机期间,美元等资产价格的变动加大了全球经济的不稳定性,使得一国经济面临很大的不确定性。随着美元的贬值和升值,每一个国家都会受到很大的冲击,只不过对不同国家冲击所带来的正负效应有所不同。

我们怎样从美元贬值和原油价格上涨的跷跷板效应中获得收益,警惕"美元-石油"陷阱,这是需要认真总结经验的。实际上,"美元-原油"陷阱是一个连环陷阱,如果其中一脚踩空,另一脚必然踩空。也就是说,我们应该拿着升值的美元,购买便宜的原油,而不是拿着贬值的美元,购买昂贵的原油。我国外汇资产的管理应该是一个动态的管理过程,要善于把握国际金融资产价格的走势,适时调整投资策略。

总之,美元是主要的国际储备货币,原油是重要的国际大宗商品,美元和油价的暴涨和暴跌,给新兴市场经济国家和发展中国家经济发展带来巨大的冲击。

第七节　全球经济的再平衡和中美贸易冲突

一、全球经济的再平衡

中美贸易摩擦由来已久,以往都以"人民币汇率问题"指责中国,认为人民币汇率低估,中方获得贸易盈余是不公正的,并不断采取贸易保护主义。2009年奥巴马又提出了全球经济的再平衡,以此遏制中方出口,为贸易保护主义寻找新的借口。2009年9月24日至25日G20峰会在美国匹兹堡举行,反对贸易保护主义将成为会议关注的问题之一,尤其在全球经济复苏重要关口,人们对此次峰会寄予一定的希望,但是贸易保护主义阴霾不散。如奥巴马2009年9月11日决定对从中国进口轮胎实施为期三年的惩罚性关税,开始限制对中国轮胎的进口,贸易保护主义正式走到前台。而在匹兹堡峰会举行前夕,美国总统奥巴马在接受美国有线电视新闻网(CNN)采访时说:"我们不能回到以前那样,中国和德国等国卖给我们东西,而我们除了捏着一大把信用卡和房贷,什么也不卖给他们。"此语一出,立即引起市场人士的高度警觉,美国政府可能会利用G20峰会,借口全球经济再平衡向中国等国家施压,为其贸易保护主义寻找借口。奥巴马提出把全球经济再平衡问题纳入匹兹堡G20峰会议程,意味着美国认为中国等国家依赖出口是导致全球经济不平衡的重要原因。

实际上,中美贸易不平衡反映了中美的经济交往日益密切,相互依存越来越高,谁也离不开谁,目前美国是中国的第二大贸易伙伴,中国也是美国的第二大贸易伙伴。中国的劳动力和土地成本较低,处于国际垂直分工的下游,参与国际劳动密集型产业分工、发展两头在外的加工贸易,获得国际贸易的比较优势。劳动密集型产品价格较低,国际竞争力较强,有出口竞争优势。中美需求结构互补对两国是有利的,两国互通有无,都可以获得国际贸易的比较优势,两国的福利水平都可以提高。

从"人民币汇率"到"全球经济的再平衡",美国的贸易保护主义可能会愈演愈烈。但是值得指出的是,贸易保护主义不仅不会解决问题,反而会导致经济进一步衰退。如果各国都采取贸易保护主义,全球贸易量会下降,经济形势将进一步恶化。因此各国应加强合作,共同努力,促进全球经济的恢复和发展,而不是采取损人利己的行为。

二、中美贸易冲突

特朗普总统上台以来,贸易保护主义有过之而无不及。中国作为美国最大的贸易逆差来源国,一直是美国贸易战的焦点。特朗普当选以来,在对华贸易政策方面频繁打出"双反"(反倾销、反补贴)等常规性贸易救济牌。同时,利用本国贸易法对华发起"337"调查"301"调查和"201"调查等非常规性贸易救济调查。实际上,20世纪90年代,美国曾三次对中国进行"特别301调查",分别是1991年、1994年和1996年。入世之后,2010年10月,美国贸易代表办公室宣布,应美国钢铁工人联合会申请,将按照《美国贸易法》第301条款,对中国政府所制定的一系列新能源政策和措施展开调查。这是美国在中国加入WTO后首次动用"301条款"对其他经济体贸易行为进行调查,最终中国与美国在WTO争端解决机制项下进行磋商,同意修改《风力发电设备产业化专项资金管理暂行办法》中涉嫌禁止性补贴的内容。2011年10月3日,美国参议院不顾中方坚决反对,以79比19的投票结果,程序性通过了"2011年货币汇率监督改革法案"立项预案。此案以所谓"货币失衡"为借口,将汇率问题进一步升级,采取贸易保护主义措施,严重违背世贸组织规则。美国总统特朗普自胜选以来,频频对美国贸易保护强硬表态,其内阁团队也多次发表类似言论。开展对华贸易战,在一定程度上符合特朗普政府"让制造业回流美国"的执政理念。特朗普上任后,"美国优先"的贸易保护主义倾向明显加重,美国挑起的贸易保护争端逐渐升级。

2018年1月,特朗普政府宣布"对进口大型洗衣机和光伏产品分别采取为期4年和3年的全球保障措施,并分别征收最高税率达30%和50%的关税"。2018年2月,特朗普政府宣布"对进口中国的铸铁污水管道配件征收109.95%的反倾销关税"。2018年3月9日,特朗普正式签署关税发令,"对进口钢铁和铝分别征收25%和10%的关税"。2018年2月27日,美国商务部宣布"对中国铝箔产品厂商征收48.64%至106.09%的反倾销税,以及17.14%至80.97%的反补贴税"。2018年3月22日,特朗普政府宣布"因知识产权侵权问题对中国商品征收500亿美元关税,并实施投资限制"。2018年3月22日,特朗普签署了对中国输美产品征收关税的总统备忘录;2018年3月23日,中国商务部发布了针对美国钢铁和铝产品232措施的中止减让产品清单,拟对自美进口部分产品加征关税。其中计划对价值30亿美元的美国产水果、猪肉、葡萄酒、无缝钢管和另外100多种商品征收关税。2018年4月2日,中国对原产于美国的128项进口商品中止关税减让义务。2018年4月4日,美国政府发布了加征关税的商品清单,将对我国输美的1 333项500亿美元的商品加征25%的关税。美方这一措施违反了世界贸易组织规则,严重侵犯我国合法权益,威胁我国国家发展利益。我国决定对原产于美国的大豆、汽车、化工品等14类106项商品加征25%的关税。实施日期将视美国政府对我国商品加征关税实施情况,由国务院关税税则委员会另行公布。这意味着新一轮中美贸易冲突的开启。2018年4月5日特朗普要求额外对1 000亿美元中国商品加征关税;4月17日美国宣布对中国的钢制产品进行双反调查。针对美国的贸易保护主义,中国也采取相应的反制措施。4月17日,商务部发布2018年第38号公告,裁定原产于美国的进口高粱存在倾销,并决定实施反倾销措施。4月19、20日,公布对原产于美国的橡胶和浆泊实施反倾销措施。2018年5月18日,中国商务部公告2018年第44号,终止原产于美国的进口高粱反倾销反补贴。2018年5月29日美国白宫宣布将对从中国进口的含有"重要工业技术"的500亿美元商品征收25%的关税。

中美贸易严重失衡是特朗普挑起贸易战的直接原因,美方要求中国降低美对华贸易赤字1 000亿美元,进一步开放市场。中美贸易格局目前是中国货物贸易顺差、服务贸易逆差,这反映了中美比较优势。中美贸易统计存在明显差异,2017年两者相差近1 000亿美元。

中美贸易严重失衡的原因是多方面的,主要在于美元与黄金脱钩后维持主要国际货币地位、全球价值链分工、美国对华高新技术出口限制以及美国过度消费的低储蓄模式等。

(1) 美元与黄金脱钩后美国创造以发行美元获取其他国家资源和商品模式。第二次世界大战后确立了以美元为中心的布雷顿森林体系,即美元与黄金挂钩、各国货币与美元挂钩。在美元与黄金挂钩时,美国经常账户失衡具有自我纠正机制,即逆差导致美元发行收缩,降低国内总需求和物价,增加出口减少进口。但随着西欧和日本崛起,美国贸易顺差逐年下滑,黄金储备大量外流。1971年单方面宣布美元与黄金脱钩后,美国再也不用担心经常项目逆差导致黄金外流,逐渐形成了其他国家向美国输出资源和商品、美国对外输出美元、其他国家再用美元购买美国债券股票的模式。因此,在美元与黄金脱钩后的1976年,美国对外贸易开始持续逆差且逆差规模越来越大。在20世纪80年代,美国贸易逆差主要是对日贸易逆差。

(2) 浮动汇率之下美元国际储备货币面临的问题。在布雷顿森林体系时代,美元"双挂钩"面临"特里芬难题",全球经济和贸易的发展需要大量发行美元,但是美元大量发行,美元的"双挂钩"就难以维持,这是布林顿森林体系的内在缺陷。20世纪70年代,布雷顿森林体系解体,进入浮动汇率制时代,虽然"特里芬难题"没有了,但是美元作为主要国际储备货币内在缺陷仍然存在。也就是说,美元作为主要国际计价、结算和储备货币,仍然需要美国大量输出美元,以满足全球经济贸易、投资等的增长,因此美国必须保持国际收支的逆差,要么经常项目逆差,要么资本项目逆差,保持顺差是不可能的,否则美国也会丧失美元作为主要国际储备货币的好处。美国经常项目逆差是美元输出的重要途径,也是其他国家获得美元国际储备货币的主要方式。浮动汇率制下,美国也面临两难,一方面希望保持贸易收支的盈余或大幅度减少贸易收支的赤字;另一方面又希望作为国际货币体系的主导者,保持美元国际储备货币地位。2018年以来,特朗普政府希望通过贸易战获得贸易优势,到头来可能会搬起石头砸自己的脚。

从全球储备货币来看,美元一直是主要的国际储备货币,根据IMF的统计,全球储备资产分为可分的储备资产(allocated reserves)和不可分的储备资产(unallocated reserves),可分的储备资产又分为美元、欧元、人民币、日元和英镑等储备货币资产,其中可分的储备资产的比例不断上升,不可分的储备资产比例在下降(见图7-5)。

在可分的储备资产中美元储备资产占到60%多,欧元占20%左右,其他货币占的比例相对较低。也就是说,在全球主要的国际储备货币中,美元仍然占绝对比例(见表7-6)。

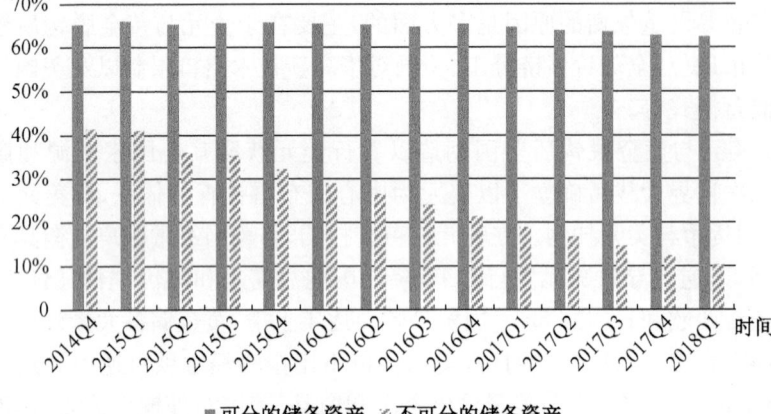

■ 可分的储备资产　▨ 不可分的储备资产

资料来源：www.imf.org。

图 7-5　全球储备资产的分配

表 7-6　　　　　　　　　　全球国际储备货币的构成

日期	美元	欧元	人民币	日元	英镑	澳元	加元	瑞士法郎	其他货币
2014Q4	65.14%	21.20%		3.54%	3.70%	1.59%	1.75%	0.24%	2.83%
2015Q1	65.97%	20.01%		3.83%	3.83%	1.56%	1.71%	0.26%	2.83%
2015Q2	65.27%	19.89%		3.56%	4.58%	1.73%	1.78%	0.29%	2.90%
2015Q3	65.52%	19.78%		3.49%	4.61%	1.66%	1.74%	0.25%	2.95%
2015Q4	65.72%	19.14%		3.75%	4.71%	1.77%	1.77%	0.27%	2.86%
2016Q1	65.44%	19.54%		3.66%	4.65%	1.72%	1.81%	0.19%	2.99%
2016Q2	65.20%	19.40%		4.08%	4.56%	1.70%	1.83%	0.18%	3.05%
2016Q3	64.68%	19.67%		4.19%	4.41%	1.80%	1.91%	0.18%	3.17%
2016Q4	65.34%	19.13%	1.08%	3.95%	4.34%	1.69%	1.94%	0.16%	2.37%
2017Q1	64.66%	19.27%	1.08%	4.53%	4.28%	1.77%	1.90%	0.16%	2.36%
2017Q2	63.81%	19.95%	1.08%	4.62%	4.42%	1.75%	1.93%	0.17%	2.26%
2017Q3	63.51%	20.06%	1.12%	4.52%	4.50%	1.78%	2.00%	0.17%	2.36%
2017Q4	62.72%	20.15%	1.22%	4.89%	4.54%	1.80%	2.02%	0.18%	2.49%
2018Q1	62.48%	20.39%	1.39%	4.81%	4.68%	1.70%	1.86%	0.17%	2.50%

资料来源：www.IMF.org。

　　如果从全球外汇市场的交易来看，美元外汇交易也占最高比例，也远高于欧元、日元和英镑等货币，因此美元也是全球外汇市场主要的交易货币（见表7-7）。

表 7-7　　　　　OTC 外汇市场各种货币的交易量及比例　　单位：10 亿美元

时间		美元	欧元	日元	英镑	澳元	加元	瑞士法郎	人民币
1998	数量	1 325		332	168	46	54	108	0
	比例	87%		22%	11%	3%	4%	7%	0
2001	数量	1 114	470	292	162	54	56	74	0
	比例	90%	38%	24%	13%	4%	4%	6%	0
2004	数量	1 702	724	403	319	116	81	117	2
	比例	88%	37%	21%	16%	6%	4%	6%	0
2007	数量	2 845	1 231	573	494	220	143	227	15
	比例	86%	37%	17%	15%	7%	4%	7%	0
2010	数量	3 371	1 551	754	512	301	210	250	34
	比例	85%	38%	19%	13%	8%	5%	6%	1%
2013	数量	4 662	1 790	1 235	633	463	244	276	120
	比例	87%	33%	23%	12%	9%	5%	5%	2%
2016	数量	4 438	1 591	1 096	649	348	260	243	202
	比例	88%	31%	22%	13%	7%	5%	5%	4%

资料来源：www.bis.org。注：所有这些货币的成交量占比加起来的总和是 200%，这是因为外汇交易中每种货币都有一个交易对手，每笔成交都要分别计入两次。

由此可以看出，美元作为全球主要的贸易、投资和外汇储备货币，需要美国提供大量的流动性，不断地输出美元，如果美国希望保持国际收支的顺差，美元作为主要国际储备货币的功能会下降，这又是美联储所不愿意看到的，和"特里芬两难"一样，这两个目标之间存在内在的冲突。特朗普政府挥舞着贸易制裁的大棒，对欧盟、加拿大、中国等都采取加征关税的措施，希望能够逆转贸易收支的赤字，这一点在美元作为主要国际储备货币的情况下是难以实现的。

(3) 美国过度消费导致储蓄率低。美国的消费意愿始终大于储蓄意愿，在世界范围内的贸易赤字已成为常态；而中国的储蓄率常年处于高水平，进一步拉大了两国贸易差额。

长期以来，我国国内消费增长不快，经济主要依赖出口和投资拉动。国内形成了高储蓄、高投资，但投资远赶不上储蓄水平。储蓄在抵补了投资之后仍有大量剩余，直接反映到了贸易顺差上。由国民收入的均衡等式可知：$Y = C + I + (EX - IM)$，其中 Y 是国民收入，C 是消费，I 是投资，EX 是出口，IM 是进口。进一步变化得：$(Y - C) - I = EX - IM = B$，其中 B 表示净出口，即贸易项目的差额。储蓄 $S = Y - C$ 是利率 r 的增函数，投资 I 是利率 r 的减函数，储蓄和投资的差额是贸易项目的余额。假定本国的储蓄和投资曲线分别为 S 和 I，外国的储蓄和投资曲线分别为 S^* 和 I^*，在图中本国的贸易项目盈余为 AB，外国的贸易项目逆差，为 A^*B^*，其中贸易项目的盈余等于贸易项目的赤字，$AB = A^*B^*$ ①［见图 7-6(a)］。

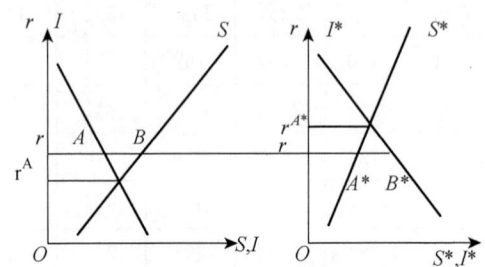

图 7-6(a)　储蓄、投资和贸易项目的余额

在 Y 和 I 不变的条件下，消费和贸易项目的差额反向变化，如果消费增加，储蓄减少，贸易项目的盈余将下降；如果消费减少，储蓄增加，贸易项目的盈余将上升。在图 7-6(b) 中，如果消费增加，储蓄减少，S 曲线将向左移动到 S_1，同时国外的消费减少，储蓄增加，储蓄曲线 S^* 向右移动到 S_1^*，本国贸易项目的盈余将下降，外国的贸易逆差下降，贸易盈余 AB_1 等于贸易逆差 $A_1^*B^*$。

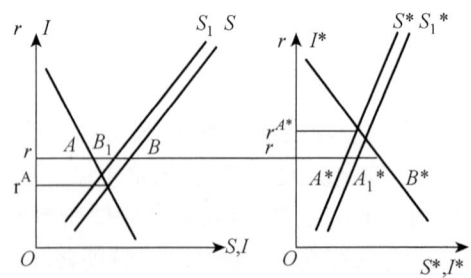

图 7-6(b)　储蓄增加对贸易项目的影响

（4）全球价值链分工决定中美贸易格局，现行贸易统计方法夸大贸易顺差。在经济全球化背景下，中国逐渐成为世界工厂，以加工组装方式向全球输出商品，虽然中国的利益只是加工组装的增加值，但当前贸易统计方法把出口商品全额计入。根据中国商务部 2017 年 5 月《关于中美经贸关系的研究报告》，在全球价值链中，贸易顺差反映在中国，但利益顺差在美国，总体上双方互利共赢。据中方统计，中国货物贸易顺差的 59% 来自外资企业，61% 来自加工贸易。中国从加工贸易中只赚取少量加工费，而美国从设计、零部件供应、营销等环节获益

---

① 这里我们假定利率不变，如果考虑到利率变化，我们利用利率平价公式能够得到类似的结论。

巨大。

早在 2012 年,时任世界贸易组织总干事帕斯卡尔·拉米谈到,现行贸易统计方法只适合于过去出口产品完全产自同一个国家的时代,而在生产全球化时代,这一统计方法的漏洞直接导致了美中贸易逆差被夸大。从全球价值链的角度来分析中美在双边贸易中的获益情况,更能全面客观地反映实际情况。根据中国科学院测算,2010—2013 年,以贸易增加值核算的中美贸易顺差比传统方式统计的中美贸易顺差要低 48%～56%。

(5)美国限制高新技术产品对华出口。农业、能源和高新技术行业是美国最具出口竞争力的行业,但是美国长期限制高新技术产品对华出口。有美国研究机构发现,如果美国放宽对华出口管制,对华贸易逆差可减少 35% 左右。正因为美国限制对中国出口高技术产品,中国的外汇储备只能够投资美国的金融市场,主要是美国的国债和机构债,中国的外汇资金仍然为美国所用,中国获得较少的利息收益,中国希望购买的美国产品,美国禁止出售,导致中美贸易收支难以平衡。美国占用中国外汇储备资金用于本国投资,并没有感谢中国,反而指责中国贸易不公平,要制裁中国,这是不合理的,也是我们坚决反对的。

从"人民币汇率争论",到奥巴马"全球经济再平衡",再到特朗普政府的"美国优先",都是揪住中美贸易不平衡大做文章,其目的是为实行贸易保护主义寻找借口。美国是世界最大的发达国家,中国是最大的发展中国家。中美发生贸易冲突不仅对两国经济本身会产生较大的不利影响,而且对世界经济的稳定也是有害的。自 2008 年爆发国际金融危机以来,全球经济复苏缓慢,还没有完全消除金融危机的不利影响,贸易冲突会使全球经济陷入新的不确定中,也阻碍了全球经济的复苏。中美两国应该在平等协商、互相尊重和互利共赢的基础之上,解决好贸易分歧,造福于两国人民。

第八章 国际货币体系改革和人民币国际化

第一节 国际货币体系的演变和全球流动性过剩

流动性过剩是信用经济下的一个产物，它是信用货币的一种扩张，从国际货币体系的演变过程来看，从金本位制—国际金汇兑本位—美元本位制—牙买加体系的逐步演变过程中，就多次出现流动性过剩问题。

一、金本位制—布雷顿森林体系—牙买加体系下的流动性过剩

历史上第一个国际货币体系是国际金本位。黄金作为货币或货币发行基础，以足值的黄金或金铸币或严格依照黄金储备量发行的纸币作为流通货币。国际金本位制是一种比较稳定的货币制度，黄金的自由输出入，保证了各国货币之间的比价相对稳定；金币的自由兑换，又保证了黄金与其他代表黄金流通的金属铸币和银行券之间的比价相对稳定。在第一次世界大战爆发前的几年里，银行券发行日益增多，黄金的兑换趋于困难。随后，各国为筹集战争资源，又增加了银行券的发行。银行券的过度发行，导致以银行券为基础的货币流通量大幅度上升，出现了流动性过剩问题。银行券发行的基础是实际储存的黄金货币量，这样银行券才能够兑换到十足黄金货币量，否则银行券的兑换比例将下降。由于银行券大量发行，导致银行券不断贬值，含金量大幅度降低，战争爆发时，各国便中止银行券与黄金的兑换，禁止黄金的出口，国际金本位遂宣告瓦解。因此在金本位制下，银行券的发行必须以实际的黄金储备为基础，而银行券的过度发行将导致流动性上升，银行券贬值，国际金本位制最终崩溃。

第一次世界大战结束后，1922年在意大利热那亚召开了世界货币金融会议，讨论重建国际货币体系问题。热那亚会议确定了一种节约黄金的国际货币制度——国际金汇兑本位制，即黄金依然是国际货币制度的基础，各国纸币仍规定有含金量，与黄金保持直接或间接的固定比价，代替黄金执行流通清算和支付手段的职能。从节约黄金的角度讲，这个货币制度在一段时期内是成功的。当纸币过度发行时，纸币贬值，黄金数量无法满足兑换比率的需要，导致了金汇兑本位制的崩溃，这与银行券发行过多的情形是类似的。

第二次世界大战后,资本主义世界建立了一个以美元为中心的国际货币体系,即布雷顿森林体系。布雷顿森林体系下的国际货币制度是以黄金-美元为基础的,实行黄金-美元本位制。在这个制度下,规定美元按35美元等于1盎司黄金与黄金保持固定比价,各国货币则与美元保持可调整的固定比价,可随时用美元向美国政府按这一比价兑换黄金。美元既是美国本国的货币,又是世界各国的货币,即国际货币。从20世纪60年代开始,美元连续三次发生大规模的危机。美元危机的程度,同流出美国的美元数额有关。流出的美元超过美国黄金储备的余额,被称为"悬突额"(overhang),"悬突额"越多,美元兑换黄金就越困难,实际上这就是美元的流动性过剩,导致了"美元灾"。这一时期虽然黄金退出流通领域,但仍然是货币决定的基础,一是美元和黄金挂钩,二是其他货币通过美元间接和黄金挂钩。同样地如果美元大量发行,超过了美国黄金的储量,形成了美元的流动性过剩,美元贬值,迫使美元和黄金脱钩,布雷顿森林体系必然崩溃。美元的危机是由美元的流动性过剩所导致的。

从金本位制和布雷顿森林体系的崩溃可以看出,当银行券和美元的发行大大超过黄金的储备,市场的流动性过剩,导致银行券等币值下跌,国际货币体系崩溃。这应该是早期的货币危机,它反映了流动性过剩对货币制度的冲击。

在1976年1月国际货币基金组织成立的专门研究和实施国际货币改革的"临时委员会"在牙买加首都金斯顿达成了一个协议,这就是"牙买加协议"。牙买加体系的特点主要是:①黄金非货币化;②储备货币多样化;③汇率制度多样化。因此,布雷顿森林体系崩溃以后,黄金已不再是货币决定的基础,相比以前的货币制度,现行的货币体系的约束力进一步放松了,货币的动荡更加频繁了。

第二次世界大战后,日本经济和贸易得到了迅速的发展,从1964年到20世纪80年代初,日本连续贸易盈余,外汇储备不断增加。实际上,美国通过美元的输出,获得日本的商品进口,美国出现贸易赤字。美元的流动性不断增加导致日元升值压力。1985年9月22日西方五国财政部长和中央银行行长举行的"纽约广场饭店会议"促使日元升值、纠正美元的过高比价,从而实现各国贸易收支平衡。随着日元升值,日本的贸易盈余下降,经济增长缓慢,日本采取扩张性的货币政策,利率不断下调,资产价格进一步上升,泡沫形成,一旦泡沫到达顶端,泡沫破灭,经济衰退。这是美元的流动性过剩对日本经济的冲击。

对于实行固定汇率的东南亚国家来说,20世纪90年代末发生了严重的货币危机,东南亚国家货币大幅度贬值,最终放弃固定汇率制度。长期以来,发达国家采取扩张性的货币政策刺激经济,全球的流动性过剩,东南亚国家在金融自由化的改革以后,利率上升,高于发达国家利率,资本大量内流,导致对东南亚国家的过度投资和资产价格泡沫,东南亚国家通货膨胀上升。由于实行是钉住美元的固定汇率制度,这些国家货币实际升值上升,经常项目出现赤字,经济的脆弱性逐步显现,最终导致对货币的投机冲击,资本外流,货币大幅度贬值。

在布雷顿森林体系解体前,全球流动性过剩导致整个固定汇率体系的崩溃;而当今的全球流动性过剩和逐利流动会导致各国货币的汇率更大幅度波动。

二、当今全球流动性过剩的根源及影响

在当今的国际货币体系下,流动性过剩是一个全球性的问题,它源于当今的国际信用货币,以及各国经济实力和货币地位的不对等,发达国家利用自己在世界经济地位中所处的经济实力,可以更多地输出本国货币资产,而调节本国国际收支的责任较弱,宏观经济政策的约束力也较弱。

1. 发达国家的货币仍然处于国际的主导地位

虽然现在的国际货币体系不再是布雷顿森林体系下的"美元双挂钩"制度,但是美元作为国际货币的功能并没有减弱。美元等货币继续充当国际支付和清算的功能,能够获得巨额的铸币税。虽然发达国家的货币已经脱离黄金,但是充当国际货币的主导地位仍然很强,在国际贸易和投资方面,处于优势,而发展中国家则处于相对的不利地位。发达国家资本的货币扩张,导致全球流动性过剩,资本流入发展中国家,对发展中国家货币产生很大的冲击,导致这些国家的汇率发生大幅度波动。如自美国次贷危机以来,主要发达国家向市场大量注入流动性,大量投机资本流入新兴市场经济国家,一旦投机资本获利回流,导致这些国家承受巨大的损失。因此,发达国家容易向其他国家转嫁货币风险,发展中国家更容易受到外国资本的冲击。

2. 国际收支调节的不对称性

美元仍然是国际上主要的储备货币,对国际收支的调节具有不对称性,别的国家调节国际收支的逆差必须要储备美元,而美国只要通过本国美元货币输出就可以调节。由于美元是国际储备货币,可以增加进口,用廉价的货币获得更多的国外资源,这也是美元大量输出的一个重要原因。其结果是其他国家美元的累积越多,美元输出的就越多,全球的流动性就越多。这些过剩的美元要在全世界寻找新的投资机会,资金在全球范围内逐利无序流动,导致全球的流动性过剩,不断推高全球的金融资产的价格。

3. 美国通过美元资本输出,没有最后的承诺机制,发展中国家持有外汇储备面临更大的风险

在布雷顿森林体系下,如果其他国家的美元储备货币过多,可以到美国兑换黄金。在现在的国际货币体系下,美国可以更加自由输出美元,无须承担在布雷顿森林体系下美元兑换黄金的最终职能,这种职能由各国货币和美元的自由浮动来解决。因此在这样的制度安排下,美国可以输出美元,而不用承担相应的兑换责任。其他国如果美元过多,就要承担美元贬值的风险,没有兑换黄金的最后承诺机制,其他国家的美元外汇储备面临更大的风险。

4. 制度约束被削弱

在布雷顿森林体系下,美国为了维持"双挂钩"制度,必须增加相应的制度约束,否则汇率制度将面临崩溃的风险。而现在很多国家的汇率制度是本国货币单向钉住美元的。美国不需要承担任何责任和义务,它可以利用美元国际地位的优势,扩张货币,增加进口和对外投资,获得铸币税。而其他国家获得美元储备资产,在钉住汇率制度的条件下,这些国家国内扩张货币,本国流动性将过剩,但由于本国货币不是国际货币,它不能够像美元那样自由输出,获得铸币税。

5. 国际货币协调的地位是不对称的

由于美国实行的是浮动汇率制度,它既不钉住黄金,也不和其他国家货币钉住,因此其他国家由于美元储备货币过多导致的经济过热,美国不需要进行任何干预和协调措施,所有的问题都由钉住美元的国家自己解决,所有的调控责任都由这些国家自行承担。因此,从当今的国际货币体系来看,美元作为国际货币,可以获得大量的铸币税,而又不需要像布雷顿森林体系那样,需要承担相应的责任和义务;一些发展中国家的货币相对处于劣势,不能够获得铸币税,同时自己又必须承担美元货币扩张带来的一系列问题,独自承担干预的责任,这是国际收支和汇率调控的不对称性,国际货币体系存在明显的强弱失衡。

6. 发展中国家货币往往依附于发达国家货币

通常在汇率制度的选择中,不同国家的偏好是不同的。如像美国等这样的经济大国,国际贸易相对本国的经济总量来说是有限的,故它们通常愿意选择浮动汇率,对它们来说,汇率变动的不确定性还是能够忍受的。但对一些比较开放的小国,特别是金融市场浅薄的发展中国家,如果选择浮动汇率,则汇率更加易于波动,也会更大程度地直接影响本国金融市场的稳定和国际贸易的发展,故它们通常选择钉住这些发达国家货币的固定汇率制,以防止汇率波动对本国经济的冲击。目前一些发展中国家处于两难境地,一方面希望钉住美元,另一方面必然受到美元币值变动的影响。

三、全球流动性过剩下我们的应对策略

我国也是美元的主要输入国,拥有大量的美元储备,也是美元流动性过剩的国家。中国的流动性过剩很大一部分来自美元的流动性过剩,由于我国长期实行的是钉住美元的汇率制度,我国的外币流动性过剩也来自美元的大量输出。因此我们应该积极应对,采取以下措施。

1. 清楚地认识到这种货币体系的安排在长期内仍将存在

目前这样的国际货币制度安排还将长期存在,少数发达国家货币主宰国际货币体系的格局并未改变,它们充当国际货币的功能,引领国际货币体系。信用货币仍然是全球货币制度的基础,各国信用约束仍然较弱,少数发达国家信用货币的扩张和流动性过剩问题会继续存在。

2. 提高人民币的国际地位

在推动资本账户开放和汇率市场化的进程中,要不断推动人民币的国际化,提升人民币的国际地位,提高人民币货币的国际竞争力。争取挤进国际化货币的行列,能够在国际贸易和投资中发挥更大的作用,汇率制度不再钉住美元,而是更加弹性的浮动汇率制度,有利于更好隔绝外部的冲击,实行独立的货币政策。

3. 建立金融风险的预警机制

全球经济的一体化和金融市场的国际化,使得各国经济体更紧密地联系在一起,我们要建立科学的预警体系,防止别国的风险传播到国内。在当今的国际货币体系下,没有强制的货币制度的约束,各国的经济政策都追求自身的利益最大化,有内在扩张的冲动,可能导致外在的溢出效应,影响其他国家经济的稳定,我们要积极预防。

4. 要善于吸取历史的经验教训

历史是一面镜子,要以史为鉴。对于日本的资产价格的泡沫和东南亚的货币危机,我们要积极吸取经验教训,在面临宏观金融风险的时候,要科学决策,防范外部投机冲击。

第二节 国际金融体系的改革困境

一、国际货币体系改革的困境

随着经济全球化和国际金融市场的迅速发展,各国之间的经济联系越来越紧密,一国经济的影响往往超越了自身的范围,对世界经济体的影响越来越大。如美国次贷危机爆发不仅仅对美国经济产生不利的冲击,对世界经济的打击也非常巨大,但是超越国家范围的金融决策、金融监管和金融协调却严重缺失或没有充分发挥应有的作用。美国次贷危机导致各国对国际金融体系的重新思考,许多国家提出要改革现有的国际金融体系,建立新的国际经济秩序。目前国际金融体系改革面临一定困境,主要体现在以下几个方面:

一是全球货币体系的本位制问题。美元是一国货币,又充当世界货币。作为一国货币,美国可以有独立的货币政策,但是作为世界货币,需要美国加强宏观经济政策的约束,这是美元双重身份面临的政策困境。在金本位制下,黄金充当世界货币的职能;在布雷顿森林体系下,美元代替黄金充当世界货币的功能,在这两种货币制度下,货币创造受到了一定的约束。布雷顿森林体系崩溃以后,尽管美元放弃了双挂钩,主要国家进入了浮动汇率时代,但是美元仍然发挥着世界货币的功能。由于放弃了美元和黄金挂钩,美元的创造力掌握在美国货币当局手里,货币创造有了更大的自由。美国为了刺激经济和解决金融困境,往往会采取扩张性的宏观经济政策,美元的供给不断增加。而对于一些发展中国家,便出现了一种进退两难的状况:为满足对外贸易和增加国际清偿力,希望增加持有美元;随着持有美元增加,美元供给过多导致美元汇率变动对该国的冲击就越大。这是当前国际货币体系的内在的不稳定性,其根本缺陷是美元的双重身份和美元币值的内在不稳定性,这种币值内在的不稳定性相当于美国对持有外汇储备的国家征收了一定的铸币税。美元币值的稳定需要美国增强本国的政策约束,不能采取过度扩张的宏观经济政策,但是美元作为一国的主权货币,一旦遇到经济问题,美联储就有内在扩张的冲动,国内的目标是放在第一位的,别国只能承担美元汇率变动的损失和风险。从当前的国际货币体系来看,美元充当国际货币,但全球没有一个统一的中央银行,货币政策是分散决策的,美联储只是美国的中央银行,国家经济目标是凌驾于全球经济目标之上的。目前没有哪一种货币能够完全替代美元,即使能够找到这样一种货币如现在普遍看好欧元,但是这种货币仍然存在类似美元货币的问题,或者说我们现在还很难找到一种更加完美的国际货币体系,找到一种令人满意的国际主导货币。

二是全球的金融监管问题。金融创新和资本流动把全球的金融市场更紧密地联系在一起,但我们并没有一个超越国家的统一的监管机构和监管标准。全球金融市场的一体化有利于资金在全球范围内流动,每一个国家的金融市场都不是一个独立的隔离市场,是相互联系的,资金在各国金融市场上流动,促进资源在全球范围内的配置。但资金在全球金融市场流动的同时,金融风险也在金融市场上传播,一旦某一国出现金融动荡,金融风险会很快通过金融市场的资金流动迅速地传递到其他国家。也就是说,金融市场不是独立的,金融风险也就无法隔离,各国都暴露在其他国家的金融风险冲击之下。如美国国内的金融风险迅速向世界其他国家金融市场的传递,次级抵押贷款市场危机不仅直接影响美国抵押贷款公司、私人股本基金及投资银行等,还波及整个世界金融市场。美国金融市场吸引了大量的国际资本,是欧洲美元、石油美元和亚洲美元等最主要的投资场所,许多国家的金融机构和投资者都持有美国的"两房"、投资银行,以及其他金融机构的债券和股份,如果这些金融机构倒闭,会给投资者带来巨大的损失,如雷曼兄弟的破产,给其他国家和中国等的金融机构投资都带来了一定程度的损失。经济扩张和金融扩张导致国家之间的经济和金融联系更加紧密,国家之间的经济风险和金融风险被绑在一块,一损俱损,一荣俱荣。因此,在金融市场一体化的条件下,金融风险的防范并不只是一国的问题,它涉及全球金融市场的安全问题。怎样超越国界加强金融监管和风险防范,是当今国际社会面临的又一个重要问题。

三是全球经济的失衡问题。一国经济的失衡导致世界经济的失衡,如美国经济的失衡导致全球经济的失衡和不稳定。美国是一个以消费为主的国家,消费是经济增长的主要拉动力量,美国的进口较多,美元资产流出国外,美国出现大量的贸易赤字,其他国家积累了大量的美元资产,而美国为了吸引这些资产,大量发行国债,形成了巨大的财政赤字,这就是美国的"双赤字现象"。一国的总需求为 $Y^D=C+I+G+(X-M)$,其中 Y^D 表示总需求,C 表示消费,I 表示投资,G 表示政府支出,X 表示出口,M 表示进口;一国总供给为 $Y^S=C+S+T$,其中 Y^S 表示总供给,S 表示储蓄,T 表示政府税收,根据总需求等于总供给,能够得到,$(S-I)+(T-G)=(X-M)$,投资超过储蓄,财政支出超过财政税收,政府有财政赤字$((G-T)>0)$,则贸易赤字进一步扩大$[(X-M)<0]$,意味着从国外进口更多,才能够满足国内的需求。美国的贸易赤字体现在其他国家就是国际收支的贸易盈余,如中国和日本等。中国获得的美元外汇资产主要投资在美国国债和美国政府担保的机构债上,相当于中国把外汇储蓄借给美国人消费或投资,以获得投资收益,这本身并没有什么问题。但关键是各国获得的大量美元资产重新投资到美国,美国能否有效地吸收这些金融资产,从美国宏观经济均衡的角度来看,美国要保持一定的经济增长速度以便消费和投资增长能够吸收这些回流的资本,这样美国经济能够实现均衡增长,其他国家也能够获得投资的稳定收益。由于美元的过度扩张和流动性泛滥,回流的美元资产往往会超出美国实体经济的吸收能力,对这种过多投资的吸收往往是通过资产泡沫来实现的。也就是说,美国实体经济吸收不了的资本,必然会通过美国资产价格的膨胀来体现,如 20 世纪 90 年代末美国互联网的泡沫和次贷危机房地产泡沫都是经济失衡的反映。美国的国际收支失衡会导致世界经济的失衡,美国的贸易赤字和财政赤字是全球经济不稳定的重要因素。

上述困境是经济全球化和一体化下面临的重要问题,尽管世界各国都希望改革现有的国际金融体系,但怎样解决这些问题,仍然面临很大的困难。改革需要国际社会的共同努力和协调,需要各国领导人拿出足够的勇气和智慧解决人类社会共同面临的问题。

二、国际货币体系改革

目前美元仍然是国际上的主要货币,而且还没有哪一种货币能够完全替代美元,但是美元兑换黄金的约束已经没有了,所以美元扩张的内在冲动比以前更强了,美元流动性泛滥带来的风险全部由美元储备的国家自己承担和消化。

虽然目前没有办法改变美元独大的地位,但各国正在不断努力,力争改革国际货币体系,我国政府早就强调要建立国际金融新秩序,前央行行长周小川还提出建立超主权储备货币体系的构想。2009 年 3 月,周小川发文提出建立超国家的国际储备货币,并表示要发挥特别提款权的作用,引起了学者们的浓厚兴趣和国际社会的热议。美元储备货币存在的问题由来已久,尤其国际金融危机冲击下,美联储提出采取量化宽松政策收购美国国债,更引起市场人士的担心。许多国家都希望能够改革长期以来美元主导的国际货币体系,此时周小川提出建立超主权的储备货币,迅速得到世界很多国家的响应和支持如俄罗斯、巴西和联合国等新兴市场经济国家和国际社会都表示赞同中国的建议。

美元储备货币存在问题日益突出，国际社会希望改革国际货币体系的愿望也日益迫切，因此许多国家对中国提出改革国际货币体系都表示支持，如俄罗斯、巴西和联合国等一些新兴国家经济体和国际组织。

尽管这一提议有利于改变美元的霸权地位，但这一提议更多还只是在理论层面上探讨，以激起人们对国际货币体系改革的思考，建立超国家的储备货币是一项复杂的技术和制度安排问题，需要仔细考量，超国家储备货币会面临许多问题。

美元的国际储备货币地位可以支撑美国巨大的财政赤字和贸易赤字，由于美元是国际主导货币，美国的债务就变成了世界的债务，其他国家持有的美元资产越多，受美国经济的影响也越大。作为一国货币，美国有自己独立的财政政策和货币政策，有自己的宏观经济目标；作为国际货币，需要美元币值保持稳定，以避免国际金融市场和商品市场的大起大落。因此，怎样改革国际货币体系一直是国际社会的一个难题。

从理论的角度来看，改变美元主导国际货币主要有以下几种方式：一是用新的国际储备货币替代美元。二是创立超主权的储备货币替代美元。三是建立多元化的国际货币体系，建立相互制约、相互竞争的国际货币关系。四是建立全球单一货币体系，各国货币退出流通。

目前能否用其他国际货币替代美元主导地位，仍然存在一定的困难，因为除了美元以外，其他国家货币如欧元、日元和英镑等目前还无法和美元抗衡，不能够替代美元，就算将来其中某一货币发展到能够替代美元主导货币，也无法从根本上改变国际货币体系，因为这几种国际货币也都和美元一样，都是一国主权货币，美元存在的缺点，在他们身上同样会存在，并不能从真正意义上改革国际货币体系。前央行行长周小川提出要建立超国家的储备货币如特别提款权来替代美元，就是希望特别提款权能够克服一国货币作为国际储备货币的缺点，克服某一国货币存在的缺点，充分发挥超主权储备货币的作用。尽管周小川行长的建议在国际社会产生了巨大的反响，也得到了许多国家的赞同和认可，但建立超国家的储备货币问题将是一个长期过程，其最终目标是要实现全球单一货币"世界元"，就像欧洲货币单位一样，为最终实现欧元服务。在浮动汇率制下建立超主权储备货币，难以克服美元货币存在的问题。

1. 超主权货币面临的问题

一是在浮动汇率制下，超主权货币币值同样具有内在的不稳定性，无法克服美元汇率频繁波动问题。目前国际货币体系是浮动汇率体制主导，主要国家货币之间的汇率都是浮动汇率，在这样的情况下，特别提款权对美元汇率也是不稳定的。特别提款权对美元的汇率主要包含五种货币，是五种货币对美元汇率的加权平均，其中美元占40%多，欧元占30%多，英镑和日元各占8.33%，8.09%，人民币占10.92%。国际货币基金组织每天要确定特别提款权对美元汇率,然后再根据市场汇率,套算出特别提款权对其他货币的汇率,特别提款权对这些货币的汇率都是变动的。由于这些主要货币之间汇率都是浮动汇率,随着这些货币之间汇率的波动,特别提款权对这些货币汇率也将是频繁波动。除非全球重新采取固定汇率制度,否则特别提款权和其他国家货币之间汇率同样存在不稳定性,仍然不能够克服美元汇率不稳定的问题,只不过把美元储备货币的问题转移到特别提款权身上。另外,特别提款权是人为创造的一种账面资产,它和美元的比价也是人为规定的,并不是市场化的汇率,难以真正起到调节市场的行为,国际汇率体系也会变得更加复杂化。

二是超主权储备货币的信用问题。特别提款权的发行没有实体经济的支撑,完全依赖于国际货币基金组织的权威来支撑其国际信用。目前任何一种国际货币都是以它本国(或本区域)信用来支撑它的国际信用,如果没有一国的信用,它的国际信用往往就难以得到保证。国际货币基金组织能否支撑这种超国家储备货币的国际信用也是值得怀疑的,并且国际货币基金组织投票权和各国所缴纳的份额挂钩,发达国家和发展中国家的话语权是不平衡的,美国在国际货币基金组织中的投票权最高,有一票否决权,国际货币体系改革如果没有美国的参与很难成功。因此,改革国际储备货币体系,首先是要改革和完善国际货币基金组织内部治理结构。

三是超主权储备货币面临如何满足各国对外清偿力,以及如何充分发挥储备货币的功能问题。特别提款权的创造是有限的,IMF不是货币发行机构,只能有限地创造特别提款权。即使IMF能够以各国外汇储备作为准备发行特别提款权,但一旦IMF把这些外汇储备资产再投资到国际金融市场,全球货币会进一步扩张,仍然没有改变美元储备货币滥发的状况。如20世纪60年代末70年代初,国际货币体系改革就提出过"替代账户"方案,就是基金组织开设一个特别提款权存款账户,各国将各自"过剩"的美元按特别提款权与美元的比价折成特别提款权后存入该账户,它们的美元储备便变成了特别提款权储备,基金组织则将所得到的美元再投资于美国,购买美国政府的债券或国库券。由此可以看出,通过美元储备置换特别提款权,扩大特别提款权供给,美元滥发的问题仍然不能够解决,并且还面临特别提款权和美元的汇率和利率风险问题。此外,特别提款权不是任何一国的法定货币,也不能流通,仅仅依赖IMF的信用,难以充分发挥特别提款权的计价、支付和储藏功能。即使将来规定特别提款权能够充当国际贸易和投资的计价货币和结算货币,如果其他各国货币没有退出流通,特别提款权和其他国家货币之间汇率变动同样会导致国际金融市场和商品市场的大起大落,美元存在的问题在特别提款权身上同样存在,建立超主权储备货币的作用会大打折扣。

四是建立超主权储备货币,克服美元存在的问题,要建立固定汇率制,最终走向全球单一货币。建立超主权的储备货币的根本意义在于引领国际货币体系最终走向世界单一货币,彻底消除一国货币变动的影响,如欧洲货币单位就是欧洲货币联盟走向"欧元"的重要途径。欧洲货币单位类似于特别提款权,欧洲经济共同体每一国货币和欧洲货币单位挂钩,各国货币之间采取固定汇率制度。实际上,创立欧洲货币单位就是为了维持稳定的欧洲货币体系服务的,欧洲货币单位是由德国马克、法国法郎、意大利里拉等货币加权组成的,欧洲经济共同体成员国使自己的货币与欧洲货币单位保持某一固定水平,并据此套算出各成员国之间的货币比价,它是固定汇率体系,为最终实现欧洲单一货币打下了良好的基础。值得指出的是,周小川的建议也激起了人们对"世界元"的探讨,建立超主权的储备货币设想有利于国际货币体系改革最终走向全球单一货币。实际上就是在美元、欧元、日元或将来的人民币、卢布等货币之间建立固定汇率制,然后确定与各国货币挂钩的超主权储备货币,最终走向全球的单一货币,这也是1999年诺贝尔经济学奖获得者"欧元之父"蒙代尔教授一直倡导的观点。因此建立超主权的储备货币更是得到提倡建立世界货币的学者和组织的大力支持,希望把建立超主权储备货币作为创建全球单一货币的前站,最终实现全球单一货币。

五是超国家储备货币的流通问题。特别提款权依赖IMF的信用,充当国际储备货币账面资产,但它不是任何一国的法定货币,不能流通,难以充分发挥特别提款权的计价、支付和储藏功能。前苏联时期经互会的转账卢布和欧洲经济共同体的欧洲货币单位也是账面资产,也都不能够流通,为什么它们能够发挥发挥国际储备货币功能呢?它们在区域内实行的是固定汇率制度,货币币值是稳定的,有利于发挥记账和清算功能。如果不是固定汇率制度,很难保证超国家的储备货币币值是稳定的,在浮动汇率制下,特别提款权也将是浮动的,特别提款权发挥计价、支付和储藏功能仍然没有消除美元币值不稳定问题。如果再做进一步假设,特别提款权可以流通,怎样处理特别提款权和各国货币之间的关系,并且汇率体系也变得更加复杂化,同样也不能保证特别提款权币值稳定。

2. 建立多元化的国际货币体系

2008年11月15日,在美国召开的国际金融峰会讨论了重建国际金融的新秩序,其中一项重要内容是改革国际货币体系。美元主导的国际货币体系存在诸多弊端,如美元扩张导致全球流动性过剩,美元贬值导致持有美元外汇储备的国家资产缩水,美元滥发导致全球经济失衡等。实际上在布雷顿森林体系时期,由于美元面临的"特里芬难题"以及多次发生的美元危机,人们早就提出对美元本位制的改革设想,如有人建议建立"国际管理的通货本位制度",让国际货币基金组织转化为世界中央银行,由它来创造并发行一种世界货币;有的建议回到金本位时代,仍然用黄金作为计价的基础;有的建议改进金汇兑本位制,建立黄金为基础的多种储备货币制度取代单一美元制;还有人建议实行商品性储备通货本位制,选用一组在世界贸易中有代表性的商品,确定储备货币与这组商品的比价等等。尽管这些改革措施有利于削弱美元的主导地位,但是这些措施要么没有现实的操作性,要么会导致其他新的问题,要么无法平衡各国的利益等等,最终都没有能够付诸实施。而最近由于美国次贷危机对全球经济的打击,人们再次发现美元本位制的弊端,都希望改革国际货币体系,摆脱美元束缚。

但是美元本位制短期内仍难以撼动:

一是目前找不到一种合适货币替代美元。通常认为最有潜力替代美元的可能是欧元,但是欧元实力还无法和美元抗衡。即使欧元能够逐步替代美元,美元存在的问题在欧元身上会同样存在。黄金可能替代美元吗?布雷顿森林体系崩溃以后,进入牙买加体系,黄金已不再发挥计价、流通和清算等的功能。实际上,黄金作为国际货币存在一些固有的缺陷,黄金的存量及增长是有限的,不能满足世界清偿力增长的需要,也不能适应各国国际收支调节需要。世界经济的迅速发展需要一种比较灵活的清偿力供应机制和国际收支调节机制,黄金本位制是无法适应的,应该说回到金本位制是不现实的。特别提款权能否成为国际储备资产?特别提款权成为国际储备资产需要提高国际货币基金组织的地位,如一国货币是依靠政府的国家信用而强制流通的,因此提升特别提款权作用,必须扩大国际货币基金的权威,目前国际货币基金组织的权威性仍然不够,离世界性中央银行的距离还相当遥远。同时美元作为世界货币的作用要进一步下降,长期以来美元是人们已习惯了的一种国际货币,如果它的计价、流通和储备功能未能下降,特别提款权成为主要储备资产就会遇到强劲的障碍。实际上,特别提款权本质上是国际货币基金组织创造的一种信用资产,并未成为实际流通的国际货币,即使特别提款权能够作为储备资产,也并不能限制美元外流,除非它真正转变成世界货币。

二是美元的主导地位仍然较强。由于次贷危机,美国经济陷入衰退的风险上升,经济前景令人担忧,美元应该走弱而不是走强,因为在经济下滑的情况下,美元资产的收益率会下降,对投资者的吸引力较弱。但从美元走势来看,2008年末至2009年初,美元指数一路攀升。为什么美元并没有像通常想象的那样大幅度贬值,反而不断走强呢?在国际金融危机时期,全球股票价格大幅度下跌,以美元计价的国际大宗商品价格下跌,黄金价格波动也较大,这些金融资产和商品的价格出现下跌,使得投资者偏向于美元资产。也就是说,美元存在贬值的风险,但是这些金融资产价格下跌给投资者可能会带来更大的风险和损失。因此,这些资产和商品等都不是很好的避险工具。相比之下,美国国债有美国的国家信用作为担保,仍然是较好的保值资产,所以对美元资产需求的增加导致美元大幅度走强,特别在全球金融动荡中,美元受到市场的青睐。

三是削弱美元地位会遭到美国的强烈反对。通常当美元的币值上升时,各国就会愿意接受美元,美元的国际货币作用便会得到增强;相反,若美元的币值下跌,美元充当国际货币功能就会遭到削弱,美元币值本身就是一个不断起伏的过程。但从长期看,决定美元信誉的主要因素是美国的政治经济实力、美国的国际贸易和投资地位、美国的对外清偿力等。尽管次贷危机对美国经济打击巨大,但从目前来看,美国的综合实力仍然处于领先,美国的政治、军事实力和国际竞争力并没有被削弱,在国际事务中有较强的话语权。在国际货币体系的改革中,美国仍然唱主角,仍将发挥主要作用,美国不会轻易放弃美元主导地位。另外,即使是在国际货币基金组织的框架内,削弱美元的国际货币地位也是很难的。按基金组织协议规定,重大问题须经全体成员国总投票权的85%通过才能生效。而在基金组织内,美国拥有的投票权就大约占16.79%。因此,任何重大改革没有美国同意都会无法实现的。

积极推动储备货币的多元化、国际贸易交易货币的多元化、国际大宗商品计价货币的多元化,形成国际货币相互制约和相互竞争的机制,是国际货币体系改革方向。这不仅能够发挥多种货币的作用,同时对一国货币滥发将是一种无形约束,如果该国采取以邻为壑的政策,则该国货币将面临其他货币的竞争。虽然该国能够获得扩张货币的好处,但必然也会弱化其国际地位,也会丧失作为国际货币给其带来国际贸易和国际投资等的好处,这将有利于世界经济的平衡发展。倡导建立多元化的国际货币体系有利于平衡多方利益,符合国际金融体系的现实发展状况,容易得到各国的响应和支持。同时多元化国际货币体系有利于世界清偿力的增长摆脱对美元的过分依赖,又能够保证世界清偿力获得比较充分的来源。值得指出的是,多元化的国际货币体系也存在一些缺陷,如导致国际金融市场上的汇率风险增大,增加了各国宏观调控的难度和储备资产管理的复杂性等。但尽管如此,建立多元化的国际货币体系可能是现实改革的最优选择。

真正能够削弱美元霸权地位的就是建立多元化国际货币体系,摆脱对某一国货币的过度依赖,投资者有更多的选择,有利于发挥"良币驱逐劣币"的功能。多元化的国际货币体系建立有利于形成若干个相互竞争、相互制约的国际区域货币如美元、欧元、人民币、日元和卢布等。进一步地,国际货币体系改革的理想方式是以后这几种主要国际货币之间实行固定汇率制,在此基础之上,建立超国家的储备货币,最终形成全球的单一货币。

第三节　人民币加入特别提款权的理论探讨及模拟研究

自从2007年美国次贷危机爆发以来,主要国际货币无序变动,美元和欧元大幅度波动,国际金融市场动荡多变,国际货币体系的稳定性下降。美元大幅度波动和贬值一直受到其他国家的批评,美元和欧元先后都经历了大幅度贬值和反弹,美元和欧元的大幅度波动加剧了国际金融市场的不稳定。2009年11月15日,在美国召开的国际金融峰会讨论重建国际金融的新秩序,其中一项重要内容是改革国际货币体系。现今美元主导的国际货币体系存在诸多弊端。而由于美国次贷危机对全球经济的打击,人们再次发现和重视美元本位制的弊端,都希望改革国际货币体系。特别是中国人民银行前行长周小川提出了超主权储备货币的构想,引起了国际社会广泛关注,而特别提款权作为一种超主权货币,是否能够促进国际货币体系改革,也是一个值得探讨的问题。

实际上,特别提款权作为超主权货币,作为一种重要的国际货币,应该反映更多货币的币值变动,把人民币加入特别提款权有重要意义。人民币汇率币值稳定,人民币作为成长性新兴市场经济体货币,一直受到市场的青睐,人民币走出去和人民币国际化稳步推进,人民币越来越受到一些国家的欢迎。中国作为最大的发展中国家,自1978年改革开放以来,经济发展迅速,经济总量规模不断上升,中国经济对世界经济的影响越来越大,特别提款权币值应该反映人民币汇率的变动。

一、IMF 特别提款权权重的确定

布雷顿森林体系崩溃前,SDR 的币值定义为 0.888 671 克纯金,当时也就是 1SDR 等于 1 美元。布雷顿森林体系崩溃以后,黄金非货币化,SDR 的币值由篮子货币来确定[①]。

1. 货币的选择

目前特别提款权中主要包含五种货币:美元、欧元、日元、英镑和人民币,特别提款权中货币选择遵从以下原则:在特别提款权新的权重修正实施 12 月之前的 5 年间商品和服务出口最多的国家,同时该国货币必须是可以自由使用的货币(freely usable currency)。所谓可以自由使用的货币,是指该货币广泛地用作国际交易支付,在主要的外汇市场中被广泛交易使用。

这里可以自由使用的货币与该种货币是否自由浮动或完全自由兑换是有区别的。2008 年前,IMF 认为人民币还不是可自由使用的货币,不具备加入特别提款权的条件。尽管人民币还没有完全自由兑换,还不是能够自由使用的货币,但是中国在不断加快推进人民币走出去战略,包括货币互换、跨境贸易人民币结算和香港建立人民币离岸中心,有利于促进人民币的区域化和国际化。随着中国经济的高速增长,中国经济实力不断增强,经济的影响力不断增加,加入人民币,特别提款权将会更具代表性,这也是当时很多经济学家和金融机构的共识,否则新兴市场经济国家和发展中国家的货币都很难进入特别提款权,特别提款权的代表性和适用范围也会受到限制。从技术性角度我们可以探讨和模拟人民币加入特别提款权的权重选择,以及加入特别提款权对篮子货币权重的影响。

2. 权重的选择

特别提款权的定价每 5 年调整一次,最近一次是 2016 年 1 月 1 日,上一次

---

① 特别提款权和美元汇率每天在 IMF 网站上公布,根据当天中午伦敦市场上的汇率来确定特别提款权和美元汇率。

是 2011 年 1 月 1 日,当时人们就在热议人民币加入特别提款权问题。如果把人民币加入特别提款权,根据 IMF 的定义,我们可以计算出人民币在特别提款权中的权重。下面我们计算特别提款权 i 国货币所占的权重。根据 IMF 规定,特别提款权中 i 国货币的权重必须能反映 i 国产品和服务出口,以及其他国家持有该国货币的储备资产(i=美国、欧元区、英国、日本和中国)。因此有如下方程:

(1) 储备资产权重:$w_i^R = R_i/R$

(2) 产品和服务出口权重:$w_i^x = X_i/X$

(3) 最终权重:$w_i = \left(\dfrac{R}{X+R}\right)w_i^R + \left(\dfrac{X}{X+R}\right)w_i^X$

其中,X_i、R_i 分别代表 i 国的出口和其他国家持有 i 国货币的储备资产;X、R 分别代表总出口量和总储备资产。出口和储备货币加权,赋予每一个国家的权重是这个国家出口占总出口和储备资产占总储备资产的比例,比例越高赋予的权重就越大,因此对于国家 i 权重就是 i 国出口占总出口,储备资产占总储备资产比率的加权平均,该权重反映了贸易和金融资产两方面的情况。

特别提款权自 1969 年发行以来,其汇率和利率定价原则也经历了一个不断变化的过程。布雷顿森林体系解体以后,特别提款权脱离黄金定价,而根据篮子货币定价。从 1969 年创建 SDR 到 1974 年 SDR 和美元挂钩,特别提款权等于美元,即 1SDR=1USD,由于 35 美元=1 盎司纯金,因此 1SDR=0.888 671 盎司纯金,特别提款权不能够直接兑换成黄金,但是可以按照这一比价和其他可兑换货币兑换。布雷顿森林体系解体以后,SDR 参考篮子货币定价。1974 年 6 月,IMF 执行董事会重新定价了特别提款权,篮子货币里包括 16 个国家,这 16 个国家是全球国际贸易份额中最高的 16 个国家。1978 年随着经济条件的变化,IMF 去掉丹麦克朗和南非的兰德,加进沙特和伊朗两国货币,并对货币的权重进行了调整。尽管特别提款权的汇率定价包括 16 个国家,但是特别提款权的利率定价只包含 5 个国家。1980 年 3 月,执行董事会打算收窄篮子里面的货币,货币计划范围是 5 种至 9 种,这 9 种货币的国家有发达的金融市场,除了美日欧以外,还包括意大利里拉、荷兰盾、加拿大元和比利时法郎。如果汇率按照 9 个国家计算,利率篮子是否也要调整,这是当时 IMF 讨论的一个问题。利率篮子货币是包括 9 个国家,还是 5 个国家,如果是 9 个国家,利率篮子货币要增加 4 个国家。经过反复的酝酿和讨论,1980 年 9 月 IMF 执行董事会同意重新定义 SDR,货币篮子只包括 5 种货币,而不是 16 种货币,也不是 9 种货币,最终货币篮子收缩到 5 个国家,即美国、英国、日本、德国和法国,1981 年 1 月 1 日正式实施,以后篮子货币权重每 5 年调整一次。1980 年 12 月,执行董事会同意 SDR 的利率由 5 种货币市场化利率的加权平均来确定,1981 年 5 月开始实施。确定了特别提款权里每一种货币的权重,还可以确定相应的数量(见表 8-1)。

表 8-1　几种主要货币在特别提款权中占的比重

	1969年7月至1974年6月	1974年7月至1978年6月		1978年7月至1980年12月		1981—1985年		1986—1990年	
		权重	数量	权重	数量	权重	数量	权重	数量
黄金（克）	0.888 671								
美元		0.330	0.400 0	0.330	0.400	0.42	0.540	0.42	0.452 0
欧元									
德国马克		0.125	0.380 0	0.125	0.320	0.19	0.460	0.19	0.527 0
法国法郎		0.075	0.440 0	0.075	0.420	0.13	0.740	0.12	1.020 0
英镑		0.090	0.045 0	0.075	0.050	0.13	0.071	0.12	0.089 3
日元		0.075	26.000 0	0.075	21.000	0.13	34.000	0.15	33.400 0
加拿大元		0.060	0.071 0	0.050	0.070				
意大利里拉		0.060	47.000 0	0.050	52.000				
荷兰盾		0.045	0.140 0	0.050	0.140				
比利时法郎		0.035	1.600 0	0.040	1.600				
瑞典克朗		0.025	0.130 0	0.020	0.110				
澳元		0.015	0.012 0	0.015	0.017				
丹麦克朗		0.015	0.110 0	0.015	0.100				
挪威克朗		0.015	0.099 0	0.015	0.100				
西班牙比塞塔		0.015	1.100 0	0.015	1.500				

（续表）

表：1969—1990年 SDR 货币篮子构成

货币	1969年7月至1974年6月 权重	1974年7月至1978年6月 权重	1974年7月至1978年6月 数量	1978年7月至1980年12月 权重	1978年7月至1980年12月 数量
奥地利先令		0.010	0.220 0	0.015	0.280
南非兰德		0.010	0.008 2		
沙特里亚尔				0.030	0.130 0
伊朗里亚尔				0.020	1.700 0

表：1981—2010年 SDR 货币篮子构成

货币	1981—1985年 权重	1981—1985年 数量	1986—1990年 权重	1986—1990年 数量	1991—1995年 权重	1991—1995年 数量	1996—2000年 权重	1996—2000年 数量	2001—2005年 权重	2001—2005年 数量	2006—2010年 权重	2006—2010年 数量
美元					0.40	0.572	0.39	0.582	0.45	0.577 0	0.44	0.632 0
欧元							0.32*	0.351 9	0.29	0.426 0	0.34	0.410 0
德国马克					0.21	0.453	0.21	0.446 (0.228 0)**				
法国法郎					0.11	0.800	0.11	0.813 (0.123 9)**				
英镑					0.11	0.081 2	0.11	0.105 0	0.11	0.098 4	0.11	0.090 3
日元					0.17	31.8	0.18	27.2	0.15	21.0	0.11	18.400

* 在1999年1月1日随着欧元替代德国马克和法国法郎，SDR 包含四种货币：美元、欧元、日元和英镑。SDR 融入欧元，根据固定汇率替代德国马克和法国法郎，欧元权重是两者之和，见 http://www.imf.org/external/np/sec/pr/1998/pr9867.htm。

** 括号中为相应的欧元数量。

资料来源：www.imf.org。

从表 8-1 可以看出,各国货币权重也是一个不断调整的过程。通过以上分析可以看出,2011 年从技术层面,人民币加入 SDR 应该不存在障碍,同时中国出口占到第三位,人民币应该进入 SDR;从制度层面来看,由于人民币不是自由兑换货币,难以成为广泛使用的货币,因此这也成为某些国家阻碍人民币加入 SDR 的借口。实际上,人民币加入 SDR,并不一定需要人民币完全自由兑换,因为 SDR 的币值本身就是人为规定的,即使人民币不是完全自由兑换货币,也可以加入 SDR,并不影响 SDR 的正常运作。

三、人民币加入特别提款权的权重确定[①]

把中国人民币加入特别提款权,必须确定相应的权重。特别提款权币值每 5 年重估一次,每一种货币的权重会发生变化,这主要根据该国出口和该国货币作为外汇储备数量的大小来确定。本书模拟如果 2011 年人民币加入 SDR,人民币的权重占多大比例。如果出口比例上升,则权重会增加;如果作为外汇储备的数量上升,则权重也会增加。由于人民币不能够自由兑换,人民币还不是主要的国际储备货币,人民币作为储备资产主要是通过货币互换来实现的,因此本文对储备资产比例的计算主要根据人民币互换的规模来确定(见表 8-2)。

表 8-2　　　　　　　　　人民币互换的规模

时间	国家(地区)	金额(单位:10 亿元)	(单位:10 亿特别提款权)
2008.12.12	韩国	180	17.098 69
2009.1.20	香港	200	18.683 72
2009.2.8	马来西亚	80	7.473 488
2009.3.11	白俄罗斯	20	1.868 372
2009.3.23	印度尼西亚	100	9.341 86
2009.4.2	阿根廷	70	6.539 302

资料来源:夏斌、陈道富:《中国金融战略:2020》,人民出版社 2011 年版。根据当年年末人民币和特别提款权的汇率来计算人民币互换的特别提款权的数量。汇率数据来源:www.ECIC.com。

根据 IMF 的统计数据,我们可以计算特别提款权中各种货币的比重。首先我们计算篮子货币中这些国家的出口比例,以及本国货币作为外汇储备所占的比例(见表 8-3),进一步考察人民币加入 SDR 后的权重变化。下面根据 IMF 出口和储备的数据来计算把人民币加入特别提款权后货币权重

[①] 2011 年人民币并没有加入特别提款权,该部分内容是根据当时情况计算如果人民币加入特别提款权,权重应该达到多少,是对当时情况的模拟。见陆前进:《把人民币加入特别提款权(SDR)的理论探讨及模拟研究》,第八届金融学年会(2011 年 10 月 29 日)入选论文(山东大学)。

第八章 国际货币体系改革和人民币国际化

表 8-3　特别提款权中货币权重的计算*

单位：10 亿特别提款权

出口	2005		2006		2007		2008		2009		平均
欧元区	1 698.1		1 997.8		2 338.6		2 457.9		1 967.8		2 092
美国	1 229.6		1 451.2		1 619.1		1 668		1 400.1		1 473.6
中国（包括香港和澳门）	708.7		880.7		1 065.8		1 207.4		1 062.7		985.1
中国（内地）	592.9		758.8		931.1		1 065.3		935.1		856.6
英国	630		762.7		860.5		792		559.3		720.9
日本	554.3		611		657.7		700.8		550.5		614.8
官方储备											
美元	1 331.1		1 443.2		1 671.7		1 751.9		1 806.9		1 601
欧元	478.5		553.1		685.0		722.2		802.1		648.2
英镑	71.5		96.5		121.9		109.6		124.0		104.7
日元	71.2		67.8		76.2		85.6		84.8		77.1
人民币	0		0		0		17.1		43.9		30.5

$w_i^x = X_i/X$	不包含人民币	包含人民币	不包含人民币	包含人民币	不包含人民币	包含人民币	不包含人民币	包含人民币	不包含人民币	包含人民币
欧元	0.412 962	0.360 922 (0.352 252)	0.414 249	0.357 932 (0.350 282)	0.427 071	0.365 007 (0.357 491)	0.437 45	0.367 729 (0.360 074)	0.439 467	0.363 546 (0.355 173)
美元	0.299 027	0.261 345 (0.255 067)	0.300 91	0.260 002 (0.254 445)	0.295 677	0.252 708 (0.247 504)	0.296 866	0.249 551 (0.244 356)	0.312 683	0.258 665 (0.252 707)

(续表)

出口	2005		2006		2007		2008		2009	
$w_i^x = X_i/X$	不包含人民币	包含人民币	不包含人民币	包含人民币	不包含人民币	包含人民币	不包含人民币	包含人民币	不包含人民币	包含人民币
英镑	0.153 21	0.133 903 (0.130 686)	0.158 148	0.136 648 (0.133 727)	0.157 143	0.134 306 (0.131 541)	0.140 958	0.118 492 (0.116 025)	0.124 908	0.103 329 (0.100 949)
日元	0.134 801	0.117 813 (0.114 983)	0.126 693	0.109 469 (0.107 129)	0.120 108	0.102 653 (0.100 54)	0.124 726	0.104 847 (0.102 665)	0.122 943	0.101 703 (0.099 361)
人民币	0	0.126 018 (0.147 012)	0	0.135 949 (0.154 417)	0	0.145 325 (0.162 924)	0	0.159 381 (0.176 88)	0	0.172 757 (0.191 809)
$w_i^R = R_i/R$	不包含人民币	包含人民币	不包含人民币	包含人民币	不包含人民币	包含人民币	不包含人民币	包含人民币	不包含人民币	包含人民币
美元	0.681 811	0.681 811	0.667 963	0.667 963	0.654 337	0.654 337	0.656 314	0.652 137	0.641 245	0.631 408
欧元	0.245 096	0.245 096	0.255 994	0.255 994	0.268 123	0.268 123	0.270 558	0.268 836	0.284 655	0.280 288
英镑	0.036 623	0.036 623	0.044 664	0.044 664	0.047 714	0.047 714	0.041 059	0.040 798	0.044 006	0.043 331
日元	0.036 47	0.036 47	0.031 38	0.031 38	0.029 826	0.029 826	0.032 068	0.031 864	0.030 094	0.029 633
人民币	0	0	0	0	0	0	0	0.006 365	0	0.015 341

储备货币资料来源：本文没有获得IMF计算的数据，根据IMF：Currency Composition of Official Foreign Exchange Reserves(COFER)的数据计算，原数据是美元计价，笔者根据当年年末的美元和特别提款权汇率转化成特别提款权计价，因此与IMF实际计算数据略有细微差异。贸易贸易资料来源：Review of the Method of Valuation of the SDR, October 26, 2010。*笔者根据相关数据计算相应比例。

的变化。从出口的数量来看，无论是包括香港和澳门，还是仅仅中国大陆，中国已经排到第三位，超过英国和日本，是唯一排名靠前，而没有进入特别提款权的国家。

考察人民币加入 SDR，我们分两种情况：一种是出口权重只包含中国内地；一种是出口权重包括中国内地、中国香港和澳门①（括号中的数字）。

根据 SDR 计算公式，$w_i = \left(\dfrac{R}{X+R}\right)w_i^R + \left(\dfrac{X}{X+R}\right)w_i^X$，我们可以得到最终权重：

（1）如果不包含人民币：

$$\dfrac{X}{X+R} = 0.668\,453\,282;\quad \dfrac{R}{X+R} = 0.331\,546\,718$$

（2）只包含中国大陆：

$$\dfrac{X}{X+R} = 0.700\,525\,586;\quad \dfrac{R}{X+R} = 0.299\,474\,414$$

（3）包括大陆、香港和澳门地区：

$$\dfrac{X}{X+R} = 0.705\,135\,423;\quad \dfrac{R}{X+R} = 0.294\,864\,577$$

这样我们可以得到具体权重，见表 8-4。

表 8-4　　　　　特别提款权中每种货币的权重

国家	不包含人民币(1)*	包含人民币(2)	包含人民币(3)
美国	0.420 158(42.0)	0.376 566(37.7;37.6**)	0.370 742(37.1)
欧元区	0.372 743(37.3)	0.333 271(33.3)	0.328 108(32.8)
中国（包括香港和澳门）			0.118 762(11.9)
中国（内地）		0.104 898②(10.5)	
英国	0.112 373(11.2)	0.100 566(10.1)	0.099 008(9.9)
日本	0.094 726(9.5)	0.084 698(8.5)	0.083 381(8.3)

　*我们计算的权重与 IMF 计算的权重有极微小的差异，这主要是是储备数据的差异，本文中是根据 COFER 的美元数据换算得到。

　**这里美元权重取 37.7，但权重之和为 100.1，笔者取 37.6，权重之和为 100，后面计算类似，多余或不足主要调整美元权重。

---

①　由于中国香港和澳门不使用人民币，因此我们分两种情况讨论和比较。

②　这与中国人民央行副行长易纲的估计接近。见 http://www.topcfo.net/index.php/News/index/id/17 582.html。

从表 8-4 中可以看出,随着人民币加入 SDR,其他货币的权重都会下降,人民币币值的变动对特别提款权的定价将产生明显的影响。由于人民币作为外汇储备资产比例较低,在特别提款权的比重也会相对较低。随着人民币国际化不断推进,其他国家持有人民币资产的外汇储备将会增加,特别提款权中人民币的权重将会进一步增加。

四、特别提款权和美元汇率的计算

根据前面的货币权重,我们可以计算每天 SDR 对美元汇率,特别是加入人民币后,SDR 汇率的变化。下面我们以 2011 年 6 月 17 日(星期五)为例计算特别提款权对美元的汇率(见表 8-5)。首先要根据相应的权重计算出每种货币的数量,然后再根据篮子中货币当天对美元的汇率,把每种货币数量转化成美元,最后得到特别提款权和美元的汇率。由于汇率每天都是变动的,篮子中每一种货币的实际权重也都是变动的,我们可以比较实际权重和篮子货币中权重变动情况。

表 8-5　　　　　2011 年 6 月 17 日特别提款权对美元汇率

货币	权重	货币数量	对美元的汇率	转化成美元	实际权重
美元	42.0	0.661 6	1	0.661 6	41.5
欧元	37.3	0.421 9	1.427	0.602 051	37.8
日元	9.5	12.23	80.385 4	0.152 142	9.5
英镑	11.2	0.110 0	1.616 81	0.177 849	11.2
SDR				1.593 642 (美元)	
美元	37.6(37.1)	0.592 3 (0.584 4)	1	0.592 3 (0.584 4)	37.2 (35.4)
欧元	33.3(32.8)	0.376 6 (0.371 0)	1.427	0.537 408 (0.529 417)	33.7 (32.1)
日元	8.5(8.3)	10.941 5 (12.743 6)	80.385 4	0.136 113 (0.158 531)	8.5 (9.6)
英镑	10.1(9.9)	0.099 2 (0.116 9)	1.616 81	0.160 388 (0.189 005)	10.1 (11.4)
人民币	10.5(11.9)	1.087 3 (1.232 3)	6.478 12	0.167 842 (0.190 225)	10.5 (11.5)
SDR				1.594 051 (1.651 578) (美元)	

资料来源:www.imf.org;www.pbc.gov.cn。

加入人民币后,特别提款权篮子货币的结构发生变化,特别提款权和美元的汇率也会发生一定的变化,特别提款权反映了更多货币的变动,也更具有代表性。根据特别提款权和美元汇率,我们可以套算出特别提款权对其他任一非美货币的汇率。由于汇率水平的变化和特别提款权加入人民币,每一种货币的实际权重都在发生变化。如果加入人民币,随着中国出口增加和人民币国际化的稳步推进,人民币的权重会上升,人民币汇率对 SDR 的定价将会产生较大的影响。

五、把人民币加入特别提款权的利率确定

基金组织对成员国常规(非优惠)贷款收取利息。如果把人民币加入特别提款权,我们可以计算特别提款权的利率。特别提款权利率每周确定一次,利率计算取特别提款权篮子货币的货币市场短期债务代表性利率的加权平均值,这些利率包括:美元、英镑的 3 月期的国库券利率、欧元 3 月期的回购利率和 3 月期的日本政府贴现票据利率(three-month Japanese Treasury Discount bills, 2009 年 2 月 5 日开始采用,以前是 13 星期的日本政府融资券 the thirteen-week Japanese Government financing bills 的利率)。

特别提款权的利率调整也经历了不断演变的过程[①],特别提款权利率是篮子货币中各国货币利率的加权平均,首先要把篮子中每种货币数量根据当天该种货币对特别提款权的汇率转化成特别提款权的份额,然后再根据每种货币的利率,计算相应的利息,然后把这些利息加总,就得到特别提款权的利率(见表 8-6)。同样根据这样的原则,我们可以计算人民币加入特别提款权后的利率水平。

加入人民币后,特别提款权的利率明显上升,这主要是由于人民币利率高于主要发达国家的利率,篮子货币中每一种利率的变化都会影响特别提款权利率的变化。加入人民币后,也更能反映世界利率水平的总体变化。

综上,本书通过对特别提款权的研究,分析把人民币加入特别提款权的权重选择,对人民币加入特别提款权进行了理论探讨。特别提款权是一种篮子货币,2016 年之前,特别提款权主要包括四种货币:美元、欧元、英镑和日元,如果其他货币加入特别提款权,按照 IMF 的规定,必须是广泛使用的货币(widely usable currency),这样规定往往把一些新兴市场经济国家货币排除在外。最近几年以中国为代表的"金砖五国"经济发展迅速,经济规模日益扩大,中国 GDP 已经上升到世界前列,把人民币加入特别提款权水到渠成。

按照 IMF 特别提款权的选择原则,把人民币加入特别提款权,中国人民币的出口权重较高,但是人民币外汇储备权重相对较低,推进人民币国际化有利于

---

① 见 http://www.imf.org/external/pubs/ft/history/2001/ch18.pdf。

表8-6 特别提款权利率的计算(2011年6月20日至2011年6月26日)

货币	货币数量①(A)		对SDR的汇率(B)*		利率(C)**		乘积(A)×(B)×(C)	
	不包含人民币	包含人民币	不包含人民币	包含人民币	不包含人民币	包含人民币	不包含人民币	包含人民币
美元	0.661 6	0.592 3 (0.584 4)②	0.627 494	0.627 333 (0.627 903)	0.040 0	0.040 0	0.016 606	0.014 862 773 (0.014 677 861)
欧元	0.421 9	0.376 6 (0.371 0)	0.893 231	0.893 002 (0.893 814)	1.303 9	1.303 9	0.491 38	0.438 507 507 (0.432 379 752)
日元	12.23	10.941 5 (12.743 6)	0.007 819	0.007 817 (0.007 824)	0.100 0	0.100 0	0.009 563	0.008 552 971 (0.009 970 593)
英镑	0.110 0	0.099 2 (0.116 9)	1.014 538	1.014 277 (1.015 2)	0.520 0	0.520 0	0.058 032	0.052 320 465 (0.061 711 978)
人民币		1.087 3 (1.232 3)		0.096 839 (0.096 927)		2.850 0***		0.300 085 177 (0.340 412 955)
总和							0.575 58	0.814 328 893 (0.859 153 137)
SDR利率							0.58	0.81(0.86)

* 6月17日篮子中货币对SDR的汇率,美元对特别提款权的汇率由表8-5计算得到,非美货币对SDR的汇率根据美元对SDR汇率和其他货币对美元汇率套算得到。

** 特别提款权的利率计算是在前一周的星期五(6月17日)。根据每一种货币的利率数据计算而得,是篮子中货币利率的加权平均,是每一种货币的特别提款权价值乘以相应的利率,最终加总得到SDR利率。如果在某一个星期五不能够获得某种货币的利率数据,则用最近的利率代替。

*** 因为中国利率并没有完全存贷款市场化。中国代表性利率我们暂取3月期的定期存款利率。

资料来源:http://www.imf.org/external/np/fin/data/sdr_ir.aspx;www.bloomberg.com; www.imf.org;www.pbc.gov.cn。

① 货币数量根据2010年10月1日至2010年12月31日篮子中货币和特别提款权汇率的平均值计算得到。
② 括号中的数字为中国、香港和澳门作为一个整体来计算货币数量的。

提高人民币特别提款权的权重①。根据 IMF 的特别提款权的定价原则,模拟了如果 2011 年加入人民币后,特别提款权中每种货币权重的变化,本书进一步考察了加入人民币后特别提款权的汇率和利率确定。随着人民币国际化的稳步推进,如果特别提款权加入人民币,人民币的权重将会继续上升,人民币汇率的变化将会明显影响特别提款权的汇率。此外从模拟的情况来看,加入人民币后,特别提款权的利率明显上升,这主要是由于人民币利率高于主要发达国家的利率,篮子货币中每一种货币汇率和利率的变化都会影响特别提款权汇率和利率的变化。中国作为最大的发展中国家,加入人民币后,也更能反映世界经济的总体变化。

第四节 人民币走出去的途径

一、人民币走出去的背景

自 1994 年汇改以来,人民币对美元汇率要么保持稳定,要么持续升值,人民币汇率长期坚挺,有利于我国人民币走出去。

首先是人民币汇率稳定有利于树立市场对人民币的信心。虽然我国人民币还不可以完全自由兑换,但是人民币在周边国家的影响却越来越大,和我们相邻的一些国家的边境贸易很多都是使用人民币来计价和结算,人民币的使用范围在不断增加。人民币币值稳定,周边国家对人民币的信心更足。我们知道,在布雷顿森林体系框架下,美元国际地位的迅速崛起也是如此。美元和黄金挂钩制度维系了美元币值的稳定和坚挺,美元相当于纸黄金,确定了市场对美元的信心,其他国家都愿意持有美元,使用美元,从而逐步确定了美元的国际货币地位,因此一种货币的崛起是和币值的坚挺相联系的。因为货币币值稳定,市场参与者都愿意持有该国货币,市场对该货币也会有信心,如果该货币币值持续下降,投资者都会抛出该国货币的金融资产。

其次是人民币汇率稳定有利于发挥货币的计价、支付和贮藏功能,有利于推动以人民币计价的贸易和投资往来,有利于人民币向区域货币迈进。实际上,人民币的国际互换和人民币国际结算,都需要以人民币汇率稳定②或坚挺为基础,疲软的货币投资者是不愿意持有的。目前与我国实施货币互换的国家增多,这说明人民币的地位在不断提升,更多的国家愿意持有人民币。在国际金融危机

---

① 这里根据 2011 前的数据计算,如果 2011 年加入特别提款权,人民币权重应该为 10.49%。2016 年人民币正式加入特别提款权,权重为 10.92%。当然随着人民币国际化的推进,人民币权重还会进一步上升。

② 2015 年 8 月份汇改后,虽然人民币对美元汇率弹性增加,但是人民币有效汇率相对稳定,人民币总体币值还是稳定的。

形势恶化的情况下,中国和多个国家进行了货币互换,既有利于这些国家金融市场和汇率的稳定,又有利于实现人民币走出去战略,促进国家之间贸易、投资的便利和国家经济政策之间的协调。此外,我国还积极开展人民币国际结算的试点工作,发挥人民币区域化计价、支付和贮藏功能。由于人民币币值一直坚挺,在中国和其他一些周边国家之间的贸易结算中,选用人民币计价将会越来越普遍。

再次人民币保持稳定,也体现了中国政府维持金融市场稳定的信心和决心。通常一国货币发挥国际货币的功能,政府不宜采取相机抉择的政策促使该国货币贬值,政府信用是货币信用的一个重要保证。金融危机期间,中国维持了人民币币值的稳定也必然会提升人民币的国际信用,也有利于提升中国政府的国际信誉,如东南亚金融危机期间,我国维持人民币汇率不贬值赢得了国际社会的普遍赞誉。我国人民币国际化进程刚刚开始,维持人民币币值的稳定,必将有利于提升市场对人民币信用和政府信誉的信心。

总之,人民币币值保持稳定是国家汇率政策的一种战略,我们要抓住机遇,逐步提升人民币在国际经济交往中的地位,充分发挥人民币在国际贸易和投资中的计价、支付和贮藏功能,人民币的崛起必然是在人民币币值坚挺的过程中走向世界的。

二、实施人民币走出去战略

长期以来,我国外汇储备不断上升,最近几年,外汇储备有所下降,但仍然处于高位。人们以前普遍担心的问题是外汇储备增长快,外汇占款大幅度增加,中央银行不断提高法定准备金率和大量发行央行票据进行冲销,冲销的压力较大;而且货币供应量的增长较快,通货膨胀上升的压力大。实际上,人民币币值稳定和国际收支的盈余是我国经济发展中难得的机遇,我们应该鼓励人民币资金走出去,推动人民币的国际化战略。

对外汇储备增加,应该转变思路,鼓励人民币资金走出去,缓解货币供应量增加和流动性过剩问题,实施人民币的国际化战略。国际收支盈余导致储备货币流到中国,形成了中国外币流动性增加,直接导致了我国本币流动性过剩,除了冲销干预等措施外,可以逐步推动人民币的国际化。

长期以来,人民币对美元汇率稳定,升值预期较强,人们更愿意接受人民币。人民币汇率稳定,有利于促进人民币充当中国和其他国家国际贸易和投资的货币交易功能。正是在这样的背景下,在2009年4月8日国务院就决定,在上海市和广东省的广州、深圳、珠海、东莞四个城市开展与港澳地区跨境贸易进行人民币结算试点,开展跨境贸易人民币结算试点被视为人民币走出去的开始。对于中国的进出口企业而言,能够规避汇率风险和节省汇兑成本,国际金融市场上主要货币汇率变动频繁,而用人民币结算,中国进出口企业汇率风险变小,有利于促进中国进出口企业和其他国家的贸易和投资往来。对于国外的进出口企业而言,以人民币计价结算也是一个不错的选择,由于国际金融危机,主要国际货币面临贬值的风险。而人民币一直坚挺,币值稳定,人民币受到市场投资者的青睐。因此,对国内外企业而言,人民币币值稳定,可以防范汇率风险。

首先,外汇储备充足,在人民币还不可以自由兑换的情况下,为人民币的国际媒介功能提供了足够的信用保证。也就是说,人民币虽然不是国际货币,但是我们有足够的国际储备货币支撑。回忆在布雷顿森林体系条件下,第二次世界大战后美国储备了世界2/3的黄金,以黄金作为美元的固定锚,增强了美元的信用,其他国家货币才可能和美元挂钩,并愿意接受和储备美元资产,从而确定了美元的国际货币地位。美元国际化借助了两个信用,一是黄金的信用,二是美国国家信用,确立了美元的双挂钩制度,加速了美元的国际化和全球化。目前黄金已不是主要的储备货币,一些主要的国际货币充当了国际货币媒介和储备的功能如美元、欧元等,在某种意义上起到了当时黄金的作用和功能。由于我国外汇储备较高,人民币存在升值趋势,实际上也为我国人民币提供了足够的国际信用。也就是说,虽然人民币是不可自由兑换的,但我们有足够的外汇储备,能够保证人民币和其他国际货币的最终兑换,这也是人民币国际信用的一种保证。实际上,在人民币币值稳定的条件下,其他国家储备人民币是合算的,它们使用人民币是有利的,同时又有美元国际储备货币的支撑。这样人民币流出,可以推动贸易和投资的发展。国际储备充足和人民币币值稳定是推动人民币国际化的契机,我们要善于利用我国的经济优势,实施人民币走出去战略。

其次,加强区域经济合作,发挥人民币在东盟国家和东亚共同体的贸易和投资往来中的作用。2009年8月15日,中国与东盟10国共同签署了中国-东盟自由贸易区《投资协议》,中国-东盟自贸区如期在2010年全面建成。随着中国和东盟地区自由贸易区的建成,中国和东盟国家之间的贸易和投资规模将进一步扩大,人民币在中国和东盟之间贸易和投资往来中将发挥越来越重要的作用。中国和东盟之间经济联系日益密切,人民币币值比较稳定,东盟国家将更愿意接受人民币作为主要贸易和投资往来的计价和结算货币。此外,中日韩合作也不断加深,第二届中、日、韩领导人峰会发表的《中日韩合作十周年联合声明》中明确指出,三国致力于在开放、透明、包容原则基础上建设东亚共同体的长远目标,致力于区域合作。目前中、日、韩都支持东亚一体化建设,东亚能否建成像欧元区那样的单一货币区呢?如果要建立亚元区,东亚国家的货币汇率首先要保持固定,各国都要放弃本国的货币政策。亚洲国家之间彼此的信任度、经济发展的差异、社会制度差异等因素决定了建立亚元区的道路将是漫长的和不确定的。2018年5月,第七次中、日、韩领导人会议表明三国未来将在经济、社会等多个领域加速开展合作,其中包括加快进行中日韩自贸区的磋商谈判。对中国来说,我们首先应该推动人民币的国际化,而不是向亚洲区域的固定汇率迈进。实际上，推动人民币国际化更现实，更有利于发挥人民币在区域合作中的作用。中国应该在加强和东盟国家、中日韩合作和东亚一体化的合作中推动人民币在贸易、投资和经济未来中计价、结算和储备货币的地位，不断把人民币发展为亚洲主要的区域货币。

最后，要大力发展我国的银行间债券市场，为将来的人民币资金回流作准备。从美元的国际化来看，通过美元输出促进了美国贸易和投资的发展和便利化，其他国家聚集了大量的美元资产，世界上形成的石油美元、欧洲美元和亚洲美元，这些美元资产等将来又会回流到美国，为美国的发展继续提供充足的资金，而这些资金的回流主要是投资在美国的金融市场上，更多的是投资在美国的国债市场上。在我们努力推动人民币走出国门的时候，我们要大力发展资本市场，尤其是国内的债券市场，这可能会是将来人民币回流主要的投资市场。截至2018年2月末，共有652家境外机构获准进入中国的银行间债券市场，入市总投资备案规模约2.09万亿元；境外主体持有境内人民币股票、债券、贷款以及存款等金融资产余额合计4.47万亿元，同比增长39.6%。截至3月末，熊猫债累计注册或核准额度为6 240.1亿元，累计发行金额为2 457亿元。从长期来看，随着人民币走出去，其他国家储备人民币资产会不断增加，除了满足日常经常项目和资本项目下的交易外，多余的人民币资产必须要寻求投资场所，我国的金融市场必须对这些协议国家的人民币资产开放，特别是银行间债券市场，这样才有利于进一步推动人民币的国际化。目前我国国债市场浅薄，从国债市场债券余额、二级市场的交易量、二级市场的买卖价差和换手率等来看，我国国债市场缺乏一定的广度和深度，市场规模仍然较小，市场流动性不足。因此，我国应加快完善国债市场基础建设，推动国债二级市场的发展。

在目前的经济形势下，笔者认为，人民币虽然不是完全自由兑换的货币，但是我们可以积极推动双边贸易、投资等更多地使用人民币计价和结算，促使人民币在这些国家自由兑换，并最终成为这些国家的储备货币。我们要利用和周边国家或一些发展中国家良好的国际关系和经贸往来，积极加强货币合作，促进人民币的双边合作或多边合作，稳步推进，逐步推动人民币的区域化或国际化。实际上，目前主要是推动人民币发挥双边贸易或直接投资等交易的货币功能，随着人民币地位不断提高，人民币应努力发展成为国际金融市场上主要的融资货币。人民币国际化不可能一蹴而就，应稳步推进，伴随中国经济实力的增强，人民币会最终走向世界。

三、人民币走出去的主要路径

随着中国经济的高速增长，我国经济综合实力不断提升，人民币的国际信用不断提高，人民币币值稳定，因此人民币走出去的条件也日益成熟。货币互换、跨境贸易人民币结算、香港人民币离岸市场的建设、一带一路倡议、RQFII和

RQDII 等的发展、国内自贸区建设等都是人民币国际化的一些重要举措。

1. 货币互换

2009 年,中国央行先后同韩国、中国香港地区、马来西亚、白俄罗斯、印度尼西亚和阿根廷的货币部门签署了货币互换协议,其货币互换总规模达到了 6 500 亿元人民币。货币互换不仅有利于其他国家防范货币危机,也有利于人民币成为国际储备货币。货币互换一方面满足该国或该地区向市场提供所需货币的流动性,有利于稳定该国汇率和金融市场;另一方面也有利于双边开展以人民币计价和结算的贸易投资往来,促进双边贸易进一步发展。目前货币互换的国家越来越多,规模越来越大,有力地推动了人民币走出去战略(见表 8-7)。

表 8-7　中国人民银行和其他中央银行或货币当局双边本币互换一览表(截至 2018 年 3 月)

序号	国家(地区)	协议签署时间	互换规模	期限
1	韩国	2009.4.20 2011.10.26(续签) 2014.10.11(续签)	1 800 亿元人民币/38 万亿韩元 3 600 亿元人民币/64 万亿韩元(续签) 3 600 亿元人民币/64 万亿韩元(续签)	3 年
2	中国香港	2009.1.20 2011.11.22(续签) 2014.11.22(续签)	2 000 亿元人民币/2 270 亿港元 4 000 亿元人民币/4 900 亿港元(续签) 4 000 亿元人民币/5050 亿港元(续签)	3 年
3	马来西亚	2009.2.8 2012.2.8(续签) 2015.4.17(续签)	800 亿元人民币/400 亿马来西亚林吉特 1 800 亿元人民币/900 亿马来西亚林吉特(续签) 1 800 亿元人民币/900 亿马来西亚林吉特(续签)	3 年
4	白俄罗斯	2009.3.11 2015.5.10(续签)	200 亿元人民币/8 万亿白俄罗斯卢布 70 亿元人民币/16 万亿白俄罗斯卢布(续签)	3 年
5	印尼	2009.3.23 2013.10.1(续签) (已失效)	1 000 亿元人民币/175 万亿印尼卢比 1 000 亿元人民币/175 万亿印尼卢比(续签)	3 年
6	阿根廷	2009.4.2 2014.7.18(续签)	700 亿元人民币/380 亿阿根廷比索 700 亿元人民币/900 亿阿根廷比索(续签)	3 年

(续表)

序号	国家(地区)	协议签署时间	互换规模	期限
7	冰岛	2010.6.9 2013.9.11(续签)	35亿元人民币/660亿冰岛克郎 35亿元人民币/660亿冰岛克郎(续签)	3年
8	新加坡	2010.7.23 2013.3.7(续签) 2016.3.7(续签)	1 500亿元人民币/300亿新加坡元 3 000亿元人民币/600亿新加坡元(续签) 3 000亿元人民币/600亿新加坡元(续签)	3年
9	新西兰	2011.4.18 2014.4.25(续签)	250亿元人民币/50亿新西兰元	3年
10	乌兹别克斯坦	2011.4.19(已失效)	7亿元人民币/1670亿乌兹别克苏姆	3年
11	蒙古	2011.5.6 2012.3.20(扩大) 2014.8.21(续签) 2017.7.6(续签)	50亿元人民币/1万亿蒙古图格里克 100亿元人民币/2万亿蒙古图格里克(扩大) 150亿元人民币/4.5万亿蒙古图格里克(续签) 150亿元人民币/5.4万亿蒙古图格里克(续签)	3年
12	哈萨克斯坦	2011.6.13 2014.12.14(续签)	70亿元人民币/1 500亿哈萨克坚戈 70亿元人民币/2 000亿哈萨克坚戈	3年
13	泰国	2011.12.22 2014.12.22(续签)	700亿元人民币/3 200亿泰铢 700亿元人民币/3 700亿泰铢	3年
14	巴基斯坦	2011.12.23 2014.12.23(续签)	100亿元人民币/1 400亿巴基斯坦卢比 100亿元人民币/1 650亿巴基斯坦卢比(续签)	3年
15	阿联酋	2012.1.17 2015.12.14(续签)	350亿元人民币/200亿阿联酋迪拉姆 350亿元人民币/200亿阿联酋迪拉姆	3年
16	土耳其	2012.2.21 2015.9.26(续签)	100亿元人民币/30亿土耳其里拉 120亿元人民币/50亿土耳其里拉(续签)	3年

（续表）

序号	国家（地区）	协议签署时间	互换规模	期限
17	澳大利亚	2012.3.22 2015.3.30（续签） 2018.3.30	2 000 亿元人民币/300 亿澳大利亚元 2 000 亿元人民币/400 亿澳大利亚元（续签） 2 000 亿元人民币/400 亿澳大利亚元（续签）	3 年
18	乌克兰	2012.6.26 2015.5.15（续签）	150 亿元人民币/190 亿乌克兰格里夫纳 150 亿元人民币/540 亿乌克兰格里夫纳（续签）	3 年
19	巴西	2013.3.26（已失效）	1 900 亿元人民币/600 亿巴西雷亚尔	3 年
20	英国	2013.6.22 2015.10.20（续签）	2 000 亿元人民币/200 亿英镑 3 500 亿元人民币/350 亿英镑（续签）	3 年
21	匈牙利	2013.9.9 2016.9.12（续签）	100 亿元人民币/3 750 亿匈牙利福林 100 亿元人民币/4 160 亿匈牙利福林（续签）	3 年
22	阿尔巴尼亚	2013.9.12（已失效） 2018.4.3	20 亿人民币/358 亿阿尔巴尼亚列克 20 亿人民币/358 亿阿尔巴尼亚列克（续签）	3 年
23	欧央行	2013.10.8	3 500 亿元人民币/450 亿欧元	3 年
24	瑞士	2014.7.21	1 500 亿元人民币/210 亿瑞士法郎	3 年
25	斯里兰卡	2014.9.16	100 亿元人民币/2 250 亿斯里兰卡卢比	3 年
26	俄罗斯	2014.10.13	1 500 亿元人民币/8 150 亿卢布	3 年
27	卡塔尔	2014.11.3	350 亿元人民币/208 亿元里亚尔	3 年
28	加拿大	2014.11.8	2 000 亿元人民币/300 亿加元	3 年
29	苏里南	2015.3.18	10 亿元人民币/5.2 亿苏里南元	3 年
30	亚美尼亚	2015.3.25	10 亿元人民币/770 亿德拉姆	3 年

(续表)

序号	国家（地区）	协议签署时间	互换规模	期限
31	南非	2015.4.10	300亿元人民币/540亿南非兰特	3年
32	智利	2015.5.25	220亿元人民币/22 000亿智利比索	3年
33	塔吉克斯坦	2015.9.3	30亿元人民币/30亿索摩尼	3年
34	摩洛哥	2016.5.11	100亿元人民币/150亿迪拉姆	3年
35	塞尔维亚	2016.6.17	15亿元人民币/270亿塞尔维亚第纳尔	3年
36	埃及	2016.12.6	180亿元人民币/470亿埃及镑	3年
总金额			33 257亿元人民币（失效2 917亿元）	

资料来源：www.pbc.gov.cn，截至2017年7月底。

我国已经与多个国家实行了货币互换，货币互换的规模不断增加，货币互换已经成为人民币国际化的一条重要途径。

2. 跨境贸易

2009年4月8日，中央决定在上海市和广东省广州、深圳、珠海、东莞4城市开展跨境贸易人民币结算试点，为人民币进一步走出去创造条件，发挥人民币在跨境贸易中的货币交易功能。2010年6月22日，人民银行、财政部、商务部、海关总署、税务总局和银监会联合发布《关于扩大跨境贸易人民币结算试点有关问题的通知》，跨境贸易人民币结算试点地区由上海市和广东省的4个城市扩大到北京等20个省（自治区、直辖市）；不再限制境外地域，企业可按市场原则选择使用人民币结算，充分发挥人民币计价、交易和结算功能，为人民币走出去扩大试点范围。积极促进贸易投资便利化。2018年1月，中国人民银行发布《关于进一步完善人民币跨境业务政策促进贸易投资便利化的通知》，凡依法可以使用外汇结算的跨境交易，企业都可以使用人民币结算；开展个人其他经常项下人民币结算业务；便利境外投资者以人民币进行直接投资；开展碳排放权交易人民币跨境结算业务；便利企业境外发行股票债券募集人民币资金调回境内使用等。该政策实施有利于进一步提高跨境贸易投资人民币业务便利化水平，有利于推进和扩大更深层次人民币走出去的开放水平。

跨境人民币结算在2015年之前一直是上升的，截止2017年末，人民币跨境贸易结算总额总计4 184亿元，2015年以后有所下降，这可能与当时人民币对美元贬值和美联储上调利率有关（见图8-1）。美联储上调利率，美元走强，跨境贸易可能会转向美元结算。

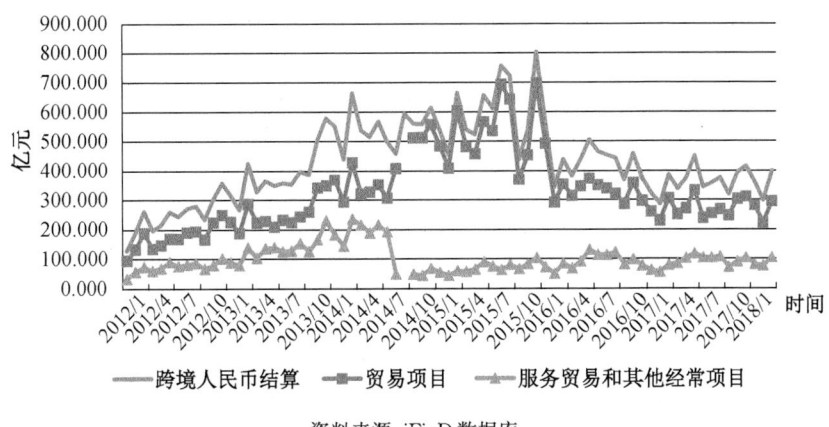

资料来源：iFinD 数据库。

图 8-1　跨境贸易人民币结算

同样跨境人民币投资总体上是上升的，但是期间波动挺大，这也可能与人民币汇率和美元指数的变动相关（见图 8-2）。

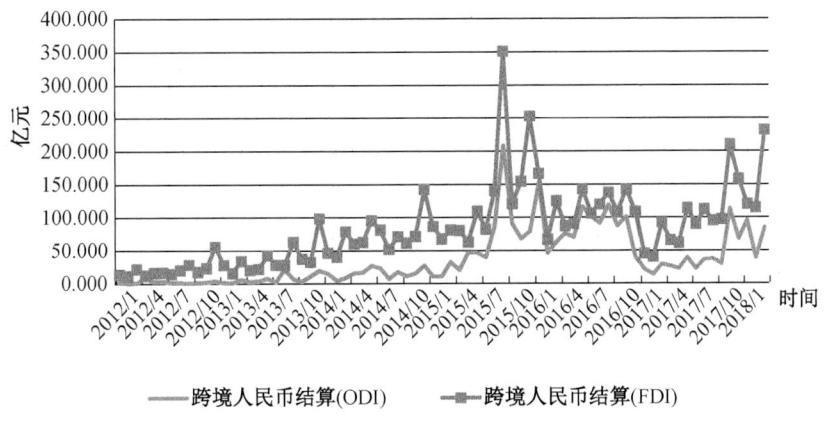

资料来源：iFinD 数据库。

图 8-2　跨境人民币结算

笔者认为，稳步推进跨境贸易的发展，有几个主要问题值得关注：

一是资本账户开放问题。目前我国资本账户还没有完全开放，利率和汇率还没有完全市场化，必须对人民币资金的流动进行监督，防止资本的套汇或套利，同时还必须防范非法资金的流动。央行公布的管理方法强调人民币跨境收支应当具有真实、合法的交易基础，人民银行一方面通过现有的反洗钱及人民币存款账户管理制度对商业银行和试点企业加强监管，另一方面建立人民币跨境收付信息管理系统，对人民币跨境收付情况进行统计、分析、监测，这都有利于人民币资金境内外合理流动。此外，要稳步推进人民币自由兑换，人民币要成为重要的贸易结算货币,自由兑换非常重要。如果一国货币不能够自由兑换,货币的接受程度就会降低,境外持有人民币的意愿会下降,也不利于跨境贸易的进一步发展,因此我国应该稳步推进人民币的自由兑换。随着资本账户的逐步开放和金融的市场化改革,资本流动会不断增加,利率和汇率的变动将有利于遏制投机资本的套汇或套利,但是仍然要加强对非法资金流动进行监管。

二是境外人民币资金的来源。开展跨境贸易,境外的进口商必须能够获得人民币资金,通常主要是国内银行向境外金融机构提供融资,向境外进出口商提供人民币贸易信贷,允许境外金融机构用主要国际货币购买一定数量的人民币资金等。人民银行等六部门于2009年7月1日联合发布《跨境贸易人民币结算试点管理办法》,规定境内代理银行可以对境外参加银行开立的账户设定铺底资金要求,并可以为境外参加银行提供铺底资金兑换服务;境内代理银行可以依境外参加银行的要求在限额内购售人民币;境内代理银行可以为在其开有人民币同业往来账户的境外参加银行提供人民币账户融资,用于满足账户头寸临时性需求;境内结算银行可以在境外企业人民币资金短缺时按照有关规定逐步提供人民币贸易融资服务。还有出口获得的人民币资金可以存放境外,这些方法都有利于境外获得人民币资金。

以上是国外进口商人民币资金的一些主要来源途径。除此之外,境外人民币资金来源还要求人民币跨境贸易要保持逆差。人民币跨境贸易是人民币国际化的开始,发挥人民币的国际贸易结算功能,要求人民币走出去。因此,随着人民币跨境贸易结算的不断发展,应该有更多的人民币流出去,人民币跨境贸易结算必须保持逆差,而人民币流出越多,人民币才能够更好地发挥国际结算的功能,获得的铸币税也会越多。此外,伴随跨境贸易人民币结算的试行,应加快推动对这些国家以人民币交易往来的直接投资,如东盟与中国将签署中国—东盟投资协议,将有利于推动中国对东盟国家的直接投资,促进更多的人民币走出去。

三是人民币汇率要保持稳定或稳中有升。人民币要为跨境贸易发挥计价和结算功能,币值必须稳定。对于中国的进出口商而言,使用人民币进行结算,能够规避汇率变动的风险;但是对于和中国进行跨境贸易的港澳地区和东盟地区进出口商而言,则会面临汇率变动的风险。为了促进跨境贸易的平稳发展,人民币汇率必须保持相对稳定或人民币汇率稳中有升,这样对于国外居民而言,持有人民币的风险较小,人民币更能够获得国外市场的欢迎和认可。长期以来,我国人民币币值稳定,并且有升值的趋势,人们愿意接受人民币。目前国际金融市场上主要国际货币美元、欧元等汇率波动频繁,币值不稳定,进出口商面临很大的汇率风险,而人民币币值比较稳定。同时在国际金融危机中,中国经济受到的直接影响相对较小,宏观经济基本面支持人民币币值继续保持稳定,因此人民币作为贸易结算货币,容易被进出口商所接受。

3. 人民币离岸市场

中国香港是人民币主要离岸市场。早在2003年6月29日,《内地与香港关于建立更紧密经贸关系的安排》(即CEPA协议)正式签署。中国大陆同意从2004年1月1日起,对273类港货实行零关税,同时服务业进一步向香港开放。正是在这样的背景下,2003年年底,香港的人民币业务正式启动,香港银行可以开办人民币业务。

目前香港人民币业务规模不断扩大,中央政府正通过多项措施促进香港人民币离岸业务的发展。2003年11月19日,中国人民银行与香港金管局在北京签订人民币合作备忘录。人民币业务是逐步放开的,一开始多余的人民币存入香港的银行,但不允许香港银行发放人民币贷款,指定中国银行为香港地区人民币的清算行,其他银行的人民币存款转存到中国银行,支付一定的利息。而跨境贸易管理办法规定港澳人民币清算行可以按照中国人民银行的有关规定从境内银行间外汇市场、银行间同业拆借市场兑换人民币和拆借资金。一方面港澳人民币清算行可进入境内银行间外汇市场和银行间同业拆借市场,人民币可以在国内金融市场和港澳金融市场流动,便利人民币的跨境贸易结算;另一方面香港人民币离岸金融市场也有利于跨境贸易结算的更好开展,扩大了资金流动的渠道。随着香港人民币离岸市场不断扩大,允许发行人民币债券,中央政府于2009年9月28日在香港发行60亿元人民币国债,人民币国债在香港发行,将有利于人民币资金的回流,促进香港人民币离岸业务的发展。2010年,香港进一步放宽了人民币贷款业务,只要不涉及资金回流内地,将可成为日常业务的一部分;同时,香港人民币发债体将进一步放宽至内地、香港及海外任何企业,以及跨境人民币贸易结算由实物贸易拓展至服务贸易,香港的人民币业务不断拓展和丰富。此外,伴随中国自贸区金融改革与开放,同时促进和支持港澳地区离岸人民币市场发展,2015年7月13日,中国银行广东省分行联动中银香港及澳门分行,为广东自贸区南沙新区企业广州港发放5亿元跨境人民币中长期贷款,为横琴新区珠海十字门中央商务区建设控股有限公司发放6 000万元的跨境人民币中长期贷款。截至2017年末,香港人民币存款总计5 591亿元。港澳地区现有人民币总量1.2万亿元,融资资金成本比境内低20%以上。跨境人民币贷款有利于促进内地与港澳跨境投融资便利化,促进人民币资金回流。最后香港的人民币还可以通过RQFII的渠道回流内地银行间债券市场,香港的人民币可以通过多种渠道回流内地,伴随着中国的金融开放的步伐,是一个渐进的开放过程。

第一,促进香港人民币离岸市场的建设。国务院2009年4月8日决定,在上海市和广东省的广州、深圳、珠海、东莞四个城市开展与港澳地区跨境贸易进行人民币结算试点。2009年7月2日,央行公布了《跨境贸易人民币结算试点管理办法》,跨境贸易人民币结算试点开始正式启动。随后,中国银行(香港)有限公司2009年7月4日宣布,该行将于7月6日起为人民币业务参加行提供人民币贸易清算服务,这标志着跨境贸易人民币结算进入实质运作阶段。跨境贸易的境外地域范围暂定为港澳地区和东盟国家,而香港是人民币主要离岸市场,有利于人民币资金境内外的合理流动,促进跨境贸易的发展。而跨境贸易管理办法规定港澳人民币清算行可以按照中国人民银行的有关规定从境内银行间外汇市场、银行间同业拆借市场兑换人民币和拆借资金,进一步拓宽了香港人民币业务的融资和投资渠道,香港的离岸人民币业务得到进一步发展。一方面港澳人民币清算行可进入境内银行间外汇市场和银行间同业拆借市场,人民币可以在国内金融市场和港澳金融市场流动,便利人民币的跨境贸易结算;另一方面香港人民币离岸金融市场也有利于跨境贸易结算的更好开展,扩大了资金流动的渠道,如境内或香港清算行给境外进口商提供融资或贸易信贷等,有利于跨境贸易和香港离岸人民币市场的发展。

第二,在香港发行人民币债券,促进人民币资金回流,推动香港人民币离岸业务的持续发展。长期以来,中银香港一直是香港人民币业务清算行,清算行向香港各参与银行汇集每日人民币头寸,各银行包括清算行可以保留适量人民币以备存户提取,然后把多余的人民币存入中国人民银行深圳中心支行,这是人民币资金的主要回流方式。而现在国家扩大了人民币回流的渠道,如境内金融机构和境内外资金融机构在香港发行人民币债券,这将有利于香港人民币资金的投资和回流,促进香港人民币离岸业务的发展。2007年1月10日,国务院同意内地金融机构在香港发行人民币金融债券筹集资金,如2007年6月26日,国家开发银行在香港发行约50亿元人民币债券,开启内地金融机构在香港发行人民币债券的业务。自2007年《境内金融机构赴香港特别行政区发行人民币债券管理暂行办法》发布以后,又有中国进出口银行、中国银行、建设银行和交通银行等内地银行获准赴香港发行人民币债券。这样赴港发行人民币债券的国内金融机构越来越多,融资规模也越来越大,香港人民币离岸业务得到迅速发展。此外,2008年12月14日国务院发布了《关于当前金融促进经济发展的若干意见》,允许在大陆有较多业务的香港企业或金融机构,在港发行人民币债券,支持香港人民币业务的发展,如2009年6月29日,东亚银行中国有限公司宣布在香港发行东亚银行中国人民币零售债券;2009年6月25日,汇丰银行中国有限公司已经在香港面向机构投资者发行了10亿元规模的两年期浮息人民币债券,因此香港人民币债券市场得到进一步支持和发展。中央政府又在香港发行人民币国债,扩大了债券发行的品种,香港离岸市场的融资规模不断扩大,债券融资品种日益完善。2010年7月19日,中国人民银行与香港金融管理局签订了《补充合作备忘录》(四);同日,中国人民银行与中国银行(香港)有限公司签订了修订后的《关于人民币业务的清算协议》。根据新修订的《清算协议》,证券和基金公司等(小"QFII")开设人民币账户也不再限制,扩大了香港人民币资金的投资和回流渠道。伴随跨境贸易人民币结算试点不断发展,香港人民币资金规模也在不断扩大,原先香港的人民币资金主要是存款、购买债券等,投资渠道有限,而《关于人民币业务的清算协议》签订后,香港人民币业务将进一步放开,金融机构可以推出更多的人民币产品供投资者选择,扩大了香港人民币投资的渠道。同时,金融机构获得的人民币资金可以投资国内的A股市场、国内的债券市场和银行间拆借市场等,促进了香港人民币资金的回流渠道。应该说,这两个文件的签署,有利于促进香港人民币资金的流通、投资和回流,推动香港人民币离岸中心的建设和发展(见表8-8)。

表8-8　　　　　　　　香港人民币业务的发展

日期	香港人民币业务
2003.11.19	人行同意为香港办理个人人民币业务提供清算安排,这些人民币业务的范围包括存款、兑换、汇款及人民币银行卡共四项,最终确定中国银行(香港)有限公司为清算行。自2004年1月18日起,内地银行发行的印有银联标识的人民币银行卡开始在香港使用。自2004年2月25日起,香港银行开始为香港居民开办个人人民币的存款、兑换和汇款三项业务;4月底,香港银行开始发行人民币银行卡
2005.11.1	中国人民银行11月1日发布公告宣布,为进一步满足香港人民币业务发展需要,中国人民银行决定扩大为香港银行办理人民币业务提供平盘及清算安排的范围,包括提高部分现有业务的金额限额以及允许香港居民个人签发人民币支票用于支付在广东省的消费性开支等
2007.1.10	2007年1月10日,国务院研究决定同意进一步扩大香港人民币业务,将为香港银行办理人民币业务提供平盘及清算安排的范围,进一步扩大到内地金融机构在香港发行人民币金融债券筹集的资金。2017年6月11日,中国人民银行和国家发改委联合发布《境内金融机构赴香港特别行政区发行人民币债券管理暂行办法》,对境内金融机构范围、发行人资格、部门职能分工等问题进行了规定
2008.12.14	国务院发布《关于当前金融促进经济发展的若干意见》,支持香港人民币业务的发展,建议允许在大陆有较多业务的香港企业或金融机构,在港发行人民币债券,并扩大人民币在周边贸易中的计价结算规模
2009.6.29	2009年6月29日,内地与香港跨境贸易人民币结算业务备忘录在香港签署。7月2日中国人民银行联同内地其他部门发布《跨境贸易人民币结算试点管理办法》,根据新签署的《关于人民币业务的清算协议》,中银香港被指定为跨境贸易人民币结算在香港的唯一清算行
2010	两家外国公司——麦当劳(McDonald's)和卡特彼勒(Caterpillar),发行过"点心债券"①

---

① 点心债券(dim sum bonds)是在香港发行的人民币计价债券。

(续表)

日期	香港人民币业务
2011	RQFII启动,合格境外投资人可以获批额度内的人民币投资内地市场。计划额度由最初的200亿元增长至现在的2700亿元,范围由最初境内基金公司、证券公司的香港子公司,扩展为所有在香港注册及主要经营地在香港的金融机构。RQFII成为离岸人民币入境投资的最主要方式,在香港市场催生了一系列以人民币计价的金融产品
2014	推出的沪港通是另一致力打通陆港两地金融市场的举措。2014年以来,类似力度的政策还包括基金互认、跨境人民币贷款及深港通

资料来源:香港金融局。

香港政府应不断完善香港人民币业务,继续拓展香港人民币业务,使香港离岸人民币市场在强化内地和香港之间贸易、投资联系,发挥人民币的计价、支付和结算功能,促进中国和港澳、东盟等周边国家跨境贸易发展等方面,发挥越来越重要的作用。

目前香港市场上的人民币产品包括存汇款、贷款、外汇、债券、基金、存款证明等。而且随着政策放开,跨境投资逐渐兴起,资本项目下的人民币跨境使用在人民币跨境交易总量中占比越来越大。自2011年起,香港金管局开始在海外进行人民币离岸中心路演,希望在国际上推广香港的人民币平台。尤其在一带一路计划出台后,香港瞄准了为沿线国家提供贸易结算与人民币融资的角色。

随着诸多离岸人民币中心的兴建,香港的地位正面临挑战。然而,香港凭借其与内地的紧密联系及人民币业务的坚实基础,始终占据了优势。随着中国资本账户的开放,未来人民币汇率的双向波幅将放大,因此,开发更多人民币投资产品,尤其是具有风险对冲功能的衍生产品,将是香港新的机会。

近年来,"沪港通""深港通"、内地与香港基金互认等跨境证券投资措施的稳步推进,有力拓展了资本市场双向开放的广度和深度。2017年,"债券通"推出,进一步丰富了境外投资者的投资渠道,有力推动了债券市场开放和人民币国际化进程。为促进香港与内地债券市场共同发展,中国人民银行、香港金融管理局决定开展香港与内地债券市场互联互通合作。"债券通"以香港为节点,连接起中国内地与多个不同经济体市场与投资者,可进一步强化香港在金融市场对外开放中的桥头堡地位,有利于增强香港在全球金融中心中的竞争力,维护香港的长期繁荣稳定。现阶段实施"北向通",未来根据两地金融合作总体安排适时开通"南向通"。中国人民银行、香港金融管理局批准香港与内地债券市场互联互通合作上线,"北向通"于2017年7月3日上线试运行。

"债券通"是中央政府支持香港发展、推动内地和香港合作的重要举措,也是中国债券市场改革开放发展的重要举措。"债券通"境外投资者可经由香港与内地基础设施机构之间在交易、托管、结算等方面互联互通的机制安排,在不改变业务习惯的基础上高效便捷地通过香港投资于内地银行间债券市场。"债券通"的推出,有利于以香港为重要中介连接内地和国际债券市场,巩固与提升香港国际金融中心地位,促进香港长期繁荣稳定,有利于为境外投资者提供更加便利的投资渠道,稳步推进我国金融市场对外开放进程。2017年7月4日,香港人民币合格境外机构投资者(RQFII)额度扩大至5 000亿元人民币。扩大香港RQFII投资额度,有助于进一步满足香港投资者对于人民币资产的配置需求,推动境内金融市场对外开放,密切内地与香港经济金融联系。根据《国家外汇管理局年报(2017)》数据显示,自2017年7月3日"债券通"项下"北向通"正式开通,至12月31日,累计成交2 760亿元人民币。截至2017年年末,共有866家(只)境外机构或产品入市开户,境外机构银行间市场债券托管规模为11 775亿元人民币。另外,2018年4月、5月债券通日均成交额超过30亿美元,较一季度增加18%。自2017年7月份债券通开通至2018年5月底,新增债券310只,累计共有315个机构投资者获批准投资债券通。

新加坡也是较早建设离岸人民币中心的国家之一,在人民币支付、贸易结算和投资等方面发展迅速。新加坡自2009年正式启动人民币跨境贸易结算业务,截止到2015年6月底,新加坡人民币存款总额为3 220亿元人民币,比2014年年底增长了450亿元,增幅为16.24%。2015年上半年,新加坡与中国境内发生跨境人民币结算收付达到5 700亿元,占中国全部海外市场的10.1%。在贸易融资方面,新加坡本地2015年9月人民币贸易融资余额约为2 510亿元,其中工商银行新加坡分行人民币贸易融资余额573亿元,占本地市场的23%。2013年2月,中国人民银行指定工商银行新加坡分行为新加坡人民币清算行。清算行成立后,人民币清算量大幅增长。据统计,2014年的清算量是37万亿元,2015年前9个月的清算量已经达到47万亿元,已经超过2014年全年的清算量,与2014年同期相比,清算金额涨幅达到97.36%,所以增长幅度非常快。除了清算业务,工行新加坡分行在包括人民币融资、贷款、债券以及金融机构营销等方面的发展也日益加快。截至2015年6月末,该行已吸收7家境外央行及主权财富基金人民币存款,总额超过140亿元。

除了香港、新加坡,伦敦也是全球最重要的国际金融中心之一,是最重要的离岸人民币市场之一。近年来在中英双方的共同努力下,伦敦离岸人民币市场建设取得很多新进展。在人民币存款方面,2016年前三季度英国境内各类主体人民币存款数量基本上维持上升势头。数据显示,截至2016年三季度末,伦敦离岸市场人民币存款数量为85.57亿英镑,与2016年年初和二季度相比,分别上涨66.9%和30.1%,人民币存款数量快速增长。在人民币贷款方面,2016年前三季度连续稳步增长。截至2016年三季度末,英国境内各类企业人民币贷款总量为75.36亿英镑,对人民币贷款需求不断增加。目前,离岸人民币外汇交易仍是伦敦离岸人民币业务的核心。2016年三季度末日均人民币外汇交易量为

512.4亿英镑,比2016年年初上升了20.42%。此外,即期外汇交易、掉期交易在离岸人民币外汇交易中继续保持重要地位。截至2016年三季度末,人民币即期外汇交易量为216.32亿英镑,占总体交易量的42.22%。掉期交易日均交易量为117.55亿英镑,占总体外汇交易比重的22.9%。外汇远期交易和期权交易日均交易量分别为93.69亿英镑和81.05亿英镑,约占34.9%。2015年10月20日,中国人民银行在伦敦采用簿记建档方式,成功发行了50亿元人民币央行票据,期限1年,票面利率3.1%。此次央行票据发行是中国人民银行首次在中国以外地区发行以人民币计价的央行票据。这不仅有利于丰富离岸市场高信用等级的人民币金融产品,也有利于深化离岸人民币市场发展,对于推动跨境贸易和投资的便利化也具有积极意义。

2012年,渣打银行推出了人民币国际化指数,渣打银行考察了人民币离岸市场的储蓄、人民币贸易结算和其他国际支付、人民币债券发行和大额存单的发行、人民币离岸市场的外汇交易量等几项指标内容编制了人民币国际化指数(renminbi globalisation index,RGI)[①]。从人民币国际化指数能够看出(见图8-3),2011年至2015年8月人民币汇改之间,人民币国际化指数迅速上升,而且增长较快,这一阶段人民币持续升值,国家也采取多项举措推进人民币走出去。2015年汇改后,人民币有所下滑,因为汇改后,人民币有所贬值,同时美联储开始退出量化宽松政策,美国利率上升,美元升值,美元资产更加受到青睐,人民币国际化指数有所下滑。

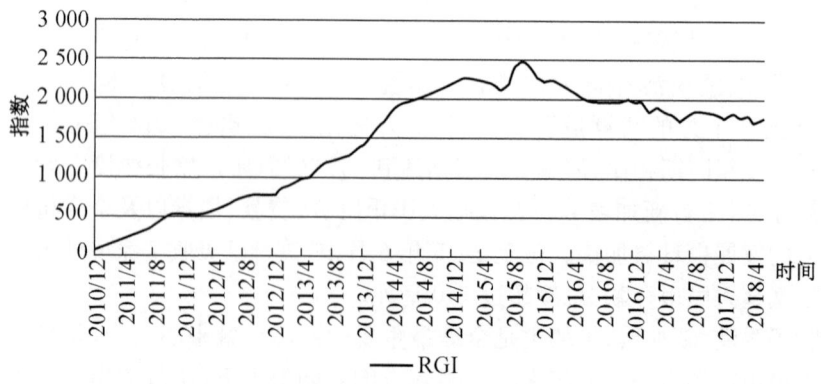

资料来源:https://www.sc.com/en/trade-beyond-borders/renminbi-globalisation-index/。

图8-3 渣打银行的人民币国际化指数(2010年12月=100)

渣打银行的国际化指数数据主要来自于人民币离岸市场,包括中国香港、伦敦、新加坡、中国台湾、巴黎和首尔等主要的人民币离岸中心。从各个离岸市场

[①] 关于人民币国际化指数,见Standard Chartered Research "CNH-Introducing the Renminbi Globalisation Index"。

人民币资金所占的市场份额来看,香港人民币离岸市场一枝独秀,占的份额最大,也是最大的人民币离岸中心。第二是伦敦人民币离岸中心,后面依次是新加坡、中国台湾、纽约、巴黎和首尔[①](见图8-4)。

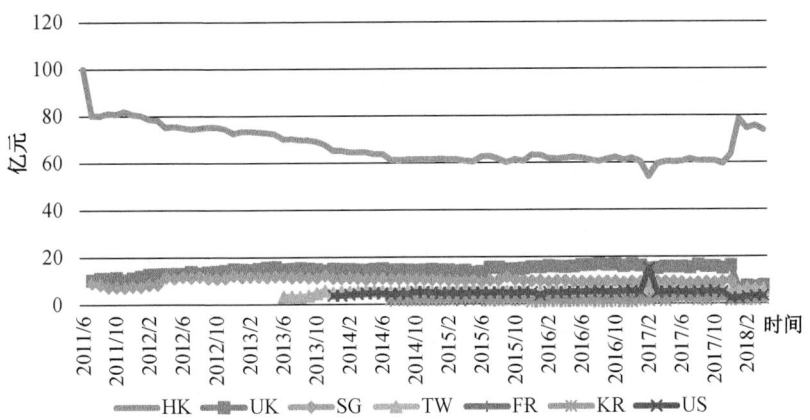

资料来源:https://www.sc.com/en/trade-beyond-borders/renminbi-globalisation-index/。

图 8-4　各个离岸中心人民币资金的市场份额

4. RQDII 和 RQFII 迅速发展

中国实现人民币走出去战略,同时允许国外投资者投资国内银行间市场,2011 年引入 RQFII 计划,开启人民币境外合格投资者(RQFII)计划。2013 年 3 月相关部委发布《人民币合格境外机构投资者境内证券投资试点办法》,RQFII 制度正式确立。

2015 年,中国人民银行同意汇丰银行(中国香港)和中国银行(香港)有限公司在我国大陆银行间债券市场分别发行 10 亿元和 100 亿元人民币金融债券,这是国际性商业银行首次获准在银行间债券市场发行人民币债券。有利于促进我国债券市场扩大对外开放,推进人民币跨境使用。2015 年 11 月 17 日,新加坡人民币合格境外机构投资者(RQFII)额度扩大至 1 000 亿元人民币。2015 年 11 月 23 日,人民币合格境外机构投资者(RQFII)试点地区扩大到马来西亚,投资额度为 500 亿元人民币。2015 年 12 月 17 日,人民币合格境外机构投资者(RQFII)试点地区扩大到泰国,投资额度为 500 亿元人民币。

改革人民币合格境外机构投资者(RQFII)管理制度。2016 年 9 月初,人民银行、外汇局发布《关于人民币合格境外机构投资者境内证券投资管理有关问题的通知》,进一步提高对 RQFII 和 QFII 机构外汇管理的一致性,推动境内金融

---

① 由于人民币离岸市场发展是一个渐进的过程,2011 年 8 月至 2013 年 6 月,离岸中心人民币市场份额只包括中国香港、伦敦、新加坡;2013 年 7 月至 2013 年 12 月,增加了中国台湾;2014 年 1 月至 2014 年 7 月,增加了纽约;2014 年 8 月,又增加了巴黎和首尔。

市场开放。主要内容包括：一是参照 QFII 管理，将机构资产规模一定比例作为获取额度（基础额度）的依据，额度管理方式统一调整为余额管理。二是简化额度审批管理，对机构基础额度内的额度申请采取备案管理并自动获取。三是便利 RQFII 资金汇出入。在资金汇入上，与 QFII 管理相同，不对资金汇入设置期限要求。在资金汇出上，不设比例与分期汇出的要求；对开放式基金不设锁定期，允许按日汇出；对其他产品或资金，将锁定期由 1 年缩短为 3 个月，允许每日汇出。四是取消购汇汇出，要求 RQFII 以人民币方式汇出入。五是简化数据报送要求，通过资本项目信息系统进行数据采集和监测。

截至 2016 年年末，共有 18 个国家和地区获得人民币合格境外投资者（RQFII）额度，合计人民币 1.51 万亿元；共有 407 家境外机构获准进入银行间债券市场，入市总投资备案规模为 1.97 万亿元。

2014 年 11 月央行发布《关于人民币合格境内机构投资者境外证券投资有关事项的通知》，境内的合格机构投资者可采用人民币的形式投资境外的人民币资本市场，RQDII 机制正式推出。与 QDII 额度的审批制不同，RQDII 将以实际募集规模为准。人民币合格投资者可以自有人民币资金或募集境内机构和个人人民币资金，投资于境外金融市场的人民币计价产品，意味着个人可以通过金融机构购买境外人民币产品。RQDII 机制推出后，境内人民币可以直接投资境外人民币计价资本市场，该机制不但为国内投资者在境外投资提供了很大的便利，还可以降低汇兑风险，是进行资产配置的有效工具。2015 年 1 月瑞士银行（中国）有限公司成功投资标的为北美洲地区的高收益信用连接票据，完成第一笔人民币合格境内投资者（RQDII）产品交易。2015 年 12 月，由于离岸和在岸人民币双双大跌，在此背景下，央行暂停机构申请新的 RQDII 相关业务，此次叫停影响到离岸人民币市场的流动性，抬高了空头离岸做空人民币的成本。

在人民币合格境内机构投资者（RQDII）制度正式启动 3 年半后，2018 年 5 月 3 日，央行印发关于进一步明确人民币合格境内机构投资者境外证券投资管理有关事项的通知，重启 RQDII，人民币合格投资者开展境外投资，不得将人民币汇出境外购汇，应当按照规定向央行上海总部报送人民币合格投资者基本情况、托管银行、资金来源及规模、投资计划、资金汇出入、境外持仓情况等信息。RQDII 的投资标的为境外金融市场的人民币计价产品，其中离岸人民币债券是主力。2018 年业务许可的金融机构，中国开放的额度分别增加至 50 亿美元，QDII 和机构投资者的 RQDII 额度已经达到 983.33 亿美元。根据 Wind 统计，截至 5 月 3 日，2018 年共新发境外人民币金融债 15 只，预计发行总额 141.35 亿元，其中最大的一笔达 25 亿元，由中行澳门分行发行；而 2017 年全年共新发境外人民币金融债 9 只，发行总额约为 69.48 亿元。为了防范金融风险，央行将根据跨境资金流动形势、离岸人民币市场流动性及人民币产品发展情况等因素对人民币合格投资者境外投资实施宏观审慎管理。2018 年 4 月 24 日，国家外汇管理局发布通知,将上海和深圳两地合格境内有限合伙人制度(QDLP)和合格境内投资者境外投资制度(QDIE)试点额度分别增加至50亿美元。上海、深圳两地从2017年年底就启动了新一轮的QDLP和QDIE相关工作。根据上海和深圳试点需求和外汇形势,增加这两个地方的总额度,稳步支持金融市场开放。

5. "一带一路"、自贸区和人民币国际化

"一带一路"(the belt and road)是"丝绸之路经济带"和"21世纪海上丝绸之路"的简称。2013年9月和10月,由中国国家主席习近平分别提出建设"新丝绸之路经济带"和"21世纪海上丝绸之路"的合作倡议。它将充分依靠中国与有关国家既有的双多边机制,借助既有的、行之有效的区域合作平台。"一带一路"旨在借用古代丝绸之路的历史符号,高举和平发展的旗帜,积极发展与沿线国家的经济合作伙伴关系,共同打造政治互信、经济融合、文化包容的利益共同体、命运共同体和责任共同体。2015年3月28日,国家发展改革委、外交部、商务部联合发布了《推动共建丝绸之路经济带和21世纪海上丝绸之路的愿景与行动》。丝绸之路经济带战略涵盖东南亚经济整合、东北亚经济整合,并最终融合在一起通向欧洲,形成欧亚大陆经济整合的大趋势。21世纪海上丝绸之路经济带战略从海上联通欧亚非三个大陆和丝绸之路经济带战略形成一个海上、陆地的闭环。"一带一路"沿线国家资源禀赋各异,经济互补性较强,彼此合作潜力和空间很大。以政策沟通、设施联通、贸易畅通、资金融通、民心相通为主要内容。

"一带一路"的倡议,增强了各国之间的贸易、投资等的合作,扩大了改革开放,有利于人民币走出去,更能发挥人民币国际货币的功能,发挥人民币的计价、结算、融资和贮藏功能。"一带一路"倡议对增强人民币的影响力起促进作用,与"一带一路"倡议有关的贸易和投资无疑将增加中国同其他"一带一路"国家之间的货币流通,有利于促进人民币国际化。

迄今为止,我国已经设立三批共11个自由贸易试验区,形成"1+3+7"试点格局。2013年9月,中国(上海)自由贸易试验区挂牌运作。按照《中国(上海)自由贸易试验区总体方案》中的表述,该试验区肩负着我国加快政府职能转变、探索管理模式创新、促进贸易和投资便利化,为全面深化改革和扩大开放探索新途径、积累新经验的重要使命,是国家战略需要。2015年,广东、天津、福建3家自由贸易试验区相继成立。中央要求三地以上海自贸试验区试点的主要任务措施为主体,结合自身特点在促进内地与港澳经济深度合作、推进京津冀协同发展、深化两岸经济合作等方面积极开展探索,形成各具特色、各有侧重的试点格局。2016年9月,中共中央、国务院决定在辽宁、浙江、河南、湖北、重庆、四川、陕西再设立7个自由贸易试验区。据商务部介绍,各省自贸试验区都有不同的重点任务,例如,辽宁主要着力打造提升东北老工业基地发展的整体竞争力,浙江主要是落实中央关于"探索建设舟山自由贸易港区"的要求,河南主要聚焦贯通南北、连接东西的现代立体交通体系和现代物流体系建设,陕西的重点在于推

动"一带一路"建设和西部大开发。

自贸试验区探索5年,这些先行起步的自由贸易试验区所形成的经验,已经推向全国。随着自贸区的日益发展和壮大,金融管制会逐步放松,自由贸易会进一步发展。中国实施了自由贸易区战略和"一带一路"倡议,积极开展双边、多边自由贸易协议谈判和双边投资协定谈判,带动新一轮改革开放。

在2013年的一行三会"金改51条"的基础上,自贸试验区金融改革深入推进。比如FT(自由贸易)账户本外币业务启动,人民币跨境使用、投融资汇兑便利化、利率市场化、外汇管理改革、金融监管简政放权等方面的创新试点深入推进。目前,在自贸区金改的框架下,上海创设了FT账户系统,推进有管理的资本项目可兑换,率先建立宏观审慎的本外币境外融资制度,率先实现外币存款利率的完全市场化。数据显示,2015年年末,已经有40家金融机构介入自由贸易账户监测管理信息系统,共开立4.4万个自由贸易账户,累计账户收支总额2.2万亿元,账户余额516亿元。其他自贸区也在稳步推进贸易、投资的便利化,扩大对外金融开放,都有利于人民币国际化。

6. 用人民币购买IMF债券

2009年,中国以人民币购买500亿美元IMF债券,立即引起了市场的普遍关注。与以往不同的是,人们注重的不再是中国买多少IMF债券,而是此次中国用人民币支付IMF债券,意味着人民币作为支付手段得到了IMF的承认,人民币也再次成为人们关注的焦点。

实际上,早在2009年6月5日。中国国家外汇管理局负责人就表示愿在安全、收益合理的范围内购买不超过500亿美元国际货币基金组织发行的新债券。当时人们认为,中国购买IMF债券主要是我国外汇储备投资的多元化,因为在中国的外汇储备中,70%左右是美元资产,我国美元外汇储备除了要购买美国债券以外,还可以通过购买IMF债券分散投资,分散风险。此次央行用人民币购买IMF债券,其意义则更进一步,其目的已不在外汇储备投资的多元化,而是在人民币国际化上,促进人民币走出去,逐步提升人民币的国际地位。

IMF愿意接受人民币支付,反映了国际社会对人民币的信心,人民币对美元汇率保持稳定,并且还有进一步走强的趋势。2015年汇改以来,人民币总体币值稳定,更加会得到市场的欢迎,持有人民币会保值增值,这可能也是IMF愿意接受人民币支付的原因。IMF接受人民币资金支付对人民币走出去是有促进作用的,一方面可以提高人民币的国际地位,增强市场对人民币的信心;另一方面IMF获得人民币资金,要把这些资金贷给国际收支困难的国家或汇率贬值的国家,这些国家获得人民币资金,可以缓解本国国际收支的压力。受援国获得人民币资金用途主要体现在以下几个方面:一是从中国进口产品可以直接用人民币支付;二是可以弥补对中国的贸易逆差,也可以弥补该国对愿意接受人民币国家的贸易逆差;三是用人民币兑换其他货币如美元,可以稳定本国外汇市场和汇率；四是把人民币作为本国的外汇储备，有利于提振本国货币的信心。前两个方面要求人民币资金主要是贷给与中国贸易往来密切的国际收支困难的国家，人民币作为一直支付手段，缓解这些国家对中国的国际收支逆差；而后面两点要求人民币能够自由兑换，受援国家可以获得需要的外币，提供外汇资金支持，稳定汇率和金融市场。

因此，中国用人民币购买IMF债券，有利于发挥人民币的支付功能，促进人民币走出去，发挥人民币在国际金融交往中的重要作用。实际上，用人民币购买IMF债券和国家鼓励跨境贸易用人民币结算一样，都是促进人民币走出去，后者主要是人民币以贸易资金走出去，而购买IMF债券，人民币资金以IMF援助贷款形式走出去，都是实施人民币走出去战略。

除了用人民币购买IMF债券，2016年，世界银行（国际复兴开发银行）首期特别提款权计价债券在中国银行间债券市场成功发行，发行规模为5亿SDR，期限为3年，结算货币为人民币，命名为"木兰债"。本次发行吸引了银行、证券、保险等境内投资者以及货币当局、国际开发机构等约50家机构的积极认购，认购倍数达到2.47。推动中国债券市场的开放与发展，也有利于人民币国际化。2016年10月，渣打银行（香港）有限公司也在我国银行间债券市场成功发行1亿木兰债。木兰债的推出，丰富了我国债券市场交易品种，促进我国债券市场的开放与发展，对于增强国际货币体系的稳定性具有积极意义。2016年，加拿大国民银行获准在中国银行间债券市场发行规模不超过50亿元的人民币债券，同样有利于我国债券市场的对外开放和人民币国际化。

按照国际清算银行狭义统计口径，最近几年，人民币标价的国际债券发行量不断增加。截至2016年末，以人民币标价的国际债券余额为6 987.2亿元，其中境外机构在离岸市场上发行的人民币债券余额为5 665.8亿元，在中国境内发行的人民币债券余额为1 321.4亿元（见表8-9）。

表 8-9　人民币国际债券

时间	人民币标价的国际债券余额	境外机构在离岸市场上发行的人民币债券	在中国境内发行的人民币债券
2014	5 351.18 亿元	5 304.8 亿元	46.3 亿元
2015	5 996.5 亿元	5 811.5 亿元	185 亿元
2016	6 987.2 亿元	5 665.8 亿元	1 321.4 亿元

资料来源：www.bis.org。

进一步，中国开始在跨境贸易和直接投资中继续促进人民币的使用；以一种合理且有秩序的方式扩大人民币在跨境金融投资中的使用，包括允许外国机构投资本国银行间债券市场和开展人民币合格境外机构投资者（RQFII）制度；持续深化双边货币合作,我国已与28个国家签订了双边货币互换协议;进一步促进香港等离岸人民币市场的稳定发展,在14个国家和地区建立起人民币清算银行。这些步骤不仅支持了人民币国际化的快速发展,而且进一步强化了人民币资本账户的可自由兑换。在2013年的中共十八届三中全会上,中国宣布将寻找机会推进"人民币资本账户可自由兑换的进程"。中国(上海)自由贸易试验区在2013年建立。在2014年下半年,沪港通成功的开展,预示着资本市场对外开放的重要一步。

中国银行向全球发布"中国银行跨境人民币指数",该指数主要跟踪跨境流出、境外流转和跨境回流这一完整的资金跨境循环过程中人民币的使用水平,反映人民币在跨境及境外交易中使用的活跃程度。该指数由跨、转、回三个部分构成,跟踪经常账户、资本账户和境外流转使用多个类别的资金流动(见图8-5)。

资料来源:http://www.bankofchina.com/fimarkets/cri/。

图8-5 跨境人民币指数

从跨境人民币指数能够看出,2017年四季度跨境人民币指数(CRI)结果显示,2017年四季度中国银行CRI指数为257点,较2016年末上升28点。2017年四季度人民币跨境使用活跃度持稳于全年高位。货物贸易项下跨境人民币结算量的持续增加,境外参与境内资本及债券市场的机构不断增加,人民币在境外的流转使用水平回升,主要离岸人民币市场人民币存款余额上升,人民币跨境使用的多个维度保持向好态势,2017年跨境人民币指数稳步上行。

第五节 人民币国际化战略的总体设计

随着人民币流出,人民币作为储备货币也越来越多。根据国际货币基金组织(IMF)"官方外汇储备货币构成"(COFER)季度数据,截至2016年12月末,人民币储备约合845.1亿美元,占标明币种构成外汇储备总额的1.07%。据不完全统计,截至2016年年末,60多个国家和地区将人民币纳入外汇储备。

一、离岸人民币与境内人民币相互流动的机制和通道设计

为了促进人民币走出去，要进一步扩大货币互换、跨境贸易、人民币离岸市场的建设等。

一是进一步扩大货币互换的国家范围和规模。为了促进人民币走出去，进一步为跨境贸易服务，我国可以扩大货币互换的国家和规模，一方面人民币可以走出去，另一方面外汇储备资产更加多元化。

二是开展跨境贸易和直接投资。境外的进口商必须能够获得人民币资金，国内银行要向境外金融机构提供融资，向境外进出口商提供人民币贸易信贷，还有出口获得的人民币资金可以存放境外，鼓励人民币对外直接投资，这些方法都有利于境外获得人民币资金。

三是伴随跨境贸易人民币结算的试行，应加快推动对这些国家以人民币交易往来的直接投资，如东盟与中国将签署中国—东盟投资协议，将有利于推动中国对东盟国家的直接投资，促进更多的人民币走出去。

四是进一步推动 RQDII 和 RQFII 的发展，促进人民币资金在资本市场的循环。除了人民币直接投资外，人民币走出去投资资本市场将是未来人民币走出去的重要方式，人民币将在国际资本市场交易中发挥重要作用。允许 RQFII 在国内银行间市场发行债券，筹集人民币资金，同时也允许国外的人民币资金回流国内的资本市场，包括银行间债券市场和股票市场等。

人民币走出去，怎样解决人民币资金回流问题将是一个重要问题。短期内中国的银行在外的分支机构应该吸纳该国的人民币资金存款，为该国人民币资金提供存放和投资渠道。长期来看，国内的金融市场应该逐步对国外的人民币资金回流开放。在努力推动人民币走出国门的时候，我们要大力发展资本市场，尤其是国内的国债市场，为人民币的持有者创造良好的投资渠道，这可能会是将来人民币回流主要的投资市场。从长期来看，随着人民币走出去规模增大，其他国家储备人民币资产会不断增加，多余的人民币资产必须要寻求投资场所，我国的金融市场必须对这些国家的人民币资产开放（见图 8-6），这样才有利于进一步推动人民币的区域化或国际化。

2015 年 10 月 8 日，人民币跨境支付系统（一期）成功上线运行。人民币跨境支付系统（CIPS）为境内外金融机构人民币跨境和离岸业务提供资金清算、结算服务，是重要的金融基础设施。为培育公平竞争的市场环境，中国人民银行发布了《人民币跨境支付系统业务暂行规则》，规定了参与者准入条件、账户管理要求和业务处理要求等，为 CIPS 稳定运行奠定制度基础。CIPS 的建成运行是我国金融市场基础设施建设的又一里程碑事件，标志着人民币国内支付和国际支付统筹兼顾的现代化支付体系建设取得重要进展。作为重要的金融基础设施，CIPS 符合《金融市场基础设施原则》等国际监管要求，对促进人民币国际化进程

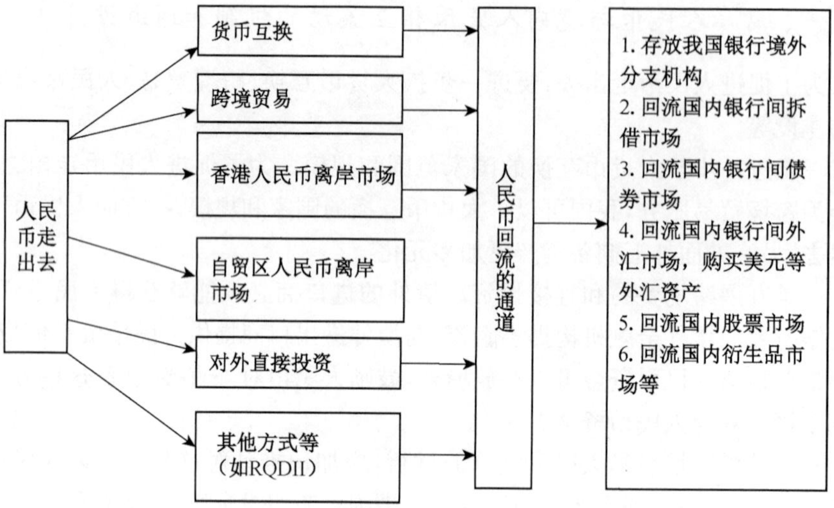

```
人民币走出去
  ├─→ 货币互换
  ├─→ 跨境贸易
  ├─→ 香港人民币离岸市场
  ├─→ 自贸区人民币离岸市场
  ├─→ 对外直接投资
  └─→ 其他方式等（如RQDII）
                              → 人民币回流的通道 →
1. 存放我国银行境外分支机构
2. 回流国内银行间拆借市场
3. 回流国内银行间债券市场
4. 回流国内银行间外汇市场，购买美元等外汇资产
5. 回流国内股票市场
6. 回流国内衍生品市场等
```

图 8-6　境内外人民币流动图

将起到重要支撑作用。

截至 2018 年 3 月底，CIPS 共有 31 家境内外直接参与者，695 家境内外间接参与者，实际业务范围已延伸到 148 个国家和地区。2018 年 3 月 26 日，人民币跨境支付系统（CIPS）二期投产试运行，10 家中外资银行（直参行）同步试点上线。2018 年 5 月 2 日，人民币跨境支付系统（二期）全面投产，符合要求的直接参与者同步上线。人民币跨境支付系统（CIPS）向境内外参与者的跨境人民币业务提供资金清算结算服务，为人民币国际化铺设"高速公路"，是符合国际标准的重要金融基础设施。CIPS（二期）运行时间进一步延长，基本覆盖全球各时区，支持全球的人民币支付和金融市场业务。

相比较 CIPS（一期），CIPS（二期）在功能特点上进行了改进和完善：一是运行时间由 5×12 小时延长至 5×24 小时＋4 小时，实现对全球各时区金融市场的全覆盖；二是在实时全额结算模式的基础上引入定时净额结算机制，满足参与者的差异化需求，便利跨境电子商务；三是业务模式设计既符合国际标准，又兼顾可推广可拓展要求，支持多种金融市场业务的资金结算；四是丰富参与者类型，引入金融市场基础设施类直接参与者；五是系统功能支持境外直接参与者扩容，为引入更多符合条件的境外机构做好准备。考虑到 CIPS（二期）时序调整后的夜间时段正值欧美金融市场的营业时间，为满足境内外直接参与者夜间调剂流动性的需要，保障支付清算安全，人民银行研究决定银行间货币市场加开夜盘。人民币跨境支付系统（二期）投产加速了人民币国际化的进程，使海外借贷人更容易借到人民币，为海外投资者投资在岸债券和股票提供便利；意味着重启自 2015 年冻结的内地投资者使用人民币购买离岸资产的项目。

据统计，3 年前，人民币在全球支付体系中获得创纪录的 2.8% 的份额，但接下来打击资本外流的行动使得这一数据在2018年4月时下降到了1.7%。目前,海外基金似乎看多中国资产,2018年5月购买了创纪录的中国股票,同时也正在成为中国国债市场的主力。

为了促进跨境贸易业务的进一步开展,人民币业务清算行的网点不断增加,遍布全球多个国家和地区(见表8-10)。人民币走出去、回得来的通道更加顺畅,人民币国际化的进程会加快。随着人民币走出去的速度加快,境外人民币清算行遍布主要国家和地区。2015年,中国人民银行与赞比亚、阿根廷中央银行签署了在赞比亚建立人民币清算安排的合作备忘录。2016年,中国人民银行与俄罗斯、阿联酋和美国等签署了建立人民币清算安排的合作备忘录。中国人民银行确定这些国家人民币业务清算行和人民币清算安排的建立,有利于中国和这些国家的企业和金融机构使用人民币进行跨境交易,进一步促进贸易、投资便利化。2018年2月,中国人民银行授权美国摩根大通银行担任美国境内第二家人民币业务清算行。截至2018年3月末,已在23个国家和地区建立了人民币清算安排,覆盖亚洲、欧洲、美洲、大洋洲和非洲等地,这有助于发挥人民币清算行的作用,便利境外主体持有和使用人民币。

表8-10　　　　　　　　　境外人民币业务清算行分布情况

序号	时间	国家和地区	清算行
1	2003年12月	中国香港	中国银行(香港)有限公司
2	2004年9月	中国澳门	中国银行澳门分行
3	2012年12月	中国台湾	中国银行台北分行
4	2013年2月	新加坡	中国工商银行新加坡分行
5	2014年6月	英国	中国建设银行伦敦分行
6	2014年6月	德国	中国银行法兰克福分行
7	2014年7月	韩国	交通银行首尔分行
8	2014年9月	法国	中国银行巴黎分行
9	2014年9月	卢森堡	中国工商银行卢森堡分行
10	2014年11月	卡塔尔	中国工商银行多哈分行
11	2014年11月	加拿大	中国工商银行(加拿大)有限公司
12	2014年11月	澳大利亚	中国银行悉尼分行
13	2015年1月	马来西亚	中国银行(马来西亚)有限公司
14	2015年1月	泰国	中国工商银行(泰国)有限公司
15	2015年5月	智利	中国建设银行智利分行

(续表)

序号	时间	国家和地区	清算行
16	2015年6月	匈牙利	中国银行匈牙利分行
17	2015年7月	南非	中国银行约翰内斯堡分行
18	2015年9月	阿根廷	中国工商银行(阿根廷)股份有限公司
19	2015年9月	赞比亚	中国银行赞比亚分行
20	2015年11月	瑞士	中国建设银行苏黎世分行
21	2016年9月	美国	中国银行纽约分行
22	2016年9月	俄罗斯	中国工商银行(莫斯科)股份公司
23	2016年12月	阿联酋	中国农业银行迪拜分行

资料来源：www.pbc.gov.cn。

二、国内资本市场对离岸人民币开放的设计

从美元的国际化来看，美元输出促进了美国贸易和投资的发展和便利化，其他国家聚集了大量的美元资产，世界上形成了石油美元、欧洲美元和亚洲美元。这些美元资产等将来又会回流到美国，为美国的发展继续提供充足的资金，而这些资金的回流主要是投资在美国的金融市场上，更多的是投资在美国的国债市场上。

长期来看，在努力推动人民币国际化的时候，我们要大力发展资本市场，尤其是国内的银行间债券市场，笔者认为，这可能会是将来人民币回流主要的投资市场。人民币国际化是我国金融发展的一个重要目标，我们必须从战略的高度来实现这一目标。从发达国家的经验来看，国债是主要的调控工具和投资工具。目前我国国债市场根基浅薄，从国债市场债券余额、二级市场的交易量、买卖价差和换手率等来看，我国国债市场缺乏一定的广度和深度，因此我国应加快完善国债市场基础建设，推动国债二级市场的发展。随着人民币国际化推进，我国资本账户逐步开放，我国的股票市场、衍生品市场也可以对离岸人民币开放。

人民币国际化的一个显著特点是人民币将成为主要的国际交易媒介、价值尺度和贮藏手段。人民币走出去越多，国际金融市场上人民币交易占比就越多，人民币的金融产品将成为国际金融市场交易的主要产品，人民币最终还需要回流到国内金融市场上，国内人民币市场是人民币国际化循环的重要一环。为了促进人民币的循环，国家先后在香港、伦敦发行了人民币计价、结算的债券，定期获得利息、到期归还本金及利息皆以人民币支付。

中国开发银行作为以发债为主要筹资手段的政策性银行，在中国内陆市场年发债过万亿元，债券余额占国内债市1/5。自2007年首家赴香港发行人民币

债券,到本次伦敦发债,开发银行已累计在境外发行人民币债券280亿元,在支持离岸人民币市场建设方面发挥了重要作用。2009年,外资银行汇丰银行(中国)及东亚银行(中国)获准在中国香港发行人民币债券。2010年,麦当劳成为首间发行人民币债券的外资企业。2012年4月18日,汇丰控股宣布,在伦敦发行一笔国际人民币债券。2014年9月12日,英国成为首个发行人民币计价主权债务的西方国家,这次共发行3个人民币债券品种:3年期固息债6亿元,利率为3.35%;5年期固息债5亿元,利率为3.6%;10年期固息债9亿元,利率为4.35%。2010年8月3日,中国财政部宣布将在香港正式发行200亿元人民币国债。财政部曾分别在2009年和2010年在中国香港发行60亿元和80亿元人民币国债,其中2010年零售部分的2年期债券最终获得了1.37倍的超额认购。随着香港人民币离岸市场规模扩大,2011年的发债规模和品种进一步扩大,其中通过香港债务工具中央结算系统(CMU)面向机构投资者招标发行150亿元,包括面向机构投资者招标发行的3年期60亿元、5年期50亿元、7年期30亿元和10年期10亿元;面向个人投资者发行的2年期50亿元。随着人民币国际化进程的推进,离岸人民币债券市场正快速发展壮大,境外机构配置人民币资产持续升温。国开行这次发行的10年期债券,是在伦敦发行并挂牌上市的最长期限人民币债券,有助于完善离岸人民币债券收益率曲线,更有利于人民币资金的回流。

从长期来看,随着人民币走出去,其他国家储备人民币资产会不断增加,除了满足日常经常项目和资本项目下的交易外,多余的人民币资产必须要寻求投资场所,我国的金融市场必须对这些协议国家的人民币资产开放,这样才有利于进一步推动人民币的国际化。人民币合格境外机构投资者(RQFII)额度也在不断增加(见表8-11),一方面中国资本账户对外开放的幅度进一步扩大,另一方面也有利于人民币资金的回流。

表8-11　　人民币合格境外机构投资者(RQFII)额度一览表
（截至2017年7月底）

序号	国家或地区	总额度(亿元)
1	中国香港	5 000
2	英国	800
3	新加坡	1 000
4	法国	800
5	韩国	1 200
6	德国	800
7	卡塔尔	300
8	加拿大	500

(续表)

序号	国家或地区	总额度（亿元）
9	澳大利亚	500
10	瑞士	500
11	卢森堡	500
12	智利	500
13	匈牙利	500
14	马来西亚	500
15	阿联酋	500
16	泰国	500
17	美国	2500
18	爱尔兰	500
合计	—	17 400

资料来源：www.pbc.gov.cn。

三、境内人民币离岸中心的建设

离岸金融从20世纪50年代的欧洲美元市场萌芽至今，已经经历了50多年的发展。综观主要离岸金融中心的发展历史，可以发现离岸金融中心发展的一大趋势就是由自然形成型向政策推动型演变。伦敦离岸金融市场即欧洲美元市场，是最早出现的离岸金融市场。这一市场的产生背景是第二次世界大战后美国为满足美国境外美元投资需要、改善国际收支状况，采取了一系列的限制措施，而伦敦的商业银行又以比较优惠的利率吸收了大量美元存款，同时美国因逆差造成美元资金外流，进入伦敦离岸金融市场。从20世纪60年代至今，历经约50年的发展，新加坡离岸金融市场在其政府的支持与推动下，成功确立了在国际金融市场中的地位。美国发展离岸金融市场所设计的IBF颠覆了传统离岸金融的概念，是各金融机构为记载其在美国开展国际银行业务以及与此相关的收支状况而设立的一套资产负债账户，是所谓的"在岸的离岸市场"。纽约的离岸市场是严格的内外分离型离岸金融中心，存放在该设施账户上的美元和国内美元账户严格分开。

建立国际型或区域型离岸金融中需要具备以下必要条件：①基础条件，包括地理位置和经济基础。②制度要素，决定离岸金融中心竞争力强弱的关键性因素是离岸金融制度的构建，包括竞争有效的金融体系、健全的法律法规和透明公正的监管机制。③政府在离岸金融中心的发展过程中起到了重要作用。④创新因素，结合本国实际进行金融创新，应当引起高度关注。例如，IBF首次颠覆了传统的"离岸"概念，在本国多个城市建立"在岸"的离岸金融中心，大大提升了本国的金融竞争力。值得注意的是,离岸金融创新的过程其实是一个对外开放逐步加深的过程。因此,在这个过程中,要结合本国情况,严密监控资本的流动,不断地进行评估和政策调整,逐步放松管制;否则很有可能重蹈泰国的覆辙,致使离岸金融市场成为一国金融动荡的导火索。

我国建设离岸金融市场的背景与伦敦、纽约、新加坡等国家既有共同点,也有显著的不同之处。上海离岸金融市场不宜采用内外一体型模式。内外一体型需要金融业具有高度的经营自由,境内市场几乎完全开放。而我国目前尚不具备相应的条件,仍实行外汇管制,资本项目下不能实行自由兑换。金融改革正在深化阶段,金融监管水平还有待提高,金融风险防范能力尚不足够。在这样一个较为薄弱的金融基础上建设"内外一体型"离岸金融市场,显然条件尚不成熟。我国适宜采取划定区域、内外分离的路径,并且通过税收优惠政策增强在国际市场上的吸引力。在区域的选择上,在上海划定区域开展离岸金融市场试点,逐步建设我国的离岸金融中心是切实可行的途径。最后要加强对离岸人民币市场的风险控制,防止对国内经济产生不利冲击。

上海人民币在岸市场、上海人民币离岸市场和香港人民币离岸市场形成人民币循环的一个有机整体,上海自贸区区外的人民币通过跨境贸易、跨境投资走出去,进入境外人民币市场,境外人民币市场的人民币可以回流上海人民币在岸市场或上海自贸区人民币离岸市场。上海自贸区区内的人民币通过自贸区内的跨境贸易、跨境投资走出去,进入上海人民币离岸市场,再进入境外人民币市场,上海人民币离岸市场人民币也可进入香港人民币离岸市场,同样境外人民币可以回流上海人民币在岸市场或上海自贸区人民币离岸市场,香港人民币可以回流上海人民币在岸市场或上海自贸区人民币离岸市场。人民币通过跨境贸易、跨境投资走出去,进入香港人民币离岸市场,香港人民币可以回流上海人民币在岸市场或上海自贸区人民币离岸市场(见图8-7)。

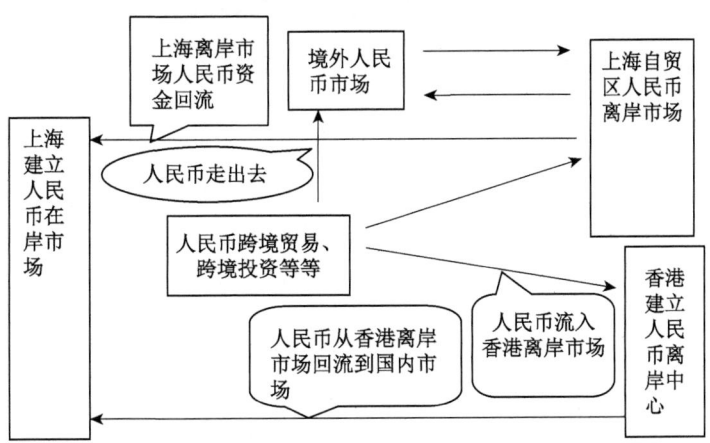

图8-7 上海在岸市场和香港离岸市场相配合示意图

我国建设离岸金融市场路径选择，要综合考虑以下因素：一是要结合我国金融体制改革的总体部署，维持现有金融体制现状，不需要立即突破资本项目下的外汇管制，并且为资本项目下的完全开放进行尝试和探索。二是要弥补国内金融市场发展不足，利用外资实现经济发展战略，为实体经济发展提供支撑。三是要加快我国金融体制与国际接轨，金融产品创新能力的提高以及国际金融准则的对接都可以在离岸金融市场来先行先试。四是要积极培养国际金融人才。

四、离岸人民币流动性对货币政策的影响

我国同多国进行货币互换，并积极开展跨境贸易人民币结算试点工作，人民币国际化迈出关键步伐。笔者认为人民币国际化的推进将影响中国的宏观经济运行，推动中国金融市场建设，主要体现在以下几个方面（见图8-8）：

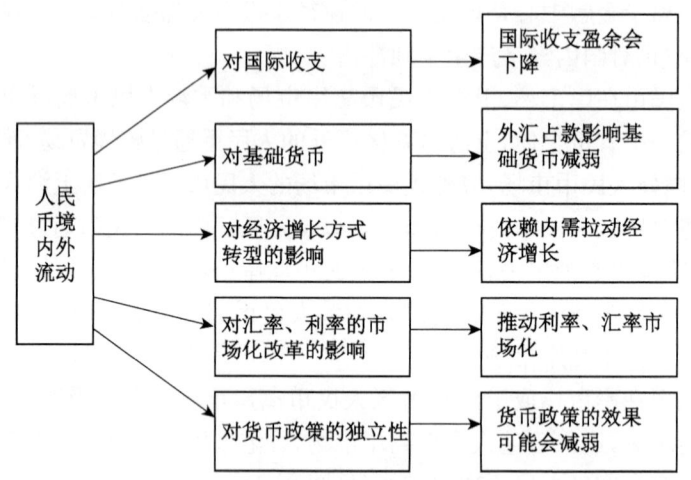

图8-8　境内外人民币流动对货币政策的影响示意图

一是对国际收支的影响。长期以来我国国际收支呈现双顺差，外汇储备持续增加，随着人民币国际化的推进，人民币走出去，国外进出口商持有的人民币资产将增加，意味着中国国际收支盈余会下降或国际收支出现逆差，对方国会出现国际收支盈余。从贸易项目的角度来看，如果以人民币结算，国外持有的人民币越多，贸易收支的逆差越大（当然这是假定所有贸易均以人民币结算，如果还有以其他货币结算，人民币走出去未必会导致贸易收支的逆差）。随着人民币走出去增加，中国的贸易盈余会下降，但这可以获得铸币税，国外实际资源流入，有利于中国的经济增长。从资本项目来看，人民币计价和结算，有利于国内企业走出去，在海外建立分支机构或进行兼并收购，从事跨国投资、生产和销售。跨国投资增加，资本项目也会出现逆差。当然这也要依赖于流入资本和流出资本的

比较,如果人民币净流出多,而其他货币流进少,则资本项目逆差,相反资本项目顺差。不管怎样,从总体上来看,随着人民币走出去的规模越来越大,国际收支会恶化,但国外实际资源内流将增加,只要对外债务在可控范围内,国际收支恶化本身并不是一件坏事。

二是对我国基础货币的影响。长期以来我国基础货币增加主要源于外汇占款的不断增加,资产方的外汇占款的增加,意味着负债方基础货币也会增加,为了防止基础货币过快增长,央行提高法定准备金率或通过发行票据进行冲销。从我国央行的资产负债表来看,我国通过国债买卖和票据再贴现调节基础货币规模较小,并不是货币供给的主要来源。如果我国国际收支顺差下降,基础货币供给的主要渠道将逐步转变到依赖公开市场业务和再贴现业务来完成,外汇占款对基础货币的影响将下降。货币互换和跨境贸易人民币结算都会导致我国的外汇占款下降,我国的外汇储备会有所下降,人民币走出去,外汇占款支撑基础货币的格局将有所改变。

三是对我国内外均衡和金融市场化改革的影响。人民币输出也会对我国的内外均衡产生重要影响,由于受金融危机的冲击,外需下降,中国正在努力转变经济增长方式,摆脱对外需的过度依赖。人民币输出能够促进中国经济增长的方式改善,人民币输出得越多,国际收支的盈余会下降,中国经济增长要更多地依赖内需拉动经济增长,人民币国际化和经济增长方式的转型是相互影响、相互促进的。此外,人民币国际化对中国金融市场化改革提出了新要求,人民币跨境流通会影响中国金融市场资金供给和需求,进而会影响中国的汇率、利率、物价和金融资产价格水平等,因此要推进中国的汇率、利率和价格水平的市场化改革,否则就难以规避套汇套利的风险,人民币输出的风险将加大,人民币国际化的进程可能会受阻。

随着人民币走出去,我国的国际收支盈余可能会下降,货币供给和经济增长方式也会转变,同时对金融市场化改革和金融市场发展也提出了更高的要求。人民币国际化对中国经济的影响将逐步体现,要正确看待这一变化,稳步推进人民币国际化。

中国银行2014年3月11日向全球首发"离岸人民币指数"(ORI)。这是中行继去年推出"跨境人民币指数"(CRI)之后,向市场推出的又一综合反映人民币国际化水平的指数。

中行离岸人民币指数主要跟踪人民币在离岸金融市场上的资金存量规模、资金运用状况、金融工具使用等方面的发展水平,共设置五类指标,分别对应人民币行使价值储藏货币、融资货币、投资货币、储备货币及交易货币等五项国际货币职能,加权计算后反映人民币在国际金融市场上的综合发展水平(见图8-9)。

2013年年末,中行离岸人民币指数为0.91%,而2011年年末该指数仅为

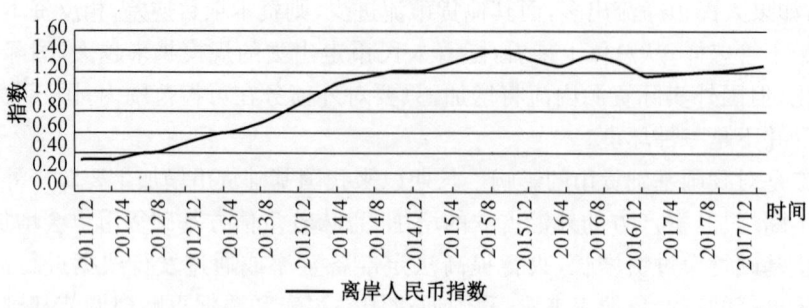

资料来源：http://www.bankofchina.com/fimarkets/cri/。

图 8-9 离岸人民币指数

0.32%，2年间增长1.84倍。指数显示，离岸市场的人民币资金存量已具有一定规模，这是推动离岸人民币市场发展的重要因素。香港是最主要的离岸人民币中心，2013年年末香港对离岸人民币指数的贡献达62%；东南亚、欧洲地区离岸人民币市场日益活跃，非洲、中东、美洲市场人民币的存量和使用规模虽然暂时还比较有限，但潜力巨大。

指数表明，2013年年末，美元、欧元、英镑、日元的离岸指数分别为48.17%、25.20%、5.91%、5.50%。与美元等其他几种国际货币相比，人民币在离岸金融市场中的总体份额占比还不高，不过提升速度较快，已初步显示出从东南亚等周边地区向全球其他主要经济区域扩展的积极势头。

中行离岸人民币指数与跨境人民币指数从两个不同的维度反映人民币国际化程度，前者关注人民币的"境外使用"，后者关注人民币的"跨境循环"，两个指数是从货币不同功能的角度考察人民币国际化，两者结合能够全面反映人民币走出去的现实状况和发展趋势。

参 考 文 献

中 文 部 分

[1] 巴曙松,吴博,朱元倩.汇率制度改革后人民币有效汇率测算及对国际贸易、外汇储备的影响分析[J].国际金融研究,2007(4).

[2] 巴曙松.流动性过剩的控制与机遇[J].资本市场,2007.

[3] 北京大学中国经济研究中心宏观组.人民币的有效汇率估计[J].财贸经济,1999(11).

[4] 卜永祥.中国外汇市场压力和官方干预的测度[J].金融研究,2009(1).

[5] 曹永福.我国贸易弹性的模型实证研究[J].国际贸易问题,2005(1).

[6] 陈继勇,雷欣.中美农产品贸易收支与人民币兑美元汇率关系研究[J].亚太经济,2008(3).

[7] 陈娟,等.我国外汇市场压力研究——基于马尔可夫区制转换方法[J].国际金融研究,2011(6).

[8] 丁志杰,张薇薇.一篮子货币构造及其在汇率管理中应用[J].金融与经济,2007(2).

[9] 黄驰云,刘林.外汇市场压力、国际资本流动与国内货币市场均衡——基于中国数据的实证研究[J].国际贸易问题,2011(9).

[10] 黄飞雪,王云.汇改前后实际汇率对中国向欧元区出口影响的比较[J].数量经济技术经济研究,2011(3).

[11] 姜波克,陆前进.汇率理论和政策研究[M].上海:复旦大学出版社,2000.

[12] 姜昱,邢曙光,杨胜刚.汇率波动对我国进出口影响的门限效应[J].世界经济研究,2011(7).

[13] 金洪飞,周继忠.人民币升值能解决美国对华贸易赤字吗?——基于1994—2005年间月度数据的贸易弹性分析[J].财经研究,2007(4).

[14] 李宏彬,等.人民币汇率对企业进出口贸易的影响——来自中国企业的实证研究[J].金融研究,2011(2).

[15] 李晓峰,陈萍,叶文娱.人民币外汇市场压力与央行外汇干预的经验估计[J].上海金融,2011(1).

[16] 李亚新,余明.关于人民币实际有效汇率的测算与应用研究[J].国际金融研究,2002(1).

[17] 李扬.抑制流动性过剩财政政策应发挥更大作用[N].第一财经日报,2006-12-21.

[18] 梁琦,王洪亮,黄瑞玲.中美、中日双边贸易收支的影响因素及其比较研究[J].管理世

界,2005(5).

[19] 刘晓辉,张璟.人民币升值压力与汇率形成机制弹性测算[J].南京:南大商学评论,2012(1).

[20] 刘尧成,周继忠,徐晓萍.人民币汇率变动对我国贸易差额的动态影响[J].经济研究,2010(5).

[21] 陆前进,等.宏观经济平稳运行和内外均衡控制研究——基于流动性过剩影响机制的分析[M].上海:立信会计出版社,2008.

[22] 陆前进,卢庆杰.中国货币政策传导研究[M].上海:立信会计出版社,2006.

[23] 陆前进,肖萌.国际金融学教程[M].上海:立信会计出版社,2006.

[24] 陆前进.应尽快推出人民币汇率指数[N].证券时报,2008-9-02.

[25] 陆前进.人民币汇率波动幅度的两点探讨[N].上海证券报,2009-06-05.

[26] 陆前进.有效汇率更有参考价值[N].中国证券报,2009-06-10.

[27] 卢向前,戴国强.人民币实际汇率波动对我国进出口的影响:1994—2003[J].经济研究,2005(5).

[28] 马丹,许少强.中国贸易收支、贸易结构与人民币实际有效汇率[J].数量经济技术经济研究,2005(6).

[29] 米什金.F.S.货币金融学[M].北京:中国人民大学出版社,1998.

[30] 摩根士丹利研究部.人民币汇率机制会如何演变[N].中国证券报,2009-07-02.

[31] 施建淮.中国资本账户开放意义、进展及评论[J].国际经济评论,2007(11-12).

[32] 宿玉海,于海燕.人民币一篮子货币最优权重模型的构建[J].国际金融研究,2007(7).

[33] 王相宁,甘燕.比较和分析不同计算法中的人民币有效汇率[J].运筹与管理,2005(8).

[34] 王晓雷.基于贸易收支数据的美国贸易逆差与美元汇率相互关系研究[J].当代财经,2007(12).

[35] 威廉姆森.钉住一篮子货币如何运转?[J].国际经济评论,2006(1-2).

[36] 吴志民,侯坤,杨胜刚.外汇市场压力指数新进展[J].经济学动态,2007(6).

[37] 小川英治,姚枝仲.论钉住一篮子货币的汇率制度[J].世界经济,2004(6).

[38] 徐新华,俞开江,杨高宇.人民币"双率"调整的贸易收支效应研究[J].经济学动态,2010(12).

[39] 谢科进,费新.人民币汇率对一篮子货币参考程度的实证分析[J].世界经济与政治论坛,2006(6).

[40] 谢平,焦瑾璞.中国货币政策争论[M].北京:中国金融出版社,2002.

[41] 叶永刚,胡利琴,黄斌.人民币实际有效汇率和对外贸易收支的关系——中美和中日双边贸易收支的实证研究[J].金融研究,2006(4).

[42] 易纲.外汇管理改革开放的方向[J].中国金融,2015(10).

[43] 易纲.大力推进人民币国际化和汇率市场化[J].全球化,2015(2).

[44] 易纲,胡舒立.人民币汇率制度的最佳选择[J].中国改革,2010(8).

[45] 殷德生.中国贸易收支的汇率弹性与收入弹性[J].世界经济研究,2004(11).

[46] 余永定.不应以人民币贬值等措施刺激出口[N].上海证券报,2009-01-06.

[47] 张斌.人民币汇率制度选择:钉住美元还是一篮子货币[J].国际经济评论,2003(12).

[48] 章和杰. 人民币有效汇率指数的构造及权重的确定[J]. 当代财经,2005(3).

[49] 张曙东. 人民币有效汇率或继续升值[N]. 中国证券报,2008-11-20.

[50] 赵进文,高辉,褚云皓. 人民币参考篮子货币的测定与实证分析[J]. 财经研究,2006(1).

[51] 中国人民银行调查统计司课题组. 我国加快资本账户开放条件基本成熟[N]. 中国证券报,2012-02-23.

[52] 周兵,靳玉英,张志栋. 新兴市场国家外汇市场压力影响因素研究[J]. 国际金融研究,2012(5).

[53] 周逢民,等. 人民币实际有效汇率与中俄贸易收支实证研究[J]. 金融研究,2009(6).

[54] 周文贵,陈梁. 人民币名义汇率变动对中美贸易收支影响的研究——基于毕肯戴克—罗宾逊—梅茨勒条件视角的实证分析[J]. 广东金融学院学报,2011(6).

[55] 周小川. 推进资本项目可兑换的概念与内容——在2012年12月三亚财经国际论坛上的讲话[J]. 中国外汇,2018(1).

[56] 周小川. 如何应对量化宽松[J]. 资本市场,2015(6).

[57] 朱杰. 中国外汇市场压力和中央银行的干预程度:一个经验分析[J]. 世界经济,2003(6).

[58] 朱梦楠,刘林. 中国外汇市场干预有效性的实证研究[J]. 国际金融研究,2010(1).

[59] 朱人木,赵鹏远. 关于人民币参考篮子货币的实证分析[J]. 经济论坛,2009(4).

英 文 部 分

[1] Aizenman, Joshua, Menzie D Chinn, Hiro Ito. Assessing the emerging global financial architecture: measuring the trilemma's configurations over time[R]. NBER Working Paper Series, #14533(December 2008, updated in April 2009).

[2] Aizenman, Joshua, Menzie D Chinn, Hiro Ito. The emerging global financial architecture: tracing and evaluating the new patterns of the trilemma's configurations [J]. Journal of International Money and Finance, 2010, 29(4):615-641.

[3] Aizenman, Joshua, Menzie D Chinn, Hiro Ito. The 'Impossible Trinity' hypothesis in an era of global imbalances: measurement and testing[J]. Review of International Economics, 2013, 21(3): 447-458.

[4] Aizenman, Cheung, Ito. International reserves before and after the global crisis: is there no end to hoarding? [R] NBER WP 20386, 2014.

[5] Aizenman, Joshua, Michael M. Hutchison. Exchange market pressure and absorption by international reserves: Emerging markets and fear of reserve loss during the 2008—2009 crisis[J]. Journal of International Money and Finance, 2012, 3(5):1076-1091.

[6] Arize A C. Cointegration test of a long-run relation between the trade balance and the terms of trade in sixteen countries[J]. The North American Journal of Economics and Finance, 1996,7(2):203-215.

[7] Bahmani-Oskooee, M. Real and nominal effective exchange rates for 22 LDCs: 1971:1—1990:4. [J]. Applied Economics 1995(a), 27: 591-604.

[8] Bahmani-Oskooee, M. Real effective exchange rates and the purchasing power parity: experiences of 19 industrial countries[J]. Economic Notes, 1995(b),24: 239-50.

[9] Bahmani-Oskooee M. Cointegration approach to estimate the long-run trade elasticities in LCDs[J]. International Economic Journal 1998,12(3):89-96.

[10] Bahmani-Oskooee, M. Nominal and real effective exchange rates of Middle Eastern countries and their trade performance[J]. Applied Economics 2001,33: 103-11.

[11] Bahmani-Oskooee, M, Mirzaie, A. Real and nominal effective exchange rates for developing countries: 1973: 1-1997:3[J]. Applied Economics 2 000,32: 411-28.

[12] Bahmani-Oskooee, M, H-J Rhee. Testing for Long-Run Purchasing Power Parity: An Examination of Korean Won[J]. International Economic Journal 1992,6: 93-103.

[13] Bahmani-Oskooee, M, A Gelan. Real and Nominal Effective Exchange Rates for African Countries: 1971: I-2004: III. [J]. Applied Economics 2007,39: 961-979.

[14] Bahmani-Oskooee, M, Alse, J. Short-run versus Long-run Effects of Devaluation: Error Correction Modeling and Cointegration[J]. Eastern Economic Journal, 1994, 20: 453-64.

[15] Bahmani-Oskooee, M, Ratha, M. The J-curve dynamics of U. S. bilateral trade[J]. Journal of Economics and Finance, 2004, 28:32-38.

[16] Baig, Mirza Allim, V. Narasimhan, M. Ramachandran. Exchange market pressure and the Reserve Bank of India's intervention activity[J]. Journal of Policy Modeling, 2003, 25(8):727-748.

[17] Bank of Japan. Explanation of the effective exchange rate(nominal, real)[R]. Research and Statistics Department, 2005.

[18] Bayoumi, T, J Lee, S. Jayanthi. New rates from new weights[R]. IMF Working Paper WP/05/99, 2005.

[19] Bickerdike, C F. The Instability of Foreign Exchange[J]. Economic Journal 1920,30: 118-22.

[20] Brissimis, Sophocles N, John A. Leventakis. An empirical inquiry into the short-run dynamics of output, prices and exchange market pressure[J]. Journal of International Money and Finance, 1984,3(1):75-89.

[21] Branson, W H, Katseli-Papaefstratiou,L T. Currency basket and real effective exchange rates[R]. NBER Working Paper, 666. 1981.

[22] Buffie, Edward F. Devaluation, investment and growth in LDCs [J]. Journal of Development Economics, 1986,20(2):361-379.

[23] Chinn, Menzie D, Hiro Ito. What matters for financial development? capital controls, institutions, and interactions[J]. Journal of Development Economics, 2006, 81(1):163-192.

[24] Chinn, Menzie D, Hiro Ito. A New measure of financial openness[J]. Journal of Comparative Policy Analysis, 2008,10(3):309-322.

[25] Chiu Yi-Bin, Chien-Chiang Lee, Chia-Hung Sun. The U. S. trade imbalance and real

exchange rate: An application of the heterogeneous panel cointegration method[J]. Economic Modelling, 2010,27(3):705-716.

[26] Cochrane, J H, Time Series for Macroeconomics and Finance[M]. Manuscript: University of Chicago, 2005.

[27] Colin Lawrence. The impact of supply shocks on exchange rates and interest rates: Does the Marshall-Lerner condition matter? [J]. Journal of International Economics, 1987,22(3-4):321-337.

[28] Coughlin. C, Cletus, Patricia S. Pollard. A question of measurement is the dollar rising or falling? [R]. Review, 1996.

[29] Daniels, J P, Toumanoff, P G, Marc von der Ruhr. Optimal Currency Basket Pegs for Developing and Emerging Economies[J]. Journal of Economic Integration, 2001, 16(1): 128-145.

[30] Darvas, Zsolt. Real effective exchange rates for 178 countries: a new database[R]. Working Paper 2012/06, Bruegel, 2012.

[31] Devereux M B. How does a devaluation affect the current account? [J]. Journal of International Money and Finance, 2000,19(6):833-851.

[32] Ding LU. China's capability to control its exchange rate[J]. China Economic Review, 2004, 15(3):343-347.

[33] Dornbusch, R, P. Krugman: Flexible exchange rates in the short run[J]. Brookings Papers on Economic Activity, 1976,3:537-584.

[34] ECB. Effective exchange rates. ECB[R] Monthly Bulletin-Euro area statistics methodological notes. European Central Bank,2004(a).

[35] ECB. Update of the overall trade weights for the effective exchange rates of the euro and computation of a new set of euro indicators[R]. Monthly Bulletin September,2004(b): 69-72.

[36] Edison, H J, Vardal, E. Optimal currency basket in a world of generalized floating: An application to the Nordic countries [J]. International finance discussion papers, 1985: 266.

[37] Eichengreen, B J, Rose, A K, Wyplosz, C. Speculative attacks on pegged exchange rates: an empirical exploration with special reference to the european monetary system [R]. NBER Working Paper, 1994:4898.

[38] Eichengreen, B J, Rose, A K, Wyplosz, C. Exchange market mayhem: the antecedents and aftermath of speculative attacks[J]. Economic Policy,1995, 10, 21:249-312.

[39] Eichengreen, P Gupta. Tapering talk: the impact of expectations of reduced federal reserve security purchases on emerging markets[R]. Working Paper,2013.

[40] Felmingham, B S. The terms of trade and the response of Australia's trade balance[J]. Economics Letters, 1985,18(2-3):241-245.

[41] Frankel, Saravelos Are leading indicators useful for assessing country vulnerability? Evidence from the 2008—09 Global Financial Crisis [J]. Journal of International

Economics, 2012,87(2): pp. 216-231.

[42] Frankel, Jeffrey, Shang-Jin Wei. Estimation of de facto exchange rate regimes: synthesis of the techniques for inferring flexibility and basket weights[R]. IMF Staff Papers, 2008, 55.

[43] Fritz Breuss. Robinson and marshall-Lerner conditions with positive import content of exports[J]. European Economic Review, 1984, 25(2):183-185.

[44] Funke Michael, Marc Gronwald. The undisclosed renminbi basket: are the markets telling us something about where the renminbi-US dollar exchange rate is going? [J]. The World Economy, 2008, 31:1581-1598.

[45] Groenewold, Nicolaas, Lei He. The US-China trade imbalance: will revaluing the RMB help(much)? [J]. Economics Letters, 2007, 96(1):127-132.

[46] Guonan Ma, Robert N McCauley. The evolving renminbi regime and implications for Asian currency stability[J]. Journal of the Japanese and International Economies, 2011, 25(1):23-38.

[47] Gupta-Kapoor, A, Ramakrishnan, U. Is there a J-curve? A new estimation for Japan [J]. International Economic Journal, 1999,13:4,71-79.

[48] Haizhou HUANG, Shuilin WANG. Exchange rate regimes: China's experience and choices[J]. China Economic Review, 2004, 15(3):336-342.

[49] Hallwood, C Paul, Ian W Marsh. Exchange market pressure on the pound-dollar exchange rate: 1925—1931[J]. The North American Journal of Economics and Finance, 2004, 15(2):249-264.

[50] Hargreaves, D, B White. Measures of New Zealand's effective exchange rate[R]. Reserve Bank of New Zealand Bulletin 62,1999.

[51] Hill. Exploring early warning indicators for financial crises in 2013 & 2014[R]. HKS.

[52] Hooper, P, et al. Trade elasticities for the G-7 countries[R]. Princeton University: Princeton Studies in International Economics, 2000:87.

[53] Hsiang-ling, H. Choice of currency basket weights and its implications on trade balance [J]. International Review of Economics and Finance, 2000(9):323-350.

[54] IMF. Annual report on exchange arrangements and exchange restrictions(AREAER) [R]. Washington, D. C. : International Monetary Fund, 2016.

[55] IMF. Review of the method of valuation of the SDR[R]. 2010.

[56] IMF. Enhancing international monetary stability—a Role for the SDR? [R]. 2011.

[57] Irandoust, Manuchehr, Kristin Ekblad, Johan Parmler. Bilateral trade flows and exchange rate sensitivity: evidence from likelihood-based panel cointegration [J]. Economic Systems, 2006, Volume 30(2):170-183.

[58] Iwan J. Azis, Nattapong Puttanapong. A regional trend towards a basket peg system[J]. Int. J. Trade and Global Markets, 2008, 1(2):144-162.

[59] Kaminsky, G Lizondo, S, Reinhart, C. Leading indicators of currency crises[R]. IMF Staff Papers 1998, 45:1-48.

[60] Kaminsky Graciela L, Sergio L. Schmukler. What triggers market jitters? A chronicle of the Asian crisis[J]. Jounal of International Money and Finance,1999,18:537-560.

[61] Kaminsky, G L, C M. Reinhart. The twin crises: the causes of banking and balance-of-payments problems[J]. American Economic Review, 1999,89(3):473-500.

[62] Klaassen, Franc, Henk Jager. Definition-consistent measurement of exchange market pressure[J]. Journal of International Money and Finance, 2011, 30(1):74-95.

[63] Klau, Marc, San Sau Fung. The new BIS effective exchange rate indices[R]. BIS Quarterly Review March,2006: 51-65.

[64] Leahy, Michael P. New summary measures of the foreign exchange value of the dollar [R]. Federal Reserve Bulletin, 1998: 811-818.

[65] Lerner, A. The economics of Control[M]. New York:Macmillan,1944.

[66] Loretan, M. Indexes of the foreign exchange value of the dollar[R]. Federal Reserve Bulletin Winter,2005.

[67] Lynch, B, S Whitaker. The new sterling ERI[R]. Bank of England Quarterly Bulletin Winter,2004.

[68] Mack, Ott. The dollar's effective exchange rate: assessing the impact of alternative weighting schemes[R]. Federal Reaserve Bank of St. Louis February,1987.

[69] Metzler, Lloyd A. The theory of international trade.//Howard S. Ellis. A Survey of Contemporary Economics[M]. Philadelphia:Blakiston,1949:210-54.

[70] Mishra, Moriyama, N'Diaye & Nguyen impact of fed tapering announcements on emerging markets[R]. IMF, 2014.

[71] Mohsen Bahmani-Oskooee, Farhang Niroomand. Long-run price elasticities and the Marshall-Lerner condition revisited[J]. Economics Letters, 1998, 61(1):101-109.

[72] Nielsen, Søren Bo. Marshall-Lerner with imported inputs[J]. Economics Letters, 1986, 22(2-3):295-298.

[73] Obstfeld Maurice. The SDR as an international reserve asset: what future? [OL]. [2011]. http://elsa.berkeley.edu/~obstfeld/SDR_Obstfeld.pdf.

[74] Ogawa, Eiji, and Shimizu, Junko,Stabilization of effective exchange rates under common currency basket systems[J]. Journal of the Japanese and International Economies, 2006, 20:590-611.

[75] Pentecost, E J, Van Hooydonk, C, Van Poeck, A. Measuring and estimating exchange market pressure in the EU[J]. Journal of International Money and Finance,2001,20: 401-418.

[76] Pontines,Victor, Reza Siregar. Fundamental pitfalls of exchange market pressure-based approaches to identification of currency crises[J]. International Review of Economics & Finance, 2008, 17(3):345-365.

[77] Robinson, Joan. "The foreign exchanges.//Robinson. Essays in the theory of emnployment[M]. Oxford:Basil Blackwell, 1947:134-155.

[78] Rose, Andrew K. The role of exchange rates in a popular model of international trade:

does the "Marshall-Lerner" condition hold? [J]. Journal of International Economics, 1991, 30(3-4):301-316.

[79] Sastre, L. Simultaneity between export and import flows and the Marshall-Lerner condition[J]. Economic Modelling, 2012,29(3):879-883.

[80] Socorro, Maria Gochoco-Bautista, Carlos C. Bautista. Monetary policy and exchange market pressure: The case of the Philippines[J]. Journal of Macroeconomics, 2005, 27(1):153-168.

[81] Toyonari Ide, Akira Takayama. The Marshall-Lerner condition reconsidered [J]. Eonomics Letters, 1991, 35(2):201-207.

[82] Turner, P, J Van't dack: Measuring international price and cost competitiveness[J]. BIS Economic Papers, 1993(39).

[83] Turnovsky, S J. A determination of the optimal currency basket[J]. Journal of International Economies, 1982,(12):333-354.

[84] Wang Chun-Hsuan, Chun-Hung A. Lin, Chih-Hai Yang. Short-run and long-run effects of exchange rate change on trade balance: evidence from China and its trading partners [J]. Japan and the World Economy, 2012, 24(4):266-273.

[85] Weymark, D N. Estimating exchange market pressure and the degree of exchange market intervention for Canada[J]. Journal of International Economics, 1995, 39: 273-295.

[86] Weymark, D N. Measuring the degree of exchange market intervention in a small open economy[J]. Journal of International Money and Finance, 1997,16:55-79.

[87] Weymark, D N. A general approach to measuring exchange market pressure[M]. London: Oxford University Press,1998.

[88] Williamson, John. A currency basket for east asia, not just China[R]. Policy Briefs In International Economics, 2005.

[89] White, Bruce. The trade weighted index(TWI) measure of the effective exchange rate [R]. Reserve Bank of New Zealand Bulletin, 1997:121-132.

[90] Yoshino, Naoyuki, Kaji, Sahoko, Suzuki. The basket peg, dollar peg, and floating: a comparative analysis[J]. Journal of the Japanese and International Economies, 2004,18: 183-217.

[91] Zanello, Alessandro, Dominique Desruelle. A Primer on the IMF's information notice system[R]. IMF Working Paper, 1997.

[92] Zhang Yin, Guanghua Wan. What accounts for China's trade balance dynamics? [J]. Journal of Policy Modeling, 2007, 29(6):821-837.